novum pro

HELMUT STÜCHER

Geheimnis, Babylon

Wie aus einer Hure eine Jungfrau geworden ist

novum pro

www.novumverlag.com

Bibliografische Information
der Deutschen Nationalbibliothek:

Die Deutsche Nationalbibliothek
verzeichnet diese Publikation in
der Deutschen Nationalbibliografie.
Detaillierte bibliografische Daten
sind im Internet über
http://www.d-nb.de abrufbar.

Alle Rechte der Verbreitung,
auch durch Film, Funk und Fernsehen,
fotomechanische Wiedergabe,
Tonträger, elektronische Datenträger
und auszugsweisen Nachdruck,
sind vorbehalten.

© 2014 novum Verlag

ISBN 978-3-99038-639-2
Lektorat: Isabella Busch
Umschlagfoto:
Ig0rzh | Dreamstime.com
Umschlaggestaltung, Layout & Satz:
novum Verlag

Gedruckt in der Europäischen Union
auf umweltfreundlichem, chlor- und
säurefrei gebleichtem Papier.

www.novumverlag.com

Inhaltsverzeichnis

Prolog 9

I. Teil 13
Einführung (1,1–3) 15
Die Vorhalle (1,4–8) 18
Im Heiligtum (1,9–20) 25
Die sieben Endzeitgemeinden (Kap.2 u.3) ... 32
Im Himmel (Kap.4) 83
Der Thron (4,1–11) 85
Das Lamm (5,1–14) 90
Die sieben Siegel (Kap. 6 u. 7) 97
Die sieben Posaunen 135
Das Geheimnis Gottes (Kap.10) 181
Die »Heilige Stadt« (Kap.11) 187
Ein großes Zeichen (Kap.12) 222
Das Tierungeheuer (13,1–10) 236
Das falsche Lamm (Kap.13,11–18) 264

II. Teil 281
Die Zionsgemeinde (14,1–5) 283
Das ewige Evangelium (14,6–7) 295
Der Fall Babylons (14,8) 304
Die dritte Engelsbotschaft (14,9–12) 317
Eine Seligpreisung (14,13) 322
Erntezeit (14,14–15) 327
Weinlese (14,17–20) 332
Am gläsernen Meer (15,1–4) 342
Der Tempel im Himmel (15,5–8) 349

Die sieben Plagen (Kap.16)	356
Ein Erdbeben zerteilt Babylon (16,17–21)	404
Das Geheimnis, Babylon (Kap.17)	417
Das Geheimnis des Tieres (17,7–14)	425
Die Kirche im Kreuzfeuer (17,15–18)	434
Geister und Dämonen (18,1–3)	440
Heimkehr aus Babylon (18,4–7)	450
Babylons Selbsttäuschung (18,8–10)	457
Babylons Kaufleute und Waren (18,11–16)	461
Babylons letzte Fahrt (18,17–19)	471
Ein Nachruf! (18,20–24)	483
Das große Halleluja! (19,1–5)	492
Die Hochzeit des Lammes (19,6–10)	495
Der »dritte Weltkrieg« (19,11–21)	501
Satan wird gebunden (20,1–3)	510
Die erste Auferstehung (20,4–6)	513
Gog und Magog – der letzte Feind (20,7–10)	519
Der große weiße Thron (20,11–15)	521
Eine neue Schöpfung	525
Das neue Jerusalem (21,9–27)	534
Der Paradiesstrom (22,1–5)	542
Siehe, ich komme bald! (22,6–21)	546
Erklärung der Abkürzungen	553

Die Offenbarung

»Glückselig, der da liest und die da hören die Worte der Weissagung und bewahren was in ihr geschrieben ist; denn die Zeit ist nahe!«
(Offb.1,3)

*Gewidmet denen,
die den irrationalistischen Zeitgeist
überwinden und ihren und
meinen Kindern und allen,
die Gott suchen.*

Prolog

Der letzte Schlag des Totenglöckchens war verklungen. Die Orgel stimmte das Lied an: »So nimm denn meine Hände und führe mich ...«. Die Nachricht vom Tod der Königin von Babylon ging wie ein Lauffeuer durch die Lande. Zum Trauergottesdienst in der Kreuzkapelle des Alten Friedhofs hatte sich eine riesige Volksmenge versammelt. Vertreter aller Konfessionen und Denominationen waren zum Begräbnis gekommen, um dieser berühmten Frau das letzte Geleit zu geben. Unter ihnen Bischöfe, Päpste, Priester, Pfarrer, Prediger, alle Großen des Reiches, Könige, Kaufleute, Minister, viele Politiker, die heimlich bei ihr verkehrt hatten. Auch Presse und Rundfunk waren anwesend. Es war eine ganz besondere, eine außergewöhnliche Beerdigung, wie sie die Welt noch nicht gesehen hat.

So berühmt sie weltweit auch war, so war sie als Herrscherin in ihrem Reich auch berüchtigt. Ihr war wegen Untreue und Mord der Prozess gemacht worden. Das Urteil lautete auf Todesstrafe, die in lebenslange Haft umgewandelt worden war. Nach langer schwerer Krankheit war die große Hure, denn als solche war sie bekannt, gestorben. Jeder wollte hören, was der Pfarrer in einem solchen Falle predigen würde. Nicht leicht für ihn, eine so große Sünderin in den Himmel zu heben. Gespannt waren vor allem solche, die im Krieg mit ihr lagen oder einen Rechtsstreit mit dem Heidenweib hatten.

»Früher wäre eine solche«, hob er an, »wie damals die Hexen von der Kirche, Entschuldigung von der weltlichen Obrigkeit, bei lebendigem Leibe verbrannt worden. Doch ihre humanistischen Buhlen plädierten für lebenslang, in der Hoffnung, sie durch ein Gnadengesuch wieder freizubekommen. Nun, da sie tot ist«, fuhr der Prediger fort, »wollen wir ihr aus ‚Achtung vor der Würde des Menschen' doch noch ein anständiges Begräbnis bereiten. War sie doch auch ein Mensch, und Menschen standen zu ihr in (teilweiser intimer) Beziehung, obschon sich heute alle von ihr distanzieren, ja zum Teil sie sogar hassen.« Leider habe sie auch in ihren letzten Stunden bei seinem Besuch ihre Schuld nicht eingesehen, um selig zu sterben. Wie viele Ehen habe sie zerstört. Zwar habe sie zugegeben, schwere Fehler in ihren Männergeschichten gemacht zu haben, aber sie sei nur ausgenutzt worden und habe viel gelitten. »Doch sich als Sünderin vor Gott zu erkennen und um Vergebung zu bitten, davon war sie weit entfernt«, stellte der Seelsorger erschüttert fest. »So ist das eben gewöhnlich bei Huren. Und überhaupt ein Problem in unserer pluralistischen Gesellschaft. Man häuft Schuld und Schulden auf, und glaubt sich noch im Recht. Die Menschen haben zwar ein tiefes Bedürfnis nach Liebe und Verständnis, vielleicht auch religiöse Gefühle, aber ihr sündhaftes Leben bereuen und aufgeben wollen nur wenige. So musste hier die Gerechtigkeit ihr Werk tun.« Ob dieser Worte schauten ihre sieben Töchter in der ersten Reihe, alles Prostituierte, ziemlich grimmig. Anderen gingen sie zu Herzen.

»Der Anfang ihrer Geschichte«, erklärte der Prediger weiter, »liegt in Ephesus. Dort schloss sie die Ehe mit dem Sohn des großen Königs. Er war ihre erste Liebe und sie seine. (Man lese den Epheserbrief). Nach geraumer Zeit erlosch ihre Liebe, es fiel ihr immer schwerer, ihrem Mann nach dem göttlichen Gebot unterwürfig zu sein. Man muss wissen, dass ihre Vorfahren aus dem Alten Testament stammten. Das macht vieles verständlicher. Er schrieb ihr (im ersten Sendschreiben), sie solle Buße tun. Darauf reagierte sie nicht. Sie verließ ihn und ging andere Ehen ein, insgesamt fünf. Auch diese befriedigten sie nicht, so wurde sie eine Hure und verführte viele. Wer sich ihr widersetzte, wurde beseitigt. Zuletzt unterhielt sie ein evangelikales Wellnesscenter im Vergnügungsviertel.«

Er schloss mit den Worten: »Wir, die wir an die Verheißung Gottes glauben, haben einen Trost und eine Hoffnung im neuen

Jerusalem, das als Braut bald aus dem Himmel herniederkommt. Dort gibt es keine Trennung, keine Scheidung, keinen Schmerz mehr, denn in Jesus ist Versöhnung, Er macht alles neu. Diese Erneuerung hätte auch die Entschlafene erfahren können. Lasst uns für die Hinterbliebenen beten!«

Dann sang der Zions-Chor »Das große Halleluja«. Langsam setze sich der Zug von der Kapelle zum Grab in Bewegung...

In der folgenden zeitnahen Auslegung der Offenbarung, die wie ein großer Gerichtsprozess ist, worin es um eine Scheidung wegen geistlicher und leiblicher Hurerei geht, wird ein neuer Weg aufgezeigt, wie sowohl die Kirche als auch Ehen und Familien wiederhergestellt werden können.

Den Texten liegt die »Elberfelder Bibel« zugrunde.

I. Teil

(Kap.1–13)

Die Offenbarung

EINFÜHRUNG (1,1–3)

Die **Offenbarung Jesu Christi** ist eine Offenbarung von Gott über Jesus Christus, die durch Seinen Engel dem Apostel Johannes, überbracht worden ist. Offenbarung setzt ein Geheimnis voraus, das Buch offenbart das Geheimnis Gottes und noch weitere Geheimnisse (10,7). Es ist aber auch eine Selbst-Offenbarung von Jesus, Seiner Stärke und Größe, die Gott Ihm gegeben hat. Christus ist das große Geheimnis der Gottseligkeit. Wir dürfen hier Seine Herrlichkeit und Macht im Heiligtum anschauen. In der Offenbarung betreten wir die Heiligtümer Gottes. Vornehmlich Gottes Dienern, aber auch jedem Leser, soll durch die Weissagung des letzten Buches der Heiligen Schrift ein gewaltiges Geschehen gezeigt werden.

Die Quelle des Zeugnisses von Johannes, alles, was er sah, ist **das Wort Gottes und das Zeugnis Jesu** (1,2). »Das Wort Gottes« war für die Apostel das Alte Testament, »das Zeugnis Jesu« ist das Evangelium, also das Neue Testament. Die Offenbarung schöpft aus beiden Teilen der Heiligen Schrift und bietet sie, dem Zeitgeschehen entsprechend, neu dar. Das Buch will geistlich ausgelegt werden – für alle. Die Symbolik der Offenbarung führt uns zu der Symbolik der Propheten des Alten Testaments. Denn die Offenbarung verwendet die bildliche Sprache und die Vorbilder des Alten Testaments in ihrer Weissagung, die den christlichen Bekenntniskreis ansprechen soll.

Es ist auffallend, wie kurz sich die Offenbarung in ihrer bildlichen Beschreibung fasst; sie setzt voraus, dass der Leser die biblischen Geschichten kennt, wie dies bei den ersten Christen der Fall war. Doch auch der Unkundige lernt sie durch unsere Betrachtung mühelos kennen. Der Leser muss nicht unbedingt die

Bibel zur Hand nehmen, unser Buch enthält bereits nach und nach den ganzen Text der Offenbarung und viele andere Bibelzitate.

Man könnte die Offenbarung auch das Inhalts- oder Stichwortverzeichnis der Bibel nennen, aber dieses hat es in sich. Tippt man auf ein solches, öffnen sich gleich ganze Kapitel. Daher ist mein Buch auch so umfangreich. Die Offenbarung für sich zu deuten, unter Vernachlässigung anderer Schriftteile, muss natürlich das Verständnis erschweren und hat oft zu wilden und gar unsinnigen Deutungen geführt. Das letzte Buch der Bibel ist von seiner Systematik her auch ein hervorragendes Mittel, den thematischen Aufbau der Heiligen Schrift kennenzulernen. Der Kirche ist der Bezug zum Alten Testament (zwei Drittel der Bibel) verloren gegangen. Statt die Bibel in »Altes« und »Neues« Testament aufzuteilen, hätte man es bei »das Wort Gottes« und »das Zeugnis Jesu« belassen sollen. Ersteres, im Geiste Jesu verstanden, bringt das Gold zutage, denn gerade dort liegen die Schätze der Weisheit in Christus verborgen. Der hohe Gegenstand des Alten Testaments ist Christus und Seine Gemeinde. Durch den Tod des Erblassers, Christus, ist das Testament geöffnet, Sein Erbe ist jetzt den Glaubenden durch den Heiligen Geist zugänglich (Hebr.9,15–18).[1]

Wir werden eingeladen, dieses wunderbare Buch zu betrachten: **Glückselig, der da liest und die da hören die Worte der Weissagung und bewahren, was in ihr geschrieben ist; denn die Zeit ist nahe!** Ein aktueller Gerichtsprozess, der uns nicht nur Zeuge und Zuhörer sein lässt, sondern als Betroffene uns viel zu sagen hat. Für die einen ist die Offenbarung Rechtfertigung und Glückseligkeit – davon geht sie aus; für andere Anklage, besser noch Selbstanklage, der die Gnade sicher ist. So stellt sich schon gleich zu Anfang die Frage, wie wir das Buch lesen oder hören, mit welchen Augen und Ohren wir die Dinge sehen und verstehen: Ist das Ohr dem Geiste Gottes geöffnet, und sind »die Augen unseres Herzens erleuchtet« (Eph.1,18)?

---

1 Erklärung der Abkürzungen der Bibelstellen am Schluss des Buches

Schreiber und Leser der vorliegenden Betrachtung dürfen darum im Glauben bitten: HERR, öffne unsere Augen und lasse uns Dein Heil schauen. Glückselig machen uns alle die Verheißungen in den Sendschreiben, Siegeln, Posaunen und selbst in den Plagen und dem Gericht. Die »Zeit« ist eine nahende Gerichtszeit, die immer auch Gnadenzeit ist für den, der sie nutzt.

DIE VORHALLE (1,4–8)

In der Vorhalle des Gerichtsgebäudes werden wir auf den Gerichtsprozess vorbereitet, seien es die Zuschauer, die von ihren Sünden im Blute Jesu gewaschen und daher begnadigt sind, weshalb sie nichts Schlimmes zu befürchten haben, oder die Angeklagten, die noch vorher ihre Sachen vor Gott regeln und um Vergebung bitten können, ehe der Film abläuft.

Johannes schreibt »alles, was er sah« **den sieben Versammlungen (Gemeinden), die in Asien sind.** »Sieben« ist eine symbolische Zahl der Ganzheit, sie weist auf die Vollkommenheit der Schöpfung Gottes hin. »Asien« war die Landschaft Kleinasien in der heutigen Türkei. Der apostolische Eröffnungsgruß: **Gnade euch und Friede!**, der in vielen Briefen erklingt, soll uns bis zum Schluss der Offenbarung begleiten. Wenn uns Erleuchtung fehlt, brauchen wir die Gnade, wenn wir angefochten sind, vermehrt den Frieden Gottes. Die ganze Fülle der Gottheit ist beteiligt, damit wir durch dieses wunderbare Buch mehr und mehr Gnade und Frieden bekommen. **Von dem, der da ist und der da war und der da kommt,** dürfen wir alles erwarten. Dieser Titel wird zu einem Namen Gottes. Der Gott der Urzeit ist der Allgegenwärtige und der Ewiglebende, der auch unser Gott und Vater geworden ist durch Jesus Christus. Wir können die Betonung auch auf »da« legen, der gegenwärtig da ist, derselbe Gott, der sich den Vätern offenbart hat und Hüter Israels war; und der *da* kommt und *so* kommt, wie wir es in der Offenbarung sehen. Da schwinden alle Zweifel, ob Gott existiert.

Die **sieben Geister, die vor Seinem Throne sind,** erklärt die Offenbarung in den weiteren Erwähnungen selbst. Den sieben Gemeinden müssen sie durchaus vertraut gewesen sein, sie gehören zu dem Lamme und zeugen von Seinem Wesen. Gesandt ist uns der Geist der Wahrheit, der Geist der Treue und Sanftmut, der Geist der Heiligkeit, der Geist der Weissagung, der Geist des Lebens, der Geist der Liebe, Gnade und Kraft, der Geist der Erkenntnis und Furcht des Herrn – in dieser Reihenfolge könnten wir sie den sieben Sendschreiben zuordnen und der guten Geister Gottes noch mehr, und ist doch e i n Geist. Alle sieben Geister Gottes ruhten auf Dem, der die Wurzel und das Geschlecht Davids ist (Jes.11,1–10), und Er hat uns von Seinem Geiste gegeben.

Wir brauchen Gnade und Friede auch von **Jesus Christus, welcher der treue Zeuge ist, der Erstgeborene der Toten und der Fürst der Könige der Erde!** Die drei Titel, mit denen Jesus Christus hier vorgestellt wird, sollen uns erstens an den treuen Knecht Gottes in den Tagen Seines Fleisches erinnern, dann an den Auferstandenen, der den Tod überwunden hat, und zuletzt an Seine Stellung im Himmel. Um treue Zeugen zu sein, wie Jesus es in Seinem Leben war, brauchen wir viel Gnade. Da Er, wie auch Paulus bezeugt, »der Erstgeborene aus den Toten ist, auf dass er in allem den Vorrang habe« (Kol.1,18), sind auch »wir mit Ihm auferweckt worden«. Darum »suchet, was droben ist, wo der Christus ist, sitzend zur Rechten Gottes« (Kol.3,1). In dieser Stellung zur Rechten der Majestät ist Er der Oberkönig über die Könige des Bekenntnisses; Christus regiert als König über ein »Königreich von Priestern und eine heilige Nation« (2.Mo.19,6; 1.Petr.2,9), die Er sich erkauft hat durch Sein Blut. Der Gedanke einer weltlichen Herrschaft über weltliche Könige ist zu verwerfen, denn Gottes Reich ist inwendig: Christus will in den Herzen regieren. Mit »Erde« ist in der Offenbarung immer der Kreis des Bekenntnisses gemeint, unterschieden vom »Meer«, das die Welt bezeichnet. Um Menschenherzen von den »Fürstentümern, Gewalten, Weltbeherrschern dieser Finsternis und den geistlichen Mächten der Bosheit« zu befreien, tritt Er in Seiner Offenbarung den Kampf an gegen diese Mächte, die Er bereits am Kreuz besiegt hat und über die Er von Gott gesetzt ist (Eph.2,21; 6,12). Christi Herrschaft und Sieg findet in einer höheren Sphäre statt, und zwar in den »himmlischen Örtern«. Um uns daran teilnehmen zu lassen, hat Er auch uns zu einem Königtum und zu Priestern gemacht. Wir bedurften allerdings der Reinigung durch Sein Blut. Das Opfer für die Sünde fand im Vorhof statt, dort mussten auch die Sünden bekannt werden. Christus ist das Opferlamm geworden, und jeder, der zu Ihm gekommen ist in Reue und Buße, darf auch an die Vergebung der Sünden glauben.

Auf diese wunderbare Tatsache bricht der Apostel mit der erlösten Gemeinde in den Lobpreis aus: **Dem, der uns liebt und uns von unseren Sünden gewaschen hat in seinem Blute, und uns gemacht hat zu einem Königtum, zu Priestern, seinem Gott und Vater: Ihm sei die Herrlichkeit und die Macht von Ewigkeit zu Ewigkeit! Amen.**

Noch immer liebt der HERR Seine Gemeinde! Er hat sie durch Seinen Opfertod von der Knechtschaft »Ägyptens« erlöst, wie sollte er sie wiederum der Gefangenschaft »Babylons« überlassen, von der dieses Buch handelt? Unsere Berufung und Erwählung ist im »neuen Jerusalem« festgemacht. Dort ist keine Knechtschaft mehr, wir sind zu der »Freiheit in Christus« gekommen, zu der wir freigemacht worden sind (Gal.4,26; 5,1).

Der Dienst Johannes ist das **Königtum in Jesu.** Der Apostel Paulus hat hauptsächlich das Priestertum der Gläubigen im Auge. Königtum und Priestertum gehören im Reiche Gottes zusammen und sind voneinander abhängig. Ist das Priestertum in Ordnung, ist auch das Königtum stark. Der Zweck der Offenbarung ist es, ein Volk von Königen und Priestern hervorzubringen, um mit Jesus Christus, dem Sohne Gottes und Davids, in Seinem Königreich zu herrschen, zum Preise Seiner Herrlichkeit. Bisher hat sich die Kirche in ihren Glaubensbekenntnissen und in ihrer Verkündigung wenig mit dem Königtum Jesu beschäftigt. In der ganzen Zeit ihrer Geschichte standen die Sündenvergebung und der Gottesdienst im Vordergrund, also Altar und Tempel. Von der Herrschaft Christi über Sein Volk und unserem Königtum in Ihm war kaum die Rede, und wenn, dann nach weltlicher Weise. Die Offenbarung richtet die Gemeinde Jesu neu auf das Reich Gottes aus, auf eine neue Hoffnung, die das Volk des HERRN mit großer Freude erfüllen und jede Seele beleben wird, denen die Offenbarung Jesu

Christi wie der glänzende Morgenstern, als der Er Selbst sich vorstellt, aufgeht (22,16).

Der HERR Selbst wird kommen, um der Herrschaft der Gesetzlosen ein Ende zu machen und einem jeden zu vergelten, wie sein Werk sein wird (22,12). **Siehe, er kommt mit den Wolken, und jedes Auge wird ihn sehen, auch die ihn durchstochen haben.** Die Offenbarung handelt vom Kommen des HERRN: Im 1.Kapitel heißt es zweimal »der da kommt«. In fünf Sendschreiben kündigt Er den Gemeinden Sein Kommen an, im letzten ist Er bereits gekommen, denn Er steht an der Tür und klopft an. Am Schluss der Offenbarung versichert der HERR noch dreimal: »Ich komme bald.«

Wie sieht das nun aus, wenn Er »mit den Wolken« kommt? Bei der Himmelfahrt Jesu wurde den Jüngern durch das Engelwort verheißen: »Dieser Jesus, der von euch weg in den Himmel aufgenommen worden ist, wird also kommen, wie ihr ihn habt hingehen sehen in den Himmel.« (Apg.1,11). Sein Wiederkommen »mit den Wolken« ist eine Enthüllung aus der Verhüllung. Noch ist Jesus verborgen, »du hast dich in eine Wolke gehüllt« (Klagel.3,44), aber bald wird Er sich uns, den Seinen, offenbaren, und auch die Welt wird Ihn sehen.

Die »Wolken« kündigen ein Wetter an, dunkle Wolken steigen herauf, ein Sturm, der von »Stimmen und Donner und Blitzen« angekündigt wird (8,5), bricht in der Offenbarung los: »Siehe, der Herr fährt auf schneller Wolke« (Jes.19,1); »unser Gott kommt ... und rings um ihn stürmt es gewaltig« (Ps.50,3). Vor dem Hohepriester, den Schriftgelehrten und Ältesten der Juden offenbarte Jesus Sich nach Seiner Verhaftung als der Christus: »Von nun an werdet ihr den Sohn des Menschen sitzen sehen zur Rechten der Macht und kommen auf den Wolken des Himmels.« (Matth.26,64) Daniel kündigt Ihn bereits auf diese Weise an (Dan.7,14.15). Für jene, die Ihn leiblich ermordet haben, ist Er bereits in einer machtvollen Kundgebung am Pfingsttage gekommen. Das soll nun auch die Christenheit erleben, sie soll erkennen, wer Der ist, der im Himmel thront und dem »alle Macht gegeben ist im Himmel und auf Erden« (Matth.28,18).

Dann wird Ihn **jedes Auge sehen**, aber werden Ihn gleich alle erkennen? Sind wir darauf vorbereitet, dass Er, bevor Er sichtbar zur Entrückung Seiner Gemeinde kommt, zuerst uns zur Rede stellen wird und in richterlicher Gestalt in den Gemeinden erscheint? Dann sind wir am Ende mit unserer Weisheit, dann hören wir auf zu streiten, dann redet der HERR. Vorhin haben wir gelesen, was Christus für uns getan hat, wie Er uns geliebt, wie Er uns gewaschen hat in Seinem Blut, wie Er uns gemacht hat zu einem Königtum … Aber nun kommt auch unsere Seite, was wir gemacht, wie wir Seine Liebe vergolten haben, wie man Seine Zeugen behandelt hat – und die Kirche hat viel gerechtes Blut vergossen –, und ob wir Christus in dem geringsten Seiner Brüder erkannt haben (Matth.25,31–46). Hier und überhaupt in der Offenbarung spielt die Geschichte Josephs stark hinein (1.Mo.37–45). Joseph suchte seine Brüder, aber er fand sie nicht dort, wo sie hätten sein sollen. Er geht ihnen nach, obwohl er wusste, dass sie ihn hassten. Sie schmieden Mordpläne, werfen ihn in eine Grube. Schließlich verkaufen sie ihren Bruder nach Ägypten, wo Joseph nach einer Läuterungszeit zum Herrscher und Retter wird. Von der Hungersnot getrieben, kommen seine Brüder nach Ägypten zu Joseph. Er erkannte seine Brüder, »sie aber erkannten ihn nicht«. Ihnen musste, bevor er sich ihnen offenbarte, erst einmal ihre Tat zu Bewusstsein gebracht werden. Diese Geschichte wiederholte sich bei den Juden mit Jesus, den sie nicht erkannten. Und noch immer rätselt man an Sach.12, was der »Laststein« ist und wieso die bittere »Wehklage über den Eingeborenen«. Sehr mysteriös, aber beide reden von Jesus, dem Eingeborenen vom Vater.

Wie bei den Brüdern Josephs spielt sich wieder das gleiche Drama in der Offenbarung des Herrn Jesu ab. Christen verwerfen die Offenbarung, als habe sie nichts mit ihnen zu tun. Nur die Hochzeit wollen sie mit dem Lamme feiern und im neuen Jerusalem sein. Doch es wird einmal große Wehklage und Selbstanklage gehalten werden, wenn sie Jesus sehen, aber Ihn nicht erkennen. Er muss erst noch eine Sache mit ihnen klären, und zwar, wie man Seinen Leib behandelt hat, wie er »durchstochen« wurde. Was der Kriegsknecht tat, als er mit einem Speer die Seite Jesu durchbohrte, hat Ihn nicht mehr geschmerzt, da Er schon gestorben war. Den heute lebenden Juden kann diese Tat nicht mehr zugerechnet werden. Was haben wir, die wir nach Seinem Namen genannt sind, mit Christus gemacht? Was haben Brüder mit Brüdern gemacht?

Der HERR kennt keinen Unterschied zwischen Sich und den Seinen, denn »wer euch antastet, tastet seinen Augapfel an« (Sach.2,8). Die Gemeinde ist Sein Leib, und die Heiligen sind Glieder Seines Leibes. Paulus wurde diese Einheit auf eine drastische Weise kundgetan, als er auf dem Wege nach Damaskus war und die Stimme vom Himmel hörte: »Saul, Saul, was verfolgst du mich? Er aber sprach: Wer bist du, Herr? Ich bin Jesus, den du verfolgst.« (Apg.9,5) In der Offenbarung geht es Gott nicht um die Juden, sondern um die Kirche, die Gemeinde, um den lebendigen Leib Christi, der verwundet worden ist, ja um die treuen Zeugen, die »durchbohrt« wurden, und das trifft Jesus tief ins Herz. Das gilt besonders den Tätern, die sich direkt an Seinem Leibe, das heißt an der Bruderliebe, vergangen haben. Wir neigen sehr dazu, die Schuld abzuschieben, aber der HERR wird sie uns genauso ins Gedächtnis bringen und mit uns handeln, wie Joseph mit seinen Brüdern handelte (1.Mo.42,21). **Und wehklagen werden seinetwegen alle Stämme des Landes. Ja. Amen.** »Alle Stämme« oder »alle Geschlechter der Erde« des Bekenntnisses haben teil an dem großen Unglück, das dem Volke Gottes widerfahren ist.

Diese Dinge sind also bei der Betrachtung der Offenbarung zuerst zu bedenken, ehe eine Sammlung und Wiederherstellung des Volkes Gottes erfolgen kann. Dazu sollen wir mit dem Apostel Johannes **Ja und Amen** sagen. Zur Ökumene können wir nicht Ja und Amen sagen, sie ist ein menschlicher Versuch, das zertrümmerte Gefäß wieder zu kitten, aber ohne Wahrheit und wahre Liebe.

Dann stellt der HERR sich selbst vor: **I c h bin das Alpha und das Omega, spricht der Herr, Gott, der da ist und der da war und der da kommt, der Allmächtige** (V.8). Wie bei der Berufung Mose (2.Mo.3) stellt Gott sich auch hier Seinen Knechten als der »Ich bin ...« vor. In der Vollmacht und Kraft dieses Namens sollte Mose zu den Kindern Israel gehen und sie aus Ägypten herausführen. Am Ende der Offenbarung erfahren wir, dass **Jesus** der »Ich bin« ist. Im Evangelium des Johannes stellt Christus sich siebenmal in diesem Titel vor, z. B. »I c h bin der Weg und die Wahrheit und das Leben«; nur Er kann eine Veränderung der traurigen Lage und des elenden persönlichen Zustandes und des ganzen Volkes Gottes bewirken, welche die Weissagung dieses Buches aufzeigt. Der HERR sieht die gegenwärtige Unterdrückung Seiner Kinder durch finstere Mächte, Er kennt unsere Schmerzen. Er sah ja auch einst das Elend Seines Volks in Ägypten und war herabgekommen, um es aus der Hand ihrer Bedrücker zu befreien. Da haben wir die Verbindung zu demselben Gott, »der da war und der da ist und der da kommt«, Er kommt zu Seiner Gemeinde, Er kommt zu dir. Der »Ich bin, der ich bin« ist der ewig Unveränderliche. In der Offenbarung Jesu Christi sollen wir Den kennenlernen, der Er immer war, in Gericht und Gnade. Er ließ im alten Bunde mächtige Feinde heraufkommen, die Sein Volk bedrückten, und Er richtete auch die Nationen, die Israel vernichten wollten, und gab dann wieder Zeiten der Erquickung. Auch im neuen Bunde geht Gott Seine Regierungswege mit Seinem bluterkauften Volke und den Nationen. »Ich bin die Auferstehung und das Leben.« Den soll die kranke, trauernde, schlafende Gemeinde in Seiner Offenbarung erfahren; in der Offenbarung Seiner Person und in der Mitteilung Seines Wesens, Seiner Lammesnatur, kommt die Gemeinde zur Vollendung und die einzelne Seele zum Frieden.

Der **Ich bin** ist derselbe, vor Dem die Häscher im Garten Gethsemane zurückwichen und zu Boden fielen (Joh.18,6). Wir kennen den Spruch: »Jesus Christus ist derselbe gestern und heute und in Ewigkeit.« (Hebr.13,8) Dieser Ausdruck wird zu einem Namen Gottes, Jesus, »welcher über allem ist, Gott, gepriesen in Ewigkeit. Amen« (Röm.9,5). Er spricht das erste und das letzte Wort in der Sache, Er ist allmächtig, das wiederherzustellen, was wir verdorben haben, und alles zum Guten zu wenden, Er will Sein Volk wieder segnen und zum Siege führen, zum Lobe Seines herrlichen Namens. Er ist auch, wie Joseph genannt wurde, der »Retter der Welt«, auch der heutigen Not leidenden Welt (1.Mo. 41,45).

Im Heiligtum (1,9–20)

Johannes teilt uns auch den Ort und die Umstände mit, in denen er sich befand, als er die Offenbarung empfing. Die schönsten Briefe des Apostels Paulus schrieb er aus dem Gefängnis, Johannes wird die herrlichste Offenbarung in der Verbannung gezeigt. Wenn Gott Seinen Knechten, den Propheten, Sein Geheimnis offenbaren will, führt Er sie in die Einsamkeit. Um die Offenbarung besser verstehen zu können, muss man nicht die Insel Patmos besuchen, wo Johannes war, und vielleicht noch die Höhle aufsuchen, um sich im Geiste in seine Lage zu versenken. Ich bezweifle, ob wir je die Weissagung dieses Buches verstehen lernen, außer in der Stille, in die der HERR Seine Knechte zwangsweise führt, um **des Wortes Gottes und des Zeugnisses Jesu willen,** das heißt um der Wahrheit des Evangeliums willen, die uns neu verklärt werden soll. Wie mancher Gottesknecht, dem eine vergessene oder vernachlässigte Wahrheit neu offenbart wurde, hat diese Erfahrung gemacht, auch ich selbst. Die Offenbarung lässt sich nicht einfach theologisch auslegen, sie erfordert ein Mitleiden und Mitteilnehmen **in der Drangsal und dem Königtum und dem Ausharren in Jesu.**

Als Johannes die Offenbarung empfing, ohne Zweifel an einem Sonntag, der **dem HERRN gehört,** war er **im Geiste.** In stiller Anbetung versunken hatte er den HERRN Jesus vor sich. Bezogen auf die ganze Offenbarung erleben wir mit ihm im Geiste den großen und herrlichen Tag des HERRN, der mit dem Aufgehen der Sonne beginnt (7,2), bis zur vollen Tageshöhe (19,17). Plötzlich spricht ihn eine laute Stimme hinter ihm an. Es bedurfte dieses lauten Posaunentones, um den greisen Apostel aus seiner bisherigen lieblichen Betrachtung des HERRN herauszureißen.

Der HERR ruft ihn an: **Was du siehst, schreibe in ein Buch und sende es den sieben Versammlungen.**
Alle sieben Gemeinden erhalten das gesamte Buch der Offenbarung und alle lesen, was der anderen Gemeinde geschrieben wurde. Diese sieben Versammlungen ergaben nach der Vorsehung Gottes ein umfassendes Bild der Gesamtgemeinde. Das ganze Buch der Offenbarung ist für die gesamte Kirche. Gott hat die sieben Gemeinden Kleinasiens, den damaligen westlichen Gemeindekreis, ausgewählt, da hier nach der Verfolgung zuerst die Verführung einsetzte. Wenn der greise Apostel scheinbar so unwesentliche Einzelheiten seines Erlebens erzählt: »Ich wandte mich um, um die Stimme zu sehen, welche mit mir redete«, dann liegt darin wohl auch für uns der Hinweis, dass wir neu zu hören haben auf das, was der HERR uns zeigen will, um unseren Blick auf die drohende Gefahr und Not der Gemeinde zu lenken, damit wir unsere »eigene Seligkeit bewirken mit Furcht und Zittern« (Phil.2,12). Sicher haben wir keine akustische Stimme zu erwarten, sie vermöchte uns auch nicht aus unserer Beschaulichkeit und Selbstbetrachtung aufschrecken. Nicht jeder wird ein geistliches Ohr haben für die Stimme des Geistes Gottes. Wenn die Posaune Gottes ertönt, heißt es vor allem für die Predigerschaft, für die Führer und Verantwortlichen der Kirche, auf die Stimme des Geistes zu hören. So entsteht eine neue geistliche Bewegung, eine Erweckung.

Im Zeitlauf der Gemeinden trat jetzt eine Wende ein, die Drangsal wurde durch eine Verführung abgelöst, Satan suchte den Gläubigen die Welt wieder begehrlich zu machen. Unreine Geister kamen auf, die das Christentum nachahmten, falsche Lehren verfälschten das Evangelium. Diese neue Lage erforderte ihre ganze Aufmerksamkeit. Das Buch der Offenbarung will die Gemeinden auf das neue Kampffeld einstimmen.

Die laute Stimme, die Johannes hinter sich hört, ist auch ein deutlicher Anruf, nicht bei dem historischen Jesus und dem traditionellen Christusbild, vielleicht nur beim Kindlein in der Krippe oder Jesus am Kreuz, stehen zu bleiben, sondern Christum als König und Priester im Heiligtum zu betrachten. Für den

Apostel der Liebe, der an der Brust Jesu gelegen hatte, war die Erscheinung des HERRN der Herrlichkeit ebenso überraschend wie für uns: Inmitten der **sieben goldenen Leuchter** sieht er einen **gleich einem Sohne des Menschen**. Das Zeichen des Zeugnisses Israels im alten Bunde, der siebenarmige Leuchter, ist in Christus zu einem Sinnbild der neutestamentlichen Gemeinde geworden (vgl. 2.Mo.25,31–40; Sach.4,2). Jener goldene Leuchter in der Stiftshütte war nur Abbild des Himmlischen. Daran denken die Israelfreunde nicht, wenn sie das Bild des siebenarmigen Leuchters mit dem weltlichen Staat verbinden, der vor Gott keine Bedeutung hat. Jesus hat damit nichts zu tun, Ihn interessiert nur Seine Gemeinde. Die Erscheinung Jesu in der Gestalt eines Menschensohnes verbindet Seine Menschheit mit Seiner Gottheit, seine Niedrigkeit nach dem Fleische mit Seiner richterlichen Hoheit auf dem Thron. Es ist derselbe, der die Gemeinde geliebt und sich selbst für sie hingegeben hat.

In Seinem **bis zu den Füßen reichenden Gewand** erkennen wir den Hohepriester unseres Bekenntnisses. Ein solches Gewand trugen Aaron und seine Söhne, es waren heilige Priesterkleider, wenn sie ins Heiligtum hineingingen, um den Priesterdienst auszuüben (2.Mo. 28,1–4). Der HERR zeigt uns mit Seinem Gewand Seine Heiligkeit, dass Er heilig ist und sich für uns geheiligt hat, damit auch wir Geheiligte seien durch Wahrheit (Joh.17,19). Im Unterschied zu der Erscheinung, die Daniel am Tigris sah (Dan.10,5), sieht Johannes den HERRN nicht an den Lenden umgürtet, sondern **an der Brust umgürtet mit einem goldenen Gürtel**. Angesichts der Zustände und Entwicklung in den Gemeinden ist der HERR sehr zurückhaltend, Seine Liebe kann nicht frei ausströmen, obwohl Seine Liebe immer noch Feuergluten sind, »eine Flamme Jahs« (Hohel.8,6). Er muss ihnen jetzt mit der Wahrheit dienen; »Gold« ist ein Sinnbild der Wahrheit und Gerechtigkeit.

Sein Haupt und seine Haare weiß wie weiße Wolle, wie Schnee sind wiederum Bilder aus Daniel: Der Menschensohn ist der »Alte an Tagen« (Dan.7,9), Jesus Christus ist der vollkommen weise Richter, Sein Urteil ist unfehlbar und nicht anfechtbar,

Er ist die personifizierte Weisheit Gottes, und bei Ihm ist kein Ansehen der Person. Der Vergleich mit »Wolle« zeigt auch eine Herzenswärme in Seinem Urteil, Er weiß auch das Gute anzuerkennen, nicht so ein kaltes Richten, wie das bei Menschen oft der Fall ist. Hingegen ist der Vergleich »wie Schnee« ein Hinweis auf die Reinheit und Sündlosigkeit des Menschensohnes, dann aber auch auf die Vollkommenheit, Echtheit und Zuverlässigkeit Seines Zeugnisses. Hier steht Christus als Richter Seines Volkes vor uns, der uns sowohl Furcht als auch Vertrauen einflößt. Seine **Augen wie eine Feuerflamme** sprühen vor Eifersucht auf Seine Gemeinde, die Ihm als Sein Weib untreu geworden ist und die Welt lieb gewonnen hat. Die Augen könnten auch Zorn ausdrücken (vgl.Sach.8,2). Der Geist der Eifersucht soll auch Seine Knechte entflammen, für die Verführte mit Gottes Eifer zu eifern (2.Kor.11,1–3). **Und Seine Füße gleich glänzendem Kupfer, als glühten sie im Ofen,** werden gegen den Weltgeist in Seiner Gemeinde einschreiten und unauslöschliche Spuren hinterlassen, worüber wir im vierten Sendschreiben Näheres erfahren. Dann Seine gewaltige **Stimme wie das Rauschen vieler Wasser,** wenn Sein Wort in Macht wirkt und eine Bewegung in die Massen bringt (vgl.14,2; 19,6).

Das Geheimnis der **sieben Sterne in Seiner rechten Hand** lüftet der HERR Selbst im Anschluss. Hier weist das Zeichen allgemein auf die Bestimmung der Zeiten hin, die in Seiner Hand liegen: »Er ändert Zeiten und Zeitpunkte, setzt Könige ab und setzt Könige ein.« (Dan.2,21) Es gab in der Verkündigung des HERRN und der Apostel eine Zeit des Sonnenaufgangs und des hellen Tages, aber es wurde auch Abend, ja, »es kommt die Nacht, da niemand wirken kann« (Joh.9,4). Die Offenbarung kündigt die Nacht an, wo es ganz dunkel ist in der Welt und das Volk des HERRN in Drangsal und angstvolles Dunkel hineingestoßen ist. In dieser Finsternis, wenn die Gesetzlosigkeit überhandnimmt, kommt **das scharfe, zweischneidige Schwert aus Seinem Munde** wieder hervor, um das Licht von der Finsternis zu scheiden und Seinem Volke zum Siege zu verhelfen. Es ist, wie wir wissen, das Schwert des Geistes, Gottes Wort

(Hebr.4,12; Eph.6,17). Wir neigen heute, beeinflusst durch den Humanismus, sehr dazu, das Schwert des Wortes Gottes abzustumpfen, indem wir dem Worte die Schärfe nehmen, um niemand wehzutun, oder aus Angst, dass wir angegriffen werden. In Seiner Offenbarung gibt Jesus Seinen Knechten wieder das zweischneidige Schwert in die Hand, damit Sünder auf der Stelle Buße tun. Die Knechte Gottes sollen aber auch wissen, dass dieses Schwert zwei Schneiden hat; bei rechtem Gebrauch schneidet die eine Seite ins eigene Fleisch.

In Seinem **Angesicht, wie die Sonne leuchtet in ihrer Kraft,** wird jeder ins Licht gestellt und alles an den Tag gebracht. Nicht jeder kann dieses Licht ertragen, manche hassen das Licht, weil ihre Werke böse sind (Joh.3,19). Jesus will auch in der Offenbarung das »Licht der Welt« sein, voller Gnade und Wahrheit. »Das Volk, das in Finsternis saß, hat ein großes Licht gesehen.« (Matth.4,16) Die Sonne des Evangeliums ist im Westen schon untergegangen, während sie im Osten aufzugehen scheint. Wenn Naturgesetze sich auf geistliche Gesetze übertragen lassen, dann müsste es auch bei uns bald wieder Tag werden, ja, die Offenbarung verheißt uns, dass die finsteren Mächte vor der Herrlichkeit und Macht des HERRN weichen müssen. Hesekiel sieht die Herrlichkeit Gottes von Osten her wiederkommen und den Tempel erfüllen, »und die Erde leuchtete von seiner Herrlichkeit« (Hes.43,2). Sarah Adams singt: »Ist dann die Nacht vorbei, leuchtet die Sonn, weih ich mich Dir aufs neu vor Deinem Thron. Baue mein Bethel Dir und jauchz mit Freuden hier: Näher, mein Gott, zu Dir, näher zu Dir.«

Die Erscheinung der herrlichen Größe Jesu Christi, unseres HERRN, ist zunächst furchtbar. Sie war es für alle Knechte Gottes, denen Gott sich in Seiner Heiligkeit offenbarte. Mose und Jesaja, Hesekiel und Daniel stürzten zu Boden, als sie die Herrlichkeit Gottes sahen. Auch für Johannes war dieser Anblick zu mächtig, er ist zu Tode erschrocken, so kennt er Jesus noch nicht. Er wusste zuerst überhaupt nicht, wer diese himmlische Gestalt war, bis der HERR sich ihm offenbart als der Auferstandene. Indem Er Seine Rechte auf ihn legt und ihm Mut zuspricht, sich nicht zu fürchten, ist die vertraute Verbindung wiederhergestellt.

Wir bedürfen auch einer Offenbarung des HERRN, einer Beziehung zu Ihm, wenn wir das überstehen wollen, was in diesem Buch geschieht. Der Handelnde in dem ganzen Geschehen ist eben Der, den wir gerade betrachtet haben, nicht nur als der Redende, Richtende, Warnende, Mahnende und Mutmachende in den Sendschreiben, sondern als der Allmächtige, der alles Geschehen, in das wir mit eingeflochten sind, lenkt, als König, der mit Seinen Heerscharen in den Kampf zieht und den Sieg erringt, der in Seiner Auferstehung bereits offenbar geworden ist. Für uns heißt das, Seine tröstende Stimme in dem gewaltigen Rauschen zu erkennen und Seine starke Hand zu fühlen, die uns aufrichtet. Bei der Betrachtung der Offenbarung müssen wir immer daran denken, dass Er der Lebendige ist und sich als Solcher offenbart und handelt. Alles Geschehen liefert hier den Beweis, dass Er lebt und alle Dinge lenkt. Das historische Datum Seiner Auferstehung gehört zur Grundlage unseres Glaubens, die Bestätigung aber, dass Jesus lebt und Ihm alle Mächte und Gewalten unterworfen sind, erleben wir in Seiner Offenbarung.

Der Kreis der Offenbarung sind die sieben Gemeinden in Kleinasien, angeordnet wie das Siebengestirn, welche als Engel gedeutet werden. Am christlichen Bekenntnishimmel leuchten sieben Sterne, die symbolisch für alle Gemeinden stehen. Für uns ist die Frage, unter welchem Stern wir stehen, welcher Engel uns leitet, denn nicht alle sind rein und treu geblieben. Wie Kinder von ihren Engeln behütet werden (Matth.18,10) und auch Männer Gottes einen Engel haben (Apg.12,15), ebenso haben auch die Gemeinden ihre Engel, und Engel »sind dienstbare Geister, ausgesandt um derer willen, welche die Seligkeit ererben sollen« (Hebr.1,14). Bevor eine Kirche, eine Gemeinde abfällt, ist ihr Engel abgefallen. Sie hat sich deshalb immer selbstkritisch zu prüfen, unter welchem Geist sie steht. Die sieben hier vorgestellten Engel der Gemeinden bieten reichlich Stoff zur Selbstprüfung.

Der siebenarmige Leuchter im Heiligtum stellt die Gemeinden dar in ihrem Zeugnis vor Gott. Ein Zeugnis vor der Welt hat nur dann Wert, wenn es vor und von Gott das rechte Licht hat. Der goldene Leuchter war aus einem Schaft, aus dem die sieben Arme getrieben waren. Über seine Reinheit und Speisung, die den Priestern obliegt, wacht der Hohepriester.

Die sieben Endzeitgemeinden (Kap. 2 u. 3)

Dem rechten Verständnis der Offenbarung geht zunächst einmal das geistliche Verständnis der sieben Sendschreiben voraus. In denselben werden uns sieben Typen von Endzeitgemeinden vorgestellt, die sich in der Krisis befinden bzw. das Ende einer Epoche kennzeichnen. Obwohl alle einem vorhandenen Kirchenkreis angehörten, ist die Örtlichkeit doch völlig unbedeutend. Der HERR macht hier eine Art Bestandsaufnahme oder Analyse der Gemeinden, das »was ist«, Zustände, wie sie zur Zeit des Sehers, also in der Frühkirche, bereits vorlagen und heute, am Ende des »christlichen« Zeitalters, ausgereift sind. Wir sollten jedoch nicht den Fehler anderer wiederholen, welche mit der kirchengeschichtlichen Deutung der Sendschreiben ihre eigene Position bestimmen wollten und sich dann natürlich in Philadelphia ansiedelten und danach benannten, aber nicht wirklich sind. Bei unserer Schrift-mit-Schrift-Deutung, Neues mit Altem Testament, ist es gar nicht möglich, sich auf eine Sendschreibengemeinde festzulegen.

Wir werden in allen sieben Gemeinden gewisse Elemente erkennen, die uns zu denken geben bzw. zur Selbstprüfung veranlassen. Man kann die Sendschreiben als Musterung und Tauglichkeitsprüfung betrachten, wobei jedoch niemand ausgemustert werden soll, sondern alle sollen durch den Geist neu zum Überwinden motiviert werden.

Statt die Kirchengeschichte in den Sendschreiben zu sehen, muss die biblische Geschichte zugrunde gelegt werden. Es muss auch beachtet werden, dass die Gemeinden aus Juden bestanden und sich als Israel nach dem Geiste verstanden. Die Nationen sind hinzugekommen und waren bald in der Mehrheit, aber deshalb blieb die Gemeinde das Israel des neuen Bundes. Der natürliche Hintergrund der Sendschreiben ist die Geschichte Israels im alten Bunde. Diese besteht wie die sieben Gemeinden aus sieben charakteristischen Zeitabschnitten oder Epochen. Die Gemeindeengel entsprechen genau dem Geist, der den jeweiligen Epochen im alten Bunde das Gepräge gab. Wenn wir wissen wollen, wo wir geistlich stehen, müssen wir uns im ersten Teil der Heiligen Schrift wiederfinden. Dass die Geschichte der Kirche die Geschichte Israels ist, haben schon andere vor mir festgestellt. Wir werden nachweisen, dass die Kirche im Alten Testament vorgebildet ist, genauso wie ihr Haupt, Christus. Hierdurch bekommen wir erst einen richtigen Begriff, was Kirche ist. Im Einzelnen dienen folgende Bücher den Sendschreibengemeinden als Vorbild:

Gemeinde in Ephesus	2.–4.Buch Mose
Gemeinde in Smyrna	Richter, Ruth, 1.Samuel
Gemeinde in Pergamus	2.Samuel
Gemeinde in Thyatira	Bücher Könige
Gemeinde in Sardes	Bücher Chronika
Gemeinde in Philadelphia	Esra, Nehemia (Haggai, Sacharja)
Gemeinde in Laodicäa	Maleachi, Evangelien (Joh. Ev.)

In dem Sendschreiben an *Ephesus* erkennen wir die Gemeinde in der Wüste, wie wir sie in den Büchern Mose sehen. Dann die Besitzergreifung des Landes, wo die Untreue Israels sie in große Drangsale brachte. Für die bekennende Gemeinde, die ihre erste Liebe verlassen hat, wirkt sich das zunächst so aus, dass die Masse den Kompromiss mit der Welt sucht, während die Treuen bedrängt und gelästert werden, wie in dem folgenden Sendschreiben. *Smyrna* stellt die wahre Gemeinde in der »Drangsal« dar, mancherlei innerer und äußerer Drangsale, wie wir sie im Buche der Richter finden. Dann auch in »Armut«, arm im Geiste, wie Noomi im Buche Ruth. Die schwerste Prüfung muss sie durch die »Lästerungen« der falschen Bekenner bestehen – ihrer Treue und Entschiedenheit wegen, wie David in 1.Samuel. Wenn sie sich unter allen drei Bedingungen bewährt hat, erfährt sie auch den glücklichen Ausgang der Prüfung in den drei genannten Büchern.

In *Pergamus* steht die Gemeinde unter dem Einfluss falscher Lehren und Personen, wie sie uns im 2.Samuel begegnen. Nachdem David alle Feinde besiegt hat, bringt Satan, der listigste aller Feinde, ihn zu Fall. Ab diesem Augenblick ist der Satan in seinem Hause, aber David überwindet ihn. *Thyatira* kennzeichnet das abtrünnige Priestertum, das der Geschichte Israels in den Büchern der Könige entspricht. Parallel dazu stellt *Sardes* das treulose Königtum dar, entsprechend den beiden Büchern der Chronika. Beide enden mit der Wegführung nach Assyrien und Babel.

Nach der babylonischen Gefangenschaft beginnt ein Werk der Wiederherstellung in Jerusalem, wovon die Bücher Esra und Nehemia Zeugnis geben, die augenscheinlich das Vorbild für *Philadelphia* sind. Der letzte Abschnitt bzw. der Zustand Israels ist typisch laodicäisch, wie ihn Maleachi tadelt und in den Evangelien angetroffen wird. In den Evangelien, besonders im Johannesevangelium, befinden wir uns auf dem Boden *Laodicäas*. Doch Laodicäa ist nicht das letzte Ende, aber gewiss das Ende des bisherigen Kirchenlaufs. »Was nach diesem geschehen muss« (4,1), ist ernsterer Natur und greift in unser Leben und das der Gemeinden empfindlich ein.

EPHESUS (2,1-7)

Der geistliche Standort der Gemeinde in Ephesus ist die Wüste, entsprechend der Wüstenreise Israels. Das Volk Gottes befindet sich in dieser Welt auf der Pilgerreise, die der Wüstenreise Israels entspricht. Die Gemeinde sollte immer in Bewegung sein, um dem verheißenen Kanaan näher zu kommen. Aber in der »Wüste« begegnen uns Versuchungen und Verführungen, die es zu erkennen und zu überwinden gilt. Hier kommt es auf die Liebe an, die entschieden dem HERRN anhängt und auf keine fremden Stimmen hört. An diesem Punkte, der auch Eva zum Verhängnis wurde, verließ die Gemeinde ihren Platz unter dem Haupt und verlor dadurch die paradiesische Freiheit und Unschuld.

Der Epheserbrief steht freilich noch auf einem anderen Niveau, für den das Buch Josua vorbildlich infrage käme. In dem Sendschreiben an Ephesus sehen wir jedoch den Fall des Gemeindeengels, den Rückfall in einen wüstenähnlichen Zustand, wie er in den Büchern Mose vorkommt. Vornehmlich im 4. Buch Mose finden wir die Dinge, die in diesem Sendschreiben angedeutet sind. Es genügen Stichworte, um den Bezug zum Alten Testament für die Gemeinde herzustellen, die ja in den »Schriften« zu Hause war.

Angesprochen ist zunächst der Engel, der Geist der Gemeinde, nicht direkt die Gemeinde oder etwa ein verantwortlicher Leiter der Gemeinde: **Ich kenne deine Werke und deine Arbeit und dein Ausharren**. Der HERR Jesus, unser Hohepriester, **der da wandelt inmitten der sieben goldenen Leuchter**, weiß jedes Werk des Dienstes anzuerkennen. Die Ekklesia (die Herausgerufene) ist die Wohnung Gottes in der Welt, die für die Gläubigen vom Samen Abrahams eine Wüste ist; wir sind auf dem Wege zum himmlischen Kanaan. Hier geht es ganz praktisch um die Bewegung der Gemeinde durch den Geist, womit ein Weitertragen des Zeugnisses verbunden ist. Dieses Werk hat sein Vorbild in dem Tragen und Aufrichten der Stiftshütte (4.Mo.4).

Unter Wüstenbedingungen das Zeugnis aufrechtzuerhalten, kostet Arbeit und Mühe und erfordert Ausharren. Aber dafür hat Gott auch Hilfen gegeben, insbesondere den levitischen Dienst, der eigens dazu bestellt war, die Verbindung mit Gott aufrechtzuerhalten, damit Gott mit Seinem Volke sei. Jede Bewegung des Volkes Gottes machte den levitischen Dienst erforderlich. Es war die Aufgabe der Söhne Levis mit ihren Familien, das Zelt der Zusammenkunft mit seinen Geräten zu tragen. Zuerst die hochheilige Bundeslade – ein Bild der Menschheit Jesu, den Tisch – die Gemeinschaft und die Einheit des Leibes, den Leuchter – das Zeugnis vor Gott, das hell und rein leuchten soll; dann den Altar – die Sühnung, Reinigung und Anbetung. Alle diese heiligen Gegenstände waren mit reinem Golde überzogen – ein Zeugnis der göttlichen Wahrheit. Die Bretter der Wohnung sind sinngemäß die Heiligen, die durch die Liebe zusammengefügt sind. Das Merkmal einer wahren Kirche ist nicht nur die Wahrheit, sondern auch die Liebe. Alles ist tot und leer, wenn die Liebe fehlt (1.Kor.13). Die Liebe verleiht auch die Kraft, die Mitgenossen der himmlischen Berufung mit ihren Schwachheiten zu tragen und die Einheit des Geistes zu bewahren. So geschah es einst in Ephesus. Auf diesem Boden des Friedens konnten die geistlichen Segnungen genossen werden, dies umso mehr, je mehr sie dem Feinde Land abringen konnten und im Kampfe zum Leiden bereit waren.

Was Verfolgung nicht vermochte, gelang dem Feind oft durch Verführung. Unheilige, von der Welt nicht abgesonderte Personen konnten unreine Dinge, weltliche Gesinnung und böse Grundsätze wie Bazillen in die Gemeinde einschleusen und die ganze Gemeinde damit anstecken. In Ephesus hat man noch gesunde Abwehrkräfte, die Gemeinde rein zu erhalten, indem **du Böse nicht ertragen kannst.** Im Vorbilde waren die Bösen »alle Aussätzigen und alle Flüssigen und alle wegen einer Leiche Verunreinigten« (4.Mo. 5,1–4). Sie sollten aus dem Lager hinausgetan werden, was neutestamentlich Gemeindezucht bedeutet. Die Gemeinde sollte rein bleiben, denn »ein wenig Sauerteig durchsäuert die ganze Masse« (1.Kor.5).

In den ersten Tagen der Kirche wurden die Bösen ausgeschieden, auch die falschen Apostel wurden erkannt. **Du hast die geprüft, welche sich Apostel nennen und sind es nicht, und hast sie als Lügner erfunden.** Solche waren Korah und seine Rotte, »Fürsten der Gemeinde, Berufene der Versammlung, Männer von Namen« (4.Mo.16). Darunter sind Personen zu verstehen, wie sie Paulus in Apg.20,30 ankündigt und in 2.Kor.11,13–15 kennzeichnet, oder wie ein Diotrephes, »der gern unter ihnen der erste sein will« (3.Joh.9).

Wir stoßen bei dem Vorbild der Gemeinde Ephesus wieder auf die Grundordnung der Gemeinde, auf das Gesetz des Christus, wie es die Gemeinde im Anfang besaß, als sie noch die ungetrübte Verbindung zum Alten Testament im Geiste des Neuen als verbindliches Wort Gottes hatte. Diese Verbindlichkeit ging der Kirche schon früh verloren, weil das geistliche Verständnis verloren ging (Röm.7,6). Jedoch diese Wahrheit hat die Kirche allgemein festgehalten, dass die aus den Nationen (Heiden) zum Israel des neuen Bundes gehören und somit der Segnungen Israels teilhaftig geworden sind (Röm.11,17; 15,10).

Die Gemeinde war glücklich als Eheweib des großen Hohepriesters, Jesus, sie wandelte unter Seinen Augen in Unterwürfigkeit und Gehorsam gegen Seine Gebote, um Ihm, ihrem Haupt, zu gefallen. Die Liebe war die Triebfeder all ihres Tuns, weil sie sich von dem geliebt wusste, »der sich selbst für sie hingegeben hat« (Eph.5,22–33). Doch der Versucher machte ihr die Welt, aus der sie erwählt war, wieder begehrlich, sie lieh der Schlange das Ohr und verlor das Ziel ihrer Pilgerschaft, das herrliche Kanaan, aus dem Auge und wurde ihrem Mann, Christus, untreu. Das weckte die Eifersucht des HERRN. Seine Augen »wie eine Feuerflamme« verraten, wie eifersüchtig Er auf Sein Weib, die Gemeinde, ist. Und dann, als Er alles aufgezählt hat, was Er bei ihr noch Gutes finden kann, bricht es aus Ihm heraus: **Ich habe wider dich, dass du deine erste Liebe verlassen hast**. Genau dieser Fall kommt in 4.Mo.5,11–31 vor. Nach dem »Gesetz der Eifersucht« kommt das Weib, welches nachweislich Untreue gegen ihren Mann begangen hat, unter den Fluch und hat ihre Ungerechtigkeit zu tragen. Zur Prüfung des Falles hatte der Priester den Staub des Fußbodens des Heiligtums in ein Gefäß mit heiligem Wasser zu tun und dieses das Weib trinken zu lassen. Gemäß dieses Gesetzes geht auch Paulus bei den Korinthern vor. Er ist sehr eifersüchtig auf sie, weil der dringende Verdacht besteht, dass sie ausgeschweift sind. Denn er hört, dass schlimme Zustände in der Gemeinde Korinth herrschen. Er gibt ihnen nun gleichsam tropfenweise das »Fluch bringende Wasser der Bitterkeit« ein, indem er alle die Dinge unter ihnen tadelt, die so verwerflich sind, besonders jenen Fall von Hurerei. »Und ihr seid aufgeblasen und habt nicht vielmehr Leid getragen« (1.Kor.5,2).

Wenn beim Trinken des Fluch bringenden Wassers der Bauch des Weibes anschwoll und die Hüfte schwand, war dies der Beweis, dass sie Untreue begangen hatte. In der Aufgeblasenheit ist keine wirkliche geistliche Frucht, geschwollene Worte bei gleichzeitigem Schwinden geistlicher Kraft sind immer verdächtig. Da stimmt das Verhältnis zum HERRN nicht mehr, man liebäugelt mit der Welt und verfällt in geistliche Hurerei, die auch leibliche Hurerei zur Folge haben kann. In der Offenbarung ist meist die geistliche Hurerei gemeint. Durch Hurerei verliert die Gemeinde immer mehr geistliche Kraft, wird geistlich immer ärmer, ja kommt immer mehr herunter und zuletzt verliert sie alle Achtung seitens der Welt. Welche zweifelhaften Mittel werden heute angewandt, um die Welt anzulocken, aber man unterschlägt einen Teil der Wahrheit, natürlich um die Welt zu gewinnen – auch das ist geistliche Hurerei. Die Folge ist geistliche Unfruchtbarkeit – »es ist, als ob wir Wind geboren hätten« (Jes.26,18) –, also genau das Gegenteil von dem, was man erhoffte. Das ist eine Not in der Evangelisation unserer Tage. Im Falle Ephesus legt der HERR die geistliche Hurerei bloß; es liegt keine bestimmte Sünde vor, man ist sich scheinbar auch keiner bewusst, und doch fehlt das ungeteilte Herz zum HERRN. Ist aber das Herz geteilt, leidet die Seele Not. Schwerlich kann man sich in diesem Punkt selbst prüfen, aber man muss bereit sein, sich den priesterlichen Dienst gefallen zu lassen. Ein Prüfstein ist die Liebe zu den Geboten Gottes: »Wenn jemand mich liebt, so wird er mein Wort halten.« (Joh.14,21–23) Wenn wir zu dem, was Gottes Wort verurteilt, nicht aus freiem Herzen »Amen, Amen!« sagen können, vielmehr aber anfangen, weltliche Dinge zu tolerieren, wenn wir sie auch aus Prinzip oder Tradition selbst nicht tun, dann ist die »erste Liebe« verlassen. Und bald werden die Füße dem Herzen folgen. Es handelt sich nicht nur um ein Nachlassen der Liebe zum HERRN oder zu einem Werk Gottes. Das Verlassen der »ersten Liebe« kann sogar mehr Eifer und Aktivität für ein christliches Werk bedeuten. Unsere »erste Liebe« ist Christus, und sie verlassen heißt, Christum verlassen. Man hat sich einem »anderen Jesus« zugewandt (2.Kor.11,4), vielleicht einem gesetzlichen Christus, zu dem das religiöse Fleisch neigt oder auch, wohin die Mehrheit neigt, zu einem liberalen Christus.

Eine Gemeinde, die alles unter den Teppich kehrt, statt sich ständig zu reinigen und keine Ermahnung mehr annimmt, verliert ihr Zeugnis. Die Korinther nahmen den Brief des Apostels an und demütigten sich. Sie sagten »Amen, Amen!« zu dem Urteil des Apostels. So konnte er auch sagen: »Ihr habt euch in allem erwiesen, dass ihr an der Sache rein seid.« (2.Kor.7,11) Die »erste Liebe« zu verlassen hat sehr ernste Folgen. »Wenn jemand den Herrn Jesus Christus nicht lieb hat, der sei Anathema (verflucht); Maran atha!« (1.Kor.16,22)

Der HERR fordert Seine Gemeinde zur Buße auf und wieder die **ersten Werke** zu tun. Diese Werke macht nur die Liebe ausfindig. Wir erinnern uns, dass alle Dinge des Heiligtums getragen werden mussten. Nun bringen die Fürsten sechs »bedeckte Wagen« als Opfergabe. Das entsprach nicht der ursprünglichen Anordnung Gottes. Mose ist im Moment irritiert, aber Gott sprach zu ihm: »Nimm sie von ihnen, und sie seien zum Verrichten des Dienstes des Zeltes der Zusammenkunft.« (4.Mo.7,5) So konnten die Bretter der Wohnung und die Teppiche gefahren werden. Aber »den Söhnen Kehaths gab er nichts; denn ihnen lag der Dienst des Heiligtums ob: auf der Schulter trugen sie«. Wir können mancherlei technische Mittel benutzen, um das Evangelium zu verbreiten. Die Buchdruckerkunst kam der Sache der Reformation sehr zugute. Druckerzeugnisse können für die Evangelisation nützlich sein, Traktate verteilen ist eine gute Sache, durch Radiobotschaften können Menschen erreicht werden, zu denen man sonst keinen Zugang hätte. Aber der Dienst des Heiligtums hinkt oft hinterher, nämlich das tiefe geistliche Verständnis von dem, was die Gemeinde Gottes, die Ekklesia, ist. Wir sehen das in der Kirchengeschichte: Das Evangelium breitete sich schnell aus und eroberte die Welt, aber die Wahrheit von der Gemeinde blieb stets hintenan und wurde oft nur von einer kleinen Schar wahrer Heiliger verwirklicht, die dann obendrein noch als Sektierer verketzert wurden. Evangelisation und echtes Gemeindewachstum müssen im Einklang sein.

Sollte der Engel der Gemeinde in Ephesus, dieser einst so erleuchtete, gesegnete, jetzt aber gefallene Gemeindegeist, nicht Buße tun, so **werde ich deinen Leuchter von seiner Stelle wegrücken.** Das Wegrücken des Leuchters bedeutet den Verlust des Platzes im Heiligtum, das heißt, die Gemeinde verliert ihr Licht und Zeugnis, und in letzter Konsequenz bedeutet das den Ausschluss aus der Gemeinschaft mit Christus, dem Hohepriester über das Haus Gottes. Die Sünde der Gemeinde, die Liebe zu einem anderen Jesus, vergleicht der Apostel mit der Sünde Evas (2.Kor.11,3). Der Anfang des Falles »Babylon« liegt in dem sittlichen Fall in Ephesus. Tozer sagt: »Ein sicheres Zeichen des göttlichen Wesens der Gemeinde ist, dass sie sich von der Welt unterscheidet. Ähnlichkeit ist ein Zeichen ihres Falles.« Hier ist Buße das einzige Heilmittel für die untreuen Seelen.

Der Untreue des Weibes in 4.Mo.5 steht das Gelübde des »Nasirs« in Kap.6 gegenüber. Derselbe war ein Gottgeweihter und Abgesonderter, der sich aller fleischlichen Genüsse enthielt und jede Verunreinigung meiden musste. Die erste Gemeinde bestand anfänglich nur aus Nasiräern, heute ist das Nasiräertum wieder die Ausnahme. Im Nasiräertum, in der Absonderung nach Gott hin, liegt eine große geistliche Überwinderkraft, wie wir sie bei Paulus und Timothesus sehen.

Anerkennend führt der HERR an, **dass du die Werke der Nikolaiten hassest, die auch ich hasse.** Immerhin ist noch ein Hass gegenüber Dingen vorhanden, die Gott auch hasst. Das ist insbesondere die Scheinheiligkeit. Der Engel war immerhin so ehrlich, sich nicht noch mit einem falschen Heiligenschein zu umgeben; er hasst Heuchelei. Nicht so die Nikolaiten, ihre Werke bezeichnen das eigenwillige Tun der Priester, der Söhne Aarons (3.Mo.10; 4.Mo.3,4). Nadab und Abihu brachten »fremdes Feuer« dar, das der HERR nicht geboten hat, und Gott richtete sie auf der Stelle, wie im Neuen Testament Ananias und Saphira (Apg.5,1–10). »Nikolaiten« vertreten ein hierarchisches Priestertum und bauen einen eigenwilligen Gottesdienst auf. Wir wissen, was sich daraus entwickelt hat. Mit selbst auferlegten gesetzlichen Werken und Übungen, die Gott nicht im neuen Bund geboten hat, wollen sie heiliger erscheinen als andere Heilige und über die Gewissen herrschen. Im dritten Sendschreiben ist aus den »Werken« eine »Lehre der Nikolaiten« geworden. Heute findet man »Nikolaiten« auch in Strukturen von freien Gemeinden, in denen sich eine Hierarchie gebildet hat, die von oben nach unten herrscht. Auf diese Weise werden aus Dienern Christi gefürchtete Machthaber und es entsteht eine unsichtbare Bedrückung. Gott hat Regierungen und Ämter in Seiner Gemeinde gegeben, aber Er will nicht, dass geherrscht wird über die Seelen. Gottes Wort lehrt uns das Prinzip des Dienens und der Unterwürfigkeit. Christus hat uns »für die Freiheit frei gemacht« (Gal.5,1). Wir sollen uns deshalb nicht wieder unter ein »Joch der Knechtschaft« durch gesetzliche, vornehmlich jüdische Elemente bringen lassen. Außer den Dingen und Ordnungen, die ausdrücklich aus dem alten Bunde in den neuen übernommen wurden, gelten für uns keinerlei weitere Vorschriften. »Das alte Gebot ist das Wort, welches ihr gehört habt.« (1.Joh.2,7) Das ganze Wort Gottes wird zum Gebot durch den Geist, wenn wir es geistlich verstehen.

Zum Schluss ruft der HERR den Einzelnen an: **Wer ein Ohr hat, höre, was der Geist den Versammlungen sagt!** Der göttliche Anruf gilt allen Gemeinden, damit sie wissen, unter welchem Stern sie stehen. Paulus sah bereits den Stern von Ephesus sinken (Apg.20,28–30). Im christlichen Abendland ist er noch am Horizont zu sehen, aber die Welt kann sich nicht mehr an ihm orientieren. Alle Kirchen und Gemeinden, wie auch der einzelne Gläubige, sind heute vor die Entscheidung gestellt, ob sie weiter unter diesem unglücklichen Stern bleiben und ihre Beiseitesetzung riskieren oder der Stimme des Geistes Gehör schenken wollen. Unverändert geblieben ist das Wort Gottes, »es ist«, wie Augustinus sagt, »an allen Orten ganz gegenwärtig. Es ‚kommt', wenn es sich zeigt, und es ‚geht', wenn es sich verbirgt. Aber – verborgen oder sichtbar – es ist immer da, wie das Licht da ist vor den Augen des Sehenden und des Blinden und doch für den einen sichtbar ist und dem anderen unsichtbar bleibt. Ebenso ist die Stimme da vor hörenden und vor tauben Ohren; aber für die einen spricht sie, für die anderen schweigt sie«.

Aus der Wüste ins Paradies

Dem, der überwindet, das heißt, wer den Kampf aufnimmt, nicht mit fleischlichen Waffen, auch nicht wie bisher in eigener Kraft, sondern in der Kraft des Blutes des Lammes, wird der Sieg und der Segen verheißen. Er kommt aus der Wüste der Welt und der eigenen Niederlagen ins Gelobte Land, ins Paradies Gottes. Dem Überwinder gibt der HERR die Verheißung **vom Baume des Lebens zu essen, welcher in dem Paradiese Gottes ist**. Davon zu essen macht und erhält die Seele gesund. Ephesus war einst im Paradies, versehen mit jeder geistlichen Segnung, und genoss die Früchte des Geistes »von allerlei Bäumen im Garten Gottes, lieblich anzusehen und gut zur Speise« (1.Mo.2,9). Es wird den Überwindern in der Offenbarung wieder gestattet, an dem Cherub und seinem flammenden Schwert vorüberzugehen und zu jenem bewachten Baume zu kommen, dessen Frucht dem, der sie isst, ewiges Leben bringt. »Wir sollen so jenem endlosen Tod entgehen, der das Gericht über die Sünde ist, und jenes ewige Leben gewinnen, das das Siegel der Unschuld, die Frucht gottseliger Hingabe ist.« (Spurgeon)

Durch die Verführung der Schlange griff Eva nach der verbotenen Frucht und verlor den Segensplatz und damit das ewige Leben. Die Offenbarung Jesu Christi öffnet uns wieder das Paradies, nicht ein irdisches, wie es gewisse Sekten sich ausmalen (Zeugen Jehova etc.), sondern das geistliche, himmlische, ewige Paradies, wo der Strom des Lebens fließt für jede nach Wahrheit dürstende Seele. Christus ist der wahre Lebensbaum, wer sich von Ihm nährt, hat ewiges Leben.

Smyrna (2,9–11)

Der sittliche Fall des ersten Gemeindeengels brachte für den zweiten Drangsale und Prüfungen, wie wir sie im Buche der Richter sehen. Nachdem Josua das Land eingenommen hatte, waren noch nicht alle Nationen ausgetrieben. Kaleb hatte Hebron eingenommen und daraus die drei Söhne Enaks vertrieben, »aber die Kinder Benjamin trieben die Jebusiter, die Bewohner von Jerusalem nicht aus«. Auch von den übrigen Stämmen: Manasse, Ephraim, Sebulon usw., heißt es, dass sie die Bewohner gewisser Städte nicht austrieben (Ri.1,20–36). Da kam der Engel des HERRN von Gilgal nach Bochim und sprach: »Ihr habt meiner Stimme nicht gehorcht. Was habt ihr da getan!« (Ri.2,1–5) Nach dem Tode Josuas wurden ihnen die Götter der Bewohner des Landes, die sie nicht ausgetrieben hatten, zum Fallstrick. Wie bald waren die Kinder Israel abgewichen und taten »was böse war in den Augen des Herrn und dienten den Baalim«. (Ri.2,11ff)

Jeder eigenwillige Gottesdienst ist ein Baalsdienst, der das geistliche Leben unterdrückt. Weil der gute Kampf des Glaubens von Ephesus nicht bis zum Letzten gekämpft worden ist (Eph.6,10.17), kamen die finsteren Mächte wieder hoch und wurden dem Volk Gottes zur Verführung und den Heiligen und Treuen zur Bedrückung. **Ich kenne deine Drangsal und deine Armut (du bist aber reich)**, tröstet sie der Auferstandene, der Sieger über Tod und Grab, **der tot war und wieder lebendig wurde.** Dem Gemeindeengel in Smyrna stehen starke geistliche Mächte der Bosheit gegenüber, unter denen er zu leiden hat. Der HERR unterwirft Seine Gemeinde einer Drangsal, um die Bewährten offenbar zu machen. Diese Drangsal ist nicht in erster Linie eine Verfolgung vonseiten der Welt, sondern innerhalb der Kirche. Eine kirchliche Struktur, ein abgöttisches Gemeindesystem, falsche Lehren und »falsche Juden«, die das Gemeindevolk beherrschen, können zu einer schweren Bedrückung der Seelen werden. Dann ist eine Befreiung, eine Reformation, notwendig. Bis dahin müssen die Kinder Gottes, die Jesus nachfolgen wollen, leiden, wenn es sein muss, bis zum Tode. Jesu Beispiel, »der starb und wieder lebendig wurde«, soll den wahren Heiligen in den Leiden um der Wahrheit und Gerechtigkeit willen Ermutigung und Trost sein.

Der Anfänger und Vollender des Glaubens, Jesus, gibt uns in diesem Sendschreiben Ansporn zur Treue und zum Ausharren, bis die Drangsal vorüber ist und Er Seiner Gemeinde Rettung verschafft hat, wovon es viele Beispiele in der Geschichte der christlichen Kirche gibt. Im Buche Richter erweckte Gott ihnen Richter und Retter, »und er rettete sie aus der Hand ihrer Feinde«. Die Kirchenväter und Reformatoren waren solche Retter, die Gott benutzte, um Seinem Volke wieder Freiheit zu geben. »Die Zeit würde mir fehlen, wenn ich erzählen wollte von Gideon und Barak und Simson und Jephta...« (Hebr.11,32). Solche brauchen wir auch heute wieder.

Ziemlich ungewöhnlich waren die Mittel dieser Retter, mit denen sie durch Glauben den Feind bezwangen. Ein Pflock, ein Rinderstachel, ein Esels-Kinnbacken waren wirksam genug, um Israel eine große Errettung zu verschaffen. Für den Endkampf der Offenbarung wird das Lamm ganz unscheinbare und menschlich betrachtet ungeeignete Mittel gebrauchen, um das Tier und seine Heere zu überwinden, denn »er ist Herr der Herren und König der Könige, und die mit ihm sind Berufene und Auserwählte und Treue«. (17,14) Noch ist nicht die Zeit des Triumphes, sondern der Prüfung des Glaubens und Ausharrens in den Leiden, in der Verkennung, in der Schmach für Christum, bis der HERR das Zeichen zum öffentlichen Zeugnis gibt. In den »letzten Tagen«, wenn die Gesetzlosen herrschen, werden »alle, die gottselig leben wollen in Christo Jesu, verfolgt werden«. (2.Tim.3,12)

In diesen Drangsalen fühlt die Seele ihre tiefe Armut im Geiste. Sie ist so mancher Vorrechte und Güter beraubt, derer sich andere scheinbar unbekümmert erfreuen. Die Gemeinde Jesu ist arm geworden, »Israel verarmte sehr wegen Midians; und die Kinder Israel schrien zu Gott«. (Ri.6,6) Der HERR muss Seinen Kindern manchmal ihre Armut zum Bewusstsein bringen, damit Er sie neu füllen kann. Im Buche Ruth finden wir eine Seele in der Noomi, die ihre Armut tief fühlt. Doch in Bethlehem, dem »Brothaus«, findet sie das wahre Lebensbrot. Durch die Treue ihrer Schwiegertochter Ruth fanden sie in Boas einen ungeahnten Reichtum. Auch unser Boas, der HERR Jesus Christus, ist reich für alle, die ihn anrufen in Wahrheit. »Glückselig die Armen im Geiste, denn ihrer ist das Reich der Himmel.« (Matth.5,3) Sie sollen in der Offenbarung Jesu Christi sehr reich werden und mit Ihm das Reich besitzen und auf Seinem Throne sitzen.

Eine dritte Art von Leiden mit läuterndem Zweck erfahren die Gottesfürchtigen durch **die Lästerungen von denen, welche sagen, sie seien Juden und sind es nicht, sondern eine Synagoge des Satans.** Die Erwähnung der falschen Juden macht deutlich, dass die Gemeinde aus »Juden« besteht, wahren und falschen. Hier wird ganz deutlich gesagt, dass die Gemeinde das wahre Israel ist bzw. nur die an Jesus Christus Gläubigen als echte Juden anerkannt werden. Später wurden, zuerst in Antiochien, alle Jünger Jesu, ob aus den Juden oder Heiden, Christen genannt. Dennoch geht die Offenbarung von dem Begriff »Juden« und »Söhne Israels« aus. Eine Trennung Israel (Gemeinde) – Nationen (Kirche) findet erst ab Kapitel 11 statt. Schlechte Menschen und Widersacher begegnen uns im 1.Buche Samuel in den »Söhnen Belials« – den Söhnen Elis, den Söhnen Samuels, Eliab, dem ältesten Bruder Davids, Doeg und Saul. Alle diese hatten die erste Stelle im Priestertum und im Königreich inne, waren aber von Gott verworfen. Darum lästerten sie Herrlichkeiten und die Gesalbten Gottes. Nicht besser sind auch die, welche sagen, sie seien Christen und sind es nicht, weil sie nicht die Gesinnung Christi haben. Ihr ganzes Bekenntnis wird für null und nichtig erklärt, es sind falsche Bekenner. (Wollte man diese Worte buchstäblich nehmen: »Welche sagen, sie seien Juden und sind es nicht« – würde die Frage sofort erledigt sein, ob die sogenannten Juden im Weltjudentum Gottes auserwähltes Volk sind. Jude zu sein war keine Rasse oder natürliche Abstammung, die sich auch nicht mehr nachweisen ließe, sondern eine Religion gleich dem Islam oder Buddhismus, eine Philosophie, die von Generation zu Generation weitergetragen wurde.) Ein Scheinbekenntnis hat vor Gott überhaupt keinen Wert. Echte »Juden« sind nur die Glaubenden, deren Beschneidung die des Herzens ist (vgl.Joh.1,12–13; Röm.2,28.29; 9,6; Gal.3,22). Diese sind Gottes Israel, Same Abrahams, Kinder der Verheißung, und wer sie segnet, der ist gesegnet; wer sie aber lästert, wird das Urteil tragen.

Das Auge des HERRN ist auf die Gerechten gerichtet, Er behütet die Treuen, Er tröstet die kleine gläubige Herde in den

Leiden und ermutigt sie, die **Zehn Tage** Prüfungszeit durchzuhalten. **Der Erste und der Letzte** hat die Zeit der Drangsal Seiner leidenden Gemeinde genau abgemessen, es sind nur »zehn Tage«, das ist »eine kleine Zeit«, ermutigt Petrus die zerstreuten Schafe, »auf dass die Bewährung eures Glaubens, viel köstlicher als die des Goldes, das vergeht, aber durch Feuer erprobt wird, erfunden werde zu Lob und Herrlichkeit und Ehre in der Offenbarung Jesu Christi«. (1.Petr.1,7) Nach dieser kurzen Trübsalszeit ist die geprüfte Gemeinde frei, an ihre Stelle treten die Gesetzlosen (Spr.11,8). Die Drangsalsprüfung hat den Zweck, die falschen Bekenner auszuscheiden und den Glauben der wahren Brüder zu läutern und zu stärken. In Verfolgungszeiten hatten die Gläubigen weniger geistliche und seelische Probleme und die Gemeinde weniger Spaltungen.

DIE LEBENSKRONE ZUM LOHN

Dem Überwinder winkt die Lebenskrone. Er wird von gewissen Christen gelästert, er würde mit dem geistlichen Verständnis der Prophetie von dem Worte Gottes wegnehmen, und darauf steht ja nach Offb.22,19 der Verlust des ewigen Lebens. Doch der HERR sagt, er **wird nicht beschädigt werden von dem zweiten Tode.** Der »zweite Tod« ist, wie wir später erfahren, der Feuersee. Der HERR versichert den Treuen, dass sie diesen nicht zu fürchten brauchen, wenn auch Menschen oder ein Kirchensystem sie ihres Zeugnisses wegen unter den Bann der Hölle bringen wollen. Die Krone des Lebens ist die Treue im Leidenskampf, die auch dem Tod nicht ausweicht, wenn er auf dem Wege liegen sollte.

PERGAMUS (2,12–17)

Der HERR hat denen, die im Leiden ausharren, das Königtum verheißen, »wenn wir anders mitleiden, auf dass wir auch mitverherrlicht werden«. (Röm.8,17) David ist dafür ein Beispiel und Vorbild. Er war treu gewesen in den Verfolgungen, die er von seinem Widersacher erdulden musste. Als Saul gefallen war, zog David hinauf nach Juda und nahm Wohnsitz in Hebron. Dort machten sie ihn zum König, zuerst nur über Juda, während in Israel der Sohn Sauls, Isboseth herrschte, ein »Mann der Schande«, der von Abner auf den Thron seines Vaters gesetzt worden war. Das war durchaus nicht nach dem Willen Gottes, sondern Satans Plan, um die Regierung Davids zu vereiteln. Das 2.Buch Samuel zeigt dem »Engel der Gemeinde in Pergamus«, **wo du wohnst, wo der Thron des Satans ist** (2,13). Das war nicht die Stadt Pergamus, denn in allen Städten regierte Satan. Der Thron Satans in der Kirche Christi, das war leider, so unglaublich es klingt, Realität geworden. Wie kann Satan in der Gemeinde das Zepter führen? Es ist kein Geheimnis, dass die Gemeinde Jesu durch falsche Lehren und Geister unterwandert werden kann, wie wir es ja heute allenthalben beklagen. Dennoch dürfen wir glauben und das Sendschreiben an Pergamus ermutigt uns dazu, dass der HERR, **der das scharfe, zweischneidige Schwert hat**, stärker ist und sie überwinden wird. Das mag vielleicht für uns als »Knechte« des wahren David ein längerer Streit sein, wie zwischen dem Hause Sauls und dem Hause Davids, »aber David wurde immerfort stärker, während das Haus Sauls immerfort schwächer wurde«. (2.Sam.3) Bis Kapitel 9 ist dem Satan alle Herrschaft im Reich genommen, »und David regierte über ganz Israel; und David übte Recht und Gerechtigkeit an seinem ganzen Volke«. (2.Sam.8.15)

Dann kam Satan auf einem anderen Wege, er schlich sich in das Haus Davids. Bis dahin hatte der König David siegreich alle Feinde überwunden, aber ab Kapitel 11 hat Satan die Herrschaft. In einem Augenblick der Unachtsamkeit und falscher Ruhe gelüstete David nach dem Weibe Urijas , »danach, wenn die Lust empfangen hat, gebiert sie Sünde; die Sünde aber, wenn sie vollendet ist, gebiert den Tod«. (Jak.1,15) Mit seinem Fall zog Satan in sein Haus ein. Der gute, treue Geist wich von David, er beging sogar einen Mord. Urija, **der bei euch, wo der Satan wohnt, ermordet worden ist**, ist das Vorbild für den **treuen Zeugen, Antipas**. Sein Name bedeutet: »Ein Zeuge wider alle«, Urija in seiner Treue zu David, Antipas mit dem Worte Gottes. Sie zeugten gegen die Sünde und falsche Lehren, aber ihr Zeugnis wurde nicht ertragen, und so wurden sie mundtot gemacht und von den Dienern Satans ausgeschaltet. Wie viele Antipas sind schon ermordet worden, früher leiblich, z. B. Savonnarola, Hus etc. Heute werden sie psychisch erledigt, indem man Rufmord begeht. Man kann sich mit ihnen verbunden fühlen und doch mit ansehen, aus Furcht vor Repressalien, wie mit ihnen umgegangen wird. Der König Israels wird gegen die verderblichen Elemente **Krieg führen mit dem Schwerte meines Mundes** und eine scharfe Trennung herbeiführen.

Von diesem scharfen Schwert wurde selbst ein David nicht verschont. Der Prophet Nathan verkündet ihm: »Das Schwert soll nicht von deinem Hause weichen, darum, dass du mich verachtet hast.« Fast ein Jahr hatte es gedauert, bis David überhaupt seine Sünde einsah. Seine Buße, wovon Ps.51 ein bewegender Ausdruck ist, wendet das Gericht zwar ab, sodass er für seine Tat Vergebung erlangt, aber die Regierung Gottes stellt ihn unter Zucht. Er hatte sich selbst das Urteil gesprochen: »Vierfältig soll er erstatten«, und wirklich, David musste vier Söhne opfern. Wir lernen daraus, dass Gott die Sünde vergibt, aber die Folgen müssen wir tragen. Wenn wir uns unter die Zucht Gottes beugen, »gibt sie die friedsame Frucht der Gerechtigkeit denen, die durch sie geübt sind«. (Hebr.12,4–11)

Davids Unachtsamkeit sich selbst gegenüber hatte zur Folge, dass er auch unachtsam war gegenüber seinem Haus. Daraus ergaben sich zwei traurige Fälle: die Schandtat Amnons und der Aufstand Absaloms gegen seinen eigenen Vater. Der HERR nimmt diese zum Anlass, auf zwei Irrlehren hinzuweisen: Die **Lehre Bileams** und die **Lehre der Nikolaiten**, welche beide dazu angetan sind, »Zwiespalt und Ärgernis anzurichten, entgegen der Lehre, die ihr gelernt habt«. (Röm.16,17–18) Amnon brachte das Ärgernis, Absalom den Zwiespalt.

Die »Lehre Bileams« ist so eine schöne Rede mit süßen Worten, die zur geistlichen Hurerei verführt, womöglich auch leiblich, eben wie Amnon die Tamar, wie Bileam den Balak lehrte. Bileamspropheten sprechen nur von Gnade, Liebe, Frieden, Trost, den Vorrechten, um sich bei der Gemeinde angenehm zu machen, aber die Wahrheit sagen sie nicht. Wie Christus über diese falsche Rechtfertigungslehre, die die Sünde erlaubt und das Gericht leugnet, denkt, lesen wir in 4.Mose 25 (1.Kor.10,1–13).

Die Bileamslehrer verführen also zum Abfall, zur Vermischung mit der Welt. Im Gegensatz dazu vertreten die »Nikolaiten« eine Lehre, die angesichts des fortschreitenden Abfalls die Absonderung und Heiligung betont. Aus der Praxis Einzelner ist eine Lehre geworden, und zwar so extrem, dass sie Gott noch Vorschriften machen könnten, er hätte noch einige Gebote und Ordnungen vergessen aus dem alten Bund in den neuen zu übernehmen. Die Kirchengeschichte ist reich an solchen Beispielen, vor allem das Mönchtum, das Papsttum und das ganze Kirchentum mit heiligen Gewändern, Gebäuden und Menschengeboten ist aus den Werken und der Lehre der Nikolaiten hervorgegangen, ebenso das Zölibat. All diese Dinge fördern die Scheinheiligkeit und bringen die Menschen in Knechtschaft unter ein scheinheiliges System. Und nicht zu unterschätzen, in Nikolaiten verbirgt sich ein Gewaltpotenzial, das auch vor Mord nicht zurückschreckt, was zum Glück die heutige demokratische Staatsform verhindert. Beispiele aus der Geschichte Davids sind Doeg, der Edomiter, und Absalom. Beide hatten sich »vor dem Herrn zurückgezogen«, beide offenbarten sich als scheinheilige Gewaltmenschen (1.Sam.21,7; 22,18; 2.Sam.15).

Die »Lehre der Nikolaiten« hat heute zahlreiche Anhänger, vor allem in konservativen Gemeinden und Sekten. Einige lehren die vegetarische Lebensweise zur Heiligung des Leibes, andere lehnen Arzt und Medikamente ab und machen dies verpflichtend für alle. Sonderlinge wollen in dem unbeschnittenen Bart den vollkommenen Gehorsam sehen. Der Einfälle sind viele, um sich von der abgefallenen Masse zu unterscheiden. Manche wollen die Heirat ihrer Kinder bestimmen oder unterbinden (1.Tim.4,1–3). Dabei verkündigen sie das ewige Gericht über alle, die nicht auf sie hören, führen es zum Teil schon selbst aus. Die meisten der nikolaitischen Frommen sind Buchstabengläubige, glauben an einen persönlichen Antichristen als kommenden Weltherrscher, verfechten ein Tausendjähriges Reich und eifern wieder für das Judentum. Das alles begründen sie mit dem Buchstaben des Alten Testaments. Christus und das, was durch Ihn am Kreuze geschehen ist, spielt in beiden Lehrsystemen eine untergeordnete Rolle. Das Werk Christi ist vollkommen, und dem ist nichts hinzuzufügen, das Opfer Jesu ist zu heilig, um damit leichtfertig und eigenwillig umzugehen.

Beide Lehren sind vom Satan inspiriert, sie bilden die Wurzel aller Irrlehren. Entweder lassen sie etwas weg von dem, was Christus und die Apostel gelehrt haben oder sie gehen weiter als die »Lehre des Christus«. (2.Joh.9) Bei diesen Lehren bekommen die Seelen nicht die wahre Speise, das Manna vom Himmel, sondern Steine statt Brot, indem ihnen entweder eine falsche Freiheit gepredigt wird oder sie werden geknechtet (2.Kor.11,20).

Die Pergamusgemeinde soll jede fremde, evangeliumsfeindliche Lehre ablehnen und notfalls die Irrlehrer und Sektierer hinaustun. Unter den gegenwärtigen Umständen scheint das nicht mehr möglich, zumal auch die falsche Israellehre eine Nikolaitenlehre ist und in den meisten evangelikalen Gemeinden geglaubt wird. Da ist es vielleicht bequemer zu schweigen und zu warten, bis die Zeit sich ändert. Doch nicht jeder kann zu den Irrtümern schweigen, denn der HERR hat überall Seine treuen Zeugen. Jesus wird wiederkommen und selbst klarstellen, wo die Wahrheit ist. Der König Israels wird gegen die Vertreter dieser verderblichen Lehren **Krieg führen mit dem Schwerte seines Mundes** (Kap.19,21). Deshalb hier besonders scharf hinhören: **Wer ein Ohr hat, höre, was der Geist den Versammlungen sagt!**

Wahre Seelenspeise

Ein Überwinder ist, wer sich freimacht von Menschenlehre und Menschengeboten. Wenn er selbst nicht in der Lage ist, die verschlagenen Irrlehren zu widerlegen, wird er sich wenigstens auf die Seite der Zeugen Jesu stellen. Der HERR will ihm das **verborgene Manna** geben und einen »weißen Stein«. Das bekennende Volk Gottes nährt sich von dem himmlischen Manna, jeder Christ sammelt sich Speise für den Tag, der eine mehr, der andere weniger (2.Mo. 16,18; Joh.6,31–33). In der Offenbarung Jesu Christi erwartet die Überwinder jedoch eine besonders köstliche Speise, Gedanken Gottes, die durch geistliches Verständnis des Gesetzes und der Propheten genossen wird. Die Lehren der Nikolaiten und Bileamspropheten konnten nur aufkommen, weil man das Gesetz und die Propheten nicht geistlich deutete, sondern alles natürlich verstehen wollte. Das »verborgene Manna« ist, was in dem goldenen Krug in der Bundeslade im Heiligtum aufbewahrt wurde, unverderblich. Die Seele nährt sich durch diese Speise von Christus selbst, in Ihm ist eine Köstlichkeit verborgen, die nur die Kämpfer Gottes genießen sollen, ein Leben, das nur die Überwinder kennzeichnet und sie zum Kampfe befähigt. Falsche Lehren machen die Seelen krank und kampfuntüchtig, das verborgene Manna macht die Seele gesund und stark.

Der **weiße Stein** ist das Zeugnis Gottes in ihm und auf ihm. Es ist mehr als die mit Kalk bestrichenen Steine, auf die das Gesetz geschrieben und mit denen der Altar gebaut wurde (5.Mo. 27,1–8; Jos.8,30–35), denn Christus ist unser Gesetz und unser Altar. Den **neuen Namen** kennt nur der Überwinder, ein jeder, der Seine Gebote hat und sie hält; er weiß: Ich bin ein »Sohn Israels«, aus dem »Geschlecht Davids«. Den »Söhnen Davids« ist das Königtum Jesu, der die Wurzel und das Geschlecht Davids ist, verheißen; sie sollen immerfort stärker werden in dem HERRN, wie David. JESUS wird bald als Kriegsheld erscheinen. Er wird »in kurzem den Satan unter eure Füße zertreten«. (Röm.16,20)

THYATIRA (2,18–29)

Dieses sagt der Sohn Gottes, der seine Augen hat wie eine Feuerflamme und seine Füße gleich glänzendem Kupfer: Ich kenne deine Werke und deine Liebe und dein Ausharren, und weiß, dass deiner letzten Werke mehr sind als der ersten. Der Geist der Gemeinde in Thyatira spiegelt einen Zustand wider, wie er für Israel in den Büchern der Könige typisch ist. Salomo hatte den wunderbaren Tempel errichtet und Israel zu Ehre, Reichtum und Macht gebracht. Alle Welt kam nach Jerusalem, um die Größe und Weisheit Salomos zu suchen. Weit größer und herrlicher war die Gemeinde Jesu im Anfang, sie war Anziehungspunkt für die ganze Welt. **Aber ich habe wider dich, dass du das Weib Jesabel duldest, welche sich eine Prophetin nennt, und sie lehrt und verführt meine Knechte, Hurerei zu treiben und Götzenopfer zu essen.** Die Gemeinde ist zwar in der Welt, aber sie soll sich nicht die Welt in die Gemeinde holen und sich von ihr beherrschen lassen, wie das im Vorbild Ahab tat. Er fügte zu allen Sünden noch dies hinzu, dass er »Isebel (griech.Jesabel), die Tochter Ethbaals, des Königs der Zidonier, zum Weibe nahm; und er ging hin und diente dem Baal und beugte sich vor ihm nieder«. (1.Kön.16)

Das »Weib Jesabel« stellt den Geist der Welt in den Gemeinden des Reiches Gottes dar, »Baal« ist das Wesen des Antichristen. Der König Ahab war ohnmächtig in seinem Reich, sein götzendienerisches Weib hatte die Zügel in der Hand und bestimmte den Gottesdienst, der zum Baalsdienst wurde. »Es ist gar keiner gewesen wie Ahab, der sich verkauft hätte, um zu tun, was böse ist in den Augen des Herrn, welchen Isebel, sein Weib anreizte.« (1.Kön.21,25) Viele in Israel waren von Isebel verführt worden und pflegten mit ihr Gemeinschaft, indem sie an ihrem Tische aßen. Wie viele mögen es heute sein? Keiner, der im Dienste des HERRN steht, ist gegen Jesabels Verführung gefeit. Sie hat es besonders auf die Knechte Gottes abgesehen, alle sollen sich ihrem Willen beugen und in ihrem Dienste stehen. Wer ihr widersteht, den lässt sie umbringen (Naboth). Sogar ein Elia bekam Angst vor ihr und floh in die Wüste. Aber da war auch ein Obadja, der Gott mehr fürchtete als die Drohungen Isebels, er versteckte die Propheten Gottes und versorgte sie mit Brot und Wasser.

Der Geist Jesabels ist ein feministischer Geist, unter seiner Herrschaft ist auch Lesbianismus und Homosexualität erlaubt, ja solche haben in manchen Gemeinden sogar das Predigtamt. **Sie nennt sich eine Prophetin**, aber sie ist eine Hure, die Vorläuferin der »großen Hure, Babylon«. Was treibt sie? Hurerei mit der Welt, was sie Liebe und Toleranz nennt. Ihr Hauptgebiet ist die Prophetie. Weil ihre Prophetie so faszinierend sozial und politisch ist, verschafft sie sich Eingang in die kleinsten Gemeinden. Diese Prophetie ist nicht die Weissagung des Wortes Gottes, denn sie spricht aus ihrem Eigenen: »Wir Heidenchristen stehen unter der Gnade; wir, die Gemeinde, werden vor dem Gericht entrückt; Israel kommt noch in die große Drangsal, danach das Tausendjährige Reich« usw. Alles falsche Prophetie der Jesabel, und viele verführte Knechte Gottes glauben ihr. **Ich gab ihr Zeit, auf dass sie Buße täte – und sie will nicht Buße tun von ihrer Hurerei**. Wo der Geist der Welt in den Gemeinden die Macht hat, findet keine Buße, keine Erweckung statt. Und doch hat die Jesabel Kinder, und zwar sehr viele Kinder, aber es sind Hurenkinder, die keine Buße getan haben über ihre Sünden, die sie getrieben haben. Viele haben sich auf den modernen Evangelisationen für Jesus »entschieden«, ohne vom Gesetz Gottes her überführt worden zu sein, dass sie Sünder sind, tot in Sünden und Übertretungen und der Vergebung eines gnädigen Gottes bedürfen. Der Geist Jesabels gebiert nur Hurenkinder, die sich selbst und anderen eine Last sind. Die Verantwortung für diese Frucht tragen die Kirchenführer, die modernen Weltevangelisten und Bibelschullehrer.

Siehe, ich werfe sie in ein Bett, damit sie ihre Hurerei vollmache. Daraus folgt eine Leibesfrucht, deren Sprache »Friede, Friede …« ist. Aber Jehu, der das Gericht über das Haus Ahabs ausführen sollte, antwortete Joram: »Was, Friede, während der vielen Hurereien Isebels, deiner Mutter und ihrer vielen Zaubereien!« (2.Kön.9,22). Als Jehu nach Jisreel kam, wollte Isebel auch ihn verführen, indem sie sich schminkte und ihr Haupt schmückte und zum Fenster hinausschaute. Aber Jehu befahl: »Stürzet die Verfluchte herab!«

Die Geschichte Ahabs ist ein warnendes Beispiel für die Gemeinde und jedes Ohr, das hören kann. Gott kann lange zusehen, aber dann endlich, wenn das Maß voll ist, schreitet Er gerichtlich ein. Mit Augen voll glühenden Eifers wie eine Feuerflamme verfolgt Er das Treiben derjenigen, welche mit der Jesabel Hurerei treiben. Wenn sie das nicht aufgeben und Buße tun von ihren hurerischen Werken und weltlichen Methoden, besonders bei der Evangelisation, kommt über sie **große Drangsal**, sagt der Sohn Gottes. Zum Unterschied von den in Smyrna von Drangsal betroffenen Treuen trifft die »große Drangsal« die Untreuen, wie geschrieben steht: »Der Gerechte wird aus der Drangsal befreit, und der Gesetzlose tritt an seine Stelle«. (Spr.11,8) Alle Gemeinden sollen dann erkennen, **dass ich es bin, der Nieren und Herzen erforscht**. Der HERR wird einem jeden nach seinen Werken geben, den Guten und den Bösen. In die »große Drangsal« kommen niemals die Gerechten. Der Sohn Gottes sagt in dem vorliegenden Sendschreiben ganz klar, wer in die Drangsal kommt. Eine große Trübsal der Seele, eine Bitterkeit des Herzens ganz persönlicher Art soll über die treulosen Diener Gottes kommen, bis sie sich reinigen

Nicht alle haben die Verführungslehre der Jesabel, die **Tiefen Satans**, wie sie sagen, erkannt. Der HERR kennt die **übrigen, die in Thyatira sind**. Sie entsprechen den »siebentausend in Israel, alle die Kniee, die sich nicht vor dem Baal gebeugt, und jeder Mund, der ihn nicht geküsst hat«. (1.Kön.19,18) Nach dem Maße ihrer geringen Erkenntnis der »Tiefen Satans« haben sie nicht mitgemacht. Das erkennt der HERR an. Für sich selbst hatten sie ein Nein zu den Werken der Finsternis, sie haben ein richtiges Urteil über die Dinge, aber es fehlt ihnen der Mut, sie zu strafen (Eph.5,11). Sie sollen sich das gesunde Urteil bewahren. Wenn der HERR sie unter den gegebenen Umständen nicht tadelt, so kann es auch nicht Überwinden genannt werden, wenn sie sich einfach zurückziehen und schweigen. Die Schliche Satans sind sehr tief. Wenn er uns den Mund zubinden kann, ist er schon zufrieden. Doch die Jesabel muss angegriffen werden, sonst treibt sie es je länger je ärger und man wird müde und erliegt vielleicht auch noch ihrem Einfluss. Die »übrigen …«, die sich nicht haben verführen lassen, will der HERR bei Seiner Wiederkunft freimachen. In Thyatira ist Sein Kommen in der Gestalt eines Jehu zu erwarten, der das Haus Ahabs und den Baalsdienst ausrottete (2.Kön.9 u.10).

Durch Ausharren zur Belohnung

Wer überwindet und meine Werke bewahrt bis ans Ende, dem werde ich Gewalt über die Nationen geben; und er wird sie weiden mit eiserner Rute, wie Töpfergefäße zerschmettert werden, wie auch ich von meinem Vater empfangen habe. Hier wird noch einmal klar zwischen Israel und Nationen unterschieden. Die Überwinder sind das wahre Israel, Kämpfer Gottes; sie werden von Jesus, ihrem Herrn, die Vollmacht und Kraft empfangen, die »Nationen«, das ist die Welt und den Weltgeist in der Gemeinde, ohne Nachsicht zu richten, wobei sie allerdings auch sich selbst im Auge behalten müssen, was leider Jehu versäumte. Die »eiserne Rute« ist das Wort Gottes in seiner härtesten Anwendung, sie entspricht der Geißel, mit der Jesus den Tempel reinigte. Wenn Gott seine Jehus losschickt und das Hurenweib Jesabel aus der Gemeinschaft der Heiligen vertilgt wird, atmen die unterdrückten Seelen befreit auf. Nach der langen Nacht der Herrschaft der »Nationen« bricht für den Überwinder, dem der HERR den **Morgenstern** geben will, durch »den Herrscher in Gottesfurcht« ein neuer Morgen an, »ein Morgen ohne Wolken: von ihrem Glanze nach dem Regen sprosst das Grün aus der Erde«. (2.Sam.23,3–5) Der »Morgenstern« ist der kommende HERR, so kündigt Er sich selbst an. (22,16)

Was der Geist in diesem Sendschreiben einer Gemeinde sagt, geht zugleich alle an. Sie sollen prüfen, unter welchem Stern sie stehen. Dem passiven Gemeindeengel, der alle Weltförmigkeit duldet, darf man nicht folgen, auch wenn es sich bloß um Äußerlichkeiten handelt. Dieser führt die Gemeinden, so ergeben und demütig er sich gibt, in Nacht und Sterben, aber niemals zum Licht. **Wer ein Ohr hat, höre, was der Geist den Versammlungen sagt!**

Sardes (3,1–6)

Seit der Reichsteilung wird die Geschichte Israels von zwei Gesichtspunkten aus betrachtet: In den beiden Büchern Könige ist Samaria der Mittelpunkt, von dem aus die Könige Israel beurteilt werden, in den Büchern Chronika steht Jerusalem im Vordergrund. Dem Sendschreiben an die Gemeinde in Sardes liegt offensichtlich die Geschichte der Könige Judas in Verbindung mit dem Priestertum zugrunde. In Juda finden, ganz im Gegensatz zu den zehn Stämmen Israels, Erweckungen statt, wenn ein gottesfürchtiger König den Thron Davids bestieg. Hervorragende Namen wie Asa, Josaphat, Joas, Hiskia, Josia reden von wunderbaren Wiederbelebungen. Doch danach kam wieder der Niedergang. Keiner der Könige blieb an der Güte Gottes, sie hatten meist eine traurige »letzte Geschichte«, und teilweise nahmen sie ein schreckliches Ende. Die letzte Erweckung endet mit dem Fall Josias, und übrig blieb ein Klagelied der verwundeten, sterbenden Tochter Zion (2.Chron.35,25; Klagel).

Das Gleiche hat sich in der Geschichte der Kirche zugetragen. **Der die sieben Geister Gottes hat und die sieben Sterne, sagt: Ich kenne deine Werke, dass du den Namen hast, dass du lebest, und bist tot.** Sardes ist also die tote Kirche, jedoch nicht so tot, dass sie nicht erweckt werden könnte. Die Namen der Gemeinden, die in Erweckungszeiten entstanden sind, klingen alle schön und zeugen von neuem Leben und Entschiedenheit, aber mit dem Erlahmen des Glaubenskampfes erstarb und erstarrte die Bewegung, doch der Name blieb. Bei dem Stern von Sardes wird eine Gesetzmäßigkeit sichtbar, die wir in der Geschichte Judas in der 2. Chronika näher betrachten können. Sie zeigt uns sein erstes Aufleuchten, seine Herrlichkeit und Größe, dann aber auch sein Erlöschen, seinen Untergang. Der Geist bringt nun den traurigen Zustand Judas und Jerusalems in Anwendung auf die Kirche.

Der HERR ist der Geist – es sind »sieben Geister Gottes«, welche gemäß den sieben typischen Gemeindezuständen in Gericht und Gnade wirken. Die Kirchen und Gemeinden und auch jeder Einzelne sollen wissen, unter welchem Sternbild sie stehen, kein Sternbild am sichtbaren Himmel, sondern wie es der HERR in den sieben Sendschreiben zeichnet. Um den fünften Gemeindeengel steht es sehr bedenklich, ja er ist schon tot, während er die übrigen, die ihm vertrauen, auch sterben lässt. Der Geist in Sardes ist so ein seufzender, kranker, sterbender Geist, er sieht alles schwinden, verderben und hat keine Hoffnung mehr auf eine Änderung und Besserung.

Eine Wiederbelebung hält er aufgrund des gegenwärtigen Befundes nicht mehr für möglich. Dieser Geist ist sehr in evangelikalen Gemeinden verbreitet. Ihm sagt Jesus: **Sei wachsam (werde wachend) und stärke das Übrige, das sterben will.** Der Weckruf dessen, der die »sieben Geister Gottes« hat und sie in Bewegung setzen kann, soll zur Reinigung und Kampfbereitschaft führen. Im Königtum der Söhne Davids, deren Geist für Gott erweckt worden war, bewirkte er, dass ein Heer aufgestellt und die Waffenrüstung angelegt wurde. Asa wurde sehr mobil, sein Heer bestand sämtlich aus tapferen Helden, die »Schild und Lanze« trugen (2.Chron.14); Josaphat stärkte sich und »legte Kriegsvolk in alle Städte Judas. Und der Herr war mit Josaphat, denn er wandelte auf den früheren Wegen seines Vaters David ...«. Niemand der umliegenden Königreiche wagte es, ihn anzugreifen, denn er wurde immerfort größer (2.Chron.17). Auch Ussija hatte »eine Heeresmacht, welche Krieg führte mit gewaltiger Kraft ... und sein Name ging aus bis in die Ferne, denn wunderbar ward ihm geholfen«. Der Grund war, weil er Gott suchte (2.Chron.26).

Alle diese Beispiele sind ermutigende Vorbilder für die Gemeinden und die Könige im »Königtum in Jesu«. Kein Zustand ist so hoffnungslos, als dass er nicht eine Stärkung und Wiederherstellung erfahren könnte. Dies setzt aber voraus, dass priesterliche Zustände in der Gemeinde herrschen bzw. wiederhergestellt werden, dass Herz und Haus gereinigt werden von dem Götzendienst der Welt, **denn ich habe deine Werke nicht völlig erfunden vor meinem Gott.** Juda hatte sich Höhen und Bildsäulen gemacht und war ganz treulos gegen den HERRN gewesen, sodass sie Seine Unterstützung verloren und vor dem Feinde nicht bestehen konnten, wie im Falle Rehabeam (2.Chron.12). Unter Amazja wurde Juda geschlagen, weil er die Götter von Edom gesucht hatte (2.Chron.25,20). Einige gottesfürchtige Könige machten erst einmal gründlich sauber im Tempel und im ganzen Reich, unter ihnen vor allem Hiskia und Josia. Sie rissen die fremden Altäre nieder und stellten das heilige Priestertum wieder her und Gott bekannte sich zu ihnen, wenn sie sich demütigten. Sollte es für die Wiederherstellung der Kirche Christi anders sein? Erst Reinheit, dann Einheit! Ohne Heiligkeit ist kein wahrer Friede möglich. **Gedenke nun, wie du empfangen und gehört hast, und bewahre es und tue Buße!**

Salomo und auch Josaphat hatten Reichtum und Ehre in Fülle empfangen. Letzterer ließ das Buch des Gesetzes in allen Städten Judas lehren, auch bestellte er Richter für die Rechtssachen des Volkes. Das Wort, »seid stark und handelt, und der Herr wird mit dem Guten sein« (2.Chron.17,19; 19,11), gilt auch heute noch. Als Israel lange Zeit ohne »lehrenden Priester und ohne Gesetz« war, bewirkte das Wort des Propheten Asarja an den König Asa eine ganzherzige Umkehr: »sie suchten Gott, und er ließ sich von ihnen finden«. (2.Chron.15) Aber später ließ Asa sich nicht mehr raten, er verließ Gott, »auch tat er zu selbiger Zeit etlichen von dem Volke Gewalt an«. Er nahm ein trauriges Ende (2.Chron.15). Auch Josia ließ sich zuletzt nicht mehr warnen; mit ihm erlosch die Leuchte Davids.

Wenn du nun nicht wachen wirst, so werde ich über die kommen wie ein Dieb, und du wirst nicht wissen, um welche Stunde ich über die kommen werde. Rehabeam hatte nicht gewacht über sich selbst und die Stadt, er wurde durch das plötzliche Auftreten Sisaks, des Königs von Ägypten, in seiner Selbstsicherheit überrascht, der nahm ihm alle Schätze des Tempels und die goldenen Schilde (2.Chron.12,9). Ebenso geschah es Amazja (2.Chron.25,24). Als das Maß der Treulosigkeit Judas voll war, kam der HERR überraschend, wie ein Dieb, in der Gestalt Nebukadnezars, des Knechtes Gottes, wie Gott ihn nennt, und ließ alle Geräte und Schätze des Hauses plündern und nach Babel bringen. Genug warnende Vorbilder, wie der HERR handeln und die schlafende Gemeinde überraschen kann. Was könnte uns geraubt werden? Materiellem Verlust brauchen wir nicht nachzutrauern, »da ihr wisset, dass ihr für euch selbst eine bessere und bleibende Habe besitzet. Werfet nun eure Zuversicht nicht weg, die eine große Belohnung hat«. (Hebr.10,34) Aber wir können den Frieden verlieren, die Freude, den Glauben, das Licht usw., wenn wir nicht wachen. Der Tag des HERRN kommt wie ein Dieb! Erst dann merkt man, was einem gestohlen worden ist.

Das Gericht kam über Jerusalem wegen der großen Hurereien und weil viel unschuldiges Blut in der »Stadt der Blutschuld« vergossen wurde. »Wie ist zur Hure geworden die treue Stadt! Sie war voll Recht, Gerechtigkeit weilte darin, und jetzt Mörder!« (Jes.1,21) Der HERR kennt die Seelen, die in den Gemeinden und Kirchen Unrecht erlitten oder auch nur von der Ungerechtigkeit Abstand genommen haben, denn **du hast einige wenige Namen in Sardes, die ihre Kleider nicht besudelt haben.** An solche Namen erinnern uns Asarja, Hanani, Jesaja, Jeremia, Baruk und andere, die nicht eingewilligt haben in den Rat und die Tat der Gesetzlosen. Der HERR kennt die, die Sein sind, die ihr Kleid der Gerechtigkeit sauber gehalten und die Ungerechtigkeit verabscheut haben. Jesus wird sie an Seinem Tage öffentlich adeln; **sie werden mit mir einhergehen in weißen Kleidern, denn sie sind es wert.**

Sowohl der König Zedekia als auch »alle Obersten der Priester und das Volk häuften die Treulosigkeit, nach allen Gräueln der Nationen, und verunreinigten das Haus des Herrn, das er in Jerusalem geheiligt hatte. Und der Herr, der Gott ihrer Väter, sandte zu ihnen durch seine Boten, früh sich aufmachend und sendend;

denn er erbarmte sich seines Volkes und seiner Wohnung. Aber sie verspotteten die Boten Gottes und verachteten seine Worte und äfften seine Propheten, bis der Grimm Gottes gegen sein Volk stieg, dass keine Heilung mehr war«. (2.Chron.36,14–16) Hiermit endete das weltliche Königtum Judas. Es sollte ein anderes Königtum kommen, Gott wollte ein geistliches Königreich einführen, »welches ewiglich nicht zerstört, und dessen Herrschaft keinem anderen Volke überlassen wird«. (Dan.2,44)

Treue und Gerechtigkeit

Überwinder in Sardes sind solche, die sich nicht irreführen lassen von den falschen Propheten, welche das Kommen des HERRN wie ein Dieb leugnen und die Masse der Bekenner in eine falsche Sicherheit wiegen. Die Verheißung für den Überwinder in Sardes erfüllte sich im Vorbild in jenem Augenblick, als das Unglück die Treulosen traf. Als nämlich das Heer der Chaldäer nach Jerusalem anrückte, wurde Nebusaradan, dem Obersten der Leibwache Nebukadnezars, betreffs Jeremia geboten: »Nimm ihn und richte deine Augen auf ihn und tue ihm nichts zuleide, sondern wie er zu dir reden wird, so tue ihm.« Auch der treue Ebedmelech fand Gnade und erhielt seine Seele zur Beute, »weil du auf mich vertraut hast, spricht der Herr«. (Jer.39, 12.18) **Ich werde seinen Namen nicht auslöschen aus dem Buche des Lebens.**

Im »Buche des Lebens« stehen nur die Namen der Lebenden, der wahren Gläubigen, der lebendigen »Söhne Israels«. Die Namen von geistlich Toten werden ausgelöscht und fallen dem Gericht anheim. Der Name des Überwinders wird nicht ausgelöscht werden. Jesus bekennt sich zu ihm am Tage des Gerichts. »In jener Zeit wird dein Volk errettet werden, ein jeder der im Buche geschrieben gefunden wird.« (Dan.12,1)

PHILADELPHIA (3,7–13)

Und dem Engel der Gemeinde in Philadelphia schreibe: Dieses sagt der Heilige, der Wahrhaftige, der den Schlüssel des David hat, der da öffnet, und niemand wird schließen, und schließt, und niemand wird öffnen. Das, was der Heilige durch Seine Propheten angekündigt hatte, war wahr geworden: Jerusalem wurde zerstört und das Volk darin weggeführt, »damit erfüllt würde das Wort Gottes ... bis siebzig Jahre voll wären«. (2.Chron. 36,21) Aber im ersten Jahre Kores schloss der HERR, **der den Schlüssel des David hat**, das Reich wieder auf. Ein gottesfürchtiger Überrest kehrte aus dem babylonischen Exil wieder zurück. Dieses Vorbild liegt dem Sendschreiben an Philadelphia zugrunde, wir finden es in den Büchern Esra und Nehemia in Verbindung mit den Propheten Haggai und Sacharja. Esra beschreibt den Wiederaufbau des Tempels, Nehemia die Wiederherstellung der Mauer Jerusalems.

Der Ruf Kores erging an alle, »wer irgend unter euch aus seinem Volke ist, mit dem sei sein Gott, und er ziehe hinauf nach Jerusalem, das in Juda ist, und baue das Haus Gottes, des Gottes Israels.« (Esra 1,3) Der Weg war für alle frei, aber nur ein verhältnismäßig geringer Teil kehrte zurück. Sie bildeten hinfort das Israel, das »ganze Israel« (Esra 10,5); wenn auch klein, aber doch gereinigt und geheiligt, so auch Philadelphia. Für die Gemeinde bedeutet dieses Vorbild eine neue Hoffnung für die Sammlung der Kinder Gottes aus der Zerstreuung, um die heilige Stadt, unser Jerusalem, welches »die Nationen zertreten« haben (11,2), wieder aufzubauen. Die Linie der wahren Kirche Christi setzt sich in Philadelphia fort.

Es ist kein Geheimnis, dass die Kirche, als Stadt und Versammlungsplatz der Christenheit betrachtet, in Trümmern liegt. Ihre Einheit ist zerstört, vor aller Augen sichtbar und zum Hohn und Spott der Welt liegen »die Steine des Heiligtums verschüttet an allen Straßenecken«. (Klagel.4,1) Hier ein Stück Gemeinde, dort ein Haufen Steine, dann die vielen verstreuten Einzelnen, die keiner Gemeinde mehr angehören – die »Zerrissenheit der

Gläubigen« ist sprichwörtlich und sie wird täglich größer. Mit Erkenntnisunterschieden grenzt man sich gegenseitig ab und errichtet Zäune und Mauern, die zum eigenen Gefängnis geworden sind. Andererseits ist die Mauer der Absonderung von der Welt niedergerissen, sodass der Unterschied von Kirche und Welt kaum noch zu sehen ist; Weltgeist und Sünde schleichen sich in die Gemeinde ein, aber das wird weniger gefährlich empfunden als eine »fremde Lehre«, die nicht die Lehre der Kirche, nicht »die Lehre der Brüder« ist, die mit der Lehre der Schrift gleichgesetzt wird. Das ist also nicht Philadelphia, wenn man sich auch so nennt.

Philadelphia stellt den Boden dar, auf dem sich alle Kinder Gottes finden können. Der HERR wird sein Volk wieder aus Babylon herausführen, das heißt, nur die, die ein Verlangen nach herzlicher brüderlicher Gemeinschaft haben, werden kommen und die Kirche wieder aufbauen, wie sie im Anfang war. Philadelphia heißt Bruderliebe, was zufällig mal mit dem Anliegen übereinstimmt. Hier ist tatsächlich die Liebe die Triebfeder des Zusammenkommens, ungeheuchelte Bruderliebe, die alle Kinder Gottes liebt und annimmt, woher sie auch kommen mögen. Nur so können wir die Einheit des Leibes darstellen und zur Einheit des Glaubens kommen.

Ich kenne deine Werke, sagt der HERR, Er würdigt das gute Wiederaufbauwerk und fördert es. Es müssen vor der Ankunft des HERRN viele Dinge wiederhergestellt werden, an erster Stelle der Tempel Gottes. Die Wiederherstellung der Einheit der Gemeinde kann freilich nur auf der Grundlage der Apostel und Propheten, indem Jesus Christus selbst Eckstein ist, geschehen. »Denn einen anderen Grund kann niemand legen, außer dem, der gelegt ist, welcher ist Jesus Christus.« (1.Kor.3,11) Bisher haben alle Einigungsbemühungen wenig Erfolg gehabt, vielmehr haben sie den Leib Christi nur noch mehr zerteilt, weil sie nicht nach der Stadt des lebendigen Gottes, dem himmlischen Jerusalem und wahren Israel zurückfanden. Dort ist nach der Lehre der Apostel der Grund gelegt, wie geschrieben steht: »Siehe, ich lege in Zion einen Eckstein, einen auserwählten, kostbaren; und wer an ihn glaubt, wird nicht zuschanden werden.« (1.Petr.2,6) Der Heilige und Wahrhaftige ermutigt nun die Gemeinde in Philadelphia und alle Gemeinden zum Wiederaufbau auf diesen Stein, der ER selbst ist. Eine Gründung auf menschliche Namen, und seien es die Namen der Apostel, könnte nur die Türe für viele Geschwister verschließen. Alle haben ihre Prägung, ihre Väter, ihre eigene Sprache, aber das muss kein Hindernis sein, wenn wir in »aller Demut und Sanftmut, mit Langmut, einander ertragen in Liebe, uns befleißigen, die Einheit des Geistes zu bewahren in dem Bande des Friedens«. (Eph.4,1–6) Wenn Christus für den Gemeindewiederaufbau **eine geöffnete Tür vor dir gegeben hat, die niemand zu schließen vermag**, dann darf und kann nichts und niemand das Werk verhindern. Dem Werke feindliche Elemente werden sicher versuchen, den Plan zu vereiteln wie im Vorbilde »die Feinde Judas und Benjamins«. Zuerst wollten sie mitbauen, aber die Häupter Israels sprachen zu ihnen: »Es geziemt sich nicht, mit uns unserem Gott ein Haus zu bauen; sondern wir allein wollen dem Herrn, dem Gott Israels, bauen«. (Esra 4) Sie erkannten diese Leute, dass bei ihnen keine ehrlichen Absichten zugrunde lagen.

Bei dem Werk in Philadelphia geht es nicht darum, alle unter einen Hut zu bringen, wie es Allianz oder Ökumene wollen. Vielmehr soll die »Gemeinschaft der Heiligen« wiedergeherstellt werden, womit priesterliche Heiligung einhergehen muss. Damit müssten auch die Denominationen und verschiedene falsche Einstellungen und Lehren aufgegeben werden und das will sicher niemand, dem seine »geistliche Heimat« genügt oder der seine Gemeinde für die allein richtige hält. Personen mit unlauteren Beweggründen würden dem Werk nur schaden.

Die Türe wird vom HERRN gegen alle Widerstände und Widersacher offen gehalten, **denn du hast eine kleine Kraft**. Die Weggeführten bzw. die Heimgekehrten hatten sich durch den Befehl des Königs Artasasta bange machen lassen und stellten die Arbeit am Hause Gottes ein, die unterblieb bis zum zweiten Jahre des Darius. Erst als die Propheten Haggai und Sacharja kamen und ihnen im Namen des Gottes Israels weissagten, ging es weiter. Plötzlich fügte sich alles zu ihren Gunsten, bis das Haus vollendet war. Hieran sehen wir, wie die »kleine Kraft« zur Gotteskraft wird, wenn man sich im Glauben auf das prophetische Wort stützt, was für uns die Offenbarung, das Wort der Weissagung der Offenbarung Jesu Christi ist. »Der Schwache sage: ich bin ein Held!« (Joel 3,10) Die Verheißungen der Propheten geben Kraft den schwächsten Gläubigen, wenn sie uns nur wieder so verklärt werden, dass wir in ihnen, besonders in Sacharja, nichts anderes als Christus und Seine wiederhergestellte und geläuterte Gemeinde sehen könnten. »Der Strauchelnde unter ihnen wird an jenem Tage sein wie David; und das Haus Davids wie Gott, wie der Engel des Herrn vor ihnen her.« (Sach.12,8)

Die Bauenden im Buche Esra waren von den Propheten Gottes gelehrt, dass ihr Werk einem höheren Zweck diente. »Die letzte Herrlichkeit dieses Hauses wird größer sein als die erste«, hatte Haggai dem Überrest geweissagt, »und an diesem Orte will ich Frieden geben, spricht der Herr der Heerscharen.« (Hagg.2,9) Das war eine geistliche Unterstützung, die zu Fleiß und Eifer antrieb. Als nach ihren Namen gefragt wurde, bekannten sie freimütig: »Wir sind Knechte Gottes ... und wir bauen dieses Haus wieder auf!« (Esra 5) Sie konnten sicher sein, dass der HERR ihnen beistand, »denn wer euch antastet, tastet seinen Augapfel an.« (Sach.2,8) Diese Verheißung gilt noch, sie gilt für alle, die das Wort Gottes bewahrt und den Namen des HERRN nicht verleugnet haben; wir können auf Seine Hilfe und Seinen Schutz bei dem Werke rechnen, wenn es nur das Werk Gottes ist. In Haggai und Sacharja bekommen wir die Ermutigung und die Kraft, in Esra und Nehemia finden wir den Boden und die Baustoffe für den Wiederaufbau des »heiligen Tempel im Herrn« und der »heiligen Stadt«, beides Bilder von der Gemeinde des lebendigen Gottes. »So spricht der Herr der Heerscharen und sagt: Siehe, ein Mann, sein Name ist Sproß, und er wird von seiner Stelle aufsprossen und den Tempel Gottes bauen.« (Sach.6,12)

Viel Feindschaft, Spott, Verachtung und Schmach war das Teil der Männer, die sich um die Wiederherstellung der Mauer Jerusalems bemühten (Neh.1,3; 2,10; 4,2). Sanballat und Tobija versuchten auf alle Weise, das Werk zu verhindern; die größte

Versuchung für die Bauenden bildeten jedoch die Juden, »welche neben ihnen wohnten, die uns wohl zehnmal sagten: Kehret zu uns zurück!« (Neh.4,12) Ein echter Jude hatte höchstes Interesse an der Befestigung der heiligen Stadt, er suchte Jerusalems Wohlfahrt und Ruhe, »Jerusalem, die du aufgebaut bist als eine fest in sich geschlossene Stadt«. (Ps.122) In Smyrna hatte der HERR gesagt, dass die falschen Juden, das heißt die, welche sich Brüder nennen, aber die Treuen lästern und verfolgen, eine »Synagoge Satans« sind. In Philadelphia ist das Urteil nicht ganz so hart, aber ebenso klärend, wer als echter »Jude« und Bruder im HERRN zu betrachten ist. Der Prüfstein ist in Philadelphia nicht allein die Liebe, sondern auch die rechte Lehre, es geht hier um das Bewahren der Lehre des Christus.

Auch in sogenannten »bibeltreuen« Bibelschulen wird das Wort Gottes gelehrt, aber in einigen vertreten ihre Lehrer und dann natürlich auch ihre Schüler die falsche Israellehre, die keine Gemeindewiederherstellung vor dem Kommen des HERRN erforderlich macht noch betreibt, im Gegenteil, sie sanktionieren die Zerteilung des Volkes Gottes, indem sie jeden ausbilden, ganz gleich welcher Gemeinde. Das ist im Grunde Sabotage an dem Werk Philadelphias, ihre geringschätzige Einstellung beweist, dass sie keine wahren Brüder sind. **Siehe, ich gebe aus der Synagoge des Satans von denen, welche sagen, sie seien Juden, und sind es nicht, sondern lügen.** Sie alle wurden beschämt, die Mauer wurde trotz aller Störversuche vollendet und mit zwei großen Dankchören eingeweiht. Die an diesem Werk Beteiligten waren echte Juden und der »heilige Same«. Wir, die im Glauben das Israel nach dem Geiste bilden, sind uns unserer Abstammung von den Glaubensvätern Israels bewusst, wir bauen den »Tempel Gottes« und die für die Sicherheit Jerusalems so wichtige »Mauer« wieder auf. In der »Synagoge Satans« wird gelehrt, dass Philadelphia entrückt wird, dass die weltliche Stadt die Heilige Stadt sei, dass die ungläubigen Juden in dem politischen Staat Israel das auserwählte Volk seien, dass der Opferdienst wieder eingeführt würde, andererseits für Christen das Gesetz Gottes keine Bedeutung mehr habe und anderes mehr, was der gesunden Lehre des Evangeliums zuwider ist. Der HERR wird sie zwingen, **dass sie kommen und sich niederwerfen vor deinen Füßen und erkennen, dass ich dich geliebt habe**, die sie für Irrlehrer hielten. Sie werden sich schämen und zum HERRN umkehren, Der Seine Israelgemeinde geliebt und Sich selbst für sie hingegeben hat. Es ist nicht ausgeschlossen, dass auch aus der Synagoge oder Schule Satans noch etliche zum wahren Israel überführt werden. Sie werden dann wissen, dass sie in der falschen Bibelschule gewesen sind.

Eine **Stunde der Versuchung** soll über den ganzen **Erdkreis** kommen, **um die zu versuchen, welche auf der Erde wohnen**. Sacharja weissagte im Vorbild, dass die Wiederherstellung Jerusalems zu einem Prüfstein, ja zu einer »Taumelschale« und zu einem »Laststein für alle Völker« werden sollte (Sach.12,2). Die Stunde der Versuchung kam zunächst durch den Wechsel der Weltreiche. Nach der Verfolgung und Gefangenschaft unter der babylonischen Herrschaft kam die Befreiung, aber damit kam auch gleich die Versuchung und Verführung im medo-persischen Reich und noch stärker in den nachfolgenden Reichen. Das Griechentum brachte in der antiken Welt einen Kulturwandel, der auch das Judentum stark beeinflusste und das Denken der Juden mehr griechisch als hebräisch prägte. Als dann das Reich Gottes und die himmlische Stadt in der »Fülle der Zeit« in der Person des Sohnes Davids, Jesus Christus, erschien, erkannten sie Ihn nicht. Jetzt waren es die »Völker« Israels, vor allem ihre Führer, die ihren König zu beseitigen suchten. Zuerst riefen sie im Taumel Seines Einzugs in Jerusalem »Hosanna! Gepriesen sei, der da kommt im Namen des Herrn, der König Israels! wie geschrieben steht«. (Joh.12,13–15; Sach.9,9) Wenig später schrien sie: »Kreuzige, kreuzige ihn!« (Joh.19,6) Auch das hatte Sacharja vorausgesagt. Das Volk war eine Beute der weltlichen Versuchung geworden und wollte nun nicht mehr, dass dieser über sie herrsche. Die Jünger Jesu kamen zuletzt zwar auch in große Versuchung und ärgerten sich teilweise über Ihn (Matth.26,31.41; Sach.13,7), aber weil sie **das Wort seines Ausharrens** bewahrt hatten, wurden sie tatsächlich bewahrt, weil der HERR für sie gebetet hatte.

»Die Stunde der Versuchung« ist längst angebrochen und viele Christen lassen sich von dem Versucher mitreißen. In Offb.9 und 13 werden uns die Verführungsmächte gezeigt, durch die viele versucht werden und schon gefallen sind. Die Bezeichnung »die auf der Erde wohnen« ist ein Ausdruck für »natürliche Menschen, die den Geist nicht haben« (Jud.19), Namens-Christen, die auf das Irdische sinnen und irdische Interessen und Ziele verfolgen (Kol.3,2). Diese Bezeichnung kommt noch öfter vor in der Offenbarung, als Gegensatz zu den wahren Gläubigen himmlischer Gesinnung. Seiner kleinen Gemeinde ruft der HERR zu: **Ich komme bald; halte fest, was du hast, auf dass niemand deine Krone nehme!** Manche versuchen, sich an der Krone ihrer Erkenntnis festzuhalten, weil sie sehen, dass sie den Versuchungen nicht widerstehen können. Aber die Krone, die der HERR hier meint, ist »bei der Güte des Sohnes Zephanjas zum Gedächtnis im Tempel des Herrn« aufbewahrt (Sach.6,14). Es ist die Krone der Schmach Christi, die zur Herrlichkeit des Königtums Jesu werden soll, die man aber verlieren kann. Wenn man die Wahrheiten und Grundsätze, wie sie Esra und Nehemia verteidigten, nicht festhält in Liebe, wird alles zur bloßen Form und man verliert dabei die Verbindung zum HERRN. Denn Philadelphia genießt keine öffentliche Anerkennung, es wird vielmehr verachtet und geschmäht, es hat aber die höchste Anerkennung, die des Herrn und daran soll es sich genügen lassen, bis der HERR kommt. Er kommt in Philadelphia noch nicht zur Entrückung, »ich kehre nach Zion zurück und will wohnen inmitten Jerusalems; und Jerusalem wird genannt werden Stadt der Wahrheit«. (Sach.8,3) In der Offenbarung ist Sein Kommen horizontal, zur Wiederherstellung des Reiches und Erneuerung aller Dinge.

Eine Säule im neuen Tempel

Wer überwindet ..., das heißt, sich in dem vorliegenden Wiederaufbauwerk des Tempels und der heiligen Stadt nicht entmutigen lässt und trotz Widerstand und Schmähungen eifrig mitwirkt, bekommt für immer einen festen Platz, einen mittragenden Ehrenplatz im Tempel Gottes. **Ich werde ihn zu einer Säule machen in dem Tempel meines Gottes.** Welch eine Ermutigung für die erweckte Seele. Salomo bildete zwei Säulen als tragende Elemente des Tempels, die rechte hieß Jakin, was bedeutet »er wird befestigen«; »der linken gab er den Namen Boas: in ihm ist Stärke«. (1.Kön.7,21) Als »Säulen« wurden auch Jakobus, Petrus und Johannes angesehen. In dem neuen Tempel soll jeder eine Säule sein, der an dem Werke mitgearbeitet hat. Als Knecht Gottes trägt er den Namen dessen, dem er dient; er wird auch identifiziert mit der **Stadt meines Gottes, des neuen Jerusalem,** in dem ja alles vom Wesen und Leben des Lammes zeugt. Jerusalem ist die Stadt des großen Königs, Sein Weib, die Braut des Lammes, ist die Königin. Jeder, der sie als die höchste seiner Freuden schätzt und erhebt, bekommt auch den Namen des Königs. Da die Überwinder wie Der, welcher heiligt, aus dem göttlichen Samen Davids sind und Gott dienen, sind sie auch Könige und Priester Jesu Christi, und »sie werden sein Angesicht sehen; und sein Name wird an ihren Stirnen sein ... und sie werden herrschen von Ewigkeit zu Ewigkeit«. (22,4 u. 5b) Welche Glückseligkeit verspricht diese Verheißung!

Laodicäa (3,14–22)

Vor vielen Jahren wurde das Thema Laodicäa in gewissen Brüderkreisen heiß diskutiert. Laodicäa sei aus Philadelphia hervorgegangen und treffe heute weitgehend schon auf den eigenen Kreis zu, mahnten die einen. Die anderen meinten, Laodicäa sei die leblose Endzeitkirche nach der Entrückung, wobei sie sich selbst immer noch als »philadelphisch« verstanden, zwar schwach, aber dennoch vom HERRN anerkannt. Um das heikle Thema zum Abschluss zu bringen, weil es Unruhe in die Reihen der Geschwister brachte, entledigte man sich der unbequemen Mahner. Seitdem herrscht Schweigen über das Sendschreiben. Wir wollen uns deshalb mit diesem Sendschreiben in besonderer Weise befassen und eine direkte Anwendung wagen.

Die Gemeinde in Laodicäa bestand genauso aus Gläubigen wie Ephesus, die der HERR geliebt und für die Er gestorben ist am Kreuz. Der heidnische Name Laodicäa hat keinerlei Bezug zu dem lauen Zustand der Gemeinde, er könnte auch Kolossä heißen, zumal deren Briefe des Apostels ausgetauscht werden sollten (Kol.4,16). Obgleich sich die Kennzeichen aller Sendschreiben überall finden, ist Laodicäa heute besonders stark ausgeprägt in konservativen Gemeindekreisen. Diese verstehen sich als letzte Gemeinde, die unmittelbar die Entrückung erwartet, danach die Gerichte. Andere meinen, die Gemeinde müsse noch durch die große Drangsal (Trübsal), welche als Verfolgung durch den Antichristen erwartet wird. Auf die konfessionellen Volkskirchen passt Laodicäa nun gar nicht, die werden im Übrigen von der kirchengeschichtlichen Deutung, die in den Sendschreiben verschiedene Epochen sieht, Thyatira und Sardes zugeordnet.

Der laodicäische Zustand ist nicht erst eine Erscheinung im Christentum, das Judentum kannte ihn bereits, wovon der Prophet Maleachi vor allem das Priestervolk beherrscht sieht. Nach der Rückkehr aus der babylonischen Gefangenschaft (Esra, Nehemia) wurde der Tempel wieder aufgebaut und das Priestertum eingerichtet. Es war ein echter Neubeginn. (Dieser biblische Abschnitt ist, wie wir im sechsten Sendschreiben gesehen haben, das Vorbild für Philadelphia). Im Laufe der Zeit entstand eine Selbstzufriedenheit und Selbstgefälligkeit, die von Maleachi aufgedeckt und in den Tagen Jesu angetroffen wird. Maleachi ist das Laodicäa des Judentums. Die Parallele ist auffallend. Auch im christlichen Laodicäa finden wir eine exklusive Klasse von Gläubigen, die ebenfalls bekennen, aus dem Babylon der Kirche ausgegangen zu sein, aber blind dafür sind, wo sie jetzt geistlich stehen. Dies entspricht den Priestern in Maleachi und den Pharisäern und Schriftgelehrten in den Evangelien. Der letzte Abschnitt der Geschichte Israels wirft auch ein Licht auf die gegenwärtige laue Haltung vieler Christen. Fraglos handelt es sich um bekennende Kinder Gottes. Ob sie es wirklich sind, muss nicht infrage gestellt werden, kann man auch so nicht wissen, es wird offenbar werden am Tage der Offenbarung Jesu Christi. »Denn wir müssen alle vor dem Richterstuhl Christi offenbar werden ...« (2.Kor.5,10).

★★★

Dem Engel der Gemeinde in Laodicäa schreibe: Dieses sagt der Amen, der treue und wahrhaftige Zeuge, der Anfang der Schöpfung Gottes. Dass Gemeinden einen Engel haben, erfahren wir erstmals in der Offenbarung. Fünf Gemeindeengel haben, wie wir gesehen haben, ihren ursprünglichen Zustand nicht bewahrt und sind gefallen. Das kann auch für die Gemeinde selbst gelten und für jeden Einzelnen, wenn er einem falschen Stern folgt.

Durch Maleachi sagt der »Amen« das letzte Wort an Israel. »Amen« bestätigt und bekräftigt nicht nur das Gebet, sondern hier das Alte Testament als Wort Gottes, uns zum Vorbild, »zur Lehre, zur Überführung, zur Zurechtweisung ...« (2.Tim.3,16). In den Evangelien sehen wir den HERRN Jesus als den »treuen und wahrhaftigen Zeugen«. Durch Kreuz und Auferstehung ist Christus schließlich der »Anfang« einer »neuen Schöpfung« geworden (Eph.2,10).

Wie der Herr Jesus Sich dieser Gemeinde vorstellt, genauso bekennt sie Ihn. Sie hat das »Ja und Amen« zum Worte Gottes, das heißt das Bekenntnis zur Inspiration der Heiligen Schrift. Doch offensichtlich ist der Bezug zum Alten Testament in den Gemeinden weitgehend verloren gegangen, jedenfalls als wirksames Wort Gottes nach der Lehre der Apostel. In Laodicäa wird wie in keiner anderen Gemeinde der Herr Jesus verherrlicht, besonders Seine Herrlichkeit als Mensch, und das Leben in Christus verkündigt. Allein die Werke zeugen wider sie: **Ich kenne deine**

Werke, dass du weder kalt noch warm bist! In Laodicäa sind Werke, aber welche? Im Unterschied zu Ephesus, wo anerkennenswerte Werke waren, aber die Liebe fehlte, fehlt in der Laodicäagemeinde der Eifer für beides. »Ich habe euch geliebt, spricht der Herr; aber ihr sprecht, worin hast du uns geliebt?« (Mal.1,2). Der größte Beweis Seiner Liebe ist Sein Leiden und Sterben für uns, dessen man sich jeden Sonntag im Gottesdienst erinnert. Doch so mancher fragt, wo ist Seine Liebe in den gegenwärtigen Umständen? Warum lässt Er zu, dass die Gottlosen immer frecher auftreten?

Ach, dass du kalt oder warm wärest. Da weiß man nicht, wo man dran ist. Laodicäern kann man kein grobes Vergehen nachweisen, das einen Ausschluss rechtfertigte. Es geht noch feierlich und gesittet bei ihnen zu, Laodicäa ist keine weltliche Gemeinde. Dennoch ist Jesus tief enttäuscht von ihnen, Er vermisst die Gegenliebe und auch die Ehrfurcht. »Ein Sohn soll den Vater ehren, und ein Knecht seinen Herrn. Wenn ich denn Vater bin, wo ist meine Ehre? Und wenn ich Herr bin, wo ist meine Furcht?« (Mal.1,6) Laodicäa sagt beständig »Herr Jesus« und nimmt doch Sein Wort nicht ernst. »Aber auf diesen will ich blicken: auf den Elenden und den, der zerschlagenen Geistes ist, und der da zittert vor meinem Worte.« (Jes.66,2)

Viele Kirchen und Gemeinden klagen über Lauheit in ihren Reihen, aber das ist nicht die laodicäische Lauheit. In Laodicäagemeinden herrscht im Gegenteil viel Betriebsamkeit und evangelistische Aktivität, (um Proselyten zu machen). Auch mal wieder eine Evangelisation, aber es bekehrt sich keiner. Warum das? Eine Missionsgemeinde ist Laodicäa wahrlich nicht, Spenden fließen bei den Wohlstandslaodicäern spärlich und nur vom Überfluss. Man hat vergessen, das Erste und Beste dem HERRN zu geben, denn zuerst denkt man an sich. Das, was man selbst nicht mehr will: »Ihr bringet Blindes und Lahmes und Krankes auf meinem Alter dar, und doch sprecht ihr: Womit haben wir dich verunreinigt? Es ist nichts Böses.« (Mal.1,6–9)

Dieses Fragen warum, womit, worin auf alle Vorstellungen des HERRN zeigt, dass man durchaus kein Unrechtsbewusstsein mehr hat. Selbst auf die Aufforderung, zum HERRN umzukehren, sagen sie, »worin sollen wir umkehren?« (Mal.3,7) Schuld? Ein Laodicäer würde sagen, aber ich bin doch bekehrt.

Die Laodicäagemeinden haben nichts so nötig wie neu evangelisiert zu werden mit dem ewigen Evangelium: »Fürchtet Gott und gebet ihm Ehre« (Offb.14,6.7), und gerade dies weisen sie entschieden zurück. An eine Erweckung glaubt man schon gar nicht, so sehr ist man mit der »Endzeit« und was noch Schlimmes kommen soll beschäftigt. Weil die Beziehung zu Jesus lau ist, haben sie auch kein brennendes Herz für die Verlorenen. Auch die Bruderliebe ist nicht mehr warm und herzlich, meist geheuchelt, man traut einander nicht mehr. Laodicäa-Kreise sind auf allen Gebieten lau, nicht kalt und nicht warm.

Wäre Laodicäa »kalt«, tot wie Sardes, könnte sie vom Geiste Gottes erweckt werden, wäre sie »warm«, von der Liebe zu Christus und allen Heiligen erfüllt, könnte sie ermutigt werden. Doch dieser undefinierbare Weder-noch-Zustand kann nicht mehr behandelt werden. Laodicäa ist eine »fundamentalistische« Gemeinde, das heißt buchstabengläubig. Ihre Lehrer und Propheten pochen auf den Buchstaben, nicht mehr wie jene auf den toten Buchstaben des Gesetzes, sondern der Propheten. Dies ist zugleich ihr großes Hindernis für eine Erneuerung. Für Ägypten haben sie mehr Hoffnung als für Deutschland und ihre eigene Gemeinde. Da schreibt doch jemand in einem Missionsblatt tatsächlich: »Gott hat mit Ägypten noch einen wunderbaren Plan ... sie werden sich bekehren zum Herrn. Die Erfüllung dieser Verheißung steht noch aus.« (Hinweis auf Jes.19,22) Sagenhafte Träumerei! – Wie sehr sie den HERRN Jesus mit ihrer »buchstäblichen« Deutung des prophetischen Wortes entehren, indem sie die erfüllten Weissagungen des Wortes Gottes, die wortwörtlich an und in Christus erfüllt sind, wiederum in die Zukunft verlegen, als habe das Evangelium nicht auch Ägypten erreicht. Auch verkennen sie mit ihren Offenbarungsdeutungen völlig das Wesen des Lammes. Merken sie denn nicht, wie sehr sie den Namen des HERRN Jesus vor der Welt verunehren? »Womit haben wir deinen Namen verachtet?«

Jesus tadelt sie nicht wegen ihrer Sünden und Ungerechtigkeiten, deren viele sind in diesem anmaßenden System. Die interessieren Ihn auch wenig, weil ihre Treulosigkeit, ihr Hochmut, ihre Selbstgerechtigkeit und Heuchelei viel schwerer wiegen. Es wäre dem HERRN lieber, sie würden das Brotbrechen einstellen, als dieses heuchlerische Getue und unechte Gehabe. Er will keine Gedächtnisfeier von denen, deren Herzen doch nicht für Ihn schlagen. »Wäre doch nur einer unter euch, der die Türen verschlösse, damit ihr nicht vergeblich auf meinem Altar Feuer anzündetet.« (Mal.1,10)

Für die Lauheit gibt es keine Rechtfertigung. An politischen Ereignissen ist man immer interessiert, aber mit der Offenbarung Jesu Christi, mit Seinem Tage, wenn Er in Macht und Herrlichkeit erscheint, weiß man nicht so richtig etwas anzufangen. Genau das kränkt den HERRN der Herrlichkeit. Wenn, wie man meint, vorher die Gemeinde entrückt wird, um dann am »Tag des Herrn« wieder mit Ihm zu erscheinen, dürfte die Offenbarung Jesu Christi kaum interessieren. In allen Briefen der Apostel ist der Tag des HERRN, der wie ein Dieb kommt, die Hoffnung der Gläubigen, den die Entrückung als letzten Akt, bei der letzten Posaune, abschließt (1.Kor.15,52). Laodicäer haben ihre eigenen Vorstellungen von der Wiederkunft Jesu, wie fantastisch wird sie ausgemalt. Er wird auch kommen, gewiss, aber anders, denn »plötzlich wird zu seinem Tempel kommen der Herr, den ihr suchet; wer aber kann den Tag seines Kommens ertragen, und wer wird bestehen bei seinem Erscheinen?« (Mal.3,1–6) Dieses »laue« Geschlecht wird nicht entrückt werden, weil es nicht das Zeugnis hat, Gott wohlzugefallen. Zuerst wird viel schmutzige Wäsche gewaschen werden müssen, »er wird sein wie das Feuer des Schmelzers und wie die Lauge des Wäschers ...« (V.2).

Also, weil du lau bist ... werde ich dich ausspeien aus meinem Munde. Das Urteil des HERRN drückt weder Zorn noch Anklage aus, es ist der Ausdruck größter Abneigung, die Gesalbtheit und Schleimigkeit Laodicäas ist Ihm widerlich, ekelhaft. Schleim im Munde spuckt man aus. Den Ekelhaften ausspeien, heißt in der Sprache Maleachis: »Ich habe keine Lust an euch, spricht der Herr der Heerscharen, und eure Opfergabe nehme ich nicht wohlgefällig aus eurer Hand. – Siehe, ich schelte euch die Saat und streue euch Mist ins Angesicht, den Mist eurer Feste, und man wird euch zu ihm hintragen.« (Mal.2,3)

In Laodicäa sind freilich nicht alle lau, es gibt einige, »die den Herrn fürchten, und der Herr merkte auf und hörte«. (Mal.3,16) Diese treffen wir in den Evangelien an. Dort finden wir einen gottesfürchtigen Überrest in Zacharias und Elisabeth, in Maria und Joseph, Simeon und Hanna und so viele »auf Erlösung warteten in Jerusalem«. (Luk.2,38) Da ist aber auch der Maleachikreis der Juden, die Pharisäer und Schriftgelehrten, die es sehr genau nehmen mit dem Gesetz und sich daher bestimmt dafür halten, von Gott anerkannt und erwählt zu sein. Sie bekannten, das aus der babylonischen Gefangenschaft zurückgekehrte rechtmäßige Israel zu sein; wenn s i e nicht jene Gottesfürchtigen von Maleachi wären, wer denn sonst. Nannten sie doch Gott ihren Vater und meinten, Seine Kinder zu sein und ewiges Leben zu haben. Alles war in Ordnung. Ein Gericht wie vor der Wegführung war nicht mehr zu befürchten, im Gegenteil, wenn Gott die Gesetzlosen richtete, würden sie zusehen. Wenn der Messias käme, was nach ihrer Berechnung der letzten Jahrwoche Daniels kurz bevorstand, würden das Reich und die einstige Macht wiederhergestellt werden. Wäre es anders, hätte ein Engel ihnen zuerst Bescheid gesagt. So dachten sie in ihrem Erwählungsdünkel, aber für den Sohn Gottes im Fleische hatten sie keinen Platz. »Er kam in das Seinige, und die Seinigen nahmen ihn nicht an.« (Joh.1,11) Das Gleiche tut Laodicäa in Bezug auf die Offenbarung des Sohnes im Geiste, sie verfolgen die gleiche jüdische Apokalyptik, die für die Geistlichkeit in Jerusalem typisch war. Als der Stern von Bethlehem erschien, kam ihr Stern in ein Zwielicht.

Wie sehr Laodicäa sich selbst täuscht, zeigt ihre Sprache: **Ich bin reich und bin reich geworden und bedarf nichts ...** Die Gemeinde in Laodicäa war sehr begünstigt, sie hatte wie die Kolosser die »Schätze der Weisheit und Erkenntnis Gottes« und war einmal wirklich reich. Dann aber ließ sie sich von der Philosophie fangen, hielt das Haupt nicht fest und machte sich selbstständig, ja machte sich selbst zum Haupt (Kol.2,3.19), wodurch der Glaube zur Religion wurde. Laodicäa bildet sich ein, alles unverfälscht bewahrt zu haben. Rühmen sie sich doch, die Wahrheit zu haben, sie wissen schon alles, kennen wie kein anderer die Bibel; Neues gibt's nicht mehr zu entdecken, da schon alles ausgelegt und aufgeschrieben ist. Die Väter der Bewegung haben wichtige Wahrheiten verkündigt; Hirten, Lehrer und Evangelisten haben sie reich gemacht in allem Wort und aller Erkenntnis, sodass sie in keiner Gnadengabe Mangel hatten. Alles vergangener Reichtum!

Neben manch guter Belehrung haben ihre Lehrer auch große Irrtümer ersonnen, die zu einem verdrehten Schriftverständnis geführt und viele irregeführt haben (Scofield), namentlich die Vorentrückungslehre und den Dispensationalismus. Die Propheten sind gedeutet, allerdings auf das falsche Israel; auch wissen sie genau oder doch ziemlich genau, wie die Offenbarung abläuft, aber ohne sie. Die laodicäische Bibel ist klein geworden, sehr klein. Dennoch bilden sie sich ein, keiner weiteren Erkenntnis mehr zu bedürfen. Also kann ihnen auch niemand etwas bringen, was sie nicht schon wüssten. Jemand, der Kritik an ihrer Herrschaftsstruktur üben oder ihnen gar Irrtum nachweisen wollte, würde unweigerlich nach draußen befördert werden (Joh.9,34–38). Erheben sie doch den Anspruch, die Wahrheit zu haben und d i e Gemeinde zu sein; alle Gläubigen müssten eigentlich zu ihnen kommen. Aber sie kommen nicht.

Die Juden waren einst auch so selbstherrlich, selbstklug und selbstzufrieden, stolz auf ihre religiösen Besitztümer und Stätten, ihre Schriftgelehrsamkeit und Gesetzestreue, sodass Jesus ihnen nichts mehr bringen konnte. An der Botschaft Jesu waren sie nicht interessiert, fühlten sie sich doch ständig von Ihm provoziert. Und Laodicäa? Es dünkt sich reich, es hat auch reiches Schrifttum, aber alt, vergilbt, nicht mehr zeitgemäß, und doch immer wieder neu aufgelegt. Überkommene Lehren und Überlieferungen lassen dem Geist Gottes keinen Raum. An den Bedürfnissen unserer Zeit geht der Dienst am Wort vorbei. Übrig bleiben Tradition und Religion.

Laodicäa »in der Endzeit« ist eine ganz besonders prophetisch ausgerichtete Gemeinde und erkennt doch nicht die »Zeichen der Zeit«. Obwohl sie als Endzeitgemeinde mit Vorliebe über das »prophetische Wort« spricht und damit bombastisch spekuliert, ist doch alles erst zukünftig. Das zweite Kommen Jesu deutet Laodicäa so falsch wie die Juden das erste Kommen. Damit sind wir wieder am Anfang, nicht bei der Urgemeinde, sondern im Johannesevangelium beim Judentum. Dasselbe Denken. Kein Bedürfnis nach befreiender Wahrheit, »wie sagst du, ihr sollt frei werden?« (Joh.8,33) Laodicäa versteht sich am Ende des christlichen Zeitalters immer noch und gerade deshalb als Braut Christi, obwohl sie die Züge einer Braut völlig vermissen lässt. Die »Braut des Lammes« wird erst am Schluss der Offenbarung angeworben. Laodicäa hat sich selbstherrlich diesen Titel zugelegt, ja eigenmächtig vorweggenommen, ohne das Reinigungsbad in der Offenbarung durchzumachen.

In dieser Unwissenheit, Blindheit und Gleichgültigkeit liegt die Sünde der Gemeinde und der Anfang vom Ende. Für Gott hat Laodicäa keine Bedeutung mehr, auch nicht mehr als »Zeugnis« vor der Welt, und doch nimmt es sich sehr wichtig. Mitleidig schaut es auf die geistlich Armen und Elenden, auf die irregeführten und unbefreiten Christen …, genau wie die Pharisäer. Sie, die auf Moses Stuhl saßen und in der Synagoge die erste Stelle einnahmen, dachten wohl, es wären die anderen, die noch nicht die Erkenntnis haben wie wir oder »die Volksmenge, die das Gesetz nicht kennt«. (Joh.7,49)

Und weißt nicht, dass du der Elende und Jämmerliche und arm und blind und bloß bist. Schreckliche Wahrheit über den eigenen Zustand, auch bei den Hirten. Nach dem Wohlergehen der Schafe fragt man nicht in Laodicäa. Einen Mangel würde auch niemand wagen zuzugeben bei all dem »Reichtum« und der gerühmten Gnade. Hauptsache, die äußere Form stimmt, aber viele Seelen sind krank, junge Leute wenden sich von ihr ab, manche geben ganz den Glauben auf. Das alles rührt die »Brüder« nicht selbstkritisch, sie schauen von oben herab und richten die, die verkehrte Wege gehen, sitzen aber selbst im falschen Boot. »Der du nun einen anderen lehrst, du lehrst dich selbst nicht? Der du sagst, man solle nicht ehebrechen, du begehst Ehebruch?« (Röm.2,17–29) passt genau auf Laodicäa. In ihrem Unschuldswahn fehlt jede kritische Selbstprüfung, sie stellen sich selbst das Zeugnis aus. Laodicäer sind gerecht in ihren eigenen Augen, vom HERRN besonders geliebt und begnadet, meinen sie immer noch.

Der HERR will Laodicäa sagen: Wenn euch die Augen aufgehen, wird euch ganz elend und jämmerlich zumute sein, wenn ihr seht, wie erbärmlich arm i h r in Wirklichkeit seid, geistlich arm, arm auch an der Frucht des Geistes, ja wie entblößt ihr dasteht vor den anderen, wenn euch die scheinheilige Maske heruntergerissen wird. Im Gegensatz zu Smyrna, das, ohne es zu wissen, in seiner Armut reich war, ist Laodicäa in seinem eingebildeten Reichtum erbärmlich arm. Laodicäa – einst steinreich, jetzt ein verarmter Adel!

Wenn der Engel, wie im Vorbilde jene, glaubte reich zu sein und nichts zu bedürfen, sollte er nichts mehr geschenkt bekommen. Er muss kaufen, wenn ihm wider Erwarten ein Mangel bewusst werden sollte. Die Ironie, mit der Jesus oft den Pharisäern antwortete, klingt auch in diesem Sendschreiben an: **Ich rate dir, Gold von mir zu kaufen, geläutert im Feuer, auf dass du reich werdest.** Gold ist ein Sinnbild der Wahrheit und Gerechtigkeit Gottes. Doch geläutertes Gold ist teuer. Und jetzt müssen arme Laodicäer bekennen: Das Geld ist ausgegangen, wir sind bankrott. Da bleibt nur, sich selbst dem HERRN zu verkaufen. Darum geht es Ihm. Jesus hat den vollen Preis bezahlt, Er hat die Gerechtigkeit für uns erworben, sodass sie uns im Glauben beigelegt werden konnte. Erlösungsbedürftige Sünder, die sich ganz als Sünder erkennen, bekommen alles umsonst. Eine große Sünderin bekam die Vergebung umsonst (Joh.4), ein Hilfloser am Teiche Bethesda bekam die Heilung umsonst (Joh.5), eine hungrige Volksmenge wurde gratis versorgt (Joh.6) und jeder, der da dürstet nach dem Geist, nach der Wahrheit, nach dem Leben, ja, »wer da will, nehme das Wasser des Lebens umsonst«. (vgl. Joh.7,37; Offb.22,17). Die Hochmütigen, Satten und Selbstgerechten aber lässt Jesus stehen. Ihnen sagt Er: »Ihr kennet weder mich noch meinen Vater; ihr seid von dieser Welt ... nicht aus Gott« (Joh.8); »ihr seid nicht von meinen Schafen, wie ich euch gesagt habe« (Joh.10); und darum konnten sie nicht glauben, weil Jesaja gesagt hat: »Er hat ihre Augen verblendet und ihr Herz verstockt«. (Joh.12,39) Jesus macht sich nicht billig, man muss Ihn in Wahrheit wollen.

Das Licht des Geistes deckt die Werke der Finsternis, die Ungerechtigkeit und Heuchelei des Gemeindeengels auf, sodass er völlig entblößt dasteht und seine Schande sichtbar wird. Christus rät der Gemeinde und jedem Einzelnen, **weiße Kleider** zu kaufen, **auf dass du bekleidet werdest und die Schande deiner Blöße nicht offenbar werde.** Bisher hat man ein prachtvolles Kleid des Bekenntnisses zur Schau getragen mit denen, »die in langen Gewändern einhergehen und zum Schein lange Gebete halten«. Dahinter verbirgt sich das Fleisch, der alte Mensch, dessen man sich schämen sollte. Bei Tageslicht besehen erscheint das fromme Gewand ziemlich fadenscheinig, gerade bei Laodicäern. In der Versammlung keusch und andächtig, im Alltag zeigt sich oft ein böses Wesen: Unrecht, Unversöhnlichkeit, Neid, Streit, übles Nachreden, Habsucht, welche Götzendienst ist. Wer den neuen Menschen angezogen hat, bedeckt seine Blöße (Kol.3,9). »Weiße Kleider« für alle in der Gemeinde, bekleidet mit wahrhaftiger Gerechtigkeit und Heiligkeit, müssen nicht teuer sein, es kostet vielleicht nur den Stoff der Demut und etwas Aufrichtigkeit.

Ganz wichtig wäre die **Augensalbe, deine Augen zu salben, auf dass du sehen mögest.** Für die natürliche Sicht der Prophetie bedarf es keiner Augensalbe. Was sich da alles (an Israel) erfüllt haben soll, nämlich nichts, kann auch die blinde Welt sehen. Blinde waren gewöhnlich arm, arme Bettler. Die politische Prophetie ist ein Armutszeugnis für Christen, die bekennen, den Geist zu haben. Was da alles Gott zugeschrieben wird, passt eher zum Islam. Im Übrigen sind ihre Deutungen bloße Spekulationen, die ins Unsinnige gehen. Das geistliche Verständnis der prophetischen Schriften ist in Laodicäa verpönt, weil angeblich unsichtbar. In der Tat ist es für den natürlichen

Menschen nicht greifbar, der geistliche Mensch aber beurteilt alles geistlich und hat den Durchblick (1.Kor.3,9–16).

Geistliche Augensalbe ist für Engel oder solche, die es glauben zu sein, billig zu haben. Sie besteht aus dem Speichel des Menschensohnes und dem Kot der Erde. Wird das Urteil des HERRN über den ekelhaften Zustand anerkannt, kann der »Kot wie Salbe« hergestellt und dem Blinden auf die Augen geschmiert werden. Im Moment sieht der Blindgeborne dann zwar gar nichts mehr, doch »er ging hin und wusch sich und kam sehend«. (Joh.9) Andere Blinde wurden durch ein Wort geheilt, laodicäische Blindheit bedarf einer Sonderbehandlung. Anders kann ihnen nicht geholfen werden. »Etliche Pharisäer, die bei ihm waren, sprachen: Sind denn auch wir blind? Jesus sprach zu ihnen: Wenn ihr blind wäret, so würdet ihr keine Sünde haben; nun ihr aber saget: ‚wir sehen', so bleibt eure Sünde.« (Joh.9,40–41)

Dass die Gemeinde nicht in die Gerichte der Offenbarung kommt, glaubt man nur in Laodicäa. Das Tier ist da, aber sie nehmen es nicht wahr; der Antichrist verführt ihre Kinder, doch sie kommen nicht dahinter (Offb.13). Schon greifen feindliche Mächte massiv an, dringen in die Gemeinden, »steigen in die Häuser, durch die Fenster dringen sie ein wie ein Dieb«. (Joel 2,1–11) Wer das nicht sieht, ist blind. Aber was kann ein Blinder dafür, dass er nicht sieht, was um ihn herum vorgeht? Es könnte ein Löwe oder ein Bär auf ihn zukommen, er ist in tiefer Ruhe, weil er die Gefahr nicht erkennt. Doch er kann fühlen und hören, wenn er nicht zugleich taub ist. Sie müssten wie der Blinde am Wege rufen: »O Sohn Davids, Jesu, erbarme dich meiner.« (Mark.10,47)

Für das laodicäische Gemeindesystem als Ganzes besteht keine Hoffnung mehr. So leidenschaftlich der treue und wahrhaftige Zeuge um Laodicäa wirbt und ringt, Er findet in ihren Herzen keinen Widerhall. Er trägt die Unerträglichen, die nur Fragen stellen, um Ihn in der Rede fangen zu können, noch eine Weile – schließlich lässt Er sie stehen und wendet sich dem Einzelnen zu. Es sind da einige, die Seiner bedürfen und in Ihm den Sohn Davids, den König Israels, sehen; s i e sollen Seine Jünger werden.

Ich überführe und züchtige, so viele ich liebe. Kein anderer als der HERR Jesus selbst kann dies tun. »Wen der Herr liebt, den züchtigt er.« (Hebr.12,6) Das kann unter Umständen hart werden für einige, die nicht anders zu überzeugen sind. Als überführter Laodicäer weiß der Schreiber, wovon er redet. »Bevor ich gedemütigt ward, irrte ich.« (Ps.119,67) Immerhin ließen sich am Pfingsttage dreitausend Seelen überführen. Auch Paulus widerfuhr es so.

Eine neue Jüngergeneration wird kommen, »die dem Lamme folgen, wohin irgend es geht ...; in ihrem Munde wurde kein Falsch gefunden«. (Offb.14,1–5) Solche waren Nathanael (Joh.1), Nikodemus (Joh.3), das Weib am Jakobsbrunnen (Joh.4) und die drei in Bethanien, welche Er sehr liebte (Joh.11). Alle diese waren arm und doch können sie Ihm etwas geben, was Sein Herz erquickt: ein hörendes Ohr (Luk.10,39), ein Abendessen, »ein Pfund Salbe von echter, sehr kostbarer Narde«. (Joh.12,1–3) Aus diesen bildete sich einst die Braut, die Sein Weib wurde (Eph.5,22–33). Und heute? Wieder wirbt der Geist um eine Braut für das Lamm und findet gerade dort solche Brautseelen wie Maria Magdalena, aus welcher Jesus sieben Dämonen ausgetrieben hatte (Mark.16,9).

Dem Engel und uns ruft Jesus noch einmal zu: **Sei nun eifrig und tue Buße!** Was Laodicäa tun soll, ist das Bekenntnis Gott gegenüber, Ihm zu sagen: »HERR, ich bin ganz verkehrt.« Die Endgültigkeit Seines Urteils, den Lauen auszuspeien, mag etliche bewegen, sich zur Buße zu bequemen und Ihm den Weg zu bereiten, »der da kommt in Namen des Herrn, der König Israels« (Joh.12,12–16), und an das Licht zu glauben, »während ihr das Licht habt, auf dass ihr Söhne des Lichtes werdet«. (Joh.12,36.48)

Noch einmal versucht der gute Hirte in Laodicäa Eingang zu finden: **Siehe, ich stehe an der Tür und klopfe an: wenn jemand meine Stimme hört und die Tür auftut ...;** Jesus steht draußen wie ein Fremder, obwohl sie drinnen »in seinem Namen« versammelt sind. Unglaublich. Er pocht nicht gegen die Tür, Er dringt nicht mit Gewalt ein, Er klopft leise und bittet um Einlass. Eigentlich müssten die Brüder sofort reagieren, aber sie erwarten wohl den HERRN anders. Hier zeigt sich, wer wirklich Jesus und die Wahrheit liebt. Hieran soll sich auch zeigen, wer zu Seinen Schafen gehört und wer nicht, denn »meine Schafe hören meine Stimme, und ich kenne sie, und sie folgen mir«. (Joh.10,27) »Weil ich aber die Wahrheit sage, glaubet ihr mir nicht«; notgedrungen musste Er den Tempel verlassen (Joh.8,45.59). Das ist wohl auch der Grund in Laodicäa, weshalb Er draußen steht. Im Vorübergehen sieht Er einen Menschen, blind von Geburt und offenbart an ihm die Werke Gottes. Dieser Mensch hatte Seine Stimme gehört: »Glaubst du an den Sohn Gottes?« Er öffnet ihm sogleich die Herzenstür und sprach: »Ich glaube Herr; und er warf sich vor ihm nieder«. (Joh.9,38) Auch das Haus in Bethanien stand Jesus immer offen. Und die Emmausjünger nötigen Ihn: »Bleibe bei uns, denn es ist gegen Abend ...« (Luk.24,29–30) Alles Beispiele, Vorbilder von zubereiteten Brautseelen, die Ihn lieben und auf den Bräutigam warten, um mit Ihm Gemeinschaft zu haben, **zu dem werde ich eingehen und das Abendbrot mit ihm essen und er mit mir.** Hier finden die Mühseligen und Beladenen Ruhe für ihre Seelen (Matth.11,28). Als es schon gefährlich wurde, mit Jesus zu gehen, sechs Tage vor dem Passah, da machten sie Ihm in Bethanien ein Abendessen; »und Martha diente«. (Joh.12,2) Traute Gemeinschaft mit dem Sohne Gottes. Möchtest du nicht auch so innige Gemeinschaft mit dem wahren Seelenfreund bekommen?

Mit einem letzten Aufruf zum Überwinden schließt der siebte Brief an die Gemeinden. **Wer überwindet, dem werde ich geben, mit mir auf meinem Throne zu sitzen, wie auch ich überwunden habe und mich mit meinem Vater gesetzt habe auf seinen Thron.** Überwinden gleichwie Er die Welt überwunden hat (Joh.16,33). Im Johannesevangelium ist es die religiöse Welt, die Welt des falschen Bekenntnisses. Ein solches System ist auch Laodicäa, es kann überwunden werden, weil Jesus es überwunden hat. Es kann überwunden werden durch das Zeugnis der Propheten über Christus und Seine Gemeinde. Damit hat jedenfalls Paulus das Judentum überwunden, »denn weder Beschneidung noch Vorhaut ist etwas, sondern eine neue Schöpfung«. (Gal.6,15) Dem Überwinder ist das Königtum in

Jesu verheißen, er soll mit Christo in den himmlischen Örtern sitzen, »über jedes Fürstentum und jede Gewalt und Kraft und Herrschaft und jeden Namen, der genannt wird«. (Eph.1,21; 2,6)
Wer ein Ohr hat, höre, was der Geist den Versammlungen sagt. Wer hat noch ein Ohr für das mahnende Wort Gottes? Man spitzt die Ohren bei Neuigkeiten, bei spektakulären Ereignissen und vor allem, wenn es um Geld geht, aber wer hört auf die Stimme des Geistes im Gewissen? Wer horcht auf, was die Offenbarung uns mitteilt? Was in Laodicäa gilt, geht alle Gemeinden an und jeden Einzelnen persönlich. »Glückselig, der das liest und die da hören die Worte der Weissagung und bewahren, was in ihr geschrieben ist; denn die Zeit ist nahe.« (1,3)

Mit diesem Sendschreiben ist die Anklageschrift abgeschlossen. Wir haben den Nachweis erbracht, und das ist zugleich die »Ordination« des Autors als Ausleger, dass die Sendschreiben nur mit der Geschichte Israels im alten Bunde zu deuten sind. Diese gehen die gesamte Kirche in der Welt an und dienen der Selbstprüfung.

Im Himmel (Kap.4)

In den sieben Sendschreiben verkündet der Heilige Geist »das, was ist«, welche Zustände in den Gemeinden der Nationen herrschen, wie der Hohepriester im Heiligtum sie sieht. Nachdem der HERR das letzte Wort an die Gemeinden gerichtet hat, wie es um ihre Engel steht, beginnt ein neues Zeitalter, das Zeitalter der Gerechtigkeit und Offenbarung der Herrschaft Gottes mit dem Sohn auf dem Thron. In Bezug auf den Sohn heißt es: »Dein Thron, o Gott, ist von Ewigkeit zu Ewigkeit.« (Hebr.1,8)

Sodann wird dem Seher und durch ihn allen Knechten Gottes (1,1) gezeigt, **was nach diesem geschehen muss**. Denn es muss etwas auf die zum Teil sehr gottwidrigen Zustände im Kreis der Gemeinden geschehen, wenn keine Buße erfolgt, zu der immer wieder aufgerufen wurde. So bleibt zuletzt nur das Einschreiten des Richters, der sich schon in Kap.1 vorgestellt und in jedem Sendschreiben Sein Kommen angekündigt hat. Es werden zum Gericht die finsteren Mächte heraufkommen, die wiederum überwunden werden müssen und tatsächlich nur durch und mit dem Lamm überwunden werden können. Im Himmel sind bereits die Dinge geschehen. Es naht die Zeit, wo alle diese Dinge, die nachfolgend an unserem geistlichen Auge vorüberziehen werden, sichtbare Gestalt annehmen bzw. spürbar werden sollen. Der Kampf findet jedoch in der unsichtbaren Welt statt, denn es ist ein Geisteskampf.

Dem Seher wird eine Tür aufgetan in dem Himmel, durch die er hinaufsteigen soll, um zu sehen, was sich nun ereignen wird. Dieses Hinaufsteigen kann nicht die Entrückung der Gemeinde bedeuten, da sonst die weiteren Ereignisse keinerlei Bedeutung für die Gemeinde hätten. Es steht dort auch nichts von Entrückung.

Dieselbe ist auch nicht Gegenstand der Offenbarung, sondern das Königtum Jesu zur Erneuerung der Gemeinde Gottes, die erst dann entrückt wird, wenn sie vollendet ist. Die Aufforderung der posaunenstarken Stimme: **Komm hier herauf** will auch uns mitnehmen, das Bild der Herrlichkeit Gottes zu betrachten, wie sie schon Hesekiel sah und das zu verfolgen, was jetzt wie ein Film abläuft. Aber es ist nicht nur ein Film, es ist eine geistliche Wirklichkeit.

Wir müssen die Stellung einnehmen, in die wir in Christo Jesu versetzt sind (Eph.2,6), um alles vom Himmel her, das heißt geistlich betrachten zu können. Anders werden wir die Offenbarung, »was nach diesem geschehen muss«, nicht verstehen. Wenn wir alles von der Erde her, das heißt natürlich verstehen wollen, wie das gewöhnlich in den Auslegungen geschieht, kommen wir zu den unmöglichsten Vorstellungen, ja die absonderlichsten Deutungen sind die Folge. Da fallen buchstäblich die Sterne vom Himmel, aber sie töten keinen Menschen. Wunderlich. Oder es geschehen die größten Erdbeben, jedoch wird kein Haus davon beschädigt. Werden wir aber durch das »Komm hier herauf« schon leiblich entrückt, kann uns das alles sowieso nichts anhaben. Wir sehen, Natürliches und Geistliches ist so weit auseinander wie Himmel und Erde.

DER THRON (4,1–11)

Johannes erlebt sogleich eine geistliche Verwandlung, er ist plötzlich »im Geiste« und sieht eine über alles erhabene Erscheinung: Den Thron der Heiligkeit, an dem alles entschieden wurde und sich alles entscheidet, was geschieht. **Und auf dem Throne saß einer.** Wer ist dieser? Ohne Zweifel der HERR Jesus Christus als Gott und König. Mit der Erhöhung auf Gottes Thron beginnt Sein Königtum, und hier beginnt auch unser Überwindertum. Denn das Königtum ist allein dem Überwinder verheißen, »wie auch ich überwunden und mich mit meinem Vater gesetzt habe auf Seinen Thron«, haben wir in Laodicäa gehört (3,21). Jedoch sehen wir nicht zwei Personen auf dem Thron, denn Gott ist Einer. Auch in Seiner Erhöhung ist der Sohn mit dem Vater eins wie Er es in Seiner Erniedrigung war, denn »wer mich gesehen hat, hat den Vater gesehen«. (Joh.14,9) Hier thront der den Gemeinden der Nationen noch nicht geoffenbarte König Israels, »herrlich in Heiligkeit und furchtbar an Ruhm, Wunder tuend«. (2.Mo.15,11) Sein Aussehen, gleich einem **Sardis,** strahlt eine Ihm eigene lichte Herrlichkeit aus; der **Jaspis** hingegen ist wenig wertvoll, aber im Lichte der Herrlichkeit Gottes erstrahlt er als ein sehr kostbarer Edelstein, dessen Lichtglanz auch Seine geliebte Gemeinde, die Heilige Stadt Jerusalem, widerstrahlen soll (21,2.11). Die Garantie dafür ist in dem **Regenbogen** gegeben, der um den Thron war, **von Ansehen gleich einem Smaragd** – ein Zeugnis der Bundestreue Gottes gegenüber Seinen Auserwählten, die Er erworben hat durch das Blut Seines eigenen Sohnes und durch die Gerichte hindurch bewahren wird. Die Ähnlichkeit der Gestalt des Thrones mit Hes.1 ist auffallend.

Der Thron ist umgeben von vierundzwanzig Thronen, auf denen Älteste sitzen, **bekleidet mit weißen Kleidern, und auf ihren Häuptern goldene Kronen.** Es sind Priesterkönige, zweimal zwölf für das Königtum und das Priestertum Israels, Vertreter des »auserwählten Geschlechts, des königlichen Priestertums«. (1.Petr.2,9) Auch uns, die wir aus Gnaden errettet sind und mit dem weißen Kleid der Gerechtigkeit Christi bekleidet wurden, hat Er »mitsitzen lassen in den himmlischen Örtern in Christo Jesu«. (Eph.2,6) Wenn wir »gemacht sind zu einem Königtum, zu Priestern seinem Gott und Vater«, dann sollen wir auch unseren Platz dort einnehmen. Hier wird uns unsere Herrschaftsstellung vor Augen geführt, wie wir sie praktisch einnehmen sollen. Wir alle sollten »Älteste« sein, erfüllt mit der »Erkenntnis seines Willens in aller Weisheit und geistlichem Verständnis« (Kol.1,9), denn uns ist das »Geheimnis seines Willens kundgetan«. (Eph.1,9–10)

Aus dem Thron gehen hervor Blitze und Stimmen und Donner, ein Gewitter zieht sich zusammen, dunkle Gerichtswolken ziehen herauf. Gott redet fortan aus dem Wolkendunkel wie in der Wüste auf dem »Sinai an Heiligkeit«. Die Ältesten Israels durften hinaufsteigen und sahen den Gott Israels, »und er streckte seine Hand nicht aus gegen die Edlen der Kinder Israel; und sie schauten Gott und aßen und tranken« (2.Mo.24,9–11). Dieses Vorrecht haben wir auch, wir brauchen uns nicht zu fürchten, wenn wir nach der Heiligkeit trachten. »Glückselig, die reinen Herzens sind, denn sie werden Gott schauen.« (Matth.5,8)

In den **sieben Feuerfackeln**, die vor dem Throne brannten, wird jedes Angesicht derer, die den Thron umgeben, aufgehellt. In ihrem Schein glänzt vor allen Dingen das Angesicht Dessen, Der auf dem Throne sitzt. Und der Regenbogen, in dem sich das Licht bricht an dem dunklen Hintergrund, strahlt wie ein Edelstein. Es sind **die sieben Geister Gottes,** die die Thronumgebung erhellen, der Geist der Wahrheit, der Geist der Liebe, der Geist der Heiligkeit, der Geist der Treue, der Geist des Friedens, der Geist der Gerechtigkeit, der Geist der Gnade und der Kraft und wenn es noch einen guten Geist Gottes gibt, der Christus offenbart und in unsere Herzen gegeben worden ist. Die Zahl Sieben steht für die Vollzähligkeit, die alles einschließt. Von der Liebe Gottes wissen wir, dass sie eine unauslöschliche Flamme ist, und sie brennt auch in den Gerichten der Offenbarung.

Vor dem Throne war es wie ein **gläsernes Meer, gleich Kristall.** Die beiden Ausdrücke »wie« und »gleich«, die in der Offenbarung oft gebraucht werden und in dem vorliegenden Kapitel besonders häufig sind, beschreiben uns geistliche Dinge, die aus den Vorbildern des Alten Testaments entnommen sind. Hier ist es das »Meer«, das im Tempel Salomons auf zwölf Rindern ruhte (1.Kor.7,23), ein Bild der völligen Reinheit und Durchsichtigkeit des Wesens. Wenn wir dem Throne nahen wollen, müssen wir durch dieses Meer der Reinigung gehen. So wird der Thron des Weltgerichts für uns ein Thron der Gnade; wir haben Freimütigkeit zu Gott, wenn wir wie die Priester im Tempeldienst uns reinigen zum Gottesdienst.

Und inmitten des Thrones und um den Thron her vier lebendige Wesen, voller Augen vorn und hinten. Das gläserne Meer und die vier lebendigen Wesen gehören zusammen, sie werden in einem Satz erwähnt, was deutlich sagen will, dass sie das Ganze tragen. Aus dem Vorbild der zwölf Rinder entnehmen wir, dass ihre Zahl und ihre Art uns an das wahre Israel erinnern will, besonders an den wahren Israel Gottes, »der alle Dinge trägt durch das Wort seiner Macht, nachdem er durch sich selbst die Reinigung der Sünden bewirkt, sich gesetzt hat zur Rechten der Majestät in der Höhe«. (Hebr.1,3) Die vier lebendigen Wesen sind Heilswesen, sie verkörpern Wesens- bzw. Charakterzüge Christi, wie sie die vier Evangelien darstellen. Da die vier Evangelien von e i n e m Evangelium zeugen, dem Evangelium von Jesu, sind auch die vier lebendigen Wesen (in Hes.1 ist es e i n Wesen mit vier Angesichtern) vier verschiedene Darstellungen eines Wesens, des Wesens Christi. Aus ihrer Mitte wird dann in Kap. 5, Vers 6 auch das Lamm sichtbar. Als Hüter der Heiligkeit und ausführende Organe des Gerichts, wie wir es in Kap.6 noch sehen werden, halten sie vor Gott das für uns aufrecht, was Seine Gemeinde in der Rechtfertigung erhält. Hesekiel beschreibt sie als geistliches Räderwerk oder auch »Wirbel« genannt, als die Herrlichkeit des

Gottes Israel vom Tempel abzog (vgl.Hes.10) und nach dem Gericht wieder zurückkehrte (Hes.43).

Das erste lebendige Wesen war gleich einem Löwen – ein Sinnbild von Majestät und Ehre, Macht und Stärke, was dem Charakter Christi im Matthäusevangelium entspräche, wo wir Ihn als *König* sehen. Im Markusevangelium ist es der *Diener*, den das **zweite lebendige Wesen gleich einem Kalbe** (oder Stier) darstellen würde; es weist auf Opferwilligkeit, Dienstbereitschaft, Ausdauer und Geduld hin – und das alles für uns wegen unseres verkehrten Wesens. Das **dritte lebendige Wesen hatte das Angesicht eines Menschen,** wie es uns in dem *Menschensohn* im Lukasevangelium begegnet, Der in Seiner Freundlichkeit, Menschlichkeit und in Seinem Verständnis den Sündern so nahe gekommen ist, um das Verlorene zu suchen, bis Er es gefunden hat (Luk.15). Schließlich erinnert uns das **vierte lebendige Wesen gleich einem fliegenden Adler** an den *Sohn Gottes* im Johannesevangelium, das fleischgewordene Wort Gottes, die Wahrheit, die alles Fleisch richtet und verzehrt, und zugleich voller Gnade ist, die uns trägt wie der Adler seine Jungen. Die vier lebendigen Wesen repräsentieren im Geiste die ganze Fülle der Gottheit.

Der Geist der lebendigen Wesen sollte auch uns beherrschen, sie erinnern uns beständig daran, dass Gott heilig ist, indem sie Tag und Nacht unaufhörlich sprechen: **Heilig, heilig, heilig ist der HERR!** In all dem, was ihre **Augen ringsum und inwendig** sehen, sind sie in der Furcht Gottes nur um eins besorgt: die Heiligkeit Gottes. Das flößt uns Furcht ein, aber auch Vertrauen. »In der Furcht des Herrn ist ein starkes Vertrauen.« (Spr.14,26) Die **sechs Flügel** erinnern an die Seraphim in Jes.6, die in heiliger Scheu vor Dem, Der auf dem hohen und erhabenen Throne saß, mit ihren Flügeln ihr Angesicht und ihre Füße bedeckten. Als Jesajas den HERRN sah und hörte, was die himmlischen Wesen einander zuriefen, da rief er aus: »Wehe mir, denn ich bin verloren; denn ich bin ein Mann von unreinen Lippen, und inmitten eines Volkes von unreinen Lippen wohne ich; denn meine Augen haben den König, den Herrn der Heerscharen, gesehen.« Jeder Knecht Gottes, dem Gott einen Dienst an Seinem Volke aufgetragen hat, wird seine Verlorenheit und Unwürdigkeit fühlen, je klarer er das Bild der Herrlichkeit des dreimal heiligen Gottes sieht. An sich ist kein sterblicher Mensch, auch nicht der heiligste Prophet, berechtigt, das Gericht auszusprechen. Aber wer soll dann dem Volke seine Übertretungen kundtun? Gott hat für Seine berufenen Knechte ein Sühnungsmittel gefunden: die »glühende Kohle vom Altar« entsündigt ihre Lippen. Wir sagen von jemand, der eine unangenehme Wahrheit ausgesprochen hat: Er hat sich den Mund verbrannt. Knechte Gottes müssen das tun, die glühende Kohle erinnert sie an ihre eigene Sündhaftigkeit und gibt ihnen zugleich Vollmacht und Freimütigkeit im prophetischen Dienst, der nicht ohne Widerspruch von den Sündern bleiben wird.

Tag und Nacht gibt es im Himmel nicht, ist aber von Bedeutung für uns auf der Erde. Wenn es für uns Tag ist und die Sonne scheint, sollen wir nicht vergessen, dass der HERR heilig ist. Aber nicht alle Tage ist Sonnenschein; wenn Anfechtung kommt, Not, Angst, Bedrängnis, Krankheit sind wir auf der Nachtseite. Auch dann sollen wir uns erinnern, was die lebendigen Wesen unaufhörlich sprechen, dass Gott heilig ist. Seine Wege sind heilig und vollkommen, auch angesichts der heraufkommenden finsteren Mächte (Kap.9 u. 13). »Gott! Dein Weg ist im Heiligtum; wer ist ein großer Gott wie Gott.« (Ps.77,13) Alle Herrlichkeit und Ehre und Danksagung gebührt dem ewigen Gott und Schöpfer Himmels und der Erde. Lasst uns mit den vierundzwanzig Ältesten einstimmen in die Huldigung der lebendigen Wesen; sie fallen nieder vor dem Sohn auf dem Thron, werfen ihre Königskronen nieder und sagen: **Du bist würdig, o unser Herr und unser Gott, zu nehmen die Herrlichkeit und die Ehre und die Macht; denn du hast alle Dinge erschaffen, und deines Willens wegen waren sie und sind sie erschaffen.** So groß auch unser Vorrecht ist, als Könige und Priester im Geiste mit Christus in den himmlischen Örtern zu sitzen und Seinen Thron zu umgeben in vertrauter Nähe, so geziemt sich doch für uns Ihm gegenüber eine ehrfürchtige Haltung in heiliger Anbetung. Dies muss in unserem Gottesdienst und in unserer Gebetshaltung sichtbar zum Ausdruck kommen.

DAS LAMM (5,1–14)

Bevor die Gerichte ihren Lauf nehmen, die Gottes Heiligkeit und Gerechtigkeit fordern, bleibt wegen des versiegelten Buches eine entscheidende Frage zu klären. Es ist das Buch der Offenbarung Jesu Christi, das, obschon **auswendig beschrieben** und daher gut lesbar, **inwendig** und mit **sieben Siegeln versiegelt** dem natürlichen Verstand unzugänglich ist. Viele haben es ja unternommen, das Buch zu erforschen und seinen Inhalt zu deuten, aber mit zum Teil recht fragwürdigem Ergebnis. Zunächst müssen wir uns vor Gott prüfen bzw. prüfen lassen, ob wir denn würdig und geistlich sind, das Geheimnis der Offenbarung zu ergründen. Ein starker Engel rief mit lauter Stimme aus: **Wer ist würdig, das Buch zu öffnen und seine Siegel zu brechen?** Bevor das Lamm in den Mittelpunkt der Betrachtung und Anbetung rückt, werden alle Seelen **in dem Himmel, auf der Erde und unter der Erde** aufgerufen, ihre Würdigkeit oder Unwürdigkeit zu bekennen. Für die Welt oder die Unterwelt dürfte sich eine solche Frage erübrigen. In drei Bereichen des Bekenntnisses, vom höchsten bis zum tiefsten, wird hier nach einem würdigen Bekenner nachgeforscht, ja nach einem Helfer ausgeschaut, »der die Völker niedertreten« könnte, die Gottes Volk bedrängen, damit »das Jahr meiner Erlösten« komme. Wir wissen, dass Jesus »die Kelter allein getreten hat«, indem Er Sein eigenes Blut vergossen hat. (Jes.63,1–6) Der Ruf lautet also, wer ist bereit und berechtigt, sich selbst zu opfern, denn das Öffnen des Buches ist der Selbstopferung gleich. Das Echo ist niederschmetternd, es vermochte niemand im gesamten Kirchenkreis das heilige Buch auch nur anzublicken. Und doch haben viele den Versuch gewagt, seine Siegel zu brechen und dadurch die Offenbarung Jesu

Christi uns und der Nachwelt zum Schrecken gemacht, indem sie die »Völker« in einem Blutbad geopfert haben. Wenn dies das einzige Ergebnis ist, was uns die Betrachtungen über die Offenbarung gebracht haben, dann möchten wir mit Johannes weinen, sehr weinen, denn dann gäbe es wahrlich keine Erlösung für die Gemeinde, kein Licht für das Volk des HERRN in dieser Finsternis, in die es hineingestoßen ist, und auch keine Hoffnung mehr für die Welt.

Nur das Lamm kann Licht in das Dunkel der Offenbarungszeit bringen, Sein Wesen und Sein Opfer ordnen alles. So und nicht anders wird die Offenbarung wirklich und wahrhaftig zum Trostbuch: **Weine nicht! Siehe, es hat überwunden der Löwe, der aus dem Stamme Juda ist, die Wurzel Davids, das Buch zu öffnen und seine sieben Siegel.** Jesus Christus ist der Löwe, der die Welt und alle Mächte der Finsternis überwunden hat, sodass auch wir sie überwinden können. Wir sind ihnen nicht schutzlos ausgeliefert, im Gegenteil, wir sollen mit dem wahren David, dem, der größer ist als Salomo, über sie herrschen.

Johannes wendet sich nach diesem Löwen um und sieht stattdessen ein Lamm inmitten des Thrones: **Ein Lamm wie geschlachtet.** Es ist **inmitten** des Thrones, das heißt, die absolute Mitte von allem. Von jetzt an hat Johannes immer das »Lamm« vor Augen. Das müssen auch wir haben inmitten allem, was im Folgenden geschieht. Hier wird uns das Opfer Christi als das wahre Passahlamm ganz frisch, als eben erst geschlachtet vorgestellt, noch blutend, und doch hat es die Welt überwunden. Von daher will Seine Offenbarung gedeutet sein, durch das Lamm soll alles neu werden. »Das Lamm« ist hier der Christustitel, er kommt 28-mal in der Offenbarung vor und erinnert uns in allen Zusammenhängen und Auseinandersetzungen an den Erlöser und Versöhner im Weltgericht. Seine **sieben Hörner** versinnbildlichen Machtvollkommenheit, mit der Er alle Mächte, Fürstentümer und Gewalten durch das Wort der Wahrheit niederstoßen wird. **Seine sieben Augen, welche die sieben Geister Gottes sind,** »durchlaufen die ganze Erde, um sich mächtig zu erweisen an denen, deren Herz ungeteilt auf ihn gerichtet ist«. (2.Chron.16,9) Wir sollen Seine Macht und Gnade in unserem Überwinderkampf in aller Drangsal erfahren.

Das Buch ist nun in der Hand des Lammes und erfährt so einen ganz anderen Gebrauch, als jede natürliche, lammfremde Deutung, die immer auf eine Massenschlächterei hinausläuft, was ganz und gar nicht die Absicht der Offenbarung ist. Noch immer ist das Lamm »voller Gnade und Wahrheit« (Joh.1,14), aber in der Offenbarung steht die Wahrheit im Vordergrund, und die sie anerkennen, erfahren die ganze Gnade des Lammes.

Zwei Tatsachen machen uns klar, dass in dem bisherigen Lauf der Gemeinden eine gewaltige Wende eintreten wird: der Sohn auf dem Thron und das Buch in der Hand des Lammes. Hier ist Christus nicht mehr allein als Sündenträger zu betrachten, sondern vielmehr als der alleinige und selige Machthaber. Er ist der König für Sein Volk und der Richter der Welt.

Wer versteht, welche Tragweite darin liegt, dass das Lamm offenbar geworden ist und das Buch aus der Rechten dessen, der auf dem Throne saß, genommen hat? Müssen wir nicht ebenso wie die vier lebendigen Wesen und die Ältesten im Geiste niederfallen vor dem anbetungswürdigen Lamm? Ja, denn es ist für unsere Sünden geschlachtet worden.

> »Anbetung Dir, dem Lamme, das unsere Sünden trug.
> Dort an des Kreuzes Stamme wardst Du für uns ein Fluch!
> Preis Dir, dass Du gegeben in heißer Liebesglut für uns Dein teures Leben und Dein Versöhnungsblut!« (GL 128)

Die **Harfe** der Ältesten stimmt den Ton an für die **Gebete der Heiligen,** die wie ein Räucherwerk aus goldenen Schalen zu Gott emporsteigen. Was bitten die Heiligen? Was ist an ihrem Räucherwerk so wohlriechend für Gott? Ganz sicher nicht die sogenannten Rachepsalmen, natürlich verstanden, z. B. Ps.92 oder 94. Jesus, das Lamm, lehrt uns, die Feinde zu lieben (Math.5,43–48). Das gilt auch für die Tage der Offenbarung, und hier mit neuer Kraft und Tat. Denn die bösen Mächte wirken durch Menschen, die unsere Liebe herausfordern. Doch die gottfeindlichen Mächte, die Macht der Sünde und Bosheit können durch das Gebet überwunden werden. Wir beten und singen also die Psalmen in einem neuen Geiste als Wohlgeruch Christi vor Gott. Dass das Lamm die Sache der Offenbarung selbst in die Hand genommen hat und ihr somit einen völlig anderen Verlauf und Ausgang gibt, als die natürliche Prophetie erwartet, lässt uns mit einstimmen in das neue Lied: **Du bist würdig, das Buch zu nehmen und seine Siegel zu öffnen; denn du bist geschlachtet worden und hast für Gott erkauft, durch dein Blut, aus jedem Stamm und Sprache und Volk und Nation, und hast sie unserem Gott zu Königen und Priestern gemacht, und sie werden über die Erde herrschen!**

Dieses bluterkaufte Volk rekrutiert sich aus allen Völkern, das ist wahr. Aber es ist ebenso wahr, dass das Volk des neuen Bundes aus allen Stämmen, Sprachen, Völkern und Nationen der Kirche erkauft ist. Es bedarf am Ende dieses Zeitalters einer neuen Klärung, wer zum wahren Israel gehört, zu jenem Volke, das »ein Königreich von Priestern, eine heilige Nation« ist (2.Mo.19,5–6; 1.Petr.2,9). Dieselbe traurige Tatsache der Zerstreuung, die Jesus einst im Judentum vorfand, begegnet uns heute im christlichen Bekenntniskreis. Wer könnte die Einheit wiederherstellen außer dem Lamm? Und wo anders könnte sie wiederhergestellt werden, außer unter dem Kreuz? Die Frucht des Todes Christi ist die Einheit aller Kinder Gottes; Er ist gestorben, um die zerstreuten Kinder Gottes in eins zu versammeln. Alle menschlichen Einigungsbemühungen müssen, so löblich sie auch sein mögen, an der Realität fleischlicher Partei- und Ehrsucht scheitern. Die Könige und Priester Gottes werden **über die Erde herrschen** – eine neue Erde, »in welcher Gerechtigkeit wohnt« (2.Petr.3,13), so wird es in Seiner wiederhergestellten Gemeinde sein. Dort wird für die Menschen »Friede sein auf Erden, an den Menschen ein Wohlgefallen«. (Luk.2,14)

Nach dem Weltbild der Bibel ist mit »Erde« nicht der Globus gemeint, sondern nur die Landfläche. »Gott nannte das Trockene Erde, und die Sammlung der Wasser nannte er Meere.« (1.Mo.1,10) Im weiteren Sinne wird »Erde« auf die Menschen angewandt, nach der Flut ist es der von den Gottlosen gereinigte Boden, der als die »jetzige Erde« bezeichnet wird, die nach Petrus als System der Gottlosen schon wieder gerichtsreif war (2.Petr.3,7). Im jüdischen Gesichtskreis war es der damalige bewohnte Erdkreis »unter dem Himmel« (vgl.Apg.2,5), von dem Israel die »Zierde« (Dan.11,41) und der »Mittelpunkt (Nabel) der Erde« (Hes.38,12) war. Im engsten Sinne war also das Land Israel »die Erde«. In der Offenbarung ist »Erde« der christliche Bekenntniskreis, der allerdings auch wieder verdorben ist und durch die Gerichte gereinigt werden muss und wird, wenn Gott einen neuen Himmel und eine neue Erde schafft (21,1), wo Seine Könige und Priester wahre Herrscher sein werden. Diese Herrschaft beginnt beim Einzelnen, indem er seine Lüste und seine Natur beherrscht und über seinen Willen Macht hat, ja auch über den Teufel und die Verführungsmächte dieser Welt. Nie war es nach dem Willen Jesu, unseres HERRN und Königs, dass Menschen über Menschen herrschen sollen, sondern dass »die Gnade herrsche durch Gerechtigkeit zu ewigem Leben durch Jesus Christum, unseren Herrn«. (Röm.5,21)

Das Ende unserer Wüstenwanderung, die wir als erlöste Schar in diesem Buch erleben und das hohe Ziel unseres Glaubenskampfes, den wir hierin zu führen haben, ist das *neue Jerusalem* auf der neuen Erde; die »heilige Stadt« ist der Mittelpunkt und Inbegriff des Königreiches Gottes. Wir kämen nie zu ihr hinauf, wenn sie nicht in Gnaden zu uns herniederkommen und uns seine Perlentore öffnen würde. Wenn wir bekennen, dass wir zu dem »Strom von Wasser des Lebens« gekommen sind, dann dürfte die goldene Stadt nicht mehr fern sein, denn der Strom entspringt in ihr. Laden wir doch ständig die Menschen ein, zu dem Wasser des Lebens zu kommen und sich satt zu trinken, damit das Herz gereinigt und der Durst der Seele gestillt wird. Wir mögen daran erkennen, dass die Dinge der Offenbarung viel näher liegen, als wir glauben. Suchen wir die gottgemäße Einstellung zur Sünde und zur Welt, so wird der HERR uns das Buch mit seinen sieben Siegeln öffnen, eines nach dem anderen. Die Fülle der Gottheit ist beteiligt, um uns Gnade und Friede zu schenken, deren wir im Offenbarungszeitalter vermehrt bedürfen, damit wir das himmlische Königtum auch praktisch besitzen. »Wenn wir ausharren, so werden wir auch mitherrschen.« (2.Tim.2,12) Die Weltbeherrscher der Finsternis und mancherlei böse geistliche Mächte wollen uns das Reich nehmen, ja, sie haben es schon weitgehend eingenommen, wie wir noch sehen werden. Sie müssen überwunden werden, denn »das Reich und die Herrschaft und die Größe der Königreiche unter dem ganzen Himmel wird dem Volke der Heiligen der höchsten Örter gegeben werden. Sein Reich ist ein ewiges Reich, und alle Herrschaften werden ihm dienen und gehorchen.« (Dan.7,27)

Die Wahrheit, dass das Lamm sich eine Gemeinde erkauft hat mit Seinem Blut, erfüllt die Engel mit höchster Bewunderung. Sie schauen auch dort bewundernd zu, wo zwei oder drei in Seinem Namen versammelt sind. Dort ist die Königsherrschaft des Lammes errichtet und eine ganze Welt überwunden. Deshalb rühmt hier die unzählige Engelschar im Sprechchor mit lauter Stimme das gepriesene Lamm: **Würdig ist das Lamm, das geschlachtet worden ist, zu empfangen die Macht und Reichtum und Weisheit und Stärke und Ehre und Herrlichkeit und Segnung.** Gott gehört dies alles als Schöpfer aller Dinge von Ewigkeit her, Christus hat Sich all dieses erworben durch Seinen Opfertod für alle Ewigkeit. Wir sollen mit Ihm daran teilhaben, »wenn wir anders mitleiden, auf dass wir auch mitverherrlicht werden«. (Röm.8,17) Alles das, was in dem Buche steht, dessen Siegel das Lamm gebrochen hat, zeugt von Seiner Macht, Seinem Reichtum, Seiner Weisheit und Stärke zu Seiner Ehre und Herrlichkeit und Segnung, die zum Segen und zur Herrlichkeit Seiner Blutgemeinde und zur Rettung der Welt dienen sollen. Jesus Christus, das Lamm Gottes, ist der Weltenrichter und Heiland der Welt, »es werden sich freuen und jubeln die Völkerschaften; denn du wirst die Völker richten in Geradheit«. (Ps.67,4–7)

In den Chor der Engel mischt sich die Huldigung aller Kreatur; die ganze Schöpfung ist in Bewegung, Gott und dem Lamme Ehre zu geben. Es ist hier wie bei der Gerichtssitzung in Dan.7. Wenn das hohe Gericht den Gerichtssaal betritt, erheben sich alle ehrfurchtsvoll, ob sie nun Diener, Angeklagte, Verteidiger, Zeugen oder nur Zuschauer sind. Von einer Versöhnung aller

Menschen kann freilich keine Rede sein, denn jedes Knie muss sich vor Ihm beugen, auch die Feinde werden gezwungen sein, Jesus Christus als HERRN anzuerkennen. Gott und das Lamm, in Kap. 4 und 5 unterschieden, sind in diesem Moment völlig gleich und eins. »Das ganze Gericht hat Gott dem Sohne gegeben, auf dass alle den Sohn ehren, wie sie den Vater ehren.« (Joh.5,22). Er thront zur Rechten der Majestät in der Höhe, Er trägt alle Dinge durch das Wort Seiner Macht, Sein Thron ist von Ewigkeit zu Ewigkeit, »und ein Zepter der Aufrichtigkeit ist das Zepter deines Reiches; du hast Gerechtigkeit geliebt und Gesetzlosigkeit gehasst; darum hat Gott, dein Gott, dich gesalbt mit Freudenöl über deine Genossen«. (Hebr.1,3.8)

Als die vier lebendigen Wesen hören, welcher Ruhm dem Lamme wird, können sie nur »Amen!« dazu sagen, das heißt: So sei es, so geschehe es. »Und die Ältesten fielen nieder und beteten an.« Wir preisen den HERRN für unsere Erlösung, lasst uns auch anbetend niederfallen vor dem erhöhten, mit Ehre und Herrlichkeit gekrönten Erlöser.

Die sieben Siegel (Kap. 6 u. 7)

Die Öffnung der Siegel ist die Antwort auf die Zustände in den Sendschreibengemeinden. Sind die vier ersten Siegel wirklich »apokalyptische Reiter«, wie man sie genannt hat, fortschreitende Strafgerichte an der Welt? Durchaus nicht, sie verkünden auch nicht Unheil und Grauen, jedenfalls nicht für den, der dem Lamme folgt. Zu bedenken ist, dass es das Lamm ist, das die Siegel bricht und nicht Vernichtung beabsichtigt, sondern damit Heilsabsichten verbindet. Wir folgen dem biblischen Auslegungsprinzip: Geistliches mit Geistlichem, Neues mit Altem, Schrift mit Schrift, denn »keine Weissagung der Schrift ist von eigener Auslegung«. (2.Petr.1,20)

Wie die Sendschreiben haben auch die vier Pferde bzw. Reiter ein biblisches Vorbild: Im ersten Siegel ist es das Königtum Israels, beginnend mit Davids Sieg über Goliath, als König besiegt er alle Feinde und kann Salomo ein befriedetes Reich übergeben. Zweites Siegel: Durch Salomos Untreue wird das Reich geteilt, ständige Bruderkriege sind die Folge. Drittes Siegel: Brennpunkte wie die syrische Belagerung Samarias, als die Hungersnot einen Höhepunkt erreicht, sind kurz angedeutet. Viertes Siegel: Gericht über Israel und Juda und die Wegführung. Ende des Königreiches Israel.

Diese vier Siegel beschreiben bereits die ganze geistliche Entwicklung des Reiches Gottes bzw. der Kirche bis zum Ende des christlichen Zeitalters. Die gefürchteten Pferde verlieren ihren Schrecken für den Glauben wie etliche Beispiele in den Büchern Könige zeigen.

Die Märtyrer im fünften Siegel kommen zu Wort; im sechsten werden Himmel und Erde erschüttert, es bleibt ein treuer Überrest zum Zeugnis für eine große Erweckung des Volkes Gottes, die der Glaube schon sieht. Das Resultat des Ganzen wird im siebten Siegel bedacht, zugleich eröffnet es eine neue Serie im Handeln Gottes.

DAS WEISSE PFERD (6,1–2)
– DAVIDS KÖNIGTUM –

Das erste Siegel offenbart uns das Lamm als gesalbter König, im Vorbilde David, seine Gesinnung, mit welcher Christus sein Königtum antrat und alle Feinde überwand, **siegend und auf dass er siegte.** Mit Donnerstimme wird Johannes aufgefordert und das ist sicher auch für uns nötig, dem Kriegsmann auf dem weißen Pferd zu folgen. »Denn zur Gerechtigkeit wird zurückkehren das Gericht, und alle von Herzen Aufrichtigen werden ihm folgen.« (Ps.94,15) Der Name des Reiters wird nicht genannt, aber es kann kein anderer als Jesus Christus sein, der »Löwe aus dem Stamme Juda«. Ihm, dem Sohne Davids, wurde die Krone des Lebens gegeben, die Er Sich durch Sein Leiden und Sterben am Kreuz erworben hat, Er ist der König Israels (Joh.1,49). **Er hatte einen Bogen,** dann auch Pfeile, scharfe Pfeile, die im Herzen brennen. Das Klagelied, das David über Saul und Jonathan anstimmte, wird das »Lied von dem Bogen« genannt (2.Sam.1,17–27). Der »Bogen« symbolisiert die Sanftmut, mit der David sich das Königtum erwarb und mit der ein Knecht Gottes kämpfen sollte (2.Tim.2,24–25). Von unserem König, der sanftmütig und von Herzen demütig war, heißt es: »Ziehe glücklich hin wegen des Wortes der Wahrheit und der Sanftmut und der Gerechtigkeit; und Furchtbares wird dich lehren deine Rechte. Deine Pfeile sind scharf – Völker fallen unter dir – im Herzen der Feinde des Königs.« (Ps.45,1–5). Der Pfeil der Sanftmut ist wirksamer im Herzen der Widersacher als die Keule auf dem Haupt. Der Kampf Christi ist nicht wider Fleisch und Blut – nie war er das und nie wird er es sein –, sondern »wider die Fürstentümer, wider die

Weltbeherrscher dieser Finsternis«, vor allem wider »die geistlichen Mächte der Bosheit in den himmlischen Örtern«. (Eph.6,12) Er hat sie alle besiegt. In Seiner Macht und Stärke sollten auch wir stark sein. Wir hätten diesen Kampf kämpfen sollen, doch wir haben versagt, haben uns umgewandt am Tage des Kampfes, haben Kompromisse gemacht mit dem Feind. Dadurch gewannen die »Philister« die Oberhand, jener Typ von Antichristen, »die das Vergnügen mehr lieben als Gott, die eine Form der Gottseligkeit haben, deren Kraft aber verleugnen« (2.Tim.3,1–5), sodass das Königreich in Drangsal gekommen ist und die Gerechten leiden müssen. Wenn unser David geoffenbart wird, wird sich die Szene ändern. Er hat den »Goliath«, der die »Schlachtreihen Israels verhöhnt« (1.Sam.17,10), am Kreuze besiegt, Er hat alle Mächte der Finsternis überwunden. Das erste Siegel ist der Schlachtruf der Gemeinde Jesu, Christi Sieg muss wieder offenbar werden – durch die Überwinder.

An dem Machtkampf um das Königtum in Israel, auf der einen Seite Isboseth und Abner, auf der anderen Seite die Knechte Davids mit Joab als Heerobersten, hat David sich selbst nicht beteiligt. Er trauert vielmehr darum, dass seine Widersacher so schändlich ermordet werden. »Und der Streit war lang zwischen dem Hause Sauls und dem Hause Davids; David wurde immerfort stärker, während das Haus Sauls immerfort schwächer wurde.« (2.Sam.3,1) Der Geist Christi muss doch über das selbstsüchtige Ich siegen, das so gerne auf dem Throne sitzt. In dem Kampf der Offenbarung wird sich zeigen, wer geistlich und wer fleischlich ist; die Auseinandersetzungen zwischen Fleisch und Geist, Licht und Finsternis, letztlich zwischen dem Reich Gottes und dem Reich Satans, schreiten in der Offenbarung fort und erreichen in Kap.19 ihren Höhepunkt. Das lebendige Wesen fordert uns auf, diesem Reiter auf dem weißen Pferde zu folgen, auf dass auch wir den Sieg haben über die Mächte der Finsternis, über die geistlichen Mächte der Bosheit. »Gott aber sei Dank, der uns den Sieg gibt durch unseren Herrn Jesus Christus!« (1.Kor.15,57) Die Überwinder, alles Kämpfer Gottes, folgen Ihm am Ende alle auf weißen Pferden (19,14). Von David, unserem Vorbild im Glaubenskampf, lesen wir: »Der Herr, Gott, der Heerscharen, war mit ihm« und: »Der Herr half David überall, wohin er zog«. (2.Sam.5,10; 8,14) Das sollen auch die Überwinder erfahren. Das erste Siegel öffnet uns sehr viel an praktischer Belehrung für ein Überwinderleben und führt uns zur »ersten Liebe« und zu den »ersten Werken« zurück, die eine neue Kampfbereitschaft bewirken. Glückselig, der dem folgt, der da auf dem weißen Pferd sitzt. Der lebt im Sieg Jesu!

Das feuerrote Pferd (6,3–4)
– Folgen der Reichsteilung –

Mit dem Erscheinen des feuerroten Pferdes bricht in der Christenheit der große Krieg aus. Seinem Reiter wurde gegeben, **den Frieden von der Erde zu nehmen, auf dass sie einander schlachteten.** Die »Erde« ist hier wie überall in der Offenbarung das Reich Gottes, der Kreis des christlichen Bekenntnisses. Es soll nur der falsche Friede gestört werden, damit dem wahren Friedensfürst Raum gemacht wird, Der uns Seinen Frieden geben will (Joh.14,27). Ohne Heiligkeit ist kein wahrer Friede möglich. »Ich habe meinen Frieden von diesem Volke weggenommen, spricht der Herr, die Gnade und die Barmherzigkeit.« (Jer.16,5) Der HERR möchte Sein Friedensreich durch Seine Lammesherrschaft wiederherstellen und da muss erst einmal offenbar werden, wer wirklich den Frieden sucht und wer nicht. Viele reden von Frieden, wollen aber nur in Frieden ihre Herrschaft behalten und zu Ehre und Macht kommen.

Wir verstehen das Fortschreiten des feuerroten Pferdes an dem fortschreitenden Verfall des Königtums Judas und Israels, nachdem Salomo abtrünnig geworden war. In dem herrlichen Friedensreich hatten fremde Götter Eingang gefunden und damit war auch der Friede dahin, das Reich wurde geteilt und dann brach der Bruderkrieg aus. Rehabeam wollte die zehn Stämme mit Gewalt zurückbringen, aber Gott ließ ihm durch den Propheten Schemaja sagen: »Ihr sollte nicht hinaufziehen und nicht mit euren Brüdern streiten; kehret um, ein jeder nach seinem Hause, denn von mir aus ist diese Sache geschehen.« (1.Kön.12,24) Rehabeam hörte auf das Wort Gottes, aber später führten die Könige Judas und Israels ständig Krieg miteinander, »es war Krieg zwischen Asa und Baesa, dem König von Israel, alle ihre Tage«. (1.Kön.15,6.32) Der gleiche Streit spiegelt sich in der Kirchengeschichte wider. Die erste große Kirchenspaltung gab es im Jahre 1054 in Ost- und Westkirche. Die zweite weltweite Spaltung geschah durch die Reformation; eigentlich war diese Kirchentrennung ungewollt, denn die Kirche sollte nur reformiert werden. Auch bei diesem kirchengeschichtlichen Ereignis wird man an das Wort erinnert: »Von mir aus ist diese Sache geschehen«, und doch haben sie Religionskriege geführt und einander umgebracht. Die protestantische Kirche weist besonders viele Streitigkeiten, Spaltungen, Separationen auf, sie häufen sich aber seit dem 19. Jahrhundert in einer kaum zu übersehenden Verwirrung, besonders im evangelikalen Raum. Lehr- und Gemeindestreitigkeiten, Machtkämpfe und persönliche Differenzen führen heute sehr schnell zum Bruch der Gemeinschaft und arten dahin aus, dass Brüder regelrecht einander abschlachten, wobei oft schwer zu entscheiden ist, wer geistlich gehandelt hat und wer fleischlich war. Der Ausdruck »schlachten« erinnert an opfern, die Fleischlichen opfern ihre Gegner statt sich nach dem Vorbilde Christi für ihre Gegner zu opfern, um sie zu gewinnen.

In dem zweiten bis vierten Siegel kommt der Weissagung Jesu in Matth.24 neue Bedeutung zu, dass der Verführung Kriege folgen werden und sich »Nation wider Nation erheben« wird »und Königreich wider Königreich«, mit all den traurigen Folgeerscheinungen (Matth.24,7). Meist wird diese Weissagung in Verbindung gebracht mit den Kriegen in der Welt, die sich angeblich häufen sollen. Jesus sprach aber von dem, was sich in nächster Zeit in und um Jerusalem erfüllen sollte und sich nachweislich bis zum Jahre 70 n. Chr. erfüllt hat. Im Lichte der Offenbarung hat diese Weissagung geistliche Bedeutung und betrifft die sich mehrenden Kriege und Kleinkriege im Reiche Gottes, in den Gemeinden, Familien und Ehen, und das sind sichere »Zeichen der Zeit«. Der HERR sagte: »Ein Haus, das wider sich selbst entzweit ist, zerfällt«, so auch das christliche Haus. Überall hört man von Spaltungen, Parteiungen, neuen Gruppierungen. Die Entzweiung unter Christen hat ein solches Ausmaß erreicht, dass von dem bekennenden »Tempel Gottes« kaum mehr ein Stein auf dem anderen geblieben ist.

Die Anfänge des Parteigeistes, die stets zu Streitigkeiten führen, liegen in Korinth. Paulus konnte ihm noch wehren, indem er seine Person ganz in den Hintergrund stellt. Den fleischlichen Korinthern sagt er: »Es müssen auch Parteiungen unter euch sein, auf dass die Bewährten unter euch offenbar werden.« (1.Kor.11,19) Es gibt göttliche Trennungen, die vom HERRN aus geschehen sind, wo das »große Schwert« eine Scheidung gemacht hat. Dann soll auch nicht mehr versucht werden, den Riss zu kitten. Dann bleibt nur, einander zu respektieren. Vielleicht kommt eine Zeit oder eine Lage, wo man einander braucht, und schließlich will Gott Sein Volk am Ende wieder vereinigen. In den künftigen Auseinandersetzungen um das Zeugnis Jesu wird das Schwert des Wortes Gottes noch schärfer wirksam werden. Die Vorbilder im Alten Testament und die Briefe der Apostel helfen uns, die richtige Stellung einzunehmen und mit göttlichen Waffen zu kämpfen, auch wenn wir dafür leiden müssen.

Es geht im zweiten Siegel wie im zweiten Sendschreiben nicht nur um die äußere Scheidung zwischen Geistlichen und Fleischlichen, wahren und falschen Christen. Der tiefere Sinn des Geistes ist, dass etwas in uns geschieden wird, was sich in ungöttlicher Weise vereint hat, nämlich Seelisches und Geistliches. Dem, der auf dem feuerroten Pferd, sitzt, **ihm wurde ein großes Schwert gegeben.** Das ist das Wort Gottes, es ist ein zweischneidiges, scharfes Schwert, »durchdringend bis zur Scheidung von Seele und Geist«. (Hebr.4,12–13) Dem zu folgen, der auf dem feuerroten Pferd sitzt, heißt für uns, dass wir uns nicht mit einem Scheinfrieden zufriedengeben, ja dass wir der fleischlichen Gesinnung und auch der fleischlichen Frömmigkeit den Krieg erklären und uns durchrichten lassen. Nur das sichert uns den wahren Frieden. Fleisch und Geist sind einander entgegengesetzt, »auf dass ihr nicht das tuet, was ihr wollt«. (Gal.5,17) Wenn wir den geistlichen Kampf wider die fleischlichen Lüste entschieden führen, haben wir Den, Der auf dem zweiten Pferd sitzt, das mit dem ersten gleichlaufend ist, nicht gegen uns, sondern für uns und Gnade und Friede werden uns vermehrt.

Wenn wir in Aufrichtigkeit nach dem Geiste wandeln möchten, können wir die Ankunft des feuerroten Pferdes nur begrüßen; es trennt, was getrennt werden muss, und fügt zusammen, was zusammengehört. Das ist zunächst schmerzlich, aber es bahnt dem wahren Frieden, den die Welt nicht geben und den sie uns nicht nehmen kann, den Weg. Christus hat durch das Blut Seines Kreuzes auch Frieden gemacht zwischen den zerstrittenen Brüdern, und überhaupt zwischen feindlichen Menschen, auf dass »er die beiden in einem Leibe mit Gott versöhnte durch das Kreuz«. (Joh.11,52; Eph.2,15–17) Die Auferstehung und Wiedervereinigung des getrennten Volkes Gottes »zu einem Königreich« ist verheißen, Hesekiel hat dieses bereits geschaut in der Zusammenfügung der beiden Hölzer zu *einem* Holze, eins »für Juda und für die Kinder Israel..., ein anderes Holz für Joseph, Holz Ephraims und des ganzen Hauses Israel, seiner Genossen«. (Hes.37) Diese Weissagung ist eine der größten und kostbarsten Verheißungen für die Gemeinde. Das eine Holz weist auf die Versöhnung zwischen uns und Gott hin, das Holz Ephraims ist das Querholz, das die Versöhnung unter den Menschen darstellt. Darin ist deutlich das Zeichen des Kreuzes zu erkennen. Wir können die Trennungen überwinden, wenn wir allesamt unter dem Kreuze zusammenkommen. Unter dem Kreuz müssen wir alle kapitulieren, dort hört jeder Bruderstreit auf, unter dem Kreuz ist Friede. Glückselig, wer auch diesem zweiten Reiter folgen kann.

DAS SCHWARZE PFERD (6,5–6)
– EINE GROSSE HUNGERSNOT –

Der dritte Reiter auf dem schwarzen Pferd hat ganz offensichtlich 2.Kön. 6 u. 7 zum Vorbild. Er hatte eine Waage in seiner Hand. »Und ich hörte wie eine Stimme inmitten der vier lebendigen Wesen, welche sagte: **Ein Chönix Weizen für einen Denar, und drei Chönix Gerste für einen Denar; und das Öl und den Wein beschädige nicht.**« Wenn das Getreide gewogen werden muss, ist es knapp geworden. Durch die Belagerung der Syrer war eine große Hungersnot, die bis dahin schwerste in Israel, in Samaria entstanden. Ein Eselskopf kostete achtzig Sekel; die Not war so groß geworden, dass barmherzige Weiber bereits ihre Kinder aßen. In dieser Bedrängnis lässt Elisa sie das Wort des HERRN hören: »Morgen um diese Zeit wird ein Maß Feinmehl einen Sekel gelten und zwei Maß Gerste einen Sekel im Tore von Samaria.« (2.Kön.7,1) Dies deutet gewiss nicht auf eine Teuerung hin, sondern wie im dritten Siegel auf eine enorme Verbilligung. Es sind nun die vier Aussätzigen die Ersten, die die Beute entdecken und die gute Botschaft in der Stadt verkünden. Aber der ungläubige Bote des Königs wurde nach dem Worte Elisas im Tore zertreten, als das Volk durch das Tor drängte und über die Beute herfiel.

Der »Weizen« stellt hier das Wort Gottes dar, die »Gerste« weist hin auf das Leben Jesu, von dem wir uns nähren sollen. Die geistliche Hungersnot, unter der die Gemeinden heute besonders deshalb leiden, weil ihnen der Zugang zum Gesetz und vor allem zu den Propheten fehlt, die in Christus erfüllt sind, könnte sofort behoben werden, wenn wir unsere Lage erkennen würden und mehr Glauben an die Verheißungen hätten. Um aus der Offenbarung Nutzen zu ziehen, sodass sie uns Brot des Lebens, Öl des Geistes und Wein der Freude ist, ist geistliches Verständnis der biblischen Geschichten und des prophetischen Wortes erforderlich. »Ich freue mich über dein Wort wie einer, der große Beute findet.« (Ps.119,162). Durch das Bleiben an der Güte bleiben wir am Ölbaum und können allezeit an seiner Fettigkeit teilhaben

(Röm.11,17), durch das Bleiben am Weinstock bleibt auch unsere Freude ungetrübt (Joh.15,1–11).

Obwohl »Öl« und »Wein« im Wort der Wahrheit des Evangeliums immer noch reichlich vorhanden sind, fehlt der Kirche doch weitgehend der Anschluss an die geistlichen Segnungen und Verheißungen Israels. Das hängt mit ihrer Verselbstständigung zusammen und mit der Nikolaitenlehre, als seien Israel und Kirche zwei getrennte Heilskörper, die Kirche habe die himmlischen Segnungen, Israel die irdischen. In Wirklichkeit ist es genau umgekehrt, wie Paulus den Nationen an dem Bilde des Ölbaums ja sehr deutlich macht. Solange man bei dem Israelirrtum verharrt, wird es durch den schwarzen Reiter immer schwärzer für das Königtum der Nationen; in der zunehmenden Bedrängnis durch den Zeitgeist sind ihnen lebenswichtige Teile der Schrift als geistliche Speise verschlossen. Für viele besteht die Bibel nur aus dem Neuen Testament und den Briefen, für manche scheint nur der Epheserbrief ersprießlich. Dabei kann man verhungern. Aber für die »Söhne Israels«, die ihre Abstammung von dem gläubigen Abraham herleiten durch den Glauben, wird es durch den dritten Reiter immer heller und hoffnungsvoller. Derselbe gibt im dritten Sendschreiben die Verheißung: »Wer überwindet, dem werde ich von dem verborgenen Manna geben.« Wir sehen auch hier wieder den Zusammenhang von Sendschreiben und Siegeln. Glückselig, wem der Reiter auf dem schwarzen Pferd geistliches Verständnis schenkt.

DAS FAHLE PFERD (6,7–8)
– WEGFÜHRUNG NACH BABYLON –

Mit dem Öffnen des vierten Siegels soll der Ausscheidungsprozess zwischen Gläubigen und Ungläubigen bis auf einen gottesfürchtigen Überrest abgeschlossen werden. Im Vorbild sehen wir dies an dem zu Ende gehenden Königtum Israels und Judas: Die zehn Stämme waren bereits nach Assyrien weggeführt worden, zuletzt kam es auch über den letzten Teil des Landes, über Juda und Jerusalem, das dem **vierten Teil der Erde** entspricht. Das ist in unserer Zeit nicht irgendwo, sondern der evangelikale Teil der Gemeinden, der bekenntnismäßig als der ernsteste und biblischste im Reiche Gottes gilt. Auch über sie ist das Gericht verhängt. Das, was dieser Reiter auf dem Todespferd über jenen Teil der Gemeinde bzw. über diese Gemeinden bringt **mit dem Schwert und mit Hunger und mit Tod (Pest) und durch die wilden Tiere der Erde** sind im Vorbild die vier bösen Gerichte Hesekiels über Jerusalem (Hes.14,21). Wie kann das Lamm so schreckliche Dinge auslösen? Das Lamm löst sie nicht aus, das ist vielmehr Sache der vier lebendigen Wesen, den Vollstreckern des Wortes. Das Lamm offenbart nur, was schon vorliegt, um auf die Sühnung und Heilung hinzuweisen, die es bewirkt hat. Schrecklich sind die Dinge nur für das Fleisch, gerichtet werden nur die Fleischlichen; »der geistliche Mensch aber wird von niemand gerichtet«. (1.Kor.2,15) Wenn wir diesem Reiter folgen – **sein Name ist Tod, und der Hades folgte ihm,** erfahren wir eine gewaltige Erlösung. Der »Tod« muss auf all das geschrieben werden, was vom alten Menschen ist.

Den Gerichten geht ein prophetischer Dienst vorauf. Dieser richtet nicht selbst, das heißt, er führt das Gericht nicht aus, er deckt nur die Sünden auf und kündigt die Folgen an, wie es die Propheten Jeremia und Hesekiel und alle Apostel taten. Einen solchen Dienst haben wir bitter nötig. In dem Fortschreiten des fahlen Pferdes geht es um diesen ungeliebten Dienst am Wort, doch wo wird er zugelassen? Am wenigsten in jenen Gemeinden, die sich als die besten und sichersten glauben, womöglich den Anspruch erheben, die einzig wahre Gemeinde zu sein.

Der HERR ist nicht unbarmherzig, Er lässt uns nicht ohne Warnung, »er sandte zu ihnen durch seine Boten, früh sich aufmachend und sendend; denn er erbarmte sich seines Volkes und seiner Wohnung«. (2.Chron.36,15) Das vierte Sendschreiben war eine deutliche Vorwarnung, dass eine große Drangsal über die Abtrünnigen kommen wird. Dass es nun so gekommen ist, haben wir den falschen Propheten zu verdanken, denen man mehr geglaubt hat als den echten, weil sie in der Mehrheit waren. Sie haben die Gemeinde in falscher Sicherheit gewiegt: »Kein Unglück wird über uns kommen« (Jer.5,12), die Gemeinde wird vor den Gerichten entrückt, mit den Siegelgerichten haben wir nichts zu tun usw. Aber dann kam das Unausweichliche: Den feindlichen Mächten fielen zahlreiche Gemeinden wie eine reife Frucht in die Hände. »Sie haben seinen Heiligen Geist betrübt; da wandelte er sich ihnen in einen Feind: Er selbst stritt wider sie.« (Jes.63,10)

Das fahle Pferd begleitet eine bedrohliche Entwicklung und läuft auf eine Kirchenliquidierung hinaus. Innerlich leidet die Kirche schon an einer galoppierenden geistlichen Schwindsucht. Der Feind ist mächtig am Werk, heilige Traditionen abzubauen und kostbare Werte zu zerstören. Das geistliche Leben ist in den letzten Jahrzehnten rapide zurückgegangen, echte Bekehrungen sind selten. Der letzte Reiter bringt den Tod über alles, was nur tote Form, falscher Schein und leeres Bekenntnis ist. »Denn die Zeit ist gekommen, dass das Gericht anfange bei dem Hause Gottes; wenn aber zuerst bei uns, was wird das Ende derer sein, die dem Evangelium Gottes nicht gehorchen?« (1.Petr.4,17) Dieses Wort ist aus Hesekiel entnommen, wo zuerst die alten Männer gerichtet wurden, welche vor dem Tempel waren (9,6). Die Gründe für das unnachsichtige Vorgehen des HERRN werden im ersten Teil von Hesekiel genannt (Hes.2,5.7; 3.7). Es ist die Antwort Gottes hauptsächlich auf die Widerspenstigkeit gegen den prophetischen Dienst, gegen jede Ermahnung und Zurechtweisung, die man in gewissen Gemeinden nicht nötig zu haben meint. Hier hat die Isebel kräftig mitgespielt und sie unterbindet weiter jedes Wahrheitszeugnis und verfolgt die Propheten Gottes. Statt auf die ernsten Mahner zu hören und die ungerechten Handlungen gut zu machen, entledigt man sich ihrer und macht sie mundtot. Der Abfall schreitet unaufhaltsam fort. Ist es da verwunderlich, dass auffallend viele ihrer Prediger in schwere Sünde fallen, die Gemeindezustände zum Teil verheerend sind und die Jugend von einem rebellischen Geist beherrscht wird? Die einseitige Kost der schönen Reden mit süßen Worten von Liebe und Gnade hat nur krankhafte Seelenzustände hervorgebracht. Weshalb sind wohl gerade in diesen Kreisen so viele krank an der Seele, leiden an Depressionen, Ängsten und schrecklichen Endzeitvorstellungen? Es fehlt die gesunde Lehre, sie können sie auch nicht mehr ertragen (2.Tim.4,1–4). Dabei geht die geistliche Kraft zurück, der Glaube wird schwach und die Liebe der Vielen erkaltet. Krankhafte Lehre macht die Seele krank. Gläubige Therapeuten, die sich mit psychisch Kranken beschäftigen, sollten unbedingt das prophetische Wort von den vier Reitern mit in ihre Therapie einbeziehen.

Wir haben heute mehr denn je mit den **wilden Tieren der Erde** zu kämpfen. Ein »wildes Tier« wird uns in Kap.13 gezeigt; es verkörpert Löwe, Bär und alle Raubtiere in einem, die ganze Macht des Bösen, der Verführung und des Verderbens. Was sie bereits seit Langem in der Welt anrichten, kommt auch über die Gemeinden und die christlichen Häuser, auch bis in unser »Viertel«. Dagegen kommen wir nicht an. Ganze Gemeinden wurden bereits verwüstet, viele christliche Häuser sind davon betroffen, Väter verlieren ihre Autorität, Kinder gehorchen nicht mehr ihren Eltern und erheben sich gegen sie. Ein »wildes Tier« war auch Nebukadnezar, er kam im Auftrag des HERRN nach Jerusalem, um die Stadt und den Tempel zu zerstören, »und der erschlug die Jünglinge mit dem Schwerte im Hause ihres Heiligtums: er schonte nicht des Jünglings und der Jungfrau, des Alten und des Greises: Alle gab Gott in seine Hand«. (2.Chron.36, 17). Doch was für die einen Gericht war, war für die Gottesfürchtigen, die unter dem schlimmen Gemeindezustand gelitten haben, Erlösung. Jeremia war nun frei, als Nebusaradan, der Oberste der Leibwache, den Rest des Volkes nach Babel wegführte (Jer.40,1–6). Wir erwähnten dies bereits beim vierten Sendschreiben.

Viele unserer Brüder sind geistlich und moralisch in Gefangenschaft gekommen, von fremden Lehren und Geistern gefangen, ganze Familien wurden vom »Tier« (ein Sammelbegriff für die »wilden Tiere«) heimgesucht und viele unserer hoffnungsvollen Söhne und Töchter sind vom emanzipatorischen Weltgeist weggeführt worden. Manche sind geistlich getötet worden durch den Betrug der Philosophie, vom Schwerte der Ideologie erschlagen. Andere sind dem Glauben an die Wissenschaft und den Fortschritt verfallen und verloren ihren kindlichen Glauben. Sie sollten ja alle studieren, etwas Großes werden in der Welt und fielen reihenweise um, auch durch die bibelkritische theologische Ausbildung. »Israel ist ein versprengtes Schaf, welches Löwen verscheucht haben. Zuerst hat der König von Assyrien es gefressen, und nun zuletzt hat Nebukadnezar, der König von Babel, ihm die Knochen zermalmt.« (Jer.50,17; 51,34)

So trostlos das Ende des »vierten Teiles« ist, es ist noch Hoffnung da für den Überrest Seines Volkes. Von der Gemeinde ist nur ein Trümmerhaufen übrig geblieben, »doch siehe, Entronnene sollen darin übrigbleiben, die herausgeführt werden, Söhne und Töchter; siehe, sie werden zu euch hinausziehen, und ihr werdet ihren Weg und ihre Handlungen sehen; und ihr werdet euch trösten über das Unglück, welches ich über Jerusalem gebracht habe«. (Hes.14,22) Weil das Lamm das ganze Gericht dieses Siegels getragen und die Sünden des Volkes gesühnt hat, denn Christus erlitt den schmachvollen Tod des vierten Siegels durch den Kreuzestod, deshalb kann Gott Gnade üben an jedem, der inmitten dieser Gerichte den Namen des HERRN anruft. Gott ist noch gnädig im Gericht, Er weiß die Gerechten aus dem Gericht zu retten. Es sind die, welche das Gericht anerkennen und auf die Verheißung des HERRN zur Wiederherstellung Seiner Gemeinde hoffen.

Das vierte Siegel gibt uns den ersten deutlichen Hinweis auf die Wegführung des Gemeindevolkes nach Babylon. Dort sollten sie »Häuser bauen und bewohnen, und pflanzet Gärten und esset ihre Frucht, nehmet Weiber und zeuget Söhne und Töchter ... Und suchet den Frieden der Stadt, wohin ich euch weggeführt habe, und betet für sie zum Herrn; denn in ihrem Frieden werdet ihr Frieden haben«. (Jer.29,4–7) Daniel und seine Freunde kamen in Babel zu Amt und Ehren. Nachdem sich dort das Volk Gottes vermehrt hat, führt der HERR es zur bestimmten Zeit wieder zurück. Am Schluss der Offenbarung ruft Er Sein Volk aus Babylon heraus, sie sollen nach Jerusalem, dem neuen Jerusalem, gereinigt und geheiligt zurückkehren (18,4). Dieses Verlangen kommt in den verschiedenen neuzeitlichen Bestrebungen der Brüder-

und Gemeinschaftsbewegung zum Ausdruck; sie haben es nur anders formuliert: Zurück zum Anfang, zurück zur Urgemeinde usw. Tatsächlich aber führte ihr Weg nicht zurück, sondern nach Babylon. Inzwischen sollten sich die Weggeführten mit den Verheißungen der Propheten trösten, die von der endlichen Befreiung und Rückkehr sprechen. »Denn so spricht der Herr: Sobald siebzig Jahre für Babel voll sind, werde ich mich euer annehmen und mein gutes Wort an euch erfüllen, euch an diesen Ort zurückzubringen.« (Jer.29,10) Glückselig, wer die Wege Gottes anerkennt und sich unter das Gericht des vierten Siegels beugt.

Das fünfte Siegel (6,9–11)
– Märtyrer in der Kirche –

Die Öffnung des fünften Siegels gewährt einen Blick auf die Seelen der leidenden Brüder und Schwestern unter dem Altar, **die geschlachtet worden waren um des Wortes Gottes und des Zeugnisses willen, das sie hatten.** Die fünfte Seite des versiegelten Buches zeigt uns das Resultat der vier ersten Siegel: die leidenden Zeugen Jesu. Denn wer dem Siegesfürst Jesus Christus folgt, nach dem Geiste wandelt, durch Glauben lebt und die Wahrheit bezeugt, hat Schmach, Verfolgung und Leiden zu erdulden. Er ist ein Ärgernis für seine Umgebung. Hätten sie geschwiegen, würde sie niemand angetastet haben. Doch wahre Bruderliebe sagt die Wahrheit und lässt sich etwas sagen. »Denn dies ist die Botschaft, die ihr von Anfang gehört habt, dass wir einander lieben sollen; nicht wie Kain aus dem Bösen war und seinen Bruder ermordete; und weshalb ermordete er ihn? Weil seine Werke böse waren, die seines Bruders aber gerecht.« (1.Joh.3,12)

Bereits im fünften Sendschreiben, an Sardes, sind die Dinge angedeutet, die im vorliegenden Siegel die Betroffenen selbst einmal vor Gott aussprechen dürfen. Dort wird von solchen gesprochen, die ihre Kleider nicht besudelt haben mit Ungerechtigkeit an den Zeugen Jesu. Hier aber kommen diese Zeugen selbst einmal zu Wort. Und Gott unterstützt ihren Ruf nach Rache, weil sie sich nicht selbst gerächt haben, denn Er hat gesagt: »Mein ist die Rache, ich will vergelten, spricht der Herr.« (Röm.12,19)

Wir haben im fünften Siegel an die Märtyrer in »Jerusalem« zu denken, das heißt, innerhalb der Kirche und Gemeinde bis zur Gegenwart. Genau betrachtet sind die Seelen »unter dem Altar« Brüder, die von Brüdern geopfert wurden. Die Worte »Altar« und »geschlachtet« weisen auf eine Gemeindeangelegenheit hin, auf Dinge, die im Vorhof, zwischen Altar und Tempel geschehen. Die Verfolgung vonseiten der Welt scheidet hier wohl aus, es sei denn, der weltliche Arm wurde bemüht, das Urteil zu vollstrecken. Die Heiligen, die von der Welt leiden, rufen nicht nach Rache, sie können ihre Peiniger segnen. Ganz andere Empfindungen haben die treuen Zeugen, die in der Kirche Christi um der Wahrheit und um ihres Zeugnisses willen leiden. Das erste Opfer dieser Art war Abel, der Letzte, von dem die Schrift berichtet, war Antipas, ein Zeuge wider alle. Ein ähnlicher Fall ist Zacharias, »den ihr zwischen dem Tempel und dem Altar ermordet habt«, hält Jesus den Schriftgelehrten und Pharisäern vor (Matth.23,35).

Es gab und gibt die verfolgte Gemeinde nicht nur in den kommunistischen und islamischen Ländern, sondern auch im Westen: »... alle, die gottselig leben wollen in Christo Jesu, werden verfolgt werden.« (2.Tim.3,12) Paulus deutet im 2. Timotheusbrief eine besondere endzeitliche Verfolgung der Treuen vonseiten derer an, »die das Vergnügen mehr lieben als Gott«. (3,1–5) Sie geht in der demokratischen Freiheit nicht vom Staat aus, sondern von ungerechten Menschen, von Tätern der Gesetzlosigkeit, die die Oberhand gewonnen haben. Die ernsten Mahner werden heute an die Wand gedrückt und seelisch ermordet, »um des Wortes Gottes und um des Zeugnisses willen, das sie hatten«.

Wenn sich heute ein gläubiger Pfarrer zur Wahrheit des Wortes Gottes bekennt und in Klarheit das Evangelium von der Kanzel bezeugt, wird er bald seines Amtes enthoben sein. In den freien Gemeinden ist die Situation nicht viel anders. Erhebt in einer Endzeitgemeinde jemand mahnend seine Stimme, um auf eine Ungerechtigkeit oder auf die Verweltlichung der Gemeinde hinzuweisen, hat er gewöhnlich die Mehrheit gegen sich, man will solche Brüder nicht mehr hören. Einige hatten den Mut, offen Stellung zu beziehen, die Sünde beim Namen zu nennen und für Wahrheit, Recht und Reinheit in ihrer Kirche und Gemeinde einzutreten, mussten aber den bitteren Kelch trinken und die Schmach Christi auf sich nehmen. Sie wurden immer mehr in ihrem Dienst beschnitten und schließlich mittels böser Verdächtigungen, Verleumdungen, Lüge, Intrige ganz ausgeschaltet oder kurzerhand ausgeschlossen. Man beschuldigte sie des Hochmuts, der Bosheit, der Sektiererei, der Irrlehre usw. und übergab sie mit falschem Zeugnis im Namen des HERRN »dem Satan«. (1.Kor.5,5) Wie viel unschuldiges Herzblut hier vergossen wurde, wie viel Tränen sie geweint haben – davon weiß die feiernde Menge im Lager nichts. Man ist froh, die unbequemen Brüder los zu sein. Niemand fragt nach den unschuldig Leidenden und Ausgestoßenen. Man hat sie abgeschrieben. Um dem gleichen Schicksal zu entgehen, wagt es heute wohl kaum noch jemand, seine Meinung offen zu sagen. Gar mancher verbirgt die Gedanken im Kummer seines Herzens oder sondert sich stillschweigend ab.

Das ist die leidende Gemeinde, die Untergrundkirche im Humanismus, inmitten des anerkannten, äußerlich freien Bekenntnisses. Die Namen der Opfer, der Ausgeschiedenen, der Unterdrückten, der Leidenden weiß der HERR, ihre Zahl geht vermutlich in die Tausende. Das Lamm hat das fünfte Siegel geöffnet, um den Schrei dieser Seelen »unter dem Altar« und ihren Ruf nach Rache dem ganzen christlichen Bekenntnis kundzutun: **Bis wann, oh Herrscher, der du heilig und wahrhaftig bist, richtest und rächst du nicht unser Blut an denen, die auf der Erde wohnen?**

»Die auf der Erde wohnen« sind die irdisch Gesinnten, ein Ausdruck in moralischer Hinsicht für die Masse der Bekenner, die fleischlich sind, hier insbesondere böse Menschen. »So wie der nach dem Fleische Geborene den nach dem Geiste Geborenen verfolgte, also auch jetzt.« (Gal.4,29) Doch einmal kommt der Becher auch an die Gottlosen, wie man sie bezeichnen muss. Großes Unglück bricht über die Sicheren und Sorglosen herein, plötzlich werden sie sich dem Zorn des Lammes gegenübersehen. Dann beginnt für sie die große Drangsal, aber die Treuen werden aus der Drangsal befreit.

Es wird die Zeit kommen, wo Gott »Recht schafft den Bedrückten«. (Ps.146,7) »Wegen der gewalttätigen Behandlung der Elenden, wegen des Seufzens der Armen will ich nun aufstehen, spricht der Herr; ich will in Sicherheit stellen, den, der danach schmachtet.« (Ps.12) Der HERR bereitet Seine Brautgemeinde durch Leiden zu, um sie in Sein Bild, in das Wesen des Lammes zu gestalten. Ihr Martyrium bewirkt Vollendung: **Einem jeden wurde ein weißes Gewand gegeben,** das Priesterkleid der Gerechtigkeit, zum Zeugnis, dass sie gerecht sind vor Gott. Es wurde ihnen gesagt, dass sie noch **eine kleine Zeit ruhen** sollten, denn durch das Zeugnis der Offenbarung werden noch mehr ihrer Mitknechte und Brüder »getötet« werden (vgl.11,7). Inzwischen finden die leidenden Zeugen Jesu reichen Trost in den Psalmen (Ps.10). »Nehmet, Brüder, zum Vorbild des Leidens und der Geduld die Propheten, die im Namen des Herrn geredet haben.« (Jak.5,10) Glückselig, wer trotz alles erfahrenen Unrechts die Ruhe in Jesu gefunden hat.

DAS SECHSTE SIEGEL (6,12–17)
– DER GROSSE TAG DES HERRN –

Beim Öffnen des sechsten Siegels fällt der Schrecken des HERRN hauptsächlich auf die Großen im Reiche Gottes, die Führer und die Diener der Kirche; es geschehen Dinge, die das Reich Gottes erschüttern und neu ordnen. Das Siegel gliedert sich in drei Akte: Der erste Akt löst eine allgemeine Bestürzung aus, der zweite Akt oder Teil (7,1–8) stellt einen noch vorhandenen gottesfürchtigen Überrest fest, im Schlussakt (7,9–17) findet eine große Volksmenge zurück zum Heil.

Der erste Teil des Siegels klingt stark an die Endzeitrede Jesu in den Evangelien an, jedoch mit dem Unterschied, dass dort die letzten Dinge das jüdische Zeitalter abschlossen, hier aber das christliche abschließen. Das **große Erdbeben** mit den darauf folgenden Himmelserscheinungen ist die Antwort des Lammes auf die vier vorhergehenden Zustände im Reiche Gottes und auf das Rufen der Märtyrer nach Rache. Die Erschütterung verfolgt einen heilsamen Zweck, nämlich die Furcht Gottes und Christi zu lehren, die viele vergessen haben, weil sie sich ein falsches Bild von Gott und der Zukunft Christi gemacht haben. Der weltliche Geist deutet die prophetischen Dinge nur allzu gern auf kosmische Unheilszeichen, doch dadurch würde vielleicht jemand Angst bekommen, aber keine Gottesfurcht lernen, wie das in alttestamentlicher Zeit der Fall war. Angst vor der Zukunft, Angst vor Katastrophen – Ängste hat die Welt mehr als genug, aber durch all diese Ängste und dazu durch die Fehlspekulationen unserer »Propheten« ist die Gottesfurcht fast gänzlich verloren gegangen. Das »Erdbeben« ist kein natürliches, auch kein politisches Weltbeben. Wir haben vielmehr ein großes Herzbeben zu erwarten, besonders die Hochmütigen, die Selbstgerechten, die sich in Sicherheit wähnen, die nichts in ihrer Überzeugung erschüttern konnte. Plötzlich geraten ihre Grundlagen und Hoffnungen ins Wanken, sie sind bestürzt wie Herodes und ganz Jerusalem mit ihm, als die Magier vom Morgenlande erschienen (Matth.2,1–3). Denn hier erfüllt sich ist das Wort:»Jetzt aber hat er verheißen und gesagt: Noch einmal werde ich nicht allein den Himmel bewegen, sondern auch die Erde.« (Hebr.12,26)

Obwohl hier die Welt unterzugehen scheint, kommt doch niemand zu Schaden. Vielleicht ist das »Erdbeben« nur das Bekanntwerden der Tatsache, dass das Offenbarungszeitalter begonnen hat, vielleicht eine Bucherscheinung, vielleicht ein Gesetz wie jenes Versammlungsverbot 1937, das große Bestürzung und Ratlosigkeit in Brüdergemeinden auslöste, vielleicht … »Denn der Herr der Heerscharen hat einen Tag über alles Hoffärtige und Hohe und über alles Erhabene …; und der Hochmut des Menschen wird gebeugt und die Hoffart des Mannes erniedrigt werden; und der Herr wird hoch erhaben sein an jenem Tage.« (Jes.2,1–22) Dann wird es für viele sehr dunkel werden, es wird unheimlich finster sein in der christlichen Welt. **Und die Sonne wurde schwarz wie ein härener Sack.** Die Sonne legt Trauer an, das Christusbild spendet keinen Trost mehr. »Du verbirgst dein Angesicht: sie erschrecken.« (Ps.104,29) Das Licht der Welt, die Gnadensonne Jesus, muss sich den Stolzen und Gesetzlosen verhüllen um der Wahrheit und der Gerechtigkeit willen.

Und der ganze Mond wurde wie Blut. Manche, die der schaurigen Buchstaben-Prophetie glauben, wollen schon den Vollmond am Abendhimmel dunkelrot gesehen haben. Danach ist er aber wieder hell geworden, sein silberglänzendes Licht erfreut nach wie vor die Liebenden. Wir wollen die Spekulationen lieber den Wissenschaftlern überlassen, die sind für Naturerscheinungen viel kompetenter. Der Mond empfängt sein Licht von der Sonne, er ist ein Bild der Kirche, hier einer Kirche, der das Todesurteil gesprochen ist. Dabei fallen auch **die Sterne des Himmels auf die Erde.** Sterne geben Orientierung, sie sind geschaffen zur Bestimmung von Zeiten. In der biblischen Bildersprache sind die Sterne die Gerechten, Männer von Namen, die am christlichen Firmament glänzen, die der Gesellschaft eine gewisse sittliche und geistliche Orientierung gaben, auf die wir schauten, die wir bewunderten und verehrten und zum Teil auch anbeteten. Sie müssen allesamt fallen, verschwinden vor Dem Gerechten, dessen Name über alle Namen ist, Jesus. Nur noch e i n Stern soll am Himmel glänzen, der Stern von Bethlehem. Zu Ende ist der Ruhm der großen Theologen, der glänzenden Prediger und weltberühmten Evangelisten, der hervorragenden Bibellehrer. Die Verwirrung ist vollständig, die Finsternis total, denn Gott hat gesprochen. Der Tag des HERRN ist angebrochen, für die einen ein Schrecken, für die anderen Glückseligkeit in Furcht und Zittern.

Der Vergleich mit dem **Feigenbaum, der, geschüttelt von einem starken Winde, seine unreifen Feigen abwirft,** macht deutlich, wie fest man an seinem Kirchenbaum statt an Christus hängen kann und deshalb nichts zur Reife für Gott gebracht hat. Es sollte geistlicherweise immer »die Zeit der Feigen« sein, das heißt, der HERR kann jederzeit Frucht von den Verwaltern seines Reiches erwarten, und wenn er nichts findet als nur Blätter oder unreife Feigen, dann wird der »Feigenbaum« verflucht und verdorrt (Matth.21,18–22). Viele nennen sich Christen und sind doch im Grunde Ungläubige, Zeitgeistgläubige, besonders die Großen der Kirche, glauben nicht an die übernatürliche Geburt Jesu und Seine Auferstehung. Andere fahren nach Israel und wollen den Weg Jesu verfolgen. Was wollen sie dort, wenn sie doch zweifeln, ob Jesus die Wunder getan hat? Einige glauben, haben aber neben Christus noch etwas anderes, das sie lieben, und bringen deshalb nichts zur Reife. Nur in der Verbindung mit Christus kann die Frucht reifen, »denn außer mir könnt ihr nichts tun«. (Joh.15,5)

Der »Wind« ist der Geist Gottes, von dem man nicht weiß, woher er kommt und wohin er geht, aber man hört sein Sausen (Joh.3,8). Wie der gewaltige Wind am Pfingsttage alle durchschüttelte, so kann auch bei dem sechsten Siegel niemand bestehen. Der Grund für den Zorn des Lammes ist darin zu suchen, dass nicht mehr Christus, sondern der Mensch im Mittelpunkt steht; Menschenverherrlichung, Menschenlehre und Menschengebote haben das Licht des Evangeliums der Herrlichkeit des Christus verdunkelt. **Und der Himmel entwich wie ein Buch, das aufgerollt wird.** Da werden die Bücher, die über den Himmel geschrieben worden sind, die theologischen Werke und geistlichen Betrachtungen plötzlich gegenstandslos werden, damit man wieder allein in der Schrift forscht. Die Folge der Erschütterung wird sein, dass **jeder Berg und jede Insel aus ihren Stellen gerückt wird.** »Jede Höhe, die sich wider die Erkenntnis Gottes erhebt« (2.Kor.10,5), wird zerstört werden, auch alle Gemeinden, die sich wie Inseln im Weltmeer etabliert haben und behaupten, die einzige Rettungsinsel, *die* Kirche oder *die* Gemeinde zu sein, ob katholisch oder evangelisch oder evangelikal, verlieren ihren Anspruch. Denn die Gemeinde Gottes soll, und das ist das große Endziel der Offenbarung, neu belehrt, gesammelt, örtlich vereint und organisch neu geordnet werden.

Von diesen Zeichen am Himmel sind zuerst **die Könige der Erde und die Großen und die Obersten und die Reichen und die Starken** betroffen, weil sie gottlos und hochmütig geworden sind, sie haben vergessen, dass nur Kindlein ins Reich der Himmel eingehen werden (Matth.18,3). Die »Könige der Erde« sind in der Offenbarung nicht die Herrscher dieser Welt, es sind die Könige und Großen des christlichen Bekenntnisses. Der auf dem Throne sitzt, ist ergrimmt über ihre Anmaßung, nach der Weise der Welt groß und mächtig sein zu wollen. Jesus war in die Welt gekommen, um zu dienen und Sein Leben zu geben als Lösegeld für viele, aber jene herrschen wie die Großen dieser Welt.

Glückselig alle, die den Schrecken des HERRN kennenlernen (2.Kor.5,11) und sich demütigen können. **Jeder Knecht** hat es in dieser Beziehung leichter, aber die Furcht fällt auf alle sieben Gruppen, sodass sie sich verbergen möchten vor dem heiligen Angesicht Gottes. Die »Knechte« sind hier die gehorsamen Diener ihres Kirchensystems, während der **Freie,** der sich gerne als freier Prediger bezeichnet, kirchlich ungebunden ist. Letztere betonen gerne die Furcht des HERRN, die den übrigen fehle, aber sie selbst fürchten Gott oft am allerwenigsten; als »befreit vom Gesetz« gehen sie auch sonst recht frei und willkürlich mit dem Worte Gottes um, besonders mit dem prophetischen Wort.

Der HERR wird sie schrecken an jenem Tage, sie werden aufschreien und sich verbergen **in die Höhlen und in die Felsen der Berge,** wie Jesajas sagt: »vor dem Schrecken des Herrn und vor der Pracht seiner Majestät, wenn er sich aufmacht, die Erde zu schrecken«. (Jes.2,19) Die Höhlen und Felsenklüfte sind Naturgebilde, sie waren eine Zuflucht in Verfolgungszeiten (Ri.6,2; Hebr.11,38). Mehr als Verfolgung ist Der zu fürchten, »der sowohl Seele als Leib zu verderben vermag in der Hölle«. (Matth.10,28) Die Angst vieler Gläubiger vor einer möglichen Verfolgung, weil sie den Antichristen als natürliche Person erwarten, ist eine Folge der falschen Prophetie und offenbart auch einen Mangel an Gottesfurcht. Man muss sich vor dem Antichristen, wer oder was er auch sei, nicht fürchten, der HERR wird ihn verzehren durch den Hauch seines Mundes. Wir sollen uns vielmehr fürchten, irgendetwas Böses zu tun, denn wir müssen alle vor den Richterstuhl Christi gestellt werden (2.Kor.5,10). **Vor dem Angesicht dessen, der auf dem Throne sitzt** bieten die »Höhlen und Felsen der Berge« keinen Schutz, es sind die Schlupfwinkel der falschen Theologie und Prophetie, Ausreden, faule Entschuldigungen und Lügen, um nur nicht ins Licht Gottes gestellt zu werden. Gewisse Leute wollten ja die Propheten so buchstäblich verstehen. Dann bitte rechtzeitig Atombunker bauen.

Jeder Knecht Gottes, ja jeder, der sich Christ nennt, muss einmal eine Gottesstunde erlebt haben, das heißt einen Augenblick in seinem Leben, wo er sich dem lebendigen Gott gegenübersah, wo er tief erschüttert wird, wie Jesajas ausrief: »Wehe mir! Denn ich bin verloren.« (Jes.6,5) Auch mancher, dem die Gottesbeziehung verloren gegangen ist, wird am Tage des HERRN den Gottesbeweis bekommen. Glückselig, wer diesen Tag schon erlebt hat. Viele haben eine rationale oder gefühlsmäßige Entscheidung für Christus getroffen, aber sie kennen Gott noch nicht, sie wissen nicht, dass Gott heilig ist, wie sehr der HERR zu fürchten ist, und haben demzufolge mancherlei falsche Vorstellungen und Lehren angenommen. Wer ein rechter Christi sein will, wird die Lehre Christi und der Apostel ernst nehmen. Ist er ein Diener des Wortes, predigt er nicht nur Liebe und Gnade, sondern ebenso die Gerechtigkeit und das Gericht. »Vor deinem Schrecken schaudert mein Fleisch, und ich fürchte mich vor deinen Gerichten (Urteilen).« (Ps.119,120) Diejenigen, die diesen Schrecken noch nicht erfahren haben, werden ihn am Tage der Offenbarung Jesu Christi erleben, **denn gekommen ist der große Tag seines Zornes, und wer vermag zu bestehen?** Wo bleibt da ihre vermeintliche Heilssicherheit? Und wo bestätigt sich ihre Vorentrückungslehre? Jetzt ist der Tag des Zornes da, und die Entrückung ist noch nicht geschehen. Was nun? Wie konnte dieses Missverständnis entstehen, als ob die Gemeinde vor der Drangsal und von den Gerichten verschont bliebe? Diese Irrlehre kehrt die Dinge um. Der HERR Jesus hat es doch klar bezeugt, dass zuerst die große Abrechnung und Scheidung stattfinden wird (Matth.25). Auch Paulus spricht von der Zubereitung auf den Tag unseres HERRN Jesus Christus, an dem wir untadelig sein sollen (1.Kor.1,8; Phil.1,6). Er warnt die Korinther, damit sie mit dem rechten Material bauen, weil »der

Tag in Feuer geoffenbart wird«. Erst am Schluss des Briefes sagt er das Geheimnis der Verwandlung (1.Kor.15,51). Die Reihenfolge ist also eindeutig folgende: Wir sollen zunächst die Offenbarung des HERRN Jesu an Seinem Tage erwarten, danach die Auferstehung und die Entrückung Seiner zubereiteten Brautgemeinde.

Der Tag des HERRN kann zu jeder Stunde hereinbrechen und dann wird die Weissagung erfüllt sein: »Die Sünder in Zion sind erschrocken, Beben hat die Ruchlosen ergriffen.« (Jes.33,14) Wer jetzt noch nicht glaubt, was die Siegel uns offenbaren, wird es durch die Posaunen erfahren. Wenn selbst das Lamm, das uns bisher vor dem Zorne Gottes schützte, erzürnt ist, dann fragen wir uns wie Jesajas: »Wer von uns kann weilen bei verzehrendem Feuer? Wer von uns kann weilen bei ewigen Gluten?« – Die Antwort auf diese notvolle Frage lautet: »Wer in Gerechtigkeit wandelt und Aufrichtigkeit redet ...,« der kann vor Gott und Menschen bestehen. Der braucht auch das Gericht nicht zu fürchten, so sehr ihm wie Johannes im ersten Moment alles entschwinden mag.

Das Lamm hat die Sünde der Welt getragen, Jesus hat für uns im Gericht gestanden, Er wurde für uns zur Sünde gemacht, »auf dass wir Gottes Gerechtigkeit würden ihn ihm«. (2.Kor.5,21) Über Ihm entlud sich der ganze Zorn Gottes, weil Gott die Sünde hasst, am meisten den Hochmut. Wie hier im sechsten Siegel wurde einst auch auf Golgatha die Sonne verfinstert, die Erde erbebte und die Felsen zerrissen. In jenen drei Stunden der Finsternis, als Jesus von Gott um unsertwillen verlassen war, schrie Er mit lauter Stimme; Sein letzter Aufschrei sollte auch uns durch Mark und Bein gehen. Das sechste Siegel soll uns an diese Stunde erinnern. Glückselig, wer einen Tag erlebt, wo er erkennt, dass er mit seiner Zwiespältigkeit nicht vor Gott bestehen kann. Dem wird Gnade erwiesen! und er wird kein Problem haben, sich als Gottes Israel versiegeln zu lassen. Buße und Glauben, teurer Leser, können den Zorn des Lammes abwenden. Deshalb suche Jesus und Sein Licht, ehe es ganz dunkel wird.

Dieses »Erdbeben« hat eine zweifache Wirkung: Da die Sendschreiben mit den Siegeln auf einer Linie liegen, geschieht auch bei dem sechsten Siegel etwas, was die Menge teilt, nämlich in falsche und wahre »Juden« bzw. Christen wie in Philadelphia. Beachte: Das Siegel hat zwei Seiten: »Der Herr kennt die sein sind.« (2.Tim.2,19–21)

GOTTES ISRAEL (7,1–8)
– VERSIEGELUNG DES ÜBERRESTES –

Und nach diesem sah ich vier Engel auf den vier Ecken der Erde stehen, welche die vier Winde der Erde festhielten, auf dass kein Wind wehe auf der Erde, noch auf dem Meere, noch über irgendeinen Baum.

Das vorliegende Kapitel beantwortet die ausklingende Frage des vorangegangenen: »Wer vermag zu bestehen?« Es zeigt uns die andere Seite des Siegels, mit den Worten des Apostels Paulus ausgedrückt: »Der Herr kennt die sein sind; und: jeder, der den Namen des Herrn nennt, stehe ab von der Ungerechtigkeit.« (2.Tim.2,19) Ehe der große Sturm losbricht, muss ein Überrest gesichert sein, damit nicht das Ganze verdirbt. Die **vier Engel** sind heilige Gerichtsengel, nach Hesekiel Cherubim, lebendige Wesen, Räder, Wirbel (Hes.10), bei Sarcharja sind es Wagen, Winde (Sach.6,1), »Der seine Engel zu Winden macht, seine Diener zu einer Feuerflamme.« (Hebr.1,7). Für den gottesfürchtigen Überrest, den Gott sich in der gerichtsreifen Masse übrig gelassen hat, sind es Heilsengel, »dienstbare Geister, ausgesandt zum Dienst um derer willen, welche die Seligkeit ererben sollen«. (Hebr.1,14) Wir erfahren sehr wenig von Engelsdiensten, die Engel Gottes in der Offenbarung sind für die Kinder Gottes Schutzengel, die Verderben von ihnen fernhalten. Hier halten sie die **vier Winde der Erde** zurück; in den Propheten werden sie »Winde des Himmels« genannt (Jer.49,36; Sach.6,5). Daniel schaute, wie »die vier Winde des Himmels auf das große Meer losbrachen« und dieses aufwühlten (Dan.7,2). Was der gewaltige Sturm anrichtet, werden wir im Laufe der Offenbarung im Einzelnen noch erfahren. Im Augenblick herrscht absolute Windstille im Kreise der Gemeinden, alle warten auf eine geistliche Bewegung, auf Regen des Segens, aber es muss zuerst eine Zeugenschar bereitet sein, die das Evangelium des Reiches verkündigt.

Die **vier Ecken der Erde** – nach dem biblischen Weltbild ist die Erde »viereckig«, nicht rund wie aus dem Weltraum betrachtet (die Wissenschaft hätte besser eine andere Bezeichnung als »Erde« für unseren Planeten gewählt) – begrenzen das »Land« oder das »Reich«, hier den christlichen Bekenntniskreis, wo die Winde wehen sollen. Wer die Sturmwarnung ernst nimmt, wird sein Haus auf den Felsen bauen (Matth.7,24–27). Denn am Tage des HERRN, wenn die Winde wehen, werden »feste Mauern« fallen, Bäume knicken, »die Zedern des Libanon, die hohen und erhabenen«, werden entwurzelt »alle Eichen Basans« (Jer.2,13). Der Sturm wird alle berühren, niemand wird eine neutrale Stellung einnehmen können. Glückselig, wer dann fest gewurzelt und gegründet ist in Christus, wer dann biegsam und beugsam ist und das Reden Gottes im Sturm vernimmt.

Mit dem anderen Engel, der **vom Sonnenaufgang heraufstieg**, bricht der Tag des HERRN an. Für die einen geht dann ihre Sonne unter, aber für »euch, die ihr meinen Namen fürchtet, wird die Sonne der Gerechtigkeit aufgehen mit Heilung in ihren Flügeln«. (Mal.4,2) Die **Knechte unseres Gottes** glauben und wissen, dass das Gericht über die Kirche und die Welt kommt. Sie haben auf das »prophetische Wort acht als auf eine Lampe, welche an einem dunklen Ort leuchtet, bis der Tag anbreche und der Morgenstern aufgehe in euren Herzen«. (2.Petr.1,19) Während es also den Gesetzlosen und Ungläubigen finstere Nacht wird, bricht für die Gottseligen ein neuer Heilstag an. Der Abendstern ist auch der Morgenstern, und danach geht die Sonne auf und »Kummer und Seufzen werden entfliehen«. (Jes.35,10)

Die »Knechte Gottes« sind hier dieselben wie in Kap.1, Vers 1, denen die Offenbarung gezeigt wird. Es sind solche wie Paulus und Johannes und die übrigen Apostel: »Sklaven Jesu Christi«, die Ihn lieben und Ihm dienen. Damit ist auch der Personenkreis der Versiegelten klar bezeichnet. Das **Siegel des lebendigen Gottes** ist die Versiegelung mit dem Heiligen Geiste der Verheißung, jedoch hier nicht, um ein Christ bzw. ein Knecht Gottes zu werden, sondern als Erkennungs- und Schutzzeichen derer, die wahrhaft Knechte Gottes sind. Es ist selbstverständlich kein sichtbares Zeichen an der Stirn, nur die Engel und die Heiligen sollen es sehen. Das Siegel ist auch eine Eigentumserklärung Gottes für die, »welche den Herrn fürchten und welche auf seinen Namen achten: Und sie werden mir, spricht der Herr der Heerscharen, zum Eigentum sein an jenem Tage, den ich machen werde; und ich werde ihrer schonen, wie ein Mann seines Sohnes schont, der ihm dient«. (Mal.3,17)

Ein weiteres Kennzeichen der Versiegelten gibt Hesekiel an. Gott will das von Götzendienst und Ungerechtigkeit erfüllte Jerusalem richten. Der Prophet sieht sechs Männer kommen, ein jeder mit seinem Werkzeug zum Zerstören in seiner Hand. Einer von ihnen trägt ein Schreibzeug an seiner Hüfte, er erhält den Auftrag, »gehe mitten durch Jerusalem und mache ein Zeichen an die Stirne der Leute, welche seufzen und jammern über all die Gräuel, die in ihrer Mitte geschehen«. (Hes.9,1–11) Der HERR will diejenigen, die unter dem Abfall leiden, vor dem Gericht bewahren. Die Klagen über den derzeitigen Abfall der Kirche, über die Säkularisierung, die Bibelkritik, den theologischen Pluralismus etc., füllen mittlerweile Bücher. Die Gesetzlosigkeit nimmt allerorten überhand, Gräuel der Verwüstung in den Kirchen und Gemeinden und keine Anzeichen einer Wende zum Besseren. Alles dieses, und besonders die Trennungen unter den Gläubigen, erfüllt das Herz der Treuen mit tiefem Schmerz. Der HERR fasst diese einzelnen trauernden Brüder und Schwestern durch die Versiegelung zu einer Gemeinde des Endes zusammen, um mit dieser »kleinen Herde« einen neuen Anfang zu machen. An ihnen soll das wahre Israel und Zion offenbar werden.

Manche, die auch das Verderben in den Kirchen und Gemeinden bejammern, denken, sie seien die einzigen Treuen. Oft aber haben sie die größten Probleme, die Versiegelung anzunehmen: Erstens fühlen sie sich als sterbender Überrest, der nur noch auf die Wiederkunft wartet, zweitens sind sie Gefangene einer Prophetie, die keine Wiederherstellung der Gemeinde Gottes mehr vorsieht, paradoxerweise aber für das politische Israel eifert. Wie Elia haben sie alle Hoffnung auf eine Erneuerung des Volkes Gottes aufgegeben. Aber was sagt ihnen die göttliche Antwort: »Ich habe mir übrigbleiben lassen siebentausend Mann, welche dem Baal das Knie nicht gebeugt haben.« (Röm.11,1–4) Wir haben keinen Sonderstatus bei Gott, für alle gilt: Aus Gnaden übrig gelassen, damit nicht das Ganze verderbe. »Also ist nun auch in der jetzigen Zeit ein Überrest nach Wahl der Gnade. Wenn aber aus Gnade, so nicht mehr aus Werken; sonst ist die Gnade nicht mehr Gnade.« (Röm.11,5–6). Der damalige Überrest, der dem vom Gesetz befreienden Evangelium des Apostels der Nationen geglaubt hat, war der Überrest Israels, Gläubige aus der Beschneidung, die bereits an Christus geglaubt hatten, aber noch dem Judentum verhaftet gewesen waren. Der heutige Überrest der Kirche soll wieder als Gottes Israel versiegelt werden, er soll durch Gottes Macht durch Glauben bewahrt werden in den folgenden Posaunengerichten und auf den HERRN harren in dunkler Zeit. In einem der Lieder heißt es:

> »Und ob es währt bis in die Nacht
> und wieder an den Morgen,
> soll doch mein Herz an Gottes Macht
> verzweifeln nicht, noch sorgen.
> So tut Israel rechter Art,
> der aus dem Geist gezeuget ward
> und seines Gottes harret.«

Statt »siebentausend« zur Zeit Elias sind es jetzt **hundertvierundvierzigtausend Versiegelte**, die das gläubige Israel ausmachen. Aber so wie Paulus in Röm.11,4 die Zahl nicht wörtlich nimmt – es gab viele Tausende der Juden, welche glaubten (Apg.21,20), also ist auch 144000 keine Kopfzahl, sondern will symbolisch bzw. charakteristisch verstanden werden. Der Geist will uns mit dieser Zahl wieder an die Ganzheit und Einheit des Volkes Gottes erinnern; obschon zerstreut, stellen sie die ganze Gemeinde Jesu dar, soweit sie nur lebendige, das heißt mitleidende

Glieder Seines Leibes sind. Wer zu Israel gehört, kann nur vom Glauben Abrahams her beurteilt werden (Gal.3,7).

In der Offenbarung Jesu Christi wird die Zahl zwölf auf mehrfache Weise dargestellt, um uns einzuprägen, dass Gottes Volk *Israel* heißt. Hier ist sie Grundzahl für die **zwölftausend aus jedem Stamm der Söhne Israels,** die, wie einst die zwölf Apostel, das ganze Israel des neuen Bundes repräsentieren. Das »verkehrte Geschlecht« wurde bereits am Pfingsttage ausgeschieden (Apg.2,40) und für »nicht mein Volk« erklärt (Hosea 1,9). Durch den Glauben an Jesus Christus, den Israel Gottes (Gal.6,16), konnten sowohl Juden wie Heiden »mein Volk« werden (Röm.9,24–29; Eph.1,12; 2,13.19; 3,6; 1.Petr.2,9–10). Das ist das seit Pfingsten erneuerte, wiederhergestellte Israel; die Urgemeinde verstand sich als das »Israel nach dem Geiste«, ihre Glieder sind Abrahams Samen (Gal.3,29). Paulus behauptet: » W i r sind die Beschneidung« (Phil.3,3), nicht die Namensjuden, sondern die wirklichen Juden (Röm.2,29), geboren aus dem »Jerusalem droben, welches unsere Mutter ist«. (Gal.4,26; Hebr.12,22)

Das »Israel nach dem Fleische« wurde am Kreuze gerichtet, »wir kennen niemand mehr nach dem Fleische«, weder einen natürlichen Juden noch »Jesum Christum nach dem Fleische«, sagt der Apostel Paulus (2.Kor.5,16). Gegen ihn richten sich immer wieder die Angriffe der Juden, weil er, wie der Heiland selbst, ihre Identität mit dem Samen Abrahams und Davids bestreitet (Joh.8,39–44; Röm.9,6–13) und die Geschlechtsregister für unnütz und eitel erklärt (1.Tim.1,4; Tit.3,9). Wie viel weniger sind die heute lebenden Juden das »auserwählte Volk Gottes«, wozu die Neojudaisten sie erheben wollen. Die Versiegelung stellt es nun wieder klar, wer ein wahrer Jude und somit ein wahrer Christ ist, und wer es nicht ist (2,9; 3,9). Die Offenbarung macht der Vermischung und Verwirrung ein Ende, sie stellt wieder klar, wer Israel ist, versöhnt durch das Blut des geschlachteten Lammes (14,1–5; 18,4; 21,3), und wer zu den »Nationen«, das heißt zur Welt gehört.

Das Verständnis, was das wahre Volk Gottes ist, muss uns freilich der Geist wieder neu offenbaren; dem natürlichen Menschen und weltlich gesinnten und politisch eingestellten Christen muss es verschlossen bleiben. In der Offenbarung spielt sich der Kampf um das wahre und falsche Bekenntnis innerhalb des Bekenntniskreises ab, bis der unbiblische Gegensatz der Israel-Gemeinde am Ende von selbst dahin fällt. Im neuen Jerusalem ist die Wahrheit des Epheserbriefes wiederhergestellt, der eine einzige Beschwörung ist, das durch Christi Versöhnungswerk zusammengefügte Israel nicht wieder in Juden und Nationen aufzuteilen. »Da ist *ein* Leib und *ein* Geist, wie ihr auch berufen worden seid in *einer* Hoffnung der Berufung.« (Eph.4,4) Es gibt keine zwei Berufungen, eine himmlische und eine irdische; das irdische Erbe gehört dem alten Bund an, der neue Bund hat die himmlischen Segnungen (Hebr.3,1; 11,13–16).

Mit der Versiegelung ist die Einheit Israels in den »zwölf Stämmen, die in der Zerstreuung sind« (Jak.1,1) wiederhergestellt. Die Liste der Tausenden Heiligen wird von dem **Stamm Juda** angeführt, weil der »Löwe, der aus dem Stamme Juda ist« (5,5), überwunden hat die Wurzel und das Geschlecht Davids (22,16). Das Königtum der Heiligen ist durch die Verheißung, die der Stamm Juda durch Jakob bekommen hat, gesichert (1.Mo.49,8–12), sein Siegel ist die Verheißung des Segens Mose: »Bringe ihn zu seinem Volke ...« (5.Mo.33,7). Das ist ja gerade die Hoffnung des zerstreuten Überrestes. Hier spielt nun auch die dramatische Geschichte Josephs mit hinein, dessen Stamm als Zweitletzter erwähnt wird. Da wir verschiedene Prägungen haben durch unsere Gemeindeherkunft, auch diesem Umstand trägt die Offenbarung Rechnung und manche noch zögern, die Versiegelung anzunehmen, hält die Heilige Stadt für jeden Stamm ihre »Tore« offen, nach jeder Richtung drei Tore (21,12; vgl. Hes.48,30–35).

Den Schluss der Versiegelung bildet Benjamin, um den sich zuletzt alles dreht. Mose verheißt ihm: »Der Liebliche des Herrn! In Sicherheit wird er wohnen; er beschirmt ihn den ganzen Tag und zwischen seinen Schultern wohnt er.« (5.Mo.33,12) Alle geistlichen Segnungen gelten allen zwölf Stämmen, sie alle sind wichtig im Kampf der Offenbarung, besonders auch die Verheißung für den Stamm Aser, die die Prophetin Anna in Anspruch nahm: »Wie deine Tage, so deine Kraft!« (Luk.2,36–38)

Eine grosse Volksmenge (7,9–17)
– Die Errettung ganz Israels –

Nach diesem sah ich: Und siehe eine große Volksmenge, welche niemand zählen konnte. Dem Überrest Israels soll noch die Errettung des ganzen Israel folgen, aus einer kleinen Herde wird eine große Herde, aus den »Hundertvierundvierzigtausend« wird eine unzählbare Volksmenge. Es ist eine Vision, denn noch ist von der großen Volksmenge im weiteren Verlauf der Offenbarung nichts zu sehen. Praktisch taucht sie erst nach dem Fall Babylons auf (19,1). Wäre es nur eine Zusammenfassung aller Gläubigen seit Pfingsten, bedürfte es für den Seher keiner Frage, woher diese kommen. Es wäre dann das, was Paulus in Röm.11 erwartete: »... und also (auf diese Weise) wird ganz Israel errettet«. (V.26) Aber Gott will auch ein Werk in unseren Tagen tun, »ein Werk, das ihr nicht glauben werdet, wenn es euch jemand erzählt«. (Apg.13,41) In diesem dritten Akt des sechsten Siegels sehen wir auch die Verbindung mit dem sechsten Sendschreiben bzw. mit dessen Vorbild in Esra und den Weissagungen Sacharjas: Gott beginnt mit dem aus Babylon befreiten Überrest ein neues Werk, das auch die »Nationen« scharenweise anziehen soll (Sach.6,15; 8,20–23). So hat es sich in den Tagen der Apostel buchstäblich erfüllt, und so soll es auch am Ende der christlichen Haushaltung geschehen, gleichsam als »Spätregen«, den wir erbitten können (Sach.10,1). Damit wäre allen hitzigen Debatten der Boden entzogen. Wichtig ist, dass wir mit dabei sind, entweder bei dem Überrest der 144000 oder bei der großen Volksmenge.

Wir haben heute die gleiche Situation wie zu Anfang der Kirche: Durch das Zeugnis des erwählten Überrestes der Jünger wurde nach Pfingsten eine große Volksmenge aus den Juden hinzugetan (Apg.2,47), die große Masse aber kam aus den Nationen (Heiden) durch den Dienst des Apostels Paulus (Apg.13,47). Gottes Volk ist nun nicht mehr auf eine ethnische Gruppe beschränkt, sondern besteht aus allen Völkern, wie geschrieben steht: »Es ist zu gering, dass du mein Knecht seiest, um die Stämme Jakobs aufzurichten ..., ich habe dich auch zum Licht der Nationen gesetzt, um mein

Heil zu sein bis an das Ende der Erde.« (Jes.49,6; Apg.13,47) Die »Erstlinge« sind nicht die Einzigen geblieben, zu den Schafen aus dem Hofe kamen noch die anderen Schafe hinzu, und »sie werden meine Stimme hören, und es wird *eine* Herde und *ein* Hirte sein«. (Joh.10,16; Hes.34,11–31) Das soll nun auch in der Zeit der Offenbarung wieder sichtbar werden. Es gibt keine zwei Klassen von Gläubigen. Oder wie Sektierer lehren zwei verschiedene Berufungen, sondern »auf dass sie alle eins seien«. (Joh.17,21) Wohl aber gibt es Erste und Letzte, denn »Letzte werden Erste, und die Ersten werden Letzte sein«. (Matth.20,16) Es wäre tragisch, wenn wir den Anschluss verpassen würden.

Durch das Zeugnis der Versiegelten soll also noch eine große Erweckung unter Christen geschehen. Warum wird das in unserem Land für unmöglich gehalten? Nehmen wir ein Beispiel: die Philippinen, ein christliches Land mit 90 % Christen, wo eine große Erweckung geschieht und jeden Tag zwanzig neue Gemeinden entstehen. Richtig, jeden Tag! Eine Frucht des Gebets. Mehr als 300000 philippinische Beter haben sich verpflichtet, täglich eine Stunde für die Nation zu beten (aus »Gebet für die Welt«). In der gegenwärtigen hoffnungslosen Situation im Westen, wo die Christen schlafen und sich kaum noch ein Mensch echt bekehrt, wird der Glaube Abrahams nötig sein: »Blicke doch gen Himmel und zähle die Sterne, wenn du sie zählen kannst. Und er sprach zu ihm: Also wird dein Same sein! Und er glaubte Gott; und er rechnete es ihm zur Gerechtigkeit.« (1.Mo.15,5–6) Dieser Glaube, der an die Verheißungen Gottes glaubt, wird in der Offenbarung gefordert. Das war auch der Glaube Jesu.

Die erweckte große Schar kommt **aus jeder Nation und aus Stämmen und Völkern und Sprachen**. Dabei haben wir nicht in erster Linie an Weltmission zu denken, dringlicher ist die Inlandmission. Vordringlich ist die Reinigung derer, die das christliche Bekenntnis haben. Vor dem Hintergrund der ersten vier Siegel ist es eine Notwendigkeit, aber auch eine große Verheißung, dass zuerst das Reich wiederhergestellt wird. Nach altem Grundsatz, »den Juden zuerst als auch den Griechen«, muss den bekennenden Christen notwendig zuerst die Botschaft der

Offenbarung gebracht werden, zumal die Offenbarung ja in den Gemeinden bezeugt werden soll (22,16). Der christliche Bekenntniskreis setzt sich aus Kirchennationen, -stämmen, -völkern und -sprachen zusammen, aus denen Gott Sein Volk beruft. Das größte Hindernis sind heute die verschiedenen »Sprachen«, die Verständigung unter den Gläubigen ist dadurch enorm erschwert. Kenner hören gleich heraus, zu welcher Gemeinde jemand gehört. Dessen ungeachtet ruft Gott Menschen aus der Welt und wer weiß, ob das am Ende nicht doch wieder die Mehrzahl ist. Dann wird das Wort erfüllt sein: »Und also (auf diese Weise) wird ganz Israel errettet werden, wie geschrieben steht: Es wird aus Zion der Erretter kommen, er wird die Gottlosigkeiten von Jakob abwenden.« (Röm.11,26) Im Lichte von Offb.7 können wir Röm.9–11 für unsere Zeit verstehen.

Es mag uns aufgefallen sein, dass die beiden Stämme Dan und Ephraim bei der Versiegelung fehlen. Zu dem erneuerten Israel gehören aber auch die »Zehntausende Ephraims«, die in dem wahren Joseph gesegnet werden (vgl.5.Mo.33,13ff.). Ephraim steht in den Propheten auch für den größeren Teil von Israel, der sich mit den Völkern vermischt hat, ihm wird Götzendienst und Hurerei zur Last gelegt; darum muss erst das Gericht sein Werk tun, bevor er wieder geheilt wird (Hosea 7,8; 14,4). Auch D a n wird gesegnet, wenn er Selbstgericht übt – »auf deine Rettung harre ich, Herr!«, sagt Jakob (1.Mo.49,18). Beim Aufbruch der Kinder Israel aus der Wüste Sinai bildete »das Panier des Lagers der Kinder Dan die Nachhut« (4.Mo.10,25) Dan und Ephraim stehen hier für die Christen, die den jetzigen Zeitlauf lieb gewonnen und sich mit der Welt befleckt hatten, aber nun umgekehrt sind zu dem HERRN, ihrem Gott. Weil sie dem Gericht verfallen waren und Drangsal und Angst über sie gekommen war, haben sie nach der Gnade Gottes verlangt. Die Regierungswege Gottes mit Seinem Volke sind immer noch die gleichen, wenn auch die Mittel andere im neuen Bunde sind.

Die große Versammlung ist die »Vollzahl«, sowohl Israels als auch aus den Nationen, das ganze Israel himmlischer Berufung, **und sie standen vor dem Throne und vor dem Lamme,**

bekleidet mit weißen Gewändern, und Palmen waren in ihren Händen. Johannes schaut hier im Voraus das Ergebnis der Offenbarung Jesu Christi, die Vollendung der Wege Gottes mit Seinem Volke, das herrliche Ergebnis des Werkes Christi am Kreuz: Ein gereinigtes, geheiligtes Volk von Königen und Priestern steht hier vor dem Thron in den himmlischen Örtern. Das ist ihre rechtmäßige Stellung in Christus (Eph.2,6). Die »Gewänder« sind das Bekenntnis, sie sind »weiß« gemacht, sie sind wieder wahr und echt, der Wandel stimmt jetzt mit ihrem Glaubensbekenntnis überein. Die »Palmen« sind das Zeichen des Friedens, dass sie Frieden gefunden haben, den Frieden des Gewissens, Frieden im Herzen und daher nun auch Friedensboten sind, vielleicht überhaupt erstmalig richtig oder auch wieder. Kein Grund zum Siegesjubel, kein Triumphgeschrei, sondern aus großer Dankbarkeit für die Erlösung aus der Drangsal, die sie selbst verschuldet haben, rufen sie mit lauter Stimme: **Heil unserem Gott, der auf dem Throne sitzt und dem Lamme!** Die Engel freuen sich und stimmen mit ein in den großen Chor der Erlösten, um Gott zu preisen, um Christus zu verherrlichen.

Alles ist hier für Gott, sogar die Segnung. Im Evangelium war alles für den Menschen: das Heil, die Rechtfertigung, die Segnungen. In der Offenbarung geht es um die Rechtfertigung Gottes, Seiner Gerichte, Seiner Wege mit Seinem Volke, wie es auch im Lied Moses am Ende der Wüstenreise zum Ausdruck kommt (15,3–4; 5.Mo.32,4).

In den Evangelisationen unserer Tage steht der Mensch im Mittelpunkt, seine Bedürfnisse, seine Sinnfindung und Lebenserfüllung, seine freie Entscheidung; alles dreht sich um den Menschen. Jesus ist hierbei nur Mittel zum Zweck, Diener des Menschen, Seelentröster und für viele nur ein Lückenbüßer. In der Offenbarung lernen wir Christus von einer anderen Seite kennen, hier züchtigt Er Sein Volk, weil Er es liebt, das Ihm ungehorsam war, das wieder die Welt liebte und dem Sündenleben verfiel, hier stellt Er die Ordnung in Seinem Reiche wieder her und richtet die Gesetzlosigkeit. Die gegenwärtigen Drangsale und Nöte, für die man gerne die Welt verantwortlich macht, sollen uns mittels des prophetischen Wortes wieder darauf bringen, dass es die Hand des HERRN ist, die Sich gegen das abtrünnige Volk gewandt hat. Das ewige Heil, die völlige Freude, der tiefe Friede können nur erlangt werden, wenn sich alles um Christus dreht, wenn Er allein der Mittelpunkt in unserem Leben ist. Was könnte glückseliger sein?

Die Frage des Ältesten an Johannes, wer **diese mit weißen Gewändern Bekleideten sind und woher sie gekommen sind**, kann auch der Seher nicht beantworten, obwohl er selbst ein Ältester ist und Gottes Wege kennt. Aber er kann es nicht wissen, weil das, was diese große Menge durchgemacht hat, ihm noch nicht gezeigt worden ist. Wir sollten es eigentlich wissen, die wir das ganze Buch der Offenbarung kennen. Und doch rätseln wir immer noch daran herum, deuten und vermuten und selbst diejenigen, die es genau zu wissen behaupten, liegen völlig daneben. Die Antwort lautet: **Dies sind die, die aus der großen Drangsal kommen, und sie haben ihre Gewänder gewaschen und haben sie weiß gemacht in dem Blute des Lammes.** Nun wissen wir es, woher diese kommen. Aber was ist die »große Drangsal«? Das lässt sich theologisch nicht erklären, das weiß nur, wer einmal drin war oder von solchen gehört hat, die davon betroffen waren. Im vierten Sendschreiben wird gesagt, wer in große Drangsal kommt und weshalb (2,22), hier nun hören wir, wie man wieder herauskommt. Ab Kap. 8 werden wir verstehen lernen, wie die Drangsal praktisch erfahren wird, denn sie ist schon da. Sie liegt im vierten Siegel. Eins ist bis hierher schon deutlich geworden, dass sie unmöglich alle betrifft, jedenfalls nicht alle in gleicher Weise. Die Versiegelten sind jedenfalls davon ausgenommen (9.4).

Die große Drangsal ist keine Verfolgung, die ja nur die Treuen erleiden, sondern eine Wüstenerfahrung wie das Volk im 4. Buch Mose. In einer Form haben wir alle darunter gelitten, als wir unter dem Gesetz waren. Bei diesen Christen, die ihre Gewänder gewaschen haben, handelt es sich zum Teil um solche, die bekehrt waren, die meisten sind getauft, aber dann den großen Versuchungen durch Wohlstand, Fortschritt und Ideologie erlagen; sie fielen in ein Mitläufertum zurück, verharrten im Eigenwillen und Unglauben, indem sie sich gegen Gottes Gebote und Züchtigungen auflehnten und für keine Ermahnungen mehr zugänglich waren, und das ist doch die große Masse. Mit Ermunterungen, mit Trostzuspruch usw. war da nichts mehr zu machen. Da musste Gott ihnen Plagen senden, die ihre Seele quälten, und Feuer, dass sie vor Angst vergingen, auch Schlangen, die sie ins Gewissen bissen. Paulus weist bereits auf diese Möglichkeit hin (1.Kor.10, 1–13; Hebr. 6,4–8). Durch die Botschaft der Offenbarung erkannten sie ihre Lage, und sobald sie wie im Vorbilde zu der ehernen Schlange aufblickten, die Mose zu ihrer Rettung aufgerichtet hatte, blieben sie am Leben (4.Mo.21,4–9; Joh.3,14–16). Der Aufblick zu Christus am Kreuz, der Glaube an Sein Blut befreite sie augenblicklich aus der Drangsal und dem Gericht.

Diese Seelen haben die große Drangsal hinter sich, aber verhärtete Gewissen haben sie noch vor sich. Wir wollen nie mehr in diese große und schreckliche Wüste zurück, wir möchten diese Trübsalzeit, diese Drangsal der Seele, nicht noch einmal erleben, wo Bosheit, Hader, Murren, Zorn, Neid, Habsucht, Unzucht, Götzendienst, Lust und Leidenschaft uns beherrschten. Das alles kann sich unter dem prächtigen Kleid großer Wahrheiten und Bekenntnisse verbergen. Jetzt haben sie Buße getan, sie wollen nicht mehr sich selbst leben, sondern Dem, Der für sie gestorben ist (2.Kor.5,15). Ihr Leben gehört jetzt ganz dem HERRN Jesus. **Darum sind sie vor dem Throne Gottes und dienen ihm Tag und Nacht in seinem Tempel.** Das ist wahrer Gottesdienst. Endlich sind sie zu ihrer Berufung als Priester gekommen, was vorher nur nachgesprochen, aber nicht gelebt wurde. Mit der Wende in ihrem Christsein kommt auch die Segens- und Erquickungszeit, **und der auf dem Throne sitzt, wird sein Zelt über sie errichten.**

Alle können in die Geborgenheit des Zeltes der Gemeinde des lebendigen Gottes kommen. Das ist natürlich auch eine gute Botschaft für die Welt, die dem Gericht Gottes verfallen ist, sei sie religiös oder gottlos und schrecklich unter den sieben Plagen leidet. **Sie werden nicht mehr hungern, auch werden sie**

nicht mehr dürsten, noch wird je die Sonne auf sie fallen, noch irgendeine Glut. »Sie irrten umher in der Wüste, auf ödem Wege, sie fanden keine Wohnstadt. Hungrig waren sie und durstig, es verschmachtete in ihnen ihre Seele. Da schrien sie zu Gott in ihrer Bedrängnis, und aus ihren Drangsalen errettete er sie.« (Ps.107,5–7) Hatte Gott ihnen etwa das Manna, das gute Wort Gottes, entzogen? Durchaus nicht, aber es schmeckte ihnen nicht mehr, da sandte Gott Magerkeit in ihre Seelen (Ps.106,15). Ihr Fels, Christus, war nicht mehr ihre Quelle, sie begnügten sich mit einem toten Traditionschristentum. Der neue Bezug zu dem Lamme, die Reinigung in Seinem Blute, die Erfahrung der Gnade Gottes, kurz die Erweckung der Gemeinde verschaffte ihnen einen neuen Zugang zum Worte Gottes, vor allem zu den kostbaren Segnungen und Verheißungen Gottes.

In der Wüste brennt die Sonne erbarmungslos, damit verglichen wird das Gesetz, das ebenso erbarmungslos den Sünder richtet. Wer kann es darunter aushalten? Und wer kann die Glut Seines Zornes ertragen? »Denn wir vergehen durch deinen Zorn, und durch deinen Grimm werden wir hinweggeschreckt. Du hast unsere Ungerechtigkeiten vor dich gestellt, unser verborgenes Tun vor das Licht deines Angesichts.« (Ps.90,7+8). Oh, nur das Lamm konnte uns vor der Glut des Zornes Gottes schützen, es trat dazwischen und nahm die Strafe zu unserem Frieden auf Sich. Wir singen in einem Liede: »Der Zorn ist abgewendet und Gnade uns gebracht.« Das hat das Lamm zuwege gebracht. Jeder, der in seinen Schirm und Schatten tritt, wird erfahren, wie gut Gott ist. »Fürwahr, Gott ist Israel gut, denen, die reinen Herzens sind.« (Ps.73,1). Wie viel unnötige Not hat die gequälte Seele gelitten, wie viel Tränen der Bitterkeit wurden wegen der Folgen der Sünde geweint. Doch »die Betrübnis gottgemäß bewirkt eine nie zu bereuende Buße zum Heil«. (2.Kor.7,10) Glückselig, wer die Zeit seiner Heimsuchung erkennt, um in die Reihen derer zu treten, die den Trost Seiner Liebe erfahren. »Heute, wenn ihr seine Stimme höret, verhärtet eure Herzen nicht.« (Hebr.3,7)
Denn das Lamm, das in der Mitte des Thrones ist, wird sie weiden und sie leiten zu Quellen des Wassers des

Lebens, und Gott wird jede Träne von ihren Augen abwischen. Das Lamm ist der gute Hirte, der Sein Leben für die Schafe gelassen hat. Er wendet sich wieder Seiner bluterkauften Herde zu. »Tröstet, tröstet, mein Volk! spricht euer Gott. Redet zum Herzen Jerusalems, und rufet ihr zu, dass ihre Mühsal vollendet, dass ihre Schuld abgetragen ist! ... Er wird seine Herde weiden wie ein Hirt, die Lämmer wird er in seinen Arm nehmen und in seinem Busen tragen, die Säugenden wird er sanft leiten.« (Jes.40,1–11) In der Wiederherstellung und Sammlung Seines Volkes übernimmt der Erzhirte wieder die Führung. »Denn ihr ginget in der Irre wie Schafe, aber ihr seid jetzt zurückgekehrt zu dem Hirten und Aufseher eurer Seelen.« (1.Petr.2,25) Wem sagt Petrus dies? Gläubigen Juden! Nun aber auch gläubigen Christen! Wie auch durch Hesekiel geweissagt ist: »Ich bin da, und ich will nach meinen Schafen fragen und mich ihrer annehmen.« (Hes.34,11) Sie sollen in Erfüllung der Verheißungen der Propheten nach den Worten Jesu »Leben haben und es in Überfluss haben ..., und sie gehen nicht verloren ewiglich«. (Joh.10, 10.28)

Das siebte Siegel (8,1)
– Rückblick und Ausblick –

Die sechs vorhergehenden Siegel haben das Lamm als König, Richter, Hüter und Hirte Israels offenbart. Jesus Selbst ist es, der die Siegel brach, um Seinen Frieden anzubieten. Die sieben Siegel sind ein abgeschlossener Heilskreis der inneren Geschichte des Reiches, das Buch mit den sieben Siegeln enthält den ganzen Plan Gottes zur Wiederherstellung des Königreiches Christi. Das Ergebnis ist eine große Erweckung nie gekannten Ausmaßes. Bei der Öffnung des siebten Siegels überschaut der HERR noch einmal Sein Erneuerungswerk und es war sehr gut. Das beredte **Schweigen in dem Himmel bei einer halben Stunde** sind heilige Minuten stiller Anbetung im Rückblick auf das Werk Christi an den Erweckten. Es drückt die Freude Jesu und der Engel im Himmel aus über die Reinigung und wiederhergestellte Einheit der zerstreuten Kinder Gottes, denn auch dafür ist Christus gestorben (Joh.11,52). »Er freut sich über dich mit Wonne, er schweigt in seiner Liebe, frohlockt über dich mit Jubel.« (Zeph.3,17)

Die Offenbarung könnte hier schließen, wenn alle zur Buße gekommen wären. Dem ist aber offenbar nicht so, weshalb der Gerichtsprozess in einer zweiten Runde fortgesetzt wird. Es ist nämlich noch ein schwerwiegender Fall zu behandeln, der der menschlichen Natur, die wir von Adam geerbt haben. Ging es in den Siegeln um Tat- und Todsünden, so muss sich das göttliche Gericht im Folgenden mit den Wesenssünden befassen. Von diesen müssen wir erlöst werden, worauf sich die sieben Engel mit den sieben Posaunen vorbereiten. Die Siegel sind das, was man glauben, womit man rechnen muss; die Posaunen aber sind die Veröffentlichung und deren Wirkung, die sich nicht mehr leugnen lässt.

Die sieben Posaunen

Räucherwerk – die Gebete der Heiligen (8,1–5)

Das himmlische »Schweigen« ist wie das Ruhen Gottes am siebenten Schöpfungstag, es ist die Sabbathruhe im Rückblick auf das Gerichts- und Neuschöpfungswerk in den beiden Siegelkapiteln. Zugleich kreisen die Gedanken Gottes und der Heiligen um das, was durch die sieben Posaunen geschehen soll. Die zweite Hälfte der Anbetungsstunde ist ausgefüllt mit den **Gebeten aller Heiligen auf dem goldenen Altar, der vor dem Throne ist.** Ihre Gebete bekommen Kraft durch das **Räucherwerk,** das dem **anderen Engel** gegeben wurde.

Wie sollen nun die Gebete der Heiligen in dieser ernsten Stunde sein? Wofür danken sie, um was bitten sie? Die Gott wohlgefälligen Anliegen werden durch das »Räucherwerk« gebildet. Es besteht aus »wohlriechenden Gewürzen, Stakte und Räuchermuschel und Galban und reinem Weihrauch, zu gleichen Teilen« (2.Mo.30,34–38), was jetzt nicht im Einzelnen auszulegen ist. Die Gebete sollen die Posaunengerichte unterstützen und zwar vor allem als Fürbittgebete. Wir können niemals bitten, dass die Umwelt zerstört, ein Chaos in der Welt angerichtet wird und dass Menschen gequält oder gar massenweise getötet werden. Das ist völlig gegen den Geist Christi und kein Christ wird so beten. Auch als Gottesgericht kann das nicht unsere Bitte oder Danksagung als Christen sein. Jenen Auslegern, die die Posaunen natürlich deuten, kann man nur sagen: »Ihr wisset nicht, wes Geistes ihr seid.« (Luk.9,55) Die Herrschaft des Lammes kann nicht durch ein natürliches Gericht an Leib und Leben durchgesetzt werden. Das wäre der Natur des Lammes vollkommen entgegen, es wäre auch wegen der Wolfsnatur des Menschen unmöglich. Denn die Herrschaft des Lammes will im Herzen aufgerichtet sein, will Besitz ergreifen vom ganzen Menschen. Dazu muss die verdorbene Natur des Menschen gerichtet werden, um die Seele zu erretten.

In der Offenbarung sind es die Gebete nicht nur von einzelnen Heiligen, sondern betont **aller Heiligen.** Dies wird zu einer Gemeindebezeichnung, die Offenbarungsgemeinde ist eine Betgemeinde. Wer sind die »Heiligen«? Das sind nicht etwa abgeklärte oder schon entrückte Gestalten, sondern schwache, sündige Menschen, die durch das Opfer Christi geheiligt sind, aber ermahnt werden, sich auch fernerhin noch zu heiligen (22,11). Die Gemeinde Gottes ist im Alten wie im Neuen Testament immer die Gemeinde der Heiligen, die Gemeinde Israel. Selbstverständlich das treue, wahre Israel, im Unterschied zum abtrünnigen Volk. In Dan.7 werden die Treuen das »Volk der Heiligen der höchsten Örter« genannt; die Gläubigen in der Gemeinde in Ephesus redet der Apostel mit »Heilige und Treue« an. Wir sind durch den Glauben zu Heiligen gemacht, die mit Christo versetzt sind in die »himmlischen Örter«. (Eph.1,1; 2,6) Jemand sagt ganz richtig: »Wenn die Offenbarung die Zeugen Jesu in deutlicher Anlehnung an Dan.7 immer wieder die ‚Heiligen' nennt, erklärt sie also die wahrhaft christliche Gemeinde zum wahren Israel.«

Gott handelt nicht, bevor ein heiliges Priestervolk betet. Nur aufgrund der Gebete der Heiligen werden Gottes Ziele verwirklicht. Aber wir müssen beten in Übereinstimmung mit dem, was in der Offenbarung geschieht, hier insbesondere in den Kapiteln 8 und 9, wo der HERR Sein Volk richtet. Da ist besonders die vornehmste Art aller Gebete, das Gebet der Fürbitte, nötig, damit der HERR Gnade erweise im Gericht. Die großen Erweckungsprediger waren Männer, die viel gebetet haben. Viele beten um Erweckung, aber sie üben sich erstens nicht in der Heiligung, zweitens haben sie kein geistliches Verständnis, um Gottes Handeln mit Seiner Gemeinde zu verstehen, weil sie meinen, die Offenbarung sei nur für die Welt bestimmt. Beten sie aber für die Gemeinde, dann nur für ihre bzw. ihren Gemeindekreis und nicht für das ganze Volk Gottes. Oder sie beten für ihre Stadt. Vergebens. Solche Gebete können nicht zu Gott aufsteigen, sie steigen höchstens bis zur Zimmerdecke. Sie sollten zuerst für sich persönlich beten, dass Gott sie von allem unerlösten Wesen befreit, denn unter Gottes Volk ist viel Unerlöstheit. Ohne die Gebete der Heiligen bleiben die Evangeliumstrompeten leerer Schall, denn es sind Gemeindeposaunen.

Die Heiligen müssen also beten, auch schon der eigenen Betroffenheit wegen. Aber vielleicht sind wir zu schwach, um die rechten Worte zu finden, »denn wir wissen nicht, was wir bitten sollen, wie sich's gebührt, aber der Geist selbst verwendet sich für uns in unaussprechlichen Seufzern«. (Röm.8,26) Damit die Gebete Gott angenehm sind und Erhörung finden, brauchen sie die Mittlertätigkeit, nicht der Maria, sondern des Hohepriesters Jesus, der in der Gestalt des **anderen Engels** an dem Altar steht mit dem **goldenen Räucherfass**. »Denn ein solcher Hohepriester geziemte uns: heilig, unschuldig, unbefleckt, abgesondert von den Sündern und höher als die Himmel geworden.« (Hebr.7,26) Durch Sein Priesteramt vermag Er auch völlig zu erretten, die durch ihn Gott nahen. Kraft Seiner Verwendung steigen die Gebete aller Heiligen auf als wohlriechendes Räucherwerk vor Gott (vgl.5,8). Durch den Wohlgeruch des Lebens Christi und kraft Seines Opfertodes finden unsere Gebete bei Gott Erhörung. HERR, erwecke dir Beter, eine Betgemeinde, die Gottes Hand und Herz bewegt!

Nachdem **der Rauch des Räucherwerks mit den Gebeten der Heiligen aus der Hand des Engels vor Gott aufstieg,** geschah etwas Gewaltiges: Das **Feuer vom Altar** wurde auf die Erde geworfen, und es **geschahen Stimmen und Donner und Blitze und ein Erdbeben.** Es ist das Feuer, von dem Jesus sagt: »Ich bin gekommen, Feuer auf die Erde zu werfen; und was will ich, wenn es schon angezündet ist?« (Luk.12,49) Die zerteilten Zungen wie von Feuer, die den Jüngern am Pfingsttage erschienen, waren das Feuer des Geistes (Apg.2,1–8). Auch der Hebräerbrief ist ein mit Feuer gefülltes Räucherfass, aus seinen ernsten Warnungen können wir sieben Trompetenstöße heraushören. Der erste starke Trompetenstoß ertönt in Hebr.2,3: »Wie werden wir entfliehen, wenn wir eine so große Errettung vernachlässigen?« Und der zweite in Hebr.3,12: »Sehet zu, Brüder, dass nicht etwa jemand von euch ein böses Herz des Unglaubens sei …«; weitere sind Hebr.4,11; 6,4–8; 10,26–31; 10,38. Der Letzte ist ein besonders starker Ton, den man gerne überhören möchte: »Denn auch unser Gott ist ein verzehrendes Feuer.« (Hebr.12,29) Die das Feuer buchstäblich wollen, werden sich hüten, die Posaunen auf sich anzuwenden. Darum, weil das Feuer des Geistes einem zu nahe kommen könnte, wird die geistliche Deutung sehr gefürchtet.

Das »Feuer meines Grimmes« (Hes.22,31) wirkt sich jetzt nicht mehr sichtbar aus und doch ist es eine Wirklichkeit. Im alten Bunde war das Gericht physisch. Menschen und Völker wurden leiblich gerichtet und vertilgt; sie hatten ihr Leben verwirkt, da sie sich gegen Gott und Seine Gebote stellten, was zuerst Gottes Volk traf, »denn sie sind in der Wüste hingestreckt worden«. (1.Kor.10,5) Gott musste so handeln, weil Er heilig und gerecht ist. Gewöhnliche Gerichtsmittel waren die Feinde, natürliche Elemente, Naturgewalten, Hungersnöte, Pest, wobei Gott die Gerechten verschonte. Im Neuen Bunde ist Gottes Handlungsweise grundsätzlich anders geworden. Das Böse der Vielen wurde an dem einen Guten leibhaftig gerichtet, Jesus ist für uns im Feuer des Gerichts gewesen, um uns vor dem Feuersee zu bewahren. Er tat am Kreuz Sühnung für die Sünden des Volkes und für die ganze Welt, sodass jeder, der an den Sohn Gottes glaubt, nicht ins Gericht kommt. Das Kreuz ist wie der Regenbogen nach der Flut das Bundeszeichen, dass Gott die Menschheit nicht mehr physisch richtet und vernichtet, sondern ihnen Buße und Vergebung der Sünden predigen lässt. Solange der Mensch lebt, hat er hinsichtlich seiner physischen Existenz »Gnadenzeit«. Diese muss er nutzen, wenn er nicht ewig verloren gehen will. Naturkatastrophen, Kriege, Unglück, Krankheit, Verfolgungen sind im neuen Bunde nicht mehr Gerichte Gottes. Wären sie dies, müsste jenes Land oder jene Volksgruppe wie einst die Leute von Sodom besonders sündig sein, aber dann wären auch die Gläubigen davon betroffen, und das kann nicht sein.

Wir wollen beten für unsere Brüder und Schwestern, dass sie, wenn es donnert und blitzt, Gnade haben, die Stimme des Geistes in den Posaunengerichten zu erkennen und sich auf die Ankunft Christi vorbereiten, denn diesem Zweck dienen die Posaunen. Wenn im alten Bunde Blitze, Donner und Erdbeben geschahen, so wussten die Menschen, jetzt redet Gott und sie fürchteten sich. In der Offenbarung sind es keine sichtbaren und akustischen Zeichen und doch kündigen sie ein Gewitter Gottes an, ein deutliches Reden Gottes, um ein neues Hören auf Gottes Wort zu bewirken. Das kann durch bestimmte Ereignisse geschehen. Keine Heiligungsbewegung oder Erweckung in der Geschichte der christlichen Kirche war mit lieblicher Musik begleitet, sondern mit »Stimmen, Donner, Blitze und Erdbeben« an verschiedenen Orten. Ein Erdbeben, vielleicht nur der Stärke 3, genug, um über die eigene Natur und verkehrtes Wesen nachzudenken. Solche sind Beleidigtsein, Ärgern, Wutausbrüche, ein rebellischer Geist, böse Gedanken, Neid, Eifersucht, Prahlerei, Hochmut, Stolz, Egoismus, Herrschsucht, Rechthaberei und dergleichen Untugenden mehr. Daran ist ja gerade das Königtum in Jesu und die Einheit der Kinder Gottes zugrunde gegangen. Deshalb die Posaunen, die öffentliche Kundgebungen sind und alle Welt hören werden. Vielleicht bewegt das ungläubige Menschen zur Buße. Die Rede, die Christen seien nicht besser, aber sie seien besser dran, stimmt nur bedingt. Wir sind in der Offenbarung wahrlich nicht besser dran, eher schlechter, wenigstens vorübergehend.

Kein Mensch ist von der Erbsünde frei, auch kein entschiedener Christ; er muss dagegen ankämpfen. Diese hängt uns an und regt sich immer dann, wenn wir herausgefordert, wenn wir versucht werden. Die Erbsündenlehre ist kein kirchliches Dogma, die Sünde in uns ist eine allen Menschen bewusste Erfahrung, was nur »Gutmenschen« nicht zugeben, indem sie Böses für gut und Gutes für böse erklären. Tatsünden können bereut, gebeichtet und vergeben werden, für Erregungen unserer Natur können wir um Entschuldigung bitten, aber meist entschuldigen wir sie mit unserem Temperament. Doch davon frei werden, ist eine andere Sache, worüber uns die Posaunen belehren. Was keine Philosophie, keine

Ideologie, keine Religion vermochte, die sich um eine Besserung des Menschen bemühten, vermag nur die Evangeliumsposaune.

Sodann bereiten sich **die sieben Engel, welche die sieben Posaunen hatten, darauf vor, dass sie posaunten** oder trompeteten. Sie eröffnen den zweiten Gerichtskreis zum Heil, der einem Volk in der Wüste gilt bis zur Besitzergreifung des Landes: Die Posaunen reichen von 2.Mose 15 bis Josua 10. Die Siegel hatten das Königtum der Gläubigen vor sich, den Posaunen liegt das Mittler- und Priestertum zugrunde. Für die Deutung der Posaunen werden wir hauptsächlich zwei Teile der Schrift benötigen: die Bücher Mose und den Hebräerbrief, die beide den Priesterdienst zum Gegenstand haben. In ihnen erkennen wir auch den Zweck der Posaunengerichte: eine tief greifende Erlösung des Volkes Gottes, um, biblisch ausgedrückt, aus der Wüste ins Land, und vom Sinai zum Berge Zion zu kommen. Das ist das Evangelium für den Glaubenden.

Zum ersten Mal werden die Trompeten in 4.Mose 10 erwähnt. Wenn die silbernen Trompeten ertönten, hieß es für die Gemeinde Israel: Hinhören, zusammenkommen oder aufbrechen oder sich zum Kampfe rüsten. Dann gab es die sieben Hallposaunen, in welche die Priester beim Fall der Mauer Jerichos stießen (Jos.6). Beide Vorbilder spielen in der Offenbarung eine Rolle und haben sowohl den Klang von Gerichtsposaunen als auch von Evangeliumsposaunen, je nachdem wie man sie hört. Bei der letzten Posaune Gottes ist es dann so weit, dass der HERR selbst vom Himmel herniederkommt, um die Seinen leiblich umzugestalten zur Gleichförmigkeit mit Seinem Leibe der Herrlichkeit (Phil.3,21).

Posaune und Trompete sind hier dasselbe Instrument, aber praktisch erscheinen uns Trompetenstöße härter, durchdringender, während der Posaunenschall weicher, wohltuender klingt. Beide Seiten wollen die sieben Engel unserem geistlichen Ohr nahebringen. Die ersten vier Posaunen sind nur kurze Trompetenstöße und treffen den gemeinsamen Lebenskreis des bekennenden Volkes, die drei letzten sind ausgedehnter und wirken persönlicher. Betroffen ist jeweils der »dritte Teil«, ein besonders bevorrechtigter

Teil in der Christenheit, der dem »dritten Teil« in Sacharja entspricht, den Gott »ins Feuer bringt, und ich werde sie läutern, wie man das Silber läutert, und sie prüfen, wie man das Gold prüft«. (Sach.13,9) Die Geläuterten sind dann das echte Volk Gottes. Die Handelnden sind Engel Gottes und die Heiligen, die beten; das Lamm bleibt hier im Hintergrund, denn es verwendet sich in der ganzen Zeit hohepriesterlich für Sein Volk. Aber ausgerechnet jetzt, wo Posaunen mit lautem Getöse das Kommen des Bräutigams ankündigen und die Jungfrauen Ihm entgegengehen sollen, gehen einem Drittel (oder zwei Drittel) die Lampen aus. Wie tragisch! – Wie immer man den Mangel an Öl in dem Gleichnis in Matth.25 deuten mag, die Törichten waren nicht vorbereitet.

Der erste Posaunenstoss (8,7)
– In der Wüste –

Die sieben Posaunenklänge haben etwas Gewaltiges, Erhabenes, aber auch etwas Bedrohliches an sich. Sie machen uns die äußeren Umstände in einer völlig veränderten Umwelt bewusst. Im Alten Testament konnten die Posaunen sowohl Freudentage als auch Gefahr und Krieg ankündigen. Alle sieben, obschon in unterschiedlicher Stärke, bilden einen Chor. Hören wir den ersten Posaunenstoß: **Und es kam Hagel und Feuer, mit Blut vermischt, und wurde auf die Erde geworfen. Und der dritte Teil der Erde verbrannte, und der dritte Teil Bäume verbrannte und alles grüne Gras verbrannte.**

Die erste Posaune eröffnet unter einem anderen Aspekt als die Siegel den großen Tag des HERRN, »an welchem die Elemente im Brande aufgelöst und die Erde und die Werke auf ihr verbrannt werden«. (2.Petr.3,10) Sie hat jenen Gemeindekreis vor sich, der dem ersten Sendschreiben entspricht bzw. den geistlichen Stand des Epheserbriefes bekennt. Dort blühte und grünte bisher noch alles, man ist bekehrt, getauft und wiedergeboren, genießt die geistlichen Segnungen, hält an den biblischen Grundsätzen oder kirchlichen Dogmen fest, ist gemeindlich und missionarisch aktiv usw., aber die »erste Liebe« ist verlassen.

Blättern wir noch einmal zurück. Ephesus in dem ersten Sendscheiben ist die Gemeinde in der Wüste, eigentlich ein normaler Stand für die Kirche Christi in der Welt. Aber die Umwelt um uns herum hat sich seit geraumer Zeit völlig gewandelt zu einer außerordentlichen Wüste. Diese will Gott uns durch die erste Posaune vor Augen führen, weil unserem Christentum etwas Entscheidendes fehlt, nämlich die Liebe. Das christliche Bekenntnis wird hochgehalten, aber Wandel und Gesinnung stehen nicht mehr damit in Einklang. Wenn unser Leben nicht Christus ist, wenn unser Glaube zur Frömmigkeitsübung herabgesunken ist, wenn wir nur »christlich« sind, statt von der Liebe Gottes erfüllt zu sein, dann haben wir aus dem Evangelium eine Religion gemacht und sind tief gefallen.

Darum muss Gott ein **Feuer** anzünden, um die Gläubigen aus ihrer Selbsttäuschung und Selbstzufriedenheit, ja aus ihrem Schlaf aufzuschrecken und ihnen eine Wirklichkeit zu zeigen, die sie bisher nicht wahrgenommen, nicht so gesehen haben oder nicht sehen wollten. Denn »unser Gott kommt, er wird nicht schweigen; Feuer frisst vor ihm her, und rings um ihn stürmt es gewaltig. Er ruft dem Himmel droben und der Erde, um sein Volk zu richten: ›Versammelt mir meine Frommen, die meinen Bund geschlossen haben beim Opfer!‹ Und die Himmel verkünden seine Gerechtigkeit, denn Gott ist es, der richtet!« (Ps.50,3–6) Auch für das neutestamentliche Volk Gottes steht geschrieben: »Der Herr wird sein Volk richten!« (Hebr.10,30)

Der **Hagel** zerschlägt vieles, was uns wert und wichtig war, zum Beispiel an Traditionsgut, das uns heilig war, aber der jungen Generation schon lange nichts mehr gilt. Anderseits ist »Hagel« auch ein starkes Mittel des Heiligen Geistes zur Überführung von Sünde und von Gerechtigkeit und von Gericht. Dabei soll es nicht Vorwürfe hageln, wie man so sagt, sondern die Wahrheit über die wirkliche Lage und den wahren geistlichen Zustand gepredigt werden. Hagel ist hier keine schöne Rede mit süßen Worten, kein theologischer Fachvortrag, der sich der menschlichen Logik empfiehlt. Erweckende Predigt muss anders sein, muss »Hagel und Feuer« sein, wenn sie Herz und Gewissen erreichen soll. Sie zerstört und verbrennt alles Fleischliche, mag es für jenen »dritten Teil« abgesondert von der Welt bisher noch so schöne Gewohnheit und gute Weide gewesen sein. Die Hagelpredigt nennt das Übel beim Namen, legt den wirklichen Zustand der Herzen bloß. Bei der ersten Posaune macht Gott »Ströme zur Wüste … und fruchtbares Land zur Salzsteppe, wegen der Bosheit der darin Wohnenden«. (Ps.107,33) Mit einem Schlage ist aus dem gesegneten Land eine Wüste geworden.

Denn es ist unmöglich, jene, die einmal die Gnade Gottes empfangen und das Köstlichste des neuen Bundes genossen haben, aber abgefallen sind und anderen Lehren folgen, wiederum zur Buße zu bewegen (Hebr.6,6–8). Da bleibt nur das Feuer des Gerichts. Aber beachten wir, das »Feuer« ist **mit Blut vermischt,** was uns an den Tod Christi erinnert, an Sein teures Blut, das Er für Seine Gemeinde vergossen hat. Hinter allem »Feuer« brennt die Liebesglut Jesu, um uns wieder zu Sich zu ziehen. Welches Herz, das einmal für den HERRN brannte, gerät im Gedanken an Seinen Opfertod nicht in Wallung? Christus ist zuerst in dem »Hagel und Feuer« gewesen, für uns. Darum hat Gott Ihm auch das Gericht übergeben.

Die erste Wirkung des Feuers der Posaunen ist, dass **der dritte Teil der Erde verbrannte.** Das betrifft den evangelikalen und konservativen Teil der Christenheit, besonders im Lande der Reformation, zu dem sich auch der Autor bekennt. Plötzlich verbrannte Erde! – Was nun? Unser gesellschaftliches Umfeld hat sich total verändert und wird uns zu einer außerordentlichen Versuchung und teilweise auch zur Bedrohung. Unversehens umgibt uns eine brennende Wüste von Gottlosigkeit und Unmoral, Sittenlosigkeit und Unordnung. Autoritätsverlust, Traditionsbruch, Generationskonflikt. Das sind die typischen Endzeitzeichen im christlichen Abendland. Wir merken plötzlich, dass wir nicht mehr in einem christlichen Lande leben, nicht nur das, wir erleben es, dass wir als bibelgläubige Christen von der öffentlichen Meinung gebrandmarkt sind, weil wir, wie sie sagen,

»fundamentalistisch« sind, nicht ganz zu Unrecht, weil die erste Liebe fehlt. Gesetzesänderungen und Urteilsbegründungen in den letzten Jahren machen uns bewusst, dass die Gebote und Ordnungen Gottes, die christlichen Tugenden und Werte bei der Masse nichts mehr gelten; das Tugendhafte, die Ehrerbietung, Sitte und Anstand sind bei den jungen Leuten nicht mehr »in«. Auch Kinder aus christlichem Hause beginnen teils offen, teils hinter dem Rücken ihrer Eltern, die moralischen Grundsätze ihrer Väter zu hinterfragen und wollen ihren Eltern nicht mehr gehorchen, ja stellen sich ihrem Glauben oft schon als 13-Jährige entgegen und gehen nicht mehr oder nicht mehr willig mit in die Versammlung.

Das christliche Leben in den reformierten Ländern war bis vor wenigen Jahrzehnten moralisch und theologisch noch einigermaßen intakt. Gesellschaftliche, kulturelle und religiöse Werte und Normen waren weithin noch deckungsgleich, zwischen Schule und christlichem Elternhaus bestand noch Konsens. Die Erziehungsgrundsätze waren bei dem Nachbarn die gleichen, niemand regte sich über die besonnene Anwendung der Rute auf. Es gab noch ein »Sittengesetz«, man wusste von der Verfassung her noch etwas von einer »Verantwortung vor Gott«. Doch seit etwa 1968 hat ein radikaler Kulturwandel eingesetzt, und nicht nur in Deutschland. In der ganzen westlichen Welt, auch in den USA, ist dies zu beobachten. Er kam ja von dorther. Eine neue Gesellschaft ist herangewachsen, die nicht mehr an Gott glaubt; Schule und Fernsehen haben die Menschen gottlos und zügellos gemacht. Die nächste Generation wird das christlich-abendländische Kulturerbe restlos verwerfen. Unsere Kinder, die in dieser Wüstenzeit geboren sind, mögen die neue Kultur der Gesellschaft für normal oder gar modern halten, daher empfinden sie auch die Erziehung ihrer christlichen Eltern als zu streng. Die weiteren Posaunen werden sie eines anderen belehren.

Wir sind allenthalben umgeben von Menschen, wie sie in 2.Tim.3 charakterisiert sind. Eine nie da gewesene geistige, kulturelle, sittliche und moralische Umweltzerstörung vollzieht sich in unseren Tagen. Das macht diese Welt für uns zu einer schrecklichen Wüste und viele Kinder Gottes kommen in dieser Versuchungswüste zu Fall. Schon gleichen zahlreiche christliche Gemeinden einer Wüste, die in ihren Anfängen vielleicht einmal ein gepflegter Garten waren. Wahrlich schwere, gefahrvolle Zeiten haben uns ereilt. Am stärksten leiden gottesfürchtige Christen darunter, die an den biblischen Grundsätzen und den christlichen Überlieferungen festhalten, sie kommen sich mancherorts vor wie »ein Pelikan in der Wüste und die Eule der Einöden«. (Ps.102,6)

Wer empfindet die Posaune stärker, als jener Teil, der heilig leben möchte, für die Gebote Gottes eifert, die Kinder christlich erziehen möchte »in der Zucht und Ermahnung des HERRN«, aber die Nächsten schon gegen sich hat. Selbst am Arbeitsplatz findet man keinen Gesinnungsgenossen mehr. Der gottlose Weltgeist dringt immer weiter vor, der moderne Zeitgeist macht vor den Kindern Gottes nicht halt und ist bis in die Gemeinden und Familien hinein wahrnehmbar. Die Moden und Trends in der Welt spiegeln sich immer stärker in den christlichen Kreisen wider. Darüber wird zum Teil auch ganz offen gesprochen, aber man sieht nicht Gottes Hand darin, wie es uns die Posaunen hören lassen. Das Feuer frisst weiter, solange es Nahrung findet, an allen Ecken und Enden brennt es. Doch viele schlafen, weil sie unwissend sind über die Gerichte der Offenbarung. Wer sie anspricht, bekommt ihre ganze Bosheit zu spüren.

In der Zeit der ersten Posaune kommt auch unser Werk in die Feuerprobe, »denn jener Tag wird in Feuer geoffenbart«. (1.Kor.3,13) Wir haben zwar auf den wahren Grund, welcher Jesus Christus ist, gebaut, aber es wird sich dann herausstellen, mit welchem Material wir gebaut haben, entweder mit »Gold, Silber, köstlichen Steinen«, oder mit »Holz, Heu, Stroh«. Der Tag des HERRN wird es klar machen, »weil er in Feuer geoffenbart wird; und welcherlei das Werk eines jeden ist, wird das Feuer bewähren«. (1.Kor.3,12–15) Was brennbar ist, wird verbrennen. Mit Holz kann man ein schönes Haus, ebenso ein großes Gemeindehaus bauen, aber wenn ein Feuer ausbricht, dann brennt es ab. Kirchen ganz sicher, weil sie aus Pappe sind, wie eine in Australien. Wir sollen unser Lebenswerk, unser Missionswerk, unser Heimschulwerk mit Material bauen, das sich im Feuer bewährt. Mit dem steigenden Erfolg besteht die Gefahr, dass viel Stroh gesammelt wird, und ebenso bei sinkenden Zahlen. »Wenn das Werk jemandes verbrennen wird, so wird er Schaden leiden, er selbst aber wird gerettet werden, doch so wie durchs Feuer.« (1.Kor.3,15) Lot hat es so erlebt, seine Geschichte dient uns zur Warnung.

Schon leben wir in der größten Drangsal, wie sie noch nie in der biblischen Geschichte und in der Kirchengeschichte gewesen ist und auch nie sein wird. Wir beklagen gewöhnlich nur den großen Abfall in der Welt, wie gottlos und sittenlos die Menschen geworden sind. Aber wir sehen und fragen nicht, weshalb und warum das alles geschieht, dass dieses Feuer von Gott ist zur Prüfung und Läuterung Seines Volkes. Die erste Posaune macht uns schlagartig unsere Lage bewusst. Es ist nun die Frage, wie reagieren wir darauf? Nehmen wir die Herausforderung an oder resignieren wir? Viele hadern und geben schließlich den Kampf auf oder passen sich der Welt an. Das Land der Verheißung erreichen sie nicht, weil sie nicht überwinden.

Bei dem allen gibt es immer noch Gläubige, die in ein Israel verliebt sind, das kein Volk Gottes mehr ist, sondern zur Welt gehört. Sie erkennen nicht, dass sie selbst das neue Israel sind; Gottes Volk im neuen Bund besteht aus allen Völkern, nicht nur aus einem. Wir alle befinden uns durch die Umstände in einer Glaubensprüfung und Läuterung, »um dich zu demütigen, um dich zu versuchen, um zu erkennen, was in deinem Herzen ist, ob du seine Gebote beobachten würdest oder nicht«. (5.Mo. 8,2) Das ist also der Zweck der Übung durch die erste Posaune.

Bei dem **dritten Teil der Bäume** handelt es sich um »allerlei Bäume, lieblich anzusehen und gut zur Speise« (1.Mo.2,9), die aber dennoch nicht »Bäume des Lebens« sind (Hes.47,12). Das Gerichtsfeuer hat auch das Ansehen und die Autorität der Führer und Häupter des Kirchenvolkes verzehrt. Prediger, Väter, Lehrer und Leitende haben keine Autorität mehr, wie das früher der Fall war. Es fehlen die Männer Gottes, die Vor- und Leitbilder sind, zu denen wir aufschauen können, die die Herde Gottes hüten, ihr vorstehen, ihr Schutz vor den Wölfen sind und ihr wahre Seelenspeise geben. Wir haben glänzende Redner, hervorragende Bibellehrer, christliche Wissenschaftler, die besten Autoren, Männer von Namen, aber sie haben keine Kraft und Vollmacht mehr. Gewiss, sie vermitteln uns eine Menge theologisches Wissen und gute Einsichten, sie wissen die Gesellschaft genau zu analysieren und den Einfluss des Zeitgeistes in der Gemeinde nachzuweisen, aber sie können uns nicht helfen, weil sie selbst mit dem Feuer zu kämpfen haben. Und sie haben uns Falsches gelehrt, eine Zukunft Israels, die es nicht gibt, außer den Glaubenden. Sie sind bestürzt, gleichen verkohlten Baumstümpfen! Die Welt schaut uns nicht mehr an. Angesichts dieser ernsten Lage sprechen etliche noch immer: »An uns wird es nicht kommen: Wer wird wider uns heraufsteigen, und wer wird in unsere Wohnungen kommen? Ich will euch heimsuchen nach der Frucht eurer Handlungen, spricht der Herr; und ich will ein Feuer anzünden in ihrem Walde, dass es alle ihre Umgebungen verzehre!« (Jer.21,14)

Und alles grüne Gras verbrannte. Das bezieht sich auf alles fleischliche, seelische Christentum. Davon haben wir heute sehr viel, besonders unter jungen Christen, die sich der Gemeinde angeschlossen haben, vielleicht gefühlsmäßig bekehrt, von groben Sünden und Bindungen befreit, aber dennoch »grünes Gras« sind, das heißt ohne tiefe Wurzeln, ohne Frucht. Vielleicht hier und da eine Lilie, im Allgemeinen aber liebt die christliche Jugend das Vergnügen mehr als Gott. Die jungen Leute möchten ihre Freiheit haben und viel Geld und bei allem immer Spaß, aber in ihren Herzen ist eine Wüste, was man oft schon an ihrem Äußeren erkennen kann. Gewiss haben sie Sehnsüchte, suchen Geborgenheit und Glück, aber die wahre Jugendfreude in Jesus suchen sie nicht. Käme eine Verfolgung, würden sie zu Verrätern, zu Feinden. »Alles Fleisch ist Gras und alle seine Anmut wie die Blume des Feldes. Das Gras ist verdorrt, seine Blume ist abgefallen; aber das Wort des Herrn bleibt in Ewigkeit.« (1.Petr.1,24–25)

In der Religionsfreiheit und im Wohlstand ist Christsein leicht. Aber Wohlstandschristen können vor dem Feuer nicht bestehen, weder vor dem Geist der Welt noch vor dem Feuer des Geistes

Gottes. Ihnen zuliebe hat sich eine fleischliche Schriftauslegung breitgemacht, welche die grünen Auen des Wortes Gottes in eine seelische, sanfte, sinnliche Weide, in eine weltliche Weisheit verwandelt. Große Teile der Schrift, die gute Weide, Geist und Leben für die Schafe bieten, werden nur sozial und humanistisch ausgelegt oder ganz vernachlässigt. Man hat sich die süßen Verheißungen herausgepflückt, das Gericht aber der Welt überlassen. Wo es an Salz fehlt, fehlt es auch an Kraft.

Überhaupt weiß man mit dem Alten Testament wenig anzufangen und doch war es die Bibel der Jünger Jesu. Wir können es nicht oft genug wiederholen: Wie nützlich könnten die »Schriften« uns sein, die gegenwärtige Situation zu verstehen (2.Tim.3,14–17). Viele Gläubige lesen vornehmlich das Neue Testament, aber von dem neuen Leben und dem Überfluss, wovon der Gute Hirte Seinen Schafen aus dem ganzen Reichtum der Heiligen Schrift geben will, ist wenig oder nichts mehr zu sehen (Joh.10,10). Da hat ein Flugfeuer fremden Geistes, das die Gemeinden gegenwärtig stark bedroht, leichtes Spiel, besonders wenn es die Gefühle anspricht. Ganze Gemeinden kommen unter den Einfluss fremder Lehren und Geister, vor allem durch den charismatischen Geist. Auch der Christ kann noch versucht werden und der Fleischliche lässt sich leicht verführen. In einem Steppenbrand kann man sich dadurch retten, dass man einen Fleck anzündet; wenn dann das große Feuer kommt, ist dieser Teil schon verbrannt und man bleibt unversehrt. Praktisch bedeutet das, dass wir den gerichtsreifen Zustand anerkennen und Selbstgericht üben müssen. »Durch Umkehr und durch Ruhe würdet ihr gerettet werden.« (Jes.30,15) Bei der ersten Posaune erfüllt sich das Wort: »Euer Land ist eine Wüste, eure Städte sind mit Feuer verbrannt.« (Jes.1) Das sah Jesaja, ehe es wirklich eingetreten und für alle sichtbar war.

Wenn Gott so drastisch in das Leben Seines Volkes eingreift, dann hat Er auch Seine Segensabsichten mit uns. In dieser Wüste, in die wir versetzt sind, kann Er zu unserem Herzen reden; »und ich werde ihr von dort aus ihre Weinberge geben und das Tal Achor zu einer Tür der Hoffnung«. (Hos.2,15) Wenn der HERR den Schaden Seines Volkes heilt, wird »die Wüste und das dürre Land sich freuen, und die Steppe wird frohlocken und aufblühen wie eine Narzisse ... Dann werden die Augen der Blinden aufgetan und die Ohren der Tauben geöffnet werden«. (Jes.35) Gott bereitet mit dem Feuer der ersten Posaune schon die neue Erde vor. »Denn wir erwarten, nach seiner Verheißung, neue Himmel und eine neue Erde, in welchen Gerechtigkeit wohnt.« (2.Petr.3,7–13) Danach sehnen sich die Heiligen und beten für die »Wiederherstellung aller Dinge«. Wenn wir Christus als den wahren Lebensbaum erkennen und uns von Ihm nähren, wird aus der großen und schrecklichen Wüste für uns ein Paradies, zumindest werden wir eine Oase darin finden. Hierdurch erfüllt sich die Verheißung für den Überwinder im ersten Sendschreiben.

Wir sind nicht allein gelassen, inmitten der Wüste haben wir einen Hohepriester, der Sühnung für uns getan hat und »der völlig zu erretten vermag, die durch ihn Gott nahen, indem er immerdar lebt, um sich für sie zu verwenden«. (Hebr.7,25) Und: »Rufe mich an am Tage der Bedrängnis: Ich will dich erretten, und du wirst mich verherrlichen! Wer Lob opfert, verherrlicht mich, und wer seinen Weg einrichtet, ihn werde ich das Heil Gottes sehen lassen.« (Ps.50,15.23) Die Posaunengerichte sind eine besondere Gnade an Seinem Volke, damit wir nicht dem ewigen Feuer verfallen. Bei der ersten Posaune ist nichts so wichtig wie die priesterlichen »Gebete der Heiligen«, dass die Posaune verstanden wird, dass der »Hagel« niemanden erschlägt, sondern viele erweckt werden, dass das »Feuer« Herzen in Brand setzt, entzündet von der Liebe Gottes; »denn dies ist die Liebe Gottes, dass wir seine Gebote halten, und seine Gebote sind nicht schwer«. Wer aus Gott geboren ist, überwindet die gegenwärtige Wüste; »denn dies ist der Sieg, der die Welt überwunden hat: unser Glaube«. (1.Joh.5,4)

Endlich wird Gott Sein Volk aus dieser großen und schrecklichen Wüste herausführen und in das Land der Verheißung bringen. »Es wird meinen Namen anrufen, und ich werde ihm antworten; und ich werde sagen: Es ist mein Volk; und es wird sagen: der Herr ist mein Gott.« (Sach.13,9) Die Wüste der ersten Posaune ist eine Schule Gottes für den persönlichen Glauben, sie wird in dem Feuer der Bewährung unseren missionarischen Eifer wieder entfachen und aus Versagern Kämpfer Gottes, Israel, machen. Das kann nur Glückseligkeit bedeuten. Wenn unsere außerordentliche Wüstenreise den gleichen Zeitraum währt wie im Alten Testament, dann müsste sie bald zu Ende gehen.

Der zweite Posaunenstoss (8,8–9)
– am Berge Sinai –

Der zweite Engel posaunte, und wie ein großer, mit Feuer brennender Berg wurde er ins Meer geworfen; und der dritte Teil des Meeres wurde zu Blut. Und es starb der dritte Teil der Geschöpfe, welche im Meere waren, die Leben hatten, und der dritte Teil der Schiffe wurde zerstört.
 Wir sind nicht auf Vermutungen angewiesen, was dieses Phänomen wohl sein mag. Der zweite Posaunenstoß macht uns noch deutlicher, dass wir uns hier und heute inmitten dieser Welt sittlich und moralisch in einer Wüste befinden. Wenn wir konsequent weitergehen, kommen wir an den Berg Gottes und »zu dem entzündeten Feuer und dem Dunkel und der Finsternis und dem Sturm und dem Posaunenschall«. (2.Mo.19; Hebr.12,18) Der »mit Feuer brennende Berg« ist der S i n a i, er bringt uns das *Gesetz Gottes* nahe. Betroffen ist vor allem jener »dritte Teil«, der des Glaubens ist, vom Gesetz befreit und meint »zu dem Berge Zion und zur Stadt des lebendigen Gottes, dem himmlischen Jerusalem« gekommen zu sein, aber dort offensichtlich nicht angekommen ist. Dort zu sein macht zweifellos viel glücklicher und herrlicher, aber der Berg Zion ist nicht weniger heilig als der Sinai, und in die Heilige Stadt darf nichts Unreines eingehen. »Sehet zu«, fährt der Schreiber des Hebräerbriefes mit feierlichem Ernst fort, »dass ihr den nicht abweiset, der da redet! Denn wenn jene nicht entgingen, die den abwiesen, der auf Erden die göttlichen Aussprüche gab: wieviel mehr wir nicht, wenn wir uns von dem abwenden, der von den Himmeln her redet!« (Hebr.12,25–29) Das ist ein deutlicher Posaunenstoß, der der zweiten Posaune entspricht.

Der »dritte Teil« muss seine Ablehnung der Gebote, die im Grunde eine Auflehnung gegen Gott ist, mit dem geistlichen »Leben« büßen. Hier geht Gott mit den Christen ins Gericht. Gerade an dem Thema *Gesetz* kommt die rebellische Natur des Menschen so richtig hervor. Da kennt man oft Gläubige nicht wieder. Das »starb« ist selbstverständlich nicht der leibliche Tod, der betroffene Teil wird geistlich gerichtet, weil er eine falsche Einstellung zu Gottes Gesetz hat, ja es mit der falschen Lehre – »Wir sind frei vom Gesetz« – außer Kraft setzt. Paulus sagt: »Heben wir denn das Gesetz auf durch den Glauben? Das sei ferne! sondern wir bestätigen das Gesetz« und »richten es auf«. (Röm.3,31) Im neuen Bunde ist das Zeremonialgesetz aufgehoben, aber der heilige Wille Gottes in Kraft gesetzt, der im Gesetz zum Ausdruck kommt. Die Abneigung gegen das Gesetz Gottes ist heute weit verbreitet, sie äußert sich schon darin, dass man die Gebote Gottes »gesetzlich« als Zwang empfindet. Schon das Wort »Gebote«, das der Apostel Johannes mit Vorliebe gebraucht, hat für viele Christen einen gesetzlichen Klang. Doch »frei vom Gesetz« ist ein gesetzloser Zustand. Im Grunde verrät diese Rede eine Abneigung gegen den verbindlichen Willen Gottes. Auf der anderen Seite hat man sich eine eigene Gesetzlichkeit bzw. Gerechtigkeit zurechtgelegt und kollidiert dann mit dem »Dienst des Geistes«. (2.Kor.3,8) Durch den mit Feuer brennenden Berg bekommen wir wieder die richtige Beziehung zum Gesetz, wir lernen vor allem »die Sünde erkennen, denn die Sünde hätte ich nicht erkannt, als nur durch Gesetz«. (Röm.7,7)

Die Vom-Gesetz-los-Bewegung macht uns gerade nicht los vom Gesetz, sie mündet in der offenen Gesetzlosigkeit und bewirkt den Tod. Frei vom Gesetz werden wir nicht dadurch, dass wir das Joch des Gesetzes abzuschütteln versuchen, sondern nur, wenn wir ihm sterben. Wenn wir mit Christus gestorben sind, sind wir auch dem Gesetz getötet worden, das heißt, es herrscht nicht mehr über unser Gewissen (Röm.7,1–4). Das bedeutet jedoch nicht, dass das Gesetz keine Funktion mehr hätte in unserem Christenleben und in der Ordnung der Gemeinde. Gottes Gebote sind verbindlich für das christliche Leben, sie sind absolute

Richtschnur für unser moralisches Handeln, sie regeln auch den Dienst und das Verhalten im Hause Gottes. Nach welchem Maßstab sollten wir sonst leben, wenn nicht nach den biblischen Geboten und Grundsätzen? Wie können wir genau wissen, was böse ist, wenn wir Gottes Gesetz leugnen? Woher wissen wir, was gute Werke sind, wenn nicht die Gebote Gottes uns sagen, was wir tun sollen? »So ist also das Gesetz heilig und das Gebot heilig und gerecht und gut.« (Röm.7,12) Da jener »dritte Teil«, man könnte ohne Übertreibung auch sagen, ein Drittel der Gläubigen, das Gesetz Gottes leugnet, muss es ihm in Wahrheit und Liebe nahegebracht werden.

Widerspricht denn die Liebe dem Gebot? Unmöglich, denn »dies ist die Liebe Gottes, dass wir seine Gebote halten, und seine Gebote sind nicht schwer«. (1.Joh.5,3) Das sind nicht nur die Zehn Gebote. Das ganze Wort Gottes ist ein Gebot (1.Joh.2,7). Jesus sagt: »Wer mich nicht liebt, hält meine Worte nicht.« (Joh.14,24) Wenn wir die Liebe verlassen haben, fallen wir wieder unter das Gesetz und werden von ihm gerichtet. Wer das Gesetz Gottes bzw. die Gebote Gottes ablehnt, verfällt dem Gericht.

Die falsche Einstellung zum Gesetz sowie die Missachtung der Gebote und Satzungen löst die zweite Posaune aus, sie bringt den »großen, mit Feuer brennenden Berg« auf jenen Teil christlicher Bekenner, die »ohne Gesetz« gesetzlos geworden sind, und stellt sie damit unter das Gericht der Welt, wovon das »Meer« ein Bild ist. Die Welt wird nach dem Gesetz Gottes gerichtet, »auf dass jeder Mund verstopft werde und die ganze Welt dem Gericht Gottes verfallen sei«. (Röm.3,20) Wenn aber aus Gesetzeswerken kein Mensch vor Gott gerechtfertigt wird, dann kann uns nur noch die Gnade Gottes rechtfertigen durch den Glauben an das Blut des Lammes.

Noch ein Zweites bewirkt der heilige Berg Gottes: Er lehrt uns die Furcht Gottes. In der Rechtfertigung zu bleiben, ist für Gläubige genauso wichtig wie dieselbe anzunehmen für Gottlose dringend ist, was beide ohne Gottesfurcht nicht für nötig erachten werden. Wer Gott ohne heilige Furcht naht, hat das ewige Leben verwirkt. Moses wurde gesagt: »Mache eine Grenze um das Volk ringsum und sprich: Hütet euch, auf den Berg zu steigen und sein Äußerstes anzurühren; alles, was den Berg anrührt, soll gewisslich getötet werden.« (2.Mo.19,12) Ähnlich ist die Sprache des Hebräerbriefes: Er öffnet uns das Heiligtum durch das Blut Jesu, aber »wenn wir mit Willen sündigen, nachdem wir die Erkenntnis der Wahrheit empfangen haben, so bleibt kein Schlachtopfer für Sünden mehr übrig, sondern ein gewisses furchtvolles Erwarten des Gerichts und der Eifer eines Feuers, das die Widersacher verschlingen wird«. (Hebr.10,19.26–27). Die Irrlehre, ein Gläubiger könne nicht mehr verloren gehen, ganz gleich wie er lebe, ist ein vermessener Durchbruch zu dem mit »Feuer brennenden Berg«, jenem Sinai an Heiligkeit. Ein Glaubender wird nicht das ewige Leben verlieren, aber »wenn ihr nach dem Fleische lebet, so werdet ihr sterben« (Röm.8,13); und: »Irret euch nicht! Weder Hurer, noch Götzendiener, noch Ehebrecher werden das Reich Gottes ererben«. (1.Kor.6,9)

Wer dennoch meint, ihm gelten die Warnungen nicht, der wird durch die zweite Posaune eines anderen belehrt, er wird des geistlichen Lebens verlustig gehen. Das Posaunengericht ist kein Teilgericht, sondern ein totales Gericht an jenem gewissen Teil von Christen, **die Leben hatten,** aber wieder unter den Fluch des Gesetzes gekommen sind. »Das Leben haben«, diesen Ausdruck finden wir vornehmlich in den Schriften des Johannes, aber man kann »sterben« unter dem Gesetz. Paulus kennt diese Übung unter dem Gesetz, als er schon gläubig war: »Denn die Sünde, durch das Gebot Anlass nehmend, täuschte mich und tötete mich durch dasselbe.« (Röm.7,11) Die Erfahrung in Röm. 7 ist gut und notwendig, um nach Röm. 8 zu kommen.

Beim Anblick dieses heiligen Berges wird mancher ausrufen: »Ich elender Mensch! Wer wird mich retten von diesem Leibe des Todes?« (Röm.7,24). Da gibt es nichts mehr zu diskutieren und zu streiten. Mit unbereinigter Sünde, mit unvergebener Schuld kann kein Mensch, auch kein Christ weder auf dem Sinai noch auf dem Berge Zion vor Gott bestehen. Die zweite Posaune versetzt der herrschenden leichtfertigen Heilssicherheitslehre einen tödlichen Schlag; andererseits führt sie den, der sich reinigt und

»die Heiligkeit vollendet in der Furcht Gottes« (2.Kor.7,1) zur völligen Heilsgewissheit, sodass »nichts Verdammliches mehr an denen ist, die in Christo Jesu sind«. (Röm.8,1) Warum so viele, vornehmlich junge Leute nicht aus dem Elend von Röm.7 herauskommen, hat seinen Grund darin, dass sie das Gesetz abzuschütteln versuchen, statt ihm zu sterben.

Die Wirkung des Gesetzes wirkt sich auch auf den »dritten Teil der Schiffe« aus. Mit Schiffen wird Handel und Fischfang getrieben, christlich übersetzt heißt das Mission und Evangelisation, um Seelen zu fangen und zu retten. Das Evangelium beginnt mit der Überführung durchs Gesetz, damit Menschen sich als Sünder erkennen. Das ist nötig, damit sie nach der Gnade verlangen (Röm.1–3). Wo diese Überführung fehlt, ist die Mission verfehlt. Wenn die Menschenfischer selbst Gott nicht fürchten, wie soll Furcht auf die Menschen fallen, sodass sie nach dem gnädigen Gott fragen? Wenn sie bei dem zweifelhaften Wandel der Gläubigen die These verkündigen: »egal, einmal gerettet, immer gerettet«, werden Sünder kaum vom Ernst der Sünde überführt werden. Wenn der Erfolg der heutigen Evangelisationen, die ja fast ausschließlich von jenem »dritten Teil« betrieben wird, ein Zeichen dafür ist, ob sie ein Fluch oder ein Segen sind, dann sind sie dem Untergang geweiht. Gott will offenbar diese Art nicht mehr, auch nicht in moderner Form. Es kommt jetzt auf das persönliche Zeugnis an. Die Offenbarung Jesu Christi eröffnet ganz neue Perspektiven für die Evangelisierung der Welt.

Wir sollen durch die zweite Posaune wieder das Fürchten und Zittern lernen vor Gott und Seinem heiligen Wort. »Das ganze Volk zitterte, als es die Donner und die Flammen und den Posaunenschall und den rauchenden Berg gewahrte und sie sprachen zu Mose: ›Rede du mit uns, und wir wollen hören, aber Gott möge nicht mit uns reden, dass wir nicht sterben.‹« (2.Mo.20,18–21) Auch wir brauchen einen Mittler zwischen dem heiligen Gott und uns sündigen Menschen und wir haben ihn in »dem Menschen Jesus Christus, der sich selbst gab als Lösegeld für alle«. (1.Tim.2,5) Gott hat im Sohne zu uns geredet, und nur kraft Seines Hohepriesteramtes können wir vor Gott bestehen.

Wir sollen wissen, dass Gott heilig ist. Aber dann hören wir auch inmitten des Posaunenschalls die tröstlichen Worte: »Fürchtet euch nicht; denn um euch zu versuchen ist Gott gekommen, und damit seine Furcht vor eurem Angesicht sei, dass ihr nicht sündiget.« Das Volk, das sich warnen lässt, bekommt dann die herrliche neutestamentliche Verheißung: »Wenn ihr fleißig auf meine Stimme höret und meinen Bund halten werdet, so sollt ihr mein Eigentum sein aus allen Völkern; und ihr sollt mir ein Königreich von Priestern und eine heilige Nation sein.« (2.Mo.19,4–6; 1.Petr.2,9–10; 2.Petr.1,8–11). Wir dürfen dem Thron der Gnade mit Freimütigkeit nahen, »auf dass wir Barmherzigkeit erlangen und Gnade finden zur rechtzeitigen Hilfe«. (Hebr.4,16)

Wie ist es möglich, angesichts der für das Fleisch so furchtbaren Wirkung der zweiten Posaune dennoch glücklich zu sein? Wenn wir unter die Blutbesprengung Jesu Christi gekommen sind (1.Petr.1,2), wenn unsere Herzen von Seiner Liebe erfüllt sind, sodass wir am Gesetz Gottes Wohlgefallen haben nach dem inneren Menschen (Ps. 19 und 119), dann können wir Gott in Seiner Lieblichkeit betrachten. Das Brandopfer und Friedensopfer Christi, wie es Mose im Vorbilde darbrachte, indem er das Volk mit dem Blut des Bundes heiligte, befriedigt Gottes Ansprüche vollkommen. Mose stieg mit Aaron und seinen Söhnen und siebenzig von den Ältesten Israels auf den Berg hinauf und dann hatten sie den herrlichen Anblick: »Sie sahen den Gott Israels; und unter seinen Füßen war es wie ein Werk von Saphirplatten und wie der Himmel selbst an Klarheit. Und er streckte seine Hand nicht aus gegen die Edlen der Kinder Israel; und sie schauten Gott und aßen und tranken.« (2.Mo.24,1–11) »Glückselig, die reinen Herzens sind, denn *sie* werden Gott schauen.« (Matth.5,8)

Der dritte Posaunenstoss (8, 10 u. 11)
– Mara und Meriba –

Und der dritte Engel posaunte: Und es fiel vom Himmel ein großer Stern, brennend wie eine Fackel, und er fiel auf den dritten Teil der Ströme und auf die Wasserquellen. Und der Name des Sternes heißt Wermut: Und der dritte Teil der Wasser wurde zu Wermut, und viele der Menschen starben von den Wassern, weil sie bitter gemacht waren.

Wollte man den Stern als natürliche Erscheinung verstehen, müsste ein Drittel der Erdfläche zerstört und dann natürlich auch in diesem Bereich alle Menschen tot sein, auch die Heiligen. Als die Presse Alarm schlug wegen der Verschmutzung der Flüsse, meinten manche Ausleger, die Zeit der dritten Posaune sei gekommen. Mittlerweile hebt sich diese Deutung wieder auf, da Gesetze und Verordnungen eine ständige Verbesserung der Wasserqualität bewirkt haben. Bei der Katastrophe von Tschernobyl wollte man das gleich mit dem Posaunengericht in Verbindung bringen, weil der Ort auf Ukrainisch »Wermut« heißt. Gewiss war das bitter für die Menschen, auch für die Gläubigen, die in diesem Gebiet wohnten. Ist das nun als gerechtes Gericht zu verstehen, wenn viele unschuldige Kinder langsam dahinsiechen? Wir sehen, natürliche Deutungen führen immer zu Fehldeutungen, die zudem einen bitteren Nachgeschmack hinterlassen.

Wir befinden uns bei der dritten Posaune immer noch am Anfang der außerordentlichen Wüstenreise. »Ägypten« liegt hinter uns, das »Rote Meer«, ein Bild vom Tode Christi, hat uns von der Welt der Knechtschaft und des gesellschaftlichen Zwanges getrennt. Noch klingt das Lied der Erlösung in unseren Ohren, da stoßen wir schon auf die erste Bitterkeit der Wüste: »Sie wanderten drei Tage in der Wüste und fanden kein Wasser. Und sie kamen nach Mara; aber sie konnten das Wasser von Mara nicht trinken, denn es war bitter.« (2.Mo.15,22–26) Wir, die wir dem Evangelium geglaubt haben, kommen durch den **vom Himmel gefallenen Stern** in eine Übung, die Mara entspricht. Der große Stern ist das *Evangelium!* – Aber wieso kann das süße Evangelium so bitter wie Wermut sein? Das haben wir den vielen falschen Lehren zu verdanken, die sich in die Verkündigung eingemischt haben, insonderheit der »Lehre Bileams« und der »Lehre der Nikolaiten«, die wir im dritten Sendschreiben beleuchtet haben (2,14–16).

In dieser dunklen Welt ist das Evangelium unser Licht, es ist unsere Lebensquelle und Kraft. Die meisten Christen denken, wenn sie Evangelium hören, nur an die Heilsbotschaft für die Welt. Das ist ein Aspekt, aber nicht das ganze Evangelium und betrifft auch nur die Anfangselemente Buße und Bekehrung. Leider wird von den Freunden des »vollen Evangeliums« und der »klaren Botschaft« die gute Botschaft des Heils in Christus um des Menschen willen sehr verkürzt und verwässert, sie verkündigen eine humanistische Botschaft. Man sieht in dem Evangelium gewöhnlich nur das liebliche Licht und verkündigt nur die süße Seite. Das wäre noch in Ordnung, wenn die erweckten Seelen in der Gemeinde dann auch die andere Seite des Evangeliums hören würden, seine Relevanz für die Gläubigen, zum Beispiel die Wichtigkeit des Gehorsams, die Absonderung von der Welt, die Notwendigkeit der Heiligung, die Annahme der Zucht Gottes und die Bedeutung des Kreuzes in der Nachfolge Jesu. Da wird es für viele bitter, weshalb die »Lehre Bileams« bereitwillig Aufnahme findet.

Das Zeugnis des dritten Posaunenengels gestattet kein Abwenden und Ausweichen mehr, es will uns die Lektion von Mara lehren, denn »dort stellte er ihm Satzung und Recht, und dort versuchte er es; und er sprach: Wenn du fleißig auf die Stimme des Herrn, deines Gottes, hören wirst, und tun, was recht ist in seinen Augen, und horchen wirst auf seine Gebote und beobachten alle seine Satzungen, so werde ich keine der Krankheiten auf dich legen, die ich auf Ägypten gelegt habe; denn ich bin der Herr, der dich heilt«. Eine Krankheit Ägyptens ist die Bitterkeit, das Mittel dagegen ist die Gnade. Deshalb sollen wir darauf achten, »dass nicht jemand an der Gnade Gottes Mangel leide, dass nicht irgendeine Wurzel der Bitterkeit aufsprosse und euch beunruhige, und viele durch diese verunreinigt werden«. (Hebr.12,15)

»Was sollen wir trinken?«, hören wir das Volk gegen Moses murren. Murren ist ein Ausdruck von Bitterkeit; man klagt sie aber nicht Gott, sondern macht Menschen für die Schwierigkeiten verantwortlich. Mose kommt hier in große Bedrängnis. »Und Mose schrie zu Gott, und Gott wies ihm ein Holz.« Die Quellen des Geistes und die Ströme des Segens sind für den natürlichen Menschen und fleischlichen Christen nicht genießbar. Da muss eine Verwandlung geschehen, und zwar hier nicht an der Quelle selbst, sondern bei dem Dürstenden. Das geschieht durch das »Holz«, ein Hinweis auf das Kreuz. Mose warf das Holz in das Wasser »und das Wasser wurde süß«. Das »Wort vom Kreuz« kann die bitteren **Wasserquellen und Ströme,** die in dem »dritten Teil« fließen, wieder zur geistlichen Erfrischung und Erquickung werden lassen, »Süßes für die Seele und Gesundheit für das Gebein«. (Spr.16,24) Der Gedanke an das Kreuz war selbst für unseren HERRN Jesus ein Kelch des Wermuts und der Bitterkeit. Aber das Kreuz hat den Weg frei gemacht für Ströme lebendigen Wassers, es ist durch den Geist zum Süßesten geworden für die dürstende Seele, die es annimmt. Gott ändert nicht immer unsere Umstände, aber Er macht sie durch die Gnade erträglich. »Gott aber ist treu, dass ihr nicht über euer Vermögen versucht werdet, sondern mit der Versuchung auch den Ausgang schaffen wird, damit ihr sie ertragen könnt.« (1.Kor.10,13) Wir lernen durch das Kreuz den Gehorsam des Christus, »der gehorsam ward bis zum Tode, ja zum Tode am Kreuz«. (Phil.2,8) Das Kreuz befreit vom eigenen Ich, vom eigenen Willen und macht uns ergeben in den Willen Gottes, es versüßt uns die Wüste, es bewirkt, dass wir die Leiden und Umstände von Gott annehmen können, auch die Ermahnungen. Dann kommen wir geistlich ein gutes Stück voran, nämlich nach Elim: »Und daselbst waren zwölf Wasserquellen und siebenzig Palmbäume; und sie lagerten sich daselbst an den Wassern.« (2.Mo.15,27) Die »Gebete der Heiligen« müssen sich manchmal zum Flehen, ja zum Schreien steigern, damit Gott die Bitterkeit des Volkes, die ja gewöhnlich die Heiligen schmecken müssen, wegnimmt.

Bei der dritten Posaune kommt das Volk auch an den Punkt, wo aller Lobgesang des Herzens erstirbt, weil kein Wasser des

Lebens da ist für die Gemeinde. Das war im Vorbilde in der Wüste Zin zu Kades. Mirjam, die die Lobgesänge Israels angestimmt hatte, starb und das Volk haderte mit Mose und Aaron: »Warum habt ihr die Versammlung Gottes in die Wüste gebracht, dass wir daselbst sterben und unser Vieh? Warum habt ihr uns aus Ägypten heraufgeführt, um uns an diesen bösen Ort zu bringen? Es ist kein Ort der Aussaat und der Feigenbäume und der Weinstöcke und der Granatbäume, und kein Wasser ist da zu trinken.« Da wurde auch der sonst so sanftmütige Mose einmal zornig über die Widerspenstigen und schlug den Felsen, »da kam viel Wasser heraus«. (4.Mo.20,1–13) »Denn sie reizten seinen Geist, sodass er unbedacht redete mit seinen Lippen.« (Ps.106,33) Ihn kostete es das Land, er durfte das Volk nicht in dasselbe bringen. »Das ist das Wasser von Meriba (Haderwasser), wo die Kinder Israel mit dem Herrn haderten, und er sich an ihnen heiligte.«

Von der bitteren Übung in Mara und Meriba kommen wir erst dann zur Ruhe, wenn wir wieder zu der wahren Lebensquelle des Felsens, welcher Christus ist, von dem Lebens- und Segensströme ausgehen, gefunden haben. Die dritte Posaune treibt uns zu »dem Strom von Wasser des Lebens, glänzend wie Kristall, der hervorging aus dem Throne Gottes und des Lammes«. (22,1) Diesen wunderbaren Strom, der aus dem Heiligtum hervorging, hat schon Hesekiel durchwatet, »und es wird geschehen, dass alle lebendigen Seelen, die da wimmeln, überall wohin der Doppelfluss kommt, leben werden«. (Hes.47,9) Die dritte Posaune ist wahrhaftig eine Evangeliumsposaune für Gottes Volk. Möchten wir ihren Ton recht verstehen.

Der vierte Posaunenstoss (8,12)
– Wider die falsche Prophetie –

Und der vierte Engel posaunte: Und es wurde geschlagen der dritte Teil der Sonne und der dritte Teil des Mondes und der dritte Teil der Sterne, auf dass der dritte Teil derselben verfinstert würde, und der Tag nicht schiene seinen dritten Teil und die Nacht gleicherweise.

Auch diese vierte Posaune ist eine Wüstenposaune. Als Gott am vierten Tag »die zwei großen Lichter« machte, »das große Licht zur Beherrschung des Tages, und das kleine Licht zur Beherrschung der Nacht, und die Sterne«, da setzte Er sie an die Ausdehnung des Himmels, »um den Tag von der Nacht zu scheiden und sie seien zu Zeichen und zur Bestimmung von Zeiten und Tagen und Jahren«. (1.Mo.1,14–19) In der Wüste geben die Gestirne Orientierung. Auf die Himmelslichter ist nach der Weissagung Jesu besonders in der Endzeit zu achten, wenn »die Sonne verfinstert wird, und der Mond seinen Schein nicht geben, und die Sterne vom Himmel fallen, und die Kräfte der Himmel erschüttert werden«. (Matth.24,29) Wie das zu verstehen ist, haben wir bereits bei dem sechsten Siegel gesehen. Dass die Verfinsterung durch die vierte Posaune nicht natürlicherweise geschehen kann, ergibt sich schon daraus, dass nicht der dritte Teil der Sterne noch einmal verfinstert werden kann, wenn sie schon alle vom Himmel gefallen sind (6,12–14). Eine totale Finsternis auf Erden ist nicht möglich, wenn nur ein Drittel der Sonnenscheibe abgedunkelt würde und zwei Drittel noch hell strahlen, und in der Nacht gleichermaßen. Da müssen auch alle »natürlichen« Deutungen kapitulieren. Sonne, Mond und Sterne sind in der biblischen Prophetie Zeichen, sie zeigen die Zeit an und sie weisen in die Zukunft.

Die vierte Posaune ist ein Schlag gegen die herrschende falsche *Prophetie,* die falsche Zeichen gibt. Ihre Propheten sind von der Jesabel eingenommen, die sich eine Prophetin nennt, aber eine Zauberin ist, wovon im vierten Sendschreiben berichtet wird (2,20).

Wir beschäftigen uns hier nicht mit der Prophetie der Zeugen Jehovas, die zu utopisch ist, um je in Erfüllung gehen zu können.

Jedoch nicht weit davon entfernt ist die evangelikale Prophetie, die ein Produkt des Dispensationalismus ist, den J.N. Darby begründet hat und durch die »Scofield Bibel«, ein Standardwerk im angloamerikanischen Christentum, weite Verbreitung fand. Hier wird die biblische Prophetie mit dem wechselvollen politischen Geschehen gedeutet. Die Folge sind allerlei unsinnige Spekulationen über Endzeit, Antichrist, Römisches Reich, Israel etc. Da die Geschichte tatsächlich anders verlaufen ist, stellt sich diese Prophetie als Irrlicht heraus. Sie hat uns erstens über die »Zeiten und Zeitpunkte« getäuscht, zweitens hat sie nicht das Licht von der Finsternis geschieden, sondern »Licht zu Finsternis und Finsternis zu Licht«. gemacht (Jes.5,20) Wenn der Tag des HERRN erscheint, wird der natürlichen Prophetie das Licht ausgehen; der Christus der Offenbarung wird wieder die richtigen Zeichen setzen.

C.I. Scofield, ein amerikanischer Bibellehrer (1843–1921), hat ganz willkürlich die Bibel in »Heilszeiten« eingeteilt, wonach u. a. Israel und die Gemeinde verschiedenen Heilszeiten angehören sollen mit unterschiedlichen Beziehungen zu Gott und einer unterschiedlichen Zukunft. Sein irreführendes eschatologisches Konzept hat er gleich mit in seine Bibelübersetzung hineingeschrieben und wird daher vom Bibelleser unkritisch übernommen.

Besser könnte der Geist Gottes das Bild in der vierten Posaune nicht gebraucht haben, um die Widersprüchlichkeit und Kuriosität der dispensationalistischen »Sichtweise« zu veranschaulichen. Die Problematik der Dispensationalisten besteht darin, dass sie über zwei Drittel der Bibel den Geist des Evangeliums bekennen, aber etwa ein Drittel der Schrift, soviel machen die prophetischen Schriften aus, im Geiste des alten Bundes verstehen. Nur Dispensationalisten ist dies möglich und sie machen alles möglich, weil Gott alles möglich sei. Nur eines ist Gott nicht möglich, nämlich das wieder zu scheiden, was Er zusammengefügt hat. Das können nur der Mensch und eine Menschenlehre. Die Lehre des Dispensationalismus teilt den *einen* Leib der durch Christi Blut Erlösten in zwei Leiber, sie macht aus dem *einen* Volk Gottes aus Juden und Heiden wieder zwei Völker Gottes, und das bis hinein in die Ewigkeit; sie scheidet die *eine* Braut Christi in zwei Bräute, das *eine* Königtum Jesu seien zwei Königtümer, eins für die Gemeinde und ein anderes für Israel, als ob Christus zwei Reiche regierte. Wie unprophetisch, ja utopisch ist doch die dispensationalistische Prophetie! Diese ist auch dem Autor von Jugend an gelehrt worden, kennt sich also darin bestens aus, wurde aber von besseren, mit der Seligkeit verbundenen Dingen überzeugt.

Einer ihrer Hauptverfechter sagte auf einer Bibelkonferenz: »Das Markenzeichen der Bibel ist ihre erfüllte Prophetie!« Wenn das, was sie als »erfüllte Prophetie« verkünden, für Qualität und Realität der Bibel sprechen soll, dann ist sie keine Empfehlung für die Welt. Nichts hat sich erfüllt, außer das, was im Neuen Testament selbst als erfüllte Weissagung viele Male angezeigt wird: »Auf das erfüllt würde« (Matth.1,22), »heute ist diese Schrift vor euren Ohren erfüllt« (Luk.4,21), und: »also steht geschrieben«. (Luk.24,46) Was wir heute erfüllt sehen, das ist der Abfall von eben dem, was geschrieben steht, woran die dispensationalistische Prophetie einen erheblichen Anteil hat.

»Wehe den Propheten, die mein Volk irreführen. Darum soll es euch Nacht werden, ohne Gesicht, und Finsternis werden, ohne Wahrsagung; und die Sonne wird über den Propheten untergehen, und der Tag wird über ihnen schwarz werden.« (Mich.3,6–8) Das kommt nun bei der vierten Posaune über jenen »dritten Teil«, der sich mit prophetischen Aussagen und Voraussagen besonders hervorgetan hat und es besser zu wissen meinte als alle anderen und sich doch oft gewaltig geirrt hat, ohne jedoch sich selbst zu korrigieren.

Nichts brauchen die Menschen heute nötiger als eine neue prophetische Orientierung, damit ihnen Licht und Hoffnung werde. »Denn nicht bleibt Finsternis dem Lande, welches Bedrängnis hat. Das Volk, das im Finstern wandelt, hat ein großes Licht gesehen ...« (Jes.9,1–7; Matth. 4,14–17). Dem Überwinder im vierten Sendschreiben wird der Morgenstern gegeben, »weil die Finsternis vergeht und das wahrhaftige Licht leuchtet schon«. (1.Joh.2,8)

Wegen der übrigen drei Posaunen ruft ein **fliegender Adler mit lauter Stimme** ein dreimaliges Wehe denen zu, **die auf der Erde wohnen.** Jede der drei folgenden Posaunen ist eine Wehe, eine Geburtswehe, sehr qualvoll für alle, die sich Christen nennen, aber der Lust des Fleisches leben. Ihnen kann diese Übung nicht erspart werden, wenn sie an der neuen Schöpfung in Christus teilhaben wollen.

Die fünfte Posaune (9,1–12)
– Eine teuflische Verführung –

Den vier kurzen Trompetenstößen folgt jetzt ein Lärmblasen zur Kampfbereitschaft, denn eine gewaltige Versuchungsmacht naht. Eine unheimliche Macht steigt aus der Hölle herauf und fällt über die Menschen her. Der Stern, den wir bereits vom Himmel fallen sahen, öffnet **den Schlund des Abgrundes; und ein Rauch stieg auf aus dem Schlunde wie der Rauch eines großen Ofens, und die Sonne und die Luft wurde von dem Rauch des Schlundes verfinstert.** Die Folgen seines Falles sind nicht nur bitter, sie sind verheerend, denn sie fördern ein nie da gewesenes Verderben zutage. Der Fall des Christentums hat das Heidentum und die Dämonen wieder hochkommen lassen. Die fünfte Posaune liest sich wie der Ausbruch eines Vulkans, höllische Mächte erfüllen die Luft und verdunkeln den Glanz des Evangeliums, verfinstern aber auch die Köpfe, den Verstand. Der »Rauch« erinnert an Gebete, aber dieser Rauch sind Worte gegen Gott, Lästerworte, böse Pläne, listige Verführungen, widergöttliche Ideologien und atheistische Theorien. Wir denken dabei an drei abgefallene Geister, die einmal religiös waren: Karl Marx, Charles Darwin und Sigmund Freud. Ihre Lehren erfüllen die Köpfe und kommen in unseren Tagen mit List und Macht in Gestalt ideologischer Geister wieder zur Geltung.

Und aus dem Rauche kamen Heuschrecken hervor auf die Erde, und es wurde ihnen Gewalt gegeben, wie die

Skorpione der Erde Gewalt haben. Dass es sich nicht um wirkliche Heuschrecken handelt, wie die Heuschreckenplage in Ägypten, sondern um ein Bild von einer bösartigen und listigen Verführungsmacht, ergibt sich aus der Beschreibung selbst. Im Buche der Richter kommen Midian und Amalek vor »wie die Heuschrecken an Menge«. (Ri. 6,5) Tatsächlich hat »Amalek« viel mit der fünften Posaune zu tun, es trat dem Volke auf dem Wege in der Wüste entgegen »und stritt wider Israel in Rephidim«. Leider geht es hier nicht so gut aus wie unter der Kampfführung Josuas, wo Israel kraft der gehobenen Hände Moses die Oberhand behielt (2.Mo. 17,8–16). Amalek war der Erz- und Todfeind des Volkes Gottes, er hat nur bei den Schwachen Erfolg, die matt und müde geworden sind und nicht mehr den Kampf kämpfen wollen (5.Mo.25,17–19). In einem unbewachten Augenblick hatte auch David einen Einfall der Amalekiter zu beklagen. Sie waren in Ziklag eingefallen und hatten es mit Feuer verbrannt, und »die Weiber und alle, die darin waren, gefangen weggeführt«. (1.Sam.30). Diese Geschichte führt uns wohl am deutlichsten vor Augen, was bei der fünften Posaune passiert: Ungeschützte Frauen und Kinder sind am meisten gefährdet, die Jugend ist den Versuchungen leicht erlegen.‹

Noch ein anderes Vorbild schiebt sich hier ein und verstärkt die fünfte Posaune: die Weissagung in Joel 1 und 2, ebenso das Gesicht Habakuks (Hab.1,5–11). Die Übereinstimmung ist auffallend, auch in der Zielrichtung. Die schreckliche Unheilsmacht ist losgelassen, um die Welt zu überschwemmen, wobei auch Gottes Volk heimgesucht wird. Deshalb »stoßet in die Posaune auf Zion, und blaset Lärm auf meinem heiligen Berge!« Es ist der Tag des HERRN, »ein Tag der Finsternis und der Dunkelheit«. (Joel 2,1) Dann kommt diese furchtbare Macht, ein großes mächtiges Volk wie Heuschrecken. »Sein Aussehen ist wie das Aussehen von Rossen; und wie Reitpferde, also rennen sie.« Sie machen das Land zu einer öden Wüste. Wir erfahren in Joel noch mehr Einzelheiten über die »Heuschreckenmacht«, die uns heute im Offenbarungszeitalter wieder begegnet.

Wo Heuschreckenschwärme sich niederlassen, bleibt nichts Grünes an den Bäumen und vom Kraut übrig. Diesen »Heuschrecken« wird befohlen, Menschen heimzusuchen, blattlos und fruchtleer zu machen und zwar mit einem Giftstich wie von einem Skorpion. Der Skorpion hat am Schwanzende einen Giftstachel, lebensgefährlich sind aber nur gewisse Wüstenskorpione. Ein Hund soll sieben Sekunden nach einem Stich verenden, erwachsene Menschen überleben die Vergiftung maximal 24 Stunden, wenn ihnen kein Antiserum eingespritzt wird. Der Skorpion fügt sich aber selbst den größten Schmerz zu, wenn er einen Menschen sticht. So die Sünde, wenn wir uns mit ihr einlassen; zuerst erscheint sie sehr verlockend, aber am Ende quält sie uns. Viele, vor allem junge Menschen, sind davon betroffen und werden beschädigt; wer sich der Abgrundmacht öffnet, wird von ihr fortgerissen und erlebt nachher seelische Qualen, wird von Ängsten geplagt werden. Für Gottes Volk sind die Folgen doppelt schlimm. Einmal, weil Kinder Gottes sensibler sind, zweitens quält sie ein schlechtes Gewissen.

Fünf Monate soll die Qual der Geschlagenen dauern. Dennoch ist der Stich nicht tödlich; obwohl sie vor Elend sterben möchten, können sie es nicht, **der Tod flieht vor ihnen.** Als bekennender Christ wünscht man nichts sehnlicher als den Tod des alten Menschen, den wir in der Taufe begraben haben. Das Gestorbensein mit Christus bedarf einer ständigen Verwirklichung, um nicht von der Sünde geschlagen zu werden (5.Mo.8,15). Spätestens beim Ertönen der fünften Posaune werden jene getauften Christen, **die nicht das Siegel Gottes haben,** das heißt nicht den Heiligen Geist haben, Seelenqualen empfinden; sie gäben etwas darum, wenn sie der Sünde, welche die Lust gebiert, absterben und innerlich zur Ruhe kommen könnten. Noch übler sind die Weltkinder dran. Manche können die Qual nicht aushalten und nehmen sich das Leben. Erschreckend ist, dass schon Kinder den Freitod suchen.

Die »fünf Monate« sind nicht wörtlich zu nehmen, bei dem einen mag die Übung länger, bei dem anderen kürzer dauern, bei manchen sogar Jahre anhalten. Doch sie ist notwendig, um ein Israel Gottes, das heißt ein Kämpfer Gottes zu werden. Hier bewährt sich das »Siegel Gottes« ausdrücklich als Schutz vor dem

Verderben und es erhält psychisch gesund. Die Versiegelten (7,1–8) können zwar auch nicht die Verderben bringenden Mächte in der Welt aufhalten, sie leiden mit und weinen, wenn sie sehen, wie viele an ihrer Seite dem Zeitgeist anheimfallen und zu Feinden des Kreuzes werden, aber sie bleiben persönlich unversehrt. »Der aus Gott Geborene bewahrt sich, und der Böse tastet ihn nicht an.« (1.Joh.5,18) Darauf kommt es bei den Posaunen an. Offensichtlich liegt der fünften Posaune eine Erziehungsabsicht zugrunde, um das fleischliche, unechte Christentum und deren Frucht bewusst zu machen. Was wir nicht lernen durch Belehrung, müssen wir durch Erfahrungen lernen, und das kann sehr schmerzlich sein. Nicht genug damit, dass diese Abgrundgeister die Welt heimsuchen, durch das Fernsehen holt man sich die Heuschrecken auch ins Haus und ins Bett.

Und die Gestalten der Heuschrecken waren gleich zum Kampf gerüsteten Pferden, und auf ihren Köpfen wie Kronen gleich Gold, und ihre Angesichter wie Menschen-Angesichter; und sie hatten Haare wie Weiberhaare, und ihre Zähne waren wie die der Löwen. Und sie hatten Panzer wie eiserne Panzer, und das Geräusch ihrer Flügel war wie das Geräusch von Wagen mit vielen Pferden, die in den Kampf laufen. Die heuschreckenartigen Wesen sind gleich Reitpferden, wie sie in die Schlacht ausziehen, gepanzert, scheinbar unverwundbar. Pferde symbolisieren Stärke. Wir können sie uns als Meinungsmacht vorstellen, eine Idee, die gottlose Köpfe erfüllt und schnell eine Mehrheit gewinnt und besonders junge Menschen fasziniert. »Diese seine Kraft ist sein Gott.« (Hab.1,11)

Die **Kronen gleich Gold** auf ihren Köpfen sind Zeichen eines Königtums, ein Symbol von Macht und Herrschaft. Aber es ist kein echtes Gold der Wahrheit und Gerechtigkeit Gottes, sondern die Krone der Einbildung, der Selbsterhöhung und Selbstverwirklichung. Hier wird der Ich-Mensch gekrönt, der Egoismus und die Gesetzlosigkeit sitzen auf dem Thron. Diese Elenden erklären die Sklaverei der Sünde zur Freiheit und die Schande zur Ehre, die Schwachheit aber zu ihrer Stärke, ja sie rühmen sich der Untugend und Laster, lieben die Unordnung, das Chaos und richten heilloses Verderben an. Weil sie die Lust nicht beherrschen können, wollen sie ungestraft ihre Lüste ausleben. Deshalb kämpfen sie dafür, dass Sünde und Perversion gesellschaftlich akzeptiert und legalisiert werden.

Durch Emanzipation zur Herrschaft gekommen, mobilisiert die selbstherrliche Abgottmacht den menschlichen Willen über alles. Indem der Mensch sich selbst erhöht und sich von jeder Bevormundung befreit hat, will er selbst Gott sein. Die Emanzipatoren propagieren den autonomen Menschen, der sich selbst König ist, der keine Autorität, keinen Willen über sich anerkennt. Gottes Herrschaft ist abgeschüttelt, gute Sitten und Ordnungen sind verworfen, natürliche Bindungen werden als Unterdrückung und Fremdbestimmung bezeichnet und müssen daher aufgelöst werden. In der Schule werden die Kinder darin geschult, jedem und allem zu widersprechen. Ein böser Widerspruchsgeist hat sich ihrer bemächtigt, sie seien sogar legitimiert, wird ihnen eingegeben, sich über die Eltern zu stellen und sie zu richten. So also sieht das Königtum des Antichristen und seiner Diener aus und wer weiß, welche Blüten ihre Kronen noch treiben werden.

Ihre Angesichter gleich Menschen-Angesichter zeugen von großer Klugheit im Erfinden böser Dinge, aber ohne Einsicht. Die Kinder sind heute intelligenter als die Eltern, haben an technischem Wissen mehr als die Alten, aber an Lebensweisheit mangeln ihnen die einfachsten Dinge der Welt. Aus den dämonischen »Menschenangesichtern« leuchtet keine Barmherzigkeit und Güte, sondern Hochmut und Verwegenheit, Augen voll Ehebruch, klug im Trug üben, maskiert und verschlagen, freche Angesichter (Dan.8,23). Das wahre Gesicht zeigt die Abgrundmacht nicht, weil sie ja Verführungsmacht ist. Aber man sieht es den Verführten im Gesicht an, welchen Geist sie haben. Alles, was diese Geister behaupten, soll wissenschaftlich begründet und vernünftig sein und es wird leicht geglaubt, weil es modern ist. Wahrlich, faszinierend für junge Menschen, auch die christliche Jugend findet das ganz toll. »Böse Menschen aber und Gaukler werden zu Schlimmerem fortschreiten, indem sie einander verführen und verführt werden.« (2.Tim.3,13) Auffallend sind in letzter Zeit die Höllenmotive und Geisterdarstellungen in Schulbüchern, Filmen, Illustrierten. Abgrundhafte, verzerrte Gesichter auf T-Shirts sind beliebt, okkulte Spielchen in den Schulen finden mehr und mehr Nachahmer.

Bei dieser Verführungsmacht spielt die sexuelle Verführung die Hauptrolle, was durch die Sinnlichkeit langer **Haare wie Weiberhaare** angedeutet ist. Das Haar ist der Frau anstatt eines Schleiers gegeben, außerdem soll sie beim Beten eine Macht auf dem Haupte haben, indem sie das Haar mit einem Tuch bedeckt, »um der Engel willen«. (1.Kor.11,61–16) Das war immer christliche Sitte, die von einer erotisierten Gesellschaft aufgelöst worden ist. Offene, fliegende Haare bei Mädchen und Weiberhaare bei Jungen sind ein Indikator, dass sie unter einer fremden Macht stehen. Überhaupt scheint die Widerspenstigkeit bei der Jugend in den Haaren zu sitzen. Wenn die Engel sich zurückziehen, kommen die Dämonen.

Der Verlust von Scham ist Merkmal unserer Zeit. Wie nie zuvor wird die Schamlosigkeit durch die elektronischen Medien gesteuert. Durchgesetzt hat sich eine Computertechnik, Cyberspace genannt, wodurch man sich mittels Internet durch Austausch elektronischer Botschaften dem »Cybersex« hingeben und heimlich Ehebruch treiben kann. Oder man lässt sich beim digitalen Telefon-Treff seine Lüste und Sehnsüchte befriedigen. Die virtuellen Liebhaber oder die Telefonpartner bleiben ganz anonym – eine unheimliche Versuchung, nicht nur für junge Menschen. »Eine unübersehbare Realität ist die Möglichkeit der totalen Offenheit bei vollkommener Anonymität, mithin auch des Bruchs jedweden Tabus unter Aufgabe jeglicher Scham. Je größer der Fortschritt der Elektronik, desto schneller der Rückzug der Scham«, sagt selbst »Die Welt« (Hans.J. Schmahl in »DIE WELT«).

Zu dem wilden Aussehen und Gebaren passen die **Löwenzähne,** die von Gier zeugen, alle Unreinigkeit mit Gier auszuüben, gierig auch nach Geld, um es zu vergeuden, Rebellion gegen alles Bestehende, zum Teil auch Gewalt. Sie tun Unrecht und glauben sich dabei vollkommen im Recht. Kein Unrechtsbewusstsein mehr, eben wie ein böses Raubtier, das ja kein Gewissen hat, wenn es seine Beute fängt. Umhüllt von **Panzern wie eiserne Panzer,** in Wirklichkeit nur bemalte Pappe, geben sie Sicherheit vor, die sie nicht haben. Weder durch Gottes Wort zu überzeugen noch durch vernünftige Argumente, einfach mit Torheit gepanzert. Sie denken anders, sehen dann auch tatsächlich alles anders, wissen auch alles besser. Die Toren wollen ihre eigenen Erfahrungen machen, den Rat der Alten belächeln sie. Eltern beugen sich den Wünschen ihrer Kinder, um sie nur ja nicht zu vergraulen oder gar zu verlieren. Gegenüber biblischen Argumenten haben die Irregeleiteten nur ein höhnisches Lachen. Es ist der Menschentyp, wie ihn Paulus in 2.Tim.3,1–5 für die letzten Tage charakterisiert, auch als religiöse Menschen, »die eine Form der Gottseligkeit haben, deren Kraft aber verleugnen«. Die dieser Großtuermacht folgen, müssen sie erst einmal Schaden leiden, bevor sie belehrbar sind?

Beeindruckend ist das **Geräusch ihrer Flügel.** Mit viel »Geräusch« kommt ein Trend in Gang, der verspricht, einen Mangel auszugleichen und vergrößert ihn nur. Die »Flügel« machen viel Wind um nichts, sie wollen Aufsehen erregen, ihre Macht demonstrieren. Ein berauschendes Mittel ist die Musik, je lauter umso lieber; inzwischen wird der dämonische Rock und Pop auch als moderne »christliche« Musik verkauft. Der Vergleich mit **Wagen mit vielen Pferden, die in den Kampf laufen**, zeigt, wie siegessicher sie sind. Einer reißt den anderen mit, aber viele bleiben auf der Strecke. Die Übrigen rennen weiter, stürmen ziellos drauflos, um einfach alles zu beschädigen und, wenn möglich, zu zerstören. Sie überrollen Kulturen und Religionen, überschreiten Grenzen und Verbote, verachten Autoritäten und lästern Herrlichkeiten. Niemand kann sie aufhalten, bis sie sich selber festfahren und totlaufen. Und wie viele von diesen Gescheiterten gibt es bereits und noch immer folgt neuer Nachschub. Der gottlose Zeitgeist kennt, was Scham- und Sittenlosigkeit, Eitelkeit und Sinnlichkeit, Kauflust und Genusssucht betrifft, keine Grenzen mehr, ihm huldigt die Welt, von ihm lassen sich auch viele fleischliche Gläubige gefangen nehmen. Das Ganze mündet in den großen Strom des Abfalls. Die Streitkräfte des Antichristen haben bereits das Namenschristentum eingenommen und machen auch vor den Gemeinden ernster Christen nicht halt. Bestürzend ist, dass die Führer des Volkes Gottes das nicht sehen.

Wozu der »Heuschreckenmensch« neomarxistisch-freudianischer Prägung fähig ist, davon berichteten die Tageszeitungen und Fernsehsendungen; heute ist das aber kein Thema mehr, weil nicht mehr interessant. Von Jugendkriminalität, Abtreibung, Scheidungen, Drogensucht berichten höchstens noch christliche Magazine. Was richtet diese unheimliche Macht für Schaden und Unheil an und welches Elend, worüber die Öffentlichkeit nicht informiert wird, spielt sich im Verborgenen ab. Die menschlichen Probleme werden größer, die Konflikte in den Familien nehmen zu, denn die Seelen der Menschen sind schwer beschädigt. Das aber überspielen die Gequälten mit Witzeleien und Späßen. Welchen Schaden haben junge Menschen an Seele und Geist und Charakter allein schon durch die verderbliche Erziehung in der Schule genommen! Sie wurden verführt, haben die Folgen nicht bedacht, die sie nun quälen. Hinzu kommt die Qual der Gottessuche und sie finden den nicht, der sie erlösen kann. Das ist jetzt die Herausforderung für Christen, sie auf die Heil bringende Gnade Gottes hinzuweisen. Ausgerechnet in dieser Stunde versagt die Missionsgemeinde, da sie derselben Abgrundmacht »Amalek« unterlegen ist. Wo sind die gehobenen Hände eines Mose, die uns wieder die Oberhand geben?

Die Heuschreckendämonen haben **Schwänze gleich Skorpionen und Stacheln, und ihre Gewalt ist in ihren Schwänzen, die Menschen fünf Monate zu beschädigen.** Dann erst wird den Verführten das Schlangenhafte und Teuflische dieses Geistes bewusst, denn der Stachel sitzt im Schwanze. So wird auch die Smartphone-Sucht ihnen zum Fluch und Verderben. Wie kam es, dass auch die christliche Jugend sich diesem wahrhaft dämonischen Geist öffnen konnte? Sie wurden verführt. Verführung bringt uns dazu, dass wir völlig blind sind für die grundsätzlichen Wahrheiten der Schrift und Sünde nicht mehr als Sünde sehen. Sogar Ehebruch suchen manche Leute mit der Bibel zu rechtfertigen. Die Bibel ist voll von Warnungen vor Verführungen, die zum Volk Gottes kommen. Wer verführt ist, tut nicht absichtlich das Böse – sonst wäre es ja keine Verführung. Das Wesen der Verführung ist, dass der Irregeleitete glaubt, auf dem richtigen Wege zu sein. Das erste Stadium der Verführung ist zu glauben, man sei hundertprozentig nicht verführt.

Die Heuschreckenscharen haben **über sich einen König, den Engel des Abgrundes.** Das ist der, von dem Johannes in seinen Briefen schreibt: der Antichrist. Viele meinen, der käme erst noch. Wir haben gesehen, dass »er jetzt schon in der Welt ist«. (1.Joh.4, 3) Alle, die diese antichristliche Macht in irgendeiner Weise gestützt oder befürwortet haben, werden erkennen, dass sie einem falschen König, dem Antichrist, gefolgt sind, der möglicherweise auch Jesus genannt wird, der aber aus dem Verderben geboren ist und im Verderben endet, von Paulus vorlängst als »Mensch der Sünde und Sohn des Verderbens« angekündigt (2.Thess.2,3). Später nimmt die Offenbarung noch einmal auf diesen Typ Bezug: Er ist einer von den sieben Königen des Tieres »und geht ins Verderben«. (17,11) Alle, die ihm folgen, erwartet ewiges Verderben.

Zum Schluss wird auch der Name des gefallenen Engels genannt: auf hebräisch **Abaddon**, wodurch der Geist Gottes die Gläubigen vor der Art des Verderbens warnen will. Im Griechischen hat er den Namen **Apollyon**, damit auch die Welt von dem Verderber, der sie regiert, überführt wird und zum Licht kommt.

Nach den »fünf Monaten« ist der ganze Spuk vorbei, der allerdings jetzt schon Jahrzehnte andauert, in den letzten Jahren aber immer unheimlicher und bedrohlicher wird. Die Heiligen beten dafür, dass Gott die Zeit der Drangsal abkürzt, noch mehr aber, dass viele das Siegel Gottes annehmen: »Rette dein Volk und segne dein Erbteil; und weide sie und trage sie bis in Ewigkeit!« (Ps.28,9) Im Glauben an die erhobenen Hände Jesu, unseres Mose, wird Gottes Volk gegen Amalek wieder die Oberhand bekommen. Noch sieht es anders aus, bis Männer wieder heilige Hände erheben zu Gott und Gottes Volk erstarkt, um »Amalek und sein Volk niederzustrecken mit der Schärfe des Schwertes«. (2.Mo.17,13) Bileam weissagte über Amalek: »Die erste der Nationen war Amalek, aber sein Letztes wird dem Untergang verfallen.« (4.Mo.24,20)

Möge Gott die Geisel des Dämonenheeres bald von uns nehmen. Wir müssen Ihn anflehen, zu Ihm schreien: »Die Priester, die Diener des Herrn, sollen weinen zwischen der Halle und dem Altar und sprechen: Schone, Herr, deines Volkes und gib nicht dein Erbteil der Schmähung hin« (Joel 2,12–17). Hier wartet noch ein großer Nachholbedarf der Predigt für die Heilung der Beschädigten. Dann wird das Heuschreckenvolk mangels Nahrung genauso wieder verschwinden, wie es gekommen ist. Das hat schon der Pharao so bei der Heuschreckenplage erfahren, als er bekannte: »Ich habe gesündigt gegen den Herrn, euren Gott und gegen euch!« (2.Mo.10,16) Und Joel weissagt: »Dann eifert der Herr für sein Land, und er hat Mitleid mit seinem Volke ... Ich werde den von Norden Kommenden von euch entfernen und ihn in ein dürres und wüstes Land vertreiben, seinen Vortrab in das vordere Meer und seinen Nachtrab in das hintere Meer ... Und ich werde euch die Jahre erstatten, welche die Heuschrecke, der Abfresser und Vertilger und der Nager gefressen hat.« (Joel 2,18ff) Auch jetzt noch gilt die Verheißung für jeden, der sein Verderben erkennt, in welches ihn diese verderbliche Macht geführt hat: Glaube an den Herrn Jesus! »Jeder, der an ihn glaubt, wird nicht zuschanden werden.« (Röm.10,11)

Der Zweck der Übung ist, uns die Kriegslage bewusst zu machen, damit wir wieder den Kampf aufnehmen, nicht in Klagen und Seufzern über die schlimme Zeit, sondern in der Macht der Stärke des Herrn (Eph.6,10–10). Die folgende Posaune fordert uns dazu auf.

DIE SECHSTE POSAUNE (9,13–21)
– GOTTES GROSSES KRIEGSHEER –

Nach der Qual der vorigen Posaune setzt der Engel der sechsten Posaune eine geistliche Gegenmacht in Bewegung, um das geschlagene Volk vom Fleischlichen zum Geistlichen, aus der Wüste ins verheißene Land zu bringen. Gott liebt Sein Volk zu sehr, um es länger als nötig dem Elend der Wüste und der feindlichen Fleischesmacht zu überlassen, die es nicht leben und nicht sterben lässt. Darum stehen himmlische Heerscharen bereit, von Gerichts wegen das Fleisch zu kreuzigen samt seinen Leidenschaften und Lüsten (Gal.5,24). Hierdurch wird Gottes Volk wieder zu einer gewaltigen Kriegsmacht erstarken, um kampfbereit das Land der Verheißung einzunehmen. Die sechste Posaune ist eine der sieben Hall-Posaunen, welche die Priester bliesen und durch welche die Mauern Jerichos fielen. (Jos.6,4). Wenn wir dies ebenso erwarten, muss diese Evangeliumsposaune geblasen werden, zuerst für das Christenvolk. Dies setzt Glauben voraus, der nur durch den priesterlichen Dienst stark werden kann. Daher muss erst einmal das wahre Priestertum wiederhergestellt werden, wozu die sechste Posaune der Auftakt ist. Das ist schon an dem Ausgangspunkt erkennbar. **Die Stimme aus den vier Hörnern des goldenen Altars, der vor Gott ist,** ist die Antwort auf die priesterlichen Gebete der Heiligen. Worum hatten die Heiligen gebetet? Um die Bewahrung vor der Vernichtung Seines erwählten Volkes, um Befreiung und Rettung aus der Wüste des Verderbens und um die Rettung der Verlorenen.

Mit den **vier Hörnern** hat es eine besondere Bewandtnis, sie erinnern an die Sühnung »mit dem Blute des Sündopfers der Versöhnung«. (2.Mo.30,10) Christus hat die Versöhnung vollbracht, indem Er mit Seinem eigenen Blute in das Heiligtum eingegangen ist, »als er eine ewige Erlösung erfunden hatte«. (Hebr.9,12.24) Unser großer Hohepriester wurde selbst das Opfer, und Er hat ein ewiges Priestertum erlangt. Die sechste Posaune steht unter dem Zeichen der Versöhnung und Wiederannahme der Kinder Gottes zu einem Volk von Königen und Priestern, um es kampfbereit zu machen.

Wir können **die vier Engel, welche an dem großen Strom Euphrat gebunden sind,** nur begrüßen, denn sie bringen Befreiung aus Gefangenschaft und Sünde. Hier fließen zwei Vorbilder zusammen: Der *Jordan* als Grenze zum verheißenen Land, das erkämpft werden muss, der *Euphrat* als äußerste Grenze Israels und der spätere Weg für die Rückkehr aus Babel, wovon wir bei der sechsten Plage lesen werden (16,12). Beide Flüsse reden vom Tode, den wir in der Taufe bekennen. Es könnte keine Erlösung geben, weder aus der Wüste noch aus Babel, ohne den Tod Christi, den wir im Glauben für uns annehmen und also »mitgestorben« sind. Während der fünften Posaune waren den vier Engeln die Hände gebunden. Solange die »Steinmesser« in Gilgal nicht angewandt wurden, konnte die »Schande Ägyptens« nicht von dem Volke abgewandt werden. Denn ohne die Beschneidung war das Volk nicht kriegstüchtig; denn das Volk war bisher nicht beschnitten worden, alle, die in der Wüste geboren waren. Alle diese Dinge sind als Vorbilder für uns geschehen. Bevor nicht das Verderben des Fleisches abgeschnitten, der alte Mensch mit Christo gekreuzigt und mitbegraben ist, kann noch nicht von einem Glaubenskampf und einem Überwinderleben gesprochen werden.

Nachdem die Beschneidung geschehen war und sie von dem Getreide des Landes gegessen hatten und gestärkt worden waren, nahten sie Jericho. Plötzlich sah Josua einen Mann mit gezücktem Schwert vor sich. »Er ging auf ihn zu und sprach zu ihm: Bist du für uns oder für unsere Feinde? Und er sprach: Nein, sondern als der Oberste des Heeres des Herrn bin ich jetzt gekommen.« (Jos.6,13–15) Auch wir mögen beim Anblick der vier Engel fragen: Kommen sie zur Vernichtung oder zum Heil? Manche Ausleger tippen auf Vernichtung eines Teiles der Menschheit, weil sie das biblische Vorbild nicht kennen. Doch die himmlischen Heerscharen kommen zu unserer Hilfe, gehen uns unsichtbar voran, bahnen uns den Weg und helfen uns zum Sieg wie bei Josua. Das sechste Sendschreiben und auch das sechste Siegel haben uns bereits gezeigt, dass Gott für Sein Volk ist, »wer wider uns«. (Röm.8,31–34) Die sechste Posaune ist eine weitere Offenbarung auf dieser Linie zur Befreiung Seines Volkes aus der Wüste, die uns später als das gefallene Babylon enthüllt wird. Beide Vorbilder, die erste Einnahme des Landes im Buche Josua und die Rückkehr aus Babylon im Buche Esra, decken sich hier, denn in beiden Fällen kamen sie von Osten. Am »Euphrat«, das ist Babylon, entscheidet sich die Schlacht zwischen Satans Heer und Gottes Kriegsheeren. Das werden wir bei der sechsten Schale noch sehen (16,12–16). Die Weissagung Jesajas weist auf Kores, den Befreier Israels, hin, »mein Hirt, und der all mein Wohlgefallen vollführt«. (Jes.44,24–45,7; Esra 1) In Jesus Christus ist der wahre Kores und Knecht Gottes erschienen, dessen himmlische Heerscharen uns die sechste Posaune offenbart.

Endlich ist auch für uns **die Stunde und der Tag und der Monat und das Jahr** der Annehmung da, »Armen gute Botschaft zu verkündigen, Gefangenen Befreiung auszurufen und Blinden das Gesicht, Zerschlagene in Freiheit hinzusenden, auszurufen das angenehme Jahr des Herrn«. (Jes.61,1–3; Luk.4,18). Gott hat die Frist für die Abgrundmacht genau bestimmt, damit Sein Volk nicht den ewigen Tod erleidet, sondern durch den Geist die fleischlichen Lüste besiegt, ja frei wird, um die Früchte des Geistes zu bringen (Gal.5).

Bald hat die »Todesstunde« für den erwählten **dritten Teil der Menschen** geschlagen, für jenen Teil also, der den »Tod« suchte und nicht fand, finden wir den »Gnadentod«, den Tod des alten Menschen, der Adams-, Kains- und Esaunatur, mag er Amalekiter heißen oder Kanaaniter, von dem wir befreit werden müssen, um Gott zu leben in Christo Jesu: »Denn wer irgend sein Leben erretten will, wird es verlieren; wer aber irgend sein Leben verliert, um meinetwillen, wird es finden.« (Matth.16,25) Bei der sechsten Posaune braucht kein Mensch um sein leibliches Leben zu fürchten, niemand wird körperlich verletzt, denn es ist ein Geisteskampf. Welche Gnade! Das Lamm hat die körperlichen Leiden und den martervollen Tod schon am Kreuze erduldet. Gerechterweise, wenn Gott nach Gerechtigkeit handeln würde wie im alten Bunde, hätte der Sünder sein Leben verwirkt. Doch am Kreuze von Golgatha ist Gottes Gerechtigkeit befriedigt worden, sodass Gott Gnade üben kann. Aber das Fleisch, die gottfeindliche, weltliche Gesinnung muss gerichtet werden.

Es ist die Stunde der Wahrheit, wo es sich erweisen wird, ob wir bereit sind, unsere sündige Natur in den Tod zu geben und den geistlichen Kampf gegen Zeitgeist und Welt aufzunehmen oder nicht. Eins ist sicher: Gott ist in Christus zu Seiner Ruhe eingegangen. Die Frage ist nur, ob auch wir zu unserer Ruhe gelangen, wenn wir nicht den Tod Christi für uns annehmen. »Es ist noch eine Sabbatruhe dem Volke Gottes aufbewahrt.« (Hebr.4,9) Glückselig, wen bereits der »Tod« der sechsten Posaune getroffen und die erweckende Kraft Seiner Auferstehung erfahren hat. »Denn wenn wir mit ihm einsgemacht worden sind in der Gleichheit seines Todes, so werden wir es auch in der seiner Auferstehung sein, indem wir dieses wissen, dass unser alter Mensch mitgekreuzigt worden ist, auf dass wir der Sünde nicht mehr dienen. Denn wer gestorben ist, ist freigesprochen von der Sünde.« (Röm.6,1–11) Gott möchte diese gute Botschaft Seinem Volke wieder nahebringen und, indem es selbst davon ergriffen ist, durch uns in die Welt hinausposaunen lassen.

Unser Gott benötigt keine großen Heere, um seine Ziele zu erreichen. Viele Begebenheiten in der Bibel zeugen davon, wie eine kleine Schar mutiger Kämpfer eine große feindliche Übermacht besiegt hat. Denn dahinter standen immer die Myriaden der himmlischen Heerscharen. Im Epheserbrief, den wir als Vorlage für den Dienst der sechsten Posaune nehmen können, oder im Brief an die Galater sehen wir in Paulus einen solchen Einzelkämpfer, den der Geist und die dienstbaren Geister mächtig unterstützten. Er führte dort einen Zweifrontenkrieg, sowohl gegen die Gesetzlichkeit als auch gegen die Gesetzlosigkeit, beides Elemente, gegen die sich auch der Kampf der **Kriegsheere zu Ross** richtet. Ein gewaltiges Heilsheer, ihre Zahl war **zweimal zehntausend mal zehntausend,** vor dem kein Feind bestehen kann, tritt hier hervor; »der Wagen Gottes sind zwei Zehntausende, Tausende und aber Tausende; der Herr ist unter ihnen: – ein Sinai an Heiligkeit«. (Ps.68,17), um dem Evangelium wieder den Weg zu bahnen. Kein Mensch und kein Engel aus dem Himmel kann »etwas als Evangelium verkündigen, außer dem, was wir euch als Evangelium verkündigt haben: er sei verflucht!« (Gal.1,8)

Und also sah ich die Rosse in dem Gesicht und die auf ihnen saßen: Und sie hatten feurige und hyazinthene und schweflichte Panzer. Im Gegensatz zur Heuschreckenmacht, die eine Scheinmacht ist, haben wir hier echte Rosse und echte Panzer, nicht »wie«. Ein Ross stellt Stärke und Furchtlosigkeit dar (Hiob 39,19.25), so die Streiter Gottes, in sich selbst schwach und vielleicht ängstlich, aber »stark in dem HERRN und in der Macht Seiner Stärke«, angetan mit der ganzen »Waffenrüstung Gottes« (Eph.6,10–18). Die Rosse und die auf ihnen saßen haben *ein* Gesicht. Und was für einen Gesichtsausdruck! Gottes Israel rüstet sich zum großen Kampf, heilige Knechte Gottes, gottesfürchtig, ernst, mutig, ohne Menschenfurcht, unbestechlich, mit Vollmacht und Kraft ausgerüstet. Die verstehen keinen Spaß und machen keine Späße. Der »feurige« Panzer des Glaubens und der Gerechtigkeit wehrt alle feurigen Pfeile des Bösen ab, er sprüht vom Feuer des Geistes, von dem sie erfüllt sind; »Hyazinth« erinnert an das Wesen Christi voller Gnade und Wahrheit, dieser Panzer erhält die Liebe und die Hoffnung. Dazu bewahrt der »schweflichte« Panzer ihnen das Heil und schützt sie vor dem »zweiten Tod«, mit dem ihre Feinde sie verdammen wollen (2,11; 21,8). Da sie in ihrem Dienst außerordentlichen Angriffen ausgesetzt sind, müssen sie auch außerordentlich geschützt sein.

Die Reiter tragen offenbar weder Schwert noch Lanze. Hier kämpft Geist gegen Geist, Rauch gegen Rauch, Kopf gegen Kopf, also das persönliche Zeugnis aus ihrem Munde. Darum sind **die Köpfe der Rosse wie Löwenköpfe, und aus ihren Mäulern geht Feuer und Rauch und Schwefel hervor.** Die »Löwenköpfe« des göttlichen Reiterheeres sind stärker als die Köpfe der Heuschrecken, sie haben göttliche Macht und Gewalt. Feuer des Heiligen Geistes sprüht aus ihren »Mäulern«, das die Fleischesnatur verzehrt. Die Panzer werden aktiv, denn dasselbe, was sie schützt, ist auch ihre Angriffswaffe. Als Antwort auf die fleischliche Sanftheit verbreitet der »Rauch« den Wohlgeruch Christi, der geistliche Schönheit und Energie vereinigt zu der Sanftmut und Demut Jesu, um »den Geruch seiner Erkenntnis an jedem Orte durch uns zu offenbaren«. (2.Kor.2,14) Dabei sprühen die

Rosse auch »Schwefel«, ein scharfer, beißender Geruch, was uns an das Gericht erinnert, an den Zorn Gottes über einen fleischlichen, gesetzlosen Wandel; »denn wenn ihr nach dem Fleische lebet, so werdet ihr sterben«. (Röm.8,13) Auch das gehört zu ihrem Auftrag, um die Furcht Gottes zu lehren.

Den drei Elementen fehlt noch die Verbalisierung, die Verkündigung, die dem Zeugendienst vorbehalten bleibt. Hier geht es zunächst um die Gewalt, mit der Gottes Heer ausgerüstet ist, um allen Widerstand gegen Gottes Ziele zu brechen. Wir sehen dies bei dem HERRN selbst, in der Gewalt, die in seinen Worten lag. Auch Stephanus stritt im Schutze derselben »Kriegsheere zu Roß« mit den Juden, sodass die Widersacher der Weisheit und dem Geiste, womit er redete, nicht zu widerstehen vermochten (Apg.7,10). Dass diese geistliche Überlegenheit von fleischlichen, selbstgerechten Menschen als Plage empfunden wird, zeigen uns die Pharisäer und Schriftgelehrten. Die Fleischlichen werden sich ihnen aufs Äußerste widersetzen, wie die Könige Kanaans in Gibeon (Jos.10).

Noch einmal wird bekräftigt, dass **von diesen drei Plagen der dritte Teil der Menschen getötet wurde, von dem Feuer und dem Rauch und dem Schwefel, die aus ihren Mäulern hervorgehen.** Warum die Wiederholung? Sie macht deutlich, dass vonseiten des natürlichen und fleischlich-frommen Menschen nicht der Hauch von Bereitschaft zu spüren ist, sich Gott zu ergeben. »Denn die Gesinnung des Fleisches ist Feindschaft gegen Gott, denn sie ist dem Gesetz Gottes nicht untertan, denn sie vermag es auch nicht.« (Röm.8,7) Die Feindschaft tritt bei dem bloß religiösen Menschen noch immer am stärksten zutage, wenn er gestellt wird. Nur der Geist Gottes kann ihn überführen und überwinden. **Denn die Gewalt der Rosse ist in ihrem Maule und in ihren Schwänzen; denn ihre Schwänze sind gleich Schlangen und haben Köpfe; und mit ihnen beschädigen sie.** An den Schwänzen sind keine Stacheln, sondern Köpfe, was bei dem auserwählten dritten Teil auf ein gutes Ende schließen lässt, nämlich eine gottgemäße Betrübnis zur Buße (2.Kor.7,9).

Die aber von diesen Plagen nicht in ihrem Gewissen getroffen worden sind, denken noch nicht an Buße. Ihnen muss Gott mit anderen Mitteln kommen. **Sie taten nicht Buße von den Werken ihrer Hände, dass sie nicht anbeteten die Dämonen, und die goldenen und die silbernen und die ehernen und die steinernen und die hölzernen Götzenbilder, die weder sehen noch hören noch wandeln können.** Die Unbußfertigkeit jener zeigt, dass es eben noch nicht das Endgericht ist. Gottes Güte, Geduld und Langmut gewährt noch Aufschub. Aber wisse, »nach deiner Störrigkeit und deinem unbußfertigen Herzen häufst du dir selbst Zorn auf am Tage des Zorns und der Offenbarung des gerechten Gerichts Gottes, welcher einem jeden vergelten wird nach seinen Werken«. (Röm.2,5) Ihre »Werke« gewähren auch einen Einblick in das, was der »dritte Teil« getrieben hat und wie Gott die Dinge nennt: Dämonenanbetung und Götzendienst. Götzendienst kann mannigfache Formen haben und Götzenbilder entstehen bereits im Herzen. Die Götzen der Welt haben auch bei vielen vom Volke Gottes Nachahmung gefunden, z. B. das Fernsehen, Fußball, Sportbegeisterung. Aber da sind noch andere Dinge, die Gott richten wird, wenn sie nicht Buße tun **von ihren Mordtaten, noch von ihren Zaubereien, noch von ihrer Hurerei, noch von ihren Diebstählen.** Das sind recht grobe Sünden, die für Christen nicht infrage kommen. Oder etwa doch? Mit Götzendienst schädigt man sich selber, aber mit den zuletzt genannten Werken schädigt man andere. Mord beginnt beim bösen Wort. So sieht es der HERR Jesus an (Matth.5,21–22). Zauberei täuscht andere, sie ist eine Predigtform, die auf Effekthascherei ausgeht, um die Leute in Erstaunen zu versetzen (Apg.8,9ff). Hurerei, eine in der Offenbarung ungeschminkt der Kirche zur Last gelegte Sünde, ist nicht nur der Verkehr mit der Welt, sondern auch im Bereich der Ehe möglich, z. B. Abtreibung, Empfängnisverhütung, worüber Buße zu tun ist. Als Diebstahl gilt bereits, wenn man Gott die Ehre raubt (Röm.2,21–23).

Die Plagen zielen auf Buße und Buße ist in jeder Plage möglich. Die Plagen an sich bewirken keine Buße, wohl aber die Bußpredigt, die erweckliche Predigt über die Plagen. Von sich aus tut der Mensch keine Buße, obschon er in der Schrift ständig dazu aufgefordert wird. Buße und Glaube sind Antwort auf ergangene Verkündigung des »Evangeliums des Guten«. (Röm.10,14–17) Der Evangeliumsdienst der Offenbarung öffnet auch der Welt den Zugang zu dem erwählten Volk Gottes. Hier sind nun die Gebete der Heiligen gefragt, auch für die Welt zu beten. Die Heiligen können sich nicht damit abfinden, dass der größte Teil der Menschheit verloren geht, denn unser Heiland-Gott will, »dass alle Menschen errettet werden und zur Erkenntnis der Wahrheit kommen«. Also müssen wir beten, »Flehen, Gebete, Fürbitten und Danksagungen tun für alle Menschen«. (1.Tim.2,1–4) Wenn wir auf der Seite des HERRN, unseres Königs, stehen, haben wir Macht und Autorität, das gute Land einzunehmen und echte Kalebs und Josuas zu werden. Das vollmächtige Gebet setzt Gottes Arm in Bewegung, »die Pläne Satans zu durchkreuzen, seine Festungen niederzureißen und seine Gefangenen zu befreien. Unsere Gebete verändern die Welt, öffnen Türen, machen verschlossene Menschen offen und dehnen das Königreich unseres Herrn Jesus aus«. (Schirrmacher, Vorwort »Gebet für die Welt«).

Wir müssen nicht auf eine geeignetere Stunde warten, sondern beten, dass Gott uns die Augen öffne für Sein Heer. Wenn wir bereit sind, ist auch Gott bereit, die vier Engel zu lösen zu unserer Erlösung, damit wir von uns selbst frei werden, um mutige Kämpfer Gottes für das Evangelium zu werden. Unsere Kampfkraft und unser Erfolg hängen davon ab, ob wir an den Beistand der himmlischen Heerscharen glauben. Als die Syrer mit einem starken Heer die Stadt umzingelten, sagte der Knabe Elisas zu ihm: »Ach, mein Herr! Was sollen wir tun? Aber er sprach: Fürchte dich nicht! Denn mehr sind derer, die bei uns, als derer, die bei ihnen sind. Und Elisa betete und sprach: Herr, öffne doch seine Augen, dass er sehe! Da öffnete der Herr die Augen des Knaben; und er sah: und siehe, der Berg war voll feuriger Rosse und Wagen, rings um Elisa her«. (2.Kön.6,14–17)

Das Geheimnis Gottes (Kap.10)

Eine frohe Botschaft

Nach der sechsten Posaune ist die Posaunenfolge unterbrochen. Wir haben dies ähnlich bei der Siegelreihe beobachtet. In dem Zwischenstück bis zum Ertönen der siebten Posaune sind Dinge eingefügt, die wesensmäßig zwar zu den drei Plagen gehören, aber dort noch nicht verbalisiert sind. Feuer, Rauch und Schwefel sind noch unbestimmt, sie erhalten erst Stimme und Sprache in einem konkreten Zeugendienst. Der Heilszweck der Posaunengerichte wird so noch deutlicher. Zuerst nimmt Gott Sich Seiner Knechte an, die Er zu Seinen Propheten beruft. Aus dem Versagen des Priestertums entsteht das Prophetentum, wie es sich auch im alten Bunde als nötig erwies (1.Sam.1–3). Der HERR selbst eröffnet den prophetischen Dienst mit Seiner Dazwischenkunft. **Und ich sah einen anderen starken Engel aus dem Himmel herniederkommen, bekleidet mit einer Wolke, und der Regenbogen war auf seinem Haupte, und sein Angesicht leuchtete wie die Sonne, und seine Füße wie Feuersäulen.** Wer ist dieser starke Engel? Es ist der HERR. Die Beschreibung passt genau zu dem Bild des Menschensohnes in Kap.1. Er kommt in der Offenbarung zunächst in verhüllter Gestalt, ehe Er Sich völlig offenbart. Paulus hat schon den Thessalonichern angekündigt, dass der HERR vom Himmel herniederkommen wird mit »der Stimme eines Erzengels und mit der Posaune Gottes«. (1.Thess.4,16) Hier hören wir sie, wer ein Ohr dafür hat. Es geschieht ja das Kommen des HERRN vom Himmel nicht allein zum Zwecke der Totenauferstehung und Entrückung, die zuletzt folgt. Es wird ein prophetischer Dienst erforderlich sein, um das

Geheimnis Gottes zu vollenden und die Gemeinde zuzubereiten. Deshalb wird auch bezüglich Seines Herniederkommens von »Zeiten und Zeitpunkten« gesprochen (1.Thess.5,1), nicht zuerst die Entrückung und dann die Gerichte, sondern umgekehrt. Weil der Tag des Herrn wie ein Dieb kommt, ist er dem natürlichen Sinn verborgen, obschon er dessen Wirkung zu spüren bekommt. Wir sollen deshalb bereit sein, wachen und beten, sagt der HERR den Jüngern.

Wenn Jesus in der Gestalt eines starken Engels herniederkommt, wird Er Seine große Macht und Herrlichkeit offenbaren. **Bekleidet mit einer Wolke** bleibt Christus der Welt verborgen, aber von Seinen Knechten wird Er erkannt. Der **Regenbogen auf Seinem Haupte** ist das Zeichen von Gottes Treue im Gericht, dass unser König wiederkehrt und »sich's gereuen lässt über seine Knechte … Erfreue uns nach den Tagen, da du uns gebeugt hast, nach den Jahren, da wir Übles gesehen!« (Ps.90,13–17) Denen, die sich unter die Posaunengerichte gebeugt haben und sich durchrichten ließen, strahlt wieder die Gnadensonne, Jesus Christus. Sein **Angesicht wie die Sonne** erhellt unsere Finsternis. Die Offenbarung macht uns deutlich, dass Jesus Christus der Mittelpunkt ist von allem. In der Welt dreht sich alles egozentrisch um den Menschen und seine Wünsche, auch in der heutigen Verkündigung, was ja zu dem beklagten Abfall und den Nöten geführt hat. Christus ist die wahre Lebenssonne. Wie sich die Erde um die Sonne dreht, so muss sich alles um Ihn drehen, sowohl im Dienst am Wort als auch in unserem Leben. Wo dies der Fall ist, da ist Gemeinde Gottes. Seine Knechte sollen nun in den nachfolgenden Kapiteln 11, 12 und 13 in das Geheimnis Gottes, in das Geheimnis des Weibes und des Tieres eingeweiht werden. »Denn der Herr tut nichts, es sei denn, dass er sein Geheimnis seinen Knechten, den Propheten geoffenbart habe.« (Amos 3,7) Wir sollen sehen und werden es erfahren, wie unser HERR mit **Füßen, gleich Feuersäulen,** in Satans Reich einbricht und »rächen wird das Blut seiner Knechte und Rache erstattet seinen Feinden, und seinem Lande, seinem Volke wird er vergeben.« (5.Mo.32,43) **Und er hatte in seiner Hand ein geöffnetes Büchlein,** das geoffenbarte prophetische Wort.

Während die törichten Jungfrauen noch vom Kommen des HERRN träumen und die Trunkenen dasselbe doppelt sehen, erkennen Seine Knechte bereits, wie Christus **seinen rechten Fuß auf das Meer und seinen linken Fuß auf die Erde gestellt hat.** Welt (Meer) und Bekenntniskreis (Erde) zeigen schon Brandspuren, dass Er gekommen ist, wie wir in den sechs Posaunen inzwischen gesehen haben: »Der Herr ist gekommen inmitten seiner heiligen Tausende, Gericht auszuführen wider alle und völlig zu überführen alle ihre Gottlosen von allen ihren Werken der Gottlosigkeit, die sie gottlos verübt haben, und von den harten Worten, welche gottlose Sünder wider ihn geredet haben.« (Jud.14–15). Die das noch nicht sehen, weil sie es nicht glauben, werden bald Seine **laute Stimme, wie ein Löwe brüllt,** hören. »Der Löwe hat gebrüllt, wer sollte sich nicht fürchten? Der Herr hat geredet, wer sollte nicht weissagen?« (Amos 3,8) Jesus ist der Löwe aus dem Stamme Juda, Er »brüllt aus Zion und lässt aus Jerusalem seine Stimme erschallen, und Himmel und Erde erbeben. Und er ist eine Zuflucht für sein Volk und eine Feste für die Kinder Israel«. (Joel 3,16)

Die Antwort auf dieses Brüllen geben die **sieben Donner**. Diese stehen in der Reihe der sieben Sendschreiben, Siegel und Posaunen und stellen ebenso wie diese das »Zeugnis Jesu« dar, jedoch in einer Stärke, die jene noch übertrifft. Ehe das Gewitter sich in dem Zorneserguss der sieben Schalen entlädt, donnert es. Wir möchten sicher gerne wissen, was die »sieben Donner« bedeuten, aber Johannes ist es verwehrt worden, sie aufzuschreiben, obwohl ihm als einer der »Söhne des Donners« nichts näher lag. Die Knechte Gottes, sofern sie den prophetischen Dienst haben, neigen dazu zu wünschen, dass Gott stärkere Mittel anwendet, um die Widersacher zu überführen. Doch »ein Knecht des Herrn soll nicht streiten, sondern gegen alle milde sein, lehrfähig, duldsam, der in Sanftmut die Widersacher zurechtweist, ob ihnen Gott nicht etwa Buße gebe zur Erkenntnis der Wahrheit«. (2.Tim.2,24) Also müssen wir die Wirkung der sieben Donner Gott überlassen und können und sollen sie nicht deuten wollen.

Der Schwur des Engels bei dem Schöpfer aller Dinge – denn Gott hat alles zu Seiner Absicht gemacht – versichert uns, dass die Offenbarung Jesu Christi der Herrschaft der bösen Mächte eine Frist setzt. »Alle Dinge sind durch ihn und für ihn geschaffen worden, die in den Himmeln und die auf der Erde, die sichtbaren und die unsichtbaren, es seien Throne oder Herrschaften oder Fürstentümer oder Gewalten: alle Dinge sind durch ihn und für ihn geschaffen worden.« (Kol.1,16). Gewisse Mächte hat Gott kommen lassen als Zuchtrute für Sein Volk und wiederum, wenn sie ihr Werk getan haben, müssen sie wieder verschwinden. Da sie alle Gottes Befehle überschritten haben und selbst abtrünnig geworden sind, sodass sie sich gegen den Schöpfer erheben und die Heiligen bedrücken, wird Gott s i e richten und vernichten (Jes.10). Ihre **Frist** ist abgelaufen. Es geht jetzt umgekehrt, wie zum Pharao gesagt ist: »Eben hierzu habe ich dich erweckt, damit ich meine Macht an dir erzeige, und damit mein Name verkündigt werde auf der ganzen Erde.« (Röm.9,17) Daniel bringt dies mit den Zeiten der Nationen in Verbindung, womit das folgende Kapitel anknüpft (Dan.2,44; 7,25–27). Die für das Volk des HERRN schon so lange währende Prüfungs- und Versuchungszeit soll **in den Tagen des siebenten Engels, wenn er posaunen wird**, ihr Ende finden. »An jenem Tage wirst du sagen: Ich preise dich, Herr, denn du warst gegen mich erzürnt: dein Zorn hat sich gewendet, und du hast mich getröstet. Siehe, Gott ist mein Heil, ich vertraue und fürchte mich nicht.« (Jes.12,1)

Dann **wird auch das Geheimnis Gottes vollendet sein, wie er seinen eigenen Knechten, den Propheten, die frohe Botschaft verkündigt hat.** Gottes großes »Geheimnis« ist die Offenbarung Seines Sohnes, Jesus Christus: »Anerkannt groß ist das Geheimnis der Gottseligkeit: Gott ist geoffenbart worden im Fleische ...« (1.Tim.3,16) Einst gepredigt unter den Nationen und geglaubt in der Welt, ist jetzt die Zeit, wo Gott selbst Sein verborgenes Tun mit Seinem Volke Seinen Knechten verkündigt. Sein geheimer Plan war und ist, Seine Gemeinde zu erneuern und zu vollenden, Sein Ziel ist, dass Sein Volk zum Siege kommt durch die Offenbarung Jesu Christi. Gottlob, das Geheimnis ist gelüftet und wird zu einer **frohen Botschaft** für die Knechte Gottes, für die Gottes unerforschten Wege und unerforschlichen

Gerichte in all der Zeit so rätselhaft waren. Die durch Gott selbst froh gestimmten Knechte, die lange genug geseufzt und gelitten haben, dürfen jetzt diese frohe Botschaft dem ganzen Volk bringen. Es ist die Botschaft, dass Gottes Reich, Gottes Stadt nahe gekommen ist.

Erst jetzt soll Johannes die kleine geöffnete Buchrolle aus der Hand des gewaltigen Engels nehmen und sogar aufessen. Es wird ihm gesagt, **es wird deinen Bauch bitter machen, aber in deinem Munde wird es süß sein wie Honig.** Das Wort Gottes essen, besonders das prophetische Wort, ist mehr als es nur lesen und oder mit dem Verstande erfassen. Es muss innerlich aufgenommen und verdaut werden. Den gleichen Vorgang lesen wir in Hes.2,8–3,3. Was Hesekiel zu essen und zu verdauen hatte, war von schwerem Inhalt, eine Buchrolle, auf der »Klagen und Seufzer und Wehe« geschrieben waren. Als er die Buchrolle aß, war sie ihm in seinem Munde zunächst **süß wie Honig.** Doch als er den Inhalt vor das Haus Israel brachte, musste er die bittere Erfahrung machen, dass sie nicht auf ihn hörten, wie ihm zuvor schon gesagt worden war, denn »ein widerspenstiges Haus sind sie«. Dem Bekenntnis nach waren sie Israel, aber ihrem Wesen nach »empörerische Nationen«. (Hes.2,3) »Erbittert in der Glut seines Geistes« fuhr er dahin und kam zu den Weggeführten, in deren Mitte er sieben Tage wie betäubt saß. Aber auch hier fand er kein Verständnis für seine Warn- und Gerichtsbotschaft.

Grundsätzlich unterscheidet sich jedoch die Botschaft des Apostels Johannes von der Hesekiels. Er hat eine gute Botschaft. Er wird auch nicht gezwungen, das Büchlein zu essen, er tut es freiwillig, **er nahm das Büchlein aus der Hand des Engels und aß es auf.** Eine gute Botschaft kann man niemandem aufzwingen. Wenn wir die gute Botschaft weitersagen sollen, müssen wir selbst davon erfüllt sein. Welche Glückseligkeit verheißt die Weissagung dieses Buches denen, die sie lesen, hören und bewahren (1,3). Der HERR hat nur Heilsabsichten mit Seinem Volk, Seiner Gemeinde, die Er mit Seinem teuren Blut erkauft hat. Aber der Seher muss die gleichen Erfahrungen machen wie alle Propheten: Denen die Botschaft der Offenbarung Jesu

Christi zuerst gilt und von denen anzunehmen ist, dass sie sich darüber freuen, lehnen sie ab. Alle Knechte Gottes machen die Erfahrung wie Johannes der Täufer, der dem Volke gute Botschaft verkündigte wie der HERR Selbst. Wie erbittert ist Jesus in Seinem Geiste, dass da, wo Seine meisten Wunderwerke geschehen waren, sie nicht Buße getan hatten (Matth.11,18–24). Es ist süß, in die Geheimnisse Gottes eingeweiht zu werden, aber sehr bitter, dafür kein Verständnis und nur Widerstand zu finden.

Wiederum soll Johannes **weissagen über Völker und Nationen und Sprachen und viele Könige.** Hier tritt eine Wende ein in der Weissagung, sie richtet sich nun nicht mehr gegen Gottes auserwähltes Volk, sondern gegen die abtrünnigen »Nationen« des christlichen Bekenntnisses. Die »große Drangsal für Jakob« ist überstanden und vorbei (Kap.8 u. 9) und der HERR tröstet Sein Volk. Eine Propheten- und Zeugenschar wird zugerüstet, gegen alles das zu weissagen, was nicht dem Bekenntnis und Wesen nach »Israel« ist.

Die »Heilige Stadt« (Kap.11)

1 Die Gemeinde in der Selbstprüfung (V.1–2)

Und es wurde mir ein Rohr, gleich einem Stabe, gegeben und gesagt: Stehe auf und miss den Tempel Gottes und den Altar und die darin anbeten. Wir können uns unter diesem Rohr eine Messrute vorstellen, wie sie auch Hesekiel bei der Tempelmessung schaut (Hes.40). Allerdings wird bei Hesekiel der neue Tempel vermessen, während Johannes den bestehenden messen soll im Sinne von Prüfen und Feststellen, ob es dem angelegten Maßstab entspricht. Das **Rohr** ist ein starres Längenmaß, an dem nichts zu biegen und zu verkürzen ist. Ein solcher Maßstab ist das Wort Gottes, der an den **Tempel** der Gemeinde angelegt werden soll. Die Bezeichnung »Tempel Gottes« wird im Neuen Testament niemals für das Gebäude gebraucht, das ja zur Zeit der Abfassung der Offenbarung nicht mehr bestand. Im Neuen Bunde ist der heilige Tempel die Gemeinschaft der Heiligen, die zu einer »Behausung Gottes im Geiste« aufgebaut werden (Eph.2,19–22), in deren Mitte der Geist Gottes wohnt (1.Kor.3,16).

Messen, Nachprüfen des Bekenntnisses ist ein apostolischer Dienst, dem die gesamte Kirche unterworfen ist. Vielleicht wehren wir uns nur deshalb so stark gegen die Deutung, dass hier das christliche Bekenntnis in den Mittelpunkt der Prüfung rückt, weil wir fürchten, dass unser heiliger Kirchen-Tempel und überhaupt unser Christsein infrage gestellt werden. Noch haben wir Gelegenheit zur Selbstprüfung, ob wir nach dem Maßstab und der Lehre der Schrift Gemeinde gebaut und Gottesdienst gehalten haben. »Prüfet euch selbst, ob ihr im Glauben seid, untersuchet euch selbst; oder erkennet ihr euch selbst nicht, dass Jesus

Christus in euch ist?« (2.Kor.13,5) Töricht wäre, es jenen gleichzutun, »die sich an sich selbst messen und sich mit sich selbst vergleichen«. (2.Kor.10,12)

Johannes ist der Dienst des Messens nicht fremd. In seinen Briefen misst er sehr genau und scharf, um das falsche Bekenntnis vom wahren zu scheiden, denn schon waren viele Antichristen geworden. Johannes und Jakobus haben den Dienst des Nachprüfens, während Paulus den Gründungsdienst hatte. Bei der vorliegenden Gemeindemessung dürfte es ratsam sein, die Schriften des Apostels Johannes, besonders sein Evangelium, zugrunde zu legen. Zur Prüfung des persönlichen Bekenntnisses ist der Jakobusbrief zu empfehlen. Selbstverständlich sind auch andere Teile des Neuen Testaments dazu geeignet, aber jene sind besonders scharfe Messungen.

Da ist zunächst die Frage nach der Gemeinde und Gemeinschaft. Die Grundlage des Gemeindetempels dürfte klar sein, »denn einen anderen Grund kann niemand legen, außer dem, der gelegt ist, welcher ist Jesus Christus«. (1.Kor.3,11) Aber darauf steht möglicherweise eine Kirche, ein Gemeindebau, dem das Lot zum Eckstein gefehlt hat und daher schief ist. Nach den verwendeten Materialien, ob »Gold, Silber, köstliche Steine oder Holz, Heu, Stroh« (1.Kor.3,12) wird hier nicht gefragt. Entscheidend sind jetzt die Außenmaße, ob das Äußere, was wir vorgeben, und der Name, nach dem wir die Gemeinde benennen, mit dem Inneren, was wir wirklich sind und üben, übereinstimmt; ob unsere Gemeinde nach der Vorschrift gebaut ist oder nach menschlichem Gutdünken, ob wir göttliche oder weltliche Maßstäbe anlegen. Ist die Gemeinde noch Haus Gottes oder gleicht sie mehr einem Schauspielhaus? Manche christlichen Gruppen verwechseln Gemeinde mit Gemeindehaus, als ob Gott interessierte, *wo* wir zusammenkommen. Entscheidend ist doch, ob Gott, unser Vater, bei uns wohnen kann; wo Christus in der Mitte ist, da ist Sein Haus und das kann im Wald sein. Ein Raum ist gut und wichtig, aber er bedarf keiner Einweihung. Maßstab für eine Gemeinde kann nicht eine andere sein, sondern allein das himmlische Muster. Strebt die Gemeinde nach weltlicher Größe und Anerkennung oder findet sie in der Schmach Christi den größeren Reichtum?

Neben dem äußeren Rahmen muss auch die Lehre und der Geist kritisch geprüft werden. Etliche sagen, es käme nicht auf die Lehre an, sondern auf das Leben. Andere betonen die Lehre, aber sie haben einen anderen Geist. Wie kann es zum richtigen Leben kommen ohne das Wort Gottes und den Geist Gottes? Was lehrt die Gemeinde, in der wir unsere geistliche Heimat haben? Alle Gemeinden bekennen, die Lehre der Apostel wie die Urgemeinde zu haben. Prüfen wir uns selbst, ob wir nicht vielmehr *unsere* Gedanken in die Schrift hineinlesen? Noch besser lassen wir unsere Erkenntnisse von anderen kritisch prüfen, ob sie schriftgemäß sind.

Seit dem 19. Jahrhundert beobachten wir einen Bruch in der Lehrtradition. Es entstehen zu dieser Zeit viele neue Gemeinschaften mit neuen Sonderlehren. Sie alle verstehen sich als Erben der Reformation und bekennen, die Heilige Schrift als Grundlage zu haben. Einige meinen jedoch, gewisse Lehren ausscheiden zu müssen, die angeblich aus nicht-christlichen Quellen in die Kirche eingedrungen sind. Andererseits wollen sie biblische Lehren wiederentdeckt haben, die in der langen Kirchengeschichte vergessen worden seien. Die einen nun ließen diese und jene alte Kirchenlehre fallen, die anderen fügten neue »Offenbarungen« hinzu, welche die Kirchenväter und Reformatoren nicht gekannt haben. Den Sonderoffenbarungen und Irrlehren sind nun in dieser Zeit keine Schranken mehr gesetzt. Mächtigen Auftrieb gibt diesen neuen Gemeinden, die sich zum Teil als Sekten herausstellen, die Erwartung der Wiederkunft Christi, sie verstehen sich als »Endzeitgemeinden« und beschäftigen sich besonders mit der Prophetie der Offenbarung.

Diese Gemeinden haben heute nach mehr als 150 Jahren ihre eigene Lehrtradition. Viele in ihrer Mitte halten sie für die »Wahrheit« der Schrift und daher selbstverständlich als die »Lehre der Apostel«. Doch eine Lehre, die weder bei den Reformatoren noch bei den Kirchenvätern noch bei den Apostolischen Vätern anklingt, kann nicht die Lehre der Apostel sein, sondern wird willkürlich da hineingelegt. Es kann nicht sein, dass Gott Seine Kirche die ganze Zeit im Dunkeln gelassen hat, als ob gleich nach dem Ableben der Apostel alles verloren gegangen sei. In diesem Lichte wird auch der Dispensationalismus, der eine gänzlich neue Lehre über Gemeinde und Israel begründet, kritisch zu prüfen sein.

Den »Tempel Gottes« als Ganzes zu messen, dürfte unter der gegenwärtigen »Zerrissenheit der Gläubigen« wohl kaum möglich sein. Gewiss wird bei korrekter Tempelmessung nur noch ein Reststück Kirche, eine Kerngemeinde echter Jünger Jesu übrig bleiben. Wir verstehen die Kirche als Gemeinde der Wiedergeborenen. Kirche nur als Ort zu verstehen, wo »das Wort Gottes gepredigt wird und die Sakramente verwaltet werden«, reicht nicht aus. Dort könnte nur die Predigt am Wort Gottes gemessen werden, nicht aber die Gemeinde. In dem johanneischen Dienst aber steht die ganze Gemeinde in der Messprüfung. Wo ist nun die Gemeinde, die den Formen und Maßen des Heiligtums entspricht? Der prophetische Dienst der »zwei Zeugen«, die nachher auftreten, wird die Wahrheit ans Licht bringen, er wird dem ganzen christlichen Bekenntniskreis kundtun, was Gemeinde nach den Gedanken Gottes ist und was sie nicht ist. Die Volkskirchen werden wohl kaum diesem Maßstab genügen.

Bleibt noch, den **Altar** zu prüfen. Hier wird strenger gemessen. Es handelt sich im Vorbild um den Brandopferaltar von Akazienholz am Eingang der Wohnung. Seine Maße sind in 2.Mose 27 angegeben: »fünf Ellen die Länge, und fünf Ellen die Breite – quadratförmig soll der Altar sein – und drei Ellen die Höhe«. Auch hier sehen wir in unseren Kirchen- und Gemeindekreisen viele und starke Abweichungen von der ursprünglichen Form. Christus ist unser Altar, gleichwie Er auch Hohepriester und Opfer ist. »Wir haben einen Altar, von welchem kein Recht haben zu essen, die der Hütte dienen.« (Hebr.13,10) Welche Auffassung haben wir von Christus in Beziehung zum Altar? Ist unser Opfer dem angemessen, was wir an Gnade durch Sein Opfer empfangen haben? Gott gehört das erste und beste Teil. Was begnadigte Sünder Ihm darbringen können, ist, »eure Leiber darzustellen als ein lebendiges, heiliges, Gott wohlgefälliges Schlachtopfer, welches euer vernünftiger Gottesdienst ist«. (Röm.12,1)

Bloße Religiosität und äußere Werkgerechtigkeit reichen nicht hin zu einem Opfer, sondern sind wie Kains Opfergabe, auf die Gott nicht blickt.

Angesichts der hohen Heiligkeit des Altars, der alles das, was nicht mit ihm im Einklang steht, so vollkommen ausschließt, erkennen wir, dass wir, was die Gemeinschaft mit ihm betrifft, kein unredliches Spiel treiben dürfen. Der Altar erinnert uns an das Abendmahl: »Das Brot, das wir brechen, ist es nicht die Gemeinschaft des Leibes des Christus?« (1.Kor.10,16) Nur »jeder Reine« kann daran teilhaben (3.Mo.7,19). »Wer also irgend das Brot isst oder den Kelch des Herrn trinkt unwürdiglich, wird des Leibes und des Blutes des Herrn schuldig sein.« (1.Kor.11,27) Am Altar handelt es sich um Christus und Seinen Tod, der uns einen der Heiligkeit Gottes gemäßen Segen bringt. Das bedeutet, dass wir nicht die Welt mit dem Hochheiligen verbinden dürfen, denn alles, was in der Welt ist, hängt mit Götzendienst zusammen und ist unrein. Deshalb sagt Paulus: »Ihr könnt nicht des Herrn Kelch trinken und der Dämonen Kelch.« (1.Kor.10,21 u. 22)

Als Teilnehmer am Tische des HERRN gehen wir die Gemeinschaft mit dem Altar ein. Das geschieht, wenn wir uns persönlich entschieden Gott hingeben. Das ist die eine Seite des Altars. Oft stimmt aber die andere Seite nicht damit überein, nämlich die Gemeinschaft mit unseren Brüdern, die wir dabei eingehen. Zum Altar zu kommen, ohne den Bruder zu lieben, ist der Tod der Gemeinschaft. Hier misst Johannes sehr scharf: »Wer den Bruder nicht liebt, bleibt in dem Tode.« (1.Joh.3,14) Jesus sagt: »Wenn du nun deine Gabe darbringst zu dem Altar und dich daselbst erinnerst, dass dein Bruder etwas wider dich habe, so lass daselbst deine Gabe vor dem Altar und geh zuvor hin, versöhne dich mit deinem Bruder; und dann komm und bringe deine Gabe dar.« (Matth.5,23 u. 24) Wenn gar bei der Messung des Altars oder im nachfolgenden prophetischen Dienst das noch zur Sprache kommt, was »die Seelen unter dem Altar« im fünften Siegel rufen (6,10), dann wehe denen, die diese Brüder auf dem Gewissen haben.

Auch in Bezug auf die Versorgung der Diener Gottes und des Werkes des HERRN haben die Maße des Altars Bedeutung:

»Wisset ihr nicht, dass die, welche des Altars warten, auch mit dem Altar teilen?« (1.Kor.9,13) Das betrifft die materielle, finanzielle Versorgung der Diener Gottes und der Missionare und aller, die im Werke des HERRN arbeiten. Die Missionswerke beklagen einen starken Rückgang der Spenden. Gemessen am Lob der Lippen im Gottesdienst, was der HERR für uns getan hat, erreicht das Opfer im Allgemeinen nicht einmal den Zehnten. Ein Christ sollte mehr für den HERRN übrig haben.

Bei dem zu messenden »Altar« ist auch an den goldenen Räucheraltar zu denken. Das hat mit den Gebeten, Fürbitten und Danksagungen zu tun. Was beten wir, wofür beten wir? Welchen Wert haben unsere Gebete, wenn wir nicht mitleiden? »Wenn du betest, sollst du nicht sein wie die Heuchler.« Wir sollen auch nicht »plappern wie die von den Nationen; denn sie meinen, dass sie um ihres vielen Redens willen erhört werden«. (Matth.6,5–15) Die »Nationen« sprechen das »Vaterunser« gewöhnlich nur nach, ohne innere Beteiligung und ohne Vergebungsbereitschaft. Solche Gebete haben vor Gott keinen Wert.

Zum Schluss wird der Maßstab an die **Anbeter** angelegt. Hier wird die Wahrhaftigkeit, die Aufrichtigkeit gemessen. »Es kommt die Stunde und ist jetzt, dass die wahrhaftigen Anbeter den Vater in Geist und Wahrheit anbeten werden; denn auch der Vater sucht solche als seine Anbeter.« (Joh.4,23) Welcher Maßstab ist hier anzulegen, was sind wahrhaftige Anbeter? Für den unbestechlichen Prüfer Johannes ist das kurz abgehandelt: »Wer da sagt: Ich kenne ihn, und hält nicht seine Gebote, ist ein Lügner, und in diesem ist die Wahrheit nicht.« (1.Joh.2,4); und: »Jeder, der nicht Gerechtigkeit tut, ist nicht aus Gott, und wer nicht seinen Bruder liebt.« (1.Joh.3,10) Auch Jakobus macht da nicht viel Federlesens: »Wenn jemand sich dünkt, er diene Gott, und zügelt nicht seine Zunge, sondern betrügt sein Herz, dessen Gottesdienst ist eitel. Ein reiner und unbefleckter Gottesdienst vor Gott und dem Vater ist dieser: Waisen und Witwen in ihrer Drangsal besuchen, sich selbst von der Welt unbefleckt erhalten.« (Jak.1,26–27)

Und den Hof, der außerhalb des Tempels ist, wirf hinaus und miss ihn nicht; denn er ist den Nationen ge-

geben worden, und sie werden die Heilige Stadt zertreten zweiundvierzig Monate. Der Weg ins Heiligtum geht über den Vorhof, wo nach der Vorschrift eine Reinigung zu vollziehen ist. Niemand kann Gott in Anbetung nahen, der nicht zuvor Selbstgericht und Selbstreinigung geübt hat. Das geschieht im Vorhof. »Wenn wir unsere Sünden bekennen, so ist er treu und gerecht, dass er uns die Sünden vergibt und uns reinigt von aller Ungerechtigkeit.« (1.Joh.1,9) Viele Gläubige bleiben im Vorhof stehen, statt mit Freimütigkeit mit einem »wahrhaftigen Herzen, in voller Gewissheit des Glaubens, die Herzen besprengt und also gereinigt vom bösen Gewissen« ins Heiligtum zu treten, immerfort mit Sündenbekennen beschäftigt und der Buße von toten Werken (Hebr.6,1–3). Unserer Berufung nach sollten wir Priester sein im Heiligtum und nicht ständige Büßer im Vorhof, »die jeden Tag sündigen«. Das ist zwar ein Mangel im Verständnis des Opfers Christi und des Priestertums, aber noch nicht verwerflich. Schlimmer ist, wenn kein Sündenbewusstsein, keine Bußfertigkeit mehr vorhanden ist und man mit Wissen und Willen sündigt. Wenn überhaupt noch Sünden bekannt werden, dann werden sie sehr oberflächlich behandelt.

Wenn »der Hof, der außerhalb des Tempels ist, hinausgeworfen« werden soll, dann ist er dermaßen entwertet, dass eine Messung nicht mehr lohnt. Die Begriffe Buße und Vergebung werden noch gebraucht, aber die Sünde wird nicht mehr als Sünde betrachtet. Dann baut man sich fremde Altäre, wie es Manasse tat: »Er baute dem ganzen Heere des Himmels Altäre in den beiden Höfen des Hauses Gottes.« (2.Chron.33,5) Johannes soll keine Menschen hinauswerfen, sondern ihr heuchlerisches, götzendienerisches Tun verwerfen. Er soll es hier machen wie Johannes der Täufer, der den Pharisäern sagte: »Otternbrut! Wer hat euch gewiesen, dem kommenden Zorn zu entfliehen? Bringet nun der Buße würdige Frucht.« (Matth.3,7–9) Er schließt sie von dem heiligen Samen Abrahams gänzlich aus.

Zum ersten Mal lesen wir hier von einer Rolle der **Nationen**. An dieser Stelle liegt der Trennpunkt in der Offenbarung zwischen »Israel« und »Nationen«. Bis zum Schluss werden diese hinfort unterschieden. Die Messung hat das Israel Gottes gesichert und, wie im sechsten Siegel, versiegelt. Hingegen ist das Abtrennen des Vorhofs die Ausgemeindung der »Nationen«, die mittlerweile ihren eigenen »Gottesdienst« eingeführt haben und sich wie Jerobeam selbst »Priester« berufen (1.Kön.12,26-33). Das ist das allgemeine Kirchentum.

Das Bekenntnis, zur Gemeinde Gottes und zum Leibe Christi zu gehören –, »wir sind die Kirche« – ist schon früh auf die Nationen übergegangen; ihnen war die **Heilige Stadt** zur Verwaltung anvertraut, aber sie betrachten sie als ihre eigene Stadt und verbinden sie mit weltlicher Macht und Anerkennung. Auch unser Reich hat eine Stadt, in ihr sind Königtum und Priestertum vereinigt, hier versammeln sich die »Stämme Israels«, und »daselbst stehen die Throne zum Gericht«. (Ps.122,5) Es ist »die Stadt des lebendigen Gottes, das himmlische Jerusalem«, zu dem wir gekommen sind (Hebr.12,22). Was sagt das den »Nationen«? Mit welchen Vorstellungen und Erwartungen verbinden sie die Gottesstadt? Schon immer bestand die Neigung, die Brautgemeinde institutionell und konfessionell zu binden. Oder, und das ist das andere Extrem, man sieht sie überhaupt nicht gegenwärtig und hofft auf sie im Jenseits. Doch sie ist eine geistliche Wirklichkeit, aber, wie sie das vorliegende Kapitel beschreibt, bietet die »heilige Stadt« gegenwärtig ein trauriges Bild. Deshalb auch die Notwendigkeit einer Erneuerung, die Erscheinung eines neuen Jerusalem.

Im Epheserbrief lesen wir, dass die Nationen, die fern von Gott waren, hinzugekommen sind und nun dasselbe Bürgerrecht haben (Eph.2,18). Doch sollten sie nicht vergessen, was sie einst waren, wo sie hergekommen sind. Ebenso ermahnt Paulus die aus den Nationen in Rom: »Sei nicht hochmütig, sondern fürchte dich; denn wenn Gott der natürlichen Zweige nicht geschont hat, dass er auch deiner etwa nicht schonen werde.«. (Röm.11,21) Die Nationen kamen nach dem Willen Gottes in den Besitz der geistlichen Güter und Verheißungen Israels, machten sich aber, da sie in der Mehrheit waren, damit selbstständig, als ob sie ihnen allein gehörten und materialisierten sie. Der greise Apostel Johannes hat das noch miterleben müssen, ihm ist deshalb die Offenbarung gegeben, um hier eine Klärung und Scheidung herbeizuführen.

Heute haben wir nicht mehr den kulturellen Unterschied zwischen Israel und Nationen wie damals, als viele tatsächlich aus den umliegenden Nationen zum Glauben kamen. Das wird auch daran deutlich, dass die Einheit des Leibes, die Paulus zwischen Juden und Heiden verkündigt, nunmehr eine Forderung innerhalb des christlichen Bekenntnisses geworden ist. Warum dann noch sagen: »Wir, die Nationen«, als seien wir als Christen eine andere ethnische Völkerschaft. Die Offenbarung stellt die wahrhaftigen Anbeter auf die Seite der Heiligen, versiegelt als »Söhne Israels«, die »Nationen« aber gehören zur »Welt«, sie stehen für ein verweltlichtes Christentum. Die Unterscheidung »Nationen« ist in der Offenbarung keine andere Klasse von Menschen, sondern steht für den fleischlichen, natürlichen Menschen oder die Welt.

Nach dem allgemeinen Urteil hat die Kirche der »Nationen« nicht die »Heilige Stadt« geheiligt. Es wird hier zwar nicht gesagt, dass sie die »Heilige Stadt« zerstört und verwüstet haben, das widerspräche ihrem Gemeindeverständnis. Aber sie haben das Heilige in den Schmutz getreten, die gräulichsten Sünden eingeführt und die Gemeinde der Welt gleichgemacht. Das wird allenthalben beklagt. »Die Nationen sind in dein Erbteil gekommen, haben deinen heiligen Tempel verunreinigt, haben Jerusalem zu Trümmerhaufen gemacht.« (Ps.79,1) Es sind die »Zeiten der Nationen« (Luk.21,24), wenn die Gesetzlosen regieren statt die Gerechten.

Die gesetzlose Schändung der Stadt Gottes soll nach dieser Weissagung **zweiundvierzig Monate** dauern. Diese Zeitangabe ist dem Buche Daniel, Kap.9, entnommen und bezieht sich auf die letzte Jahrwoche, die die Offenbarung als Sinnzahl wieder aufnimmt. Die erste Hälfte der 70. Jahrwoche, genau dreieinhalb Jahre, während Christus das Evangelium vom Reich verkündigte, ist buchstäblich erfüllt. Denn bis zum öffentlichen Auftreten Jesu waren es genau 483 Jahre (69 x 7). Blieb also noch eine Woche übrig, wo der Messias »einen festen Bund mit den Vielen schließen wird«, der in der Taufe einer Menge Jünger besiegelt wurde. Diese letzte Jahrwoche wurde aber in der Hälfte durch das Kreuz unterbrochen, »um die Sünden zu sühnen und eine ewige Gerechtigkeit einzuführen«. (Dan.9, 24) Der Messias wurde weggetan (wörtlich: ausgerottet), von den Juden verworfen und von den Römern gekreuzigt. Alsbald zerriss der Vorhang des Tempels von oben bis unten, wodurch angezeigt wird, dass der jüdische Kult vor Gott keine Bedeutung mehr hat, sodass die Schrift erfüllt wurde: »Zur Hälfte der Woche wird er Schlachtopfer und Speisopfer aufhören lassen.« (Dan.9,27) Denn Christus ist mit Seinem eigenen Blut eingegangen in das himmlische Heiligtum, »als er eine ewige Erlösung erfunden hatte«. (Hebr.9,12)

Die noch ausstehenden dreieinhalb Jahre, in Daniel allgemein als »Zeit, Zeiten und eine halbe Zeit« erwähnt (Dan.7,25), in Bezug auf die Herrschaft der Nationen als »Monate«, aber für die Heiligen nach »Tagen« gezählt, nennen die Apostel »letzte Tage, gräuliche Zeiten« (2.Tim.3,1) oder »letzte Stunde« (1.Joh.2,18). Wir verstehen sie als Endzeit, die nun schon lange währt, jedoch nicht unbegrenzt ist. Je näher der Tag des HERRN rückt, verdichten sich die »zweiundvierzig Monate« bis zum »Gräuel der Verwüstung«. Dann wird die Heilige Stadt wiederhergestellt und den Sünden ein Ende gemacht sein zu einem neuen Jerusalem.

Johannes bewirkt mit seinem Messen eine Vorprüfung und Vorklärung, eine Art Vorläuferdienst für die »zwei Zeugen«, die anschließend auftreten.

2 Der prophetische Dienst (V.3–13)

Der zweite Abschnitt des vorliegenden Kapitels ist wohl der schwerwiegendste in der ganzen Offenbarung, er kennzeichnet den entscheidenden Punkt für die bekennende Gemeinde durch ein letztes Zeugnis zu einer Klärung des Gemeindebegriffs. **Und ich werde meinen zwei Zeugen Kraft geben, und sie werden tausendzweihundertsechzig Tage weissagen, mit Sacktuch bekleidet. Diese sind die zwei Ölbäume und die**

zwei Leuchter, die vor dem Herrn der Erde stehen. Freilich ist bei diesen beiden Propheten nicht an Einzelpersönlichkeiten zu denken. Es hat schon Leute gegeben, die sich für die zwei Zeugen der Offenbarung hielten und in Säcken gekleidet umherzogen, aber es fehlte ihnen die Vollmacht und das Wort Gottes; ihr Zeugnis hatte keinerlei Wirkung, außer dass sie sich lächerlich machten. Es gab immer wieder falsche Propheten, die sich selbst berufen haben und daher auch keine Autorität besitzen.

Der Prophet ist in der Schrift ein Mensch, der Gottes Wort in eine konkrete Situation des Volkes hineinspricht. Es geht dabei nicht in erster Linie um eine Zukunftsschau, sondern darum, den Zustand des Volkes ins Licht zu stellen und sie von den Sünden zu überführen. Dazu gehört geistliche Autorität, Vollmacht, Kraft. Den beiden Zeugen wird der HERR **Kraft geben** zum Dienst. Darin liegt eine Ermunterung für alle Knechte Gottes, sich Kraft vom HERRN zu einem vollmächtigen Zeugnis zu erbitten. Vollmacht haben diejenigen Diener Christi, die nicht vor Menschen, sondern **vor dem HERRN der Erde stehen**, das heißt Ihm dienen (Jer.15,19). Der Schwerpunkt ihres Dienstes liegt auf Weissagung. **Weissagen** ist die Wahrheit sagen, ist Reden Gottes, ist Gottes Wort in Seinem Auftrag und Namen in die Gemeinde hineinsagen. Dabei haben wir zuerst an die geschriebene Weissagung zu denken, die sowohl Sündenüberführung ist als auch große Verheißungen enthält. Das letzte Buch der Bibel führt uns zu den alttestamentlichen Propheten zurück, die geistlich auszulegen und mit dem Ruf zur Buße anzuwenden sind. Wo ist dieser fehlende Dienst? Ist er aus Menschenfurcht verstummt, oder muss Gott erst wieder den Geist der Weissagung geben? Die frühe Kirche und auch noch die Kirche der Reformation haben viel mehr von den Propheten Jesaja, Jeremia usw. Gebrauch gemacht und immer wieder Erweckungen innerhalb der Kirche damit erzielt. Denn die Weissagung ist für die Glaubenden, nicht für die Ungläubigen (1.Kor.14,22).

Die Gabe der Weissagung ist sehr wichtig für die Gemeinde (1.Kor.12,10; 14,1). Wo sie fehlt oder verachtet wird, fehlt der Gemeinde die sittliche Orientierung (1.Thess.5,20). »Wo ist die

Stimme des Propheten, der uns das Wort Gottes dem Gewissen nahebringt? Wir haben Lehrer und Prediger, die uns reichlich Bibellehre vermitteln, aber wo sind die Propheten Gottes, die begabt sind, ernst, eindringlich und rücksichtslos zu sprechen? Die das lang schon schlummernde Gewissen aufwecken können und sich nicht fürchten, die Dinge bei ihrem Namen zu nennen und nicht davor zurückschrecken, das verborgene Verderben, welches die Finsternis liebt, ›im Lichte‹ bloßzustellen. Manche denken, das sei gegen die Liebe. Aber die Liebe ruft nach diesem Dienst. Niemand liebte wie der Meister und doch sprach nie jemand zu den Gewissen wie Er, Der nicht nur voller Gnade, sondern auch voller Wahrheit war. Solch einen Dienst haben wir sehr nötig. Selbstzufriedenheit würde dadurch ohne Zweifel den Todesstoß erhalten (Offb.3,16). ›Wohlangesehenheit im Fleische‹ würde zu einem frühzeitigen Ende kommen (Gal.6,12). Doch würde nur das zu leiden haben, was falsch und unwahr ist, und das würde sicher niemand bedauern.« (J.N.Darby)

Weil dieser Dienst fehlt, hat sich der Zustand der »Heiligen Stadt« in den letzten Jahrzehnten rapide verschlechtert. »Und sie heilen die Wunde der Tochter meines Volkes leichthin und sprechen: Friede, Friede! Und da ist doch kein Friede.« (Jer.6,14) Man ist so empfindlich geworden, dass schon die leiseste Anspielung auf das Wort der Propheten als Beleidigung empfunden wird. Die Verheißungen der Propheten nimmt man gerne in Anspruch, ihre Trostworte finden immer Anklang. Aber ihr Urteil schiebt man auf die Welt ab, und doch passt ihre Klage genau auf die Gemeinde. Das Zeugnis der »zwei Zeugen« wird ein kritisches Zeugnis über die Gemeinde sein, innerhalb und draußen. Man wird sich ihrer nicht einfach entledigen können, indem man die Zeugen hinauswirft oder mundtot macht, wie wir das beim fünften Siegel gesehen haben (6,9). Das ist hier, wenigstens in der Zeit ihrer Weissagung, nicht möglich, bis sie ihren Auftrag erfüllt haben. Ihr Zeugnis erinnert stark an den Dienst und die Kraft des HERRN selbst, außer dass sie keine Heilwunder tun.

Da die Zeugen eine ernste Botschaft haben, die zur Umbesinnung und Entscheidung ruft: »Tut Buße, denn das Reich der

Himmel (und das neue Jerusalem) ist nahe gekommen« (Matth.4,17), andererseits auf starke Ablehnung stoßen, sind sie mit **Sacktuch** bekleidet, ein Zeichen der Trauer und Bestürzung; sie tragen Leid und Schmerz über den Zustand der Gemeinde und über den Unglauben vieler. Gottes Propheten haben immer die Wiederherstellung des Volkes Gottes gesucht, sie verzehrten sich im Eifer für das Haus Gottes und ernteten doch nur Schmach und Hohn. Obwohl es viele Knechte Gottes gibt, die die gleichen trauernden Gefühle haben und unter den Zuständen in den Gemeinden leiden, wenn sie alle die Gräuel der »Nationen« sehen, ist ihnen doch weitgehend die Kraft und Vollmacht, dagegen aufzustehen, verloren gegangen. Es wird aber die Zeit kommen, da wird der HERR Seine Propheten unerschrocken hervortreten lassen und durch sie die Macht Seiner Stärke kundtun. Inzwischen haben sie noch wie Mose und Elia in der Wüste Zubereitungszeit. Oder sie haben sich wie Elia verbergen müssen und werden von den Raben versorgt (1.Kön.17).

Sind es nur *zwei* Zeugen? Der HERR stellt sie hier als Seine Zeugen vor, **meine zwei Zeugen.** Ihre Namen werden nicht genannt, dennoch bleiben sie nicht anonym. Das Zeugnis wird durch geheiligte Männer verkündigt werden, die keine Einzelgänger sind. Alle Jünger Jesu sollen Zeugen sein: »Ihr werdet meine Zeugen sein ...« (Apg.1,8). Der Wirkungskreis ist zu groß für zwei Knechte Gottes, der hohe Auftrag übersteigt die Kraft von zwei Einzelpersonen, selbst von zwölf Aposteln. Daniel spricht von »den Verständigen des Volkes, welche die Vielen unterweisen« (Dan.11,33) und jeden Tag öffentlich Zeugnis ablegen, **tausendzweihundertundsechzig Tage.** Noch einmal wird die letzte Jahrwoche Daniels aufgerollt, denn die Ähnlichkeit mit dem Dienste Jesu, ihres HERRN, ist auffallend. Der HERR möchte uns hier Seinen Dienst, Sein Zeugnis vorstellen, das mittels vieler Personen in der weltweiten Gemeinde abgelegt werden soll. Der Dienst der zwei Zeugen ist ein prophetisches Bild, ein Nachbild von dem Dienst Jesu, der auch die Leiden des Christus für Seinen Leib einschließt. Der HERR hat Seine Jünger zu zweit ausgesandt (Luk.10,1), denn »aus zweier oder dreier Zeugen Mund wird jede Sache bestätigt«. (Matth.18,16) Das wird auch in den Tagen der Offenbarung sinnvoll sein. Es werden jedenfalls nicht nur zwei Männer sein, sondern viele Brüder. Im Augenblick sind sie noch nicht erschienen, aber sie werden kommen, und wenn sie erscheinen, wird sich ein zweites Golgatha anbahnen.

Die zwei Ölbäume und die zwei Leuchter sind ein deutlicher Fingerzeig auf Sach.4. Sacharja sah bereits den siebenarmigen Leuchter, ein Bild der sieben Endzeitgemeinden im himmlischen Heiligtum. Die »zwei Ölbäume«, deren Wurzel Christus ist, spenden das Öl, damit der Leuchter brennen kann. Johannes und Petrus, Paulus und Barnabas waren solche »Söhne des Öls«, wie sie in Sacharja genannt werden. Auf diese Weise entstand die geisterfüllte Gemeinde Jesu. Aber wie sieht es mit dem Licht der Welt heute nach 2000 Jahren aus? Offensichtlich fehlt der verweltlichten Gemeinde am Ende gleich den törichten Jungfrauen das Öl, das ist der Geist der Wahrheit und Liebe, daher auch keine Kraft zur Heiligkeit. Warum das? Die Verbindung zum Ölbaum und somit zur Wurzel ist verloren gegangen, der Zufluss des Öls zur Heiligung ist verstopft. Die Folge ist eine große Dunkelheit, ein großer Abfall.

In der Offenbarungsdeutung sind die »zwei Zeugen« zugleich »zwei Leuchter«, die nach dem Vorbild des Hohepriesters Josua und Serubabel, des Tempelerbauers, wieder Licht in die Finsternis bringen, »und wer die Wahrheit tut, kommt zu dem Lichte«. (Joh.3,21) Als »Ölbäume zur Rechten und zur Linken« sind sie Kanäle des Geistes Gottes, »goldene Röhren, die das Gold von sich aus ergießen«. (Sach.4,12) Das »Gold« ist die Wahrheit der Offenbarung Jesu Christi, sie wird aber erst zu Öl, zu Licht und Leben, wenn sie geistlich verstanden wird. Sacharja schaut nur einen einzigen Leuchter, im christlichen Zeugnis der Offenbarung sind es jedoch zwei Leuchter, welche die wahre Zeugengemeinde repräsentieren, die sich an dem, was sie an sich trägt, als Prophetengemeinde ausweist.

Aus der Vollmacht der beiden Zeugen lassen sich deutlich zwei große Prophetengestalten erkennen, Mose und Elia. Beider Dienste waren in Jesus vereinigt; Sein Dienst galt der Befreiung der Herde von den falschen Hirten, die dem Pharao und seinen Knechten glichen, andererseits zeugte der HERR wie Elia gegen das scheinheilige Judentum, das der gesetzlosen Herrschaft Ahabs entsprach. Deshalb erschienen die beiden Männer Jesus und den Jüngern als Repräsentanten der Macht und Herrlichkeit des Reiches Gottes auf dem Berge der Verklärung (Matth.17,1–8). Ihre Kraft und ihr Geist spielen auch hier bei der Befreiung des Volkes Gottes bzw. der Wiederherstellung der Gemeinde in unserer Zeit wieder eine Rolle.

In jeder Weise erinnert die Weissagung der zwei Zeugen an das Zeugnis Jesu, »denn der Geist der Weissagung ist das Zeugnis Jesu«. (19,10) Christus beauftragt jetzt Seine Zeugen, den prophetischen Dienst im Kreise der christlichen Kirche auszuüben, wie der HERR selbst es in der jüdischen Welt getan hat. Dann muss auch mit dem gleichen Widerstand und Widerspruch, ja auch mit ähnlichen Anschlägen gerechnet werden, von denen der Herr Jesus, die Apostel, die Reformatoren und alle, die das Zeugnis Jesu hatten, ständig bedroht waren. Das Zeugnis Jesu ist nun mal ein solches, das alle starren toten Formen sprengt und alle Heuchelei bloßstellt und das wird Widerspruch und Feindschaft erzeugen, besonders bei einer Führer- und Predigerschaft, die den Heiligen und Wahrhaftigen nicht kennt, obschon sie Ihn im Munde führt.

Vor diesem Hintergrund ist auch die Aussage verständlich: **Und wenn jemand sie beschädigen will, so geht Feuer aus ihrem Munde und verzehrt ihre Feinde; und wenn jemand sie beschädigen will, muss er also getötet werden.** So geschah es durch Elia, als der König einen Obersten mit seinen Fünfzig zu ihm sandte, um ihn zu fangen (2.Kön.1). Jetzt dasselbe zu tun und Feuer vom Himmel auf die Widersacher fallen zu lassen, ist nicht der Geist Jesu. Er tadelt die Jünger deswegen (Luk.9,51–56). Johannes der Täufer war ja der Elia, der kommen soll, und tat kein Zeichen, sondern wies auf Den hin, der »euch mit Heiligen Geist und Feuer taufen wird«. (Matth.3,11) Und das Feuer des Geistes, das aus Jesu Munde ging, verzehrte und tötete jedes Mal die Pharisäer und Schriftgelehrten, wenn sie Ihn in der

Rede fangen wollten. Den HERRN konnte niemand greifen, solange Seine Stunde noch nicht gekommen war. Bis dahin war Er äußerlich und innerlich unverletzbar. Auch Paulus war außerordentlich geschützt, »denn ich bin mit dir«, sagt der HERR ihm in Korinth, »und niemand soll dich angreifen, dir Übles zu tun; denn ich habe ein großes Volk in dieser Stadt«. (Apg.18,9–11) Auch Luther konnte niemand antasten, bis das reformatorische Zeugnis sich durchgesetzt hatte. Für die Zeugengemeinde der Offenbarung ist die Zeit ihres Zeugnisses auch die Zeit ihrer Unverletzbarkeit. Wer sie antasten will, schadet sich nur selbst und verliert obendrein das geistliche Leben. Ihrem Schutz dient der »feurige Panzer« göttlicher Macht der sechsten Posaune.

Und sie haben die Gewalt, den Himmel zu verschließen, auf dass während der Tage ihrer Weissagung kein Regen falle. Wieder eine Anspielung auf Elia. »Er betete ernstlich, dass es nicht regnen möge und es regnete nicht auf der Erde drei Jahre und sechs Monate.« (Jak.5,17) Diese Weissagung hat Folgen für den Gemeindesegen, denn der bisherige Segen, den man meinte zu haben, wird unterbrochen, die Herzen werden dürr und durstig, die Predigt trägt keine Frucht mehr und ist selbst fruchtleer, sodass die Seelen Hunger leiden. Eine starke »Hungersnot« ist die Folge, es wird Spannungen und Spaltungen geben in den Gemeinden und man wird die Propheten Gottes dafür verantwortlich machen. Doch nicht sie bringen Israel in Trübsal, sondern »du und das Haus deines Vaters, indem ihr die Gebote Gottes verlassen habt, und du den Baalim nachgewandelt bist«. (1.Kön.18,18) Die Übung diente dazu, um das Volk für den Segen empfänglich zu machen, den Gott in der Offenbarung des HERRN Jesu für die Seelen aufbewahrt hat. Wenn dann die Not gefühlt wird, wird es Zeit, dass die Zeugen Jesu beten wie Elia, »und der Himmel gab Regen, und die Erde brachte ihre Frucht hervor«. (Jak.5,18) Derart war das Zeugnis Jesu, nur Er konnte den Hunger und Durst der Seelen stillen. So bleibt es auch hier nicht bei der geistlichen Hungersnot, sondern es wird Regen des Segens fallen.

Und sie haben Gewalt über die Wasser, sie in Blut zu verwandeln, und die Erde zu schlagen mit jeder Plage,

so oft sie nur wollen. Das tat Mose in Ägypten. »Wasser in Blut« verwandeln konnten auch die Schriftgelehrten Ägyptens mit ihren Zauberkünsten, aber sie vermehrten dadurch nur das Unglück. Im Dienste der Offenbarung haben die Plagen nur den einen Zweck, den sie auch schon in Ägypten hatten, nämlich die verstockten Führer des Kirchensystems von der Macht und dem Willen Gottes zu überzeugen, dass sie das Volk Gottes ziehen lassen (2.Mo.7,16). Die Plagen sollen sie weich machen. Die Plagen selbst sind hier nur angedeutet. Um ihre geistliche Bedeutung im Einzelnen zu verstehen, müssten wir die Plagen Ägyptens näher betrachten.

Die Feindschaft gegen die Offenbarungszeugen wird sich in dem Maße steigern, wie sie ihrer Umgebung zur Plage und Qual werden. Zuletzt war auch Jesus den Hohepriestern und Ältesten eine Qual, sie konnten ihn nicht mehr ertragen. Und auch Paulus wurde von den Juden als Pest empfunden (Apg.24,5). So muss es auch mit den »zwei Zeugen« geschehen: **Wenn sie ihr Zeugnis vollendet haben werden, so wird das Tier, das aus dem Abgrund heraufsteigt, Krieg mit ihnen führen und sie überwinden und sie töten.** Es gibt eine Zeit des Zeugnisses, wo niemand die Zeugen angreifen darf, damit das Zeugnis sich durchsetzen kann. Und es gibt eine Vollendung des Dienstes, wo es den Feinden erlaubt ist, über sie herzufallen, wie das auch bei Jesus der Fall war (Luk.22,37). Scheinfromme Leute werden **das Tier, das aus dem Abgrund heraufsteigt,** unter falscher Beschuldigung gegen die Propheten Gottes aufhetzen. Dann kommt für sie der Augenblick, wo sie ihr Gethsemane und Golgatha erleben.

Die Tiermacht, die **aus dem Abgrund** heraufkommt, ist uns schon von der fünften Posaune bekannt, hier kurz als **das Tier** bezeichnet. In einer größeren Gestalt erscheint das Tier in Kap.13. Tatsächlich hat es denselben Ursprung. Sowohl das »Tier« als auch der »Antichrist« sind von der Weissagung Daniels her für Johannes bekannte Größen. Wenn das Tier in die Gemeinde eindringt, denn es ist schon in der Welt (1.Joh.4,3), wird »es Krieg wider die Heiligen führen und sie besiegen«. (Dan.7,21) Seinen ersten Krieg führte das Tier durch die Römer gegen den Sohn

Gottes, doch es steckte viel mehr dahinter als die römische Macht. Geistliche Mächte der Bosheit, Fürstentümer und Gewalten beherrschten Israel und erklärten dem wahren Israel Gottes nach Vollendung Seines Dienstes den Krieg. Doch der HERR hat sie alle besiegt, obwohl es äußerlich anders aussah. Nun kommt das Tier, das eine Zeit lang im Abgrund schlummerte, wieder herauf, wovon später ausführlicher berichtet wird.

In den vorliegenden Versen wird nur so viel gesagt, dass das Tier gegen die heiligen Knechte Gottes vorgeht, die es offenbar eine Zeit gewähren ließ. Ihr letztes Zeugnis gegen die Heuchler, die vorgaben, die Wahrheit zu haben und ihr doch widerstanden (Matth.23), erregt in gewissen falschen Leuten dermaßen Hass, dass sie Mordpläne schmieden. Der Prozess gegen die Knechte Gottes ist eine innerkirchliche Angelegenheit und läuft auf Ausschluss, Rufmord, üble Verleumdung hinaus. Es ist nicht zu befürchten, dass die Zeugen leiblich getötet werden, was wohl nach Abschaffung der Todesstrafe auszuschließen ist. Nach Artikel 2 des Grundgesetzes hat jeder das Recht auf Leben und körperliche Unversehrtheit. Vielmehr wird man ihnen innerkirchlich den Prozess machen, man wird sie beschuldigen, Zwiespalt und Ärgernis anzurichten, man wird sie als Verführer brandmarken, moralisch fertigmachen, seelisch ermorden. Dann kommen sie in große Bedrängnis, es wird dunkel in ihrer Seele, was in einer Art schwerer zu ertragen ist als körperliche Leiden. »Jerusalem, Jerusalem, die da tötet die Propheten und steinigt, die zu ihr gesandt sind ...« (Luk.13,33).

Sie könnten den Leiden entgehen, wenn sie sich eine große Anhängerschaft verschafft hätten, denn »viele werden sich ihnen mit Heuchelei anschließen«. (Dan.11,34) Sie könnten mit dem Schwerte dreinschlagen und die Gemeinde spalten. Sie könnten Feuer vom Himmel herabfallen lassen und ihre Feinde verzehren, wie auch Elia tat (Luk.9,54). Das ganze Heer des Himmels würde das unterstützen, wenn sie nur darum bäten. Aber das wäre nicht dem Lamme gefolgt. Sie wollen keine Partei um sich, sie wollen nicht zu den vielen Trennungen noch eine hinzufügen, denn sie lieben die Bruderschaft, sie weissagten die Einheit der Gemeinde

Jesu, haben sie sich doch für sie in heißer Liebe verzehrt. Lieber ziehen sie den Kürzeren. Es ist besser, nicht um sein Recht zu kämpfen und von der Macht Gebrauch zu machen, sondern zu leiden, sich zu opfern wie auch ihr HERR; selbst auf die Gefahr hin, ganz alleine zu stehen. Auch daran kann man einen wahren Knecht Gottes erkennen. Wie sollte denn die Schrift erfüllt werden, dass es einem Knecht nicht anders ergehen soll als seinem Herrn? (Joh.15,19–20) »Wenn das Weizenkorn nicht in die Erde fällt und stirbt, bleibt es allein; wenn es aber stirbt, bringt es viel Frucht.« (Joh.12,24) Sie müssen durch das Todestor, durch inneren Zerbruch, ja allem sterben, auch dem eigenen Ich.

Knechte Gottes sind jedoch auch fehlerhaft; sie können sich von dem widerspenstigen Gemeindevolk reizen lassen, sodass sie unbedacht reden mit ihren Lippen wie Mose (4.Mo.20,6–13); sie können mutlos werden wie Elia unter dem Ginsterstrauch und meinen, sie allein wären übrig geblieben (1.Kön.19,4), sie können auch wie David sich an dem Nabal rächen wollen (1.Sam.25) oder wie Petrus aus Angst den HERRN verleugnen (Luk.22,34). Nur einer war vollkommen, »welcher keine Sünde tat, noch wurde Trug in seinem Munde erfunden, der, gescholten, nicht wiederschalt, leidend, nicht drohte, sondern sich dem übergab, der recht richtet; welcher selbst unsere Sünden an seinem Leibe auf dem Holze getragen hat«. (1.Petr.2,22–24) Die Diener des HERRN sind jetzt in besonderer Weise den Angriffen Satans ausgesetzt, um sie zu Fall zu bringen. Ihr Fallen wird den Feinden gelegen kommen und ihnen den gesuchten Grund liefern, sie zu schmähen und zu verhöhnen. »Sie haben sich über mein Hinken gefreut und sich versammelt; Schmäher haben sich wider mich versammelt.« (Ps.35,15) Noch einmal ein kurzes Wortgefecht und die Zeugen Jesu verstummen. Das sieht wie Niederlage, wie Versagen aus: Sie werden schwach, sie sind enttäuscht, verzweifelt, es wird ihnen angst, sie werden im Geiste gebunden, von allen verworfen und gehasst, so tragen sie schweigend ihr Kreuz. Den Kelch, den ihr Herr getrunken hat, werden auch sie trinken und mit der Taufe, womit Er getauft wurde, werden sie getauft werden (Mark.10,39). **Und ihr Leichnam wird auf der Straße der großen Stadt**

liegen, welche geistlicherweise Sodom und Ägypten heißt, wo auch ihr Herr gekreuzigt wurde.
Wie hat sich die »Heilige Stadt« der Gemeinde verwandelt. Zuerst eine *heilige* Stadt, jetzt eine »große Stadt«, (die später den Namen *Babylon* trägt). »Wie ist zur Hure geworden die treue Stadt! Sie war voll Recht, Gerechtigkeit weilte darin, und jetzt Mörder!« (Jes.1,21) Sie unterscheidet sich nun nicht mehr von den Juden, die Jesus ermordeten. »Sodom« heißt sie ihrer Sünden wegen, »Ägypten« steht für ein ungerechtes Gewaltsystem, das alles geistliche Leben unterdrückt. Für Christus ist dort kein Platz mehr. Wie entspricht das dem einstigen Jerusalem: Drinnen eine festfeiernde Menge beim Passah – und Jesus außerhalb des Lagers gegeißelt und umgebracht. Unfassbar! Dies ist heute auf die Kirche anzuwenden. Die Kirchengeschichte ist voll trauriger Beispiele wie die herrschende Geistlichkeit die Zeugen Jesu ermordet hat. Auch die Endzeitgemeinde liefert die traurigsten Beispiele, wie man bewährte Diener des HERRN behandelt hat. Was den »zwei Zeugen« widerfährt, ist ein Musterprozess von dem, was viele treue Knechte Gottes erfahren haben. Es könnte die Geschichte meines Vaters sein. Am Ende des christlichen Zeugnisses werden es so noch viele erfahren.

Von ihrer Leidensgeschichte, ihrem Martyrium, wird hier nichts berichtet, umso mehr aber, was nachher mit ihnen geschah, welchen Abscheu sie allenthalben erregen. **Viele aus den Völkern und Stämmen und Sprachen und Nationen sehen ihren Leichnam drei Tage und einen halben, und erlauben nicht, ihre Leichname ins Grab zu legen.** So pietätlos war nicht einmal Pilatus. Ihretwegen schlägt sich kein Volk an die Brust und kein Hauptmann sagt: Dieser Mensch war gerecht. Sicher werden Jünger Jesu wie ein Nikodemus oder ein Joseph von Arimathia ihnen die letzte Ehre erweisen wollen, aber sie werden sich fürchten, um nicht mit ins Schussfeld zu geraten. Was sich hier zuträgt, übertrifft alles, was bisher geschehen ist, weil es in der Mitte derer geschieht, die sich »Kinder Gottes« nennen, an das inspirierte Wort Gottes glauben und den Tod des HERRN verkündigen: Im Namen des HERRN werden treue

Brüder gekreuzigt und öffentlich zur Schau gestellt (Hebr.6,6). Wären nicht solche Fälle bekannt, würde man es nicht für möglich halten. Im fünften Siegel haben wir die Geschichte solcher Seelen kennengelernt. Doch die Behandlung der »zwei Zeugen« liefert uns die Nachgeschichte in der zweiten Hälfte der letzten Jahrwoche, genau dreieinhalb Tage. Zugleich sind es die drei Tage Traurigkeit und Hoffnungslosigkeit, in der auch die Jünger waren, während Jesus im Grabe lag.

In einer Brüderversammlung wurde ein ernster Diener des HERRN so lange bekämpft, bis sie ihn zum Schweigen gebracht hatten. Schließlich setzte man ihm die Pistole auf die Brust: entweder Beugung unter die Brüder oder Ausschluss. Er beugte sich vor der Versammlung und dennoch schlossen sie ihn aus. Damit war sein Kreuzesweg beendet. Was danach kam, war der Gipfel von Infamie und übler Verleumdung. Schrecklich, was sie ihm da noch an Dreck nachwarfen.

Und die auf der Erde wohnen, freuen sich über sie und frohlocken und werden einander Geschenke senden, weil diese, die zwei Propheten, die quälen, welche auf der Erde wohnen. Große Genugtuung herrscht über die toten Zeugen bei denen, »die auf der Erde wohnen« – wieder dieser bezeichnende Ausdruck, der öfter in der Offenbarung vorkommt. Er steht für die irdisch Gesinnten, die wie Nimrod nach irdischem Ruhm trachten und nach weltlichen Dingen jagen oder wie Kain auf ihre eigene Gerechtigkeit bauen und ihren Bruder ermorden. Deshalb empfanden sie das Zeugnis der beiden Zeugen als Qual und ihre Beseitigung als große Erlösung, denn niemand straft mehr die Ungerechten. Mit der Ausschaltung der zwei Propheten – echte Zeugen Jesu sind Propheten – ist der Mund Gottes gänzlich verstummt. Dann redet Er nur noch durch die Ereignisse.

Normalerweise hat eine Gemeinde, wenn eine Zuchthandlung notwendig ist, vorher alle Beweise gesammelt und die Zeugen gehört. Mit dem schriftgemäß begründeten Ausschluss findet dann der traurige Fall seinen Abschluss, indem man hofft, dass dieses letzte Mittel den Abgeirrten zurechtbringt. Man hat ihn hinaustun müssen und überlässt ihn Gott. Nicht so die Zeugen der Wahrheit. Mit ihnen findet das Umgekehrte statt. In dem vorliegenden Fall hatte man sich des lästigen Mahners durch Intrige und böse Verdächtigungen entledigt. Sein Ausschluss hatte keineswegs Betrübnis erweckt, sondern man war froh, ihn endlich los zu sein. »Nun haben wir Ruhe«, sagten sie. Viele freuten sich regelrecht, dass er »draußen« war. Die Freunde, die dabei Hilfe geleistet hatten, ehrte man mit »Geschenken« für die gute Arbeit. Sogar solche, die vorher einander feindlich gesonnen waren, wurden nun Freunde. Es war ein schweres Stück Arbeit gewesen, einen so begabten und geachteten Lehrer und Führer, dem man nichts Schlechtes nachsagen konnte, zur Strecke zu bringen. Dass auch seine Familie davon schwer betroffen war, interessierte die Handelnden nicht. Man hatte gleich alle erwachsenen Kinder mit ausgeschlossen. Da die Versammlung den Ausschluss nicht biblisch begründen konnte, kamen sie bei kritischen Anfragen in große Verlegenheit. Also suchten sie hinterher an Gründen. Sie verfassten ein »Memorandum« über seine Fehler und Schwachheiten, voll böser Verdächtigungen und Entstellungen, um ihn überall schlechtzumachen. Die Schmach dauerte jedoch nicht nur »drei Tage und einen halben«, sondern einige Jahre. Der Betroffene schwieg zu allem und ging nach 14 Jahren in Frieden in die Ruhe seines HERRN ein. Anderswo haben sich ähnliche Fälle in verschiedenen Kirchen und Gemeinden zugetragen. Man könnte meinen, der Dienst der zwei Propheten gehöre schon der Vergangenheit an. Die Zeitform wechselt in Vers 9 von der Zukunftsform in gegenwärtiges Geschehen.

Das letzte Wort ist in der Sache noch nicht gesprochen. Menschen mögen ihre bösen Taten für gerechtfertigt halten und vergessen, aber bei Gott ist der Fall noch nicht erledigt. Der Jubel derer, die an den zwei Propheten schuldig geworden sind, ist nur von kurzer Dauer. **Nach den drei Tagen und einem halben kam der Geist des Lebens aus Gott in sie, und sie standen auf ihren Füßen; und große Furcht fiel auf die, welche sie schauten.** Die Zeugen Jesu stehen wieder auf und zwar für alle sichtbar. In diesem Zusammenhang geschieht offenbar auch die Auferstehung des getöteten Gottesheeres, welches Hesekiel im Tal der Totengebeine sieht: »Der Odem kam in sie, und sie wurden lebendig und standen auf ihren Füßen.« (Hes.37,10) Fast wörtlich die gleiche Wendung. Durch die Auferstehung Jesu Christi, Der »als Erster durch Toten-Auferstehung Licht verkündigen sollte, sowohl dem Volke als auch den Nationen« (Apg.26,23), kann Gottes Volk auch heute wiedererweckt werden. Zuerst muss die Zeugengemeinde geistlich neu auferstehen. **Der Geist des Lebens aus Gott** stellt sie wieder her und Trauer und Weinen hören auf. Das wird der Welt nicht verborgen bleiben. Jesus ist nach Seiner Auferstehung nur den Jüngern erschienen, die Welt sah Ihn nicht mehr. Aber Seine erweckten Zeugen werden von allen gesehen und gehört werden und das wird etliche sehr erschrecken. In der Meinung, es seien Irrlehrer, Sektierer haben sie die Zeugen verleugnet und »getötet«, und nun müssen sie feststellen, dass sie lebendiger dastehen als zuvor. Was jetzt die Verantwortlichen befürchten, erinnert an die Hohepriester und Pharisäer, dass »die letzte Verführung ärger sein wird als die erste« (Matth.28,64). Große Angst erfüllt sie, eine genaue Parallele zum sechsten Siegel (6,16–17).

Auch mit den Zeugen Jesu ist in den »drei Tagen und einem halben« eine Verwandlung geschehen. Sie sind nicht mehr dieselben, die sie vorher waren. Wir denken an die Veränderung der Jünger und Petrus nach dem Kreuz. Sie sind milder und sanftmütiger geworden, um des Evangeliums willen. Dann hören sie, wie eine laute Stimme aus dem Himmel zu ihnen sagt: **Steiget hier herauf! Und sie stiegen in den Himmel hinauf in der Wolke.** Weil sie an der Schmach und den Leiden Christi teilgenommen haben und Seinem Tode gleich gestaltet wurden, sollen sie nun auch die Kraft Seiner Auferstehung erfahren und im Geiste an Seiner Herrlichkeit teilnehmen mit Frohlocken. Wie Johannes sind sie plötzlich im Geiste in die himmlischen Örter versetzt (4,1) und bekommen einen ganz neuen Ausblick. Dazu ist keine Vision erforderlich, auch keine Entrückung in den dritten Himmel, sondern eine Offenbarung über das, was im Himmel ist. Gott hält in der geistlichen Auferstehung und Himmelfahrt der zwei Zeugen etwas für uns bereit, was »kein Auge gesehen und kein Ohr gehört hat und in keines Menschen Herz gekommen ist, was Gott bereitet hat denen, die ihn lieben« (1.Kor.2,9). Der Geist Gottes führt uns zum geistlichen Schauen der Herrlichkeit Christi, das uns über die widrigen Umstände und traurigen Zustände erhebt. Wie lebten die Jünger auf, als Jesus plötzlich in ihrer Mitte stand und sprach: »Friede euch!« (Joh.20,20) Viele Brüder kämpfen sich müde, um das zu heben und zu bessern, was so nicht mehr zu bessern ist. Sie brauchen eine Offenbarung über die Offenbarung des HERRN Jesus Christus, der alles neu macht, auch ihnen ein neues Herz und einen neuen Geist gibt.

Die Geschichte der beiden Zeugen lässt uns noch einmal lebendig werden, was Jesu Leben und Leiden war, aber auch, dass Er siegreich auferstanden ist und jetzt zur Rechten Gottes thront. Jesus lebt! Alle Apostel und die beiden in den Himmel hinaufgestiegenen Propheten sind Zeugen davon, dass Jesus Christus lebt und Ihm alle Macht gegeben ist im Himmel und auf Erden. Dies zu wissen gibt der »irdischen« Szene ein anderes Gesicht und den Jüngern Jesu neuen Mut. Die Jüngergemeinde ist glücklich im HERRN, aber die Feinde sind bestürzt. Wenn wir mit Christus auferstanden sind und unsere Stellung in Christo in den himmlischen Örtern einnehmen, dann betrachten wir die Dinge von oben her, aus der Perspektive des allmächtigen Gottes und Trauer und Furcht müssen weichen. »Freuet euch mit Jerusalem und frohlocket über sie, alle, die ihr sie liebet; seid hocherfreut mit ihr, alle, die ihr über sie trauret!« (Jes.66,10) Eine frohe Botschaft erfordert frohe Leute. Die Jünger haben diesen Wechsel erlebt und wir sollen ihn auch erleben. Als Jesus von ihnen geschieden war, »kehrten sie nach Jerusalem zurück mit großer Freude; und sie waren allezeit im Tempel, Gott lobend und preisend«. (Luk.24,52–53) Hier verharrten sie im Gebet und warteten auf die Verheißung des Vaters, bis nach etlichen Tagen das Gewaltige geschah: die Ausgießung des Heiligen Geistes. Unausgesprochen, jedoch auf derselben Linie erleben es unsere Propheten: Sie werden mit dem Geiste erfüllt werden und einen apostolischen Dienst tun, der mit der frohen Botschaft der Auferstehung des Gottesvolkes durch die Auferstehung Jesu Christi glücklicher und erfolgreicher sein wird als ihr prophetischer Dienst. Als Vertreter des himmlischen Reiches und des neuen Jerusalem stellen sie das neue Israel im neuen Bund vor. »Siehe, ich wirke Neues; jetzt sprosst es auf; werdet ihr es nicht erfahren? Ja, ich mache durch die Wüste einen Weg, Ströme durch die Einöde.« (Jes.43,19) Ein zweites Pfingsten kündigt sich an.

Und in jener Stunde geschah ein großes Erdbeben, und der zehnte Teil der Stadt fiel, und siebentausend Menschennamen kamen in dem Erdbeben um. Was ist passiert? Das erste große »Erdbeben« war durch die Pfingstpredigt hervorgerufen worden. Da fiel der »zehnte Teil« der Stadt, eine Anspielung auf das gesetzliche System (zehn Gebote, den Zehnten), und »siebentausend Menschennamen« der Priesterschaft, die an dem Mord an dem heiligen Knecht Gottes beteiligt waren, waren plötzlich bedeutungslos geworden, weil Gott andere erhöht hatte. Von den Übrigen aber wurden dreitausend Seelen von ihrer Tat überführt; von Furcht erfüllt sprachen sie zu Petrus und den anderen Aposteln: »Was sollen wir tun, Brüder? Petrus aber sprach zu ihnen: Tut Buße, und ein jeder von euch werde getauft auf den Namen Jesu Christi zur Vergebung der Sünden, und ihr werdet die Gabe des Heiligen Geists empfangen.« (Apg.2,37–41)

Von allen Sünden ist die Verwerfung eines Zeugnisses und der Zeugen, die Gott bestätigt hat, die größte; es ist die Sünde der Welt. Das ist nun in dem **zehnten Teil der Stadt,** dem philadelphischen Stadtteil, der laodicäisch geworden ist, geschehen. (Wir bewegen uns hier noch auf der Ebene des sechsten Sendschreibens.) Weil der Boden hier so hart und unbesäbar ist für das Evangelium des Reiches, wirkt sich das »Erdbeben« besonders stark aus. Schon das sechste Siegel schildert die Wirkung des **großen Erdbebens** (6,12). Wenn es nur auch die Wirkung hätte bei denen, die meinen, der Überrest der **Siebentausend** zu sein (Röm.11,4), aber keine Furcht hatten, dem Zeugnis der zwei Zeugen zu widerstehen, gerade sie am meisten. Ein »Überrest« zählt nicht mehr im Pfingstereignis, Gemeindenamen, so schön sie auch sein mögen, haben keine Bedeutung mehr. Was nicht wahrhaft Gottes Israel aus dem Glauben ist, gehört zum

»verkehrten Geschlecht«, von dem man errettet werden muss, sagt Petrus den Juden.

Und die Übrigen wurden voll Furcht und gaben dem Gott des Himmels Ehre. Bei ihnen fängt die erwartete Erweckung, die wir in der großen Volksmenge schon gesehen haben, an (7,9). Sie fühlen sich vom Gericht Gottes betroffen und fragen ängstlich nach der Wahrheit. Ohne Furcht keine echte Frucht.

Das **zweite Wehe** war eine schwere Geburtswehe, aber es muss noch eine **dritte Wehe** kommen und dann ist der Durchbruch da. Wenn es aber zum Gebären kommen soll, muss vorher das Zeugnis gepredigt und angenommen werden.

Die letzte Posaune (11,15–19)
– Gottes Reich erscheint –

Direkt nach dem großen Erdbeben, das den Herzensboden für die frohe Botschaft, die Gott Seinen Knechten schon verkündigt hat (10,7), vorbereitet hat, ertönt die *siebente* und letzte Posaune: **Und es geschahen laute Stimmen in dem Himmel, welche sprachen: Das Reich der Welt unseres Herrn und seines Christus ist gekommen, und er wird herrschen von Ewigkeit zu Ewigkeit.** Nun wird das große Geheimnis gelüftet, dass die Königsherrschaft Gottes und Christi, das große Thema der Offenbarung, da ist.

Das Reich war schon immer vorhanden, das weiß jeder Mitarbeiter am Reiche Gottes, aber es ist noch nie so deutlich und öffentlich ausgerufen worden wie das hier am Ende dieses Zeitalters der Fall ist. Jesus hat schon den Pharisäern, die nach der Ankunft des Reiches fragen, gesagt: »Das Reich Gottes kommt nicht so, dass man es beobachten könnte; noch wird man sagen: Siehe hier! oder: Siehe dort! denn siehe, das Reich Gottes ist mitten unter euch.« (Luk.17, 21). Es war in Seiner Person da, ja schon im Stall zu Bethlehem konnte man das Reich sehen, zwar klein und schwach wie ein Baby, aber doch so nach seinem wahren

Charakter, wie es öffentlich erscheinen sollte. Darum stellt der HERR auch ein Kind in die Mitte und sagt, dass man das Reich als ein Kind und wie ein Kindlein aufnehmen muss, so wird man nicht in dasselbe eingehen (Matth.18,3). Am Pfingsttage begann die Wiederherstellung des Reiches für Israel, nach der die Jünger zuvor gefragt hatten (Apg.1,6) und zwar auf eine wunderbare Weise mit »Kraft aus der Höhe«. Nach der Verheißung des HERRN sollten die Apostel auf Thronen sitzen, »richtend die zwölf Stämme Israels« (Luk.22,30), was dann auch geschah, indem Petrus das Reich der Himmel (Himmelreich) öffnete, denn ihm hatte der HERR die Schlüssel anvertraut, unübertragbar (Matth.16,19). Das Reich nahm nun ständig an Zahl zu und erfuhr, vornehmlich durch den Dienst des Apostels Paulus und aller Missionare, eine weltweite Ausbreitung.

Leider blieb das Reich Gottes nicht das, was es im Anfang zur Apostelzeit war. Durch den Abfall der Kirche wie ihn uns die Sendschreiben, Siegel und Posaunen gezeigt haben, verlor das Reich an Kraft und Herrlichkeit. Es verflachte mehr und mehr und wurde zu gewissen Zeiten sogar ein Reich der Welt. Dazu kam, dass gewisse Lehren das kommende Reich Gottes wieder als ein irdisches Reich für Fleisch und Blut, mit Essen und Trinken, prophezeit haben, was es nun gar nicht ist, sondern »Gerechtigkeit und Friede und Freude im Heiligen Geiste«. (Röm.14,17; 1.Kor.15,50) Doch zu allen Zeiten war es in der kleinen Schar echter Jünger Jesu, in seinem wahren Wert und Charakter immer vorhanden, aber verkannt. Jetzt aber ist es mit der letzten Posaune machtvoll erschienen.

Es ist das **Reich der Welt unseres Herrn und seines Christus** und es ist ein und dasselbe Reich, das nicht von dieser Welt ist, wie Jesus vor Pilatus bekennt (Joh.18,36). Die Welt Gottes und Christi ist eine andere Welt, nicht wie diese gegenwärtige Welt, die vergeht. Im Reich Gottes herrscht die Liebe, dort ist das Leben. Christus hat das wunderbare Reich der Liebe verkündigt, in dem Er der Herrscher ist und alle Seine Jünger ewig glücklich sein werden. Das Reich ist also da und die lauten Stimmen der siebenten Posaune fordern uns dringend auf, Menschen für

Sein Reich zu gewinnen, damit die Zahl voll werde. Wir sahen bereits die große Volksmenge in Kap.7, welche die Reinigung und Erlösung durch das Blut des Lammes, die Vergebung der Vergehungen, erfahren soll. Ein Volk ist »aus der Gewalt der Finsternis errettet und versetzt in das Reich des Sohnes seiner Liebe«. (Kol.1,13)

Zwei verloren gegangene bzw. von Menschen verdrehte Wahrheiten stellt die siebente Posaune wieder richtig: erstens, dass der Tag des HERRN und die Ankunft Seines Reiches v o r der Entrückung kommt, nicht nachher. Denn zuerst musste Gott Sein Volk durchrichten, wie wir es in den Drangsalen der Posaunengerichte gesehen haben. Dann erst kann Sein Reich in ihnen und durch sie wieder zur Darstellung kommen. Die zweite Tatsache betrifft die Dauer der Herrschaft Christi. Er wird nicht nur 1000 Jahre regieren, wie fälschlicherweise aus Offb.20,6 geschlossen wird, sondern **von Ewigkeit zu Ewigkeit herrschen.** Gottes Reich hat keinen Zeitfaktor, es ist ewig wie der Ewige. Das ist schon durch Daniel geweissagt (Dan.2,44; 7,13), von Gabriel bestätigt (Luk.1,33) und von den Aposteln hinreichend bezeugt worden (1.Tim.1,17; 2.Petr.1,11). Das »Tausendjährige Reich« ist eine Vorstellung der »Nationen«. Denn das Reich Christi Jesu, unseres HERRN, wo Er als König herrscht, ist ein geistlicher Bereich, in dem Gott wirkt und die Herzen regiert. Um in dasselbe einzugehen, bedarf es einer neuen Geburt »aus Wasser und Geist«. (Joh.3,3–8) Das erledigt von selbst die Frage, wie sich das Reich darstellen wird. Nikodemus wartete wie so viele auf das »kommende Reich unseres Vaters David«, glaubte aber zuvor noch an die natürliche Erfüllung der Propheten, die in Christus erfüllt sind.

Nachdem die Apostel den Geist bekommen haben, verkündigen sie ein Himmelreich für Israel und jeden Glaubenden. Der Geist führte das himmlische, ewige Reich ein, ein Reich für die *Seele,* heilig und herrlich für Herz und Geist. Das war etwas ganz Neues. Doch bald brach die Welt wieder ein, die Gesetzlosen gewannen die Oberhand, die Herde wurde zerstreut und die Heilige Stadt, der Mittelpunkt des Reiches, fiel, wie wir gesehen haben, in die

Hände der »Nationen«. Doch jetzt ist der Tag und die Stunde da, dass der König die sieben Posaunenengel ausgesandt hat, um alles Unkraut, das heißt »alle Ärgernisse aus dem Reich hinauszuwerfen und die das Gesetzlose tun«. Das Reich ist wieder gereinigt und im Besitz der Gerechten, ja »sie werden leuchten wie die Sonne in dem Reiche ihres Vaters«. (Matth.13,36–43) »Denn die Aufrichtigen werden das Land bewohnen, und die Vollkommenen darin übrig bleiben« (Spr.2,21); »und sie werden sprechen von der Herrlichkeit deines Reiches und reden von deiner Macht.« (Ps.145,10–13)

Vor dieser gewaltigen Tatsache fallen die vierundzwanzig Ältesten anbetend nieder und sprachen: **Wir danken dir, Herr, Gott, Allmächtiger, der da ist und der da war, dass du angenommen hast deine große Macht und angetreten deine Herrschaft!** Hier haben wir wieder die Verbindung zu Kap.7, wo die Ältesten angesichts der erlösten Menge Gott preisen (V.11). Bezeichnend ist, dass hier das dritte Glied: »und der da kommt« fehlt, denn Er *ist* gekommen in Seinem Reiche, und dafür ist Ihm zu danken. Aus dem Antritt der Königsherrschaft Christi kann nicht geschlossen werden, dass Er Seine Macht gebrauchen wird, um Sich die Welt zu unterwerfen. Jesus hat nie nach irdisch-weltlicher Herrschaft getrachtet. Es handelt sich hier allein um Seine Macht und Herrschaft in Seinem Königreich. Denn zeitweilig herrschten im Reiche Gottes, weil wir im geistlichen Kampf versagt haben, finstere und böse Mächte. Jetzt aber, da Christus, unser König, wieder Seinen Platz in den Herzen der Seinen bekommen hat, kann Sein Volk wieder erstarken, sodass es Sieg bekommt über alle gottfeindlichen Mächte. Seine Macht wieder über diejenigen zur Geltung zu bringen, die Christus als Könige und Priester berufen hat, hat sich schwieriger gestaltet als Krankheiten zu heilen und die Wellen mit einem Machtwort zu glätten.

Was den »Nationen« zur Last gelegt wird, denen das Reich zur Verwaltung anvertraut war, ist ihr Ungehorsam gegen Gott und ihre Ungerechtigkeit und Unbarmherzigkeit, ihr Zorn gegen Seine Knechte, die Propheten und Seine Heiligen. Deshalb ist der HERR erzürnt und jetzt ist **sein Zorn gekommen,** ihnen ihre Bosheit zu vergelten, wovon der zweite Teil der Offenbarung handelt. Aber allen denen, die Gott treu gedient haben, Seinen Knechten und allen Heiligen, wird der Lohn vom HERRN zuteilwerden. Und Gott gibt immer mehr, als wir verdient haben. Schon Ihn gefürchtet zu haben, das gilt für die Kleinen und Geringen wie für die Großen, bringt ewiges Leben ein. Im Reiche Gottes gibt es keine Klassenunterschiede.

Dieses ganze Thema vom Reich finden wir noch genauer in Offb.19 u. 20. Danach ist auch die Zeit gekommen für **die Toten, um gerichtet zu werden,** wenn sie vor dem großen weißen Thron stehen (Offb.20, 11–15). »Ich bezeuge ernstlich vor Gott und Christo Jesu, der da richten wird Lebendige und Tote, und bei seiner Erscheinung und seinem Reiche: Predige das Wort …, überführe, strafe, ermahne mit aller Langmut und Lehre.« (2.Tim.4,1–2) Wir werden durch die Ankündigung der siebenten Posaune in die Zeit versetzt, wo die Toten auferstehen werden, die einen zum ewigen Leben, die anderen zum »zweiten Tod, dem Feuersee«. Zu diesem Zeitpunkt, nachdem die Entschlafenen in Christo zuerst auferstanden sind, »bei der letzten Posaune«, findet auch die Verwandlung und Entrückung der Gemeinde statt, die sich für Christus bereit gemacht hat (1.Kor.15,51–55; 1.Thess.4,13–18). Den genauen Zeitpunkt weiß weder Jesus noch Paulus, er sagt: »**bei der letzten Posaune**«, kurz davor oder danach oder eben dabei.

Mit der siebenten Posaune schließt dieser Heilskreis, der uns hier kurz an das Ende der Weltgeschichte führt. Noch eine letzte Warnung bezüglich derer, **welche die Erde verderben,** das heißt die wiederhergestellte Gemeinde des neuen Bundes. Wenn Gott etwas Neues macht, besteht auch die Gefahr, dass es wieder verdorben wird. Deshalb die scharfen Worte, dass Gott die, »die dem Evangelium unseres Herrn Jesus Christus nicht gehorchen«, richten wird; »welche Strafe leiden werden, ewiges Verderben vom Angesicht des Herrn und von der Herrlichkeit seiner Stärke, wenn er kommen wird, um an jenem Tage verherrlicht zu werden in seinen Heiligen und bewundert in allen, die geglaubt haben; denn unser Zeugnis bei euch ist geglaubt worden«. (2.Thess.1,6–10)

CHRISTUS – DIE WAHRE BUNDESLADE

Und der Tempel Gottes im Himmel wurde geöffnet, und die Lade seines Bundes wurde in seinem Tempel gesehen. Während der Posaunengerichte war es, als sei der Zutritt ins Heiligtum versperrt gewesen, als hätten wir keinen Zugang mehr zu Gott gehabt, um Ihn anzubeten. Zu viele Nöte, Sorgen und Sünden plagten das Priestervolk und raubten uns die Freimütigkeit. Doch nun, da der Tempel wieder geöffnet ist, »lasst uns hinzutreten mit wahrhaftigem Herzen, in voller Gewissheit des Glaubens, die Herzen besprengt und also gereinigt vom bösen Gewissen«. (Hebr.10,19–25). Von dort aus öffnet sich auch wieder der Blick ins Allerheiligste auf den heiligsten und kostbarsten Gegenstand für Gott und Sein Volk: die Bundeslade.

Die Lade wieder zu schauen, löste in Israel unermesslichen Trost und gewaltiges Jauchzen aus (1.Sam.6,13.19; 2.Sam.6,15). Was ist denn an der **Lade seines Bundes** so herrlich? Weil sie auf Jesus Christus, die himmlische Bundeslade hinweist. Wir können ihre Bedeutung nur im Lichte des Allerheiligsten verstehen. In der »Lade des Bundes« oder der »Lade Gottes«, auch »Lade des Zeugnisses« genannt, war das Zeugnis Gottes niedergelegt, das ihr den eigentlichen Wert verlieh. Durch den Neuen Bund, den Christus durch Sein Blut eingeweiht hat, ist das Zeugnis Gottes auch in unseren Herzen (Hebr.8,6–13).

Der Vorsatz Gottes war, in der Mitte Seines Volkes zu wohnen. Aber Gott ist heilig, Er konnte daher nur in einem Heiligtum unter ihnen sein. Deshalb beauftragte Er Mose: »Sie sollen mir ein Heiligtum machen, dass ich in ihrer Mitte wohne.« (2.Mose 25,1–9) Jeder, der willigen Herzens war, sollte seine Schätze für das Heiligtum geben und die dies taten, gaben damit glücklichen Herzens Gott die Antwort auf das, was Er ihnen gegeben hatte. Was hatte Gott ihnen und uns gegeben? Brot aus dem Himmel (2.Mo.16; Joh.6) und Trank aus dem Felsen (2.Mo.17,1–7; 1.Kor.10,4) und Sieg im Kampf (2.Mo.17,8–16; Röm.8,31–39). Angesichts der Bundeslade sollen wir nicht länger an uns, sondern an Gott in Liebe und Hingabe denken, dass Er uns erlöst hat durch das Blut Christi, als eines Lammes ohne Fehl und ohne Flecken und uns in dieser Drangsalswüste versorgt hat. Während der ganzen Zeit der Posaunen war Gott für Sein Volk da und die Lade seines Bundes war die Garantie, dass Gott Sein Volk nicht verstoßen hat; außerdem umgibt Sein Volk eine Wolke von Zeugen (Hebr.12,1).

Die Lade war von Akazienholz, ein unverderbliches Holz; es redet von der heiligen und unverderblichen Menschenart, die durch die Kraft des Heiligen Geistes kommen sollte. So kam zwar Jesus Christus in »Gleichgestalt des Fleisches der Sünde« (Röm.8,3), aber Er kam als Mensch vom Himmel; die Art, in der die Herrlichkeit Gottes zur Darstellung kommen sollte, war nicht von der Erde. »Darum wird auch das Heilige, das geboren wird, Sohn Gottes genannt werden.« (Luk.1,35) Denn Jesus hatte keinen natürlichen Vater, Er war vom Heiligen Geiste gezeugt wie der Engel zu Joseph sagt (Matth.1,20). Die Vaterschaft Gottes ist mit den Worten besiegelt: »Du bist mein Sohn, heute habe ich dich gezeugt.« (Hebr.1,5) Obwohl die Schrift in ganz natürlicher Weise von Seinen Eltern spricht (Luk.2,33.48), war Jesus sich doch allezeit bewusst, dass er Gottes Sohn war und vom Himmel kam. Gottes und Marien Sohn, wahrer Gott und wahrer Mensch! – wer könnte dieses Geheimnis ergründen? Er trug nicht das verderbte Fleisch, die sündige Natur des ersten Adam an sich. »Das Wort ward Fleisch und wohnte unter uns.« (Joh.1,14) Sein Leib war unverderblich, unverweslich, Sein Blut war heilig und rein. Doch indem Er an Fleisch und Blut in gleicher Weise wie wir teilgenommen hat, war Er auch allen Bedingungen des Menschseins unterworfen, aber als der neue Mensch und das ewige Leben, als das Ebenbild Gottes, »der Abglanz seiner Herrlichkeit und der Abdruck seines Wesens«. (Hebr.1,3)

Das Leben Christi war »Akazienholz«, überzogen von reinem Golde, inwendig und auswendig. »Und wir haben seine Herrlichkeit angeschaut, eine Herrlichkeit als eines Eingeborenen vom Vater, voller Gnade und Wahrheit.« (1.Joh.1,14) Wohin das Auge sah, alles an dieser himmlischen Bundeslade glänzte in reinem Golde. Sei es das Innere, wohin nur das Auge Gottes sah, sei es das Äußere, die den Menschen zugewandte Seite – überall reines Gold. So sahen die Jünger den HERRN Jesus, so hörten und fühlten sie Ihn. Er war nicht nur ein idealer Mensch oder ideelles Vorbild wie ihn Walter Gerhardt sieht. Jeder Gedanke, jedes Wort, jede Handlung Jesu war reines Gold der Wahrheit und Gerechtigkeit. Und all die Versuchungen und Umstände, in denen Er Sich je befand, machten dies offenbar. Das Gesetz Gottes, das in der Lade war, war vollkommen in Ihm. Sein Menschsein machte die göttliche Vollkommenheit des Sohnes und die Liebe und Gnade des Vaters offenbar; beides war stets vorhanden und wurde dem Glaubensauge offenbart – »das ewige Leben, welches bei dem Vater war und uns geoffenbart worden ist«. (1.Joh.1,2) Dieses Leben haben wir durch den Glauben empfangen, »Christus in euch, die Hoffnung der Herrlichkeit«. (Kol.1,27)

Über der Lade, zwischen den Cherubim, die aus dem Gold des Sühnungsdeckels getrieben waren, war der Thron des Gerichts, wo der heilige Gott thronte. So hat auch Gott Jesus uns zum Sühnungsmittel oder »Gnadenstuhl« dargestellt (Röm.3,25). »Einer ist Mittler geworden zwischen Gott und Menschen, der Mensch Christus Jesus.« (1.Tim.2,5) Wir schrecken davor zurück, den HERRN Jesus irgendwie mit Sünde in Verbindung zu bringen, außer was die Schrift bezeugt, dass Er unsere Sünden auf Sich nahm, ja »für uns zur Sünde gemacht wurde, auf dass wir Gottes Gerechtigkeit würden in ihm«. (2.Kor.5,21) Am Kreuze auf Golgatha stand Er für uns im Gericht, weshalb Gott Sein heiliges Angesicht in jenen drei Stunden der Finsternis von Ihm abwenden musste. Diese Tatsache sehen wir in dem goldenen Deckel der Lade, der am großen Versöhnungstag durch die Blutbesprengung zum Gnadenstuhl wurde. Christus ist durch Seinen Sühnetod uns zum Gnadenmittel geworden; das Blut ist auf dem Golde.

Nun ist also der Tempel wieder geöffnet, wir dürfen mit Freimütigkeit hinzutreten und die herrliche Lade des neuen Bundes anschauen. Hätten wir sie nur stets vor Augen gehabt, wäre uns manches Ungemach in der Welt erspart geblieben. Die Mächte der Finsternis werden uns nicht beunruhigen können, wenn wir unter der Führung der Lade des Bundes stehen. Sie ermutigt uns zu einem neuen Aufbruch, »sie zog drei Tagereisen vor ihnen her, um ihnen einen Ruheort zu erkunden; und die Wolke des Herrn war über ihnen des Tages, wenn sie aus dem Lager zogen. Und es geschah, wenn die Lade aufbrach, so sprach Mose: Stehe auf, Herr, dass deine Feinde sich zerstreuen, und deine Hasser vor dir fliehen! Und wenn sie ruhte, so sprach er: Kehre wieder, Herr, zu den Myriaden der Tausende Israels!« (4.Mo.10,33–36) Die Lade verheißt Ruhe, Sieg und Herrlichkeit. Wo keine Wertschätzung der Lade des Bundes ist, kennt man auch nicht das Israel des neuen Bundes. Denn die Lade und Gottes Israel gehören unzertrennlich zusammen.

Die Herrlichkeit der Lade, auf die Gottes Auge stets wohlgefällig blickte, wurde durch den »goldenen Kranz ringsum« bezeugt. Der Himmel öffnete sich wiederholt über dem vollkommenen Menschen: »Dieser ist mein geliebter Sohn, an welchem ich Wohlgefallen gefunden habe; ihn höret.« (Matth.3,17; 16,5) Seine Heiligkeit erlaubte es nicht, dass Sünderhände nach Ihm griffen, ehe Seine Stunde gekommen war. Das ist die Heiligkeit der Bundeslade und wer sie anfasste war des Todes (2.Sam.6,7), und ebenso wer es wagte, ihr Geheimnis zu ergründen und in sie hineinschaute, wie die Leute von Beth-Semes (1.Sam.6,19). Gottes Ordnung und Heiligkeit muss beachtet werden. Denn so sehr die Herrlichkeit der Person Jesu die Jünger entzückte und Seine Herablassung Ihn zutraulich machte, sodass Ihm auch Zöllner und Sünder nahten und Ihn berühren konnten, war Er doch »heilig, unschuldig, unbefleckt«. (Hebr.7,26) Christus ist uns nicht gegeben, das Geheimnis Seiner Person bis ins Letzte zu ergründen, um Ihn dann auf unsere menschliche Ebene herabzuziehen, sondern Ihn zu betrachten, zu bewundern und die Kraft Seines unauflöslichen Lebens in Anspruch zu nehmen. Das entspricht der Heiligung der Bundeslade, die zu beachten ist. Deshalb geschehen zum Schluss der Posaunen, sozusagen als letzten starken Trompetenstoß, noch einmal **Blitze und Stimmen und Donner und ein Erdbeben und ein großer Hagel.**

Im Blick auf die beiden folgenden Kapitel ist es außerordentlich wichtig, die Lade des Bundes, das heißt Christus als das Lamm und als Hohepriester im Auge zu behalten. Denn sie wird uns den Weg bahnen durch die Wüste des Tieres und durch den Tod des Jordan ins Land der Verheißung. Als das Volk durch den Jordan gehen musste, sehen wir die Bundeslade ihm einen Weg bahnen durch die Fluten. Doch sollte zwischen ihm und der Lade eine Entfernung sein von zweitausend Ellen; »ihr sollt ihr nicht nahen, auf dass ihr den Weg wisset, auf dem ihr gehen sollt; denn ihr seid des Weges früher nicht gezogen«. (Jos.3,4) Gott führt Seine Gemeinde durch die Offenbarung auf einen neuen Weg, den sie noch nicht gekannt hat.

Das folgende Kapitel fällt noch in die Zeit der Posaunengerichte, zeigt uns jedoch eine neue Seite, wie Gott Seine Gemeinde bildet und heiligt. »Darum wird er sie dahingeben bis zur Zeit, da eine Gebärende geboren hat; und der Rest seiner Brüder wird zurückkehren samt den Kindern Israel.« (Mich.5,2)

EIN GROSSES ZEICHEN (KAP.12)

UNSERE MUTTER

Angesichts der Bundeslade, die uns an das Leben und die Leiden Christi erinnert, aber auch an die Versöhnung durch Sein Blut und Seinen Dienst im Heiligtum, erscheint ein großes Zeichen in dem Himmel: **Ein Weib, bekleidet mit der Sonne, und der Mond war unter ihren Füßen, und auf ihrem Haupte eine Krone von zwölf Sternen.** Ein Zeichen ist nicht die Sache selbst, weist aber darauf hin: »Das Jerusalem droben, welches unsere Mutter ist.« (Gal.4,26) Hier erscheint die Gemeinde als Mutter des himmlischen Israels, »schön wie der Mond, rein wie die Sonne, furchtbar wie Kriegsscharen«. (Hohel.6,10) Sie hat Christum, die Sonne aller Herrlichkeit, angezogen (Röm.13,14), sie ist Licht in dem HERRN (Eph.5,8) und wandelt nach dem Geiste (Röm.8,4), gekrönt mit allen zwölf Verheißungen und Segnungen Israels, die im Segen Moses enthalten sind: »Glückselig bist du, Israel! Wer ist ein Volk wie du, gerettet durch den Herrn, den Schild deiner Hilfe, und der das Schwert deiner Hoheit ist.« (5.Mo.33) An dem großen und kleinen Himmelslicht und den **zwölf Sternen** wird es ganz deutlich, dass Israel die himmlische Berufung hat.

Das vorliegende Kapitel greift noch einmal auf die Geburtsgeschichte Jesu zurück, die als Vorbild dient für das, was durch die Gemeinde geschehen soll. Die durch die Gerichte zubereitete Gemeinde ist das Gefäß des Zeugnisses Jesu, Seiner Offenbarung. Aus ihr, der von Gott Geliebten, soll durch das Zeugnis des Geistes der Christus der Offenbarung kommen. Aber wie soll dies geschehen, da sie unfruchtbar ist wie Sarah und Hanna? Jetzt ist der

Glaube gefragt. Von Maria, auf die das große Zeichen anspielt (freilich ohne sie damit zu identifizieren), wird gesagt: »Glückselig, die geglaubt hat, denn es wird zur Erfüllung kommen, was von dem Herrn zu ihr geredet ist.« (Luk.1,45)

Und sie ist schwanger. Wo »die Worte der Weissagung« (1,3) gefruchtet haben, ja sobald man das Zeugnis von der ewigen Herrschaft Christi über »das Haus Jakob und die Nationen« gehört und gläubig aufgenommen hat (obwohl man noch nicht alles verstehen mag), beginnt geistlicherweise die »Schwangerschaft«. Es handelt sich nicht um die persönliche Wiedergeburt. Diese wird vorausgesetzt, aber es muss noch etwas in uns gestaltet und durch uns geboren werden. Die gläubige Seele ist »in Hoffnung«, glücklich über das Zeugnis der Offenbarung Jesu Christi, ja sie spürt plötzlich neues Leben, eine neue Freude und Liebe im Herzen. Wer den Christus der Offenbarung im Herzen trägt, hat die Hoffnung der Herrlichkeit (Kol.1,27), er fängt wie Maria an, den HERRN zu preisen (Luk.1,46–56).

Nur müssen Marienseelen wissen, dass ihnen noch eine schwere Stunde bevorsteht. Denn eine Geburt ist mit Wehen, mit Schmerzen verbunden **und sie schreit in Geburtswehen und in Schmerzen zu gebären.** »Kann eine Nation mit *einem* Male geboren werden? Denn Zion hat Wehen bekommen und zugleich ihre Kinder geboren. Sollte ich zum Durchbruch bringen und nicht gebären lassen?« (Jes.66,7–9) Maria hat den Christus nach dem Fleische geboren, durch die Offenbarungsgemeinde wird der Christus *nach dem Geiste* zur Welt gebracht werden, und dann wird sie noch viele Kinder bekommen. Drei schwere Wehen haben die Wiedergeburt Israels vorbereitet. Die »Erstgeburt« ist ein besonders schmerzlicher Akt, um vom Natürlichen zum Geistlichen zu kommen. Da wird uns nicht viel mehr bleiben, außer die persönliche Errettung, und auch diese Gewissheit scheint uns in solchen Augenblicken zu entschwinden. Mit Schmerzen Kinder zu gebären ist ein Gesetz infolge des Sündenfalles; es ist auch ein geistliches Gesetz, weil unsere geistlichen Eltern sich von der Schlange verführen ließen, indem sie prophetisch ein anderes Christusbild, eine falsche Israelhoffnung und überhaupt eine falsche

Reichsgottesschau annahmen – und wir haben sie ungeprüft übernommen. Deshalb mussten auch einst die Jünger schwere Geburtswehen durchmachen, denn ihre Erwartungen gingen auf die Herrschaft eines Königs nach dem Fleische (Joh.16,20–22). Alle irdischen Hoffnungen mussten begraben werden. Nach der Auferstehung und Himmelfahrt Jesu besaßen sie für immer einen himmlischen Christus und ein ewiges Reich. Keiner von ihnen erwähnt mehr die Hoffnung einer irdischen Herrschaft Christi.

Die Schmerzen und Tränen der Gemeinde verdichten sich oft sehr stark in denen, die Christum im Herzen haben und anderen Geburtshilfe leisten wollen. »Meine Kindlein«, hören wir den Apostel Paulus wehklagen, »um die ich abermals Geburtswehen habe, bis Christus in euch gestaltet ist«. (Gal.4,19) Bei den Galatern war das Problem das Gesetz, der Rückfall in die jüdische Gesetzlichkeit; bei uns ist es der Rückfall in die fleischliche Prophetie der jüdischen Apokalyptik. Beides trennt uns von Christus, in welchem das Gesetz und die Propheten buchstäblich erfüllt sind. Er will uns durch Seine Offenbarung zur Freiheit führen, frei von der Knechtschaft des Gesetzes und der Sünde, frei auch vom Buchstaben der Prophetie, die bisher nur Alibifunktion hatte, aber keinerlei Erlösung brachte.

Gegen einen solchen Christus erhebt sich bald die größte Feindschaft. Ein furchterregendes Ungeheuer erblickt plötzlich das Auge der schwangeren Frau und erschreckt sie. Satan tritt in der Gestalt eines **großen feuerroten Drachen, welcher sieben Köpfe und zehn Hörner hatte, und auf seinen Köpfen sieben Diademe,** auf den Plan, um das Zeugnis sofort zunichtezumachen, wenn es öffentlich bekannt wird. Feuerrot ist in der Offenbarung die Farbe von Zorn und Gerichtsdrohung (6,4), als Drache will er Angst und Schrecken einflößen, als täte das Weib etwas Unrechtes. Doch es ist die alte Feindschaft zwischen dem Samen der Schlange und dem Samen des Weibes, die hier mit Macht wieder aufbricht (1.Mo.3,15). Die **sieben Köpfe** waren einmal Engel bzw. Könige der Gemeinden, die gefallen sind, die **zehn Hörner** erinnern an das schreckliche Tier in Dan.7 und stellen alle Fürstentümer, Gewalten und Weltbeherrscher der Finsternis dar, die im Kampf um die Offenbarung Jesu Christi eine Rolle spielen. Obendrein sind seine sieben Köpfe mit **sieben Diademen** geschmückt, Zeichen der Macht und Hoheit, mit der seine gefallenen Engel sich immer noch schmücken. Wir ahnen etwas davon, welche Macht der Bosheit hier dem Zeugnis Jesu entgegentritt. Mehr zu fürchten ist aber **sein Schwanz**, worin wir die List der Schlange erkennen, mit der er **den dritten Teil der Sterne mit sich fortzieht und auf die Erde warf.** Hier taucht wieder der berühmte »dritte Teil« aus Kap. 8 und 9 auf, offenbar der Verführung erlegen, der Schlange mehr zu glauben als dem, was der Geist den Gemeinden sagt, wodurch sie ihr Bekenntnis verleugnen.

Und der Drache stand vor dem Weibe, das im Begriff war, zu gebären, auf dass er, wenn sie geboren hätte, ihr Kind verschlänge. Sein Ziel ist hier nicht, die Gemeinde zu vernichten, Satan ist nicht gegen religiöses Wesen, Schriftgelehrsamkeit, Gottesglaube, Beten, sondern gegen den Christus der Offenbarung. In der Welt ist kein Platz für Ihn, weder in der christlichen Welt noch im Hause der Seinen (Joh.1,11). Da sind wir wieder beim Stall in Bethlehem, denn in der Herberge war kein Raum für das heilige Paar. Entweder waren alle Zimmer belegt oder zu teuer für arme Leute. Die Krippe war sicher kostenlos und dort offenbarte Gott seine Herrlichkeit. Für das Zeugnis der Offenbarung Jesu Christi braucht es keine Herberge und keinen Stall. Aber wie soll es denn verbreitet werden? Kein christlicher Verlag wird das Risiko übernehmen, eine absolute Neuheit, etwas nie Dagewesenes wie die vorliegende Auslegung zu veröffentlichen. Gott wird sich einen Verlag ersehen.

Ein Bild der Feindschaft gegen die Offenbarung Jesu Christi haben wir in Herodes. Zuerst schien er sehr interessiert an dem neugeborenen König der Juden. Angeblich wollte auch er dem Kindlein huldigen, aber sein Plan war, es umzubringen, weil er in dem Messias einen Rivalen sah (Matth.2). »Herodianer« sind eine gefährliche Sekte, sie erwarten angeblich auch den Christus, aber einen Christus, der ihre Herrschaft bestätigt. Die Kunde von dem Christus Gottes, dem seligen Machthaber, dem allein Ehre und ewige Macht gebührt, lässt sie erbeben.

Und sie gebar einen männlichen Sohn, der alle Nationen weiden wird mit eiserner Rute. Das frohe Ereignis ist da, die Befreiung vom fremden Joch naht, »denn ein Kind ist uns geboren, ein Sohn uns gegeben, und die Herrschaft ruht auf seiner Schulter; und man nennt seinen Namen: Wunderbarer, Berater, starker Gott, ewiger Vater, Friedefürst. Die Mehrung der Herrschaft und der Friede werden kein Ende haben auf dem Throne Davids und über sein Königreich, um es zu befestigen und zu stützen durch Gericht und durch Gerechtigkeit, von nun an bis in Ewigkeit. Der Eifer des Herrn der Heerscharen wird dieses tun«. (Jes.9,6–7) Wichtig ist, hier das **männliche** Geschlecht festzuhalten, es gilt für die Thronanwartschaft, will aber auch das Starke und Geistliche hervorheben. Denn Christus soll ja die **eiserne Rute** gebrauchen – ein anderes Symbol für das Gesetz Gottes, nicht als Totschlagkeule, sondern um »den Nationen das Recht kundzutun« (Jes.42,1) und zur Züchtigung derer, die nicht dem Glauben gehorchen. Denn sich Christ nennen und es nicht sein, Kind Gottes heißen und nicht nach dem Worte Gottes leben – das wird künftig nicht mehr gehen. Solche werden die Rute zu spüren bekommen. Das wird hart werden, aber heilsam sein.

Sofort wird das königliche Kind dem Zugriff des Drachen entzogen, es wurde **entrückt zu Gott und zu seinem Thron.** Zwar wird der Christus der Offenbarung wie einst nach dem Fleische in eine religiöse Welt hineingeboren, muss aber dort sofort herausgenommen werden. Seine Entrückung ist zugleich Erhöhung von der Krippe zum Thron. Kindeswachstum, Jugendzeit, Mannesalter bleiben unerwähnt, da dieses in den Heiligen geschieht. Dienst und Kreuz sahen wir bei den beiden Propheten Gottes. Die Erkenntnis des Sohnes Gottes ist wachstümlich, wir sollen »zu dem erwachsenen Manne, zu dem vollen Wuchse der Fülle des Christus« gelangen (Eph.4,13).

Während der Sohn entrückt und auf Gottes Thron zur Rechten des Vaters erhoben wird, ist er dem Zugriff Satans entzogen. Wahrlich, der erhöhte Jesus ist unangreifbar. Wer wollte etwas dagegen sagen, dass Christus zur Rechten Gottes gesetzt ist »in den himmlischen Örtern, über jedes Fürstentum und jede Gewalt und Kraft und Herrschaft und jeden Namen, der genannt wird, nicht allein in diesem Zeitalter, sondern auch in dem zukünftigen«? (Eph.1,21) Mit dieser Tatsache muss sich auch der Teufel abfinden. Leider haben viele Christen hinsichtlich der Herrschaft Christi in dem »zukünftigen Zeitalter« ihre Schwierigkeiten, weil sie meinen, Er würde auf der Erde regieren, während wir hier sehen, dass Er in den himmlischen Örtern herrscht. Damit ist auch die geistliche Deutung der Offenbarung gesichert. Christus regiert im Himmel. Dort werden die Kämpfe ausgetragen.

Da der Drache dem himmlischen Kind nichts anhaben kann, richtet sich seine Wut gegen das Weib, die Offenbarungsgemeinde. **Und das Weib floh in die Wüste, woselbst sie eine von Gott bereitete Stätte hat, auf dass man sie daselbst ernähre tausendzweihundertsechzig Tage.** Gleichwie der Pharao Israel nachstellte, als sie aus Ägypten zogen, setzt auch der Drache dem Weibe nach. Joseph und Maria flohen nach Ägypten, denn Jesus musste, wenn auch als Kind, einmal in Ägypten gewesen sein, der Eine für das ganze Volk, damit die Schrift erfüllt würde: »Aus Ägypten habe ich meinen Sohn gerufen.« (Matth.2,15) Der Ausgangspunkt für die Flucht des Weibes ist hier Ägypten, »dem Hause der Knechtschaft«, um an einen sicheren Ort zu gelangen, den Gott für sie bereitet hat, wo ER sie ernährt und erhält. »Die Wüste« ist kein geografischer Ort, wohin wir fliehen müssten. In dieser Welt gibt es keinen Zufluchtsort vor Satan. Unsere Zuflucht ist in Gott, in Seinem Heiligtum. Die Wüste stellt sich hier ganz anders dar, als wir in den Kapiteln 8 und 9 gesehen haben. Für Gottes Israel ist sie ein Ort des Segens, der Fruchtbarkeit, des Friedens und der Freiheit, wo Gott in der Mitte Seines Volkes wohnt, wo Er Seine Gemeinde mit dem himmlischen Manna speist, wo auch der »Same Abrahams« geboren wird. So positiv kann die »Wüste« erlebt werden, während andere, bei denen das Wort nicht mit dem Glauben vermischt wird, darin straucheln. Auf »tausendzweihundertundsechzig Tage« ist der Wüstenaufenthalt bemessen, was der zweiten Hälfte der letzten daniel'schen Jahrwoche entspricht. Dann sind wir in Kanaan und Zion, dem neuen Jerusalem.

Und es entstand ein Kampf in dem Himmel: Michael und seine Engel kämpften mit dem Drachen. Nachdem der rechtmäßige Thronfolger Davids die Herrschaft angetreten hat, geht Michael gegen den Widersacher vor. Satan beherrschte bisher das Reich und unterdrückte die Heiligen. Mit Gewalt und List war es ihm gelungen, seinen Thron dort aufzurichten und die Gegensätze zwischen Licht und Finsternis, Wahrheit und Lüge, Gerechtigkeit und Gesetzlosigkeit zu verwischen und Gottes Volk mit der Welt zu vermischen. Dabei hat er sich längst das paulinische, petrinische und johanneische Bekenntnis angeeignet und seine Diener haben die Gestalt als Prediger der Gnade angenommen. Unter dem Deckmantel von Gnade und Liebe, Evangelium und Verheißungen nahmen sie den Kindern Gottes die Waffe gegen die Sünde und die Mächte der Finsternis aus der Hand. Die treuen Brüder, die für Wahrheit und Recht eintraten, verklagte er als Störenfriede. Wie war es überhaupt möglich, dass Satan wieder in das Reich der Himmel eindringen konnte, da Jesus ihn doch schon einmal hinausgeworfen hatte (Joh.12,31)? Der Grund ist in den Sendschreiben zu suchen: Verlassen der ersten Liebe, Weltoffenheit, Lauheit usw. verschafften ihm Eingang. Er muss deshalb abermals hinausgeworfen werden, wogegen Satan und seine Diener sich aufs Äußerste zur Wehr setzen werden.

Unser Michael, der große Fürst, ist aufgestanden und eröffnet den Kampf und seine Engel stehen ihm bei. Derselbe war vermutlich auch der Engel, der Jesus stärkte, als Er in Gethsemane in ringendem Kampfe war (Dan.10,13; Luk.22,43). Hier steht er für »die Kinder deines Volkes« (Dan.12,1), um sie aus der Hand des Widersachers zu befreien. Dagegen erhebt sich der Drache **und der Drache kämpfte und seine Engel.** Zuerst ging es Satan um *das* Kind des Himmels, jetzt will er die Kinder verderben, deren das Himmelreich ist. Er weiß so gut wie der Pharao, dass dem, dem die Kinder gehören, die Zukunft gehört. Die Alten mögen ihren Glauben behalten und ausüben, aber der größte Kampf wird entfacht, wenn es um das Wohl der Kinder geht (2.Mo.10,7–11). Wir spüren etwas von diesem Kampf, ja wir sind mit in die heiße Auseinandersetzung verwickelt und das vornehmlich mit solchen, die das christliche Bekenntnis haben. Daher ist es auch ein Kampf im Himmel. Dieser Kampf mutet wie ein Meinungsstreit, wie ein Rechtsstreit an, wobei Satan der Ankläger ist; er klagt die Eltern an, er verklagt die Kinder, er verklagt auch die Brüder.

Für den Erzengel Michael ist es nicht der erste Streit mit dem Teufel, denn er hat bereits mit Satan heftigen Wortwechsel gehabt um den Leib Moses (Jud.9). Wir lernen von Michael, konsequent zu sein und uns auf Gottes Wort zu stützen, aber kein lästerndes Urteil über Satan zu fällen, sondern dieses Gott zu überlassen. So wird Satan aus dem Felde geschlagen **und sie siegten nicht ob, auch wurde ihre Stätte nicht mehr in dem Himmel gefunden.** Das Wissen um Satans Niederlage gibt uns den Mut und die Kraft, ihm zu widerstehen.

Und es wurde geworfen der große Drache, die alte Schlange, welcher Teufel und Satan genannt wird, der den ganzen Erdkreis verführt, geworfen wurde er auf die Erde, und seine Engel wurden mit ihm hinabgeworfen. Jetzt ist der Drache entlarvt. Dahinter steckte die alte Schlange, ihr wahrer Name wird genannt: Teufel und Satan. Der 9.Vers hebt die Verführerrolle Satans ausdrücklich hervor. Zwar sind es immer Menschen, böse Menschen und Gaukler, die verführen, weil sie von anderen verführt worden sind (2.Tim.3,13), aber dahinter sollte immer der Verführer erkannt werden. Ein großer Teil der Christen ist seiner Verführung erlegen, indem sie seinen Lügen mehr geglaubt haben als der Wahrheit. Viele sind verführt worden, und zwar auf die gleiche Weise wie die ersten Menschen (1.Mo.3). Zunächst zieht Satan das Gebot Gottes in Zweifel: Sollte Gott es wirklich so gemeint haben, wie es geschrieben steht? So werden die Menschen hin- und hergeworfen und umhergetrieben »von jedem Wind der Lehre, die da kommt durch die Betrügerei der Menschen, durch ihre Verschlagenheit zu listig ersonnenem Irrtum«. (Eph.4,14–15)

Satan arbeitet in seinem Verführungswerk auch mit biblischen Wahrheiten. Das war schon seine Taktik im Paradies. Es war ja wahr, dass jener verbotene Baum Erkenntnis des Guten und Bösen verleiht, aber die Folge dieser Erkenntnis ist eben nicht das Leben, sondern der Tod. Denn nur die Beschäftigung mit dem Guten gewährleistet den Segen und das Leben. Wenn wir uns von Satan einreden lassen, wir müssten über alles informiert sein, ist unser Geist mehr mit dem Bösen, dem Schlechten und Negativen der Welt beschäftigt und das kann natürlich niemanden glücklich machen. Hat nicht Gott geboten: »Liebet nicht die Welt, noch was in der Welt ist. Wenn jemand die Welt liebt, so ist die Liebe des Vaters nicht in ihm«? (1.Joh.2,15) Das ist eindeutig. Warum nun Satan, dem »Gott dieser Welt«, das Ohr leihen, als ob dieses Weltsystem, das ist der gegenwärtige Zeitlauf, nach dem die Menschen leben, uns auch etwas Gutes, Schönes, Liebenswertes zu bieten hätte? Gott hat etwas Besseres für uns vorgesehen. Der kindlich-einfältige Sinn prüft alles an dem Willen Gottes, wie der himmlische Vater darüber denkt. So können wir den Bösewicht überwinden und der Verführung des Teufels entgehen.

Und ich hörte eine laute Stimme in dem Himmel sagen: Nun ist das Heil und die Macht und das Reich unseres Gottes und die Gewalt seines Christus gekommen; denn hinabgeworfen ist der Verkläger unserer Brüder, der sie Tag und Nacht vor unserem Gott verklagte. Nochmals, wie in Kap.11,15, wird mit lauter Stimme ausgerufen, damit es alle hören, dass das Reich gekommen ist. Hier besonders triumphierend wegen des Sieges über den Verkläger. »Geworfen, geworfen, geworfen ...«, von selbst räumt Satan nicht das Feld, auch wenn er sehen muss, dass er verloren hat. Der Störenfried soll nicht mehr die himmlischen Räume betreten, denn der Himmel gehört den Kindern Gottes. Er hat Hausverbot, weil er nur die Brüder verklagte. Draußen mag er toben und lästern, aber er soll die Gemeinschaft der Heiligen, um die es hier geht, nicht mehr stören. Wenn wir glauben, dass »Friede im Himmel und Herrlichkeit in der Höhe« ist (Luk.19,38), dann muss auch Friede in den Gemeinden und Harmonie in den Familien sein. Das ist ganz sicher der Fall, wo Christus wohnt. Obwohl die Kinder Gottes noch mit dem Verführer zu tun haben, gibt es doch einen Bereich, **das Reich unseres Gottes**, wo wir vor Satan geschützt sind.

Als Satan noch Zutritt hatte, bestand sein Tun in nichts anderem, als die Brüder Tag und Nacht zu verklagen. Ständig auf der Suche nach einem Anklagegrund, spielt er sich gerne zum Staatsanwalt auf, als sei er für Recht und Gerechtigkeit. Leider hatte er genügend Anlass, da er selbst Missgunst und Unfriede in den Gemeinden schürt. Denn wo Satan wohnt, aber nicht erkannt und bekämpft wird, da ist Ungerechtigkeit, Streit, Spaltungen, Verleumdung, böse Verdächtigungen, übles Nachreden und was dergleichen mehr gegen die Leibeseinheit und Bruderliebe verstößt. Satan würde nie wagen, mit unwahren Sachen vor Gottes Thron zu erscheinen. Weiß er doch, dass Gott alles durchschaut. Aber Brüder erlauben sich das und das liefert Satan Grund zur Anklage.

Die Brüder, von denen hier die Rede ist, haben den Satan durchschaut und überwunden, besiegt, **um des Blutes des Lammes willen.** Wie haben sie denn seine Anklagen vor Gottes Thron unwirksam gemacht? Durch Bekennen der Schuld, dass sie sich gegen die Liebe versündigt haben. Darum durften sie auch die Vergebung in Anspruch nehmen durch die Reinigung im Blute des Lammes. Das gilt natürlich nicht nur für die Brüder, sondern gleichermaßen auch für Schwestern, die durch ihre Zungen viel Übles verbreiten können. Nun spricht das Lamm für sie und jede Anklage ist niedergeschlagen. Welch ein Sieg über den Teufel, wenn wir einander die Vergehungen bekennen und uns Vergebung zusprechen! Eine Schwester schrieb uns: »Ich bitte euch um Vergebung, wo ich in der Vergangenheit aufgrund verschiedener Kontroversen unfreundlich, empört und zornig auf euch war.« Es ist ein neuer Anfang gemacht, alte Sachen, die vor Gott geordnet sind, gelten nicht mehr, obwohl der Teufel gerade diese gerne wieder hervorgräbt.

Es ist schon ein harter Kampf, den Teufel loszuwerden und rauszuwerfen. Da waren nicht nur die Sünden, die ihm Beweismaterial lieferten, sondern da ist auch noch unser Wesen, unsere Schwachheiten, Unzulänglichkeiten und Fehler, die Satan Tag und Nacht beobachtet, um einen Grund zu haben, uns vor Gott zu verklagen. Sicher können wir den Satan nicht mit Selbstentschuldigungen und Selbstanklagen überwinden. Wir haben einen

Rechtsanwalt bei Gott, Jesum Christum, den Gerechten, »und e r ist die Sühnung für unsere Sünden«. (1.Joh.2,2) Auf Ihn dürfen wir uns berufen, sowohl bei Gott als auch Satan gegenüber. Hier ist **das Wort ihres Zeugnisses** wichtig, das heißt, auszusprechen und zu bekennen, was wir glauben und hoffen: Christus hat mich errettet und Er errettet mich jetzt! Ein Leben in der Heiligung ist möglich kraft des Dienstes unseres großen Hohepriesters. Das bedeutet aber völlige Selbstaufgabe und vollständige Hingabe, wie es von den Brüdern heißt: **Sie haben ihr Leben nicht geliebt bis zum Tode!**

Noch ein dritter Punkt ist wichtig: das Gebet. Satan fürchtet nichts so sehr wie das Gebet, ja er zittert, wenn er den Christen auf den Knien sieht. Oft ist das der entscheidende Kampf, der Gebetskampf. Denn hier wendet Satan jede erdenkliche List an, um uns vom Beten abzuhalten oder im Gebet abzulenken. Wir müssen im Gebet Satan überwinden, vor allem im Gebet der Fürbitte für die Brüder, damit auch sie ihn überwinden.

Nachdem Satan in jeder Weise überwunden und besiegt wurde, entsteht eine Freude im Himmel und bei all denen, **die ihr im Himmel wohnet.** Dort »wohnen« weist auf eine Heimat hin, wo wir nicht mehr Fremde sind. Hier sind wir zu Hause, wohnen sicher, sodass kein Feind uns mehr schrecken kann. Im Himmel wohnen und wandeln, das ist unser rechtmäßiger Stand (Eph.2,6), aus dem wir den Teufel überwinden können (Eph.6,12). »Widerstehet dem Teufel, und er wird von euch fliehen.« (Jak.4,7). Während die Glaubenden heilige Freude erfüllt, ertönt für die Welt ein Wehe: **Wehe der Erde und dem Meere! Denn der Teufel ist zu euch herabgekommen und hat große Wut, da er weiß, dass er wenig Zeit hat.**

Satan ist in jeder Hinsicht ein geschlagener Feind, der Rebell wurde aus dem himmlischen Königreich entfernt. Da er dort keinen Zugang mehr hat, stürzt er sich umso wütender auf die Menschen. Erde und Meer sind hier wieder deutlich unterschiedene Bereiche, wo Satan sein Unwesen treibt. Beide Begriffe stehen, wie schon erwähnt, in der Offenbarung für die Kirche und die Welt. **Satan weiß** und die Heiligen wissen es auch, dass ihm nur noch eine kurze Frist zur Verfügung steht, aber er will nicht, dass die Menschen es wissen. Seine Wut wird sich darin äußern, dass er die Menschen verführt, zu sündigen und sich gegen den Höchsten zu erheben. Er will jetzt jede in der christlichen Welt noch vorhandene göttliche und natürliche Ordnung durcheinanderbringen. Auch in den letzten Hort, die Familie, dringt er ein, ja, überall will er Chaos anrichten.

Nun zurück zu »unserer Mutter« und ihren »Kindern der Verheißung«. Nach dem Kampf im Himmel nimmt der Drache seine Verfolgung wieder auf. **Als der Drache sah, dass er auf die Erde geworfen war, verfolgte er das Weib, welches das männliche Kind geboren hatte.** »So wie damals der nach dem Fleische Geborene den nach dem Geiste Geborene verfolgte, als auch jetzt.« (Gal.4,26–31) Seine größte Wut richtet sich gegen die Gemeinde, um sie zu verderben und wieder in die Knechtschaft der Welt, der sie entronnen ist, zu bringen. Doch »für die Freiheit hat Christus uns freigemacht …, denn ihr seid zur Freiheit berufen«. (Gal.5,1.13) Der Wandel nach dem Geist macht Gottes Israel, das die Gebote Gottes liebt und hält, so frei wie der Adler in den Lüften. Auf diese Freiheit weisen **die zwei Flügel des großen Adlers** hin. Schon einmal gab Gott Seinem Volke wunderbare »Flügel« vor dem nachjagenden Feind: »Ihr habt gesehen, was ich an den Ägyptern getan habe, wie ich euch getragen auf Adlers Flügeln und euch zu mir gebracht habe.« (2.Mo.19.4.5) Dieselben Flügel erlauben auch der Seele, sich über die Umstände zu erheben und »unter dem Schatten seiner Flügel Zuflucht zu nehmen.« (Ps.36,7) Wir haben denselben großen Gott wie das Volk der Urzeit, und »unter dir sind ewige Arme«. (5.Mo. 33,27) Auf mächtigen Armen getragen findet die Gemeinde, die Gott vertraut, ihren Zufluchtsort, selbst in der Versuchungswüste dieser Welt, **woselbst sie ernährt wird eine Zeit und Zeiten und eine halbe Zeit, fern von dem Angesicht der Schlange.** Dort kann sie auch die Frucht des Geistes bringen: »Liebe, Freude, Friede, Langmut, Freundlichkeit, Gütigkeit, Treue, Sanftmut, Enthaltsamkeit«. (Gal.5,22)

Obgleich der Drache besiegt ist und seine Drohungen die Offenbarungsgemeinde nicht mehr erreichen können, wendet

Satan als Schlange noch ein letztes Mittel an. **Und die Schlange warf aus ihrem Munde Wasser, wie einen Strom, hinter dem Weibe her, auf dass sie sie mit dem Strome fortrisse.** Die Schlange ist mehr zu fürchten als der Drache, weil sie mit süßen Worten und schönen Reden, mit Versuchungen und Verlockungen kommt, um die Gläubigen mit fortzureißen, sodass sie aus der Gnade fallen. Wenigstens einmal erweist sich die »Erde«, der Kreis der Nationen, als hilfreich: Sie steht hier auf der Seite des Weibes und **half dem Weibe, und die Erde tat ihren Mund auf und verschlang den Strom.** Gott hat Mittel und Wege, Sein Volk vor den Nachstellungen des Feindes zu schützen und ihm im Kampfe zu helfen. Ob es die Hornissen waren, die Gott vor Israel herschickte, um ihm den Sieg leicht zu machen oder vom Himmel her die Sterne auf ihren Bahnen stritten gegen die Feinde – wir wären machtlos, wenn der HERR Sich nicht zwischen uns und den Feind stellen würden. Hier ist es die »Erde«, die der HERR bewegt, uns zur Hilfe zu kommen; sie wirkt sozusagen als Blitzableiter. Noch immer hat die Gemeinde die moralische Unterstützung einer beachtlichen Minderheit; man ist erstaunt, wie viel maßgebliche Stimmen in Kirche und Politik angesichts des Werteverfalls in der Gesellschaft noch ihren Mund auftun für Sitte und Moral. Zwar kann und soll die Gemeinde Christi auf politischer Ebene nicht mit der Welt kooperieren, aber sie darf es dankbar begrüßen, wenn z. B. gegen Zeitgeist, Schamlosigkeit oder Abtreibung öffentlich geschrieben wird.

Das Kapitel prägt der Brautgemeinde ein, dass sie den Drachen nicht zu fürchten braucht. Es lehrt aber auch die Widersacher, dass ihre Sache verloren ist. Was Satan auch anstellen mag, er kann die Heiligen nicht antasten, vorausgesetzt, sie bewegen sich in der Nähe Gottes und bleiben im Schatten des Allmächtigen. Der Teufel ist nun dreimal beschämt worden und noch immer gibt er sich nicht geschlagen. **Und der Drache ward zornig über das Weib und ging hin, Krieg zu führen mit den übrigen ihres Samens, welche die Gebote Gottes halten und das Zeugnis Jesu haben.** Außer dem »Erstgeborenen«

(Röm.8,29; Hebr.2,11) hat das Weib noch andere Kinder in der Wüste geboren durch den Glauben an *den* Sohn. »Jubele du Unfruchtbare, die nicht geboren, brich in Jubel aus und jauchze, die keine Wehen gehabt! Denn der Kinder der Vereinsamten sind mehr als der Kinder der Vermählten, spricht der Herr! ... Und du wirst der Schmach deiner Jugend vergessen und der Schande deiner Witwenschaft nicht mehr gedenken.« (Jes.54) Als **Same** werden nur die Kinder der Verheißung gerechnet (Röm.9,8), **welche die Gebote Gottes halten und das Zeugnis Jesus haben.** Nicht die Gebote allein, auch nicht das Zeugnis Jesu allein – der Doppelausdruck macht die Einheit deutlich, dass die Gebote – an anderer Stelle »Wort Gottes« genannt, nicht von dem Zeugnis Jesu zu trennen sind, durch das ein neues Licht auf die Schrift fällt. Glauben, Gehorsam und Treue macht das neue Volk Gottes aus und diesem Volk erklärt Satan den Krieg. Das Bild des Weibes macht uns die Unverletzlichkeit der Gemeinde deutlich, das Wort von den »Übrigen« ihre Anfechtbarkeit.

Als Drache muss Satan sich jetzt zurückziehen, er wird aber in der Gestalt eines anderen Tieres wiederkommen. Der Seher hat jetzt seinen Standort gewechselt, er steht **auf dem Sande des Meeres** und beobachtet die Dinge aus irdischer Sicht. Doch der **Sand** ist kein Fels, sondern ein sehr unsicherer Boden. Wenn die Flut kommt, kann man seinen Standpunkt, der bisher durch die Allgemeinheit gestützt wurde, nicht mehr aufrechterhalten oder jedenfalls nicht mehr öffentlich vertreten. Tradition, Sitte, Moral, Werte – alles kommt ins Schwimmen. Das ist die Lage im folgenden Kapitel.

DAS TIERUNGEHEUER (13,1–10)

DER ANONYME SOZIALISMUS

Ich sah aus dem Meere ein Tier aufsteigen, welches zehn Hörner und sieben Köpfe hatte, und auf seinen Hörnern zehn Diademe und auf seinen Köpfen Namen der Lästerung. Und das Tier, das ich sah, war gleich einem Pardel, und seine Füße wie die eines Bären und sein Maul eines Löwen Maul.

Johannes hatte bereits das Tier erwähnt, das aus dem Abgrund heraufsteigt (11,7). Dort kommt es letztlich auch her (9,1–3), aber greifbare, sichtbare Gestalt gewinnt es erst, wenn es aus dem »Meer« der gottlosen Welt (Jes.57,20) aufsteigt. Für die Allgemeinheit ist es schwierig, das Tier zu identifizieren. Zudem wacht Satan darüber, dass es anonym bleibt, und seine Vertreter und Anhänger leugnen, etwas damit zu tun zu haben. Gott aber hat uns das Gesicht aufzeichnen lassen, damit wir es verstehen. Wir können ohne jegliche Spekulation völlige Gewissheit darüber bekommen, um welche finstere Macht es sich handelt, die die Menschen herausfordert, wenn wir nur wie Daniel um Erleuchtung bitten. Kein Ausleger hat wohl Zweifel, dass das Tier die Merkmale der vier Daniel'schen Tiere trägt. Die Weissagung Daniels hilft uns, den Charakter des Tieres näher zu bestimmen und wenn wir offene Augen haben für die Wirklichkeit, ist es leicht, den Namen des Tieres und seine Zahl festzustellen: Es ist der *Sozialismus* in seiner letzten Form und Größe.

Der Prophet Daniel schaut in einem Nachtgesicht, wie »die vier Winde auf das große Meer losbrachen. Und vier große Tiere stiegen aus dem Meer herauf, eines verschieden von dem anderen«. (Dan.7,2) Diese Tiere sind aus der Geschichte als die vier Weltreiche der Antike bekannt. Im Gegensatz zu Dan.2, wo ihr Wert ständig abnimmt, nehmen sie in dem Bilde der Raubtiere an Grausamkeit zu. Ihre Herrschaft, die ein Gericht an Israel und zuletzt am Judentum war, wurde durch Christus überwunden: Das Evangelium hat die griechische Weltkultur besiegt und auch das letzte Tier verlor seine Macht durch die Ausbreitung des Christentums. Als Weltreiche haben sie also ihre Geschichte gehabt, aber als geistige Mächte wirken sie noch bzw. leben wieder auf, wie geschrieben steht: »Ihre Herrschaft wurde weggenommen, aber Verlängerung des Lebens ward ihnen gegeben bis auf Zeit und Stunde.« (Dan.7,12) Sie existierten während der ganzen Zeit der Kirchengeschichte im Untergrund, doch am Ende, so die Weissagung der Offenbarung, kommen sie infolge des Abfalls des Christentums in der Gestalt eines großen schrecklichen Tierungeheuers wieder hoch.

Von den »vier Winden« haben wir bereits beim sechsten Siegel gehört (7,1), sie haben schon im 19. Jahrhundert das Meer aufgewühlt und das große Seeungeheuer hervorgebracht, das unserer Zeit das Gepräge gegeben hat. Die **zehn Hörner** hat es von dem vierten Tier Daniels, der Körper gleicht dem eines Pardels (Leopard) ist das dritte, an den Füßen wie eines Bären erkennen wir das zweite und an dem Löwenmaul das erste Tier in Dan.7. Das Riesentier vereinigt also vier wilde Tiere in sich, die in der letzten Zeit zusammenwirken. Für die Welt ein faszinierendes Monster, für gläubige Christen ein schreckliches Ungeheuer.

In der Endzeit des Christentums sind noch die **sieben Köpfe** hinzugekommen – eine Anspielung auf die Häupter der sieben Gemeinden (Kap.2 u. 3). Das Tier konnte nur hochkommen, weil die Engel der Gemeinden gefallen sind und dadurch die ganze Kirche der Nationen abtrünnig geworden ist. Aus ihnen kommen die **zehn Hörner**, welche geistige Machthaber versinnbildlichen, die aus dem Versagen der Kirche emporgewachsen sind. Die Zahl **Zehn** besagt, dass jede geistige Macht der Welt an dem Tier zu finden ist. Es sind alles bekannte »Könige«, deren Namen mit -ismus enden, Ideologien und Religionen. Die hervorragendsten sind wohl Rationalismus, Liberalismus, Pluralismus,

Atheismus – alles, was sich direkt gegen die Religion richtet, andere wollen fremde Religionen einführen, um das Christentum zu beseitigen. Einige Hörner haben gesellschaftsverändernden Charakter, z. B. Radikalismus, Individualismus, Feminismus und dementsprechender Egoismus etc. Der Marxismus machte das Tier zu einer internationalen Massenbewegung, zuletzt herrscht es durch den humanistischen Neomarxismus, der eine regelrechte Kulturrevolution in Gang gesetzt und die Gesellschaft radikal verändert hat.

Nicht alle Spitzen zielen auf die Gläubigen, manche Hörner stoßen an uns vorbei, andere sind umso bedrohlicher. Vor keinem der Hörner kann bloßes Namenchristentum, lebloses Formenwesen und tote Tradition bestehen. Wir haben es hier mit einer ausgesprochen religions- und traditionsfeindlichen Macht zu tun, sodass alles Unechte und Unwahre sowieso nicht bestehen kann. Die **zehn Diademe** auf den Hörnern stellen die Triumphe und Siege dar, welche das Tier mit den einzelnen Hörnern erzielt hat bzw. noch erwartet.

Was sind die **Namen der Lästerung** auf den Köpfen des Tieres? »Eurethalben wird der Name Gottes unter den Nationen gelästert, wie geschrieben steht.« (Röm.2,24) Hier sind es die Namen der sieben Gemeinden der Nationen: Ephesus, Smyrna, Pergamus ..., Laodicäa sind zu Lästernamen geworden; inzwischen auch Philadelphia, und der schönen Namen mehr, weil sich unter guten Namen Sektenwesen und Scheinfrömmigkeit verbirgt, die der Welt Grund zu Lästerungen geben.

In der Anfangszeit des Tieres, ehe Satan in dasselbe hineinfuhr, war es der Religion durchaus günstig gesonnen. Denn das Tier war von Gott, der auch die großen Seeungeheuer schuf, worin wir die obrigkeitlichen Gewalten erblicken können. Diese sind von Gott und müssen als solche anerkannt werden. Doch wenn ein politisches System den Atheismus und Materialismus zur Staatsdoktrin macht, dann führt das zu einer Unterdrückung der Gläubigen.

Das heraufsteigende Ungeheuer stellt den Sozialismus als eine politische und gesellschaftliche Macht dar, die stärker war als jede Obrigkeit und die es bestimmte; seine Ideen und Lehren sollten die Gesellschaft und das allgemeine Wohl stärker oder ausschließlich zur Geltung bringen. Es war die Gründungszeit der Vereine, Verbände und Bünde. Sozialismus war auch für die Gläubigen ein Anstoß, das Gemeinsame zu suchen. Es gab zahlreiche Bestrebungen, die Einheit der Gläubigen wieder sichtbar darzustellen, so z. B. in der weltweiten »Evangelischen Allianz«, regional in der »Gemeinschaftsbewegung« und international in der »Brüderbewegung«, ausgehend von England. Alle sind Kinder ihrer Zeit. Es begann die Zeit der großen Bewegungen und Erweckungen und der weltweiten Mission sowie der sozialen Dienste durch Christen.

Doch bald änderte sich das Bild: **Der Drache gab ihm seine Macht und seinen Thron und große Gewalt.** Durch den Marxismus erhielt das sozialistische Tier eine materialistisch-atheistische Begründung und wurde damit zu einer bösartigen satanischen Macht, die mit der Feindschaft gegen die herrschende Klasse auch eine Gegnerschaft gegen Kirche und Religion überhaupt verband. Als unter dem vordringenden Sozialismus das kirchliche Leben fast ganz erstarb, bildeten sich viele neue Gemeinschaften mit neuen Sonderlehren, die sich zum Teil als Sekten herausstellten. Angesichts der Unruhe und des Aufruhrs der Volksmassen glaubte man das nahende Ende gekommen, indem man meinte, die Wiederkunft Jesu stehe unmittelbar bevor. Etliche errechneten genaue Termine, aber es kam anders. Um die Jahrhundertwende spaltete sich der Sozialismus in den totalitären Kommunismus, der im Osten mit Gewalt durchgesetzt wurde, westlicherseits blieb er freiheitlich-demokratisch. Unter der demokratischen Staatsform, besonders nach dem nationalsozialistischen Zwischenspiel, kam das Tier umso stärker heraus.

Der Zusammenbruch 1945 warf das Tier zu Boden, was dazu führte, dass **einer seiner Köpfe wie zum Tode geschlachtet war.** Denn die Nazi-Hörner wurden ihm ausgerissen, woran es fast gestorben wäre. »Während ich auf die Hörner achtgab, siehe, da stieg ein anders, kleines Horn zwischen ihnen empor, und drei von den ersten Hörnern wurden vor ihm ausgerissen.«

(Dan.7,8) Die ersten drei Hörner waren national bedingt, z. B. Patriotismus, Faschismus, Rassismus, welche dem Internationalismus des »kleinen Hornes« im Wege standen. Das Tier erholte sich rasch wieder, **seine Todeswunde wurde geheilt,** sein letzter Lebensabschnitt begann. Unter der Führung des gewissen »kleinen Hornes« kehrte es zur Demokratie zurück und wurde international. Alles wurde »inter«, sodass das Tier jetzt in alle Himmelsrichtungen vorstoßen konnte. Nach dem Zusammenbruch des Kommunismus stößt es auch nach Osten vor und überschwemmt die Länder mit seinem Unrat. Russland setzt ihm noch einen gewissen Damm. Wenn die Christen in Osteuropa nicht gewarnt werden, gehen sie dem Tier auf den Leim. Das, was die Kommunisten nicht durch Verfolgung fertiggebracht haben, wird dem Tier durch Verführung gelingen.

Überhaupt spielt das »kleine Horn« am vierten Tier in Dan.7 die Hauptrolle, es überragt alle anderen und hat »Augen wie Menschenaugen«, aus denen Klugheit und Forschungsdrang schaut. Wissenschaft und Technik kamen durch dasselbe zu größten Fortschritten. Mit vermessenen Worten rühmte es den Geist des Menschen und pries seine Errungenschaften. Seine Röntgenaugen durchleuchten sogar die Psyche des Menschen, nichts blieb ihm verborgen. **Und die ganze Erde verwunderte sich über das Tier. Und sie beteten den Drachen an, weil er dem Tiere die Gewalt gab, und sie beteten das Tier an und sagten: Wer ist dem Tier gleich?**

Satan hat es als Drache und Schlange meisterhaft verstanden, die Sache des Tieres, den Fortschritt der Welt christlich zu begründen. Gelobt sei der Herr (Baal)! für die guten Bildungsmöglichkeiten, für die Entdeckungen der Wissenschaft, für den rasanten technischen Fortschritt, auch für die sozialen Errungenschaften und Sicherheiten! Stand denn nicht in der Bibel: »Machet euch die Erde untertan«? Wie fasziniert waren die Menschen bei der ersten Raumfahrt. Die Bewunderung menschlicher Leistungen stärkte das Tier ungemein, besonders als die Amerikaner die Weihnachtsbotschaft aus dem Weltraum sendeten. Da wurden alle ganz bewegt und gingen vor dem alten Drachen und dem

Satanstier in die Knie. Bald war das Tier so stark geworden, dass es sich auf allen Gebieten durchsetzen konnte.

Eine gewaltige Macht erhebt sich in dem Tier vor uns **und wer vermag mit ihm zu kämpfen?** In der letzten Frage liegt die Herausforderung zum Einzelkampf, es mit dem Tiere aufzunehmen. Sie erinnert an die höhnenden Worte Goliaths, der die Schlachtreihen Gottes verhöhnte (1.Sam.17). Keiner der Männer Israels hatte den Mut, sich ihm zum Duell zu stellen. Ebenso ohnmächtig stehen wir heute dem antichristlichen, eigentlich widergöttlichen und widernatürlichen Phänomen unserer Zeit gegenüber. Nur wissen wir nicht einmal, wie das Tier heißt. Es ist ganz gewiss keine politische Größe, das Tier verkörpert vielmehr unsichtbare Mächte, denen nicht mit menschlicher Kraft und weltlicher Macht oder einer Mehrheit beizukommen ist, sondern nur durch Gottes Geist. Aber wer ist so mutig und vom Geiste erfüllt, den Kampf zu wagen? Die Frage bleibt offen, bis der wahre David auf dem Schauplatz erscheint (17,14;19,15).

Betrachten wir mithilfe von Dan.7 das Tier im Einzelnen. Wir werden aus der Beschreibung den Humanismus, den Hedonismus, den Pluralismus und den Materialismus erkennen, alles »Ismen«, die heute die Gesellschaft beherrschen und mit denen Christen zu kämpfen haben. Beginnen wir mit dem vierten Tier mit den zehn Hörnern:

Materialismus

Das Tier der Nachkriegszeit ist wesentlich vom Amerikanismus geprägt worden. In diesem Charakter bot sich auch der Materialismus des Tieres an, welchen es von dem vierten Daniel'schen Tier mit den »großen eisernen Zähnen« hat. Es frisst Material statt Fleisch. Das materialistische Denken der modernen Konsumgesellschaft entwickelte sich zu einer unheimlichen Macht, vor der selbst der Welt graut. Daniel beschreibt dieses Tier als »schrecklich und furchtbar und sehr stark; es fraß und zermalmte, und was übrig blieb, zertrat es mit seinen Füßen«. (Dan.7,7) Ein typisches Kennzeichen unserer Gesellschaft ist die Gier nach Gütern und Geld, obwohl sie im Wohlstand ersticken. Die Materialisten haben einen ungeheuren Konsumbedarf; sie werden der materiellen Güter aber auch ebenso schnell leid und werfen sie weg. Das größte und kostspieligste Problem stellt sich heute in der Abfallbeseitigung. Zum Wohlstandsgötzen Nr.1 gehört das Auto; Staus, hohe Benzinkosten und Umweltbelastung werden in Kauf genommen, wenn man nur in dem Blechvehikel sitzen kann. Der Geist des Tieres beseelt die Masse, sie dient mit größter Hingabe dem materialistischen Sozialismus, wobei eine Mehrheit sich durchaus auch noch als religiös bezeichnet. Geistige, ideelle und natürliche Werte haben im materialistischen Denken keinen Reiz. Nicht einmal die Schönheit der Natur und das Wunder einer Blume können Materialisten mehr bestaunen. Äußerlich sind die Menschen zwar reicher geworden, aber innerlich ärmer.

Materialismus ist blanker Atheismus. Alles ist ja bloß Materie, einen Schöpfer-Gott gibt es nicht, alles ist durch Zufall entstanden. Der atheistische Materialismus ist so stark im Volke verbreitet, dass nicht einmal die größten Naturwissenschaftler wie Friedrich Dessauer, Max Planck, Albert Einstein u. a., die an Gott geglaubt haben und in der Physik die Weisheit und Größe des Schöpfers rühmten, die Menschen beeindrucken. Meist werden die modernen Entdeckungen und Erfindungen als Beweis missbraucht, dass Gott nicht existiert. Christliche Wissenschaftler werden nicht gehört. Das materialistische Weltbild liegt heute den Lehrplänen in Schulen zugrunde.

DEMOKRATISMUS-PLURALISMUS

Ein zweites Merkmal des Tieres ist der demokratische Körper, den es von dem dritten Daniel'schen Tier, dem griechischen Pardel, hat. »Es hatte vier Flügel eines Vogels auf seinem Rücken; und das Tier hatte vier Köpfe, und Herrschaft wurde ihm gegeben.«(Dan.7,6) Hier haben wir es mit einer außerordentlich freiheitsliebenden Macht zu tun, die erst durch die Demokratie freigesetzt worden ist. Der Pardel stellt die *Demokratie* dar, sein erster Kopf ist der demokratische Staat. Die Wiege der Demokratie lag in Griechenland, sie ist eine Regierungsform, bei der alle Gewalt vom Volke ausgeht und direkt oder indirekt von ihm ausgeübt wird. Die moderne Demokratie erwuchs zunächst aus den calvinistischen Glaubenskämpfen des 17. Jh., sodann aus den Lehren der Aufklärung, die das Recht und den Willen des Volkes als obersten »Souverän« im Staate erklärte. Demokratischer Grundsatz der Herrschaft ist der Wille der Mehrheit, heute allerdings auch nicht mehr. Die Geschichte Hitlerdeutschlands zeigt (1933), dass die Masse irregeleitet wurde, sodass sie dem diktatorischen Führerprinzip ihre Stimme gab. Unter der Diktatur konnte das Tier aber nur äußerlich, über Leib und Gut, herrschen. Nach der Wiedereinführung der Demokratie und der Proklamierung der Freiheit gelang ihm die Herrschaft über Geist und Seele der Menschen. Deutschland ist sein Geburtsland und auch sein Hauptagitationsfeld mittels der Medien.

Der Christ soll sich jeder Obrigkeit unterwerfen, sei es nun König oder Diktator, um des Gewissens willen. »Denn es ist keine Obrigkeit, außer von Gott, und diese, welche sind, sind von Gott verordnet.« Das schreibt Paulus unter der Herrschaft des Despoten Nero. Seit Nebukadnezar ist die Gewalt geteilt, die weltliche Gewalt ging auf die Nationen über, nur die geistliche Macht verblieb dem Volke der Heiligen. Obwohl wir Christen unter einer demokratischen Regierung die größte Freiheit genießen, außer der Gewissensfreiheit, stellt diese Freiheit zugleich die größte Versuchung dar.

In dem Pardelkörper sehen wir eine Macht, die alle Einrichtungen bis in die kleinste Zelle hinein demokratisieren will. Dem demokratischen Tier genügt nicht die Herrschaft im Staate und die Mitbestimmung bei der Gesetzgebung gottloser Gesetze, die das Böse nicht mehr bestrafen und die Unmoral fördern – es musste auch einen Kopf in der Kirche haben. Die Demokratie ist die Ebene des Antichristen, um jegliche Autorität abzubauen, die

Gottesfurcht aufzuheben und die Gebote Gottes zur Diskussion zu stellen. Die Kirche wurde offen für alle möglichen liberalen Meinungen und zeitgeistigen Strömungen, für Bibelkritik und jede Gesetzlosigkeit. Politische Christen interpretieren die Schrift sozialpolitisch und feministisch, sie benutzen die Kanzel, um das Evangelium politisch zu interpretieren.

Die Demokratie hat den Pluralismus geboren. »Das Prinzip Pluralismus ist heute das Markenzeichen des Protestantismus.« (Joachim Cochlovius) Wir haben eine pluralistische Gesellschaft, die wiederum eine pluralistische Schule fordert, aber der Grund liegt in der pluralistischen Kirche, die keine Autorität mehr hat und keine Zeichen mehr setzen kann und soll, weil der Antichrist darin sitzt und verkappte Antichristen die Führung haben.

Bei dem demokratischen Prinzip in der Gemeinde genügt die Brüdermehrheit, wobei Mehrheitsbeschlüsse oft auch Unrecht legalisierten, manchmal himmelschreiende Ungerechtigkeit sanktionierten. In der Gemeinde Gottes soll das Einmütigkeitsprinzip gelten, nicht derart, dass man die unbequemen Gegenstimmen einfach ausschaltet und dann sagt: Die Gemeinde hat einstimmig beschlossen oder war einmütig in ihrem Urteil. Das sind Gewaltlösungen, bei denen das Tier übel mitgespielt hat. Demokratie als Regierungsform mag gut sein, (bei Churchill »ist sie die schlechteste, aber wir haben keine bessere«). In der Kirche Christi verdrängen demokratische Beschlüsse den Heiligen Geist und das ist wirklich schlecht. Geistlichen Personen nimmt sie das Stimmrecht, jedenfalls zählt ihre Stimme nicht mehr als die von Gesetzlosen. Wenn christlich-soziale Demokraten, die nicht wiedergeboren sind, die Mehrheit in der Kirche bilden, dann wissen wir, dass der »Gesetzlose« im Tempel Gottes sitzt und »sich selbst darstellt, dass er Gott sei«. (2.Thess.2,4) Der Mensch wird dann bestimmen, was Sitte und Moral, was Recht ist.

Noch ist der Freiheitsdrang des Tieres nicht befriedigt, es hat ja noch zwei Köpfe, die herrschen wollen. Mit Entsetzen stellten wir plötzlich fest, dass das Tier die Schule erobert hat. Auch hier Abbau der Autorität, Entmachtung der Lehrer, Demokratisierung des Unterrichts, Umbau des Klassenraumes zum Plenarsaal, Diskutieren und Spielen statt Lernen, es herrscht das Lustprinzip, Emanzipation ist höchstes Erziehungsideal, mit dem Ergebnis, dass die Leistungen zurückgehen und chaotische Zustände an den Schulen herrschen. »Tollhaus Schule«, »Gewalt an Schulen wächst«, »Erziehung am Ende« usw. waren die Schlagzeilen in der Presse. Geändert hat sich an der Situation bis heute nichts. Wir haben bereits bei der fünften Posaune die Ziele und Auswirkungen dieser Erziehung beschrieben, der durch den emanzipatorischen Pardelkopf der Weg bereitet wurde.

Von der Schule übertrug sich der demokratische, emanzipatorische Geist zwangsläufig auf das Elternhaus. Hinterfragen der Eltern, das Infragestellen insbesondere der väterlichen Autorität und Widerspruch werden in der Schule eingeübt und führen zu Hause zu Opposition und Rebellion. Den Kindern wird von den Ideologen ein Mitsprache- und Mitbestimmungsrecht suggeriert, sodass sie ihre Wünsche, ihren Kopf durchsetzen wollen. Die Stoßrichtung des Tieres geht auf die letzte Bastion, die Familie. Politik beginnt heute in der Familie, wobei das Familienoberhaupt nur noch den Vorsitz haben soll bei der Abstimmung. Manche Eltern haben solche Angst vor dem Tier, dass sie es noch füttern und ihm allen Willen tun, nur damit es friedlich bleibt, obwohl es immer anspruchsvoller und dreister wird. Betroffen sind auch christliche Familien, auf die der Feind ja letztlich abzielt. Kinder haben andere Ansichten als ihre gottesfürchtigen Eltern; Ehrfurcht und Gehorsam kennen viele nicht mehr. Antiautorität und Emanzipation werfen die Ordnung Gottes im christlichen Hause über den Haufen. Und was erst das Tier in der Welt an Unordnung und Verwüstung angerichtet hat, das schreit zum Himmel. Zerrüttete Familien, eine rebellische und haltlose Jugend, steigende Kriminalität, unzählige Drogenabhängige und psychisch Geschädigte sind die traurige Bilanz der demokratisierten Familie. Der letzte Kopf des Pardel ist am meisten zu fürchten, weil er uns die Gottlosigkeit und den Unfrieden vor allem durch die Schule ins Haus bringt. Wenn dann christliche Eltern aus dieser unzumutbaren Indoktrination die Konsequenzen ziehen und ihre Kinder aus der Schule nehmen, schlägt die

Staatsgewalt brutal zu, bis zum Kindesraub. Die Glaubens- und Gewissensfreiheit sowie das Erziehungsrecht der Eltern werden immer mehr eingeschränkt, aber nur in Deutschland. Bei der Religionsfreiheit hört die Demokratie im deutschen Rechtsstaat offenbar auf, besonders für Christen. Jüngste Gerichtsurteile gegen christliche Heimschuleltern sind vom Tier inspiriert.

Hedonismus

Bei dem zweiten Tier, einem Bären, sieht Daniel, wie »es sich auf einer Seite aufrichtete, und es hatte drei Rippen in seinem Maule zwischen seinen Zähnen; und man sprach zu ihm: Stehe auf, friss viel Fleisch!« (Dan.7,5). Von diesem Raubtier – es stellte das persische Reich in seinem entarteten Charakter dar – hat das große Tier der Offenbarung die **Füße gleich eines Bären**. Der persische Bär wollte religiös sein, wenigstens war er es zur Zeit der Könige Kores und Darius (Esra 1 u.6), andererseits artete er in Ausschweifung und Sittenlosigkeit aus. Auch die Hinterlist eines Bären findet sich in dem Charakter des medo-persischen Reiches. Seine verhältnismäßige Unbeholfenheit, sich aufzurichten, macht den Tiercharakter erkennbarer. Wir haben es hier mit einer äußerst fleischeslüsternen, genusssüchtigen und grausamen Macht zu tun, die wir als den modernen Hedonismus erkennen (griech. »Freude, Lust«), eine Form der Eudämonie, deren höchste Glückseligkeit die Lustbefriedigung ist. »Tue, was dir Spaß macht«, ist seine Devise. Befriedigung vor allem der sexuellen Triebe, ganz gleich in welcher Form und Abartigkeit. Damit gepaart ist die Lust an Gewalt und Grausamkeiten, ebenso Okkultismus bis zum Satanskult. Das Tier frisst mit den Augen Menschenfleisch. Angereizt von dem Geist des Bären ist eine sexualisierte, verrohte Gesellschaft gierig nach nacktem Fleisch, das die Massenmedien des Tieres (Fernsehen, Zeitungen, Illustrierte, Filme, Reklame) reichlich darbieten und so die Fleischeslust zu einer unbändigen Macht werden lassen. Modeschöpfer und -anbeter tanzen nach seiner Lust, die Unisex-Mode und schamlose Kleidung sind sichere Kennzeichen des Tieres. Dann die Manie der zweideutigen Witze und überhaupt alles witzig machen und karikieren, einfach weil es Spaß macht, ist ein Merkmal unserer Zeit. Auch bei dem Single-Dasein und den Ein-Kind-Ehen hat der Bär mitgespielt. Die Frauen werden von dem Tiergeist zur Abtreibung getrieben, da Mord im Mutterleib inzwischen für die Tieranbeter legal ist. Nur ein Tier treibt nicht ab, bedarf offensichtlich auch keiner Aufklärung. Hinter der schulischen Sexualaufklärung steht der lustbesessene listige Bär. Unter dem Vorwand, zu verantwortungsvollem Handeln zu befähigen, werden die Kinder schon in der Grundschule in einer frivolen Weise verführt. Ziel des Tieres ist, den Menschen zum triebhaften Tier zu erniedrigen, »alle Unreinigkeit mit Gier auszuüben«. (Eph.4,19) Auf dem Programm des Tieres steht die Abschaffung der Ehe, Geschlechtsverkehr unter Jugendlichen, Anerkennung der Homosexuellen, ja, der völlige Abbau der Scham, wodurch auch das Gewissen abgetötet wird und jedes Verantwortungsgefühl verloren geht. Die Hemmschwelle ist so weit abgesenkt, dass Schüler vor nichts mehr zurückschrecken.

Die drei Rippen im Maul des Bären lassen darauf schließen, dass das Tier schon drei Menschen gefressen hat: den natürlichen Menschen, den religiösen Menschen und den moralischen Menschen, um ihm die Würde, Ehre und Anständigkeit zu rauben. So hat er die Masse im Griff. Und wer vermag dem Tiere zu widerstehen? Am wenigsten Kinder und Jugendliche. Unsere Jugend muss dringend über das Tier aufgeklärt werden.

Humanismus

Wir kommen zu dem letzten Bestandteil des furchtbaren Weltungeheuers, **seinem Maul wie eines Löwen Maul,** den es von dem ersten Daniel'schen Tier hat. Von diesem berichtet Daniel eine merkwürdige Veränderung, dass es »wie ein Mensch auf seine Füße gestellt und ihm eines Menschen Herz gegeben wurde«.

(Dan.7,4) Das deutet scheinbar eine Wende zum Guten an, der Raubtiercharakter tritt zurück, und eine gewisse Menschlichkeit wird gezeigt. Zuvor waren dem babylonischen Löwen die »Adlerflügel ausgerissen« worden, wodurch Nebukadnezar in seinem bisherigen schwunghaften, gewaltsamen Vorgehen gehemmt wird. Eine tiefe Demütigung hatte seinen Welteroberungsplänen ein Ende bereitet (Dan.4). Dennoch bleibt er der Löwe von Babel, ein Symbol von Macht und Herrschaft. Das scheinbare Ablegen bestialischer Eigenschaften ist in Wirklichkeit eine Täuschung. Wir erkennen in seiner menschenähnlichen Gestalt den Humanismus, eine kulturelle Weltmacht, die als Neuhumanismus wieder auflebte und heute oberstes Prinzip im politischen, sozialen und pädagogischen Bereich ist. Humanismus lässt sich folgendermaßen definieren: »Er ist allgemein das Bemühen um Humanität, um eine der Menschenwürde und freien Persönlichkeitsentfaltung entsprechende Gestaltung des Lebens und der Gesellschaft durch Bildung und Erziehung.« (Meyers Großes Taschenlexikon) Doch Humanismus ist kein Christentum, obschon er allgemein dafür gehalten wird. Da er den Menschen zum Maß aller Dinge macht, ist er auch in seiner christlichen Form wie der sozialistische Humanismus atheistisch und nur gegen seine Anbeter human.

Die letzte Form des Sozialismus sei humanistisch, hatte Karl Marx prophezeit. Tatsächlich, nach der Niederlage des marxistischen Sozialismus und der Gewaltherrschaft des Nationalsozialismus nahm der Sozialismus endlich menschenwürdigere Gestalt an. Unser pluralistischer und sozialer Staat nahm das humanistische Bekenntnis an und bekannte sich in der Verfassung zu den Grundrechten des Menschen und zur Humanität, die auch den Christen die Glaubens- und Gewissensfreiheit garantiert (Art.4 GG). Im Schulgesetz erklärte man sogar die »Ehrfurcht vor Gott und die Achtung vor der Würde des Menschen« zum vornehmsten Ziel der Erziehung: »Die Jugend soll erzogen werden im Geiste der Menschlichkeit, zur Duldsamkeit und Achtung vor der Überzeugung anderer.« Wahrhaftig, das Tier hatte ein menschliches Herz bekommen, es wollte jetzt human sein, tolerant, christlich. Seitdem gilt im Volke humanistisch so viel wie christlich, obwohl darin nur Menschlichkeit und Mitmenschlichkeit, aber keine echte Nächstenliebe, auch keine Beziehung zu Gott zum Ausdruck kommt. Schon gut, wenn die Staatsführung human, das heißt menschlich ist, Minderheiten achtet, niemand unterdrückt, Härten ausgleicht und jedermann das Recht der Petition gibt. Aber im Volke wirkte der Geist des Humanismus demoralisierend und Sitten auflösend. Es waren gerade die homosexuellen Gruppen, die mit der Humanität um gesellschaftliche Anerkennung kämpften. Die Liberalisierung der Strafgesetze öffnet dem Verbrechen Tür und Tor, im Humanismus hat man mit dem Täter mehr Mitleid als mit seinem Opfer.

In den ersten Jahren nach dem Krieg war es ruhig unter dem König Humanismus, er war großzügig gegen jede Religion, weil er verfassungsmäßig gebunden war. Das kam vor allem der Evangeliumsverkündigung zugute, die Gute Botschaft fand eine Verbreitung wie nie zuvor. Kirchen und Gemeinden blühten auf, neues Leben entstand, soweit es im Reiche des Tieres überhaupt erwartet und entfaltet werden konnte. Die wirkliche christliche Freiheit war ja unter der Herrschaft fremder Mächte, solange die »Zeiten der Nationen« andauern, nicht denkbar. Aber wir genossen doch verhältnismäßig großen Frieden, solange wir dem Tiere willfährig waren und es nicht reizten. Mit dem wachsenden Wohlstand wurde das Tier anspruchsvoller – und unduldsamer; der materialistische Geist des Tieres weckte Neid und Eifersucht und brachte die Menschen gegeneinander auf; die gepriesene Humanität schlug in Brutalität um. Da kamen auch die ersten Schwierigkeiten in den christlichen Gemeinden auf. Nach zehn Jahren hatten wir bei äußerer Versammlungsfreiheit innerhalb einen größeren Zwang und Kampf als je zuvor.

Obschon der humanistische »Löwe« sich in gewissen Bereichen sehr menschlich und freundlich gibt, ist er doch in seiner Natur nicht verändert worden. Einen Löwen kann man nicht zähmen, selbst wenn man ihn als Baby mit der Flasche großziehen würde. Eines Tages kommt die Raubtiernatur durch und dann ist es mit der Humanität, der Menschlichkeit, aus. Das Tier änderte nach dem Zusammenbruch und seiner »Todeswunde«, an der der ganze Sozialismus fast gestorben wäre, nur seinen Weg und seine Taktik, nicht aber sein Ziel. Wir müssen wissen, welche Gefahr unserem Glauben und dem unserer Kinder durch die humanistische Bewegung droht. Der Humanismus ist eine Philosophie, die ein Werte- und Glaubenssystem aufstellt, wonach die Menschen ohne Gott auskommen sollen. Er ist also im Wesen atheistisch, denn er behauptet, dass der Mensch die Antwort auf alle Lebensfragen ist; er sei der Mittelpunkt der Welt. Daher können wir auch verstehen, dass die Menschen das Tier anbeten und seine Stärke rühmen. Für die Tieranbeter ist der Humanismus eine Religion, die Gott vermenschlicht und den Menschen vergöttlicht zum sogen. »Gutmenschen«. Prof. Günter E. Salter hat ihn so definiert: »Menschliches Wissen, von menschlicher Vorstellungskraft befruchtet, ist die Grundlage allen Glaubens und menschlichen Verstehens und endgültige, letztliche Wegweiser für menschlichen Fortschritt.« Der Humanismus versteckt sich heimtückisch hinter moralischen Aufrufen und hochtrabenden Verpflichtungen zur Verbesserung des menschlichen Schicksals und deshalb verkennen viele Christen die damit verbundenen Gefahren. Humanismus ist die selbst erklärte Religion unserer Tage, er ist die Philosophie des öffentlichen Schulwesens und durchdringt das heutige öffentliche Leben. Der amerikanische Oberste Gerichtshof hat ihm für die Vereinigten Staaten die Rechtsstellung einer Religion zugesprochen. Das New-Age-Zeitalter hat begonnen.

Im Jahre 1933 entwarf eine Gruppe von Theologen, Philosophen, Soziologen und Erziehern das »Humanistische Manifest«, eine Unabhängigkeitserklärung von Gott. In fünfzehn Punkten erklärten religiöse Humanisten, es gebe keinen Schöpfer, das All sei nicht erschaffen, der Mensch sei bloß ein organisches Wesen, das in einem lang andauernden Prozess in Erscheinung trat (Evolution); der atheistische Humanismus erstrebt die Selbstverwirklichung des Menschen, ohne Anlehnung an Glauben, Gottesdienst und Gebet, denn der Mensch sei sein eigener Gott. So werde er lernen, allen Lebenskrisen mutig zu begegnen, weil er weiß, dass diese ganz natürlich und wahrscheinlich sind. Humanisten setzen dabei auf eine humanistische Erziehung, die den Menschen lebenstüchtig macht und ihm den Weg zu seinem Glück im Diesseits weisen wird. 1973 folgte ein zweites Manifest, worin die Humanisten das Recht auf Abtreibung, Scheidung, sexuelle Freiheit und Euthanasie fordern. »Moralische Werte«, so heißt es, »haben ihren Ursprung in der menschlichen Erfahrung; die Ethik sei daher wandelbar.« In diesem Dokument wird der Glaube an Religionen, die Gott, Offenbarung oder Glaubensbekenntnis über menschliche Bedürfnisse stellen, für schädlich erklärt, ebenso sei der Glaube an die Verheißung ewiger Erlösung und Furcht vor ewiger Verdammnis trügerisch, da sie den Menschen von gegenwärtigen Angelegenheiten und der Sanierung sozialer Missstände ablenke. Als Ersatz für den Glauben werden die Vernunft und die Intelligenz des Menschen als seine brauchbarsten Instrumente erklärt. Schließlich sei unumschränkte sexuelle Freiheit unter Gleichdenkenden zu gewähren, gleichzeitig wird fehlende Toleranz auf diesem Gebiet seitens der orthodoxen Religion, puritanischer Kultur oder gesellschaftlicher Sitte verurteilt, also Billigung der Prostitution, Homosexualität, neuer Familienformen, des Rechts der Minderjährigen auf Verhütungsmittel, des Mordes im Mutterleib und sogar Selbstmord.

In einem dritten Manifest (1980), unter dem Namen »Eine weltlich humanistische Erklärung«, die den Humanismus zu einer Weltbewegung machte, wird die Existenz der Seele und ein Leben nach dem Tod geleugnet. Der Glaube der Humanisten ist rein diesseitig bezogen. Die Bibel und das »Humanistische Manifest« stehen sich feindlich gegenüber. Das Manifest verkündet die Parole: Wissen ist Macht. Salter, Professor an der christlichen Bob Jones Universität, sieht vier Grundpfeiler, auf die der Humanismus sich stützt, die aber sehr wackelig sind, weil allen Hauptpfeilern das Fundament in der Wahrheit fehlt:

Der erste Pfeiler ist der *Glaube an die Vernunft*. Das menschliche Vertrauen auf die Vernunft hat das zwanzigste Jahrhundert an zwei Stellen stark untergraben: Erstens hat die moderne Psychologie gezeigt, dass der Mensch gar nicht, wie bisher angenommen, ein durchaus vernunftgemäßes Wesen ist; zweitens habe die moderne Philosophie den Anspruch der Vernunft stark gekürzt.

Der zweite Pfeiler des Humanismus ist der *Glaube an den Fortschritt*. Dieser Glaube, unterstützt von der Evolutionstheorie, wonach alles in der Natur einem Vervollkommnungsprozess unterliegt, bis zur Verwirklichung einer noch weit entfernten Utopie, ist durch die Erfahrung nicht bestätigt. Neu auftauchende, bisher unbekannte Probleme bedrohen den Menschen auf allen Gebieten: politisch, wirtschaftlich, soziologisch, sodass immer häufiger die Frage diskutiert wird, nicht etwa, *wie* der Mensch den gegenwärtigen Drohzustand überlebt, sondern *ob* die Menschheit als solche überhaupt überleben wird.

Ein dritter Pfeiler ist der *Glaube an die Wissenschaft* als Wegweiser zur menschlichen Aufwärtsentwicklung und als Alternative zu Religion und Moral. Die Wissenschaft ist zwar ein Werkzeug, eine Forschungsmethode zum besseren Verstehen der Schöpfung und sie ist dabei sehr begrenzt, da sie auf Beobachtung angewiesen ist und daher auch sinnlicher Täuschung unterliegt; weiterhin braucht sie immer eine Hypothese. Was sie nicht kann, ist ein Werturteil fällen, sie kann nicht entscheiden, was gut oder böse ist. Sie kann den Körper sehen, aber nicht die Seele, das Herz untersuchen, aber nicht das Herz als Zentrale menschlichen Denkens und Empfindens erforschen. Die Wissenschaft hat noch nicht die Liebe entdeckt, sie ist daher gänzlich ungeeignet als ein Pfeiler, auf dem man seine Philosophie bauen könnte.

Der vierte Pfeiler der humanistischen Philosophie ist der *Glaube an die Unabhängigkeit des Menschen*. Der Mensch hat viele wissenschaftlich wichtige, erstaunliche Entdeckungen gemacht – besonders in der Medizin und Raumfahrttechnik – und alle weisen auf die Bedeutsamkeit des Menschen hin. »Es ist aber ironisch«, sagt Salter, »dass der Gehalt dieser wissenschaftlichen Entdeckungen die Unbedeutsamkeit des Menschen unterstreicht. Vor der riesenhaften Ausdehnung des Alls und der langen Reichweite der Zeit sieht sich der Mensch mehr als je zuvor zwerghaft verkleinert. Die Humanisten sind in einer sonderbaren Zwangslage. Wenn sie die Großartigkeit des Menschen bekräftigen, so ist es auf Kosten der

Nichtbeachtung seiner immer gegenwärtigen Fehltritte. Wenn sie die menschlichen Fehltritte ernstlich betrachten, geraten sie in eine andere Zwickmühle. Sie müssen entweder Gott diese Fehltritte zur Last legen (was sie nur zu gerne tun, obwohl sie seine Existenz leugnen) oder sie müssen den Menschen auf ein Niveau der Unbedeutsamkeit reduzieren, wo seine Fehltritte kein Problem mehr sind. Auf Grund dieser Beweisführung muss der Glaube an die Unabhängigkeit des Menschen als freie Erfindung abgetan werden.«

Dies ist also die Philosophie des Tieres: Glaube an die Vernunft, an den Fortschritt, an die Wissenschaft und die Unabhängigkeit des Menschen. **Und es wurde ihm ein Mund gegeben, der große Dinge und Lästerungen redete; und es wurde ihm Gewalt gegeben, zweiundvierzig Monate zu wirken.** Sicher glauben die Vertreter des Tieres, sich den großen Mund und die Lästerungen erlauben zu können, weil Gott schweigt, was sie für seine Nichtexistenz deuten. Hoch lebe das humanistische »Menschenbild«, es hat das demütigende biblische Menschenbild abgelöst. Wer da noch an Gott glaubt, muss geistig zurück sein. Wie groß haben sich die Nazileute getan, als sie den unbeugsamen Willen des heldischen Menschen und seine Kraft der Selbsterlösung rühmten. Doch die modernen Humanisten und Materialisten mit ihrer New-Age-Botschaft überragen jene weit an Selbstherrlichkeit, Selbstklugheit und frevelhafter Menschen-Vergottung, und wieder glaubt die Masse ihren großen Worten.

Was können wir dem Lästermaul entgegensetzen? Einem Einzelnen kann man noch den Mund stopfen, aber gegen die öffentliche Meinung kommen wir nicht an, selbst nicht mit Radiobotschaften und christlichen Fernsehsendungen. Man zieht sich nur Geringschätzung, Verachtung und den Hohn der Masse zu, trotz überzeugendster Beweisführung. »Deshalb schweigt der Einsichtige in dieser Zeit, denn es ist eine böse Zeit.« (Amos 5,13). Es ist, als würden wir nur uns selbst reden hören, während die Feinde höhnen, »indem sie den ganzen Tag zu mir sagen: Wo ist dein Gott«. (Ps.42,10) Wohl können wir den Sinnbeweis des Evangeliums erbringen und Menschen in Not sind dafür immer noch zugänglich, aber es fehlt der Machtbeweis, dass Gott eine Wirklichkeit und der Glaube eine Macht ist, der Gottes Arm in Bewegung setzt, was Er auch zu Seiner Zeit tun wird, wenn die Frist des Tieres abgelaufen ist. Noch müssen wir uns billigen Spott, Hohn, Schmähungen und Lästerungen der Tieranbeter gefallen lassen, dies umso mehr, je entschiedener wir Jesus nachfolgen.

Das humanistische »Löwenmaul« begründet auch den Hedonismus, den Pluralismus und den Materialismus und die übrigen Ismen des Tieres. Doch alle vier Zentralpfeiler des Humanismus haben sich als unzulänglich, wertlos und lügenhaft erwiesen. Trotzdem bauen die Menschen darauf und verherrlichen den Humanismus. Dafür sorgen vor allem die Massenmedien – Fernsehen, Radio, Zeitung –; alle ihre Programme sind von der humanistischen Denkweise beeinflusst und hämmern ihre Parolen in Wort und Bild pausenlos den Menschen ein. Sogar die Kirchen predigen den Humanismus, der doch im Grunde gottlos ist. Ihr soziales Evangelium ist das Evangelium der Humanisten. In der Schulerziehung sind die atheistische und humanistische Indoktrination am stärksten und verderblichsten, denn hier wird der Geist unserer Kinder im Namen der Objektivität systematisch verdorben. Gott, Gebet, Bibel sind aus dem Klassenzimmer entfernt, der Unterschied von Gut und Böse ist aufgehoben oder umgekehrt; das Kind soll lernen, alle gültigen Wertmaßstäbe infrage zu stellen und sich in allen Lebensfragen die annehmbare Antwort selbst zu erdenken, da es ja keine metaphysischen Richtlinien gibt. Die Existenz Gottes könne ja nicht wissenschaftlich bewiesen werden, also gäbe es keinen Gott, keinen Schöpfer. Der Wissenschaftler wird zur Vertrauensperson.

Der marxistische Humanismus ist nicht nur ein Angriff auf das Christentum, sondern auf alle Religionen; er beherrscht das Denken und Leben der modernen Gesellschaften durch »Umkehrung aller Werte«, wie Daniel sagt: »Und es wird darauf sinnen, Zeiten und Gesetz zu ändern, und sie werden eine Zeit, Zeiten und eine halbe Zeit in seine Hand gegeben werden.« (Dan.7,25) Unermesslicher Schaden an Seele, Geist und Charakter, besonders bei jungen Menschen, ist durch die sozialistisch-humanistische

Ideologie entstanden. Deshalb der immer stärker werdende Ruf nach einer »geistig-moralischen Grunderneuerung« der Gesellschaft, was bei einer »Generation von Hedonisten und Nihilisten« schwierig sein dürfte. Der Humanismus hat den Menschen nicht zum Guten verändern können. »Da ist keiner, der Gutes tue ...; Verwüstung und Elend ist auf ihren Wegen, und den Weg des Friedens haben sie nicht erkannt.« Human und tolerant ist ein Mensch nur so lange, wie er zufriedengestellt wird; die Wahrheit und Unbill kann er ebenso wenig ertragen wie ein Unmensch. Warum? Weil der Humanismus die menschliche Natur nicht verändert. Das Gute soll zwar im Menschen wohnen, es müsse nur geweckt werden, aber es kam in der Prüfung bisher nur Böses heraus. Der babylonische Löwe ist ein Raubtier geblieben, auch wenn er sich wie ein Mensch aufgerichtet hat und freundlich lächelt. Der Löwe ist nur friedlich, wenn er satt ist; er muss ständig gefüttert werden, sonst wird er wild. Von edler Menschlichkeit und hoher Gesittung ist in der übersättigten humanistischen Gesellschaft nichts mehr übrig geblieben, besonders wenn es wirtschaftlich schlechter geht, obwohl wir immer noch in einem großen Wohlstand leben.

Die Menschen unter dem Humanismus sind nach außen hin zwar freundlicher, aber im Herzen unglücklicher geworden. Obwohl er gerade die sozialen Beziehungen fördern soll, hat er unbeschreibliche Beziehungsnöte hervorgebracht. Die Menschen sind einsamer geworden und, weil sie dem Tier nicht trauen können, ängstlicher. Auf der einen Seite Abstumpfung des Gewissens und Rückgang der Gottesfurcht, andererseits Zunahme der Angst und Menschenfurcht mit den psychischen Begleiterscheinungen, die auch die moderne Psychologie nicht heilen kann. Wenn man den Humanismus kennt, wird es erstaunlich klar, wie treu der Staat und andere gesellschaftlichen Institutionen seinen Punkten folgen; die linken Parteien haben die Durchführung seiner Ziele ganz offen auf ihrem Programm, die rechten passen sich ihnen an, und beide graben der Nation das Grab. Die Tieranbetung wird mit den sieben Plagen geahndet und schon leiden die Menschen darunter (Kap.16).

Den Zeitraum der Tierherrschaft von **zweiundvierzig Monaten** haben wir in Kap.11 bereits als »letzte Tage« erkannt, die in diesem offenen gottlosen Charakter schon 150 Jahre währen, aber jetzt in das Endstadium treten. In den letzten vier Jahrzehnten trat und tritt das Tier besonders aggressiv auf.

Vergegenwärtigen wir uns noch einmal die Lage, wie sie durch das Wiederaufleben der vier Tiere aus Dan.7 zu dem einen großen Tierungeheuer entstanden ist: Das erste Tier hat den Boden dafür geschaffen, dass man unter dem zweiten Tiere der Sünde frönen darf und unter dem dritten Tier glauben und sagen kann, was man will. Zusammen mit dem materialistischen vierten Tier stellen sie jene Gott und der Religion feindliche Macht in unseren Tagen dar, die wir als den *anonymen Sozialismus* erkennen oder wie wir das Gespenst nennen wollen. Der Sozialismus westlicher Prägung hat alle diese Eigenschaften: Der lächelnde Löwe in den Medien und Bildungsstätten, der lauernde Bär an jeder Straßenecke, das fauchende Raubtiergesicht in den Häusern, wenn es seinen Willen nicht bekommt, schließlich das schreckliche Ungeheuer des Materialismus, der die Seele tötet – aus diesen Elementen besteht die gewaltige Macht, die eine neue Weltkultur begründet und das Christentum verdrängen will. Es ist die besonders bei jungen Leuten beliebte *amerikanische* Kultur, wie überhaupt alles aus den USA.

Und es öffnete seinen Mund zu Lästerungen wider Gott, seinen Namen zu lästern und seine Hütte und die, welche ihre Hütte im Himmel haben. Jeder Missbrauch des Namens Gottes ist eine Gotteslästerung, denn »du sollst den Namen des Herrn, deines Gottes, nicht zu Eitlem aussprechen«. (2.Mo.20,7) Die Lästerungen aus dem Munde des Tieres gehen noch weiter, denn es setzt sich an die Stelle Gottes. Leider machen sich auch viele, die sich Christen nennen, zum Munde des Tieres und bringen dem Geist des Menschen, den menschlichen Errungenschaften, dem Fortschritt, der Wissenschaft, der Technik mehr Verehrung dar als dem Schöpfer, »welcher gepriesen ist in Ewigkeit. Amen«. (Röm.1,25) Wir leiden mit, wenn der Name Gottes gelästert wird, wenn sie uns, die wir nach Seinem Namen genannt sind, lästern, wenn sie Seine »Hütte«, Seine Gemeinde, lästern. Die »Hütte« erinnert an die Stiftshütte in der Wüste, sie ist ein Vorbild auf das himmlische Heiligtum, wo Jesus, unser Hohepriester, ist und auch wir als Priester Zugang haben (Hebr.8,2; 10,19). Wie schnell hat man heute Gläubige, welche die himmlische Gesinnung haben und gottselig leben wollen, als Sekte eingestuft oder mit dem Schimpfwort »Fundamentalisten« belegt, als seien wir gefährliche Leute. »Die Schmähungen derer, die dich schmähen, sind auf mich gefallen.« (Ps.69,9) Schließlich haben sich auch in den Kreis der Gläubigen Elemente eingeschlichen, die »die Herrschaft verachten und lästern Herrlichkeiten«. (Jud.8) Aber auch Gläubige lästern manchmal andere Gläubige, die entschieden dem HERRN folgen wollen, als hochmütig und gesetzlich und wissen nicht, dass aus ihnen das Tier spricht (vgl.Matth.16,23). Uns allen gilt die Ermahnung: »Alle Bitterkeit und Wut und Zorn und Geschrei und Lästerung sei von euch weggetan, samt aller Bosheit. Seid aber gegeneinander gütig, mitleidig, einander vergebend, gleich wie auch Gott in Christus euch vergeben hat.« (Eph.4,31) Gegenseitige Annahme und Unterstützung ist besonders in der Zeit des Tieres, unserem gemeinsamen Feind, nötig.

Wir Christen sind gegenwärtig einem Großangriff des Tieres auf breiter Front ausgesetzt. **Und es wurde ihm gegeben, mit den Heiligen Krieg zu führen und sie zu überwinden.** Das Tier ist listig und aggressiv und sehr ausdauernd, es möchte auch die **Heiligen** – ein Ehrenname, der zur Heiligkeit, Treue und Einheit verpflichtet – zum Abfall verleiten und zu Fall bringen, was ihm bei der Masse der christlichen Bekenner schon gelungen ist. Aber die Heiligen und Treuen lassen sich durch süße Worte und schöne Reden nicht beeindrucken und deshalb erklärt es ihnen den Krieg. Es ist ein Präventivkrieg, weil der Feind weiß, dass ihm am Ende der große Kriegsmann, »genannt Treu und Wahrhaftig«, mit Seinen himmlischen Heerscharen den Garaus macht (19,11–21). Deshalb mobilisiert das satanische Tier jetzt auf theologischem und geistlichem, sittlichem und pädagogischem Gebiet alles gegen Gott und die Heiligen. Es hat die ganze Gesellschaft gegen uns beeinflusst, sodass auch das Evangelisieren und Zeugnisgeben so gut wie erfolglos ist. Von den großen evangelistischen Feldzügen der Sechzigerjahre können wir nur noch träumen. In diese Szene spielt Dan.11,29ff. mit hinein. Viele Gruppen hat das Tier bereits unterjocht, ganze christliche Länder haben sich ihm kampflos ergeben und beugen sich ihm. Aber da sind noch die letzten »Heiligen«, die ihm erbittert Widerstand leisten. Doch vergebens, denn Streitkräfte des Tieres »werden das Heiligtum, die Feste, entweihen, und werden das Beständige abschaffen und den verwüstenden Gräuel aufstellen« (Dan.11,31). Wie sich diese Weissagung buchstäblich erfüllt hat, ist uns aus der Geschichte der Makkabäer bekannt. Nun erleben wir, wie sich die Weissagung, dass das Tier die ehrwürdigen Heiligen überwindet, auch heute an uns erfüllt und Gott lässt uns da einen Augenblick nur vom Glauben leben. Das beantwortet auch die Frage, wer dem Tiere diese Stärke und Aggressivität, die Heiligen anzugreifen und zu überwinden, eingegeben hat. Hat Gott sich etwa in einen Feind verwandelt? Durchaus nicht, denn »wer vermag uns von der Liebe Gottes zu scheiden?« (Röm.8,31–39) Gottes Volk soll sich wieder auf den Kampf besinnen, gerade auch durch den zunehmenden Druck und Abfall, dem viele erliegen. Von Israel im alten Bunde lernen wir, dass es manchmal erst tief gedemütigt werden musste, bevor es wieder Erfolg im Krieg hatte, weil es den Feind unterschätzt hatte. Im neuen Bund macht Gottes Israel die gleiche Erfahrung. Wir waren ein bisschen selbstsicher und hochmütig geworden, haben wohl gekämpft, aber ohne Erkenntnis, bis uns endlich auch der Mut entschwand. Wie traurig, dass die »Geheiligten in Christo Jesu« (1.Kor.1,2) überall schwach werden und nachgeben, sie weichen zurück, ergreifen gar die Flucht, wo Mut zur Wahrheit und zum Handeln nötig wäre. Andere laufen über und werden gefangen, wobei sie sich als berufene Heilige natürlich nicht wohlfühlen können. »Aber das Volk, welches seinen Gott kennt, wird sich stark erweisen und handeln.« (Dan.11,32)

Unglaublich, aber wahr, dass die Heiligen der unsichtbaren Tiermacht unterliegen. Am stärksten sind die Eltern betroffen, sie haben keinen Mut und keine Kraft mehr in der Erziehung, wofür man sie nicht einmal tadeln kann, noch die Kinder strafen, weil sie gegen diese widergöttliche Macht, die im Hause aufbegehrt, nicht ankommen. Wir müssen uns eingestehen, dass der Krieg verloren ist. Wie ist das möglich? Wäre es ein offener Angriff, könnten wir uns wehren, aber in dem zermürbenden Kleinkrieg, den das Tier uns täglich liefert, werden viele schwach. Hier wäre gegenseitige Hilfe nötig, aber da stößt der Feind auf eine völlig aufgerissene Front. Hier ein Grüppchen, dort ein kleiner Haufen versprengter Christen und jeder grenzt sich vom anderen ab, als ob von daher die große Verführung käme. Das verschafft natürlich dem Tier einen ungeheuren strategischen Vorteil. Seine falsche prophetische Vernebelungstaktik tut ein Weiteres, um uns gegenseitig zu isolieren. In einem kommunistischen oder islamischen Land können Christen trotz schwerer Verfolgung glücklicher kämpfen – und überwinden, weil der Feind dort offen operiert. Und sie stehen wie ein Mann zusammen, auch trotz unterschiedlicher Erkenntnis.

Unser Problem ist, dass wir nicht wissen, was das Tier ist und woher es angreift. Wir sind so schrecklich blind gegenüber der wirklichen Gefahr. Sehr verhängnisvoll ist die Meinung, in der manche ernste Gläubige gefangen sind, wir hätten mit dem Tier gar nichts zu tun und die hier angefochtenen Heiligen seien andere, obwohl sie in demselben Kampf stehen. Wir sind hier schon mitten in der Offenbarung und die Entrückung ist noch nicht geschehen. Was nun? Um den Feind zu besiegen, muss man ihn zumindest kennen. Das Tier tritt sofort aus seiner Anonymität heraus, wenn wir es beim Namen nennen und uns seinem Anspruch entziehen. Dank der biblischen Weissagung können wir das Drachentier identifizieren. Haben wir es einmal erkannt, dann sagt uns das erweckte Gewissen schon, was wir zu tun haben. Mit dem Lamm werden wir es gemeinsam überwinden (Kap.17,14).

Wo ist der Sieg der Kinder Gottes, der Glaube, der die Welt überwindet (1.Joh.5,4+5)? Man betrachte nur die Schule, wo die Kinder aus gläubigem Hause unter dem Tiere leiden und ihm erliegen. Die Eltern haben keinen Mut und keine Kraft, sie aus der Schule herauszunehmen. Auf Elternabenden möchten sie ohnehin nicht auffallen. Oft auch, weil sie alleine stehen. Kinder schickt man nicht in den Krieg! Können wir diesen Hohn, mit dem das Tiermaul »die Schlachtreihen des lebendigen Gottes verhöhnt«, noch länger ertragen (1.Sam.17,26)? Hier würde die Gründung freier christlicher Schulen oder Homeschooling, das heißt, die Kinder selber unterrichten mit einer Fernschule, die es ja gibt, Abhilfe schaffen.

Dass das Tier die Heiligen überwunden hat (die Handlung wird als bereits vollendet betrachtet), ist in der Sicht des vorliegenden Kapitels keine Anklage, sondern soll uns nur die wirkliche Lage vor Augen führen. Das ist einfach die jetzige Kriegslage, aber diese soll ja zu unseren Gunsten verändert werden und sie wird verändert, sobald das Lamm dazwischentritt (Kap,19). Die Lammesgesinnung vereinigt die Gläubigen, dass sie in einem Geiste feststehen, »indem ihr mit einer Seele mitkämpfet mit dem Glauben des Evangeliums«. (Phil.1,27) Noch mal: »Wenn Gott für uns ist, wer wider uns?« (Röm.8,31) Warum denn dann solche Angst vor den Schwierigkeiten, vor dem Kampf, vor den Folgen? In Kap.12 haben sie den Satan überwunden durch Bekenntnis und Vergebung der Sünden. Doch die Welt überwinden, das ist noch etwas anderes. Viele sind müde und mutlos geworden, haben keine Kraft mehr, den täglichen Krieg durchzuhalten, was dann auch an den Nerven zehrt. Gereizt kann man überhaupt nicht richtig kämpfen, es kommt dann nur die unbeherrschte alte Natur durch und das ist dann schon gleich wieder eine Niederlage und führt zur Selbstanklage. Selbst die Großen im Reiche Gottes versagen hier und auch sonst haben sie Angst, sich mit dem Tier anzulegen oder ein Urteil über sein gesetzloses Treiben zu sprechen. Man spürt das auch überall in den Gemeinden, von den Kirchen gar nicht zu reden, wie die Führer und selbst Väter in Christo die offene Auseinandersetzung fürchten und vor der Konfrontation zurückschrecken, wo es gilt, klare Linien zu ziehen.

Manche versuchen, gewissen Auswüchsen und Übergriffen des Tieres auf politischem Wege beizukommen, aber das bringt dem Volke Gottes keinen Segen. Wir können die Welt nicht ändern, denn die Welt hört uns nicht, weil der Wind uns entgegen ist. Wir müssen dem Tiere jedoch widerstehen, wenn es uns überwinden will, wenn es Forderungen stellt, die wir gewissenshalber nicht erfüllen können. Dann sollen wir die Herausforderung annehmen und Stellung beziehen, notfalls auch Konsequenzen ziehen, nicht nur in schulischer Hinsicht. Wir sollen wieder Kämpfer werden in der Armee Gottes, »stark in dem Herrn und in der Macht seiner Stärke«. Doch unser Kampf ist »nicht wider Fleisch und Blut, sondern wider die Fürstentümer, wider die Gewalten, wider die Weltbeherrscher dieser Finsternis, wider die geistlichen Mächte der Bosheit in den himmlischen Örtern«. (Eph.6,10ff)

Noch hat das Tier Gewalt **über jeden Stamm und jedes Volk und jede Sprache und Nation.** Niemand ist frei, aber wir sollen frei werden durch das Lamm; Sein Sieg will hier hineingebracht werden. Ähnlich wie einst die römische Weltmacht das Land Israel beherrschte, so hat auch jetzt das Tier auf allen Gebieten die Gewalt. Man muss deshalb noch kein Tieranbeter sein. Das trifft nur zu bei denen, **die auf der Erde wohnen,** womit hier die Gottlosen und Gesetzlosen gemeint sind, die dem Tiere mit Überzeugung dienen, den modernen Ideen huldigen, den Fortschritt predigen, für die Emanzipation kämpfen, der neuen Moral leben, **ein jeder, dessen Name nicht geschrieben ist im Buch des Lebens des geschlachteten Lammes von Grundlegung der Welt an.** Es ist ausgeschlossen, dass ein Tieranbeter Leben aus Gott hat. Keiner, der sich Christ nennt und sich als Modernist, Humanist, Hedonist oder Materialist versteht, ist mit den Heiligen eingeschrieben. Um der Klarstellung willen fügt der Geist noch die Worte hinzu: **Wenn jemand ein Ohr hat, so höre er!** Niemand kann dem Tiere dienen und zugleich den Heiligen Geist haben, »und wer Christi Geist nicht hat, der ist nicht sein«. (Röm.8,9) Wir müssen allerdings offen lassen, dass er noch in das Lebensbuch eingeschrieben werden kann, wenn er Buße tut und auf die Seite Jesu tritt.

Zum Schluss noch eine Warnung an alle, die Gewalt anwenden, auch für die Jünger Jesu. Sie sollen nicht gewalttätig werden wie die Häscher noch wie Petrus im Eifer für Jesus mit dem Schwert dreinschlagen. **Wenn jemand in Gefangenschaft führt, so geht er**

in Gefangenschaft; und wenn jemand mit dem Schwerte töten wird, so muss er mit dem Schwerte getötet werden. Wir stehen im Krieg mit dem Tiere und seinen Heeren. Jedoch sollen wir nicht dieselben Mittel anwenden wie die Tierverfechter. Zwar wird von ihnen auch nicht buchstäblich mit dem Schwert gekämpft. Bei der liberalen Herrschaft des Tieres kann nicht einmal der Staat das Schwert gebrauchen. Hier hat sich das Tier selbst gebunden. Mord und Gefängnis unter falscher Anklage sind nicht auszuschließen, stellen aber eher die Ausnahme dar. Viel stärker wird der psychische Druck sein, der zum seelischen Martyrium führen kann. Damit müssen vor allem die Knechte Gottes rechnen, die in vorderster Front stehen und die Wahrheit predigen. »Und die Verständigen des Volkes werden die Vielen unterweisen, aber sie werden fallen durch Schwert und Flamme, durch Gefangenschaft und Raub, eine Zeitlang.« (Dan.11,33) Es sind Fälle bekannt, wo Widersacher durch eine Pressekampagne die Volkswut gegen die Diener Gottes entfesselten. Gott versichert ihnen aber, dass Er auf der Seite Seiner Knechte steht, »denn wer euch antastet, tastet seinen Augapfel an«. (Sach.2,8) Die Heiligen sollen sich nicht selbst rächen noch mit fleischlichen Waffen kämpfen. Sie gehen lieber den Leidensweg und warten auf Gottes Rechtfertigung und Eingreifen. **Hier ist das Ausharren und der Glaube der Heiligen.** Durch Glauben können wir standhalten, bis unser Feldherr selbst auf dem Schauplatz erscheint und die Lage wendet. Endlich wird dem Tiere das Urteil gesprochen, »das Gericht setzte sich, und Bücher wurden aufgetan. Dann schaute ich wegen der Stimme der großen Worte, welche das Horn redete: ich schaute, bis das Tier getötet, und sein Leib zerstört und dem Brande des Feuers übergeben wurde«. (Dan.7,11) Wir kommen noch darauf bei der Betrachtung von Kap.19.

Ganz offensichtlich verfolgt Gott einen bestimmten Zweck mit dem Tier, wenn Er es auf die Heiligen losgelassen hat, wenn es uns in die Enge treibt, wenn Er gar zulässt, dass es uns schlägt. Es steht auch geschrieben, dass »von den Verständigen einige fallen werden, um sie zu läutern und zu reinigen und weiß zu machen bis zur Zeit des Endes«. (Dan.11,35) Wir sollen den HERRN selbst in dem Kampf erkennen, denn Er ist es, der Sich uns entgegenstellt wie bei Jakob in Pniel (1.Mo.32,22–32). Pfarrer Paul Schenk, mein Freund, inzwischen beim HERRN, deutet diese Begebenheit so: »Gott überfällt ihn wie ein Feind. Welche Chance hat da noch Jakob? Er kämpft als Mensch mit einer Waffe gegen Gott, die dieser ihm selbst in die Hand gegeben hat: Es ist das Wort der Verheißung! Gott hat sich gebunden durch das Versprechen: ›Du sollst der Erbe des Segens sein!‹ So zwingt Jakob Gott, nun auch zu diesem einmal gegebenen Wort zu stehen. Es ist wie ein Verzweiflungsschrei, der in den heraufziehenden Tag dringt: ›Ich lasse dich nicht los, du habest mich denn gesegnet‹. Gott hat *sein* Wort gegeben. Das hat er – nur das! Aber das hält er, allem zum Trotz, im Glauben fest. Vergeblich schlägt ›der Mann‹, wie er sieht, dass er gegen Jakob nichts ausrichten kann, ihn auf die Hüfte, dass das Gelenk verrenkt wird. Dennoch bleibt er in Jakobs Gewalt und muss ihn schließlich bitten: ›Lass mich los, denn die Morgenröte ist aufgegangen‹. Nun hören wir es: Es war wirklich Gott. ›Der Mann‹ sagt es selbst: ›Du hast mit Gott und mit Menschen gekämpft und hast gewonnen. Du sollst nicht mehr Jakob heißen, sondern Israel, Gotteskämpfer‹«. Aus dem Kampf mit dem Tier sollen Kämpfer Gottes und ein neues Israel hervorgehen. Gott ist zugleich Angreifer und Verteidiger, der »mit der Linken gegen sie und mit der Rechten für sie ficht«. (Calvin)

Die Tage des Tieres sind gezählt, »man wird seine Herrschaft wegnehmen, um sie zu vernichten und zu zerstören bis zum Ende. Und das Reich und die Herrschaft unter dem ganzen Himmel werden dem Volke der Heiligen der höchsten Örter gegeben werden. Sein Reich (das Reich des Menschensohnes) ist ein ewiges Reich, und alle Herrschaften werden ihm dienen und gehorchen«. (Dan.7,26) Daran glauben die Heiligen und dieser Glaube ermutigt sie zum Ausharren, »auf dass wir durch das Ausharren und durch die Ermunterung der Schriften die Hoffnung haben«. (Röm.15,4) Dass die Weissagung Daniels nicht von einer Weltherrschaft Christi redet, sondern vom Sieg des Reiches Gottes über Satans Reich durch das Evangelium, zeigt uns bereits die Apostelgeschichte. Die frühe Kirche hat das erlebt.

DAS FALSCHE LAMM (KAP. 13,11–18)

DAS ZWEITE TIER UND DAS BILD

Und ich sah ein anderes Tier aus der Erde aufsteigen: Es hatte zwei Hörner gleich einem Lamme, und es redete wie ein Drache. Zum Verständnis des zweiten Abschnittes oder Teiles im vorliegenden Kapitel ist es wichtig, dass wir uns den geschichtlichen Teil des Buches Daniel (Kap.1–6) vor Augen führen. Dort haben wir die Geschichte des Abfalls der Nationen in verschiedenen Bildern, wie sie auch in der Babylonkirche ihre Entsprechung findet. Das erste Tier würde dem bekennenden Gemeindevolk nur wenig anhaben können, wenn dasselbe nicht auch seinen »Christus« hätte, der ihm die christliche Masse in die Klauen treibt. Jesus und die Apostel haben schon vor diesem Verführer gewarnt, der mittels vieler falscher Christi und falscher Propheten (Matth.2 4,24) als Gesetzloser (2.Thes.2,3–8) und Antichrist (1.Joh.2,18-26; 2.Joh.7–9) in der Endzeit auftreten werde. Viele fragen, wo und wann der »Antichrist« (man hat sich auf diese Bezeichnung eingeschworen) auftreten werde. Das zweite Tier ist keine Einzelpersönlichkeit, sondern eine personifizierte Geistesmacht, später als »falscher Prophet« entlarvt (16,8), die das christliche Bekenntnis durchdringen will. Dass von ihm als von einer Person gesprochen wird, darf nicht dazu verleiten, ihn als eine menschliche Persönlichkeit in der Zukunft zu erwarten. Der Antichrist ist eine Person, denn auch Satan ist eine Person, aber eine Geistperson der Finsternis. Wir glauben ja auch, dass der Heilige Geist eine Person ist, jedoch eine unsichtbare Person der Gottheit. Ein einzelner Mensch kann nicht all jene Eigenschaften besitzen, die von der Schrift über den Antichristen geweissagt sind. Adolf Pohl sagt: »Zu den verwirrendsten Auslegungen gehört diese, dass der Antichrist noch nicht am Wirken sei und erst in einer fernen Endzeit erscheine, weit weg und woanders.«

Wenn das erste Tier da ist, ist auch das zweite Tier da. Der Drache, erstes Tier und zweites Tier bilden eine Einheit, eine Trinität, die Satans Wesen und Wirksamkeit manifestiert, aber auch zu unterscheiden ist. Oft werden beide Tiere verwechselt, wobei das erste Tier irrtümlich für den Antichrist gehalten wird. Derselbe kommt zwar aus der Welt, nimmt aber nach aller biblischen Beschreibung religiösen Charakter an und entfaltet sich in der Kirche. Deswegen werden wir ja so sehr vor ihm gewarnt. Er kommt weder aus dem Judentum, noch sitzt er in Rom, sondern hat bereits in der Mitte der Kinder Gottes seinen Platz eingenommen (vgl. Hiob 2). Erkannt werden kann er daran, dass »er widersteht und sich selbst erhöht über alles, was Gott heißt oder ein Gegenstand der Verehrung ist, sodass er sich in den Tempel Gottes setzt und sich selbst darstellt, dass er Gott sei«. (2.Thess.2) Da bei Paulus der Tempel Gottes die Kirche ist, dürfte kein Zweifel bestehen, wo der gesetzlose Antichrist sitzt (1.Kor.3,16). Wir dürfen unter dem Begriff »antichristlich«, der so nicht in der Schrift vorkommt, nicht nur den offenen Angriff auf das Christentum verstehen. Wir haben es vielmehr mit einem Widerstand innerhalb zu tun, der »Antichrist« widersteht der Wahrheit durch Nachahmung des wahren Christentums, sodass es überhaupt geistlichen Unterscheidungsvermögens bedarf, um ihn zu erkennen.

Es gibt diesen falschen Christus, denn er hat schon viele verführt: »Denn wenn der, welcher kommt, einen anderen Jesus predigt, den wir nicht gepredigt haben, oder ihr einen anderen Geist empfanget, den ihr nicht empfangen habt, oder ein anderes Evangelium, das ihr nicht angenommen habt, so ertrüget ihr es gut.« (2.Kor.11,4) Das war nur möglich, weil das Tier sich den Anschein eines Lammes gibt, das dem Lamme Gottes täuschend ähnlich sieht, nur seine Stimme verrät, dass es ein Drache, ein Wolf im Schafspelz ist. Unterscheiden kann man die falsche Stimme nur an der Stimme des guten Hirten, »denn meine Schafe hören meine Stimme, und ich kenne sie, und sie folgen mir«. (Joh.10,27)

Auch das falsche Lamm gibt sich als Hirte aus, aber die Schafe Christi werden ihm nicht folgen, »sondern werden vor ihm fliehen, weil sie die Stimme der Fremden nicht kennen«. (Joh.10,5) Sie werden ihm misstrauen, weil **es redete wie ein Drache.** Wir erkennen in seiner Stimme einen Widergeist, der schon dem Weibe im vorhergehenden Kapitel nachstellte. Auch an seinem Gebaren kann man das falsche Lamm erkennen, denn da ist nichts von der Milde und Sanftmut Christi. Während Jesus liebreiche Stimme spricht: »Fürchtet euch nicht!« und: »Seid gutes Mutes, ich habe die Welt überwunden.« (Joh.16,33), will uns das zweite Tier mit seiner Drachenstimme Angst einjagen. Es raubt denen, die ihm hörig werden, den letzten Mut, damit sie nur ja nicht ihr Vertrauen in Gott setzen. Unser Hirte geht vor Seiner Herde her und vertreibt die Feinde, der falsche Hirte geht hinterher und treibt seine Schäfchen in Angst und Verderben.

Und die ganze Gewalt des ersten Tieres übt es vor ihm aus, und es macht, dass die Erde, und die auf ihr wohnen, das erste Tier anbeten, dessen Todeswunde geheilt wurde. Der Zweck seiner Verführung zielt klar auf die Abkehr von Gott ab, alle sollen das erste Tier und seine Errungenschaften anbeten. Seine Gewalt bzw. Vollmacht hat es, wie jenes auch, vom Drachen und tritt daher entsprechend sicher und drohend auf. Es fordert nicht zur Drachenanbetung oder Gotteslästerung auf, das wäre zu auffällig. In seinem Evangelium wird Gott nicht geleugnet, im Gegenteil, es soll ja alles angeblich zur Ehre Gottes dienen. Der nochmalige Hinweis auf die »Todeswunde« ruft sogar eine gewisse Rührung hervor, wie es gelitten haben muss, auch kollektive Schuldgefühle und tiefe Ergebenheit und Dank für den Frieden, die Freiheit und den Fortschritt und ganz besonders für den Wohlstand, den es gebracht hat. Man muss direkt Vertrauen zu ihm gewinnen.

Und es tut große Zeichen, dass es selbst Feuer vom Himmel auf die Erde herabkommen lässt vor den Menschen, um glaubwürdiger und vollmächtiger zu erscheinen. Es tut wirklich große Zeichen und es geschehen auch erstaunliche Wunder, auch Heilwunder und diese verleihen ihm eine unwahrscheinliche

Autorität. Das beeindruckt ja gerade so viele Christen. Aber die »Zeichen und Wunder« geschehen in der Endzeit, wo sie in der Schrift in diesem Zusammenhang erwähnt sind, sämtlich von den falschen Propheten. Selbst wenn sie diese im Namen Jesu tun und in diesem Namen ist Kraft, hat der HERR sie doch nicht gesandt (Matth.7,21–23). Es ist ein Nachahmungswerk der »Jannes und Jambres«, jener beiden ägyptischen Zauberer, die Mose widerstanden (2.Tim.3,8; 2.Mo.7 u.8).

Verblüffend ist, dass es **Feuer vom Himmel** herabkommen lässt, wie Elia tat. Das können ja nur wahre Propheten. Oder auch eine Täuschung? In der Tat, es ist kein echtes Feuer, nur Bluff. Während Elias Feuer die Feinde verzehrte (2.Kön.1,9–15), ist das Feuer der falschen Propheten ungefährlich, es soll ja auch nur ihre Wichtigkeit beweisen und wie nahe sie Gott stehen. »Feuer vom Himmel« ist in der Schrift ein Bild vom Gericht Gottes, das über die Gottlosen kommt (1.Mo.19,24; 2.Kön.1,9–15; 2.Petr.3,7). Da sind wir beim Thema der falschen Propheten. Was für ein Gericht bald über diese Welt kommen soll: Am Ende wird sich der ganze Globus im Brande auflösen. Wie kommen die Tierpropheten bloß darauf? Weil sie die biblische Weissagung buchstäblich deuten, weil sie atomwissenschaftsgläubig sind. Damit kann man heute mehr Eindruck schinden als mit dem geistlichen Verständnis, welches ja »nur« die Seele betrifft. Ein Vergleich nach biblischem Auslegungsprinzip, Schriftwort mit Schriftwort, ergibt jedoch schon, dass sie vollkommen irren. Die besagte Petrusstelle vom »neuen Himmel und einer neuen Erde« (2.Petr.3) gründet sich auf den Propheten Jesaja, der eindeutig von einer geistlichen, sittlichen und moralischen Erneuerung Seines Volkes in Jerusalem spricht (Jes.65,17; 66,22). Und so meint es Petrus auch, ebenso Paulus (1.Kor.3,13; 2.Thess.1,8), und auch das Feuer der Offenbarung dient diesem Zweck.

Ein Menschenbild

Wir kommen nun zu dem rätselhaften Bild, das die Verführten dem ersten Tiere machen sollen, **indem es die, welche auf der Erde wohnen, auffordert, ein Bild dem Tiere zu machen, das die Wunde des Schwertes hat und lebte.** Hier wechselt der Ausdruck »Wunde des Schwertes« plötzlich in die Gegenwartsform, als würden das erste Tier bzw. die Tieranbeter immer noch an der Wunde leiden. Sicherlich ist beides wahr, dass die Todeswunde geheilt wurde, damit es weiter existieren kann. Tief innerlich ist jedoch die Wunde immer noch offen, aufgrund einer unbewältigten Vergangenheit, dazu die von Not geprägte Gegenwart und eine unheilvolle Zukunft. Es sind vor allem die Beziehungsnöte und die persönlichen Probleme, an denen die Menschen heute leiden. Dieser Krise will das zweite Tier aus lauter Mitgefühl und Erfülltsein vom Geist des ersten Tieres durch sein auf die Psyche wirkendes christlich gefärbtes humanistisches Bild abhelfen. Die zunehmende Ernüchterung von dem modernen, materialistischen Lebensstil macht die Menschen für die neue Philosophie offen.

Die Weissagung über das Bild lehnt sich deutlich an Dan.3 an: Nebukadnezar hatte ein großes Bild von Gold gemacht und in der Landschaft Babel (griech. Babylon) aufgerichtet. Seine Großen und Gewaltigen im Reich sollen zur Einweihung des Bildes kommen und es bewundern, die Völker aber sollen vor dem Bild niederfallen und es anbeten, die Juden nicht ausgenommen. Ein Götzenbild ist ein projiziertes Menschenbild, im Götzenbild sucht der Mensch die Selbsterfüllung, was auf Selbstvergottung hinausläuft. In der babylonischen Szene spielt noch allerlei Art von Musik mit, welche die Gefühle anregt, sodass sie bereits unaufgefordert auf die Knie fallen und das Bild anbeten. Von Daniel hören wir nichts, er bleibt unbehelligt im Tore des Königs und lässt den Dingen ihren Lauf. Was kann er schon gegen die Fehlinterpretation des Königs ausrichten, da dieser so von seiner ihm von Daniel bestätigten Hauptes- und Machtstellung eingenommen ist? Daniel kann nur beten, dass seine Freunde nicht mit dem Herrscher in Konflikt geraten.

Man kann sich vorstellen, welch gewaltige Wirkung das goldene Bild auf die niederfallenden Völker, vor allem auf die vor dem Bild stehenden Staatsdiener, hatte. Letzteren war nicht geboten, vor dem Bild niederzufallen oder es anzubeten. Aber welche Wirkung hatte es auf diejenigen, die davor traten? Es wirkte wie ein goldener Spiegel: Man entdeckte darin sein eigenes Bild, sehr glänzend, gut und rein, man möchte jedenfalls so erscheinen. Denn das, was sich die Menschen am meisten wünschen, ist die Veränderung, die Umgestaltung von dem, was sie sind in das, was sie sein sollen und wollen. Das scheint schon Nebukadnezar mit seinem Illusionsbild gelungen zu sein – ein heroischer Anblick, dieses Selbstbildnis. Es steigt ihm zu Kopf, sodass der Herold mit Macht befiehlt: Alle Völker, Völkerschaften und Sprachen sollen niederfallen und sein goldenes Bild anbeten. Er will testen, wie sein Bild auf die Masse wirkt und zugleich seine Macht demonstrieren. Sein Selbstbild ist das, was man einen »Sozialspiegel« nennt, worunter die Reaktion unserer Mitmenschen auf unser Verhalten zu verstehen ist, mit dessen Hilfe sich in erster Linie unser Selbstbild entfaltet. Das kann zur Selbstabwertung oder Selbsterhöhung führen, doch beides hat dieselbe Wurzel: die Egozentrik, das Drehen um sich selbst. In Dan. 3 ist es die Wirkung auf die Gesellschaft, die Selbstentfaltung und Selbstverwirklichung des Menschen, der nach Selbstverherrlichung strebt, wie das heute bei dem sozialistischen Gutmenschen der Fall ist.

Die religiöse Begründung des Bildes, wozu das falsche Lamm hier auffordert, geht noch weiter und ist nicht so leicht zu erkennen. Auch Christen sind nicht davor gefeit, sich ein goldenes Bild oder goldenes Kalb zu machen gleichwie auch jene in der Wüste, freilich nicht von sich selbst, aber von einem Christus, dem »neuen Menschen«, der ihrem religiösen Bedürfnis, ihren Wunschvorstellungen entspricht, wovor wir ja ausdrücklich gewarnt werden (1.Kor.10,1–13). Die Idee, ein goldenes Kalb zu machen, kam nicht von Aaron, das Volk hatte ihn dazu gedrängt, weil Mose auf dem Berg Gottes verzog. So hat auch das goldene Bild des Tieres seinen Grund in dem Verziehen der Wiederkunft

Jesu, die man als Vorausentrückung erwartet hatte und so doch nicht geschehen konnte. Man will nun selbst etwas inszenieren, was die laue Gemeinde belebt und die gottferne Welt anzieht und das geschieht mit einem Jesus-Bild, das den modernen Menschen anspricht: ein Christus nach Maß, der nichts mehr fordert und alles verspricht. Man ist sehr beruhigt und befriedigt, wenn das neue Bild allgemeine Zustimmung findet. Aber die Offenbarung betrachtet die Anbetung des Bildes als Götzendienst, ganz ähnlich wie bei Aaron und im Buche Daniel.

Der Dienst dieser Bilddiener, meist aus den USA, ist eine ganz schreckliche Irreführung, da sie an den wirklich wesentlichen Dingen im Werk des HERRN vorbeigehen und Menschen in großen Massen zu Christen machen, die keine Wiedergeburt durch die lebendig machende und innewohnende Kraft des Heiligen Geistes erfahren haben. Daher sind die von der Willensfreiheit überzeugten, verstandesmäßigen Christen von ihnen begeistert, ebenso wie die seelischen und intellektuellen Christen. Es ist nichts anderes, als andere mit der Täuschung zu täuschen, mit der man selbst getäuscht wurde. Gewiss mag der Dienst dieser modernen Prediger einen moralischen und sozialen Wert haben für ein gewisses Milieu. Ihre Popularität rührt daher, dass sie bei allen Menschen Anklang finden möchten. Folglich nehmen sie uns auch in ihrer Predigt alle mit offenen Armen auf, sie, die alle Lehren predigen und die keine Lehre predigen, sie, die alle Erfahrungen predigen und die keine Erfahrung predigen. Sie haben sich eine Sphäre gewählt, wo sie von allen Kreisen akzeptiert werden und doch zu keinem von ihnen gehören.

Und es wurde ihm gegeben, dem Bilde des Tieres Odem zu geben, auf dass das Bild des Tieres auch redete. Das spektakuläre Bild ist ein Traumbild von einem »anderen Christus, den wir nicht gepredigt haben«, zwar groß und herrlich, praktisch und lebensnah, aus reinem Golde biblischer Verheißungen, aber mit einem anderen Geist, »den ihr nicht empfangen habt«. (2.Kor.11,4) Es ist ein Bild der Lehre, »entgegen der Lehre, die ihr gelernt habt« (Röm.16,7), eine Nachäffung des »Bildes seines Sohnes« (Röm.8,29), »welcher das Bild des unsichtbaren Gottes ist« (Kol.1,15), ja, es steht im direkten Widerspruch zu dem apostolischen »Bild der Lehre, welchem ihr übergeben worden seid«. (Röm.6,17) In der Zeit des Abfalls kann man »die gesunde Lehre« nicht mehr ertragen, »sondern nach ihren eigenen Lüsten häufen sie sich selbst Lehrer auf, indem es ihnen in den Ohren kitzelt«; man vertritt nicht direkt grobe Irrlehren, doch man passt die Predigt dem Geschmack der Hörer an. Deshalb die Ermahnung: »Halte fest das Bild gesunder Worte, die du von mir gehört hast, in Glauben und Liebe, die in Christo Jesu sind.« (2.Tim.1,13; 4,3) An der Lehre der Apostel kann die Fälschung erkannt werden, auch an dem Zeugnis der alten Kirche, der Kirchenväter, Reformatoren und aller heiligen Männer Gottes. Es kann ja nicht sein, dass alle diese uns nichts mehr zu sagen haben und wir heute eine andere Lehre brauchen.

Gott wacht eifersüchtig darüber, dass das Bild Seines Sohnes unverfälscht bleibt. Eher nimmt Er es hin, dass Christus angespien wird, als dass man Ihn für weltliche Interessen und Vergnügungen missbraucht. So folgen sie einem Christus, der nicht der wirkliche Christus ist, sondern einer, der von ihrer eigenen Vorstellungskraft heraufbeschworen und nach ihrem eigenen Bild geformt wurde und das ist der »andere Jesus«, der Antichristus.

Wir haben es heute nicht mehr mit dem Babylon der Antike zu tun, auch wenn sie es ausgraben. Erleben wir doch gerade eine Neubelebung der »Tochter Babel« im Evangelikalismus. Wie dies möglich geworden ist, ist bereits in Kap.11 angedeutet, als sich die »Heilige Stadt« in eine »große Stadt« verwandelte, die in Verbindung mit dem Tier »Geheimnis, Babylon« genannt wird (16,19; 17,5). Evangelikale Christen haben die Neigung, alles, was mit Tier, Bild und Babylon zu tun hat, auf die Großkirchen, besonders auf Rom abzuwälzen. Aber das sind Vorstellungen aus dem Mittelalter, sie halten auch nicht einer genauen Exegese der Offenbarung stand. Zu »Babylon« gehört der ganze Kreis der »Nationen«, alle Kirchen, Freikirchen und Gemeinden, die nicht Gottes Israel bekennen und dem Wesen nach sind. Manche gute Bewegung im vorigen Jahrhundert hat in Babylon begonnen. Obgleich es nicht das war, was der Geist zur Zeit der Apostel wirkte, hat Gott es doch in gewisser Weise gesegnet.

Ein neues Gemeindebild

Was wir heute im evangelikalen Raum sehen, bewegt sich genau auf babylonischem Boden. Babylon feiert gerade jetzt das große Fest, aber das Volk Gottes ist gefangen und das geistliche Leben wird unterdrückt. Die neue Church stellt sich in einer neuen Gemeindeform dar, neu ist auch die Form des Gottesdienstes, charismatisch und euphorisch, und ein neuer Predigtstil verbunden mit einem neuen Bibelverständnis – alles ist neu geworden, aber nicht alles ist von Gott. Fragwürdige Programme und Aktivitäten laden zum Mitmachen ein, Unterhaltungskünstler warten mit Theaterspiel, Multimediashow und Witzen auf; Gelächter, Klatschen, Tanz soll die Gegenwart Gottes ersetzen, eine neue Form von Gesang und Musik heizt die Stimmung auf, wie beim Tanz ums goldene Kalb – und das nennen sie Anbetung, natürlich auf Englisch, *worship* nennen sie es. Wer fragt da noch, ob Christus mit diesen Dingen Gemeinschaft hat?

Wir wollen nicht verschweigen, dass es auch eine Menge positiver Dinge in Babylon zu verzeichnen gibt, denn Gott hatte auch dort ein Werk. Nebukadnezar weiß sich als Verwalter des großen Reiches Gottes und verkündet allen Frieden. In dem nächsten Bild ist der König der Nationen ein Lebensbaum, von dem sich alle nähren können und wo alle Zuflucht finden; »sein Laub war schön, und seine Frucht zahlreich, und es war Nahrung an ihm für alle«. (Dan.4,12) Das war einmal. Unter dem christlichen »Lebensbaum« wird in den Gemeinden der Gläubigen die Sehnsucht nach Liebe gestillt, man erfährt Mitgefühl und Barmherzigkeit, man pflegt eine Lebensgemeinschaft, in der man Sorgen, Nöte und Aufgaben miteinander teilt, wo einer für den anderen da ist und jeder als Glied der Kirche ernst genommen wird, es fehlt nicht an Dienstbereitschaft und voller Hingabe an die Gemeindesache. Fürbitte und Versöhnung werden erlebt, einige erfahren eine Veränderung ihres Lebens, Jugendliche kommen von bösen Wegen zurück und engagieren sich. Einfach wunderbar, dieses Gemeindeleben! So kommt es, dass viele Suchende angezogen werden, sodass die Gemeinde wächst und blüht. Endlich hatte man den Schlüssel zum Gemeindebau gefunden, der tote Punkt war überwunden, man erwartet wieder Zeichen und Wunder und erlebt sie auch. Wahrlich, ein »geistlicher Aufbruch«, der die Welt neugierig machte, besonders jene Menschen, deren Leben zerstört ist. Leider ist das alles Vergangenheit, vielleicht existiert noch hier und dort eine lebendige Gemeinde.

Viele Freikirchen schmachten geradezu nach diesem Bild. Selbst kritische Christen waren begeistert, was sich in Babylon tat, und prüfen nicht mehr, was denn Gottes Wort dazu sagt: »Babel war ein goldener Becher in der Hand des Herrn, der die ganze Erde berauschte; von seinem Weine haben die Nationen getrunken, darum sind die Nationen rasend geworden.« (Jer.51,7)

Weil es in Babylon augenscheinlich so viele gute Früchte gab, wurde es oft mit Jerusalem verwechselt. Aber Babylon ist nicht die Stadt Gottes. Es ist notwendig zu unterscheiden, ob Gott – vorübergehend – in Babylon Segen wirkt, um der Auserwählten willen oder ob wir bleibend und mit höheren geistlichen Segnungen in Jerusalem gesegnet werden. Babylon ist nicht die Brautgemeinde, obschon es sich dafür hält, sondern nur ein Einschub in den Wegen Gottes mit Seinem Volke. Schließlich hat Babylon es den heiligen Betern zu verdanken, dass die Nationen »Frieden« haben, wie geschrieben steht (Jer.29,7).

Die Heiligen machen bei dem modernen Menschen- und Gemeindebild nicht mit, auch wenn sie völlig verkannt werden; es ist für sie ein Götzenbild, auch wenn es einen christlichen Rahmen und frommen Anstrich hat. Christus ist in diesem Bild nicht Mittelpunkt, sondern nur Mittel zum Zweck. Der Gipfel ist, dass die »Heidenchristen«, die nicht Israel sind und auch nicht zu Gottes Israel gehören wollen, ihr Gemeindebild anbeten. Wenn sie das Bild schon anbeten, muss es sie wohl faszinieren. Aber es erregt in höchstem Grade Gottes Zorn und Grimm, weil es Götzendienst ist. Nicht durchaus der Götzendienst der Welt, der eher Gottes Mitleid erregt, sondern weil das Bild im Namen Jesu aufgerichtet wird.

Manche Gläubige beneiden das Bild der Babylongemeinde. Wenn sie auch vieles ablehnen müssen, sind sie doch ein wenig neidisch, wenn sie die Besuchermenge sehen. Können wir uns vorstellen, dass Daniel und seine Freunde irgendwie von dem Aufzug in Babel beeindruckt waren? Sie kannten aus der Schrift ein anderes Bild aus Israels guten Zeiten, das viel herrlicher und vor allen Dingen heilig und rein war. Damals waren die Nationen noch demütig und hatten Jerusalem und Israel im Sinn, wie wir es entsprechend im Neuen Testament sehen. In den Briefen des Apostels Paulus an die Gemeinden, vornehmlich im Epheserbrief, sehen wir ein anderes Gemeindebild. Da war noch Israel der Leib und die aus den Nationen als neu Hinzugekommene Mitleib (Eph.3,6). In dem Bild der Heidenkirche ist Jesus Christus als König nur Randfigur und dabei auch nur als Haupt dargestellt, nicht mit Seinem Leib Israel. Israel passt überhaupt nicht in ihr Gemeindebild, es soll ja gemäß ihrer Prophetie einer anderen Heilszeit oder »Haushaltung« angehören. Für den Gott Israels und den Israel Gottes ist in der Gemeinde der Nationen kein Platz. Die Motive des Tierbildmachers sind dieselben wie einst in Babel und im Judentum: sie verbinden den Christus Gottes mit weltlicher Gesinnung, Macht, Ehre und Lust. Wenn sie dabei glücklich sind, brauchen wir wahrhaftig nicht neidisch auf sie zu blicken. Das glänzende Bild kann sich schnell ändern, wie es bereits im nächsten Kapitel zu sehen ist (14,8).

So überzeugt die Bilddiener sind, dass sie das wahre Bild Gottes anbeten, ebenso überzeugt sind wir, dass es das falsche Bild ist. Weil sie jetzt überall dieses Bild nachahmen bzw. in den Kirchen und Gemeinden einführen wollen, kommen natürlich die Heiligen in Bedrängnis, denn **es bewirkte, dass alle getötet werden, welche das Bild nicht anbeteten.** Das ist das Wort, welches die Gläubigen, die das zweite Tier der Offenbarung wie ein Schreckgespenst auf sich zukommen sehen, am meisten ängstigt. Doch keine Angst, wir sind hier noch nicht im Martyrium. Woher käme sonst die heilige Lammesschar im folgenden Kapitel, wenn alle getötet würden? Gott hat sich auch heute wie damals Seine »Siebentausend« übrig gelassen, welche das Tier nicht anbeten. Die Freunde Daniels standen in der Verwaltung und konnten daher nicht verborgen bleiben. Sie hätten schon bei der Einweihung des Bildes erscheinen müssen. Nun haben ihre Widersacher sie angezeigt und es droht ihnen der Feuerofen.

Unser Text sagt: **Und es bewirkte**, nicht »es veranlasste« – die Handlung wird dem Bild zugeschrieben, das Getötet werden liegt in dem Bild selbst, da es solche Macht und Faszination ausstrahlt. Jeder, der sich nicht davor beugt, meint, der Gemeinschaft oder gar des Heils und des ewigen Lebens verlustig zu gehen. Die Freunde Daniels ließen sich nicht von dem Zorn Nebukadnezars schrecken, als dieser ihnen drohte: »Ist es Absicht, Sadrach, Mesach und Abednego, dass ihr meinen Göttern nicht dienet und das goldene Bild nicht anbetet, das ich aufgerichtet habe? Nun, wenn ihr bereit seid …, wenn ihr es aber nicht anbetet, sollt ihr sofort in den brennenden Feuerofen geworfen werden, und wer ist der Gott, der euch aus meiner Hand errettet?« (Dan.3,14ff) Ganz sicher wurde ihnen dabei heiß, aber sie erleiden nicht den Tod, wohl aber die Männer, die sie in den Feuerofen warfen. Das Feuer hatte ihnen nichts anhaben können, nicht einmal das Haar ihres Hauptes war versengt, nur ihre Fesseln, mit denen man sie gebunden hatte, verbrannten. Nun waren sie herrlich frei und genossen im Feuerofen die Gemeinschaft des Sohnes Gottes – wunderbare Gemeinschaft. Ihr Vorbild soll uns eine Ermutigung sein, dass das Tier uns nicht töten kann. Der Glaube der drei Freunde, ihr Ausharren und ihr Mut, sich dem Befehl des Königs zu widersetzen und ihr Gewissen nicht zwingen zu lassen, hatten den König überzeugt, dass sie den wahren Gott anbeten.

Leider lassen sich viele bibelgläubige Christen Angst einjagen, sei es durch die Horrorprophetie der falschen Propheten oder dass sie Widerstand bekommen, wenn sie sich gegen die herrschende Meinung stellen, sodass sie lieber schweigen und sich fügen. Wo die Tierprophetie dominiert, herrscht die Angst. **Und es bringt alle dahin, die Kleinen und die Großen, und die Reichen und die Armen, und die Freien und die Knechte, dass sie ein Malzeichen annehmen an ihre rechte Hand oder an ihre Stirne.** Ähnliche Aufzählungen finden wir bei Daniel und Offb. 6,15 (19,18). Hier ist zunächst eine Gleichschaltung im Wirkungsbereich des zweiten Tieres festzustellen. Aufgrund der sozialistischen Gleichmachungsideologie des ersten Tieres soll es auch in der Kirche keine sozialen Stufen und Rangunterschiede mehr geben, alle sind gleichgestellt, neuerdings auch Homosexuelle mit Eheleuten.

Das **Malzeichen** ist wie alles andere auch so eine nachgemachte Kunst, eine Selbstversiegelung, anders als die Versiegelung der Knechte Gottes (7,3). Niemandem wird das Malzeichen aufgezwungen; das Tier macht, dass sie es sich selbst geben, entweder auf die Hand oder an ihre Stirne. Während die Knechte Gottes *von Gott* versiegelt wurden, dass sie Christi Sinn haben, malen die Bildanbeter sich selbst das Siegel auf, das heißt, sie bestätigen sich selbst den Geist, der aber der Geist der Welt ist, was an ihrer Gesinnung (»Stirne«) deutlich wird. Die Übrigen denken zwar anders, tun aber mit (»Hand«), aus Furcht, nicht mehr **kaufen und verkaufen** zu können. Auch dieser Boykott ist eine leere Drohung des Tieres, um alle bei der Stange zu halten. Wo sollte es wohl den Geschäftsmann geben, der nicht verkaufen will? Es gibt Christen, die nehmen alles für bare Münze, was die Falschpropheten ihnen erzählen. Auf jeden Fall bezweckt das Malzeichen eine Gleichschaltung der Bildanbeter mit den Tieranbetern und deren Gesinnung. Wer da nicht mitmachen will, wird als extremer Außenseiter geächtet. Wir hatten das ja schon einmal politisch auf nationaler Ebene (Nazi-Reich). In den kommunistischen Ländern hieß es »registriert« und »nicht registriert«, heute noch in China. Unter dem Tiere »registrieren« sie sich selber, um von der Tiergesellschaft anerkannt zu werden oder zumindest nicht mit ihr in Konflikt zu geraten.

Über das »Malzeichen« kursieren allerlei unsinnige Spekulationen, als sei dasselbe eine äußere Kennzeichnung, die Christen unter Druck und Zwang brächte, sodass manche raten, jetzt schon Vorräte anzulegen oder eine Flucht zu überlegen. Zuerst war es der gefährliche Computer, dann der Strichcode; jetzt ist es die Datenerfassung, bald der neue Personalausweis im »Zentrum des Antichristen Brüssel« oder die Gesundheitskarte; und wer weiß, was sie noch erfinden, um sich wichtig zu machen. Weil wir so wenig Glauben und Vertrauen haben, sitzt uns die Angst im Nacken, sodass wir uns immer noch etwas Schlimmeres vorstellen, und vergessen ganz die Worte Jesu: »Seid nicht besorgt für euer Leben, was ihr essen und was ihr trinken sollt, noch für euren Leib, was ihr anziehen sollt. Denn nach diesem allem trachten die Nationen.« (Matth.6,24–34) Offenbar sind die »Nationen« um diese Dinge sehr besorgt, mehr als um das Reich Gottes, weil das Wohlstands-Evangelium das Anspruchsdenken gefördert hat. Wir leben im Vergleich zu anderen Ländern in einem wahnsinnigen Überfluss, und doch oder gerade deswegen die Angst, etwas von dem zu verlieren, was man vor sich gebracht hat und die Reichsgottesarbeit leidet Not. Viele Christen in den östlichen Ländern und manche Missionare haben nicht einmal das Existenzminimum.

Man will Gott dienen und dem Mammon, aber beides geht nicht. Zwar spendet man, aber nur vom Überfluss. Anders die Mazedonier, deren »tiefe Armut übergeströmt ist in den Reichtum ihrer Freigebigkeit«. (2.Kor.8,2) Die Sorge ängstigt, nicht mehr aus dem Vollen schöpfen zu können, deswegen schon die Vorsorge sich nach allen Seiten versichern und absichern, die Angst vor wirtschaftlichem Boykott. All dies ist der Boden für die Saat der Falschpropheten, welche sagen, unter der Herrschaft des Antichristen könne man nicht mehr kaufen und verkaufen. Diese Deutung ist klar ein Produkt des materialistischen Denkens.

Geht es hier überhaupt um materielle Güter? Wenn Babylon ein geistiges System ist, dann sind selbstverständlich seine Produkte und Handelswaren auch geistliche Dinge. In Kap.18,12ff werden wir die ganze Warenliste des babylonischen Marktes erfahren, alles sehr wertvolle Dinge, Bekenntnisse, Erkenntnisse und Gaben, von allem das Beste, Schönste und Köstlichste an geistlichen Gütern. Die Geschäfte in Babylon blühen, besonders auf dem Buchmarkt. Prophetische Titel sind sehr begehrt, der Absatz wird in den nächsten Jahren vielleicht noch zunehmen. Aber man wird ihnen kein Buch verkaufen können, dass die prophetische Wahrheit über Babylon verkündet. Man müsste es schon selbst herausgeben und ihnen öffentlich vorlesen, wie Seraja im Auftrage Jeremias in Babel es tun sollte (Jer.51,59–64).

Man kann wählen, ob man das Malzeichen an der Stirne oder Hand annehmen will, den Namen oder die Zahl des Tieres. Wie viele Christen das geringste Übel wählen und das Malzeichen an ihre »Hand« annehmen, weiß nur Gott, Der im Verborgenen sieht. Vermutlich sind die stirngezeichneten Agenten des Tieres nur eine Minderheit, die übrigen machen aus Loyalität mit, um allen Schwierigkeiten aus dem Wege zu gehen. Eigentlich wissen sie ja, wie schriftwidrig und ungeistlich der ganze Babylonrummel ist, aber wohin soll man gehen. Bei Gott, dem Herzenskündiger, ist Mitdenken, Mitwissen und Mittun dasselbe. Gott hasst die Kriecherei vor dem Tiere.

Es geht weniger um den Namen des Tieres, den wir erkannt haben, als um die **Zahl seines Namens.** Dem Tier ist es egal, wo man das Malzeichen hat, ob man sich zu dem Namen des ersten Tiers bekennt oder zu seiner Zahl, Hauptsache, man marschiert mit. Daraus ergibt sich die Gleichung: Malzeichen = Name = Zahl. Das Endergebnis des Ganzen ist die Zahl 666. Diese mysteriöse Zahl, um die so viele Berechnungen angestellt wurden, ist nicht für jeden lösbar, ganz sicher nicht für Leute, die sie arithmetisch lösen wollen. **Hier ist die Weisheit. Wer Verständnis hat, berechne die Zahl des Tieres, denn es ist eines Menschen Zahl; und seine Zahl ist sechshundertsechsundsechzig.** Die Zahl kommt zweimal in der Schrift vor (1.Kön.10,14; Esra 2,13), hat aber dort keinen erkennbaren Bezug zur Tierzahl. Man könnte das Gewicht des Goldes, sechshundertsechsundsechzig Talente, das Salomo in einem Jahr einkam, als das höchste betrachten, was Menschen besitzen oder bringen können und doch muss er bekennen: »Alles ist Eitelkeit und ein Haschen nach Wind«. (Pred.2,1–11) Einleuchtender sind die Maße des goldenes Bildes, das Nebukadnezar aufgerichtet hatte, 6 Ellen seine Breite, 60 Ellen die Höhe; im christlichen Bekenntniskreis kommt noch eine dritte Dimension hinzu: die Tiefe von 600. So ergibt $6 + 60 + 600 = 666$. Um das zu berechnen ist jedoch noch keine große Weisheit nötig, ein siebenjähriges Schulkind könnte dies. Weniger Grips erfordert der Versuch, den Zahlenwert von gewissen Namen Persönlichkeiten zuzuordnen. Beliebte Objekte der Zahlenkombination waren immer wieder die Päpste.

Es ist nicht *eines* Menschen Zahl, sondern eines *Menschen* Zahl. »Sechs« ist die Zahl des Menschen, »sieben« die Zahl Gottes. In der Zahl des Tieres – erstes und zweites Tier sind hier eins – ist alles vom Menschen für den Menschen nach jeder Seite hin; von und für Christus bleibt dann nichts mehr übrig, außer der christliche Name. Entsprechend ist das Ergebnis, der Mensch kommt über sich selbst nicht hinaus. Wenn schon das mosaische Gesetz nichts zur Vollendung gebracht hat, wegen der Schwachheit und Sündhaftigkeit des Fleisches, wie viel weniger der babylonische Idealismus. Bei der Menschenzahl »666« geht es gar nicht um eine äußere Kennzeichnung, sondern um das eigentliche Problem des Menschen, nämlich um die alte Grundfrage: Wie kann der Mensch gebessert werden? Darauf gibt es vielerlei Antworten der Religion und der Philosophie. Die babylonische Religion sagt: Denke positiv und werde aktiv, so wirst du gesund und erfolgreich sein. Sie hat den Menschen vor sich, der durch die schädigenden Einflüsse der modernen Welt entstellt und sich selbst entfremdet worden ist. Er soll nun wieder zu sich selbst finden und zu seinem eigenen Ebenbild verwandelt werden, er soll durch »positives Denken« wieder sich selbst und seine Möglichkeiten entdecken, ja durch Selbstliebe Selbstachtung und Selbstvertrauen gewinnen, die ihm tiefe Ruhe geben. Bei dieser Wiederherstellung sollen dann der »Heilige Geist« und der »Glaube« eingeschaltet werden. Jemand hat dieses Ziel mit einem beschädigten Gemälde verglichen, das restauriert wird, damit unter dem Schmutz und Dreck des Lebens die Hand des Meisters wieder hervorkommt. Seelen, denen die Kosmetik des alten Menschen als Weg der Glückseligkeit vorgegaukelt wird, werden um das volle, freie, ewige Heil in Christus betrogen.

MENSCHENBILD – MENSCHENZAHL – MENSCHENMASS (Offb.13; Dan.3)

»*Der König Nebukadnezar machte ein Bild von Gold, seine Höhe 60 Ellen, seine Breite 6 Ellen* …« Nebukadnezar fordert von jedermann, sein Bild anzuerkennen und davor niederzufallen und es anzubeten, andernfalls sollte er getötet werden.

Wie kam er dazu? Er war in dem Traumbild von Dan. 2 das »Haupt von Gold«, verfällt aber jetzt einer Selbstdarstellung. Das Bild ist also ein Menschenbild.

6 ist die Zahl des Menschen
(7 ist die Zahl Gottes und göttlicher Vollkommenheit)
Die Elle ist ein Menschenmaß.
Der Mensch ist das Maß aller Dinge.

$6 + 60 + 600 = 6\ 6\ 6$ 60 (Höhe)

Im Abfall der Endzeit kommt noch
die dritte Dimension hinzu, 600 steht
für die Tiefe oder Wert/Gewicht.

Das goldene Bild ist eine Selbstdarstellung, 600 (Tiefe)
eine Selbstbestätigung zum Zwecke der
Selbstverwirklichung und Selbstentfaltung,
aus der Selbstliebe … zur Selbstverherrlichung,
die zur Selbstvergottung führt, aber ein
großer Selbstbetrug ist. 6 (Breite)

Da spukt noch immer die Zahl 666 in den Köpfen, als ob sie eine natürliche Zahl wäre und bereits hier und dort erscheine. Mag sein, dass Antichristen, die ja auch die Bibel kennen, sich ein Spiel daraus machen. Sie werden es tun, wenn sie wissen, womit sie uns schrecken können. Schwache Gläubige werden sich ängstigen. Dies hätten dann jene Verkündiger zu verantworten, die Bild und Zahl falsch ausdeuten.

II. Teil

(Kap. 14–22)

DIE ZIONSGEMEINDE (14,1–5)

DIE DEM LAMME FOLGEN

Und ich sah: Und siehe, das Lamm stand auf dem Berge Zion und mit ihm hundertvierundvierzigtausend, welche seinen Namen und den Namen seines Vaters an ihren Stirnen geschrieben trugen.

Nach den schrecklichen Szenen der Posaunengerichte und der langen bedrückenden Herrschaft des Tieres darf der Seher wieder das Lamm erblicken. Er ist sichtlich ergriffen, als er seine Augen »aufhebt zu den Bergen, woher meine Hilfe kommen wird« (Ps.121,1): **Und ich sah: und siehe, das Lamm**. Der Geist möchte jetzt auch unseren Blick weg von der uns umgebenden Feindschaft und Finsternis der Tiergesellschaft auf das Lamm richten. »Sie blickten auf ihn und wurden erheitert, und ihre Angesichter wurden nicht beschämt.« (Ps.34,5) Sogleich treten sie in die Lammesnachfolge, wie es einst auch der bewundernde Ausruf Johannes des Täufers bewirkte: »Hinblickend auf Jesum, der da wandelte, spricht er: siehe, das Lamm Gottes!« Die Jünger Johannes wurden dadurch von Jesus angezogen, sie folgten Ihm nach und zogen wiederum andere mit. So entsteht auch heute Jüngerschaft, Brautgemeinde.

Unser Offenbarungstext will uns in Verbindung mit dem Lamm eine neue Vision der Gemeinde Gottes von Jüngerschaft vermitteln. Zuerst aber brauchen wir eine Vision von dem gepriesenen Lamm, das für uns geschlachtet worden ist und uns für Gott erkauft hat durch Sein Blut (5,9). Das Lamm **auf dem Berge Zion** weist hin auf die himmlische Stellung Christi, zu der auch wir im Geiste erhoben sind (Eph.2,6), damit wir die geistlichen Segnungen genießen können, die viel höher und besser sind als der zeitliche Segen und Reichtum der Welt. In Zion, in der Gemeinschaft des Lammes, finden wir Geborgenheit, Errettung, Zuflucht und Hilfe, aber auch die Stärke, in dem großen Kampf, der auf uns zukommt, zu bestehen.

Im alten Bunde bezog man den Namen Zion auf Jerusalem und sogar auf das sich nach Erlösung sehnende Volk (Jes.46,13; Zeph. 3,14–15). Hauptsächlich verbindet sich der Name mit dem Tempelberg, der Wohnung Gottes, »der da wohnt auf dem Berge Zion«. (Jes.8,18) »Schön ragt empor, eine Freude der ganzen Erde, der Berg Zion.« (Ps.48,2) Dort herrscht Christus als König (Jes.24,23) und, weil Er in Zion thront, können auch wir dort sicher wohnen. »Die auf den Herrn vertrauen, sind gleich dem Berge Zion, der nicht wankt, der ewiglich bleibt.« (Ps.125,1) Schon bei den Propheten, insbesondere bei Jesaja, ist Zion kein geografischer Ort mehr, sondern wird zum Heilsausdruck, ist Inbegriff des Heils für Israel und die Nationen. Im Neuen Testament und besonders in der Offenbarung ist der Berg Zion die herrliche geistliche Höhe, die in der Wildnis des Tieres emporragt, wo sich die auserwählte Schar um das Lamm versammelt. »Segnen wird dich der Herr von Zion aus.« (Ps.128,5) Sobald sie sich von der gesetzlosen Tiermasse abgesondert haben, bestätigt sich an ihnen die Wahrheit: »Ihr seid gekommen zu dem Berge Zion und zur Stadt des lebendigen Gottes, dem himmlischen Jerusalem.« (Hebr.12,22–24) Damit sind wir wieder dort angekommen, besser zurückgekehrt, wo die Heiligen am Anfang standen. Jede neue Bewegung muss auf dem heiligen Berge beginnen.

Wieder stoßen wir auf **Hundertvierundvierzigtausend,** hier in Verbindung mit dem Lamm. Das ist nicht verwunderlich, denn die letzten Treuen in dem alten System sollen ja die Ersten in der neuen Bewegung sein. Allerdings vermisst man die unmittelbare Verbindung zu Kap.7,4, da der Artikel fehlt. Johannes sagt: »Ich sah ... mit ihm hundertvierundvierzigtausend«, nicht »die« 144.000 als bereits bekannte Größe. Hat etwa eine neue Sichtung stattgefunden wie in Röm.11? Bisherige Treue ist keine Garantie für zukünftige Treue. Etliche Zweige sind ihres Unglaubens wegen gegen das neue Zeugnis ausgeschnitten worden, andere, und zwar wilde Zweige, wurden eingepfropft, weil sie geglaubt haben. So wurde der Ölbaum Israel wieder vervollständigt. Ebenso ist es mit der Vollzahl »Hundertvierundvierzigtausend« der Offenbarungsgemeinde.

Mit der Versiegelung in Kap.7 wurde festgestellt, wer zu Gottes Israel gehört, wer das gute Bekenntnis festgehalten hat. Auf dem Berge Zion geht es um das eigentliche Wesen des Israel Gottes, das in dem Wort Fleisch geworden ist; in das Lammeswesen sollen wir umgestaltet werden. Das geschieht in der Offenbarung Jesu Christi durch völlige Übergabe und gehorsame Nachfolge, indem der Blick auf Jesus gerichtet ist, auf Seine Herrlichkeit, an der wir teilhaben sollen. Aus welchem Personenkreis sich diese Versammlung der Hundertvierundvierzigtausend zusammensetzt, wissen wir noch nicht, wir werden es einmal sehen. Wer glaubt, kann sich schon jetzt in ihre Reihen einordnen. Auf jeden Fall ist die Zahl ein Hinweis auf »unser zwölfstämmiges Volk« (Jak.1,1), »die Fremdlinge in der Zerstreuung« (1.Petr.1,1) und »die Beschneidung des Christus« (Phil.3,3; Kol.2,12), das bluterkaufte Israel Gottes (Gal.6,16). Unbedeutend ist der geistliche Hintergrund oder die Herkunft, aus welcher Kirche oder Gemeinde sie stammen mögen. Die in der falschen Prophetie von Israel, Tier und Bild ihre Rechtfertigung suchen, werden es schwer haben, sich der Zionsgemeinde anzuschließen. Andere Christen, vermutlich die Mehrheit, sind nicht mit Lehren vorbelastet, sondern Suchende und werden finden.

Endlich erfahren wir, was das Siegel an ihren Stirnen ist: Es ist ein **Name** und zwar der neue Name Jesu (vgl.3,12), der wahre und einzige Israel, den Gott anerkennen kann, wie geschrieben steht: »Du bist mein Knecht, bist Israel, an dem ich mich verherrlichen werde.« (Jes.49,3) Wir werden Christus zugehörig gerechnet, sind Sein Geschlecht und tragen daher als Seine Brüder den gleichen Namen. »Siehe, ich und die Kinder, die Gott mir gegeben hat.« (Hebr.2,13). Sie sind auch Seine Schafe, Ihm eigen. An dem **Namen Seines Vaters an ihren Stirnen** kann man sehen, dass sie Kinder Gottes sind, dass sie zur Familie Gottes und zu dem Samen Abrahams gehören. »Seht, welch eine Liebe uns der Vater gegeben hat, dass wir Kinder Gottes heißen sollen! Deswegen erkennt uns die Welt nicht, weil sie ihn nicht erkannt hat.« (1.Joh.3,1) Der Name des Sohnes und des Vaters sind gleich: Jesus, Herr und Gott.

Die Zionsgemeinde ist eine Gemeinschaft der aufrichtig wahrheitssuchenden und Jesus folgenden Jünger. Angesichts der gefallenen Babylonkirche bereitet Gott ein anderes Werk vor, »das ihr nicht glauben werdet, wenn es euch jemand erzählt«. (Apg.13,41) Gänzlich ohne die fragwürdigen Mittel und modernen Methoden, ohne die Seelen tötende laute Musik, um die Welt anzulocken, stellt sich die Zionsgemeinde als reine Bet-, Bibel- und Singgemeinde dar. Die Babylongemeinde hat ihre Strategie und ihr Programm, die Zionsgemeinde hat eine Botschaft, die allein durch die Verkündigung in der Kraft des Heiligen Geistes wirkt. So war es ja auch zur Apostelzeit und in Erweckungszeiten. Wo der Geist wehte, bekehrten sich die Menschen scharenweise zu allen Zeiten und in jeder Kultur. Bei der Erweckung im Siegerland taten junge Männer vor Qual der Sünden auf der Straße Buße und begannen ein neues Leben. Wir müssen nicht kulturrelevant sein; das bleibt Babylon vorbehalten, wo Gottes Volk zwar geboren und vermehrt wird, aber nicht die Erneuerung erleben kann.

Die Botschaft, die von Zion ausgeht, ist eine frohe Botschaft: »Auf einen hohen Berg steige hinauf, Zion, du Verkündigerin froher Botschaft; erhebe mit Macht deine Stimme, Jerusalem, du Verkündigerin froher Botschaft! Erhebe sie, fürchte dich nicht; sprich zu den Städten Judas: Siehe da, euer Gott!« (Jes.40,9; 52,7–12) Die Stimme aus dem Himmel bringt etwas in Bewegung, **wie das Rauschen vieler Wasser.** Und gewaltig ist diese Botschaft, **wie das Rollen eines lauten Donners.** Wir hören hier die Stimme des Menschensohnes heraus (1,15), ebenso kündigt diese Stimme ein nahendes Gewitter an. Für die Knechte Gottes, die Söhne des Donners, sind das liebliche Klänge **wie von Harfensängern, die auf ihren Harfen spielen,** weil es den Glaubenden Freiheit und Herrlichkeit bringt. »Den Stab deiner Macht wird Gott aus Zion senden, herrsche inmitten deiner Feinde. Dein Volk wird voller Willigkeit sein am Tage deiner Macht.« (Ps.110,2–3) Das wird zu einem **neuen Liede**, ein Hohelied der Liebe der Töchter Jerusalems für den Bräutigam ihres Herzens: »... ein ausgegossenes Salböl ist dein Name, darum lieben dich die Jungfrauen.« (Hohel.1,3)

Das »Rauschen vieler Wasser« wird zu einer Flut, aber keine Sünd- und Gerichtsflut, sondern eine Segensflut, Regen des Segens. Für die Bildanbeter sicher bedrohlich, für die Versiegelten und die es werden wollen jedoch willkommen. Das gibt Hoffnung, die die Lammesgemeinde jubeln macht und ein neues Lied anstimmen lässt: »In meinen Mund hat er gelegt ein neues Lied, einen Lobgesang unserem Gott. Viele werden es sehen und sich fürchten und auf den Herrn vertrauen.« (Ps.40,3) Das neue Lied wird zuerst im Herzen gesungen. Anders kann es gar nicht gesungen werden. Das Herz singt, weil es von Christus erfüllt ist. Das neue Lied ist nicht akustisch zu hören, denn sie singen es im Himmel, im Geiste, **vor dem Throne und vor den vier lebendigen Wesen und den Ältesten.** Sicher wird es auch in der Anbetung und im Lobgesang in der Gemeinde Gottes in mehreren Strophen zum Ausdruck kommen, denn wo das Herz jubelt, öffnet sich auch der Mund, »singend und spielend dem Herrn in euren Herzen«. (Eph.5,19) Hingegen spielt in Babylons Liedern die Musik die Hauptrolle, sie brauchen allerlei Art von Musik im Gottesdienst zur Gefühlsanregung und Sinnesbefriedigung mit immer den gleichen Songs. Dort wird nicht dem HERRN gesungen, dort singt man sich selbst oder der Musik zuliebe. Ohne Musikbegleitung kämen in ihrer Mitte keine rechten Gefühle auf, sie brauchen diese Stimulierung und Berauschung

Anders in der Zionsgemeinde, ihre Gesänge sind »einstimmig«, begleitet von den »Harfen Gottes«. Vielleicht klingt ihr Gesang melodisch nicht so schön, doch es singt und klingt in ihren Herzen und das ist so lieblich vor Gott und den heiligen Engeln. Instrumentalbegleitung oder -darbietung wird die erneuerte Gemeinde Gottes nicht mehr nötig haben. Diese gab es auch in der apostolischen Gemeinde nicht, noch findet sich dafür eine Empfehlung in den Briefen. Sie gehören wie aller jüdische Kult mit seinem Zeremoniell, Opferdienst, seinen Gewändern, seiner Kunst usw. dem alten Bund an, als der Geist noch nicht war. Es sind »schwache und armselige Elemente« der Welt, denen man in Babylon mangels Geist und Leben wieder von Neuem dienen will (Gal.4,9). Viele schöne christliche Lieder und Psalmen werden von den Gemeinde-Chören gesungen, auch Hausmusik ist etwas Schönes und sollte gepflegt werden, aber nur die Lieder des Herzens, und zwar reiner Herzen, werden im Himmel gehört.

Die Zionsbewegung ist eine singende Bewegung, weil Gott durch Sein gnädiges Handeln ihre Zunge gelöst hat für das neue Lied, das zu Seiner Ehre erklingt. Die erste Strophe des neuen Liedes sang bereits Johannes in Kap.1,6: »Dem, der uns liebt und uns von unseren Sünden gewaschen hat …« Auch die Ältesten singen es, stimmen es sozusagen als Vorsänger an (5,9): »Du bist würdig …«, und dann fällt der riesige Chor Bluterkaufter mit in den Lobpreis ein, da sie die Vergebung empfangen und die Befreiung von dem babylonischen Welt- und Kirchensystem erfahren haben.

Und niemand konnte das Lied lernen als nur die hundertvierundvierzigtausend, die von der Erde erkauft waren. In der Tat kann man das Lied der Lieder nicht auswendig lernen, sondern nur inwendig singen und auch nur der, der weiß, dass er »von der Erde erkauft« ist, das heißt aus dem Bannkreis des Tieres freigekauft, aus der Welt Babylons, Sodoms und Ägyptens herausgenommen ist, »nach dem Willen unseres Gottes und Vaters, welchem die Herrlichkeit sei von Ewigkeit zu Ewigkeit! Amen«. (Gal.1,3–5) Sie bilden das neue Israel in Christus. »Und er hat erhöht das Horn seines Volkes, das Lob all seiner Frommen, der Kinder Israel, des Volkes, das ihm nahe ist. Lobet den Herrn!« (Ps.148,14)

Diese sind es, die sich mit Weibern nicht befleckt haben, denn sie sind Jungfrauen. In diesen Worten liegt so ein Wohlgefallen Jesu an Seiner erwählten Braut, die Er als eine »sehr kostbare Perle gefunden und für die Er alles verkauft hat«. (Matth.13,46) Gewiss hatten sie auch einen »früheren Lebenswandel«, der Gott nicht gefallen konnte. Kommen sie doch aus einem bösen und ehebrecherischen Geschlecht, das Gott verworfen hat. Aber sie hatten ein Gewissen und ein tiefes Verlangen nach Erlösung, sodass sie der Stimme des Geistes das Ohr öffneten und dem Lamme folgten; sie sind zu ihrem ersten Manne, der ersten Liebe, zurückgekehrt und zu den ersten Werken, sie haben sich gereinigt und geheiligt. Hier stellt der Geist uns erstmalig die Braut des Lammes vor, obwohl sie erst später so genannt wird (21,9). Der Ausdruck »Weiber« ist an sich nicht negativ, er steht hier für das bloß Seelische (Natürliche), Gefühlsmäßige und das Unsittliche, das zum Wesen Babylons gehört. Den erwählten »Jungfrauen« sind das Geistliche und die Heiligkeit wichtig, weil sie sich bewusst sind, aus Gnaden errettet zu sein. Gott ist es, der sie rechtfertigt und sie als reine, heilige Töchter Zions Sich selbst verherrlicht darstellt (Eph.5, 27).

Was sich einst an den gläubigen Juden erfüllte (1.Petr.2,10) und später durch Paulus an den Nationen Wahrheit wurde (Röm.9,25), soll sich auch durch die Offenbarungsgemeinde erfüllen, sowohl an den Gläubigen zuerst als auch an denen, die Er aus der Welt berufen wird. Obwohl praktisch jeder zu diesen »Jungfrauen« gehören kann, wie weit er auch von Gott entfernt sein mag, ist der Gedanke an die Welt hier noch verfrüht. Denn zuerst muss einmal eine Zeugenschar aus dem vorhandenen Bekenntnis aufgestellt werden. »Dies ist das Geschlecht derer, die nach ihm trachten, die dein Angesicht suchen«. (Ps.24,6)

Aus den genannten Stellen erhellt, dass nicht an ehelose Männer gedacht werden kann oder es irgendwie geboten erscheint, nicht zu heiraten. Solches »lehren betrügerische Geister und sind Lehren von Dämonen«. (1.Tim.4,1–3) Gott hat die Ehe geheiligt. Der ehelose Paulus war Gott nicht angenehmer als der verheiratete Petrus. Der Ausdruck »Jungfrauen« bezieht sich sowohl im Griechischen als auch im Lateinischen auf beiderlei Geschlecht. In Christo ist »nicht Mann und Weib, denn ihr alle seid e i n e r in Christo Jesu«. (Gal.3,28) Das hebt die natürlichen Geschlechterunterschiede nicht auf. Die Gnade vermag aus Huren heilige Jungfrauen zu machen, wie wir in Joh. 4 sehen; und aus einer Maria-

Magdalena, in welcher alle sieben unreinen Geister des Judentums waren, wurde eine reine, geisterfüllte Brautseele. Niemand ist dem HERRN Jesus zu schlecht, nur muss Aufrichtigkeit vorhanden sein, das ehrliche Verlangen, frei zu werden von der Herrschaft des Tieres und der ganzen babylonischen Szene. Aber die stolzen selbstklugen und selbstsicheren »törichten Jungfrauen« werden den Anschluss verpassen (Matth.25,1–13).

Zweimal wird gesagt: **Diese sind es.** Der Geist will uns hier auf eine Heiligungsbewegung hinweisen, die nicht von Menschen in Gang gesetzt wurde; sie haben andere Ziele als alle die religiösen Bewegungen unserer Zeit. In den letzten Jahren sind viele neue christliche Bewegungen mit bestimmten Zielgruppen entstanden, meist von Amerika kommend. Da gibt es Jugendbewegungen, Gemeindebewegungen, eine charismatische Bewegung, neuerdings eine Männerbewegung und sicher bald auch eine Frauenbewegung, die nach den Ämtern strebt, usw. Zum Teil haben sie sehr hohe Ziele und Ideale und ihre Anhänger müssen Treue zu den christlichen Werten geloben und moralische und sexuelle Reinheit versprechen. Aber alle diese Bewegungen führen nicht aus Babylon heraus, sondern tiefer hinein und enden in Vermischung und Verwirrung. Falsche Lehrer und Geister suchen alles zu vereinheitlichen und alle Gruppen in Großbabylon zu vereinigen; man will biblische Einheit demonstrieren, um die Welt zu überzeugen, aber Einheit auf Kosten der Wahrheit und Heiligkeit.

Bewegungen des Geistes wie die Zionsgemeinde müssen nicht proklamiert oder propagiert werden. Es ist der Geist Gottes und das Zeugnis Jesu, das sie bewegt hat und mit dem sie andere bewegen. Neben dem Zeugnis ihrer geistlichen und sittlichen Unbeflecktheit haben sie auch das Zeugnis echter und treuer Jüngerschaft, da sie **dem Lamme folgen, wohin irgend es geht.** Es sind die »klugen Jungfrauen«, die bereit waren, als sie um Mitternacht das Geschrei hörten: »Siehe, der Bräutigam! gehet aus ihm entgegen!« Nachdem sie den Ruf des HERRN gehört haben und Ihm nach Lammesart folgen, will Er sie wie einst die Jünger zu Zeugen Jesu ausbilden. An diesem Punkte scheiden sich Jünger und Jünger, denn nur wenige sind bereit, dem Lamme bis zum Kreuz zu folgen. Vielen sind die Forderungen Jesu zu hart, »von da an gingen viele seine Jünger zurück und wandelten nicht mehr mit ihm«. (Joh.6,66) Wer wirklich am HERRN mit Leib und Seele hängt, wird wie Petrus sagen: »Herr, zu wem sollen wir gehen? Du hast Worte ewigen Lebens; und w i r haben geglaubt und erkannt, dass d u der Heilige Gottes bist.« (Joh.6,67–69) Diese werden dem Lamme folgen, vielleicht zitternd, aber sie werden Ihm folgen. Ihr Auftrag besteht darin, die frohe Botschaft der Offenbarung Jesu Christi unter dem Volke Gottes und in den Gemeinden zu verkündigen, sofern man ihnen die Türen öffnet; aber sie sind auch bereit, sich selbst zu verleugnen und das Kreuz aufzunehmen, wenn man sie verwirft (Luk.14,25–27). Dann werden sie sich anderen zuwenden. »Ihr sollt meine Zeugen sein bis an das Ende der Welt.«

Während Babylon jetzt alles mobilisiert, die Welt im Sturme zu erobern und die große Babylongemeinde zu bauen, versucht das Lamm, aus dem vorgefundenen Kreis der Gläubigen die Brautgemeinde der Offenbarung zu gründen. Jesus sagte den Jüngern: »Gehet nicht auf einen Weg der Nationen; gehet aber vielmehr zu den verlorenen Schafen des Hauses Israel.« (Matth.10,5) Nach Pfingsten wurde der Auftrag auf die ganze Welt ausgedehnt, anfangend von Jerusalem. Freilich sind nicht alle Jünger Prediger, doch alle Nachfolger Jesu dienen dem HERRN mit ihrer Gabe und Habe; in der Zionsgemeinde gibt es keine passiven Mitglieder. Zionsgemeinde ist Missionsgemeinde; sie ist auch Muttergemeinde und Bibellehrgemeinde, »denn von Zion wird das Gesetz (die Lehre) ausgehen und das Wort von Jerusalem«. (Jes.2,3)

In der Missionstätigkeit muss nicht nur Gottes Wille beachtet werden, »welcher will, dass alle Menschen errettet werden und zur Erkenntnis der Wahrheit kommen« (1.Tim.2,4), sondern auch Gottes Weg und Schritte und auch Seine Zeit wie und wo Seine Gemeinde gebaut werden soll. In christlichen Ländern, wo das Evangelium bekannt ist, aber die Gemeinden unter der Herrschaft des Tieres stehen, geht Gott anders vor als beispielsweise in den islamischen Ländern und wo Neuland zu erobern ist. Dass »Heimatmission« schwieriger ist als Heidenmission beklagt jeder

Missionar. Ob mit weniger Widerstand zu rechnen ist, wenn der HERR die etablierten Kirchen und Gemeinden zum Missionsgebiet erklärt? Der HERR kommt hier in das »Seinige«, die nach Seinem Namen genannt sind, nicht mehr um zu richten, sondern Seine Herrlichkeit zu offenbaren. Wenn die Seinen Ihn nicht annehmen, geht Er weiter, »so viele ihn aber aufnahmen, denen gab er das Recht, Kinder Gottes zu werden, denen, die an seinen Namen glauben, welche nicht aus Geblüt, noch aus dem Willen des Fleisches, noch aus dem Willen des Mannes, sondern aus Gott geboren sind«. (Joh.1,11–13)

Zum dritten Mal wird betont, wer diese sind: **Diese sind aus den Menschen erkauft worden als Erstlinge Gott und dem Lamme.** Hier findet sich bestätigt, dass Gott ein neues Werk beginnt. Einst fing es mit 12 Jüngern an, bald waren es 70, dann 500 Brüder, am Pfingsttage durch eine Predigt 3000 Seelen und »so viele irgend der Herr, unser Gott, herzurufen wird«. (Apg.2,39) Die Offenbarung beginnt gleich mit 144.000, was dazu verleiten könnte, an eine entsprechende Zahl zu denken. Den Symbolcharakter dieser Zahl haben wir bereits bei der Betrachtung des 7. Kapitels festgestellt. Jede gesegnete Bewegung fing klein an, oft nur mit einigen wenigen Männern, die wie Daniel Buße taten über ihre Sünde und für die Sünde des Volkes (Dan.9, 20). Zu ihnen hat Gott sich geneigt und durch sie große Erweckungen bewirkt. Den »Erstlingen« soll noch eine unzählbare Menge folgen, eine Schau, die uns bereits im 7.Kapitel vermittelt wird, jetzt aber nahe daran ist, Wirklichkeit zu werden.

Noch ein Kennzeichen ist den Lammesnachfolgern eigen: **In ihrem Munde wurde kein Falsch gefunden; denn sie sind tadellos.** Gott rechnet die Aufrichtigkeit für Tadellosigkeit. Inmitten der verlogenen und sich selbst betrügenden Tiergesellschaft und der falschen Propheten hat Gott sich eine Zeugenschar erwählt, die »nicht aus Betrug reden, noch aus Unreinigkeit noch mit List; sondern so, wie wir von Gott bewährt worden sind, mit dem Evangelium betraut zu werden, also reden wir, nicht um Menschen zu gefallen, sondern Gott, der unsere Herzen prüft. Denn niemals sind wir mit einschmeichelnder Rede umgegangen, wie ihr wisset, noch mit einem Vorwand für Habsucht, Gott ist Zeuge ...« (1.Thess.2,3–6). Wahrhaftigkeit war schon immer das Kennzeichen der wahren Knechte Gottes. »Denn wir verfälschen nicht, wie die Vielen, das Wort Gottes, sondern als aus Lauterkeit, sondern als aus Gott, vor Gott, reden wir in Christo.« (2.Kor.2,17) Zu einer ehrlichen Verkündigung gehört eben auch, dass sie nicht das Gericht verschweigt, wie es die drei folgenden Engelsbotschaften ankündigen.

Die erste der sieben Botschaften liegt ganz auf der Linie des ersten Sendschreibens, ersten Siegels und der ersten Posaune, nur hat sie einen anderen Ausgangspunkt, indem sie an das Volk in Babylon ergeht. Sie erinnert auch an den ersten Schöpfungstag, als Gott sprach: »Es werde Licht! Und es ward Licht.« (1.Mo.1,3) Das »laute Donnerrollen« soll uns aufwecken, der Macht der Finsternis des Tieres zu entfliehen und uns auf die Seite des Lammes zu stellen; »denn auf dem Berge Zion und in Jerusalem wird Errettung sein«. (Joel 2,32)

»Fahre fort, fahre fort, Zion, fahre fort im Licht!
Mache deinen Leuchter helle, lass die erste Liebe nicht;
suche stets die Lebensquelle, Zion, gingst du durch
die enge Pfort', fahre fort, fahre fort!

Dringe ein, dringe ein, Zion, dringe ein in Gott!
Stärke dich mit Geist und Leben, sei nicht, wie die
anderen, tot, sei du gleich den grünen Reben;
Zion, in die Kraft, statt Heuchelschein,
dringe ein, dringe ein!«

In dieser Gemeindevision wird klar, welches die Erstlinge der Geschöpfe Gottes in Christus sind, nämlich die mit Christus Jesus, dem Lamme Gottes, auf dem Berge Zion stehen. Seine Gemeinde ist »die Versammlung der Erstgeborenen, die in den Himmeln angeschrieben sind«. (Hebr.12,22ff) Gott hat hier eine erneuerte Jüngerschar nach Wahl Seiner Gnade aus der bekennenden babylonischen Christenheit berufen, die das neue Israel nach dem

Geiste repräsentieren soll. Reinheit des Herzens, gehorsame Nachfolge und Aufrichtigkeit kennzeichnet die Braut des Lammes.

Wer einen Gottesbeweis sucht, kann ihn in diesen »Jungfrauen« finden. Die Schöpfung ist der sichtbare Beweis, dass es einen Gott gibt. Ein weiterer Beweis ist die Einmaligkeit und Einheit der Heiligen Schrift, wie wir sie in unserer Betrachtung nachgewiesen haben. Drittens das Leben Jesu. Er hat Gottes Wesen geoffenbart. Viertens, durch die Wirksamkeit des Heiligen Geistes kommt Gott uns so nahe, dass man nur staunen kann. Doch der stärkste Beweis in diesem Geist ist das Zeugnis der Kinder Gottes: Ihr Leben, ihre Aufrichtigkeit, ihre Treue, ihre Liebe sind unnachahmlich. Denn sie sind eine »neue Schöpfung in Christo« (2.Kor.5,17), und die kann man testen.

DAS EWIGE EVANGELIUM (14,6–7)

Und ich sah einen anderen Engel inmitten des Himmels fliegen, der das ewige Evangelium hatte. Bevor das Gericht über Babylon und die Welt kommt, soll noch einmal denen, **die auf der Erde ansässig sind, und jeder Nation und Stamm und Sprache und Volk,** das Evangelium verkündigt werden. Sein Ton ist allerdings sehr ernst, ein letzter Anruf an die humanistische Tiergesellschaft und Babylon, dem Unglück zu entfliehen.

Die Bezeichnung »ewiges Evangelium« mögen die meisten nicht mit der neutestamentlichen Botschaft vereinbaren können. Es habe einen alttestamentlichen Klang und passe nicht in die »Gnadenzeit«. So verlegt man es auf spätere Zeiten, als hätten wir es gar nicht nötig. Doch nichts ist heute wichtiger als seine Botschaft. Eigentlich sollte dieses Evangelium unseren Ohren vertraut sein, bildet es doch den Grundton aller Evangelien und Gottesbotschaften. Das Wort »Evangelium« ist griechischer Herkunft und heißt »gute oder frohe Botschaft«. Zum ersten Mal kommt es im Propheten Jesaja vor und ist an Zion gerichtet bzw. Zion wird »Verkündigerin froher Botschaft« genannt (Jes.40,9; 52,7; 61,1). Im Sprachgebrauch des Neuen Testaments begegnet es uns vor allem in den paulinischen Briefen. Merkwürdigerweise fehlt es im Johannesevangelium und in seinen Briefen gänzlich. Umso stärker wird die »gute Botschaft« in der Offenbarung verkündigt, zuerst für die Knechte Gottes (10,7), dann der ganzen Welt.

Unser Deuteengel ist das Evangelium im umfassenden Sinne. Wenn wir »Evangelium« sagen, verkürzen wir es gewöhnlich auf die Heilstatsachen, dass Jesus für unsere Sünden gestorben und zu unserer Rechtfertigung auferstanden ist. So ist dann auch selbst an der modernen babylonischen Verkündigung nichts auszusetzen. Man hört hier »ganz klares Evangelium«. Doch wie ist es mit dem »Evangelium des Reiches« (Matth.4,23) oder dem »Evangelium der Herrlichkeit des Christus« (2.Kor.4,4)? Davon hört man wenig oder nichts, obwohl diese ebenso zu dem *einen* Evangelium gehören wie das »Evangelium eures Heils« (Eph.1,13) und das »Evangelium der Gnade Gottes« (Apg.20,24) oder das »Evangelium des Friedens«. (Eph.6,15) Zu unterscheiden ist das »Evangelium der Beschneidung«, wie es die Zwölfe verkündigten, von dem »Evangelium der Vorhaut« (Gal.2,7), das Paulus »mein Evangelium« (Röm.2,16) nennt. Die Apostel haben das »Evangelium von Jesu« verkündigt, von Seinem Leben, Seinen Lehren und Taten, Seinen Leiden und Seinem Sterben, Seiner Auferstehung und Himmelfahrt (Apg.8,35), wie es die vier Evangelien berichten. Hieran anknüpfend verkündigt Paulus den erhöhten Christus im Himmel, das »Geheimnis des Christus« und den »unausforschlichen Reichtum des Christus« (Eph.3,4.8), wie er ihm offenbart ist durch geistliches Verständnis der heiligen Schriften.

Allen diesen Evangelien würde die Grundlage und Kraft fehlen, wenn dabei nicht auch das »ewige Evangelium« bezeugt wird: **Fürchtet Gott und gebet ihm Ehre.** Freilich kann dieses Evangelium nicht für sich allein verkündigt werden, schon gar nicht einer Welt, die bereits vom Gericht heimgesucht wird und mehr und mehr darunter leidet. Es kann für sich genommen auch keinen Menschen erlösen. Aber es ist nötig, die Gottesfurcht zu predigen, damit Menschen die Gnade Gottes in Christus Jesus, unserem Heiland, begehren. Die Gnadenbotschaft allein kann ebenso wenig Heilung wirken, wenn ihm die Gottesfurcht fehlt. Wenn einem Hause das Fundament fehlt, so fehlt ihm die Hauptsache; es ist und wird ohne Fundament nie ein solider Bau. Dasselbe ist mit unserem Christentum, unserem ganzen Verhältnis zu Gott; wenn ihm die Furcht des Herrn fehlt, so fehlt ihm die richtige, gesunde Grundlage. Ohne Gottesfurcht baut man auf Sand, so die Kirche Babylon, die deshalb nicht bestehen wird im Gericht. Deshalb muss dem Volke darin wieder laut gepredigt werden: **Fürchtet Gott und gebet ihm Ehre, denn die Stunde seines Gerichts ist gekommen.**

Warum sollte das »ewige Evangelium« nicht im Einklang sein mit dem Evangelium der Rechtfertigung aus Glauben? Ist es doch das e w i g e Evangelium. »Ewig« heißt immer, es ist das, was schon immer von den heiligen Propheten und Aposteln und allen wahren Gottesknechten verkündigt worden ist. Warum hört man es heute nicht mehr in der Verkündigung? Wohl alle babylonischen Gemeinden meinen, das reine, volle Evangelium zu verkündigen. Aber leider stellt man oft fest, dass ihnen das Salz fehlt. Sie wehren sich vehement gegen den Vorwurf, das Evangelium zu verwässern und dennoch predigen sie eine humanistische Botschaft, wenn sie das »ewige Evangelium« ausklammern. In Babylon versteht man die »Furcht Gottes« als Angst vor Gott, und die braucht ja ein versöhntes Gewissen durchaus nicht mehr zu haben. Auch den Ungläubigen soll man, so sagen die Humanisten, keine Angst mit der Hölle machen. Also streicht man die Furcht Gottes aus dem Vokabular oder deutet sie um in »Ehrfurcht«. Man brauchte keine wissenschaftlichen Beweise, dass ein Gott ist, wenn die Furcht Gottes verkündigt worden wäre. »1500 Jahre seit Konstantin war in Europa Gott das höchste Gut (summum bonum), oberster Wert, bis es durch ein neues summum bonum, eines menschlichen an Stelle Gottes gesetzt wurde«. (Wilhelm Bracht)

Die Botschaft des »anderen Engels« gilt zunächst denen, **die auf der Erde ansässig sind.** Der Ausdruck »auf der Erde ansässig« geht weiter als die sonst in der Offenbarung so häufige Wendung von »auf der Erde wohnen«. (13,8.14) Es hat den Sinn von »thronen«, »sitzen«, woraus eine betonte Selbstsicherheit und Unbußfertigkeit der Leute herauszuhören ist. Sie gebärden sich so sicher wie die Menschen in den Tagen Noahs. Plötzlich kommt das Verderben über sie, »gleichwie die Geburtswehen über die Schwangere; und sie werden n i c h t entfliehen«. (1.Thess.5,3) Sie sollen nicht ungewarnt bleiben vor dem Gericht.

Jeder Nation und jedem Stamm und jeder Sprache und jedem Volk soll das »ewige Evangelium« verkündigt werden. Hiermit ist der ganze babylonische Kirchen- und Weltkreis angesprochen (5,9; 7,9; 10,11). Die Christenheit ist ja längst nicht mehr e i n Leib, e i n Volk, spricht auch nicht mehr e i n e Sprache, sondern viele. Aber Gott erreicht mit dem »ewigen Evangelium« wieder alle, es spricht eine Sprache, die in der babylonischen Sprachenverwirrung von allen verstanden wird. Wahrscheinlich reagieren Katholiken am ehesten auf die Botschaft, denn unter ihnen finden sich noch am meisten Gottesfurcht und Ehrfurcht. Vermutlich hängt das mit der Lehre und Erziehung der katholischen Kirche zusammen, dass der Glaube von Gottesfurcht, Abkehr von der Sünde, Wille zum Gehorsam begleitet sein müsse. Dogmatisch ist das richtig, aber sie meint es nicht so und setzt die Werke vor den Glauben, um Gott zu gefallen und die »Kirche« anstelle »Christus«; Maria steht ihnen näher als Jesus.

Demgegenüber vertritt der Protestantismus die These: Durch Glauben allein, erklärt aber die Werke für Stroh. Das Resultat dieser Rechtfertigungslehre ohne Gottesfurcht ist eine Gesetzlosigkeit und Sittenlosigkeit, wie sie nie gewesen ist, die besonders im evangelischen Raum dem Humanismus und Hedonismus den Weg bereitet hat. Da sind die gottesfürchtigen Werkgerechten doch Gott näher als die Gesetzlosen, die die Gnade in Ausschweifung verkehren. »Gott sieht die Person nicht an, sondern in jeder Nation, wer Gott fürchtet und Gerechtigkeit wirkt, ist ihm angenehm.« (Apg.10,35) Wo der Boden nicht in Gottesfurcht gepflügt wird, kann die Saat des Evangeliums keine Früchte tragen.

Befasste sich die Reformation vordringlich mit der Rechtfertigung des Sünders, betrieb der Evangelikalismus die Heiligung des Gläubigen. »Frei vom Gesetz« war seine Botschaft und »Absonderung vom kirchlichen Übel« seine Forderung, aber man leugnete das Gericht. Da schwand die Gottesfurcht, und Hochmut, Ungerechtigkeit und Heuchelei kehrten ein. Weil sie Gott nicht fürchten, haben sie das prophetische Wort weg- und umgedeutet, sodass das Gericht angeblich nur noch die Welt nach ihnen treffen soll. Im Lichte des »ewigen Evangeliums« fallen alle unter dasselbe Urteil: »Es ist keine Furcht Gottes vor ihren Augen.« (Röm.3,18)

Da nun der Richter vor der Tür steht und jeden Augenblick das Gericht über Babylon hereinbrechen kann, ist es ein Gnadenakt, wenn Gott noch einmal durch Seinen Engel vom Himmel verkündigen lässt: »Fürchtet Gott und gebet ihm Ehre, betet Gott an!« – eine sehr einfache Botschaft, aber genau passend für unsere Zeit, die vom Geiste des gesetzlosen Humanismus geprägt ist. In einer so ernsten Stunde ist es töricht, noch lange vom »Sinn des Lebens« zu faseln. Nur die Gottesfurcht verleiht dem Leben Sinn und Ziel. Die süße Jesus-liebt-dich-Botschaft ist der Welt schon über. Eine verstandesmäßige Beweisführung von der Existenz Gottes ist fehl am Platze. Es genügt der Hinweis auf die Schöpfung, das Werk Seiner Hände, um Gott in Ehrfurcht anzubeten. »Fürchtet Gott und gebet ihm Ehre!« Darauf kommt es an. Das geht das Gewissen an. Dass Gott sich noch einmal an die abtrünnige Christenheit wendet, um sie vor dem Gericht zu warnen, ist nur Sein großes Erbarmen. Und wenn Seine Knechte sich dahinstellen und sich für die Wahrheit des Evangeliums verspotten und lästern lassen, wie es alle Propheten erleben mussten, ist das Beweis der Liebe genug. Wir dürfen unsere Mitmenschen nicht einfach ins Unglück laufen lassen. »Wer unter euch fürchtet den Herrn? Wer hört auf die Stimme seines Knechtes?« (Jes.50,10)

Was heißt denn, Gott fürchten? Manche meinen, Gottesfurcht sei Ehrfurcht. Doch das ist nicht dasselbe, es ist viel mehr als das. Es gibt auch Humanisten, welche Ehrfurcht haben vor der Schöpfung, vor dem Leben, vor einem höheren Wesen, aber sie fürchten sich keineswegs vor Gott. Der Höchste will von Seinen Geschöpfen geehrt werden, aber Er muss auch gefürchtet werden. Er lässt nicht mit sich spielen und spaßen. Wir müssen uns vor Ihm scheuen. Diese Furcht ist kein unbestimmtes Angstgefühl, das kein rechtes Vertrauen aufkommen lässt. Im Gegenteil, »in der Furcht des Herrn ist ein starkes Vertrauen, und seine Kinder haben eine Zuflucht«. (Spr.14,26) Wenn Noah nicht, »von Furcht bewegt, eine Arche zur Rettung seines Hauses« gebaut hätte, wäre er wohl nachlässig geworden, die Flut hätte ihn ereilt (Hebr.11,7). Wir müssen die gelegene Zeit auskaufen und allen Fleiß anwenden, unserem Glauben die Tugend folgen zu lassen (2.Petr.1,5). Denn »vor deinem Schrecken schaudert mein Fleisch, und ich fürchte mich vor deinen Gerichten« (Ps.119,120); und: »Da wir den Schrecken des Herrn kennen, so überreden wir die Menschen ...« (2.Kor.5,11). Es ist Gnade, wenn Gott noch einmal das ewige Evangelium von der Furcht Gottes aller Welt verkündigen lässt.

Der Hauptpunkt beim Glauben ist die Gottesfurcht. Ohne Gott zu fürchten, kommt kein Mensch wirklich zur Buße, ohne Gottesfurcht ist auch kein Gläubiger ein Glaubender. Ohne Furcht Gottes, versteht man nichts wirklich von den Dingen Gottes. Denn »die Furcht des Herrn ist der Erkenntnis Anfang«. (Spr.1,7). Wir müssen einen richtigen Begriff von der Furcht Gottes haben, um ihre Notwendigkeit und ihren Segen zu verstehen. Wenn die Schrift so oft die Furcht Gottes preist, so will sie nicht von knechtischer Furcht reden. Wie ließe sich das vereinbaren mit der apostolischen Ermahnung: »Freuet euch in dem Herrn allezeit! Wiederum will ich sagen: Freuet euch!« (Phil.4,4)

Wir sind arme, sündige, sterbliche Menschen; Gott ist die ewige, heilige, gerechte, allmächtige Majestät. Er ist allwissend und allgegenwärtig. Folglich gibt es für uns Menschen unserem Gott gegenüber keine andere Stellung als die der tiefsten Ehrfurcht, der demütigen Beugung und diese Stellung ist eine in Ewigkeit bleibende für die vollendete Gemeinde. Auch die heiligen Seraphim verhüllen ihr Angesicht vor der Herrlichkeit des HERRN und rufen: »Heilig, heilig, heilig ist der Herr der Heerscharen.« (Jes.6,1–4)

Auch in der Erziehung ist die Gottesfurcht wichtig. Der Rat eines Gottesmannes lautet: »Sage der Jugend viel von der Liebe Gottes und des Heilandes und sage es ihr warm und lieblich; aber vergiss nicht, sie zugleich die Furcht der Herrn zu lehren, in der Gegenwart eines heiligen allwissenden Gottes zu wandeln, dem wir Rechenschaft geben müssen von einem jeden unnützen Wort (Matth.12,36). Einem Menschen ohne Furcht Gottes fehlt die Grundlage für ein sittliches Leben, die Furcht des Herrn schärft das Gewissen.«

Das sind Erziehungsgrundsätze, die uns heute verloren gegangen sind in einer in Überfluss und Gleichgültigkeit dahin lebenden Gesellschaft. Da muss uns die Gottesfurcht und Ehrfurcht vor Gott wieder ins Bewusstsein zurückgerufen werden und das tut dieser Engel.

Gottesfurcht ist wirklich ein glückseliger Zustand. »Glückselig ein jeder, der den Herrn fürchtet, der da wandelt in seinen Wegen.« (Ps.128,1) Die Verheißungen, die dem Gottesfürchtigen gegeben sind, lassen seine Seele in Sicherheit ruhen. »Ihr, die ihr den Herrn fürchtet, vertrauet auf ihn. Ihre Hilfe und ihr Schild ist er.« (Ps.115,11) »Kommet, ihr Söhne, höret mir zu: Die Furcht Jehovas will ich euch lehren; weiche vom Bösen und tue Gutes, suche Frieden und jage ihm nach.« (Ps.34,11). Es ist Gnade, wenn Gott uns noch einmal daran erinnert, Ihn zu fürchten und Ihn anzubeten. Wahre Anbetung ist mit Gottesfurcht und Ehrfurcht begleitet, wozu auch eine ehrfürchtige Gebetshaltung gehört. »Gebet dem Herrn die Herrlichkeit seines Namens; bringet eine Opfergabe und kommet in seine Vorhöfe! Betet den Herrn an in heiliger Pracht! Erzittert vor ihm, ganze Erde.« (Ps.96,7–9)

Ob wir Gott fürchten, zeigt sich auch darin wie wir mit Seinem Wort umgehen. »Vor deinem Wort hat mein Herz sich gefürchtet.« Jedes leichtfertige Hinzufügen und Wegnehmen, wovor ja besonders die Offenbarung warnt, zieht schwere Folgen nach sich. Viele Sonderlehren und Sekten sind aus Mangel an Furcht vor dem heiligen Worte Gottes entstanden. »Auf diesen will ich blicken: auf den Elenden und den, der zerschlagenen Geistes ist, der da zittert vor meinem Worte.« (Ps.66,2) Vor den Verheißungen braucht man sicherlich nicht zu zittern, es sei denn vor Freude. Aber vor den Gerichtsdrohungen muss man sich fürchten. Wenn man diese nicht ernst nimmt, verliert man die Verheißungen.

Die christliche Masse weiß nicht mehr, was wahrer Gottesdienst ist, weil sie Gott nicht mehr fürchtet. Sie haben ihre Götter und Götzenbilder, die sie ehren und anbeten. Vor den selbst gemachten Göttern braucht man keine Furcht zu haben. Warum aber haben die Menschen solche Angst? Man hat das 20. Jahrhundert das »Jahrhundert der Angst« genannt. Je weniger Gottesfurcht, umso mehr Menschenfurcht und Zukunftsangst. Viele Ängste und Probleme rühren aus dem Mangel an Gottesfurcht her. Wo keine Gottesfurcht ist, ist auch kein rechtes Verhältnis zu dem Gott, dem Vater und dem Sohne, wie es die Lammesschar erlangt hat. »Dienet ihm mit Furcht und freuet euch mit Zittern. Küsset den Sohn, dass er nicht zürne, und ihr umkommet auf dem Wege, wenn nur ein wenig entbrennt sein Zorn. Glückselig alle, die auf ihn trauen.« (Ps.2) JESUS ist in der Offenbarung der Richter der Lebendigen und der Toten. Wer Ihn fürchtet und Sein gerechtes Gericht anerkennt, hat Ihn zum Heiland. Wer Gott ehrt, hat in Jesus eine Zuflucht.

Und betet den an, der den Himmel und die Erde gemacht, und das Meer und die Wasserquellen. Viele mögen wieder zuerst an die natürliche Schöpfung denken, wenn sie solche Worte lesen. Gott wegen Seiner wunderbaren Werke anzubeten, gehört zu unseren natürlichen Pflichten als Geschöpfe. Das tun auch Menschen, die nicht an Jesus Christus glauben. Noch größer und wunderbarer ist das Werk Gottes in Christus, die neue Schöpfung. Durch Ihn ist auch der christliche »Himmel« gemacht und die »Erde« als Bekenntniskreis. Beides war gut geschaffen, ist aber durch die abtrünnige Christenheit verdorben worden. »Jetzt aber hat er verheißen und gesagt: Noch einmal werde ich nicht allein die Erde bewegen, sondern auch den Himmel.« Sie werden in der Stunde des Gerichts verwandelt, erschüttert werden »als solche, die gemacht sind«. Überstehen werden es nur die gottesfürchtigen Heiligen auf dem Berge Zion, sie werden bestehen im Gericht. »Deshalb, da wir ein unerschütterliches Reich empfangen, lasst uns Gnade haben, durch welche wir Gott wohlgefällig dienen mögen mit Frömmigkeit und Furcht.« (Hebr.12,26–29)

Das »Meer«, ein Bild der Welt, einst von Gott gemacht und belebt, ist nicht mehr sauber, sondern voll Unheil und Unmoral. Die Welt wird auch nicht mehr besser, sie soll ja aus der neuen Schöpfung gänzlich verschwinden (21,1).

Zuletzt werden noch die »Wasserquellen« genannt, die Gott für uns gemacht hat, Er kann sie auch wieder zurücknehmen. Im Anfang flossen aus ihnen reine Ströme lebendigen Wassers. Menschliche Beimischungen und verderbliche Lehren haben die himmlischen Quellen ungenießbar gemacht. Denen, die Gott fürchten und Ihn anbeten, ist in der Offenbarung Jesu Christi die wahre Lebensquelle wieder geöffnet. »Ich will dem Dürstenden aus der Quelle des Wassers des Lebens geben umsonst.« (21,6)

Die Menschen unter dem Tiere rühmen dessen Fortschritt und Errungenschaften, sie beten das Tier an und bringen »dem Geschöpf mehr Verehrung und Gottesdienst dar als dem Schöpfer, welcher gepriesen sei in Ewigkeit. Amen. Deswegen hat Gott sie auch dahingegeben ...« (Röm.1,25ff). Gott allein gebührt die Ehre, dass Er uns die Lebensbedingungen geschaffen hat, sowohl geistlich als auch natürlich. »Das Geistige war nicht zuerst, sondern das Natürliche, danach das Geistige.« (1.Kor.15,44) Die Offenbarung hat das Geistige vor sich.

Die Botschaft des Engels ist das Urevangelium, das unterschiedslos alle Menschen unter Verantwortung stellt, damit sie wieder in die rechte Beziehung zu ihrem Schöpfer kommen, Dem sie Ehre und Anbetung schulden. Wer Gott fürchtet und Ihm Ehre gibt, auch in Seinen Gerichtswegen, wird bewahrt im Gericht. »Die Furcht des Herrn wird sein Schatz sein.« (Jes.33,6) Das ewige Evangelium bereitet die Menschen vor, wieder nach einem gnädigen Gott zu fragen, der Sich in Jesus Christus offenbart hat, um in die Gemeinde Gottes nach Zion zu kommen (Jes.2,1–4; Ps.102,15.16).

DER FALL BABYLONS (14,8)

Und ein anderer, zweiter Engel folgte ihm und sprach: Gefallen, gefallen ist Babylon ... Die zweite Engelsbotschaft, die sich direkt der ersten anschließt, ist eine Gerichtsbotschaft für die Nationenchristen-Kirche. Ganz unvermittelt verkündet ein Engel, dass die Stadt der »Nationen« gefallen ist. Das zweimalige »gefallen« betrifft den sittlichen Fall, dem der Fall durch den Ansturm feindlicher Mächte folgt. Es ist kein triumphierender Ausruf, denn »ein hartes Gesicht ist mir kundgetan ..., mein Herz schlägt wild, Schauder ängstigt mich; die Dämmerung, die ich liebe, hat er mir in Beben verwandelt!« (Jes.21,1–9)

Der Fall Babylons wird durch die antike Geschichte der »Jungfrau, Tochter Babel« verständlich (Jes.47,1). Den Empfängern der Offenbarung war die Geschichte Babels im Buche Daniel vertraut, weshalb die Anwendung auf den Abfall und Fall der neutestamentlichen Gemeinde, auf den bereits die Sendschreiben hinweisen, nicht so überraschend war wie sie uns ist. Als Israel und Juda abgefallen waren und alle Boten Gottes verworfen hatten, sodass keine Heilung mehr war, ergrimmte Gott über Sein Volk und ließ es unter die Nationen wegführen. Das geschah in mehreren Etappen. Bei der letzten Wegführung durch den König der Chaldäer wurde Jerusalem zerstört, »und die vom Schwerte Übriggebliebenen führte er nach Babel hinweg; und sie wurden ihm und seinen Söhnen zu Knechten, bis das Königreich der Perser zur Herrschaft kam«. (2.Chron.36,17–21). Das Reich und das Königtum war von nun an auf die Nationen übergegangen, der Thron und die Regierung Gottes über die Erde war von Jerusalem, der ehemals heiligen Stadt Israels, nach Babel, der großen Stadt der Nationen, verlegt worden. In der Traumdeutung Daniels wird Nebukadnezar seine Hauptesstellung als unumschränkter Herrscher bestätigt. Seine Herrschaft überragte die der Könige Israels, er war jetzt der König der Könige, »dem der Gott des Himmels das Königtum, die Macht und die Gewalt und die Ehre gegeben hat«. (Dan.2,31ff) Hierin ist er, wenn auch blass, ein Vorbild von dem viel größeren König der Könige, der in den himmlischen Örtern thront »über jedes Fürstentum und jede Gewalt und Kraft und Herrschaft und jeden Namen, der genannt wird«. (Eph.1,21–23)

Während Israel beiseitegesetzt war, segnete Gott die Nationen, indem Er ihnen Gutes tat und Frieden und fruchtbare Zeiten gab, solange sie den Höchsten fürchteten. Von allen Weltreichen war das babylonische Reich ein großes Friedensreich, größer und herrlicher als Salomons Reich. Gott vertraute Nebukadnezar das ganze heilige Gut Israels an. Nachdem er erkannt hat, wer der wahre und lebendige Gott ist, der die Freunde Daniels aus dem Feuerofen gerettet hat, rühmt er den höchsten Gott. »Friede euch in Fülle! Es hat mir gefallen, die Zeichen und Wunder kundzutun, welche der höchste Gott an mir getan hat. Wie groß sind seine Zeichen und wie mächtig seine Wunder! Sein Reich ist ein ewiges Reich, und seine Herrschaft währt von Geschlecht zu Geschlecht!« (Dan.4,1–3) Welch ein Zeugnis! Dann aber sein Hochmut und der tiefe Fall und der Frevel durch Belsazar (Dan.5).

Kores (Cyrus), der Eroberer des babylonischen Reiches, führte die Juden wieder zurück; von ihm spricht Gott sogar als von Seinem Hirten, Seinem Gesalbten, »der all mein Wohlgefallen vollführt, indem er von Jerusalem sprechen wird: Es werde aufgebaut! und vom Tempel: Er werde gegründet«. (Jes.44,28; Esra 1) Weitere Beispiele von gottesfürchtigen Königen der Nationen sind Darius im Buche Esra (Kap.6) und Ahasveros im Buche Esther, deren Regierung sich segensreich auswirkte für die damalige Welt und zum Wohl der Juden war. Dies aber nur deshalb und so lange, wie ein Daniel, Nehemia, Esra, Mordokai Amt und Einfluss hatten.

Die Geschichte der Nationen war ein Einschub in den Wegen Gottes, bis Der kam, der das Königreich der Himmel aufrichtete, »welches ewiglich nicht zerstört, und dessen Herrschaft keinem anderen Volke überlassen werden wird«. (Dan.2,44; 7,27). Die Könige Babylons und der nachfolgenden Reiche blieben nicht in der Furcht Gottes, sondern wurden hochmütig und selbstherrlich, trieben frevelhaften Götzendienst und wurden schuldig an Menschen, besonders am Volke Gottes, sodass auch ihr Gericht kam (Dan.5). In dem neutestamentlichen Gegenbild finden wir eine ganz ähnliche Geschichte. Die Offenbarung fasst in dem einen Namen »Babylon« geistlich alle jene Reiche und Städte der Nationen zusammen und wendet sie aktuell auf die Kirche an (11,8).

Wie in der Geschichte des alten Bundes gibt es auch unter dem neuen Bunde verschiedene Gemeindeepochen. Die erste beginnt mit der Berufung Israels, dann der zeitliche Einschub der Nationen mit Babylon als Mittelpunkt, am Ende knüpft Gott wieder mit Seinem Israel an. Die drei Zeitabschnitte lassen sich am Kanon des Neuen Testaments, der in drei Teile zerfällt, ablesen: die Evangelien bis Mitte Apostelgeschichte nur Israel, dann durch den Dienst des Apostels Paulus die Nationen vom Römerbrief bis einschließlich Philemon. Den letzten Teil von Hebräer (nach and. Übers. 1.Petrusbr.) bis Offenbarung wieder Israel.

Die Heidenkirche ist in der Tat eine Parenthese, nur mit einem ganz anderen Ausgang, nämlich wie im Vorbilde die Nationen im Buche Daniel. Die paulinischen Endzeitbriefe und die Sendschreiben machen deutlich, dass die Kirche der Nationen geistlich und sittlich gefallen ist und dem Gericht der Welt verfallen ist. Genau genommen begann die »Kirche«, soweit sie von den »Nationen« dargestellt wird, nicht am Pfingsttage, sondern viel später durch das Zeugnis Pauli. Ihre Gründung liegt nicht in Jerusalem, sondern in Antiochien.

Vielleicht ist der Leser mit diesem Exkurs überfordert, aber nur so kann man die zweite Engelsbotschaft verstehen. Das Israel des neuen Bundes ist ein himmlisches Volk, »ein geistliches Haus, ein heiliges Priestertum, um darzubringen geistliche Schlachtopfer, Gott wohlannehmlich durch Jesum Christum«. (1.Petr.2,5). Der Apostel Petrus hat später die gleiche Sicht vom neuen Bundesvolk wie Paulus, er begreift, was viele Christen heute nicht einmal verstehen, dass »Gott keinen Unterschied macht zwischen

Juden und Nationen, indem er durch den Glauben ihre Herzen reinigte« und sie zu einem Volk Gottes, Israel, vereinigt (Apg.15,9).

Jetzt aber müssen wir uns mit dem Fall Babylons beschäftigen, von dem auch wir als Kinder Gottes betroffen sind. Einst war Israels Fall der »Reichtum der Welt und ihr Verlust der Reichtum der Nationen«. (Röm.11,12) Die Nationenchristen hatten einen herrlichen Anfang gemacht, aber sie blieben nicht an der Güte. In Paulus hat ihnen ein großer »Herold und Apostel und Lehrer der Nationen« gedient (2.Tim.1,11). Seine Briefe haben noch die Ausrichtung nach dem Israel der Glaubensväter Abraham, Isaak und Jakob und Propheten, er lehrte die Nationen die Miteinverleibung in den Leib Israel, sie waren Miterben geworden und hatten Anteil an den Verheißungen Israels. Der Apostel zeigt den Christen in Rom an dem Bilde des Ölbaums, dass sie durch den Glauben an Christum in Gottes auserwähltes Volk eingegliedert sind und vollen Anteil haben an den Segnungen des neuen Bundes. »Freuet euch, ihr Nationen, mit Seinem Volke.« (Röm.15,10) Er warnt sie zugleich vor dem Fall: »Sei nicht hochmütig, sondern fürchte dich, denn wenn Gott der natürlichen Zweige nicht geschont hat, dass er auch deiner etwa nicht schonen werde.« (Röm.11,18–21)

Entgegen der Warnung des Apostels verselbstständigten sich die »Nationen« und gründeten in Unkenntnis, jedoch nach der Vorsehung Gottes, die Babylonkirche. Der Anfang von Babylon liegt in dem Fall Ephesus, noch greifbarer in Thyatira, endlich auch in Laodicäa. Gott geht nun neue Wege mit seiner Gemeinde und gibt das Zeugnis anderen, wie es im ersten Sendschreiben angedroht ist. In Babylon angekommen, bahnt sich eine neue Entwicklung an. Die Verbindung zum Volke der Heiligen reißt ab, die Beziehung zum Alten Testament geht verloren. Babylons Bibel beschränkt sich nunmehr auf das Neue Testament, teilweise beschäftigt man sich nur mit den Evangelien oder den Briefen. Es tritt nun das Umgekehrte ein, dass die Welt unter dem babylonischen Lebensbaum Schutz und Nahrung findet (Dan.4,12). Das macht schlechthin die Kirchengeschichte aus. So ist auch heute Babylon wieder aktuell geworden, nun aber als Mittelpunkt und Sammelplatz des Evangelikalismus – Neubabylon. Da evangelikalen Christen meist das geistliche Verständnis der Propheten fehlt – ihnen ist es nie gelehrt worden – erscheint ihnen Babylon als etwas Fremdes, sehr fern, zumal im vorliegenden Kapitel zum ersten Mal im Neuen Testament das Wort Babylon als ein geistliches System erwähnt wird. Das Geheimnis Babylon ist aber schon in den Sendschreiben wirksam. Wir hatten es dort schon angedeutet und in Kap.11 die Veränderung deutlich gesehen.

Die Nationen-Christen haben sich immer gegen eine Identifizierung mit Babylon gewehrt. Jede Kirche oder Gemeinde schiebt das Urteil auf die anderen. Und doch kommen wir nicht umhin, uns, ob frei oder gefangen, positiv oder negativ eingestellt, in Babylon wiederzufinden und uns der zweiten Engelsbotschaft zu stellen: »Gefallen, gefallen ist Babylon, die große …« Davon sind alle, die sich Christen nennen, betroffen. »Wir, die Nationen«, müssen, so demütigend es ist, zur Babylonkirche von ihrer Entstehung her zuerst einmal eine positive Einstellung gewinnen, um ihren Fall zu begreifen. Wir dürfen Babylon nicht gleich verdammen oder beleidigt sein, wenn wir damit in Verbindung gebracht werden. Ursprünglich war sie keine Hure, sondern eine Jungfrau (Jes.47,1). Ist ihr doch offensichtlich das Reich Gottes und Königtum Jesu übergeben, sie sorgte als Weltkirche für eine weltweite Verbreitung des Evangeliums. Und nicht zu vergessen, ihr haben große Gottesmänner gedient, und solange war die Babylonkirche ein Segen für die Welt. Ein Hauptanliegen der »Könige« Babylons war immer das Reich Gottes, Gemeindewachstum, die Welt für Christus zu erobern. Das war gut und wichtig, obgleich die angewandten Mittel nicht immer heilig und richtig waren. Der Name Christi sollte in der ganzen Welt kundwerden. Das war der Zweck, weshalb Gott überhaupt Babylon das Königtum übergeben hat. Qualitativ ist es nicht das, was unsere Väter besaßen und wie sie zeugten, schon gar nicht, was zur Zeit der Apostel bestand. Das Christentum des Neuen Testaments hat die Heidenkirche ja nie erreicht und kann sie als solche ohne geistliches Verständnis und Heiligkeit nicht erreichen. Aber dafür ist die Kirche nicht zu verurteilen. Gott bekennt sich zu dem schwächsten und ärmsten geistlichen Zustand, aber Gesetzlosigkeit ist Ihm ein Greuel.

Der grosse Abfall

Auffallend ist die Wandlung in sittlicher und moralischer Hinsicht in den letzten Jahrzehnten. In der Babylonkirche vollzieht sich ein Abfall, wie es einen solchen in der fast 2000-jährigen Kirchengeschichte nicht gegeben hat. Dieser wurde beschleunigt durch das Aufkommen anderer Mächte, die durch eine gezielte Wertezerstörung eine rasche Entchristlichung der Gesellschaft bewirkten. Der Werteverfall ist augenscheinlich an dem beängstigenden Menschenbild, das Nebukadnezar im Traume sah, vorgebildet: »Dieses Bild, sein Haupt war von feinem Golde; seine Brust und seine Arme von Silber; sein Bauch und seine Lenden von Erz; seine Schenkel von Eisen; seine Füße teils von Eisen und teils von Ton.« (Dan.2,31–45) Nach der Lehre des Epheserbriefes sollte der Leib zu dem Haupt hinwachsen, »zu dem Maße des vollen Wuchses der Fülle des Christus«. Allein die tatsächliche Entwicklung verlief schon bald nach dem Ableben der Apostel entschieden abwärts. Durch die Reformation und den Pietismus, durch die Gemeinschafts- und Brüderbewegung fand bis zu einem gewissen Grade eine Wiederherstellung statt. Die Rechtfertigungslehre und das Gemeindeverständnis waren von feinem Golde göttlicher Wahrheit und Gerechtigkeit. Man legte ein sehr hohes, goldrichtiges Bekenntnis zum Evangelium ab, aber die Liebe zu Ihm, dem Haupte und den Gliedern Seines Leibes, war nur Silber, wenngleich die Arme sich eifrig in christlicher Liebestätigkeit betätigten. Dabei waren der Bauch und die Lenden von Erz bald zu einer irdischen Gesinnung herabgesunken. Das Erz der griechischen Philosophie hatte schon früh die Theologie hervorgebracht, sodass aus dem Christentum eine Religion wurde. Die Renaissance holte das ganze Griechentum zurück.

Allein dem Evangelikalismus blieb es vorbehalten, dem Traumbild eine letzte Erfüllung nach unten zu geben. Ein goldwertes Glaubensbekenntnis, fundamentalistisch, die Inspiration und Autorität der Bibel wird anerkannt, das sündlose Leben Jesu, Seine jungfräuliche Geburt, leibliche Auferstehung und Himmelfahrt usw., alles drin, aber der Wandel stimmt mit ihrem Bekenntnis nicht überein. Elementaren Begriffen wie Buße und Bekehrung, Heiligkeit und Gottseligkeit usw. gab man im evangelikalen Babylon eine neue Sinndeutung, die den Geist der Welt verrät. Hier wird auch ein auffallender Mangel an biblischer Lehre und geistlichem Verständnis ersichtlich, die Bibelbetrachtung bewegt sich meist nur an der Oberfläche. Eine gewisse Morallehre mag vorhanden sein, aber eine totale Unkenntnis über den Glaubenskampf, der im Rausch der Gefühle auch nicht geübt wird.

Im freien Babylon hat sich allmählich das Gottesbild gewandelt. Gott ist nicht mehr der gerechte und heilige Gott, sondern der liebe, zärtliche Vater. Diesen selbst gemachten »Bel« braucht man nicht zu fürchten, er straft nicht den Ungehorsam und richtet nicht die Sünde. Man tut so, als ob man immer noch das Glaubensgut der Gründer treu verwalten würde, aber der Wandel, der in Schenkel und Füßen bildlich dargestellt ist, ist Eisen und Ton, einesteils gesetzlich mit sozialen Forderungen, aber ungerecht und gewalttätig; andererseits gesetzlos, unmoralisch und sittenlos schmutzig wie der Ton. Der Wert dieses babylonischen Menschenbildes wird nach unten ganz erheblich geringer, die Härte und Zerbrechlichkeit aber nehmen zu.

Das Traumbild Nebukadnezars ist das Bild des Abfalls der Nationen, damals wie heute, unter dem höchsten Bekenntnis. Es ist das Bild der Gesetzlosigkeit, des Menschen der Sünde, der einmal in der Rechtfertigung stand, aber abgefallen ist und ins Verderben geht. Als das Tier heraufkam und ihm ein goldenes Bild in Babylon, nämlich ein neues Christus- und Gemeindebild gemacht wurde, war es um Babylon geschehen. Statt den kommenden Abfall und an das Heraufkommen des Antichristen zu glauben, hat Babylon nur sich selbst verherrlicht und rechnet nicht mehr mit dem Gericht.

Ein Engel verkündet nun mit lauter Stimme, dass die Babylonkirche gefallen ist, sehr tief gefallen durch Götzendienst, Zauberei und durch ihre Hurerei. Nicht wegen ihrer Beziehungen zur Welt, in der sie die Politik und Kultur mitgestalten will, wird sie gerichtet. Das gehört zum Wesen Babylons, auch zu ihrer Theologie. Babylon hat immer die christlichen Werte und Ordnungen verteidigt, wenigstens nach außen hin. Jetzt aber gibt sie das alles auf und läuft dem Zeitgeist nach, buhlt um die Gunst der Welt, ja gibt sich preis wie eine Hure. Mit ihrem Liebeswein hat sie alle »Nationen« berauscht, darum sie sind so närrisch geworden in Bezug auf Weltanpassung und Weltseligkeit, um Weltgeltung zu erlangen. Durch Großveranstaltungen und TV-Sendungen, besonders in den USA, soll das Christentum wieder gesellschaftsfähig werden.

Um die Welt zu gewinnen, soll ihr alles geboten werden, was der moderne Mensch liebt und wünscht. Um das zu ergründen, musste der Markt erforscht werden, wurden marktstrategische Ideen angewendet unter starker Verwendung der Psychologie. Es werden enorme Mengen an Zeit und Kraft aufgewendet, um in den Künsten, Musik, Schauspiel usw. Weltqualität zu bieten. Wichtig ist ständige Abwechslung, damit es den Zuschauern nicht langweilig wird. Damit überhaupt jemand kommt, musste die Kirche zum Kaufcenter, das Gemeindehaus zum Kino umgebaut werden – und ist jetzt ein Bordell geworden, wo jeder mit jedem geistliche Hurerei treibt, um das erlebnissüchtige und spaßorientierte Publikum zu befriedigen. Dazu bedarf es der Schauspielkunst, um den Gottesdienst »dynamisch und kreativ« zu gestalten. »Ein ganzes Heer von Kabarettisten, Jongleuren, Clowns, Pantomimen, Tänzern, Theaterleuten, Show-Magiern, Puppenspielern, Aktionskünstlern und natürlich Musikern zieht durch die christliche Szene, um neuen Wind in Gottesdienste und Veranstaltungen zu bringen. Dem Evangelium Fernstehende sollen mit dieser Masche angesprochen werden, um sie so für ein Leben mit Christus zu gewinnen.« (Topic) Dazu schmeckt der charismatische Weingeist, in dem keine Wahrheit ist; wer ihn trinkt, redet Unsinn und erscheint auch körperlich wie betrunken, ja fällt womöglich um und das nach hinten, wobei er sich das Kreuz brechen kann.

Die Babylonchurch macht vor allem die Jugend betrunken mit dem Wein ihrer Hurerei. Sie wollen Musik und Spaß und die Kirche trägt den Wünschen der jungen Generation voll Rechnung. Die Vorprogramme werden immer länger und die Predigt immer kürzer. Es soll jetzt der Welt gezeigt werden, dass Christsein nicht Weltabgeschiedenheit, Enthaltsamkeit, Verzicht, Mühe, Kampf, Leiden bedeutet, sondern Erfolg, Genuss, gutes Gefühl, Glück, Vergnügen, Spaß. »Kommet her, ich will Wein holen, und lasst uns starkes Getränk saufen; und der morgende Tag soll wie dieser sein, herrlich über alle Maßen!« (Jes.56,12)

Menetekel

Über Babylon, »die große, die mit dem Weine der Wut ihrer Hurerei alle Nationen getränkt hat«, steht das Menetekel wie beim Festmahl Belsazars (Dan.5). Der König Belsazar war mit der ganzen Herrlichkeit und Macht seines Vaters Nebukadnezar bekleidet worden, welchem nach seiner Bekehrung ausnehmende Größe zuteilgeworden war. Sein Sohn setzt dieses alles wieder aufs Spiel, indem er sich mit seinen Gewaltigen an seiner Größe und Herrlichkeit berauscht. Dabei lässt er die goldenen und silbernen Gefäße herbeibringen, welche sein Vater aus dem Tempel zu Jerusalem weggenommen hatte (V.1–4). Die Gefäße waren das Eigentum Israels. Die Nationen sollten sie vorübergehend verwahren, keineswegs aber benutzen, um Wein daraus zu trinken, wie es Belsazar dann in frevelhafter Weise tat. »Sie tranken Wein und rühmten die Götter von Gold und Silber, von Erz, Eisen, Holz und Stein.«. (Dan.5,4) Da erscheint eine geisterhafte Hand und schreibt an die Wand: »Mene, mene, tekel upharsin.«

In der Botschaft des zweiten Engels steht das Menetekel über dem Gegenbild, dem Babylon der Christenheit. Menetekel bedeutet: »Gezählt, gewogen und zu leicht erfunden.« Wem gilt heute diese Schrift? Die katholische Kirche hat ihr Menetekel in der Reformation gehabt. Sie erweist sich heute sogar moralischer als die evangelische Kirche, an der es ebenfalls nichts mehr zu zählen, zu teilen und zu wiegen gibt. Beide haben das Königtum längst verloren, ihre Macht als Meinungsfaktor in der Welt ist vorbei. Auf der Waage des Heiligtums werden die gewogen, die das Königtum von Gott anstelle jener bekommen haben, nämlich »Wir, die Evangelikalen«. Wer bekennt das allgemeine Königtum und Priestertum und rühmt sich dessen heute mehr als evangelikale Christen? Aber entsprechen sie dem Gewicht der Sendschreiben? Eine Selbstprüfung würde sofort allen klar machen: Zu leicht erfunden. Doch gerade jetzt glauben sie, mit ihrer neuen Gemeindestrategie und -struktur eine nie gekannte Herrlichkeit und Größe zu erlangen und Gottes und der Welt Beifall zu finden. Und was nicht auf missionarischem Wege zum Erfolg führt, soll mit politischen und anderen fragwürdigen Mitteln erreicht werden. Die Devise heißt: »Der Zweck heiligt die Mittel« (Pragmatismus), wobei die Zusammenarbeit aller Konfessionen angestrebt wird, sogar mit dem Judentum. Großbabylon ist multi-religiös.

Über dem babylonischen Evangelikalismus schwebt das Damoklesschwert: »Gott hat dein Königtum gezählt und macht ihm ein Ende.« Der Grund ist der Frevel mit den kostbaren Heilswahrheiten in ihrem nicht nüchternen Zustand. Dabei werden die Heiligen immer mehr an die Seite gedrängt und für sektiererisch erklärt. Dazu kann Gott nicht schweigen. Auf der anderen Seite hat man das weltliche Namensisrael als Gottes auserwähltes Volk proklamiert, glorifiziert und entsprechend hofiert, obwohl Gott in keinster Weise Sein Siegel auf die gedrückt hat, die nicht an Seinen Sohn, Jesus Christus, glauben. Das muss Gott wieder klarstellen, denn der HERR Jesus hat gesagt: »Wer nicht glaubt, wird verdammt werden.« (Mark.16,16) In Babylon sieht man die Dinge anders.

Diese Sichtverschiebung, was Gottes Volk und was ungläubige Welt ist, liegt in den geistlichen Bewegungen des 19. Jahrhunderts (Brüderbewegung) begründet, wo die Weichen prophetisch falsch gestellt wurden, indem man die Kirche nicht mehr als geistliches Israel nach dem Neuen Bund verstand, aber Israel als irdisches Volk Gottes bezeichnete. Wo das lehrmäßig bislang nicht der Fall war wie in den meisten Allianzgemeinden, wurde es bei der Gründung des Staates Israel nachgeholt, als man meinte, dieses politische Ereignis sei ein prophetisches Zeichen. Es war das Zeichen der falschen Propheten, »sie haben ihre Zeichen als Zeichen gesetzt« (Ps.74,4), indem sie den ganzen Einpfropfungsprozess am Ölbaum der Verheißungen Israels umkehrten. Dieser Befürchtung gibt, wie bereits gesagt, der Nationenapostel im Brief an die Römer Ausdruck.

An dem Festmahl Belsazars können wir im Bilde sehen, was tatsächlich geschehen ist. Bedenkt, dass die geistlichen Segnungen, derer ihr jetzt mittteilhaftig geworden seid, Israels rechtmäßiger Besitz war und bleiben wird. Macht aus den empfangenen geistlichen Vorrechten kein Freudenfest, als gehörten sie euch allein, sondern seid nüchtern und lernt den Glaubensgehorsam. Zur Klarstellung: Paulus denkt bei »Israel« nicht an die ungläubigen Juden, die Jesus ans Kreuz brachten, sondern an Christusgläubige, die aber für ihr Judentum eifern wollten. Diese machten Paulus die größten Schwierigkeiten.

Das waren also die Mahnungen, die der Nationenapostel den Heidenchristen mit auf den Weg gab. Schon muss er die Korinther tadeln, weil sie sich des Reichtums an Erkenntnis rühmen, als wäre dieser ihr geistiges Produkt. War es ihnen doch nur zur Verwaltung anvertraut. In unserer Zeit kommt noch ein weiteres Menetekel hinzu: Eine ganz neue Lehre ist aufgestellt worden, die Israel vom universalen Heil in Christus ausschließt. Wie das Mahl Belsazars ein Fest ohne Juden war, nicht einmal Daniel war geladen, so halten heute auch die »Nationen« Festfeier ohne Gottes Israel, als gehöre Israel nicht zum Leib Christi. Da ist etwas umgekehrt worden. Die »wilden Zweige« haben offenbar vergessen, dass sie aus Gnade in den edlen Ölbaum der Verheißungen Israels eingepfropft worden sind, sodass sie meinen, Israel müsste bei ihnen eingepfropft werden. Diese Verdrehung der Apostellehre wirkt sich dahingehend aus, dass sie weder zu Israel als »Volk der Heiligen« noch zu der heiligen Stadt, dem »Jerusalem droben, welches unsere Mutter ist« (Gal.4,26), eine innere Beziehung haben. Damit sind die Hauptsätze paulinischer Gemeindelehre verleugnet. Denn Paulus lehrt die Einverleibung der Nationen in Israel und nicht etwa zwei unterschiedliche Heilskörper oder getrennte Heilsveranstaltungen.

In Babylon wurde eine ganz neue Theologie begründet, die es vorher nicht gab. Keiner der anerkannten Kirchenlehrer hat solches gelehrt. In der babylonisch-dispensationalistischen Prophetie hat Israel nur noch einen untergeordneten Platz, den irdischen, während Babylon sich selbst den höchsten gab, den himmlischen. Viel anders dachte auch Belsazar nicht, dessen Geschichte zum Vorbild für die „Nationen" aufgeschrieben ist. Er hielt von Israel nicht mehr, als was die Kirche jahrhundertelang von den wahren Kindern Gottes gehalten hat. Heute ist es umgekehrt, man bekennt sich zu Israel, aber das falsche, und feiert mit Israel, aber ohne die wahren Juden. Bezeichnend ist, dass die sogenannten messianischen Juden, also die an Jesus Christus glauben, überall ausgegrenzt werden. Die Israeleuphorie hat viele in einen Rausch versetzt. Trotz der neuesten negativen Entwicklungen im Staate Israel sind sie immer noch nicht ernüchtert worden, dass dort nicht das »Heilige Land« ist. Jedenfalls war es das nie für die Patriarchen Abraham, Isaak und Jakob (Hebr.11,13–16).

So lange ist es also noch gar nicht her, dass man die kostbaren Gefäße »aus dem Tempel zu Jerusalem«, das sind die Segnungen Israels und die gewissen Gnaden Davids, hervorgeholt und missbraucht hat. Die »Nationen« sind seit der Staatsgründung Israels wie betrunken vom Liebeswein Babylons, sodass sie nicht mehr klar sehen und gerade wandeln können. In ihrer Trunkenheit verwechseln sie Babylon mit Jerusalem. Von daher ist es zu verstehen, dass sie fälschlicherweise diejenigen für Juden halten, die, wie in der Offenbarung bereits mehrfach festgestellt wurde, gar keine sind. Andererseits rühmt man sich der himmlischen Dinge, die man dem wahren Israel der Heiligen streitig macht.

Dieser Irrtum wäre mit der Unwissenheit der »Heiden« zu entschuldigen, wenn sie nicht die heiligen gottesdienstlichen Gefäße mit ganz anderen Inhalten gefüllt hätten, indem sie in die göttlichen Heiligkeitsbegriffe einen fleischlichen, weltlichen Sinn hineinlegen. Über biblische Ordnungen und gute Sitten macht man sich heute lustig, nichts ist ihnen mehr heilig, der Rest von Gottesfurcht ist abgelegt. Sie sind gesetzlos wie Belsazar. Das gerade bringt sie in Hochstimmung im Gottesdienst, den sie selbst als »anderen Gottesdienst« bezeichnen. Zu allem Frevel rühmen sie ihre Götter, abtrünnige Menschen, die sie zu Göttern erhoben haben und verherrlichen. Freilich sind ihre Götter von unterschiedlichem Wert und was für die einen gewisse goldene und silberne Götzen bedeuten, hat vielleicht für andere nur steinernen und hölzernen Wert. Alle aber setzen Menschen und Menschenwerk anstelle Gottes und Christi. Die Geschichte der Kirche lässt sich nicht nur an der Geschichte Israels ablesen, sondern auch an der Geschichte der Nationen im Buche Daniel.

Menetekel – das Buch der Offenbarung selbst ist die geheimnisvolle Schrift, welche die »Nationen« weder richtig lesen noch deuten können, weil es geistlich betrachtet werden muss, was ohne die Vorbilder im Alten Testament nur in willkürliche Deuterei ausartet, wie alle ihre Auslegungen dieses Buches beweisen. Hier wird offenkundig, dass ihnen der geistliche Bezug zum Alten Testament fehlt, denn es fehlt ihnen der Geist, welchen Gott nur denen gibt, die Ihm gehorchen. Gott hat sich der Hand des Sehers Johannes bedient, um das geheimnisvolle Buch zu schreiben. Wir müssen den Geist Daniels haben, das ist der Geist der Weissagung, um das Geheimnis Babylon zu verstehen.

Wenn das Gericht an Babylon vollzogen wird, womit sich die Kapitel 17 und 18 der Offenbarung beschäftigen, wird Gott Seine Knechte, die wahren Söhne Israels, wie einen Daniel aus der Vergessenheit wieder hervortreten lassen und zu Ehren bringen. Für Babel und seinen König kam die Erhöhung Daniels zu spät: »In derselben Nacht wurde Belsazar, der König der Chaldäer getötet.« Inzwischen ist durch die zweite Engelsbotschaft auch das Ende des Königtums der Nationen im Gnadenbekenntnis besiegelt. Denn »Gott hat Macht geübt mit seinem Arm; er hat zerstreut, die in der Gesinnung ihres Herzens hochmütig sind. Er hat Mächtige von Thronen hinabgestoßen und Niedrige erhöht«. (Luk.1,51–55)

DIE DRITTE ENGELSBOTSCHAFT (14,9–12)

DER WEIN DES GRIMMES GOTTES

Ein dritter Engel richtet mit lauter Stimme eine letzte Warnung an die ganze Menschheit unter der Tierherrschaft: **Wenn jemand das Tier und sein Bild anbetet und ein Malzeichen annimmt an seine Stirn oder an seine rechte Hand, so wird er auch trinken von dem Weine des Grimmes Gottes ...**
Wer von dem Weine Babylons getrunken hat, wird auch von dem »Weine des Grimmes Gottes, der unvermischt in dem Kelche seines Zornes bereitet ist«, trinken müssen. »Unvermischt« heißt: klarer Wein. Der Wein Babylons berauscht, der Wein des Grimmes Gottes ist eine Radikalkur zur Ernüchterung. Wie der Zorn des Lammes sich über die bekennende Gemeinde ergoss, haben wir bereits in den Kapiteln 6–9 gesehen. Nun aber »spricht der Herr, dein Gott, der die Rechtssache seines Volkes führt: Siehe, ich nehme aus deiner Hand den Taumelbecher meines Grimmes; du wirst ihn hinfort nicht mehr trinken. Und ich gebe ihn in die Hand deiner Peiniger ...« (Jes.51,22+23).
Was das Tier, Bild und Malzeichen ist, haben wir bei der Betrachtung des 13. Kapitels ausführlich betrachtet. Wir sind auf jeden Fall gewarnt. Die dritte Engelsbotschaft ist wie die beiden vorigen eine ernste Predigt an alle Bürger des Reiches; sie schließt auch die Gläubigen mit ein. »Wenn jemand ...«, sagt die laute Stimme aus dem Himmel für jedermann hörbar. Die Gerichtsdrohung gilt ausnahmslos jedem – dem Christen zuerst als auch dem Nichtchristen. Vor allem Christen werden gewarnt, sich nicht mit dem Tier einzulassen, weil das ernste Folgen nach sich zieht. Eine Zuschauerbühne gibt es nicht in der Tierszene,

alle sind beteiligt am Geschehen, sind vor die Entscheidung gestellt, ob sie mitmachen wollen oder sich lieber von der Tierveranstaltung und seinem Bild distanzieren, um den qualvollen Folgen zu entgehen.

Es macht keinen Unterschied, ob jemand den Geist des Tieres hat (Stirn) und es anbetet, oder nur formell mitmacht und mitläuft. Wenn er da mittut (Hand), was alle Tieranbeter tun, vielleicht aus Angst vor Nachteilen oder aus Furcht vor Schmach und Verfolgung – steht er unter dem Zorne Gottes und wird den Kelchbecher des Grimmes Gottes leeren müssen.

Warum der glühende Zorn über die Tier- und Bildanbetung wie er in dieser Engelsbotschaft zum Ausdruck kommt? Das Tier propagiert eine Weltanschauung bzw. Ideologie, die der biblischen Sicht und dem Urteil Gottes über die gottlose Welt und den sündigen Menschen vollkommen entgegen ist. Viele Menschen werden durch diese Ideologie verführt und sehen nicht ihre Verlorenheit und Erlösungsbedürftigkeit, werden somit um das wahre Heil betrogen. Deshalb muss ihnen der Zorn Gottes verkündigt werden.

Dem religiösen Bild des zweiten Tieres liegt ein falsches Christus- und Gemeindebild zugrunde, ganz entgegen der Lehre der Apostel. Das reizt Gottes Zorn noch mehr, weil es das Bild Seines Sohnes und Seiner Gemeinde mit der Bibel verfälscht und dies als Urbild ausgibt.

Gott tadelt nicht, dass jemand in Babylon hineingekommen ist, aber Er droht ihm mit der äußersten Strafe, wenn er dort dem Tiere dient und vor seinem Bild sich beugt. Das *muss* niemand, dazu ist niemand gezwungen, denn das Evangelium ist eine Kraft Gottes, sodass man dem Tiere widerstehen und es überwinden kann. Es wird am Tage des Zornes keine Entschuldigung gelten, man hätte sich anpassen müssen, um der Kinder willen nachgegeben usw. In der Zeit des Nationalsozialismus, als das Volk der Reformation auch ein Bild anbetete, haben viele Christen die Hand zum »Heil Hitler« erhoben und mit dem antichristlichen Nazi-Staat Kompromisse gemacht. Das war nur das Vorspiel zum letzten Auftritt des Tieres. Zuletzt wird es nicht so glimpflich abgehen.

Der Engel sagt hier noch nicht, wie dieses Gericht aussehen wird, aber es wird »Zorn und Grimm, Drangsal und Angst sein über jede Seele eines Menschen, der das Böse vollbringt«. Christen sind davon nicht ausgenommen, »denn es ist kein Ansehen der Person bei Gott«. (Röm.2,8–11) Er fragt dann nicht mehr nach dem Bekenntnis und Glauben, bekehrt oder unbekehrt, gläubig oder ungläubig, sondern wie verhieltest du dich dem Tier und seinem Bild gegenüber. Wer sich mit der Welt einlässt, wird auch mit der Welt gerichtet werden.

Die Warnung des Himmelsboten straft jene falsche Lehre, die behauptet, ein Gläubiger könne nicht abfallen und daher nicht verloren gehen. Seine Wiedergeburt sei unantastbar, er sei mit dem Heiligen Geiste versiegelt und dieses Siegel könne keine Macht brechen, weder Satan noch der einzelne Gläubige selbst; er habe ewiges Leben und gehe nicht verloren ewiglich, ganz gleich wie sein Wandel aussehe, denn niemand und nichts könne ihn von der Liebe Gottes scheiden; kurz, ein Kind Gottes könne seine Gotteskindschaft, sein Errettet-Sein, sein Heil in Christo niemals und unter keinen Umständen verlieren, auch wenn es die größte Sünde begehe. Oder die calvinistische Erwählungslehre, die dasselbe besagt. Darauf berufen sich die Bilddiener, indem sie die Verheißungsworte, die nur für die Treuen und Gehorsamen gelten, für sich in Anspruch nehmen, die Warnungen vor dem Abfall und die Gerichtsdrohungen aber ignorieren und auf Ungläubige abwälzen. Auf diese Weise wird dem Tiergeist Tür und Tor geöffnet, sodass viele sein Malzeichen unbedenklich annehmen und die Folgen nicht bedenken. Aus dieser falschen Sicherheit will die Botschaft aufschrecken.

Nicht nur die Offenbarung spricht von der Möglichkeit des Abfallens; bereits mit dem Verlassen der ersten Liebe beginnt der Abfall (2,5). Zahlreiche Stellen in den Briefen, besonders eindringlich im Hebräerbrief, warnen, dass »nicht etwa in euch ein böses Herz des Unglaubens sei in dem Abfallen vom lebendigen Gott«. Es gibt ein »furchtvolles Erwarten des Gerichts« für Gläubige, die »mit Willen sündigen«; »es ist furchtbar, in die Hände des lebendigen Gottes zu fallen«. (Hebr.3,12; 10,26–31) Wir haben an diese Warnungen bereits erinnert und wiederholen sie hier. Diese müssen gerade heute bezeugt werden, wo sich viele für bibeltreue Christen halten und es nicht sind, weil sie Gott nicht fürchten und Sein Wort nicht ernst nehmen.

Gottes Zorn ist auch auf denen, die nicht an Seine Verheißungen glauben, wie das Beispiel Israels in der Wüste zeigt. Menschen haben sich zwar von ihrem alten Leben abgewandt und in der Gemeinde einen Platz gefunden, glauben aber nicht an Gottes Macht, dass Er einen Weg und eine Hilfe für sie hat, um das Tier zu überwinden und sie an das Ziel, in die verheißene Ruhe in Christus zu bringen. Das ist bei vielen bekennenden Christen das Hauptproblem. Sie glauben meist an die historischen Heilstatsachen, an die Vergebung usw., aber sie glauben nicht an den Sieg Christi, Der die Welt überwunden hat. Die Schrift nennt sie Abgefallene, »welche einmal erleuchtet waren und geschmeckt haben die himmlische Gabe, und teilhaftig geworden sind des Heiligen Geistes und geschmeckt haben das gute Wort Gottes und die Wunderwerke des zukünftigen Zeitalters, und abgefallen sind …«. (Hebr.6,4–8)

Noch ein anderer Grund scheint Gottes Zorn zu erregen. Die Tieranbeter und Bildbegeisterten verfolgen die Heiligen. Wenn auch nicht direkt, so stimmen sie doch zu, wenn gläubige Eltern, die aus Glaubens- und Gewissensgründen handeln, bestraft werden. Wenn ein Bildanbeter merkt, dass er Qualen leidet an der Seele, denn **er wird gequält werden vor den heiligen Engeln und vor dem Lamme,** dann sollte er Buße tun. Wenn aber nicht, geht er in die ewige Pein. **Und der Rauch ihrer Qual steigt auf von Ewigkeit zu Ewigkeit. Und sie haben keine Ruhe Tag und Nacht, die das Tier und sein Bild anbeten, und wenn jemand das Malzeichen seines Namens annimmt.** »Tag und Nacht« weist auf eine zeitliche Unruhe hin, die ein Ruhefinden in Christus offen lässt. Denn die, welche sich abwenden von dem babylonischen Kult und zu Jesus kommen, werden »Ruhe finden für ihre Seelen«. (Matth.11,28)

Schon bei der Tier- und Bildanbetung an sich haben sie keine Ruhe, weil sie keine Ruhe im Gewissen haben. Ein böses Gewissen ist eine Quelle beständiger Unruhe. Erst wenn Gott das Gewissen anspricht, beginnt eine heilsame Unruhe und Qual, die durch die Gnade, wer sie annimmt, beendet wird.

Hier ist das Ausharren der Heiligen, welche die Gebote Gottes halten und den Glauben Jesu. Wieder treten die Freunde Daniels vor uns, an die wir uns am Ende des 13. Kapitels erinnerten. Sie fürchteten mehr das Feuer Gottes als den Feuerofen Nebukadnezars, was sie nicht davor bewahrte, in den brennenden Ofen geworfen zu werden, weil sie sich nicht vor dem goldenen Bild niedergebeugt hatten. Besser der Menschen Zorn als Gottes Zorn, »der sowohl Seele als Leib zu verderben vermag in der Hölle«. (Matth.10,28) Das Ausharren der Heiligen mag durch den babylonischen Bilderdienst auf eine schwere Probe gestellt werden, ihnen mag der Ausschluss und das Gefängnis drohen, man mag ihnen die Errettung absprechen, was auch immer, sie wissen, dass Gott sie erretten wird, wie er auch jene drei Freunde aus der Hand Nebukadnezars errettete. Wer die Gebote Gottes bewahrt, wird Seine Gemeinschaft haben, auch im Feuerofen. Der »Glaube Jesu« ist jener Glaube, der über das Kreuz hinwegsieht auf die Herrlichkeit, die nach dem ganzen babylonischen Rummel geoffenbart werden wird. Dann wird Christus »verherrlicht werden in seinen Heiligen und bewundert in allen denen, die geglaubt haben« (2.Thess.1,10).

Die Engelsbotschaft hat den Zweck, die Abtrünnigen zu warnen, aber gleichzeitig auch die Heiligen zu ermutigen, dem Tiere die Stirne zu bieten. »Glückselig seid ihr, wenn die Menschen euch hassen werden, und wenn sie euch absondern und schmähen und euren Namen als böse verwerfen werden um des Sohnes des Menschen willen.« (Luk.6,22) Die Widersacher können unser Heil nur fördern und mehren. Als die drei Männer in den Feuerofen geworfen wurden, waren sie frei, die freiesten Leute im ganzen Reich, alle Fesseln, alle Bindungen, alle menschlichen und gesellschaftlichen Verpflichtungen fielen ab. Das wurde gesehen und dann kam die Wende: Der Gott Sadrachs, Mesachs und Abednegos wurde als der wahre und höchste Gott anerkannt und Seine Knechte wurden erhöht.

EINE SELIGPREISUNG (14,13)

Nach der drohenden Engelsstimme hören wir auf einmal eine tröstliche, ermutigende Stimme aus dem Himmel: **Glückselig die Toten, die im Herrn sterben, von nun an!** Diesmal ist es keine laute Stimme wie in den vorigen Botschaften. Trost und Verheißung müssen nicht ausgerufen werden, wo das Ohr schon auf die Stimme des Geistes eingestellt ist, wie das bei diesen der Fall ist. Obwohl der Seher alles aufschreiben sollte, was er hörte und sah, ausgenommen die sieben Donner (10,4), wird er hier mit Nachdruck aufgefordert: **Schreibe!** Vielleicht zögerte er einen Augenblick, weil das »Sterben im Herrn« bei dem »Bleiben im Fleische« doch schwerer ist als »abzuscheiden und bei Christo zu sein«. (Phil.1,23.24)

Oder gilt die Seligpreisung vielleicht denen, die schon gestorben sind und den Märtyrertod erlitten haben? Müsste es dann nicht heißen: »die im Herrn gestorben sind«? Ganz gewiss sind diese glückselig beim HERRN, nicht erst »von nun an«. Aber wie können die Toten noch einmal sterben? Und was ist mit der Entrückung für uns, »die Lebenden, die übrigbleiben, bis zur Ankunft des Herrn«? (1.Thess.4,15) Sollte der Seher, unser »Bruder und Mitgenosse in der Drangsal und dem Königtum und dem Ausharren in Jesu« (Kap.1,9) etwa auch zu jenen »Toten« gehören? Wir wissen, dass er eines natürlichen Todes gestorben ist.

Die Worte richten sich an die getauften **Toten**, die der Sünde gestorben sind, die mit Christus gekreuzigt und gestorben und also »mit ihm eins gemacht sind in der Gleichheit seines Todes«. (Röm.6,1–11) Normalerweise sollte jeder getaufte Christ ein »Toter« sein, der Sünde und der Welt gestorben, »Gott aber lebend in Christo Jesu«. (Röm.6, 1–11) Das ist heute aber die Ausnahme.

Die meisten bekennen zwar die Taufe, leben aber nach dem Fleische und lieben die Welt.

Bei dieser Seligpreisung liegt immer noch die gleiche Situation der Heiligen vor wie bei den Engelsbotschaften. Die Herrschaft des Tieres, Bild und Malzeichen haben den Heiligen viele Trübsale und Schmerzen gebracht; weil sie sich dem Anspruch des Tieres und der Bildmacher nicht unterwerfen konnten, mussten sie leiden. Dies liegt ganz auf der Linie des fünften Sendschreibens, des fünften Siegels und der fünften Posaune. Sie sind den Leiden nicht ausgewichen, sondern waren bereit, das Sterben Jesu am Leibe umherzutragen. »Denn wir, die wir leben, werden allezeit dem Tode überliefert um Jesu willen, auf dass auch das Leben Jesu an unserem sterblichen Fleische offenbar werde.« (2.Kor.5,7–15) Paulus war so glücklich, dass er für Christum leiden durfte. Dadurch bekam er noch mehr vom Leben und von der Herrlichkeit Christi. Er sagt: »Ich habe Wohlgefallen an Schwachheiten, an Schmähungen, an Nöten, an Verfolgungen, an Ängsten für Christum.« (2.Kor.12,10)

Die, welche hier glückselig geheißen werden, werden ermuntert, dem System der religiösen Welt zu »sterben«. Auch der HERR selbst musste dem jüdischen System sterben, denn »wenn das Weizenkorn nicht in die Erde fällt und stirbt, bleibt es allein; wenn es aber stirbt, bringt es viel Frucht«. (Joh.12,24) Das heißt, sie sollen sich jetzt innerlich von der Welt und all seiner Herrlichkeit, die dem Untergang geweiht ist, lösen, auch nicht mehr das System strafen, als sei daran noch etwas zu bessern. So kommen sie auf die erlösende Seite des Kreuzes, »durch welches mir die Welt gekreuzigt ist und ich der Welt«. (Gal.6,14) Paulus rühmte sich des Kreuzes Christi, er wollte sagen: Ich verzichte auf die Welt, aber die Welt verzichtet auch auf mich. Wir haben uns gegenseitig abgeschrieben. Das ist das Kreuz Christi, dessen Paulus sich rühmte. Unser Amt als Warner und Wächter wird an diesem Punkte bedeutungslos. Erst dann ist man recht glückselig, wenn man nichts mehr gelten will, noch mehr, wenn man akzeptieren kann, dass man für andere völlig unwichtig geworden ist. Letzteres geht an die Wurzel der eigenen Geltung. Das Kreuz macht so selig und frei, wenn Menschen keine Erwartungen mehr an uns haben und wir nichts mehr von ihnen erwarten, sondern Christus alles für uns ist.

Im Herrn sterben ist ein Prozess, es wird als gegenwärtiges Losleiden und Sterben erfahren, bis unsere Klagen und Seufzer verstummen und wir den HERRN preisen können. **Von nun an** werden wir glückselig sein. »Im Herrn sterben« muss eine lohnende Sache sein, wenn den Knechten des HERRN eine so große Seligkeit verheißen ist. Obwohl sich noch nichts an ihrer Lage geändert hat, macht sie allein der Zuspruch aus dem Himmel glückselig. Dies umso mehr, als die Zionsgemeinde und die drei Engelsbotschaften ihre Blickrichtung auf Gottes Handeln gelenkt haben.

Wie bei den Seligpreisungen in der Bergpredigt (Matth.5,1–12) geht den leidenden und arbeitenden Knechten des HERRN durch diesen himmlischen Glückwunsch ein neues Licht auf in der Finsternis. Was ihnen die Leiden und das Sterben eingebracht haben, war nicht eine passive Haltung zu dem Geschehen in der Kirche. Sie haben gegen den Abfall gezeugt, sie haben Gerechtigkeit gepredigt, im Weinberg des HERRN gearbeitet, für Gott gewirkt, gepflügt und gesät, keine Mühe gescheut im Werke des HERRN, ohne jedoch Erfolg zu sehen und die Frucht ihrer Arbeit zu genießen. Das war nicht nur entmutigend, sondern brachte ihnen auch Schmach, Spott und Hohn ein. Die Bildbegeisterten haben sie durchaus nicht beglückwünscht, sondern sagen ihnen eher herzliches Beileid, weil sie nicht mitmachen, sich nicht mitfreuen können in dem weltlichen Rummel. »Täglich sterbe ich, bei eurem Rühmen.« (1.Kor.4,8–13; 15,31) Da bleibt nur das »Sterben im Herrn«, um von dem Mitleid der selbstherrlichen Christen, vor allem aber vom Selbstmitleid erlöst zu werden. Dieses Sterben ist Sieg über sich selbst und für diesen Sieg erschallt hier ein Glückwunsch wie bei einer Geburt. In der Tat ist dies eine Geburt aus den Toten durch die Gnade unseres HERRN Jesus Christus, des Erstgeborenen der Toten. »Gott aber sei Dank, der uns den Sieg gibt durch unseren Herrn Jesus Christus! Daher, meine geliebten Brüder, seid fest, unbeweglich, allezeit überströmend in dem Werke des Herrn, da ihr wisset, dass eure Mühe nicht vergeblich ist im Herrn.« (1.Kor.15,57–58)

Ja, spricht der Geist, sie sollen ruhen von ihren Arbeiten (Mühen), denn ihre Werke folgen ihnen nach. »Feierabend!«, sagt gleichsam der Geist den Arbeitern des HERRN. Brauchst dich über nichts und niemand mehr aufzuregen, weder über die Ungerechtigkeit der Welt noch über die Kirche. Denn »denen, die Gott lieben, wirken alle Dinge zum Guten mit, denen, die nach Vorsatz berufen sind«. Dieses Wissen bringt Ruhe in das Herz. Sie sollen jetzt innerlich zur Ruhe kommen, sich nicht mehr vergeblich um ein verworfenes System mühen, sondern an die Freude der vor ihnen liegenden reichen Ernte denken. Bis dahin tröstet sie der Geist und verwendet sich für sie in unaussprechlichen Seufzern. »Der aber die Herzen erforscht, weiß, was der Sinn des Geistes ist, denn er verwendet sich für Heilige Gott gemäß.« (Röm.8,27.28) Oh Bruder, ich wünschte, du kämest zu dieser Ruhe.

Für den Fall, dass die Diener des HERRN darüber abscheiden und nicht mehr die Frucht ihrer mühevollen Arbeit sehen, brauchen sie nicht traurig zu sein: »Ihre Werke folgen ihnen nach.« Andere werden in ihre Arbeit eintreten und die Ernte einbringen. »Denn hierin ist der Spruch wahr: Ein anderer ist es, der da sät, und ein anderer, der da erntet.« (Joh.4,37) Ein Beispiel der Glückseligkeit im HERRN trotz des Endes seines Dienstes gibt uns Paulus: Als ihm klar wurde, dass er noch vor der Ankunft des HERRN abscheiden würde, befiel ihn nicht eine tiefe Traurigkeit, im Gegenteil, er war am Ende seines Kampfes und Laufes so glücklich und zuversichtlich, als ob er gerade das Schönste zu erwarten hätte. Wirklich, er wusste, »die Krone der Gerechtigkeit« liegt mir bereit, er freute sich auf die Vergeltung vom HERRN für sein Ausharren und Überwinden. Sein Gut, die reine Lehre, für die er gekämpft hatte, die Frucht seines Dienstes, seiner Arbeit und Mühe, hatte er dem HERRN anvertraut, Der groß genug war, es ihm auf jenen Tag zu bewahren und das Zeugnis weitergehen zu lassen. Er hatte also nichts verloren, er hatte nur zu gewinnen (2.Tim.1,12; 4,6–8).

Auch für das natürliche Leben ist diese Verheißung ein Trost. Ist jemand alt, unheilbar krank, hilfsbedürftig, so soll er nicht klagen, dass ihn seine Kräfte, sein Gedächtnis verlassen, dass er nun nichts mehr schaffen kann. Sein Leiden ist vielleicht ein allmähliches Sterben, aber, wenn er gläubig ist, ist es ein Sterben »im HERRN«. Da kommt man zur Ruhe über eigene Versäumnisse und Fehler. Hat er für den HERRN gelebt und Ihm gedient, so darf er nun im HERRN ruhen, im HERRN sterben. Er hat genug geschafft und darf zufrieden sein, seine guten Werke werden ihm folgen und von der nachfolgenden Generation gerühmt werden, besonders aber sein Glaube, sein Vertrauen.

ERNTEZEIT (14,14–15)

Die sechste Botschaft unseres Kapitels bringt eine erweckliche Botschaft: Der HERR sendet Seine Engel aus, um die Ernte einzubringen. **Und ich sah: und siehe, eine weiße Wolke, und auf der Wolke saß einer gleich dem Sohne des Menschen, welcher auf seinem Haupte eine goldene Krone und in seiner Hand eine scharfe Sichel hatte.** Im Himmel laufen bereits die Vorbereitungen für die Erntezeit. Das Wetter ist prophetisch im Augenblick sehr günstig. Die **weiße Wolke** deutet auf schönes Wetter hin; die Ernte kann eingeholt werden, denn die Frucht ist reif. »Wenn aber die Frucht sich darbietet, so schickt er alsbald die Sichel, denn die Ernte ist da.« (Mark.4,29) Für das natürliche Auge bzw. die auf natürliche Ereignisse wartende Prophetie scheint es nicht so, denn es sind noch »vier Monate bis zur Ernte«. Bei den babylonischen Propheten sind »vier Monate« ewig zukünftig. Aber Jesus sagt Seinen Jüngern: »Hebet eure Augen auf und schauet die Felder an, denn sie sind schon weiß zur Ernte.« (Joh.4,36–38) Wir können uns freuen, dass wir im Offenbarungszeitalter leben. Nach den letzten Saatzeiten des Evangeliums folgt jetzt die Erntezeit der Offenbarung. Erntezeit ist Erquickungszeit.

Diese Ernte wird nicht von den »Wetterverhältnissen« in der Welt bestimmt, ob gerade die Umstände gut oder ob die Politik günstig ist, ob die Gemeinde wach ist und die Menschen offen sind oder ob viele Arbeiter sich dem HERRN zur Verfügung stellen. Das Gegenteil war oft der Fall. Gott hat Seinen eigenen Ernteplan, ER bestimmt die Zeit, ja »er ändert Zeiten und Zeitpunkte«, wie es Ihm in Seiner Weisheit gefällt (Dan.2,21). Deshalb sollen wir immer bereit sein, dass die Frucht zum ewigen Leben eingebracht werden kann.

Der **Menschensohn** auf der Wolke ist unser HERR Jesus Christus, gekrönt mit einer **goldenen Krone** als König der Herrlichkeit. Glückselig, wer Ihn so kennt. »Siehe, er kommt mit den Wolken, und jedes Auge wird ihn sehen«, haben wir bereits am Anfang gelesen (1,7). In Kap.10,1 sahen wir Ihn in der Gestalt eines Engels bekleidet mit einer Wolke, nun aber sitzt er auf der Wolke als der »Sohn des Menschen«. Beide Stellen deuten den verhüllten Charakter Seiner Erscheinung als König an. Sehen werden Ihn alle, aber erkennen werden Ihn nur die Seinen und das auch nur deshalb, weil Er sich Ihnen zu erkennen geben wird. Die **scharfe Sichel** in Seiner Hand ist das Evangelium vom Reich der Himmel. Wo immer geerntet wurde in der Geschichte des Reiches Gottes, geschah es durch das Wort vom Reich. Wir haben das bereits bei der Betrachtung des sechsten Sendschreibens gesehen, wo Gott im Vorbild durch den Propheten Haggai den »Geist des ganzen Überrestes« erweckte; im sechsten Siegel durfte Johannes schon die Ernte sehen: Eine große Volksmenge wurde eingesammelt.

Einst gebrauchte der HERR die »Worfschaufel«, um die Spreu vom Weizen zu trennen (Matth.3,12). Jetzt aber ist die Zeit, die »Sichel« anzusetzen. Diese schneidet radikal alles ab, den Weizen mit dem Unkraut, wobei zunächst nicht unterschieden wird, auch nicht zwischen kleinem Halm und großem Halm, voller Ähre oder leerer Hülse. Das ganze Feld wird abgeschlagen, die Aussonderung findet in einem zweiten Verfahren statt. Schon lange wartet der Sohn auf das Startzeichen vom Vater und auch wir warten auf den »Herrn der Ernte« und die »Vollendung des Zeitalters« bzw. das Ende der »Zeiten der Nationen«. Das, was Jesus in dem Gleichnis vom Unkraut des Ackers ankündigt (Matth.13), ist in der Herrschaftszeit des Tieres ausgereift.

Ein anderer Engel kam aus dem Tempel hervor und rief dem, der auf der Wolke saß, mit lauter Stimme zu: Schicke deine Sichel und ernte; denn die Stunde des Erntens ist gekommen, denn die Ernte der Erde ist überreif. Wenn die Sichel angesetzt wird, ist das Ende des christlichen Zeitalters gekommen. Die »Erde« oder das »Land« bzw. das »Reich« wird gegenwärtig von dem evangelikalen Bekenntnis- und Gemeindekreis dargestellt bzw. verwaltet. Darunter ist im weitesten Sinne alles zu verstehen, was sich als bibeltreu bekennt und versteht. Nur hier wartet man auf das Kommen des HERRN, Der verheißen hat: »Ich komme bald.« Er kommt als König, er kommt, um zu ernten, was in den Gemeinden gesät wurde. Die Ernte ist nicht die Entrückung, die nicht vorher stattfindet, sondern erst dann, wenn die vollen Garben eingebracht sind.

Gott hat einen Tag, ja eine **Stunde des Erntens** angesetzt, an dem alle, die sich zu Seinem Reich bekennen, Stellung beziehen müssen und offenbar werden. In der Stunde des Erntens kann niemand mehr untertauchen oder neutral sein. Wohl denen, die den Samen des Wortes in einem guten und aufrichtigen Herzen aufgenommen und bewahrt haben.

Die »Stunde des Erntens« ist offenbar gekommen, denn die »Ernte der Erde« ist nicht nur reif geworden, sie ist **überreif.** Lassen die Halme doch schon die Köpfe hängen, die »kleine Kraft« ist einer großen Schwachheit gewichen. Viele seufzen und klagen über den gegenwärtigen matten Zustand der »Gemeinde Jesu« bzw. was sich so nennt. Durch den fehlenden prophetischen Dienst sind die Seelen schwach, welk und dürre geworden. Die unsichere Prophetie, das ständige Hinausschieben der Offenbarung hat die Herzen unruhig gemacht und beschwert. Etliche sind so sehr mit ihren Fehlern und Schwächen beschäftigt, dass sie kaum den Blick zum Himmel erheben können. Selbstanklagen, dauernd sich selbst beschuldigen und entschuldigen, ist wenig fruchtbringend, sondern macht das Gewissen krank, bis hin zu schwermütigen Gedanken. Welche Erlösung, dass dieser Zustand jetzt beendet wird, denn die Stunde des Erntens ist gekommen. »Sie freuen sich vor dir, gleich der Freude in der Ernte.« (Jes.9,3)

Nach dem lauten Anruf des Engels, die Sichel zu schicken und zu ernten, wird sogleich der Vollzug gemeldet: **Die Erde wurde geerntet.** Dabei geht es dem HERRN der Ernte nicht nur um den gestandenen Weizen, die vorhandenen Brautseelen, sondern auch darum, neue zu gewinnen. Das ehebrecherische Weib am Jakobsbrunnen ist dafür ein Beispiel (Joh.4). Auch sie war reif zur Ernte und durch ihr Zeugnis kam die ganze Stadt in Bewegung und nahm den Heiland der Welt an.

Erntezeit ist jedoch nicht nur gute Zeit, sondern auch Gerichtszeit. Denn neben dem Weizen gibt es, wie oben gesagt, auch das Unkraut. Der Feind schlief nicht, »während die Menschen schliefen«, säte er Unkraut. Neben dem Werk Gottes hat er sein Nachahmungswerk. Im Laufe der Brüder-, Gemeinschafts- und Erweckungsbewegungen, in der ganzen Entwicklung des Evangelikalismus, konnte nicht verhindert werden, dass auch viel Unkraut, das heißt Scheinchristentum und Gesetzlosigkeit, mit aufwuchs. Auch die böse Saat musste reif werden und ist überreif. Das Unkraut im Gleichnis ist eigentlich der »Lolch«, ein dem Weizen ähnliches Unkraut, das der Teufel in einem unbewachten Augenblick mitten unter den Weizen gesät hat. Beides sollte, wie der HERR Seinen Knechten ausdrücklich befiehlt, zusammenwachsen bis zur Ernte. »Und zur Zeit der Ernte werde ich den Schnittern sagen: Leset zuerst das Unkraut zusammen und bindet es in Bündeln, um es zu verbrennen; den Weizen aber sammelt in meine Scheune.« (Matth.13,30)

Entgegen dem Gebot Jesu hat man in der Kirchengeschichte und auch heute in verschiedenen Gemeinden und Versammlungen voreilig gehandelt und vor der Zeit angefangen, das »Unkraut« auszureißen. Dabei hat man »versehentlich« Weizen ausgerissen. Heute wird das als »Fehler, die man begangen« hat, betrachtet. Für die Betroffenen war es Mord. Im Nachhinein dürfen wir aber die gute Seite sehen; denn diese Ermordeten und Ausgeschlossenen hat der HERR abgesondert als Seine Knechte und setzte sie zum Segen für die irrenden Brüder ein. Man wünschte sie vielleicht gerne wieder zurück: »Komm doch wieder.« Aber einen ausgerupften Halm kann man nicht mehr einpflanzen, das heißt, sie können nicht mehr in die alte Versammlung zurück. Etliche haben es auf dem Wege der Kompromisse versucht, aber sie haben nie wieder richtig Wurzeln schlagen können. Der HERR hat uns befohlen: »Jene sollen zu dir umkehren, du aber sollst nicht zu ihnen umkehren.« (Jer.15,19) Uns ist ein neuer und besserer Dienst anvertraut, der Dienst der Offenbarung Jesu Christi.

Aus dem Gleichnis geht hervor, dass die Schnitter sich zuerst mit dem Unkraut beschäftigen werden. Auch hier wird klar, dass dies nicht nach der Entrückung stattfindet. Das Unkraut sind die »Söhne des Bösen«, die »Gesetzlosen«. Wenn das Unkraut einmal gesichtet ist, wird es nicht mehr schwer sein, es in Bündeln zu binden. Teilweise hat man das schon selbst getan. Die großen kirchlichen Vereinigungen und Bündnisse greifen der Ernte vor. Auf die Gesetzlosen wartet »der Feuerofen: da wird sein das Weinen und das Zähneknirschen«. (Matth.13,42)

Der Zweck der Ernte ist, der babylonischen Verwirrung und Vermischung ein Ende zu bereiten, das heißt zu trennen, was getrennt werden muss und zusammenzufügen, was zusammengehört: Unkraut zu Unkraut und Weizen zu Weizen. »Denn die Aufrichtigen werden das Land bewohnen, und die Vollkommenen darin übrigbleiben, aber die Gesetzlosen werden aus dem Lande ausgerottet, und die Treulosen daraus weggerissen werden.« (Spr.2,21) Das Endergebnis der Ernte wird sein, dass das Reich Gottes, dargestellt von Seiner Gemeinde, wieder gereinigt ist und Gerechtigkeit und Frieden darin wohnen. »Dann werden die Gerechten leuchten wie die Sonne in dem Reiche ihres Vaters. Wer Ohren hat zu hören, der höre.« Erst muss die Sichel ihr Werk getan haben, wenn eine Erweckung folgen soll. Der Geist und die Braut sagen! Komm, Herr Jesus! Schicke Deine Sichel und ernte.

WEINLESE (14,17–20)

EVANGELIUM ANTI RELIGION

Den Abschluss dieses vierten Heils- bzw. Gerichtskreises der Offenbarung bildet die geistliche Weinlese. Zwischen dieser und der vorigen Botschaft scheint beim oberflächlichen Lesen kein großer Unterschied zu bestehen. Doch wenn wir die Sache vom Hintergrund des siebten Sendschreibens näher betrachten, geht es hier nicht in erster Linie um Personen, sondern um ihren Glauben, ihre Religion, genauer um eine scharfe Trennung von der babylonischen Religion durch das Evangelium. Denn in Babylon wurde beides miteinander vermischt.

Und ein anderer Engel kam aus dem Tempel hervor, der in dem Himmel ist, und auch er hatte eine scharfe Sichel. Dieser »Tempel« ist nicht der Tempel der Gemeinde, wie er von Menschen dargestellt wird, vielmehr wird betont, dass es der Tempel im Himmel ist: das Heiligtum Gottes, »das der Herr errichtet hat, nicht der Mensch«. (Hebr.8,2) Der andere oder der zweite Engel kommt wie der erste im vorigen Abschnitt aus dem himmlischen Heiligtum, jetzt aber als Ausführender, während der erste nur Befehlender war; sein Dienst entspringt direkt der Quelle, wo noch keine religiöse Beimischung des Menschen möglich ist.

Wie die übrigen ist auch die vorliegende Botschaft eine Donnerbotschaft mit einer gewaltigen Stimme: **Und ein anderer Engel, der Gewalt über das Feuer hatte, kam aus dem Altar hervor, und er rief dem, der die scharfe Sichel hatte, mit lautem Schrei zu und sprach: Schicke deine Sichel und lies die Trauben des Weinstocks der Erde, denn seine Beeren sind reif geworden.**

Der rufende Engel hat Vollmacht über das **Feuer**, das immer von Gericht redet, hier das Feuer des Geistes, das alles richtet, was vor dasselbe kommt. Ehe sich der Grimm Gottes in den »Zornesschalen« entlädt und Babylon in Flammen aufgeht, soll noch einmal das Evangelium, das Zeugnis Jesu, das Wort vom Kreuz in der Kraft des Heiligen Geistes zur Geltung kommen. Es ist an der Zeit, dass es in seiner wahren ursprünglichen Bedeutung wieder bezeugt und ihm gegen alle Überfremdung und Verfälschung durch menschliche Religion Autorität und Kraft verliehen wird.

Der **Altar** erinnert uns an das ein für alle Mal geschehene Opfer des Leibes Jesu Christi. Hier ist der Ort der Vergebung und Anbetung, der Gemeinschaft und des Dienstes. Der Engel mit der **scharfen Sichel** ist das unverfälschte Evangelium, das mit aller Deutlichkeit und Schärfe die babylonische Theologie und Religion richtet.

Christus ist der **Weinstock der Erde.** Er war es nicht nur für Israel, sondern auch für die Nationen, also für den ganzen christlichen Bekenntniskreis. Jesus sagt: »Ich bin der wahre Weinstock, ihr seid die Reben.« (Joh.15) Dieses Bekenntnis hat auch Babylon, aber in der Religion Babylons findet kein Beschneiden der Reben durch den Weingärtner statt, die ganze Pflege des Weinstocks hat der Mensch selbst übernommen. Darüber sind die **Beeren reif** geworden, nicht »überreif« wie die Getreideernte, sondern einfach »reif«. Doch welche Enttäuschung für den Weingärtner: »Er erwartete, dass er Trauben brächte, aber er brachte Herlinge.« (Jes.5,1–7) Mit der babylonischen Religion läuft es voraussichtlich wieder so ab wie einst mit der jüdischen Botschaft, in der man den Sohn Gottes nicht erkannte und Ihn kreuzigte. Der **laute Schrei** kommt nur hier vor, er ist ein Mark und Bein durchdringender Aufschrei Dessen, Der für uns in dieser Sterbensnot war – es ist der Schrei aus dem Herzen Gottes, den der Gekreuzigte von sich gab: »Jesus gab einen lauten Schrei von sich und verschied.« (Mark.15,38)

Und der Engel legte seine Sichel an die Erde und las die Trauben des Weinstocks der Erde und warf sie in die große Kelter des Grimmes Gottes. Alle Trauben kommen, ohne einzeln untersucht zu werden und vielleicht noch gute herauszulesen, in die große Weinpresse. Letztlich muss jedes Bekenntnis, jede Lehre, jede Verkündigung, jeder Gottesdienst, jedes Werk, jedes Leben vor dem Gericht Gottes bestehen können, den nur E i n e r abwenden kann: Christus und Sein Blut. Wer in Ihm bleibt und in der Lehre des Christus, braucht die Sichel nicht zu fürchten; die Kelter kann ihm nur Segen bringen. Um dieser Ursache willen müssen wir uns hier einmal näher mit der Religion befassen, vornehmlich mit der »christlichen Religion«, mit der ja die ganze Offenbarung im Streit liegt.

Mit »Religion« ist hier der Glaube als Werk des Menschen gemeint. Durch dieses Werk des Menschen wird die Offenbarung Gottes verdreht und zunichtegemacht. Religion ist immer auf Leistung, auf das Tun des Menschen gegründet, um das Gewissen zu beruhigen. Weil der Mensch Gottes Forderungen nach einem reinen und heiligen Leben nicht nachkommt, noch seine selbst gesetzten Maßstäbe erfüllen kann, hat er die Religion erfunden. In der Religion dient der Mensch nicht Gott, sondern sucht sein religiöses Bedürfnis zu befriedigen. Religion ist wahrlich Opium, Selbstberuhigung.

Wie sieht es nun mit der Religion im Evangelikalismus aus? Gerade von den Evangelikalen wird ja der Protestantismus und Katholizismus kritisiert und mit Recht. Doch auch in der evangelikalen Landschaft finden wir den »evangelischen Glauben« heute als Religion vor, und zwar auf zwei verschiedene Arten praktiziert: Einerseits durch Gesetzlichkeit und Werkgerechtigkeit, andererseits verbunden mit Gesetzlosigkeit und Weltförmigkeit.

Bernhard Kaiser hat sich mit dem zeitgeistigen evangelikalen Konzept auseinandergesetzt: »Nach Paulus ›kommt der Glaube aus der Verkündigung, die Verkündigung aber durch Gottes Wort‹ (Röm.10,17). Das Wort teilt Christus mit und es ist geistlich und schafft neues Leben, ist wahrhaft Speise und Trank für die Seele. Durch das Wort der Wahrheit wird etwas bewirkt, was der Mensch nicht bewirken kann und seiner Natur entgegensteht. Der Mensch ist von Haus aus nicht geneigt, von seinem Wirken wegzusehen und in der Zusage des Evangeliums, dass

Christi Werk ausreicht, um unser Verhältnis zu Gott in Ordnung zu bringen, Gewissheit und Geborgenheit zu finden. Er möchte im Blick auf sein Tun angesprochen werden. Und genau diesem Bedürfnis ordnet man die Bibel seinem evangelistischen Konzept unter. Man orientiert sich am Menschen und seinem Handeln und nicht am Wort. Die Bibel ist hier nur eine Informationsquelle, was Gott getan hat. Dabei wird zwar auch noch gesagt, dass sie den Menschen als Sünder sieht und dass er nur durch Jesus Christus gerettet wird. Anstatt aber das Wort Gottes auch den Glauben an Christus wirken zu lassen, indem der Glaube an die Wahrheit die Erneuerung und Reinigung bewirkt, bricht der Evangelisationsdienst hier ab. Die Bibel macht also gewisse Angaben und es ist Sache des Menschen, auf sie zu reagieren. Der Mensch steht mit der Bibel auf einer Ebene, seine Vernunft soll ausreichen, die Wahrheit der Bibel zu akzeptieren. Vom Konzept her wird auf die Tat des Menschen gezielt, nämlich auf die Entscheidung, ob man die Bibel für wahr hält und Christus annimmt. Alles hängt an dieser Entscheidung. Mit der Entscheidung für Christus ›macht‹ der Mensch sein Christsein. Er kann darüber verfügen, um sich als Christ zu konstituieren. Das entspricht dem modernen Machbarkeitsdenken. Das heißt, dass das wirkliche Verlorensein des Menschen nur verbal gelehrt wird, aber insofern keine Bedeutung hat, als der Mensch mit der Möglichkeit, sich für Jesus entscheiden zu können, die Verfügungsgewalt über seine Rettung in die Hand bekommen hat. Folglich ist Gottes Gnade eine verfügbare Größe, die man bei Bedarf ›in aller Demut‹ beanspruchen kann – auf die man also einen Anspruch hat. Sie ist nicht ein Geschenk, das man als Verlorener, der nicht die Wahl hat, sich mit seiner Entscheidung zu retten, demütig bittend und im Vertrauen auf Gottes Zusage empfängt.« Kaiser führt weiter aus: »Nachdem nun durch die ›Entscheidung für Christus‹ gefallen ist, wächst das ›neue Leben‹ dadurch, dass das Wort vom Menschen zu einem ›ansteckenden Christsein‹ in die Tat umgesetzt wird. Das Wort wirkt damit auf derselben Ebene wie das Wort eines Psychologen – wie eine innerweltliche Information. Indem die innerweltliche Heilung des Menschen beabsichtigt wird, sind die Ziele der babylonischen Theologie mit denen der Psychologie wesentlich identisch, auch wenn im Detail – etwa in der ethischen Orientierung und im Interesse an der Erlösung – Unterschiede bestehen.«

Gegenwärtig präsentieren sich zwei Ausprägungen der evangelikalen Religion. Die erste Art ist pharisäischer, judaistischer Natur aus dem laodicäischen Denken. Sie findet sich vornehmlich in konservativen Gemeinden und Gruppen. Hier dienen die religiösen Gläubigen einer Eigengesetzlichkeit und Buchstabengläubigkeit. Sie wollen die Bibel immer buchstäblich, »wörtlich« nehmen, am liebsten würden sie die Bibel wortwörtlich übersetzen, was aber keinen verständlichen Satz und Sinn ergäbe. Vor allem bei der Bildersprache der Propheten pochen sie auf den Buchstaben, nur da nicht, wo die Schrift ihrer Interpretation widerspricht, zum Beispiel Apg.2,16: »Dies ist es«, oder »alle Propheten, so viele ihrer geredet haben, haben auch diese Tage verkündigt« u.v.a. Stellen, die von der Erfüllung des Gesetzes und der Propheten in Christus reden (Apg.3,24; 15,15–18). Sie pflegen ihre »heilige« Lehrtradition, welche dieselbe Aussagekraft für sie hat wie die Bibel und lehren Menschengebote als Gebote. Auf derselben Ebene liegt der Glaube an das religiöse Israel. Eine Reise in das »Heilige Land« ist für die christlichen »Nationen« ein tief religiöses Erlebnis. Es ist bezeichnend, dass gerade in diesen Kreisen die Juden als das »auserwählte Volk« betrachtet werden. Ihre Religion passt gut zur jüdischen Religion, mit oder ohne Christus. Wenn die Juden Abraham, Mose, David und die Propheten erkannt hätten, würden sie Jesus erkannt haben. Und wer Jesus erkannt hat, erkennt auch, dass die ungläubigen Juden nicht Christi Geschlecht sind. Wenn ein Jude zum Glauben an »ihren Messias« kommt, erregt das großes Aufsehen. Dabei ist das nicht mehr, als wenn ein Muslim zum Glauben kommt. In den USA kommen Tausende Juden zum Glauben an Jesus Christus.

Wie die Pharisäer sind religiöse Christen gefangen in ihrer eigenen Frömmigkeit; ihr religiöses Christentum schließt den Menschen in einem geistlichen Getto ein, sodass sie nicht frei werden. Die »strenge« Religion macht selbst das Evangelium zum Gesetz, wodurch ihre Gläubigen in einer Knechtschaft gehalten werden und die Welt abgeschreckt wird, zu Christus zu kommen. Sabbat- und Sonntagsheiligung, Halten von Feiertagen, geweihte Gebäude, Sakramente, Ordination, Form- und Pflichtgebete, Liturgie, Chöre, Musikbegleitung und so weiter – alles dieses ist nicht Gottesdienst im Sinne des Evangeliums, sondern Religionsausübung, die in jeder Form Götzendienst ist. Den einen ist der Sabbat ihr Götze, die anderen lieben die christlichen Götzenfeste Weihnachten und Ostern. Nicht weil man Christus an diesen Tagen besonders ehren will, sondern weil man religiöse Gefühle liebt, weil man seelische Erhebungen erleben will. Wenn Glaube zur Religion wird, bricht die lebendige Beziehung zu Jesus Christus ab, man muss dann ohne Christus feiern und selbst den Gottesdienst gestalten. Religion bewirkt den Tod, man lebt nicht mehr aus der Gnade und der Liebe Gottes, sodass auch die Freude am HERRN verloren geht. Der religiöse Christ hat seinen Privat-Gott, der ein Götze ist, nämlich sein religiöses Ich und sein religiöses System, sein Über-Ich. Auffallend viele Evangelikale leiden unter ihrer Religion an einem kranken Gewissen, in extremen Fällen ist »alles Sünde«. Wie soll man da Frucht für Gott bringen?

Religion führt zu Selbstrechtfertigung und Selbstgerechtigkeit. Die einen meinen, sich mit ihrer Frömmigkeit den Himmel verdienen zu können oder zumindest doch etwas tun zu müssen, um Gott angenehmer zu sein. Ständig haben sie Probleme mit dem Soll und Ist, der gesetzlichen Forderung »so sollte es sein« und der Selbstanklage »wir sündigen jeden Tag«, anstatt in Christus zu ruhen. Ein solches Christsein ist sehr anstrengend, es kann auf die Psyche gehen. Andere wieder meinen, aufgrund ihres hohen Bekenntnisses und ihrer Frömmigkeit bei Gott einen besonderen Platz zu haben. Sie wollen ganz heilig sein, heiliger, am allerheiligsten. Unter ihnen gibt es solche, die meinen, einen Zustand der völligen Sündlosigkeit zu erreichen, indem sie »auf betrügerische Geister und Lehren von Dämonen achten, die in Heuchelei Lügen reden und betreffs des eigenen Gewissens wie mit einem Brenneisen gehärtet sind«. (1.Tim.4,1–3)

Damit verbunden ist gewöhnlich ein Absolutheitsanspruch: Wir haben die Wahrheit, wir sind die allein selig machende Kirche, die Gemeinde, alle anderen sind Sekten. Genau das sind die Merkmale einer Sekte. Ob Religion vorliegt, kann auch an der Reaktion der Religiösen festgestellt werden, die sehr feindlich sein kann. Der religiöse Mensch ist der größte Feind Gottes, wenn seine Religion angetastet wird.

Gesetzlichkeit kann auch sehr schnell in Gesetzlosigkeit umschlagen, wenn sie das starre gesetzliche Joch abgeschüttelt haben, meist dann, wenn sie in Kontakt kommen mit dem freieren Teil von Babylon. Die Religion der liberalen Richtung, die große Mehrheit, ist nach der anderen Seite hin ausgeufert, und zwar weltoffen, humanistisch, dem Zeitgeist ergeben. Man könnte sie im Gegensatz zur judaistischen Richtung als hellenistisch bezeichnen. Im Gegensatz zur konservativen Richtung, die nicht religiös sein will und das weit von sich weisen würde, aber dennoch religiös geworden ist, will die christliche Masse durchaus religiös sein, allerdings modern religiös, frei religiös. Der moderne Mensch ist wieder religiös geworden, viele liebäugeln allerdings mit fremden Religionen.

Doch die eine Stellung ist so falsch und fruchtlos für Gott wie die andere und erregt Seinen Grimm. Denn beide machen das Sterben Jesu für die Sünde der Welt bedeutungslos. »Leget die Sichel an, denn die Ernte ist reif; kommet, stampfet, denn die Kelter ist voll, die Kufen fließen über! Denn groß ist ihre Bosheit.« (Joel 3,13)

In einer religiösen Rebe oder Traube ist keine Frucht für Gott, keine Freude für Jesus und auch nicht für einen selbst. Was bei dem Keltern herauskommt, sind nur »Werke des Fleisches, welche sind: Hurerei, Unreinigkeit, Ausschweifung, Götzendienst, Zauberei, Feindschaft, Hader, Eifersucht, Zorn, Zank, Zwietracht, Sekten, Neid, Todschlag, Trunkenheit, Gelage und dergleichen ...« (Gal.5,19–21).

Jesus Christus ist in die Welt gekommen, um die Menschen von der Religion zu erlösen, »den Juden zuerst als auch den Griechen«. (Röm.1,16–17) Das Evangelium ist im Grunde antireligiös. Wenn die Bibel uns lediglich sagt, »was man tun und lassen muss«, dann haben wir zwar eine sehr hochstehende Ethik, aber immer noch Religion. Biblischer Glaube ist Beziehung zu dem HERRN Jesus. In Ihm ist Leben und volles Genüge. »Wer in mir bleibt und ich in ihm, bringt viel Frucht, denn außer mir könnt ihr nichts tun.« (Joh.15,5) Bei einem echten Christen wird nichts anderes offenbar werden als die Frucht des Geistes: »Liebe, Freude, Langmut, Freundlichkeit, Gütigkeit, Treue, Sanftmut, Enthaltsamkeit«. (Gal.5,22) Richard Wurmbrand, rumänischer Pfarrer, der vierzehn Jahre im Gefängnis war und schwere Folter erduldete, sagte: »Zertrümmere ein Honigglas! Was wird dabei herauskommen? Natürlich kein Essig, sondern Honig, weil ja Honig drin ist.«

Und die Kelter wurde außerhalb der Stadt getreten, und Blut ging aus der Kelter hervor bis an die Gebisse der Pferde, tausendsechshundert Stadien weit.

Deutungen, die hierin ein Blutbad, ein Totalgericht an den Feinden sehen, sind wieder typische religiöse Überlegungen. Denn Religion ist auf Rache aus, Vernichtung der Gegner; auch die friedlichste Religion und die sich als solche ausgibt ist mit Hass erfüllt, der aus dem Herzen des unerlösten Menschen kommt. Vernichtung wäre zwar Gottes gerechtes Gericht an den Feinden Christi und des Kreuzes, aber Gott will nicht den Tod des Sünders, sondern dass er sich bekehre und lebe. Deshalb ist noch Gnadenzeit für die Welt, solange es Menschen auf der Erde gibt; Gnadenzeit in dem Sinne, dass Gott den bußfertigen Sünder begnadigt.

Diese Gnade wird noch einmal mit einem »lauten Schrei« ausgerufen, nämlich das, was Christus durch Sein Leiden und Sterben vollbracht hat. Vielleicht verstehen wir jetzt den »Schrei« des Engels aus dem Altar, der uns das Werk Christi auf Golgatha noch einmal so durchdringend in Erinnerung bringt. Es ist der Schrei Jesu, als Gott dort die uns entgegenstehende Schrift der Religion an das Kreuz nagelte und die religiösen Mächte, die geistlichen Mächte der Bosheit, »ausgezogen hatte und durch dasselbe über sie einen Triumph hielt«. (Kol.2,15) Jesaja hat dies bereits angekündigt in dem Bild des Keltertreters, »der von Edom kommt, von Bozra in hochroten Kleidern, dieser, prächtig in seinem Gewande, der einherzieht in der Größe seiner Kraft? – Wer ist dieser? Ich bin's, der in Gerechtigkeit redet, der mächtig ist zu retten. – Warum ist Rot an deinem Gewande, und sind deine Kleider wie die eines Keltertreters? – Ich habe die Kelter allein getreten, und von den Völkern war niemand bei mir; und ich zertrat sie in meinem Zorn und zerstampfte sie in meinem Grimm; und ihr Saft spritzte auf meine Kleider, und ich besudelte mein ganzes Gewand. Denn der Tag der Rache war in meinem Herzen, und das Jahr meiner Erlösung war gekommen. Ich blickte umher, und da war kein Helfer; und ich staunte, und da war kein Unterstützer. Da hat mein Arm mir geholfen, und mein Grimm, er hat mich unterstützt. Und ich trat die Völker nieder in meinem Zorn und machte sie trunken in meinem Grimm, und ich ließ ihren Saft zur Erde rinnen«. (Jes.63,1–6)

Wenn ich diese Stelle lese, kommen mir immer die Tränen. Oh, wie redet sich der Keltertreter hier heraus, um nicht seine Selbsthingabe zu verraten. »Edom« ist das religiöse Fleisch, der Keltertreter ist Christus, die »Völker« Israels sollten ihn unterstützen gegen das religiöse Fleisch, haben sich aber gegen ihn gewandt. So musste Er den Kampf alleine kämpfen und dafür bluten; das Blut an Seinem Gewand ist Sein eigenes Blut. Er hat den Grimm Gottes aushalten müssen, Er, der keine Sünde kannte, »wurde für uns zur Sünde gemacht, auf dass wir Gottes Gerechtigkeit würden in ihm«. (2.Kor.5,21) Das Hochzeitsmahl des Lammes greift noch mal auf diesen Kampf zurück und stellt uns Seinen Sieg erneut vor Augen (19,13–15). Der Wert Seines Opfertodes ist für Gott befriedigender als Ströme von Blut. Für den streng Religiösen reicht das Werk Christi nicht aus, er prophezeit ein buchstäbliches Gericht über die gottlose Welt, dass das Blut nur so fließt. Dieses Weltgericht hat Christus bereits getragen an Seinem Leibe, buchstäblich, einer für alle.

Das Blut aus der Kelter ist Jesu Blut, es reicht bis an die **Gebisse der Pferde**, das heißt, auch die starken Pferde müssen es trinken. Das will sagen, dass auch der religiöseste Mensch trotz seiner hohen Moral nur durch das Blut des Lammes gerechtfertigt werden kann. Und ebenso der unmoralischste, am weitesten von Gott entfernte Mensch kann durch das Blut Christi gerettet werden, da seine Wirksamkeit **tausendsechshundert Stadien weit** reicht. Obgleich nicht alle das Blut Christi in Anspruch nehmen, reicht es doch für die Versöhnung der ganzen Welt aus. Christi Blut und Gerechtigkeit macht den Menschen rein und gerecht vor Gott. Die Werke begründen nicht den Glauben, sie folgen ihm.

Der Kampf gegen die Religion wurde **außerhalb der Stadt** gekämpft, das heißt außerhalb Babylons, der Stadt des Bekenntnisses der »Nationen«. Dies ist bereits in Offb.11,8 angedeutet. Christus litt außerhalb des Tores; drinnen die berauschte religiöse Menge und Jesus wurde zur Stadt hinausgestoßen und an das Fluchholz gebracht. Dasselbe würde sich wie in der Kirchengeschichte auch im Evangelikalismus wiederholen und wiederholt sich ständig. »Deshalb lasst uns zu ihm hinausgehen, seine Schmach tragend, denn wir haben hier keine bleibende Stadt, sondern die zukünftige suchen wir.« (Hebr.13,13) Wir erwarten die Stadt aus dem Himmel.

AM GLÄSERNEN MEER (15,1–4)

DAS LIED DES LAMMES

Nach den Engelsbotschaften aus dem Himmel, die im Blick auf Tier, Bild und Babylon verkündigt wurden, sollen nun auch die Wege Gottes mit den »Nationen« in einem letzten Gerichtsakt zum Abschluss kommen. **Und ich sah ein anderes Zeichen in dem Himmel, groß und wunderbar: Sieben Engel, welche sieben Plagen hatten, die letzten; denn in ihnen ist der Grimm Gottes vollendet.** Das erste große Zeichen sahen wir bereits bei dem gebärenden Weib, das den »männlichen Sohn gebar, der alle Nationen weiden wird mit eiserner Rute« (12,1.5). In dem **anderen Zeichen** wird die Rute wirksam durch **sieben Plagen**, »um Rache auszuüben an den Nationen, Bestrafungen an den Völkerschaften«. (Ps.149,7)

Nach dieser kurzen Vorankündigung wird der Blick des Sehers noch einmal auf die bluterkaufte Schar gelenkt, die das Tier bereits überwunden haben und daher nicht von den Plagen betroffen sind. **Und ich sah wie ein gläsernes Meer, mit Feuer gemischt, und die Überwinder über das Tier und über sein Bild und über die Zahl seines Namens an dem gläsernen Meer stehen, und sie hatten Harfen Gottes.**

Wir sahen bereits das **gläserne Meer** vor dem Throne als ein Bild völliger Reinheit und Durchsichtigkeit des Wesens (4,6). Hier kommt noch hinzu, dass es **mit Feuer gemischt** ist, was an eine Läuterung und Bewährung des Glaubens denken lässt. Durch das Tier und seine Diener »sind wir ins Feuer und ins Wasser gekommen, aber du hast uns herausgeführt zu überströmender Erquickung«. (Ps.66,12) Die Überwinder stehen jetzt auf der anderen Seite des gläsernen Meeres, sie sind durch das »Meer der Angst« gezogen (Sach.10,11), durch schwere Herzensübungen und Glaubensprüfungen hindurchgegangen. Weil Christus selbst, dem sie folgen, in diesen Übungen gewesen ist, kann Er sie verstehen. »Denn worin er selbst gelitten hat, als er versucht wurde, vermag er denen zu helfen, die versucht werden.« (Hebr.2,18) Er ist für uns in den tiefsten Tiefen gewesen; »alle deine Wogen und deine Wellen sind über mich hingegangen«. (Ps.42,7) Dieses Wissen, dass Christus die Welt überwunden hat und ihnen durch Seinen Kreuzestod einen Weg gebahnt hat, ließ sie das Tier und alle Anfechtungen durch Bild und Malzeichen überwinden und den Glauben bewahren.

Der Tod Christi war aus drei Gründen für uns erforderlich. Zuerst in der Bedeutung des Passahlammes (und der Sündopfer), um unserer Rechtfertigung und Versöhnung willen; zweitens in dem Durchgang durch das Rote Meer, die Befreiung von der Welt und ihrem Fürsten, was wir mit der Taufe bezeugen; zuletzt, und das ist die tiefste Bedeutung Seines Todes: in dem Vorbild des Jordan, den Christus als die wahre Bundeslande durchschritten hat und uns dadurch vom Gesetz, von der Macht der Sünde, von der verderbten, boshaften Natur und vom eigenen Ich befreit. Dies haben die Überwinder erfahren, sonst hätten sie nicht das Tier überwinden können und würden nicht am gläsernen Meer stehen. Hier sind sie offenbar geworden vor Gott und Menschen, durchsichtig wie Glas. Aller Heuchelschein ist durchschaut und gerichtet.

Und sie singen das Lied Moses, des Knechtes Gottes, und das Lied des Lammes. Das **Lied Moses** lernen wir in 5.Mose 32, es wurde im Rückblick auf die Wüstenreise gesungen; in dem **Lied des Lammes** wird das Werk Christi gerühmt, was Er für uns getan hat. Beide Lieder vereinigen sich für die Überwinder zu einem Lobpreis. Die Überwinder am gläsernen Meer haben eine große und schreckliche Wüste überwunden, das heißt eine Welt, die im Bösen liegt, die Welt des Tieres. Sie sind über die Wege Gottes und ihre eigenen betrüblichen Erfahrungen unter dem Gesetz zur Ruhe gekommen. Indem sie von Offb.9 (Röm.7) nach Offb.15 (Röm.8) gekommen sind, durften sie eine gewaltige Befreiung erleben. Die Harfen ihres Herzens sind zur inneren Harmonie gestimmt, weil »keinerlei Verdammnis für die ist, welche in Christo Jesu sind. Denn das dem Gesetz Unmögliche, weil es durch das Fleisch kraftlos war, tat Gott ...« (Röm.8,1–4) Gewiss sind sie nicht sündlos, denn »wenn wir sagen, dass wir keine Sünde haben, so betrügen wir uns selbst, und die Wahrheit ist nicht in uns«. (1.Joh.1,8)

Das »Lied Moses« bringt uns in Erinnerung, was wir als bekennendes Volk des HERRN in der Vergangenheit waren, wie wir Gott geübt haben, wie verkehrt wir in uns selbst sind und welche Wege der Züchtigung Gott in Seiner Weisheit und Gnade uns führte. Es ist wichtig, dass wir das ganze Lied lernen, nicht nur einzelne Strophen, die uns gefallen. Der Zweck der Wüstenübungen war, »um dich zu demütigen, um dich zu versuchen, um zu erkennen, was in deinem Herzen ist, ob du seine Gebote beobachten würdest oder nicht«. (5.Mo.8) Jeder, der das Tier überwunden hat, musste erkennen, dass das Fleisch verdorben ist und nicht gebessert werden kann. Jeder Versuch, das Fleisch zu heiligen, ist aufgegeben. Das Überwinden »des Tieres, seines Bildes und der Zahl seines Namens« war gerade nicht durch eigene Werke möglich, sondern allein durch Gottes Gnade, durch Glauben.

Das Lied Moses beginnt mit einem Lobpreis: »Den Namen des Herrn will ich ausrufen: Gebet Majestät unserem Gott! Der Fels: vollkommen ist sein Tun; denn alle seine Wege sind recht. Ein Gott der Treue und ohne Trug, gerecht und gerade ist er!« (5.Mo.32,3–4) Die Seele, die ausrufen kann, »alle Seine Wege sind recht!« hadert nicht mehr mit Gott, mit seinem Schicksal und mit der Welt oder gar mit dem, was andere ihm angetan haben. Alle Stürme und Wogen sind geglättet, in der Seele ist eine große Stille eingetreten und sie fängt an, dem HERRN für Seine wunderbaren Werke und Wege zu danken. So wird aus dem Versagertum ein Überwindertum und aus dem Überwinden ein Kämpfertum, Gottes Israel, das nun fähig ist, das Land der Verheißung einzunehmen und in die Sabbatruhe Gottes einzugehen (Hebr.4).

Um dieses Ziel mit dem Volk zu erreichen, geht Moses mit der ganzen Versammlung Israels noch einmal die Wüstenreise durch. Zunächst erinnert er sie daran, wie verkehrt und verdreht, töricht und unweise sie gewesen sind (V.5+6). Sie sollten sich nicht einbilden, dass sie dem HERRN eine Freude gewesen seien. Vielmehr haben sie Ihm die ganzen vierzig Jahre Kummer und Schmerz bereitet. Das ist auch unser Leben gewesen. Oder haben wir Gott immer gedient? War es nicht umgekehrt, dass Er uns dienen und tragen musste und uns in großer Langmut ertragen hat? Waren wir immer gehorsam, unter allen Umständen zufrieden und haben nie gemurrt? Haben wir die Proben und in den Versuchungen bestanden? Etliche mögen denken, Gott könne mit ihnen im Großen und Ganzen zufrieden sein, da sie ja dem Bekenntnis treu geblieben seien, die Bibel gelesen, gebetet und die Versammlungen nicht versäumt hätten. Eigentlich müsste sich der HERR bei ihnen bedanken für ihre Loyalität. Wenn wir Gott dankten und Seine Gnade rühmten, dachten wir oft nur an unsere Verdienste; wir waren so großzügig, alles dem HERRN zuzuschreiben, auch wenn uns nicht danach zumute war. Moses hingegen betete: »Wir vergehen durch deinen Zorn ..., du hast unsere Ungerechtigkeit vor dich gestellt, unser verborgenes Tun vor das Licht deines Angesichts.« (Ps.90,8) Und was wollen wir sagen? Reichen wir etwa an die Sanftmut und Treue Moses heran? Oder haben wir vielleicht das Vorbild Paulus, sein Betragen, seinen Glauben, seine Langmut, seine Liebe nachgeahmt?

Wie hat das Volk des neuen Bundes dem HERRN Jesus Seine Gnade und Liebe vergolten? »Sie haben mich zur Eifersucht gereizt durch Nicht-Götter, haben mich erbittert durch ihre Nichtigkeiten.« (V.12–21) Da ließ Er das Tierungeheuer heraufkommen, Sein Volk kam unter die Herrschaft feindlicher Mächte (V.22–25). Viel zu spät erkannten wir das Tier, um seine Absichten zu durchschauen und es überwinden zu können. Zuerst waren wir nämlich alle ziemlich begeistert von den Errungenschaften des Tieres, dem Wirtschaftswunder, dem technischen Fortschritt, den neuen Küchengeräten, der Entwicklung der Wissenschaft und den Leistungen der Medizin, ja wir öffneten neugierig Auge und Ohr den Medien, damit uns bloß nichts entginge, was in der Welt vorgeht. Das waren die Dinge, die in allem Vorrang hatten, statt nach Gottes Reich und seiner Gerechtigkeit zu trachten. Die Zeitung fesselte uns mehr als die Bibel. Wir nahmen auch die sozialen Sicherheiten bedenkenlos in Anspruch und merkten nicht, wie wir immer unabhängiger von Gott wurden, umso mehr aber unser Vertrauen auf Versicherungen setzten und auf den Staat. Hinter dem Glauben der Apostel und unserer Väter blieben wir weit zurück.

Und wie tief saß der Volksglaube in unseren Herzen, wenn wir meinten, nur in der staatlichen Schule könnten sich unsere Kinder recht entwickeln und für das Leben in der Welt vorbereitet werden. Kaum zu fassen, dass wir unsere heiligen Kinder, die Gott uns anvertraut hat und für die wir allein verantwortlich sind, dem Bildungsgötzen opferten und gottlosen Erziehern überließen. Es war nicht nur die Angst, sich gegen den Staat und die Gesellschaft zu stellen – der allgemein verbreitete Schulglaube ließ gar nicht zu, über außerschulische Alternativen nachzudenken, bis die Schulnot so groß wurde und Gott gläubige Eltern erweckte, die Gottes Willen erkannten, die Bildung und Erziehung ihrer Kinder selbst in die Hand zu nehmen.

Manche Bereiche unseres Lebens wären noch aufzudecken, wo wir auf Fleisch vertraut und dem Zeitgeist gedient, der Bequemlichkeit uns hingegeben und in Üppigkeit gelebt, falschen Göttern und Götzen gehuldigt und eitlen Dingen gefrönt haben. Da war Christsein bequem: »Jeschurun ward fett, dick, feist!« (V.15) Dazu passte die falsche Israel-Prophetie, die Ungläubigen die Segnungen des Reiches verheißt. Welcher Wohlstandschrist fiel nicht darauf herein. Wir kannten Gott so wenig, dass wir Ihn, Der die Welt geliebt und Seinen eingeborenen Sohn gab, wieder zum Kriegsgott machten. Bei diesem Rückfall in den alten Bund und in politische Spekulationen machten wir das Evangelium zur Farce. Und auch darin waren wir ungerecht, dass wir die göttlichen Verheißungen in Anspruch nahmen, aber die Bedingungen und das Gericht anderen überließen. Wie irrten wir in der Berechnung der Zahl des Tieres, ganz im Sinne des falschen Lammes, und wiegten uns in einer falschen Sicherheit.

Da kam das Unglück, »mein ist die Rache und die Vergeltung für die Zeit, da ihr Fuß wanken wird; denn nahe ist der Tag ihres Verderbens, und was ihnen bevorsteht, eilt herbei. Denn der Herr wird sein Volk richten ...« (V.35–36; Hebr.10,30) Wäre dies das Ende, würden wohl nur wenige das Ziel erreichen. »Kehre wieder, Herr! – Bis wann? – Und lass dich's gereuen über deine Knechte!« (Ps.90,13) Darum heißt es weiter im Liede Moses: »... und er wird sich's gereuen lassen über seine Knechte, wenn er sehen wird, dass geschwunden die Kraft, und der Gebundene und der Freie dahin ist«.

Der Schlussakkord des Liedes Moses lautet in der Offenbarung Jesu Christi: »**Groß und wunderbar sind deine Werke, Herr, Gott, Allmächtiger! Gerecht und wahrhaftig deine Wege, o König der Nationen!**« Der HERR fand uns »im Lande der Wüste und in der Öde, dem Geheul der Wildnis«. (V.10–14) Gott vergab uns alles und nahm uns auf Seine Flügel wie ein Adler, behütete uns wie Seinen Augapfel. Der Heilige Geist öffnete uns die Augen für die Schätze Seines Wortes, gab uns geistliches Verständnis in der Erkenntnis Seines Willens und Seiner Wege. Wir lasen die Bibel ganz neu, saugten die Wahrheit wie Honig aus dem Felsen, fanden köstliche Speise, das verborgene Manna Seiner Offenbarung. Der »König der Nationen« ließ uns wieder den wahren Israel Gottes, Christus, erkennen, gab uns einen neuen Namen und zeigte uns die Heilige Stadt, das neue Jerusalem, welches die wahre Gemeinde Gottes ist. Das gab uns neue Hoffnung, Mut und Kraft, sodass wir das Tier überwinden konnten und uns von seinem Bild nicht mehr blenden ließen.

> Die Wege und Führungen Gottes sind so wunderbar
> und geheimnisvoll,
> dass wir nie stille genug sein können,
> um sie in ihrem innersten Wesen zu verstehen.
> (G. Morris)

Die Überwinder am gläsernen Meer sind identisch mit der Schar auf dem Berg Zion (14,1–5). Ihre Zahl wird hier allerdings nicht genannt, was darauf hindeutet, dass nicht alle das Ziel erreicht haben.

Bei den 144.000 handelt es sich um Berufung und Rechtfertigung, bei den Überwindern um Bewährung und Ausharren. Alle waren »Jungfrauen, die von der Erde erkauft sind«, aber nicht alle, die dem Lamme folgen, gehen den Weg bis zum Ende mit. Das Lied der Erlösung nach dem Durchgang durch das Rote Meer sangen alle Kinder Israel jubelnd mit (2.Mo.15), doch das Lied Mose am Ende der Wüstenreise singen nur die Überwinder. Ihre Harfen sind durch die Wüstenerfahrungen und Demütigungen gestimmt worden auf den Wohlklang Christi, sodass sie lernten, mit Gottes Urteil übereinzustimmen und Seine Wege mit Seinem Volk anzuerkennen.

An dieser Stelle beginnt das Lied des Lammes, das die Welt überwunden und uns für Gott erkauft hat durch Sein Blut. Die Seele ruht in dem vollbrachten Werk unseres Herrn und Heilandes Jesu Christi, Der sich selbst für unsere Sünden hingegeben und den Feind besiegt hat; sie rechnet Seiner Gerechtigkeit und Gnade alles zu. Dann streitet der HERR wieder für Sein Volk, »er wird rächen das Blut seiner Knechte und wird Rache erstatten seinen Feinden und seinem Lande, seinem Volke wird er vergeben« (V.43).

In der Lektion, die wir durch alle diese Erfahrungen unter der Herrschaft des Tieres lernen mussten, nämlich **den Herrn zu fürchten und Seinen Namen zu verherrlichen, denn du allein bist heilig,** liegt die Rettung für jeden Menschen aus Sünde und Elend. Die Gottesfurcht kommt vor der Gnade, ohne Erkenntnis und Bekennen der Sünde keine Vergebung. Bevor ein Mensch nicht Gott fürchtet und Seine Heiligkeit und Gerechtigkeit anerkennt, wird er kein Bedürfnis nach Gnade haben. Dieses Bedürfnis sollen die sieben Gerichtsplagen wecken, in ihnen ist dann aber auch der Zorn und Grimm Gottes gestillt, sodass **alle Nationen kommen werden und vor dir anbeten, denn deine gerechten Taten sind offenbar geworden.** Dieser Ausblick wird zu einer Botschaft für die Welt, die durch das Tier zugrunde gerichtet wurde und durch die sieben Plagen gestraft wird, damit sie die Majestät Christi wieder anerkennen. Jesus Christus ist nicht nur der König Israels, sondern auch der »König der Nationen«, vor dem sich jedes Knie beugen muss. Das ist das Zeugnis der Überwinder in den beiden Liedern am gläsernen Meer.

Der Tempel im Himmel (15,5–8)

Nach dem herrlichen Anblick der Überwinderschar sieht Johannes, wie **der Tempel der Hütte des Zeugnisses in dem Himmel geöffnet wurde**. Schon in Kap.11,19 sahen wir den Tempel Gottes geöffnet, aber dort, um anzuzeigen, dass der Weg zum Heiligtum wieder offen ist. Ein Volk von Königen und Priestern, das durch die große Drangsal gegangen ist und geläutert und gereinigt wurde, hat Zutritt zum Allerheiligsten, um die Bundeslade, das ist die Herrlichkeit des HERRN in Seiner Menschheit, zu betrachten und die Gegenwart Gottes zu genießen. Für die Heiligen und Treuen war das Heiligtum immer offen, jedes Kind Gottes hat Zugang zu dem Thron der Gnade (Ps.73,17; Hebr.4,16; 10,19). Aber die neuheidnischen Nationen, die dem Tiere dienen, haben die Heilige Stadt zertreten und das Heiligtum entweiht (11,2); an ihnen muss Gericht geübt werden und das geschieht durch sieben empfindliche Plagen.

Die Bezeichnungen »Tempel« (Eph.2,21) und »Hütte« (Hebr.8,2) fließen in der Offenbarung zu einem Begriff zusammen, weil sowohl der Tempel Salomons als auch die Stiftshütte in der Wüste Vorbilder sind für die Gemeinde. In Christus stellen sie in der Tat *einen* Gegenstand dar, nämlich das Haus Gottes, die Gemeinde als »heiliger Tempel im Herrn, eine Behausung Gottes im Geiste«. (Eph.2,22)

Die Öffnung des Tempels hat hier den umgekehrten Zweck: nicht das Eintreten zum Priesterdienst, sondern das Hervorkommen eines Gerichtsdienstes. Mit dem Ausgehen **der sieben Engel, welche die sieben Plagen hatten**, beginnt ein (für unsere Zeit) neuer Abschnitt in der Geschichte der Evangelisation und Mission. Die sieben Engel eröffnen einen Dienst, der die Gesellschaft unter dem Tiere zunächst die Heiligkeit und Gerechtigkeit Gottes spüren lässt. Um Menschen für die Begnadigung zuzubereiten, muss ihnen ihre Erlösungsbedürftigkeit bewusst gemacht werden. Dies geschieht durch die Aufklärung der Plagen. Wenn sie sehen, dass sie unter dem Zorne Gottes stehen, fragen sie wieder nach dem gnädigen Gott und werden Buße tun. Sofort wird das Gewissen befreit und Plagen und Angst hören auf.

Die sieben Engel werden nicht zuerst von dem Liebesangebot Gottes reden, wie das bisher hinreichend geschah, sondern den Zorn und Grimm Gottes über das gottlose Tun und Treiben der Menschen kundtun. Lügnern, Zauberern etc. kann man nicht mit der Liebe beikommen, sondern nur mit einer Bloßstellung und Bestrafung.

Die **weißen Gewänder** und die **goldenen Gürtel um die Brust** weisen wie bei dem Sohne Gottes selbst (1,13) darauf hin, dass Gott heilig und wahrhaftig ist. Kundgebungen der Gnade und Liebe sind jetzt nicht angebracht und werden durch die goldenen Gürtel zurückgehalten. Darum muss die Verkündigung die Menschen (sie seien gottlos oder religiös, beide dienen dem Tiere, dem ersten oder dem zweiten) zuerst mit dem Gesetz und Urteil Gottes bekannt machen. Das entspricht der Praxis der Apostel und der frühen Kirche und sie hat reiche Früchte getragen; im evangelischen Raum hat sie stets zu Erweckungen geführt. Die Predigt vom Zorne Gottes gründet sich auf Paulus, den Apostel der Nationen: Bevor er von Gnade und Rechtfertigung spricht, stellt er dem Menschen, »dem Juden zuerst als auch dem Griechen«, seine Sündhaftigkeit und Verdammungswürdigkeit vor (Röm.1–3), und welchen Erfolg hatte er mit dieser Verkündigung! – In der modernen Evangelisation ist diese Seite gänzlich aus der Mode gekommen. Vielleicht hängt der Evangelist eine Gerichtsdrohung seiner Verkündigung noch hinten an, nach dem Motto, »wenn du nicht glaubst, dann …, es kommen schlimme Gerichte über diese Welt«. Nur in den Sendschreiben finden wir die Androhung: »Wenn du nicht Buße tust, dann …«, später dann nicht mehr, weil dann die Gerichte schon im Gange sind. Wir werden bei den sieben Plagen sehen, dass die Gerichte bereits voll wirksam sind. Jetzt ist das Gericht dieser Welt, nicht erst zukünftig, jetzt wird der Fürst dieser Welt (aus dem Himmel) hinausgeworfen (Joh.12,31; Offb.12,9). Wer aber verkündigt dies der Welt?

Die **goldenen Schalen** waren vorher gefüllt mit Räucherwerk in der Hand der vierundzwanzig Ältesten, um das Lamm anzubeten (5,8). Doch nun sind die Schalen **voll des Grimmes Gottes,** um die Menschen von Sünde und Ungerechtigkeit zu überführen. Der Kreis der Hörer und Leser sind die »Nationen« des christlichen Bekenntnisses in allen Kirchen, Konfessionen und Denominationen; das Missionsfeld ist die Namenchristenheit, soweit sie sich im Herrschaftsbereich des Tieres befindet. Dieser erstreckt sich derzeit über Europa und die ganze westliche Welt. Der Zweck der Schalengerichte ist, dass alle dahin gebracht werden, vor dem »König der Nationen« anzubeten, »denn deine Gerechtigkeiten sind offenbar geworden«. (V.4)

Jede der sieben goldenen Schalen ergäbe ein Evangeliumstraktat. »Und dies wollen wir tun, wenn Gott es erlaubt.« (Hebr.6,1–3) Dass die Schalen von Gold sind, weist auf die Grundlage der Erlösung und die Gnade Gottes hin. Sie wurden gefüllt mit dem Zorne Gottes über die Sünde, aber wenn sie ausgegossen sind und ihre Wirkung an Herz und Gewissen getan haben, erstrahlen sie in reiner, unvermischter Gnade – das ist möglich geworden, weil Jesus Christus das ganze Gericht der Zornesschalen getragen hat. Über den Sohn ist der ganze Grimm Gottes ausgegossen worden, sodass jeder, der an Ihn glaubt und Ihm gehorcht, von den Plagen erlöst ist. Denn alle sieben Plagen hat Christus an Seinem Leibe auf dem Holze erdulden müssen. »Er ist die Sühnung für unsere Sünden, nicht allein für die unseren, sondern auch für die ganze Welt.« (1.Joh.2,2)

Zum priesterlichen Dienst am Evangelium gehören neben der Anbetung des gepriesenen Lammes das Gebet und die Fürbitte. Der Anbetungs- und Gebetsgeist ist bei den sieben Engeln so stark, dass **der Tempel mit Rauch gefüllt wurde von der Herrlichkeit Gottes und von seiner Macht.** Bei der Einrichtung der Stiftshütte erfüllte die Herrlichkeit Gottes die Wohnung (2.Mo.40). Ebenso war es bei der Einweihung des salomonischen Tempels (2.Chron.5). Als nämlich die Priester, die Leviten und die Sänger ihre Stimme erhoben, um Gott zu loben, wurde das Haus Gottes mit einer Wolke erfüllt, sodass die Priester nicht dazustehen vermochten, denn »die Herrlichkeit Gottes erfüllte das Haus Gottes«. Damals segnete Salomo die Versammlung Israels, er trat vor den Altar und betete kniend mit ausgebreiteten Händen ein siebenfaches Fürbittengebet für das Volk (2.Chron.6). Zur Bestätigung, dass Gott ihn erhört hatte, erfüllte die Herrlichkeit des HERRN abermals das Haus, sodass die Priester nicht in das Haus Gottes eintreten konnten.

Eine Neumissionierung Europas wird auf schweren Widerstand stoßen. Das Buch Josua zeigt uns, womit wir zu rechnen haben. Da werden Mauern verriegelt sein wie in Jericho, die ganze Macht des Feindes wird sich uns entgegenstellen wie bei Gibeon. Doch Jesus, unser Heerführer, ist Sieger. Unserseits wird es auf die »ganze Waffenrüstung« ankommen, womit wir uns zunächst selbst schützen müssen mit Helm, Brustharnisch und Schild (Eph.6,10ff). Nicht zu vergessen das Gebet. Das Gebet ist eine mächtige Waffe gegen den Feind, es kann auch die Tieranbeter und Bildverehrer überführen und überwinden, deren Bosheit und Feindschaft durch die sieben Plagen geradezu entfacht wird. Das »Evangelium des Friedens« und das »Schwert des Geistes, welches Gottes Wort ist« würde keinen Erfolg haben, wenn wir nicht für die Menschen beten (Eph.6,18). Salomo schloss in sein Gebet auch »den Fremdling ein, der nicht von deinem Volke Israel ist«. Zum Offenbarungsdienst gehört, dass »Flehen, Gebete, Fürbitten, Danksagungen getan werden für alle Menschen, für Könige und alle, die in Hoheit sind.« (1.Tim.2,1–7) Auch wenn es bei den Plagen immer wieder heißt: »Sie taten nicht Buße«, so ist dies nicht unabänderlich. Gott wird die Unbußfertigen durch die Gebete der Heiligen und die Predigt der sieben Plagen überführen: »Wenn irgendeine Plage sein wird, welches Gebet von irgendeinem Menschen, wenn sie erkennen werden ein jeder seine Plage, und er seine Hände ausbreitet gegen dieses Haus: so höre du vom Himmel her und vergib …«, bittet Salomo. Ohne Verkündigung der nachweislich schon wirksamen Plagen werden die Menschen nicht Buße tun. Der gegenwärtige Evangeliumsdienst geht zwar auf all die Nöte der Menschen ein, aber er geht letztendlich am Thema vorbei, wenn er diese nicht als Folgen der sieben Plagen bezeugt und für die Wirksamkeit des Zeugnisses im Sinne der sieben Engel betet.

Wenn **die sieben Plagen der sieben Engel vollendet** sind, werden die Nationen wieder ein Verlangen nach Gott haben: »Und viele Völker werden hingehen und sagen: Kommt und lasst uns hinaufziehen zum Berge Gottes, zum Hause des Gottes Jakobs! Und er wird uns belehren aus seinen Wegen, und wir wollen wandeln in seinen Pfaden«, (Jes.2,3) Wer den Grimm Gottes über sein gottloses Leben und seine Sünden anerkennt, darf die Gnade in Anspruch nehmen, denn Christus hat den Fluch für uns getragen. So spielt also das Kreuz auch in den sieben Plagen eine zentrale Rolle, sodass noch immer Menschen gerettet werden können.

Der Dienst des Geistes beschränkte sich bisher in der Offenbarung auf das Volk Gottes, und zwar unter verschiedenen Gesichtspunkten (Kap.1–12). Danach ergingen Warnbotschaften an Babylon und die Welt (Kap.13+14). Die wunderbaren Werke und die gerechten Wege Gottes betreffen in erster Linie Sein Volk, dessen Wüstenreise am *gläsernen Meer* seinen Abschluss fand. Dort tritt uns ein neues, geistlich geläutertes Israel entgegen, ein Volk von Überwindern, deren Glaube der Sieg ist über die Welt. Vor ihnen liegt nun das verheißene Land, das himmlische Kanaan, das Christus uns zum Erbteil erworben hat. Aber dieses Land, das »von Milch und Honig fließt«, bewohnen noch die »Kanaaniter«, die sich natürlich dagegen wehren, dass Israel ihr Land in Besitz nimmt, das aber nicht mehr ihr Land ist, weil sie es durch Gräuel verunreinigt haben. Ein neues Volk, das durch Gericht und Buße von Neuem geboren ist, soll es besitzen. Soweit das Vorbild.

Gottes Wohlgefallen ruht auf Seinem Volke, das Er teuer erkaufte und durch das Blut Seines eigenen Sohnes gereinigt hat. Auf diesem Volke ruht der Segen wie Mose, der Mann Gottes, in seinem Segen, womit er Israel nach dem Liede segnete, ihnen zugesprochen hat: »Ja, er liebt die Stämme, alle seine Heiligen sind in deiner Hand; und sie lagern zu deinen Füßen, ein jeder empfängt von deinen Worten.« (5.Mo.33,3) Die größten und kostbaren Verheißungen sind Israel geschenkt, »auf dass ihr durch diese Teilhaber der göttlichen Natur werdet«. (2.Petr.1,4) Diesem Israel muss man im Glauben an den Sohn Gottes in wahrer Frömmigkeit und Gottesfurcht angehören, wenn man auf der Segensseite stehen und von den sieben Plagen verschont bleiben will. »Glückselig bist du, Israel! Wer ist wie du, ein Volk, gerettet durch den Herrn, den Schild deiner Hilfe, und der das Schwert deiner Hoheit ist? Und es werden dir schmeicheln deine Feinde, und du, du wirst einherschreiten auf ihren Höhen.« (5.Mo.33,26–29)

»Wenn deine Gerichte die Erde treffen, so lernen Gerechtigkeit die Bewohner des Erdkreises. Wird dem Gesetzlosen Gnade erzeigt, so lernt er nicht Gerechtigkeit.« (Jes.25,9.10) Die sieben Engel führen die Schalengerichte aus, den Knechten Gottes aber obliegt der Dienst, sie den Menschen zu bezeugen und sie zu bitten an Christi Statt, »lasst euch versöhnen mit Gott!« (2.Kor.5,20) Wir dürfen nichts an der Botschaft der Zornesschalen mildern, sonst werden sie ihre Wirkung verfehlen. Die Verkündiger müssen den Zorn Gottes in heiligem Zorn rüberbringen, bevor sie von der Gnade Gottes reden. Zugleich empfinden sie tiefes Mitleid mit den unter den Plagen leidenden Menschen. Sie werden sich manche Bosheiten, Schmähungen und Lästerungen der Neuheiden, die Gott nicht mehr kennen wollen, gefallen lassen müssen. »Aber in diesem allem sind wir mehr als Überwinder durch den, der uns geliebt hat.« (Röm.8,35–39)

Der Apostel der Nationen lehrt uns, dass wir »mit der Bereitschaft des Evangeliums des Friedens« kämpfen sollen. Das ist immer der Hintergrund und Beweggrund auch bei diesem Dienst der Zornesschalen. Menschen, die dem Glauben ferne stehen, aber suchend sind, müssen wir nicht mit dem Schwert entgegentreten, wie das bei den verhärteten »Kanaanitern« notwendig ist, sondern sie auf friedliche Weise zu überzeugen suchen. »Wenn du dich einer Stadt näherst, wider sie zu streiten, so sollst du ihr Frieden anbieten ... Also sollst du allen Städten tun, die sehr fern von dir sind, die nicht sind von den Städten dieser Nationen hier.« (5.Mo.20,10–18) Praktisch betrifft dies glaubenslose und suchende Menschen oder solche, die in persönlichen Nöten und Problemen stecken. Sie werden leicht zu gewinnen sein, wenn ihnen die Ursache in den Plagen, unter denen sie leiden, bekannt wird.

DIE SIEBEN PLAGEN (Kap.16)

Mit der Warnbotschaft von Kap.14,9–12 wird es nun Ernst. Der göttliche Befehl aus dem Tempel löst eine Reihe letzter Zornesergüsse als Plagen über die gottentfremdete Tiergesellschaft aus. Jeder Tierdiener muss von dem »Weine des Grimmes Gottes« trinken. Warum der große Grimm? Warum die Plagen? Weil sie das christliche Bekenntnis mit ihrer Tieranbetung vermischen. Das erzürnt Gott aufs Höchste. Wir leben von der Güte Gottes. Sein Grimm gibt sich darin kund, dass Er den Menschen Seine Güte entzieht und sie dahingibt. Die Schalengerichte sind ähnlich den sieben Posaunen, zumindest die ersten vier, jedoch in erweiterter und verstärkter Form. Wir denken bei diesen Plagen auch an die Plagen Ägyptens. Sie haben wie einst den Endzweck, ein Volk aus der Knechtschaft der Welt, hier aus dem Herrschaftsbereich des Tieres, zu befreien. Auch an die Landeinnahme Israels im Buche Josua ist zu denken. Und letztendlich geht es um Sein Volk in Babylon, das Gott herausführen möchte. Alle drei Vorbilder spielen bei den Zornesschalen eine Rolle. Welches Vorbild wir auch nehmen, immer muss den Menschen bewusst gemacht werden, wo und unter welcher Herrschaft sie sich befinden, die zerstört werden muss, weil sie ihre Gefangenen nicht freiwillig hergibt. Es zeigt sich in diesen Tagen, dass der Machtbereich des EU-Tieres vor dem »Eisernen Vorhang«, den Russland durch seine Gesetzgebung wieder errichtet hat, endet, um, wie Putin sagt, seine Gesellschaft vor den schlimmen Folgen der Sitten- und Gottlosigkeit zu schützen.

Die Plagen treffen ausschließlich die westliche Welt. Aber sie sind nicht unabwendbar, wenn Buße erfolgt. »Denn jeder, der irgend den Namen des Herrn anrufen wird, wird errettet werden«

(Röm.10,13), gilt auch hier. Wie werden die von den Plagen betroffenen Menschen reagieren? Da haben wir, wie vorhin gesagt, keine guten Reaktionen zu erwarten. Der Pharao sagt zu Mose: »Ich habe gesündigt, flehet für mich zu Jehova, dass er die Frösche von mir und meinem Volke wegnehme.« (2.Mo. 8) Am nächsten Tag waren sie verschwunden. Die sieben Plagen mögen die sieben Nationen, deren Bosheit voll ist, noch viel böser machen, als sie ohnehin schon sind. Sie werden sich mit aller Macht gegen das Zeugnis Gottes wehren und sein Vordringen verhindern wollen. Im Buche Josua lesen wir: »Keine Stadt ergab sich den Kindern Israel friedlich …, alles nahmen sie mit Krieg ein.« (Jos.11,19) Freiwillig wird sich kaum ein Mensch ergeben, viele werden, angestachelt durch ihre »Könige«, bis zum Äußersten gegen das Zeugnis Jesu Widerstand leisten. Die Plagen zwingen sie, sich zu entscheiden, ob sie wollen oder nicht. Es wird mit der »Schärfe des Schwertes« gegen die Bildanbeter vorgegangen werden wie Josua gegen die Bewohner Kanaans. Israels Erfolg beruhte aber nicht allein auf der Anwendung des Schwertes, sondern dass sie immer wieder nach Gilgal, an den Ort des Selbstgerichts, zurückkehrten. Bei der Entscheidungsschlacht in Gibeon half Gott noch mit großen Hagelsteinen nach, wie das auch bei der siebten Plage geschieht (Jos.10,11). Endlich aber wird das Wort vom Kreuz die Befreiung von der Bosheit des Fleisches bewirken.

Die erste Zornesschale und Plage (16,2)
– ein böses Geschwür –

Der Erste ging hin und goss seine Schale aus auf die Erde; und es kam ein böses und schlimmes Geschwür an die Menschen, welche das Malzeichen des Tieres hatten, und die sein Bild anbeteten.

Die erste Schale ist ein Ausguss eines Zornes, den schon der Apostel der Nationen mit den Worten angekündigt hat: »Es wird geoffenbart werden Gottes Zorn vom Himmel über alle Gottlosigkeit und Ungerechtigkeit der Menschen ..., weil sie Gott kennend, ihn weder als Gott verherrlichten noch ihm Dank darbrachten ...« (Röm.1,18) Gott hat offenbar Seine bewahrende Hand von den Menschen, die dem von Satan inspirierten Tiere folgen, zurückgezogen und sie dahingegeben. Zur Strafe für die Abtrünnigkeit und Götzendienerei ist ein böses Geschwür an sie gekommen, an jeden, der dem Tiere dient. Es ist ein westliches Geschwür. Alle sind davon befallen, Hoch und Niedrig, Jung und Alt, Arm und Reich klagen bereits über Beschwerden, die das Geschwür verursacht, ohne dass sie den Erreger wissen. Betroffen sind nicht nur die gottlosen Tieranbeter, auch die religiösen Bildanbeter leiden unter der Plage. Unter der Plage im Lande Ägypten, als an Menschen und Vieh Geschwüre ausbrachen (2.Mose 9,8–12), vermochten auch die Schriftgelehrten nicht vor Mose zu stehen.

Jeder Zeitgenosse weiß eigentlich um das bösartige Geschwür, dass »etwas nicht mehr mit uns stimmt«. Es beschäftigt Politiker und Pädagogen, Soziologen und Psychologen, Journalisten und Autoren forschen nach der Ursache. Alle wissen genau oder geben es jedenfalls vor, woher die Probleme in den Ehen und Familien, der Gesellschaft, das abnorme Verhalten der Kinder, die steigende Jugendkriminalität, Gewalt in den Schulen, Drogensucht, Selbstmord junger Menschen und schon Suizide von Kindern usw. kommen. Doch die wahre Ursache kennen sie nicht, noch weniger das Heilmittel. Daher sind sie machtlos, ihre Ratschläge wirkungslos. Die negative Entwicklung geht weiter trotz Sozialwissenschaft und Gesellschafts- und Zeitanalysen oder gerade deswegen.

Besser wissen es Pfarrer und Seelsorger, sie kennen die Symptome und Probleme, stehen aber hier auch vor einem Rätsel, woher die Übel und Nöte unserer Zeit kommen. Weil sie die Offenbarung nicht verstehen, erkennen sie auch keinen Bezug zu dieser ersten Plage. Man kann viele Ursachen für das Geschwür verantwortlich machen – eine plausible Diagnose habe ich nirgendwo gefunden, auch in keiner theologischen Studie.

Nicht alle fühlen das Geschwür schon so schmerzlich. Es ist wie Krebs, es wächst langsam und frisst um sich und drückt auf die Psyche, bis es offen ausbricht und dann nicht mehr heilbar ist. Oder wie Aids, eine Immunschwäche, die »für alles offen« ist und keine Abwehrkräfte mehr gegen die Sünde und die teuflischen Verführungen mobilisieren kann. Wie konnte es dazu kommen? Alle waren zuerst von dem Wirtschaftswunder-Tier begeistert, seine materialistische, evolutionistische Weltanschauung, sein goldenes Zukunftsbild, die neuen Techniken und Medien, das süße Gift seiner neuen Moral – in der neuen Freiheit werde die Welt mit jedem Tag schöner werden. Meinten sie. Aus diesem Traum erwachen sie langsam, von dem Freiheitsrausch wurde schon mancher ernüchtert. Allmählich merken sie, wie der Mensch und die Natur aus dem Gleichgewicht geraten und wie ihre Seele nicht mitkommt mit dem fantastischen Fortschritt. Indem die Menschen den Trends dieser Zeit folgen, werden sie in immer größere innere Nöte getrieben. »Die Vokabel ›Fortschritt‹ erweist sich mehr und mehr als im wörtlichen Sinne zu verstehen, nämlich als ›Hinfortschreiten‹ vom Menschen und seinen wirklichen Bedürfnissen. Gesamtgesellschaftlich gesehen ist der maximale Wohlstand unserer Gesellschaft seit längerer Zeit erreicht, es gibt keine als real wahrgenommene Gefahr von Krieg, Hunger, Armut und ähnlichen existenziellen Erfahrungen, sondern höchstens eine Art Unwohlsein innerhalb des Wohlstandssystems.« (Michael Winterhoff, »Warum unsere Kinder Tyrannen werden«, Gütersloh 2008).

Da die Welt nicht mehr der Kirche glaubt und damit auch Gott und Bibel infrage stellt, gehen sie mit ihren seelischen Problemen zum Psychiater, der ihnen die Schuldgefühle ausredet, statt Schuld aufzudecken, und auf die Gnade Gottes hinzuweisen, wie es die biblisch orientierte Psychotherapie tun würde. Für die Ehe- und Familienprobleme seien Sozialarbeiter und Familienberater zuständig. Obwohl jedermann im Reich des Tieres die Gebote und Ordnungen Gottes kennt oder zumindest kennen könnte – schließlich sind sie von der christlichen Tradition und Kultur her die Grundlage der Gesetzgebung und des Sittengesetzes – verwerfen sie diese heute und vertrauen auf die »Wissenschaft« oder was als solche ausgegeben wird. Doch diese hat sich gerade im soziologischen und psychologischen Bereich als eine Torheit der Welt, als Irrtum von heute erwiesen. Wie viel besser beraten ist der Mensch, wenn er Gottes Schöpferordnung, Seine Gebote und Vorschriften beachtet, denn diese sichern ihm seelische Gesundheit und ein harmonisches Miteinander zu, wenn er sie lebt. Die Ideologie der Tieranbeter hat alles so unnatürlich gemacht und zum Teil ins Gegenteil verkehrt. Der Unterschied von Gut und Böse ist verwischt, die Perversion ist zur Norm geworden.

Der Wertewandel hat schlimme Folgen, vor allem für junge Menschen. Viele finden ihr Leben sinnlos und sind orientierungslos. Bei der Masse ist das Schuldgeschwür noch nicht reif, um ausgedrückt zu werden. Das ist Aufgabe der Verkündigung, das heißt, von Sünde und Schuld zu überführen, um das Gewissen aufzuwecken. Hier wartet neben der Predigt für die Seelsorge eine große Aufgabe, damit die Menschen zur Buße kommen und Vergebung der Sünden empfangen durch den Glauben an das sühnende Opfer Jesu.

Es ist nicht in erster Linie der Wohlstand, auch nicht die rasante technische Entwicklung, die zu den gegenwärtigen gesellschaftlichen, familiären und persönlichen Problemen und Konflikten geführt hat, sondern die ideologische Indoktrination. Vor vierzig, fünfzig Jahren begann ein Prozess, dessen Auswirkungen und Auswüchse heute allenthalben sichtbar sind und auch schon angeprangert werden, ohne die Ursache bzw. den Urheber zu erkennen oder sich dessen erinnern zu wollen. Es war die neomarxistische Emanzipationsbewegung der Neuen Linken, bekannt als 68er, die eine neue, das heißt sozialistisch-humanistische Gesellschaft, ja einen neuen Menschen schaffen wollte. Die Linken sind verschwunden, da sie in den Ökoparteien aufgegangen oder in den sozialen Institutionen untergetaucht sind. Hinterlassen haben sie eine Wüste, ein Chaos, das sie ja auch gewollt haben. Immanuel Lück deckt in seiner Mahnschrift »Die Zerstörung der Glaubens- und Gewissensfreiheit in den öffentlichen Schulen der BRD« die Hintergründe und Ziele dieser Bewegung auf: »Spätmarxistische Denker wie Max Horkheimer, Theodor Adorno, Herbert Marcuse und Jürgen Habermas entwickelten neue Gesellschaftstheorien, die unter dem Begriff der ›Kritischen Theorie‹ der Frankfurter Schule bekannt wurden. Ihr Ziel war die Emanzipation des Menschen von den ihn unterdrückenden und beherrschenden Wertvorstellungen der bürgerlichen Gesellschaft. ›Befreiung‹ von den gesellschaftlichen Normen, Werten, Geboten und Institutionen wie z. B. Ehe, Familie, Kirche, Schule und Rechtsordnung im überlieferten Sinne, sei das Gebot der Stunde. Wenn die Werteordnung dieser Gesellschaft brüchig geworden sei, müsse diese selbst in einem manifest geführten Klassen- bzw. Kulturkampf überwunden werden. Im Gefolge dieser Theorie setzte eine totale Kritik an den gesellschaftlich-kulturellen Verhältnissen ein. Alle Gebote, Verbote, Werte, Normen und Institutionen in der Gesellschaft wurden in Frage gestellt, alle Autorität stand zur Disposition. Damit fielen auch Gottes Ordnung, Seine Gebote und das Gesetz Gottes als gültige, geoffenbarte Wahrheit unter diese Kritik und ebenso alle Lebensbereiche und -verhältnisse, in die Gottes Gesetz und Gebot in der Geschichte des christlichen Abendlandes eingegangen war. Insbesondere ging es um die intimsten Bereiche des Menschen, um seine Geschlechtlichkeit, um Ehe und Familie, um das traditionelle Verhältnis der Geschlechter zueinander, um die Bereitschaft zum Empfang des ungeborenen Kindes, um die biblische Stellung von Mann und Frau in der Familie und in der Öffentlichkeit. Optimale Bedürfnisbefriedigung wurde der Maßstab, der an die gesamte Tradition vom marxistischen Denken her angelegt wurde. Von diesem Maßstab her ging es um ein befreites Handeln: um Ablehnung oder Veränderung. Die große Weigerung wurde propagiert. Ziel war, mit aller Tradition zu brechen, in nahezu allen Bereichen setzte ein Umfunktionieren der Begriffe ein. Ein neuer Freiheitsbegriff wird definiert: In der ›neuen Freiheit‹ geht es nicht wie bisher um Freiheit ›für‹ die überlieferten Gebote, ethischen Normen, Werte und Einrichtungen, sondern um Freiheit ›von‹ diesen ethischen Prinzipien der Gesellschaft auf der Basis optimaler Bedürfnisbefriedigung.«

Die böse Saat der Ideologen ist voll aufgegangen, sie äußert sich heute in dem »bösen und schlimmen Geschwür«. Jeder, der dafür empfänglich war und ist, zeitigt auch die Früchte, denn »was irgendein Mensch sät, das wird er auch ernten«. (Gal.6,7) Der Virus hat sich zu einer Volksseuche verbreitet und heißt »Emanzipation«, das unzeitgemäße Erwachsensein wollen, die Selbstbefreiung von natürlichen gottgegebenen Ordnungen und Aufgaben wie die Emanzipation der Frau, die sexuelle Befreiung usw. Emanzipation wurde ein Mittel seelischer Ausbeutung, Unterdrückung natürlicher Anlagen mit der Folge moralischer Zersetzung. Bekanntlich stammt diese Idee aus dem atheistischen, materialistischen Sozialismus. Die emanzipatorische Pädagogik verstand sich ausdrücklich als materialistische Erziehung. Die Vorstellung von Gott als Schöpfer und Richter musste abgelegt werden. Urheber und Maßstab aller Dinge ist der »autonome« Mensch geworden, er muss nur von aller »Herrschaft« und »Fremdbeeinflussung« befreit werden, kurz: sich emanzipieren. Die Ideologen reden den Menschen Unterdrückung ein und hetzen sie gegeneinander auf, um sich dann zur Stimme der »Unterdrückten« zu machen: Arbeitnehmer, Frauen, Schüler, Kinder. Sie hassen jedes Abhängigkeitsverhältnis, sogar das natürlichste von allen wie die Mutter-Kind-Beziehung. Da den Ideologen nichts freiwillig zufällt, denn der Mensch hat ein natürliches Bedürfnis nach Liebe und Geborgenheit, erschleichen sie sich alles mit Tarnung, List und Lüge. Der Schauplatz der Demonstrationen und Aufstände, der Kriege und des Terrors wurde in die Familie verlagert. Nachdem die Emanzipatoren die von Gott gegebene Autorität, die Stellung und Würde des Familienoberhauptes zerstört haben, bekommen nun beide Schläge, Vater und Mutter, und aus Kindern werden Elternfeinde. Dies umso eher, als die Schule die Kinder zur »Kritik« erzieht, damit sie ihre Eltern hinterfragen, verdächtigen und schließlich entmachten, um ihre eigenen Wünsche durchzusetzen. Emanzipation ist ein zermürbender Machtkampf. Hier gibt es keinen Gewinner, sondern nur Verlierer und zurück bleibt eine Lebenswelt von Unordnung, Bitterkeit, Einsamkeit und Depressionen.

Nicht dass erst die Emanzipationsbewegung den sittlichen Niedergang ausgelöst hätte. Schon vorher gab es diese Erscheinungen, aber die Kulturrevolutionäre machten sie gezielt zum Programm und bewirkten damit eine totale Veränderung der Gesellschaft und der Menschen. Ein 68er bekennt: »Wir haben die sexuellen Grenzen erweitert, den Frauen die Emanzipation gebracht und die Kultur des Gehorsams gründlich abgeschafft.« Dabei stellt er resigniert fest, dass es nicht die Umwelt war, die den Menschen zum Schlimmsten befähigt, sondern die menschliche Natur (Spiegel Nr.20/2000). Eine wichtige Erkenntnis, aber zu spät. Doch noch immer sprechen sie von dem »Gutmenschen«, obwohl ihr Produkt der charakterloseste und verdorbenste Schlechtmensch ist.

Eine erlebnis- und vergnügungssüchtige Gesellschaft muss auch den Preis der Emanzipation zahlen: Infolge der Emanzipation, die auch dem Feminismus Auftrieb gab, haben die Eheschließungen in den letzten vier Jahrzehnten um zwei Drittel abgenommen, die Scheidungen aber sind rapide gestiegen, wovon Hunderttausende Scheidungswaisen betroffen sind. Von den 2,2 Millionen Alleinerziehenden in Deutschland sind 90 % Mütter. Kam vor 40 Jahren auf zehn Eheschließungen eine Scheidung, kommt heute auf zwei Eheschließungen eine Scheidung, wobei die durchschnittliche Ehedauer nur fünf Jahre beträgt. Diese Zahlen stehen für zerstörte Familien, zerrissene Kinderherzen, für unendliches Leid und unstillbaren Schmerz. Die Geburten haben in den letzten 30 Jahren um ein Viertel abgenommen, die Zahl der unehelichen Kinder aber ist in derselben Zeit auf das Doppelte gestiegen. Im Jahre 2006 war die niedrigste Geburtenrate nach dem Krieg zu verzeichnen und sie sinkt weiter. Und politische Programme wie die Erhöhung der Kinderkrippenplätze werden den Trend zur Kindverneinung beschleunigen.

Trotz Armut und Hunger gab es in den Kriegs- und Nachkriegsjahren mehr Kinder als heute. Kinder sind nicht mehr gewünscht, man empfindet sie als Last, weil man nur seiner Lust, seinem Vergnügen frönen und den Wohlstand genießen will. Jeder vierte Mann und jede siebte Frau wollen laut einer Umfrage gar keine Kinder haben. Eine der ersten Entscheidungen im Leben der modernen Frau lautet: »Ich entscheide mich gegen ein

Kind.« (Flöttmann) Die Feministen hassen die Mutterrolle, sie wollen sich selbst verwirklichen. Das fordert seinen Preis schon natürlicherweise: Die Wirtschaft und die Altersrente, ja, der Fortbestand eines ganzen Volkes ist ernstlich gefährdet. Diese natur- und gottwidrige Einstellung fordert vor allem Gottes Gericht heraus: Die Plage ist eine Folge der bösen Lust, die Antwort Gottes an ein unterdrücktes böses, schuldbeladenes Gewissen. Gott ist gerecht! »Drangsal und Angst über jede Seele eines Menschen, der das Böse vollbringt.« (Röm.2,9) Unsicherheit, Angst und Ängste sind der Preis eines Lebens ohne Gott. Drückt man auf das schlimme Geschwür, schmerzt es natürlich. Eva Herman hat mit ihren Büchern »Das Evaprinzip« und »Das Prinzip Arche Noah« den Versuch gewagt, das Geschwür auszudrücken – es gab einen Aufschrei, Eiter kam heraus. Aber es kostete sie die Karriere.

Durch böse Lust wird die böse Natur des Menschen geweckt, die zu schlimmen Ausbrüchen neigt. Hier zeigt sich das Geschwür in einer sehr bösartigen und peinlichen Form, in aller Ungerechtigkeit, Bosheit, Schlechtigkeit, Zank, Missgunst, Ichsucht, Untreue, Unversöhnlichkeit, Neid, Lug und Trug, Habsucht, Hass, Gewalt, Gier, Unzucht und dergleichen Übel mehr, die das Zusammenleben in der Gemeinschaft unmöglich machen (Röm.1,18–32; 2.Tim.3,1–5). Als die christlichen Völker noch Gottesfurcht hatten und sich zum Evangelium bekannten, hielt Gott in Seiner Güte das offene Ausbrechen des Tieres im Menschen zurück. Seitdem sie dem Tiere dienen und Gottes Gebote verwerfen und auch ein Gericht leugnen, gab Er sie preis. Den Versuchungen und verlockenden Angeboten der Tierdiener konnte dann niemand mehr widerstehen mit der Folge, sie bekamen ein böses Gewissen. Ungeheuerliche Lüste und Triebe werden geweckt, wobei die Werbung und die Medien kräftig mitwirken. Stärker als Wille und Vernunft brechen Süchte und Leidenschaften auf, von denen man nie geglaubt hätte, dass sie in uns existieren, und sie zerstören all das, was man in seinem äußeren und inneren Leben als gesichert betrachtete. Ein schlechtes Gewissen schämt sich, versteckt sich, aber ein böses Gewissen wird böse, unter Umständen aggressiv.

Am meisten leiden Homosexuelle und Frauen, die abgetrieben haben, unter dem schlimmen Geschwür. Einer der durch Gottes Gnade, wie er bekennt, aus der homosexuellen Lebensweise herausgefunden hat, berichtet: »Das Leben in der schwulen Subkultur tötete mich geistig, emotionell und körperlich. Jetzt durchlebe ich nicht mehr die tiefdunklen, hoffnungslosen Anfälle von Depressionen, und ich bin sehr glücklich darüber, am Leben zu sein.« (FMG Information, Dez. 2013) Warum schreien die Homo-Lobbysten so laut gegen Diskriminierung und fordern Abtreibungsbefürworter gesetzliche Anerkennung der Abtreibung? Es ist der Schrei des bösen Gewissens. Das aber kann nicht legalisiert werden.

In der Tat ist das böse und schlimme Geschwür das böse Gewissen. Das kann man jedem auf den Kopf zu sagen, der gegen die Gebote Gottes aufbegehrt und sein Sündenleben, seinen Ehebruch, seine Perversion usw. rechtfertigen will. »Schlimm« ist das Geschwür deshalb, weil es schlimme Auswirkungen hat. Worunter die Menschen am meisten leiden, das ist die Schuld, unvergebene Schuld, die auf dem Gewissen lastet, das wiederum die Psyche belastet. Die Psychologie kann hier nicht helfen, denn sie forscht nicht nach der Schuld, sondern sucht die Schuldigen.

Es muss unser tiefstes Mitleid erregen, wie krank die Menschen durch diese Plage an Seele und Geist geworden sind. Innerlich leer, ausgehöhlt, ausgebrannt, haltlos, ohne Orientierung und Hoffnung, verlassen, gequält von seelischen Nöten und schleichender Angst, die sie schwermütig und nervlich krank machen. Das alles, weil sie dem Tiere gedient und Gott vergessen haben. Das Ende eines solchen Lebens ist der Tod, ewige Nacht und Verzweiflung.

Es gibt aber einen, der sie von diesem Übel heilen kann: der Heiland, der wahre Arzt und Seelsorger, unser HERR Jesus Christus. Durch den Glauben an Ihn wird jede geplagte Seele heil! – Denn Gott möchte nicht den Tod des Sünders, sondern dass er sich bekehre und lebe. Das Geschwür ist heilbar, wenn man eine Untersuchung zulässt und Buße tut. Hiskias Geschwür wurde durch einen Feigenkuchen als Pflaster geheilt (Jes.39,21). Eine Genesung kann jeder erfahren, der sich Jesus zuwendet und das süße Evangelium für sein Geschwür annimmt. »Denn jeder, der irgend den Namen des Herrn anrufen wird, wird errettet werden.« (Röm.10,13)

Die zweite Plage (16,3)
– ein grosses Seelensterben –

Der großen Gottlosigkeit, der Unmoral und Sittenlosigkeit in unserer Zeit wie sie von der Ideologie des Tieres vorangetrieben worden ist, und noch immer wird, begegnet Gott in seinem Zornesgericht mit einer weiteren Plage. Menschen, die auf die erste Plage nicht reagieren, droht der psychische Tod: **Der zweite Engel goss seine Schale aus auf das Meer, und es wurde zu Blut, wie von einem Toten, und jede lebendige Seele starb, alles, was in dem Meere war.**

Das »Meer« ist die Welt, das »Blut wie von einem Toten« zeugt von einem großen Blutbad durch ein Massensterben, hier menschlicher Seelen. Die zweite Schale ist total, sie wirkt sich auf die zwischenmenschlichen Beziehungen und den seelischen Bereich aus durch das, was sie sich im Reich des Tieres gegenseitig antun. Weil Gott sie dahingegeben hat, hat das Tier Macht über sie und spielt die Menschen gegeneinander aus. Bei dieser Plage handelt es sich weniger um den geistlichen Tod. Geistlich tot ist jeder Mensch, der nicht wiedergeboren ist, »tot in Sünden und Übertretungen«. (Eph.2,1) Die Plage geht an die menschliche Substanz, sie betrifft das Seelenleben der Menschen, greift die Psyche und die Nerven an, ob der Mensch nun religiös oder atheistisch ist.

Wer in der Welt lebt – nur im Reiche Gottes ist Frieden und Freude im Heiligen Geiste – wird auch von der Not der Welt geplagt werden. Diese besteht in unseren Tagen in der Gefühlskälte der Menschen, in der seelischen Vereinsamung, der Sprachlosigkeit, der Gleichgültigkeit und Uninteressiertheit anderen gegenüber. Noch nie hatten die Menschen mehr Gelegenheit, miteinander zu kommunizieren, einander näherzukommen und wohlzutun. Aber noch nie gingen sie gleichgültiger und unpersönlicher miteinander um, lebten sie mehr aneinander vorbei. Immer mehr geht das Gemeinschaftsgefühl, ein Mensch unter Menschen zu sein, verloren, man ist gegenseitig so kalt wie Tote. Da sagt man: »Wie geht's?« oder »Mach's gut!« und ist mit seinen Gedanken längst schon woanders. Im Übrigen drehen sich die Gespräche nur um äußere Dinge und Eitelkeiten. An dem Innenleben des anderen ist man nicht interessiert, hat man doch mit sich selbst genug zu tun. Die Menschen haben kein Vertrauen mehr zueinander, weshalb man sich nicht mehr mitteilt. Selbst in den Familien wächst die Entfremdung und Sprachlosigkeit; zwischen den Alten und den Jungen, zwischen Eltern und Kindern findet keine Unterhaltung, kein Gespräch mehr statt und wenn, dann nur als Diskussion, die meist aber in Wortstreit ausartet.

Jede Seele leidet unter der modernen Beziehungslosigkeit. Obwohl die Menschen in den Industrienationen auf engstem Raum miteinander leben, arbeiten und verkehren, weiß doch niemand, wer der andere wirklich ist. Kaum einer versteht den anderen ganz, man wagt nicht mehr, einander die dringenden Fragen zu stellen. Jeder sieht nur sich selbst und trägt auch allein an seiner Last. Man hat Angst, sein Herz zu öffnen, sich auszusprechen, überhaupt ist man unfähig, sich dem Nächsten mitzuteilen. Man möchte unentdeckt bleiben. Insgeheim sehnt sich aber jeder Mensch nach Gemeinschaft, Verständnis, Liebe, seine Gefühle nach außen dringen zu lassen. Doch man verschließt sich, kapselt sich ab, täuscht Glücklichsein vor und überspielt den Kummer mit Witzeleien und Späßen. Anderseits ist man überempfindlich, leicht gereizt; bei der geringsten Kleinigkeit geht man hoch. Die Fun-Gesellschaft überspielt die seelischen Nöte.

Nichts ist für den Menschen so tödlich wie Vereinzelung, Isolation. Plötzlich, durch die zweite Plage, fühlen sie sich alle einsam. Noch nie waren die Menschen so einsam wie heute. Wir haben heute den Niemand-Typ, der sich nicht mehr angenommen weiß und sich daher auch nicht mehr verantwortlich fühlt. Schon die Jugend trägt das »mich kennt keiner«-Zeichen. Für viele ist das Leben öde und sinnlos geworden, sie fühlen sich von Gott und der Welt verlassen. Die Folgen sind Depressionen, seelische Krankheiten mit körperlichen Rückwirkungen; die Nerven versagen, man sucht Trost im Zigarettenkonsum, Sex, Alkohol und anderen Drogen, und schon junge Menschen sind lebensmüde und flüchten in den Tod, weil ihr Leben sinnlos geworden ist. Depressionen gelten inzwischen als Volkskrankheit Nr.1.

Was treibt die Menschen dermaßen in die Verzweiflung? An den äußeren Lebensbedingungen liegt es nicht in der Wohlstandsgesellschaft. Es geht ihnen wirtschaftlich gut, keiner braucht zu hungern und zu frieren; die Medizin hat beachtliche Fortschritte gemacht, sodass viele Leiden erträglicher geworden sind. Technisierung und Automatisierung haben die Arbeit erleichtert, die Arbeitszeit ist kürzer und der Urlaub länger geworden. Man hat dadurch mehr Gelegenheit, sich seiner Familie und anderen Menschen zu widmen. Der Fortschritt hat den Menschen alles gebracht, was sie von ihm erwarten konnten, um bequem, glücklich und frei zu leben. Man hat Geld, Auto, Haus, ist komfortabel eingerichtet, gegen alles versichert und gut abgesichert, man ist sozial versorgt, pflegt Bildung und Kultur und hat Unterhaltung rund um die Uhr. Aber was ist, wenn der gewohnte Überfluss aufhört? Eine schleichende Angst geht um vor der Zukunft.

Wenn es je eine »gute alte Zeit« gegeben hat, dann müsste sie heute sein. Und doch scheinen alle diese sogenannten »Errungenschaften« die Seele des Menschen nur geschädigt zu haben. Die Menschen waren noch nie innerlich so arm, ausgehöhlt, unruhig, gehetzt, gestresst und von Ängsten erfüllt. Daran haben auch alle sozialen Maßnahmen und Einrichtungen nichts ändern können, im Gegenteil, sie haben das Übel unserer Gesellschaft nur noch verschlimmert, die Entfremdung vergrößert, das Alleinsein gefördert und vor allem auch den Egoismus genährt. Sozialismus, Sozialität, Sozialisation, oder wie man die Vergesellschaftung nennen mag, haben das Gegenteil von dem bewirkt, was sie erreichen sollten. Im Sozialismus gilt der Einzelne nichts, die Gesellschaft ist alles, so muss er psychisch sterben und stirbt auch physisch in der anonymen Gesellschaft, ohne dass es einer beachtet. Man hat nicht einmal bemerkt, dass der Wohnungsnachbar krank geworden ist und schon vier Tage tot in seiner Wohnung liegt.

Von der Wirtschaft bis zur Ethik und Psychologie heißt alles »sozial«. Die meisten jungen Leute, vor allem Frauen, studieren Soziologie, Sozialpädagogik und »soziale« Berufe. In der Sozialisation soll die Zukunft der Welt, das Heil der Gesellschaft liegen, das Heil der Familie, das Heil der Erziehung und sogar im »sozialen Geschlecht« (»Gender Mainstreaming«). »Sozial« aber können die Probleme nicht gelöst werden. Angesichts der Eigenart der menschlichen Natur wie sie uns vom Schöpfer mitgegeben ist, vermögen wir nicht unpersönlich sozialistisch zu leben und dabei seelisch gesund zu bleiben. Schon sind viele junge Menschen, die in den Schulen »sozialisiert« wurden, tief im Innern krank, entseelt, zweimal erstorben. Der Mensch in der sozialen Gesellschaft verliert seine Ich-Identität und wird zum Herdentier: Wohin immer Verführer die Masse lenken wollen, folgt sie ihnen. Weil sie Leistung, Wohlleben und Erfolg über alles gestellt haben, nur konsumiert und dabei ihr Seelenheil und Gott vergessen haben, hat Gott ihnen den freien Sozialismus des Tieres gegeben, den sie einst begeistert aufnahmen und jetzt als Plage empfinden müssen.

Der Sozialismus war seit Marx eine atheistische Bewegung, gottfeindlich und menschenverachtend. Weil er atheistisch ist, trennt er den Menschen vom Schöpfer und beraubt ihn seiner Natürlichkeit und Personalität. Und weil er materialistisch begründet wird, tötet er die Seele. Der künftige Mensch sollte ein Kollektivmensch sein, er sollte zum Sozial-Mensch erzogen werden. Das ist er nun freilich dank der Sozialwissenschaft geworden, aber mehr unsozial als sozial, nur seinen eigenen Vorteil suchend. Der Mensch unter dem Sozialismus verliert seine Mitmenschlichkeit, er wird zum Tier erniedrigt und gebärdet sich auch so. Über Werte wie Tugendhaftigkeit, Ehrfurcht, Liebe, Schamhaftigkeit zum Schutze seiner Intimsphäre, Keuschheit, Vertrauen, Treue, Wahrhaftigkeit, Verantwortung lächelt man.

Der Sozialismus, genauer der humanistische, angeblich menschliche Sozialismus, hat den Menschen demoralisiert und verformt, sodass die Menschen nur noch auf Raub und Flucht eingestellt sind und darum so unmenschlich miteinander umgehen. Sozialismus ist Mord, im Osten war er Menschenmord, im Westen ist er Seelenmord.

Der Mensch ist nun einmal kein Sozialwesen wie ihn Habermas und Konsorten der »Frankfurter Schule« sehen und bilden wollten. Gewiss ist der Mensch ein Gemeinschaftswesen, das aber echte, verlässliche Gemeinschaft und Geborgenheit in einer persönlichen Beziehung braucht und diese kann nur im Kreis der Familie Gottes gefunden werden. Der Sozialismus wollte die christliche Gemeinschaft nachahmen, er übernahm christliche Begriffe, konnte aber kein Leben und keine Liebe erzeugen und auch keine wahre Freiheit bringen. Die verheißene freie Entfaltung der Persönlichkeit und die Selbstverwirklichung wurden zum öden Singletum. Alte Zwänge hat der Sozialismus den Menschen abgenommen, neue gesellschaftliche Zwänge ihnen aufgebürdet.

Werfen wir einen kurzen Blick auf die Entstehung des Sozialismus. Im Zuge der großen sozialen Vereinigungsbestrebungen des 19. Jh. bildeten sich zahlreiche Vereine, Parteien, Organisationen, Verbände, angefangen von der Gemeinschaft der Sozialversicherten bis hin zu den Selbsthilfegruppen. Man wollte nicht mehr von Gott abhängig sein. Alle diese Interessenverbände konnten jedoch ihre Mitglieder nicht wirklich verbinden und glücklich machen. Solche Mitgliedschaften sind zu unverbindlich, meist nur nominell, man kennt sich untereinander kaum oder gar nicht. Dann die sozialen Einrichtungen, die viele ausnutzen, wobei es ihnen nicht darauf ankommt, den sozialen Staat zu betrügen, wo sie nur können (natürlich sind es immer die anderen). Die sozialistische Forderung: »Gemeinnutz geht vor Eigennutz« konnte nur mit Zwang und Gewalt durchgesetzt werden. So scheint die soziale Idee nach außen hin erfolgreich, hat aber einen ungeheuren Individualismus geweckt, nach dem Motto: Jeder ist sich selbst der Nächste. Deshalb muss alles gesetzlich geregelt werden, was zu einer weiteren Entfremdung der Menschen führt. Dieses ganze soziale Unternehmen gleicht einem Unterfangen wie beim Turmbau zu Babel: Sie wollten sich einen Namen machen, aber sie haben nicht mit Gott gerechnet. Deshalb hat Er ihr Vorhaben vereitelt, sie sind verwirrt, auf der Flucht, einer versteht den anderen nicht mehr und jeder misstraut jedem.

Solange der Kampf des Sozialismus auf die Arbeitswelt und das öffentliche Leben beschränkt blieb, konnten die Menschen sich in ihre Häuslichkeit flüchten. In diesem Bereich gab es durchaus noch eine »heile Welt«. Dabei blieb es jedoch nicht. In den letzten Jahrzehnten dringt der Sozialismus in humanistischer und pluralistischer Form auch immer stärker in die Wohnungen und Familien ein. Hier, in dem kleinen, ihnen noch verbliebenem Friedenshort wurde der Kampf hineingetragen, um die Gesellschaft von Grund auf umzugestalten, zu entchristlichen. Eine geeignete Operationsbasis war die Schule. Diskussionen und Streit um die Ordnung, Sitte und Moral prägen nun den täglichen Krieg zwischen Eltern und Kindern und zwischen den Generationen. Schule und Medien hämmern pausenlos auf die Kinder ein, um sie gegen die Eltern aufzuwiegeln und Kritik an allem Bestehenden zu üben. Das ist freilich das Ende der schönsten Familiengemeinschaft. Die Folge ist, dass den Heranwachsenden der Halt und die Orientierung des Elternhauses fehlen, sie sind mit ihren Problemen allein gelassen und viele finden ihr junges Leben sinnlos. Man kann der Jugend ansehen, wie sie unter der Plage leidet. Arme Jugend!

Eine weitere Auswirkung der Plage ist die Hektik. Unsere schnelllebige, wechselvolle Zeit kommt von dem Tier, weil es alles ändern will. »Und es wird darauf sinnen, Zeiten und Gesetz zu ändern.« (Dan.7,25) Es liegt in der Natur des Tieres, seine Beute zu hetzen. Da haben wir die Erklärung für die Hetze des Alltags, den Stress und die innere Unruhe. Vom »Zug der Zeit« bestimmt jagt es die Menschen von früh bis spät. Auch dadurch, dass die Regierungen, die vom Tiere gesteuert werden, Verordnungen und Gesetze alle Augenblicke ändern und ständig neue Reformen ersinnen. Es gehört zur Natur und Taktik des Tieres, seinen Weg, seine Methode, seine Organisationsformen ständig zu wechseln und das von Jahr zu Jahr schneller. Was gestern noch gültig war, ist heute schon wieder entwertet und muss nach neuen Regeln eingeübt werden. »Alles ewig anders«, stöhnen alle Leute. Es gibt nichts Beständiges mehr. Die Menschen sind heute in einer Situation wie Kinder, die »Mensch ärgere dich nicht!« jeden Tag nach anderen Regeln spielen müssen. Neue Scheckkarten, neue Geheimnummern: Endlose Zahlen sollen alles vereinfachen und bequemer machen, aber es wird immer komplizierter. Oft werden ganze Städte gezwungen, ein völlig neues Spiel zu spielen. Durch Eingemeindung und Ausgemeindung muss immer wieder alles geändert werden, besonders die Verwaltungen. Da werden die Telefonnummern geändert, die Straßennamen, die Postleitzahlen und vieles mehr. Glücklicherweise ist das in den letzten Jahren etwas zum Stillstand gekommen. Doch die Gesetze und ihre Ausführungsbestimmungen ändern sich laufend, sogar das Steueränderungsgesetz. Von Neuem beginnt das Suchspiel mit den neuen Formularen. Wer versteht das noch, wer findet sich in diesen Irrgärten noch zurecht?

Und ruhelos sind die Menschen geworden – ein Anhaltspunkt, dass ihnen etwas fehlt: nämlich Gott. Denn ohne Gott findet der Mensch keinen Ruheplatz. »Einem gottlosen Menschen bin ich noch nicht begegnet, nur unruhigen Menschen« (Tolstoi). An die Stelle Gottes ist für viele Menschen alles oder nichts getreten, beides läuft letztlich auf dasselbe hinaus: leere und ruhelose Suche. Eine Fülle von Freizeit- und Konsumangeboten sowie dubiose Heilslehren dringen in diese Leere ein und haben damit auch Erfolg. Auf der Suche nach innerem Frieden irren viele umher, ohne recht zu wissen, was sie eigentlich suchen und wonach sie sich in Wahrheit sehnen. Jeder Mangel, jedes Unbehagen, jedes Gerücht versetzt die Menschen in Unruhe und bringt sie seelisch aus dem Gleichgewicht, die kleinste Krise wird zur Katastrophe. Am meisten fürchten sie um ihr Geld und ihren Besitz, weil sie die Ansprüche zu hoch geschraubt haben.

Ein letzter Beweis für die Wirkung der Plage ist das Tempo des technischen Fortschritts, der von dem Tier in Gang gesetzt worden ist. Gott hat dem Menschen den Geist gegeben, mit dem er forschen kann, aber er benutzt ihn zum Erfinden böser Dinge. Der Fürst der Welt hat mit dem wissenschaftlichen und technischen Fortschritt eine ungeheuer wirksame Waffe in die Hand bekommen. Durch den Forschungsdrang ist in den letzten 20 Jahren mehr erfunden worden als in der ganzen Weltzeit zuvor. Mit der rasenden technischen Entwicklung, am deutlichsten sichtbar an der Computerentwicklung, kann die Seele des Menschen nicht Schritt halten. Was gestern noch neu war, ist heute veraltet. Schnelle Anpassung ist gefordert, der Mensch wird zum Roboter, er ist ein Gefangener seines eigenen Systems geworden. Satan gaukelt ihm vor, er sei frei und stehe im Mittelpunkt allen Fortschritts. Dabei wird er gesteuert und getrieben und es geschieht alles um der Effektivität willen. Deshalb stellen auch Industrie und Wirtschaft immer höhere Anforderungen an die Beschäftigten, die Leute werden gehetzt an ihren Arbeitsplätzen, um noch mehr aus ihnen herauszuholen und Kosten zu sparen. Diese Hetze hält der Mensch auf Dauer nicht aus und wer sich nicht hetzen lässt, wird gemobbt. Man spricht heute vom Burn-out-Syndrom, nicht nur bei Lehrern, sondern jetzt auch bei Managern, die ständig im Stress sind.

Der Reiz des Neuen treibt die Menschen voran, es muss alles immer neu sein, alles frisch. Der moderne Mensch ist so gierig nach Neuem. Doch jede Marktneuheit, jede Neuerung und Neuanschaffung kostet ihn neben Geld auch noch ein Stück eigener Festigkeit und Ruhe. Denn alles ist so schnell wieder überholt, so vergänglich. Zu spät merken sie, was sie verloren haben. Nun können sie nicht mehr anders. Der Feind der Seelen hat sie völlig in der Hand. »Oder man müsste meinen Schutz ergreifen, Frieden mit mir machen, Frieden machen mit mir.« (Jes.27,5)

Eine heillose Welt liegt im Sterben, sie blutet aus allen Wunden. An diesem traurigen Zustand kann keine Politik etwas ändern. Alle sitzen in demselben Boot und werden von dem Zeitgeiststrudel, den das Tier bewirkt, mitgerissen. Es droht ihnen psychisch der Untergang, viele sind schon an Seele und Geist ein Wrack, manche auch körperlich. Vom Winde der Meinungen hin- und hergeworfen, ohne festen Anker und ohne Hoffnung treiben sie dem Abgrund zu. Die Angst im Nacken – jeder treibt und wird getrieben, sie fliehen und verfolgen einander zugleich – spielt sich unter der Herrschaft des Tieres eine echte Verfolgung ab, wobei aber der Verfolger unerkannt, anonym bleibt. So recht deutlich wird das im Straßenverkehr. Jeder Hintermann ist ein Verfolger, jeder Vordermann ein Gejagter. Woher kommt es, dass jeder Zweite an Schlafstörungen leidet und Tabletten nehmen muss? Sie finden keine Ruhe für ihre Seele. Die Welt geht furchtbaren Zeiten entgegen, die Ängste und Nöte werden noch wachsen, wenn die Menschen nicht »SOS – meine Seele stirbt!« rufen zu Dem, Der allein zu retten vermag.

Die zweite Plage soll bewirken, dass die Menschen bei Dem Ruhe und Frieden suchen, Der gesagt hat: »Kommet her zu mir, alle ihr Mühseligen und Beladenen, und i c h werde euch Ruhe geben« (Matth.11,28) So kann jeder aus der Vereinsamung und aus dem Meer der Angst, der Unruhe und des Todes gerettet werden und ein neues Leben in der Gemeinschaft mit dem Vater und dem Sohne beginnen. So findet er auch im Kreise der Familie Gottes die Gemeinschaft, die seine Seele zur Förderung im Glauben braucht. Sei es in der Gemeinde Gottes, in den Familien oder mit einzelnen Gläubigen: Er erfährt Liebe und Fürsorge, geistlich, seelisch und leiblich, er kann Leben im Überfluss haben.

Gewiss werden viele, wenn sie ihre Lage im Lichte dieser Plage erkennen, sich zum HERRN bekehren. Wer sich aber ständig verhärtet, den wird Gott auch einmal verhärten wie den Pharao (Röm.9,14–18). Jedem Glaubenden ist nicht nur ewiges Leben nach dem Tod verheißen, sondern er bekommt das ewige Leben als gegenwärtigen Besitz und Genuss. Das ist ein Leben von höherer Art und Qualität, Hetze und Plage kommen darin nicht auf.

DIE DRITTE PLAGE (16,4–7)
– SEELENGIFTE –

Bei den Menschen, die unter den vorangegangenen Plagen leiden, ist ein brennender Durst nach Lebenswasser aufgebrochen. Die Seelen schmachten nach Leben, nach Trost, nach Frieden und finden doch keine Erquickung, weil sie Den nicht suchen, Der allein die wahre Lebensquelle ist, Jesus Christus. Statt zu Gott zurückzukehren, von Dem sie sich so weit entfernt haben, suchen sie ihre innere Leere und Verlassenheit an den seelischen, sinnlichen Strömen und aus den geistigen Quellen dieser Welt zu stillen. Darüber ist Gott so erzürnt, dass Er den Abgefallenen eine weitere Plage sendet, um ihnen die Wasser der Welt abzuschneiden und ungenießbar zu machen: **Und der dritte Engel goss seine Schale aus auf die Ströme und auf die Wasserquellen, und sie wurden zu Blut.**

Wie bei der dritten Posaune haben wir es auch hier nicht mit einer buchstäblichen Wasserverschmutzung zu tun, wie etliche meinen. Auf eine solche Deutung konnten nur die geistlosen »Jannes und Jambres«, die beiden ägyptischen Zauberer, kommen (2.Mo.7,22; 2.Tim.3,8). Vor Jahren war die Verunreinigung der Flüsse und Seen durch Abwasser und Giftstoffe ein ernstes Problem. Inzwischen ist so viel dagegen getan worden, dass beispielsweise der Rhein heute sauberer ist als je zuvor, als noch nicht alle Fäkalien in die Flüsse geleitet wurden. Viel bedrohlicher ist die Innenweltverschmutzung, die Vergiftung der Seelen, und darum geht es bei dieser Plage.

Die Verwandlung der »Ströme« und »Wasserquellen« in »Blut« macht diese tot und stinkend. Konnten die Menschen diese mit ihren Sinnen wahrnehmen wie einst die Ägypter, sie würden sicherlich nicht so gierig daraus schöpfen und trinken (2.Mo.7,14–25). Auch die Schriftgelehrten konnten Wasser in Blut verwandeln, vergrößerten aber dadurch nur die Katastrophe (2.Mose 7,14–25). So auch heute die Weisen dieses Zeitlaufs, ihre Weisheit auf psychischem und geistlichem Gebiet ist Torheit! Es ist Gott, der die Weisheit dieser Welt zur Torheit gemacht hat durch das Wort vom Kreuz.

Das »Blut« der dritten Zornesschale schmeckt wie Wein, hinterlässt aber einen ekelhaften Nachgeschmack. Es hat nichts mit Alkohol zu tun, und doch sind sie davon berauscht. Es ist ein tödliches Gift, ausgelegt wie süßes Rattengift. Wenn Menschen in Seenot mangels Trinkwasser salziges Meerwasser trinken, werden sie noch mehr Durst bekommen, was ihr sicherer Tod ist. Die Masse trinkt begierig von den verderbten Quellen und verseuchten Strömen, wird süchtig und stirbt langsam den psychischen Tod.

DIE STRÖME

In den »Strömen« erkennen wir die medialen Einflüsse, die durch Bild, Wort, Schrift und Ton die geistlose und gottlose Masse beeinflussen zu ihrem Verderben. Ihre eigenen Produktionen benutzt Gott, um die Menschen zu strafen. Wir können die Mittel der Beeinflussung in drei Kategorien einteilen: die Massenmedien als Hauptinformationsquelle, insbesondere das Fernsehen und zunehmend das Internet; sodann die Literatur, die Flut von Büchern und Zeitschriften und drittens die ständige Berieselung mit Musik. Alle drei Mittel waren für die Kultur- und Gesellschaftszerstörer äußerst wirksame Mittel, ohne die sie bei den Volksmassen wohl kaum einen so großen Einfluss hätten nehmen können.

Auf die schädliche Wirkung des Fernsehens, insbesondere für Kinder, ist schon oft und eindringlich hingewiesen worden. Nicht nur von christlichen Mahnern, auch Soziologen und Psychologen warnen, seine Wirkung sei dem LSD gleichzustellen, es wirke hypnotisch, bewusstseinsspaltend und sinnestäuschend. Abgesehen von den gesundheitlichen Schäden stumpft es auch das Gemüt ab und tötet die natürlichen Gefühle; Fernsehkonsumenten erleben Gefühle nur noch aus zweiter Hand. Daher haben die Menschen auch so wenig Verständnis füreinander und sind so kalt und rücksichtslos. Das Fernsehen bringt eine künstliche Welt ins Haus, eine Welt der Sünde und Unmoral und Gewalttat und stiftet die Menschen dazu an. Beweis genug, dass Gottes

Zorn auf dem Flimmerkasten ruht. Er zieht die Menschen in einen teuflischen Bannkreis und vergiftet die Seele, schon eine geringe Dosis wirkt geisttötend. Sie müssen das Leichengift der Sex-, Kriminal- und Horrorfilme trinken, ja, bis zum Erbrechen »Menschenblut« schlürfen. Wer Fernsehen schaut, muss Blut trinken, bis ihn die ganze Welt anwidert und er Ekel vor sich selbst empfindet. Das Fernsehen ist zweifellos das wirksamste Medium des Tieres. An seine Stelle tritt immer mehr das Internet mit seinem Giftmüll an Gewalt und Pornografie, in dem Jugendliche gerne surfen und süchtig werden. Hier tun sich schreckliche Abgründe auf, die einschlägigen Internetseiten führen besonders bei jungen Menschen zu seelischer Zerstörung, Haltlosigkeit, Aggressivität, Fehlorientierung und Sucht, vor allem Drogensucht. In erster Linie sind dafür nicht die Medien verantwortlich zu machen, sondern der Mensch selbst, der nach diesen Dingen gelüstet. »Denn aus dem Herzen kommen hervor böse Gedanken, Mord, Ehebruch, Hurerei ... diese Dinge sind es, die den Menschen verunreinigen.« (Matth.15,19) Nicht nur die Jugend, auch Väter werden internetsüchtig, viele schauen sich heimlich pornografische Seiten an.

Neben dem Fernsehen, das weitgehend Unterhaltung bietet und dem Internet, in dem man sich selbst etwas sucht oder verbreitet, haben die Menschen ein ungeheures Informationsbedürfnis, dem die Flut von Büchern, Zeitschriften und Zeitungen entspricht. Vor allem die Tageszeitung stillt und erzeugt zugleich den unbändigen Hunger nach neuen Meldungen, sie spiegelt die politischen und gesellschaftlichen Strömungen und Trends wider und beeinflusst sie zugleich. Demgemäß berichtet sie überwiegend Sensationelles, Schlechtes und Unreines. Das Morgenblatt ist angefüllt von Unglücksmeldungen, Katastrophen, Krisen, Kriegsgerüchten, politischen Unruhen, Streik, Parteigezänk, tendenziösen Darstellungen, Affären, Ehebruch, Hurenannoncen, Diebstahl, Mord etc. Alles dieses hinterlässt bei dem Leser, der so hungrig die neuesten Informationen verschlingt, keinen guten Geschmack, er spült es mit dem Kaffee hinunter. Wie gierig greift die Masse nach der BILD-Zeitung, obgleich sie von Blut trieft.

»Der Tag beginnt mit uns«, wirbt die Zeitung. Wer wollte behaupten, dass man mit all diesen Informationen den Tag glücklich beginnen und beschließen kann? Und doch trinken die Menschen am nächsten Tag wieder von denselben verunreinigten Strömen. Sie können nicht mehr ohne diese Kloake leben. Von früh bis spät nur Negatives, Böses, Abartiges, nichts was gut und heilsam wäre. Und wie sieht die Moral bei diesen Menschen aus? Kein Wunder, wenn sie unter seelischen Störungen leiden, wenn Ängste und Süchte sie quälen. Die Macht der Neugierde, die Sucht etwas Neues zu erfahren, lässt sie »Blut« trinken und im Morast ertrinken, weil sie das Wort Gottes verachtet haben. Nicht zu reden von dem Schund und Schmutz in den Illustrierten und Magazinen (BRAVO), nun auch heimlich in den Videos und im Internet. »Die Dummheit der Informationsgesellschaft« heißt ein Buch von Prof. Schmidtchen (Zürich 2002). Wer diesen Einflüssen verfallen ist, verdirbt sich selbst und erntet den Tod, ewiges Verderben vom Angesicht Gottes hinweg.

Ich hörte den Engel der Wasser sagen: Du bist gerecht, der da ist und der da war, der Heilige, dass du also gerichtet hast. Den Menschen muss der Zorn Gottes über diese Dinge bzw. deren Gebrauch klar gemacht werden. Sie müssen die biblische Prophetie hören, wenn sie das Gesetz nicht mehr hören wollen, damit sie ihre Lage erkennen und zu Gott umkehren.

Ein dritter Strom ist die Musik. Als Strom von oben ist sie rein, lieblich, wohllautend und wohltuend. Mit Psalmen, Lobliedern und geistlichen Liedern ehren wir Gott und erbauen uns selbst (Kol.3,16). Auch Volkslieder und Lieder aus der Natur haben einen Wert und erfreuen Jung und Alt. Seit der dritten Plage ist eine gewaltige Veränderung in der Musik vorgegangen, auch mit dem religiösen Liedgut. Da ist nämlich ein Strom von unten eingemischt worden, wofür besonders junge Leute offen sind. Die Folge ist, dass sie weniger singen, weil sie nur noch Musik hören und das den ganzen Tag. Und was für Musik! Fast nur amerikanische und dämonische Musik und das möglichst laut. Junge Leute sind davon berauscht, doch sie schädigen damit nicht nur ihr Gehör, sondern verderben auch ihre Seele. Ihre Gefühle, ihre Stimmungen und Triebe geraten durch Rock- und Popmusik unter den Einfluss unreiner Geister. Man hat festgestellt, dass zwischen der sexuellen Stimulierung und den modernen Rhythmen ein direkter Zusammenhang besteht.

DIE WASSERQUELLEN

Woher kommen all diese Strömungen? Natürlich aus Quellen und aus Quellen werden Bäche, Flüsse, Ströme, die sich ins Meer ergießen. Wir sprechen dann von gesellschaftlichen Strömungen. Wenn die Quelle vergiftet ist, sollte man sie meiden. Doch die Masse weiß das nicht. In allen Medien ist ein ideologisches Gift eingemischt, schon von den Urhebern, Autoren und Produzenten her, die die Gesellschaft im Sinne des Humanismus verändern wollen und schon stark verändert haben. Dieses Gift verändert den Menschen in seinem Denken, es verändert das Bewusstsein von innen heraus. Sogar die Denkkraft wird geschwächt, sodass sie nicht wissen, wie verderblich die Blutströme und -quellen sind. Die ideologischen Quellen sind hauptsächlich in den Schulen und Universitäten zu suchen. Die Darreichungsform sind Bücher und Lehrmittel, die den Anschein von Wissenschaftlichkeit haben, jedoch nur bloße Weltanschauungen, Ideologien und Theorien vermitteln. Die gesamte moderne Literatur der Geisteswissenschaften und Psychologie ist vom Geiste des Tieres inspiriert, auch religiöses Schrifttum ist mehr oder weniger davon durchsetzt. Daraus entstehen gesellschaftliche Strömungen, die wiederum die Medien verbreiten.

Wie diese modernen Geistes- und Zeitströmungen bei denen, die ihnen folgen, die Logik und das Urteilsvermögen einschränken, besonders im Bildungsbereich, kann man, beginnend bei den Schülern und Studenten, bis zu den Kultusministern beobachten. Leistungsstudien weisen aus, dass viele Schüler nicht lesen und rechnen können, es fehle ihnen die Denkfähigkeit. Professoren klagen darüber, dass ein großer Teil der Studenten selbst die einfacheren Lehrbücher nicht lesen und erfassen, kein korrektes Deutsch schreiben, einfache Gedankengänge nicht nachvollziehen und einfachste Rechenaufgaben nicht bewältigen kann. Das Denken und Nachdenken ist durch den Tiergeist stark eingeschränkt, zum Teil auch völlig blockiert. Das hat sich trotz aller Reformen und allen Kompetenzwahns seit der Pisa-Studie bis heute kaum geändert.

Die Urheber bzw. die Quelle dieses Dilemmas werden von verschiedenen Autoren heute wieder in Erinnerung gebracht. Die Misere entstand mit der Emanzipationsbewegung und prägt heute die Elternschaft, die einst als Schüler emanzipiert wurden. Wie wir bereits bei der ersten Plage feststellten, erstreckte sich die Kulturrevolution auf alle Lebensbereiche und war darauf angelegt, alle göttlichen Ordnungen und Einrichtungen abzuschaffen und bis in die Kunst und Musik hinein Disharmonien zu erzeugen. Sicher war der Boden dafür schon bereitet, dass die Unkrautsaat aufgehen konnte. Doch erst mit der Ausgießung der dritten Zornesschale wirkte das Programm der Neomarxisten, um ein heilloses Chaos, eine grenzenlose Verwirrung anzurichten, was auf die Urheber und Befürworter inzwischen selbst zurückgefallen ist. Die 68er-Generation, (die heute schon Großväter und Großmütter sind), und deren Kinder und Kindeskinder, haben einen ungeheuren Schaden an Geist, Seele und Charakter erlitten und wiederum angerichtet, dessen Auswirkungen heute überall sichtbar sind. Rolf Kosiek hat den Volksschaden in seinem Buch »Die Frankfurter Schule und ihre zersetzenden Auswirkungen« schonungslos aufgedeckt (Tübingen 2001). Leute aus dieser »Schule« sitzen heute mehrheitlich in allen Parteien und Institutionen, die Lehrerschaft und die Medienmacher sind davon geprägt, sie streuen das ideologische Gift der Emanzipation, der Befreiung von allen Normen und Tabus in die Herzen, indem sie den enthemmten Sex zum Ideal machen. »Die Neomarxisten schinden die Menschen durch die Sklaverei des Sexismus zugrunde, um sie anschließend in die Hölle zu bringen.« (Horst Gerlach) Gerlach setzt sich in seinem Buch »Das authentische Leben oder die verzweifelte Suche nach dem Verlorenen?« (Frankfurt/a.M. 2013) noch genauer mit der irrationalistischen philosophischen Erweckung des Neo-Marxismus auseinander und bietet seelsorgerliche Hilfe an.

Schon eine geringe Dosis des ideologischen Geistesgiftes verändert den Menschen, es geht direkt ins Blut und beschädigt den Geist. Die Folge ist eine veränderte Denkweise, die die Vernunft und somit die Einsicht vernebelt; man ist nicht mehr zu vernünftigen Gedanken fähig, sodass man gute Dinge für schlecht ansieht und schlechte für gut, gerade Sachen für krumm hält und krumme Sachen für gerade. Armin-Ernst Buchrucker hat in seiner Studie »Aufstand gegen Autorität und Tradition« (Groß Oesingen 2000) die Kulturrevolution der 68er und ihre Auswirkungen treffend analysiert.

Der Grund für die dritte Seelenplage ist, dass sie das Zeugnis Jesu verworfen und die Zeugen mundtot gemacht haben, was einer Ermordung gleichkommt. Wie viele Knechte Gottes sind im sogenannten freien Westen niedergeschrien und niedergestreckt worden. Man wollte die Warnungen der »Moralapostel« nicht mehr hören. Die Antwort auf ihre Verwerfung ist, dass die Tieranbeter an ihren eigenen Produktionen zugrunde gehen. Weil »sie das Blut von Heiligen und Propheten vergossen haben, hast du ihnen Blut zu trinken gegeben; sie sind es wert«.

Die dritte Plage hat den Zweck, Durst nach der wahren Lebensquelle, Jesus Christus, zu wecken. Nur bei Ihm wird der Lebensdurst gestillt. Wenn jemand merkt, dass ihn die Abfälle der Welt zugrunde richten, darf er die Gnade Gottes in Anspruch nehmen. Gegen alle Seelengifte und deren schlimme Auswirkungen gibt es nur e i n Heilmittel: Es ist »der Strom von Wasser des Lebens, glänzend wie Kristall, der hervorging aus dem Throne Gottes und des Lammes«. (22,1) Dieses wunderbare Heilwasser ist nicht zum Waschen von Sünden da – dafür benötigt man das Blut des Lammes (1,5; 7,14) – sondern zum Trinken. Wer davon trinkt, wird selbst zu einer Quelle für andere, die ins ewige Leben quillt. Dieses Wasser heilt die kranke Seele und stärkt wunderbar. »Wen da dürstet, der komme; wer da will, nehme das Wasser des Lebens umsonst!« (22,17)

DIE VIERTE PLAGE (16,8.9)
– UTOPIEN UND FANTASIEN –

Und der Vierte goss seine Schale aus auf die Sonne! Und es wurde ihr gegeben, die Menschen mit Feuer zu versengen. Und die Menschen wurden von großer Hitze versengt. Für diese Plage gibt es außer der Anspielung auf die vierte Posaune kein direktes biblisches Vorbild. Sie ist ein zeitgemäßes Bild: die Wüste, welche das Tier angerichtet hat. Was eine Wüste ist, wo die Sonne heiß scheint, wenn man ungeschützt der Gluthitze ausgesetzt ist, weit und breit keine Oase, vor Durst verschmachtend, kann sich jeder leicht ausmalen. Wer sich auf Wüstenpfaden nicht auskennt, verliert die Orientierung, erliegt leicht Sinnestäuschungen (Halluzinationen), fängt an zu fantasieren und kann den Verstand verlieren. Gar manches Opfer, das die Spur der Karawanen verlor, ist in der großen Wüste Sahara zu beklagen. Zwei Beduinen finden in der Wüste einen Menschen verdurstet an der Quelle liegen. »Kannst du das verstehen?«, fragt der eine. Das Wasser läuft ihm buchstäblich in den Mund. Darauf der andere: »Es war ein moderner Mensch, er hat nicht daran geglaubt.«

Der Christ, der den Fußspuren Jesu folgt, findet auch in der großen und schrecklichen Wüste dieser Welt den Weg, weil sein Meister vorangegangen ist und der Heilige Geist sein Führer ist. Wie aber sollen Menschen hier zurechtkommen, die keinen Führer, keinen Kompass haben, keine Wegzeichen sehen und nicht einmal das Ziel der Reise wissen? Sie müssen sich verirren, unterliegen leicht Täuschungen. Der pluralistischen Gesellschaft, die einmal christlich geprägt war, ist durch die Ideologien und Utopien der Kompass des Wortes Gottes, der allein Lebensorientierung bietet, verloren gegangen. Da sie jede Führung und Autorität ablehnen, weil sie sich in ihrer Freiheit eingeschränkt fühlen, werden sie eine Beute von Verführern. Also muss Gott es ihnen unerträglich heiß machen, damit sie wieder nach Ihm fragen und sich Seiner Führung anvertrauen. »Sie irrten umher in der Wüste, auf ödem Wege, sie fanden keine Wohnstadt ...« (Ps.107,1–9).

Die vierte Plage ist eine Antwort auf die Utopien und Luftgespinste der Tieranbeter. Die vorhergehende Plage hatte ihnen folgerichtig und gerechterweise die Wasserquellen in der Wüste des Tieres ungenießbar gemacht. Dazu kommt nun die heiße Sonnenglut. Unbarmherzig brennt die Sonne aufs Gehirn, ein Sonnenstich ist die Folge, die Leute fangen an zu fantasieren, mit Verlaub gesagt, zu spinnen. Eine Utopie ist nach Duden »ein unausführbar geltender Plan ohne reale Grundlage, auch als Schwärmerei und Hirngespinst bezeichnet«. Die vierte Plage bewirkt einen Geistesschaden.

Nur wenige haben noch gesunde, vernünftige Gedanken, bei denen auch noch gute Ansichten Gehör finden, vornehmlich die Alten, die noch etwas anderes gekannt haben. Die Masse glaubt den Meinungen der Tiervertreter, hält den Betrug der Pseudowissenschaft für Weisheit. Betroffen von der Sonnenplage ist hauptsächlich die Intelligenz auf dem Sektor Bildung und Erziehung. Am Unverstand der Politiker, Bildungsexperten, Erziehungswissenschaftler, Soziologen, Pädagogen, Richter etc. kann man am deutlichsten die Sonnenplage erkennen. »Richter macht er zu Narren ... Er entzieht den Verstand den Häuptern der Völker.« (Hiob 12,17.24) Wie unverständig, wie verwirrt die Geister sind, sieht man an den Bildungsplänen und den Beschlüssen der Politiker. Sie offenbaren eine große Ratlosigkeit mit ihren ständigen Reformen. Ein König »von Gottes Gnaden« hatte da mehr Weisheit. Sie diskutieren sich die Köpfe heiß bei der Behebung der Gesellschaftskrise, der Erziehungsnot, der Schulkrise, der unsinnigen Rechtschreibreform, dem Leistungsabfall der Schüler, die von den Kultusministern schöngeredet wird. Die Krönung liefert der Genderwahn. Birgit Kelle stopft den feministischen Vertretern tüchtig den Mund (»Dann mach doch die Bluse zu«, Asslar 2013). Man weiß bald nicht mehr, ob man Männchen oder Weibchen ist. In der Uni Leipzig und Potsdam sollen die Professoren mit »Herr Professorin« angeredet werden. Hirnverbrannt! Nur eine Gottesbeziehung bringt sie wieder auf den Boden der Realität und Normalität. »Die Furcht des Herrn ist der Erkenntnis Anfang; die Narren verachten Weisheit und Unterweisung.« (Spr.1,7)

Leicht versengt von der Sonnenglut sind auch die vielen babylonischen Pfarrer und Prediger, deren Predigten mehr Soziologie und Psychologie sind als Gottes Wort. »Und da sie die Liebe zur Wahrheit nicht annahmen, damit sie errettet würden, deshalb sendet ihnen Gott eine wirksame Kraft des Irrtums (Irrwahn), dass sie der Lüge glauben.« (2.Thess.2,10–12)

Leute in verantwortlicher Stellung müssen sich mit der Realität auseinandersetzen, die alles andere als hoffnungsvoll ist. Andere wieder nutzen die Krisenstimmung im Volke für Utopien. Auf einem Psychologenkongress wurde beklagt, dass es keine großen Utopien mehr gäbe, die die Menschen beflügeln; nur noch negative, schreckenerregende Utopien und Visionen würden in Film und Literatur geboten, was schädlich auf die Psyche des Menschen wirke. Da wird z. B. in einem Film das Ende der Welt gezeigt, die Erde drehe sich in absehbarer Zeit nicht mehr, wodurch die Menschen auf der sonnenbeschienenen Seite verglühen würden, auf der anderen Seite erfrieren müssten, dazu ein Komet, der die Erde streift und sie zerstört. Solche und noch schrecklichere Horrorfilme werden produziert und bekommen einen »Oscar«. Andere Hirngespinste lassen die Menschen im Weltraum mit außerirdischen Wesen zusammenkommen, am Ende hält sich der Mensch selbst für ein fremdes Wesen und leidet dann unter Bewusstseinsspaltung. Bei dieser abnormalen Denkweise in einer Fantasiewelt wird es schwierig mit der Bewältigung von Lebenskrisen. Die Utopie von einem New-Age-Zeitalter hat sich schon jetzt in ein Schreckenszeitalter verwandelt.

Für den gegenwärtigen Geistesirrsinn ist die Emanzipationsbewegung der »Frankfurter Schule« verantwortlich, die wir schon bei der ersten Plage erwähnt haben. Insbesondere die »Kritische Theorie«, diese irrationale sozialistische Idee, fiel wie ein fremdes Feuer auf Lehrer und Schüler und versengte sie am Geist. Sie leben in dem Wahn, kritische Erziehung, Konflikt-Theorie, Sexualerziehung usw. sei notwendig und vernünftig, obwohl sie nur Unglück über junge Menschen brachte. Selbst Sigmund Freud bezeichnete die sexuelle Stimulierung als Schwachsinn, der die Jugend veröde und verblöde. Die Schüler werden gelehrt, alle und alles zu kritisieren. Unreife Kinder, die noch kein Urteilsvermögen haben, keine Sachkenntnisse, keine Lebenserfahrung, üben Kritik an Erwachsenen, an alten Leuten, an Autoritäten und es wird ihnen eingeredet, dazu berechtigt und befähigt zu sein. Die Folgen dieser Erziehung sind, dass die Kinder Dauerkritiker werden. Ihnen scheint nie mehr die Lebenssonne, nie mehr werden sie innerlich von Herzen froh werden, können weder Liebe geben noch empfangen, manche hassen ihre ganze Umwelt. Nicht alle Lehrer haben die moderne Pädagogik übernommen, es gibt auch noch Lehrer der alten Schule, aber sie werden immer weniger.

Da die Schüler so unruhig geworden, ja gemacht worden sind, sollen ihnen Entspannungsübungen helfen. Beliebt sind Mandala malen, die Konzentration auf einen Punkt, auch Fantasiereisen. Aber danach werden sie noch unruhiger, wenn der Geist den Körper verlässt und nur unter Ängsten wieder zurückkehrt. Wenn man heute eine Schule betritt, meint man in eine Anstalt Tollwütiger und Hirngeschädigter zu kommen. Trotz Erziehung zu rationalem Denken und sozialem Handeln ist ihr Reden und Betragen vollkommen irrational. Technisch wissen sie sehr viel, besonders im Umgang mit dem Computer, mehr als ihre Väter, aber in Lebensfragen, oft an einfachsten Lebensweisheiten und Tugenden, völlig »verfinstert am Verstand, entfremdet dem Leben Gottes wegen der Unwissenheit, die in ihnen ist«. (Eph.4,18) Wie »unvernünftige, natürliche Tiere … lästern sie über das, was sie nicht wissen«. (2.Petr.2,12) Was die Wirrköpfe für eine Anschauung von der Welt und vom Leben haben, ist wirklich irrsinnig. Und doch dünken sie sich so klug und vernunftbegabt. Die Wahrheit glauben sie nicht.

Zur Buße reicht die vierte Plage offenbar noch nicht, denn **die Menschen lästerten den Namen Gottes, der über diese Plagen Gewalt hat, und taten nicht Buße, ihm Ehre zu geben.** Wenn es den Menschen schlecht geht, existiert auf einmal ein Gott, der an ihrem Unglück schuld sein soll. In Wahrheit muss Gott zuerst als ein strafender, richtender und gerechter Gott erkannt werden, bevor die Rechtfertigung durch die Gnade Gottes erfahren und Seine Liebe erkannt werden kann. Gott ist eine Wirklichkeit, aber die schlimmsten Plagen nützen alleine nichts, wie wir am Beispiel Ägyptens sehen oder bei den Flüchen über Israel, auch wenn sie noch siebenmal härter wären (3.Mo.26,18–22). Erweichen kann verhärtete Menschenherzen nur die Gnade. Um dafür empfänglich zu werden, müssen ihnen die Plagen als Gericht Gottes bewusst gemacht werden. Möge der Leser sich davon überzeugen lassen. Dann darf er auch das erfahren, was jene Menge in Kap.7 erlebt, dass »die Sonne nicht mehr auf sie fallen wird, noch irgendeine Glut«. (V.16)

Hatte die dritte Plage den Zweck, die Menschen auf den *Strom vom Wasser des Lebens* aufmerksam zu machen, so soll die vierte Plage wieder aus all den Luft- und Hirngespinsten in die Realität des Lebens zurückführen und einladen, unter dem Lebensbaum im Paradiese Gottes Schutz zu suchen vor der furchtbaren Zornesglut eines heiligen Gottes. »Wer im Schirm des Höchsten sitzt, wird bleiben im Schatten des Allmächtigen.« (Ps.91,1)

Die fünfte Plage (16,10.11)
– die grosse Krise –

Und der fünfte Engel goss seine Schale aus auf den Thron des Tieres, und sein Reich wurde verfinstert. Bei dieser Zornesschale geht in dem humanistisch-sozialistischen Reich des Tieres die Sonne unter, seine Gewalt wird ihm genommen, seine (Selbst)Herrlichkeit und Verherrlichung hat aufgehört. Die Zeit, das Tier anzubeten, ist vorüber, für die Tieranbeter kündigen sich dunkle, schwere Zeiten an. Finster ist es geworden im Reich des demokratischen Sozialismus.

Die Zeiten des Wirtschaftswunders und unbesorgten Wohllebens sind schon lange vorbei. Der Fortschrittsglaube ist ins Wanken geraten und was die Wissenschaft gegenwärtig erforscht und der Gesetzgeber verabschiedet, ist eher unheimlich. Schon 1976 sagte der französische Präsident Valéry Giscard d'Estaing

Folgendes, was immer aktueller wird: »Die Welt ist unglücklich. Sie ist unglücklich, weil sie nicht weiß, wohin sie geht und sie ahnt, dass sie, wenn sie es wüsste, entdecken würde, dass sie der Katastrophe entgegen geht.« Die Zeit des Wohlstandes sollte durch den ersten Ölschock plötzlich erschüttert werden. Seitdem haben die Medien andere Schlagzeilen: Die Worte »Wachstum, Wohlstand, Sicherheit, Entspannung, Sorglosigkeit«, die für diese Zeit charakteristisch waren, sind durch »Defizit, Unsicherheit, Kinderarmut, Terroranschläge, Finanzkrise, Mangel an Fachkräften, Abnahme der Kaufkraft, Klimawandel, Energiekrise, Koalitionskrise, Regierungskrise, Eurokrise, EU-Schuldenkrise« usw. ersetzt. Das gegenwärtige niedrige Zinsniveau ist unheimlich. Experten sagen für Wirtschaft und Staat die größte Katastrophe voraus, wenn es angehoben wird. Der Dax kann plötzlich abstürzen, eine Wirtschaftskrise kann plötzlich die Wohlstandskinder erreichen. Große Krisen sind angesagt im Sozialstaat, der von Asylanten u. a. ausgenutzt wird; die demografische Kurve geht nach unten, weil der Nachwuchs fehlt, der künftig die Renten finanzieren soll.

Es nahen schwere Krisen. Die Gesellschaft wird auf nahezu jedem Gebiet von Krisen geschüttelt, besonders durch die kulturelle Krise, die eine Krise des Menschen ist. Darüber berichtet die Presse nicht, nur gerade aktuelle und spektakuläre Fälle, z. B. Kindesmisshandlung von Priestern etc. Wer kennt die vielen Ehen und Familien, die in der Krise sind und in allen Familien und Schulen die große Erziehungskrise, die zum Notstand geworden ist. Lebenslinien stürzen ab wie Aktienkurse. Schon seit der ersten Plage kriselt es überall. Doch all diese Krisen sind gering zu nennen vor der großen Krise, und zwar der Energiekrise, die alle erfasst hat. Weil die moralischen und geistigen Energiereserven erschöpft sind, können weder der Staat noch die großen Kirchen, die selber in der Krise sind, die Menschen motivieren und mobilisieren. Es fehlt den Menschen die Kraft, Krisen durchzustehen, Krisen zu überwinden; schon kleine Krisen werden zur Katastrophe. Gegenwärtig ist die ganze Welt in der Krise, wie sie nie gewesen ist. Terrorangst, Unruhen und Kämpfe in den islamischen Ländern, der Krieg in der Ukraine, die Spannungen zwischen dem Westen und Russland usw., mögen die Menschen im Augenblick von ihrer persönlichen Krise ablenken, aber das behebt sie nicht.

Krisen können furchtbar an den Nerven zehren, denn man weiß nie, wie sie ausgehen, ob zum Besseren oder zum Schlimmeren. Die Verfinsterung durch den fünften Engel bewirkt Krisen, die lähmen und nie mehr enden, eine Kraftlosigkeit, die schon zur Volkskrankheit geworden ist. Eine schwere Lähmung hat die Menschen befallen, sie lassen alles so laufen, wie es läuft, und scheuen jede Anstrengung, die geistige Kraft kostet, die ja auch nicht mehr vorhanden ist. Deshalb nimmt das Volk alles hin, wogegen es eigentlich protestieren und demonstrieren müsste. Am Ende steht hier wie im »realen Sozialismus« der totale Zusammenbruch des Systems. Bei einer Rezession, bei Arbeitslosigkeit, steigender Überschuldung bricht für die Materialisten schon gleich eine Welt zusammen. Umso mehr wird von den Politikern gelogen, es würde alles wieder besser, wobei sie sich absichern und Jahreszahlen nennen – im Jahre 2017, 2021, 2050 usw. Auf verschiedenen Gebieten mag es ja vorübergehend besser werden, wäre zu wünschen. Schließlich propagieren die Ideologen ja immer noch das »goldene Zeitalter«. Das aber wird richtig teuer.

Warum sandte Gott ihnen diese Reichskrise, die für viele zur Lebenskrise geworden ist? Weil sie ihren Schöpfer vergessen haben, weil sie eine bessere Welt, ein Friedensreich ohne Ihn bauen wollten. Offenbar ist jener Zeitpunkt schon gekommen, von dem Paulus sagt: »Wenn sie sagen: Friede und Sicherheit! dann kommt ein plötzliches Verderben über sie, gleichwie die Geburtswehen über die Schwangere; und sie werden n i c h t entfliehen.« (1.Thess.5,3)

Im Grunde haben sie die Krise selbst gemacht. Wie haben sie nach dem Zusammenbruch des Nazireiches, das ja auch schon ewig bestehen sollte, wieder den verlogenen Ideen des Tieres, dessen Todeswunde geheilt wurde, gehuldigt. Nichts hatten sie gelernt aus dem nationalsozialistischen Drama. Es fand gleich eine Fortsetzung der sozialistischen Ideologie statt, nur mit anderen Vorzeichen, im Namen des internationalen Humanismus und Sozialismus. Die neue Tier-Reichsidee wurde eine unendlich zündende Energiequelle. Mit großer Energie wurde der Wiederaufbau angegangen. Der wirtschaftliche Aufschwung, die technische Entwicklung, die Verbreitung des Fernsehens, der Wohlstand, der soziale Fortschritt – sie alle setzten gewaltige Energien frei. Mit allen Kräften bauten sie an einer neuen Welt, träumten von einer glücklichen Zukunft und trachteten nach Geld, Ruhm und Macht. Aber sie machten die Rechnung ohne den Wirt. Lebten sie doch ganz im Sonnenschein des Tieres und dünkten sich so klug und erleuchtet. Schließlich glaubten sie, sie wüssten alles, es sei alles machbar und alles möglich geworden. Die Raumfahrt eröffnete ganz neue Perspektiven für die Menschheit.

Das ging gerade mal zwei, drei Jahrzehnte gut, bis die erste große Krise kam: die Ölkrise – ein Begriff, den man vorher nicht kannte. Diese materielle Krise war nur das Zeichen für etwas weit Schlimmeres: Es setzte zur gleichen Zeit eine geistige Energiekrise ein, welche das moralische Licht in der Gesellschaft, in der Politik, auch in der Kirche und Schule auslöschte. Auch in den Häusern und Familien wurde es finster, wie bei der Plage in Ägypten: »Sie sahen einer den anderen nicht, und keiner stand von seinem Platze auf drei Tage lang; aber alle Kinder Israel hatten Licht in ihren Wohnungen.« (2.Mo.10,21–23) Eine völlige Lähmung hatte die Ägypter befallen, irgendetwas Gutes und Sinnvolles zu tun, schon gar nicht für den anderen. Ähnlich wirkt auch die fünfte Plage. Früher oder später kommen alle Menschen, die dem Tiere dienen, in eine Lebenskrise, und für viele ist die Krise schon zur Dauerkrise geworden, sodass sie die Bedürfnisse und Nöte des Nächsten gar nicht mehr wahrnehmen, weil sie nur mit sich selbst beschäftigt sind, nur an sich denken und daher auch selbst einsam werden.

Die moralische Finsternis in den Bildungs- und Erziehungsstätten, vom Kindergarten bis zur Hochschule, ist erschreckend; dazu das Fernsehen, das die geistige, sittliche und moralische Finsternis vergrößert, sodass es auch noch die so wichtige Familiengemeinschaft zerstört. Eltern haben keine Kraft mehr, kinderschädliche

Sendungen abzuwehren und die Kinder davon fernzuhalten. Sie haben nicht mal mehr die Kraft, den Fernsehknopf auszuschalten. Oder dem Kind das Smartphone abzunehmen, weil es das mit ins Bett nehmen will. Die Lampe des Oberhauptes ist erloschen, der »autoritäre«, starke Vater ist schwach geworden, aus Mangel an Kraft sind die Grundsätze aufgegeben. Wir brauchen wieder eine Männererstarkungsbewegung. Die Finsternis ist so groß, dass einer den anderen nicht mehr sieht. Der Vater sieht den Sohn nicht (oder nur selten) und der Sohn kennt den Vater nicht mehr; die Tochter kommt nicht mehr zur Mutter und die Mutter überlässt die Tochter sich selbst. Im Grunde ist jeder allein, verwaist, unverstanden. Und wo sie noch zusammen sind, gaffen alle in die Flimmerkiste. Die Zahl der Alleinerziehenden und Singles steigt stark an.

Das Problem der Vereinsamung wirkt unter der Plage der Verfinsterung doppelt stark. Die Menschen schreien förmlich nach Erlösung aus dieser Einsamkeit, und diese Sehnsucht verbündet sich mit der stärksten Macht, die es im menschlichen Leben gibt, mit dem Geschlechtstrieb. So suchen die Menschen Erlösung aus der Einsamkeit auf sexuellem Gebiet bei denen, die sich genauso einsam fühlen. Der einsame Ehemann und die einsame Ehefrau gehen fremd, der einsame Student gesellt sich zu der ebenso einsamen Studentin, Jünglinge und junge Mädchen, die in trüben Bindungen leben und nicht fertig werden mit sich selbst, suchen beim anderen Geschlecht Verständnis und Liebe, wobei sie behaupten, völlig andere Vorstellungen zu haben als ihre Großväter. Im Grunde steckt hinter dieser Fassade eine grenzenlose Not.

Die allgemeine Verfinsterung ist in erster Linie ein Erkenntnisproblem. Weil sie Gott nicht in Erkenntnis behielten, hat Gott sie dahingegeben in einen verworfenen Sinn (Röm.1,28). Das Licht der Erkenntnis war für die Tieranbeter die Sozialwissenschaft. Die gottlosen Ideologen, Emanzipatoren, Soziologen und Pädagogen wollten eine freie Gesellschaft bauen, der Mensch sollte ohne Gott ein soziales Wesen werden und in dieser Rolle vollkommenes Glück erlangen. Vom Staate bis zur Familie sollte alles sozialisiert werden. Erstaunliche Erkenntnisse sind auf diesem Gebiet vorgetragen und experimentiert worden und alle stützen ihre Theorien angeblich auf empirische und naturwissenschaftliche Ergebnisse. Alles haben sie erforscht, sie haben die Psyche des Menschen fast bis auf den Grund durchleuchtet. Sie scheuten sich nicht, an Kindern zu experimentieren. So kamen sie auch zu der Erkenntnis, dass die antiautoritäre und kritische Erziehung die einzig richtige Erziehung sei, sie sei das Beste, was man einem Kinde angedeihen lassen könne. Theoretisch gesehen hätte alles funktionieren müssen, sie hatten alles berücksichtigt, um einen autonomen, von Gott unabhängigen Menschen zu schaffen. Nur blieb ihnen der wichtigste Faktor verborgen: die Sünde im Menschen, die Neigung zum Bösen, die verdorbene und unverbesserliche menschliche Natur – und seine Schwachheit, das Böse zu überwinden. Schon bei der ersten Plage kam in dem bösen und schlimmen Geschwür all das Böse hervor, was die Pläne der gottlosen Erziehungswissenschaftler durchkreuzte. Heute beklagen sie den Schaden, den diese Erziehung angerichtet hat; nicht zu ermessen sind die seelischen Schäden bei den Kindern, auch bei denen, die heute Eltern sind. Die Sozialisation hat Millionen psychisch krank und energielos gemacht. Psychische Leiden sind eine neue Volkskrankheit. Der Sozialismus war in jeder Form ein Fehlschlag, er hat nur Zerrüttung, Not und Unheil über die Menschheit gebracht und die Vereinsamung, sodass wir jetzt wieder den Individualismus haben, jedoch in purem Egoismus.

Aber sie erkennen nicht, weil ihr Verstand verfinstert ist, woher die Übel, die ihre Ideen ausgelöst haben, kommen und wie sie zu beheben sind. Da ist keinerlei Licht und Einsicht über deren Ursachen, erst recht kennen sie kein Heilmittel. Tatsächlich sind sie mit ihrer Weisheit am Ende, denn Gott hat »die Weisen erhascht in ihrer List«. (1.Kor.3.19). Schüler und Studenten kennen nicht mal die einfachsten Lebensregeln. Totale Finsternis auf moralischem Gebiet! Eine Generation, die nicht mehr weiß, was gut und was böse ist, ist leicht manipulierbar und verführbar. Satan nutzt die Finsternis aus, um die Menschen mit künstlichem Licht zu blenden, mit Spiel und Spaß von ihrer Lage und dem anklagenden Gewissen abzulenken. Doch es bleibt dabei: Sünde ist eine Wirklichkeit! Und wer sich versündigt, legt sich eine Last aufs Gewissen. Das ist eine Realität.

Und sie zerbissen ihre Zungen vor Pein und lästerten den Gott des Himmels wegen ihrer Pein und wegen ihrer Geschwüre, und taten nicht Buße von ihren Werken. Der Spaßgesellschaft ist gar nicht so spaßig, so sehr zum Lachen zumute, wie sie tut; sie würden heulen über ihr Elend, wenn ihnen alles das genommen würde, was sie von der Wirklichkeit ablenkt. Diejenigen, denen es langsam dämmert, weil sie die Folgen ihres gottlosen Lebens im eigenen Hause, am eigenen Leibe spüren, haben keinen Willen und keine Kraft mehr, dagegen anzugehen. Es ist alles schon zu spät, der Untergang des Sozialismus, von dem sie abhängig sind, ist besiegelt. Alle, die seinen Aufstieg bejubelten, werden seinen Untergang und ihr eigenes Elend beweinen, sie gehen auch mit ihm unter, samt ihren Kindern, wenn sie nicht zum Licht des Evangeliums kommen.

> Die Tieranbeter werden nie den Himmel zwingen.
> Was sie vereinen, wird sich wieder spalten,
> Was sie erneuern, über Nacht veralten.
> Und was sie stiften, Not und Unheil bringen.

Der Mensch ist ein moralisches Wesen, wir brauchen zum Leben moralische Kraft. Wir brauchen natürlicherweise Energie für einen Willensentschluss, für die Tatkraft, für die Arbeitswilligkeit und Opferbereitschaft. Wir brauchen große Energie für die Selbstbeherrschung, für Geduld, Enthaltsamkeit, Verzicht, wir brauchen Energie, eine Durststrecke durchzustehen. Kraft ist nötig, Lebenssituationen zu bewältigen, Leid und Schmerzen zu ertragen. Auch den Nächsten zu lieben, in der Familie einander zu tragen, am Arbeitsplatz die Kollegen zu ertragen – das alles erfordert Kraft. Ohne Kraft kann die sittliche Ordnung im Hause nicht aufrechterhalten werden, Kinder zu erziehen kostet heute enorme Kraft. Ganz zu schweigen von der Überwindung des eigenen Wesens, von Zorn, Ärger, Unzufriedenheit, Launenhaftigkeit und dergleichen. Niemand kann das, außer wer an der himmlischen Kraftquelle angeschlossen ist.

Als die Menschen noch gottesfürchtig waren, sich noch vom Schöpfer abhängig fühlten, Seine Gebote und Ordnungen für wichtig hielten, gab Er ihnen in Seiner Güte Weisheit und Lebensstärke. Denn, und das wussten einst schon die Heiden, »in ihm leben und weben und sind wir«. (Apg.17,2) Die Menschen konnten Widerwärtigkeiten, Nöte, Entbehrungen, Schicksalsschläge usw. besser überwinden. Sie hatten noch Grundsätze, daher auch Kraft. Unter der Wirksamkeit der fünften Plage, die sie im Dunkel tappen lässt, ist den Menschen alle Energie und Widerstandskraft verloren gegangen, weil ihnen die Gotteserkenntnis und alle Lebensweisheit fehlen. Was könnte dies besser belegen als die Anfälligkeit für Depressionen, die Ehekrisen, die Konflikte in den Familien, die Ablehnung von Kindern, die zunehmende Zahl der Abtreibungen, die rapide ansteigende Zahl der Scheidungen. Man lässt sich treiben und wird getrieben, die Menschen besitzen keine Lebensstärke und auch keine Charakterstärke mehr. Gottlose Gesetze (z. B. Gleichstellung, Elternentrechtung etc.) vergrößern die Finsternis.

Eine interessante Erscheinung ist, dass die Menschen wieder religiös werden, man fragt auch wieder nach Werten. Viele haben bemerkt, dass der atheistische Materialismus des Tieres die Seele leer lässt. Das materialistische Menschenbild der Aufklärung und der Glaube an die Vernunft sind erschüttert. Man glaubt nicht mehr nur das, was man sieht, es muss Übersinnliches geben. Dennoch füllen sich nicht die Kirchen. Eine Wende wird nicht kommen, solange die Medien die Gesellschaft weiter mit Spaß, mit Schmutz und Schund, Gewalt und Sex füttern und die Menschen sich davon berieseln lassen. Weil ihnen das Licht der Welt, Christus, nicht mehr scheint, suchen die Menschen ihr Heil in dunklen Welten und fernöstlichen Religionen, die nur Lüge und Betrug sind. In der fünften Plage liegt der Grund für die zunehmende Hinwendung zu okkulten Dingen: Esoterik, Magie, Wahrsagerei nehmen stark zu; esoterische, okkulte Literatur boomt und zieht Jung und Alt in ihren Bann. Statt sich in der Krise an Gott zu wenden, beschäftigten sie sich immer mehr mit den Dämonen, außerirdischen Wesen und bösen Geistern, unter deren Einfluss sie dann geraten und gefangen werden.

Das Geschwür drückt immer stärker, es ist schon reif zum Ausdrücken. Noch lästern die Menschen im Reich des Tieres den Gott des Himmels wegen ihrer Pein. Sie können nicht zum Glauben kommen, denn »der Gott dieser Welt hat den Sinn der Ungläubigen verblendet, damit ihnen nicht ausstrahle der Lichtglanz des Evangeliums der Herrlichkeit des Christus, welcher das Bild Gottes ist«. (2.Kor.4,4) Das könnte sich bald ändern, wenn sie von den Plagen überführt werden. Viele werden dann Buße tun von ihren finsteren Werken. Diese Plage zu deuten und somit ihnen ihre Lage bewusst zu machen, dass sie unter dem Zorne Gottes stehen, ist unser Auftrag in dieser Zeit. So wird der Herzensboden zubereitet für die Gnadenbotschaft, die anders ja keinen Sinn hat. Dann werden sie für das Evangelium offen werden, denn »es ist Gottes Kraft, zum Heil jedem Glaubenden«. (Röm.1,16) Das untergehende Reich des Tieres sollte jeden veranlassen, es zu verlassen und in das Reich Gottes zu kommen. »Sein Reich wird nie zerstört werden, und seine Herrschaft währt bis ans Ende; der da rettet und befreit, und Zeichen und Wunder tut im Himmel und auf der Erde.« (Dan.6,27)

Die sechste Zornesschale (16,12–16)
– Die Könige Gottes kommen –

Und der Sechste goss seine Schale aus auf den großen Strom Euphrat, und seine Wasser vertrockneten, damit der Weg der Könige bereitet würde, die von Sonnenaufgang herkommen.

Diese Könige sind das kommende große Volk Gottes, das erweckt und aus Drangsal und Gefangenschaft befreit wird. Wir sahen es bereits in Kap.7, »eine große Volksmenge, die niemand zählen konnte, aus jeder Nation …«. Noch ist es in Babylon gefangen, bis der Weg nach Zion durch die sechste Schale freigemacht ist. Mit dem Ruf »gehet aus Babylon hinaus« (18,4) kommt es zum Aufbruch. Der Euphrat ist der große Strom der Wohlfahrt; für die meisten lässt es sich gut, bequem und unbehelligt leben in Babylon. Die Austrocknung des Euphrat erinnerte an den Weg Israels durch das Rote Meer und den Jordan; beide reden vom Tod Christi, der uns einen Weg aus Gebundenheit, Versuchung und Sünde gebahnt hat. Aber die Austrocknung schneidet den Feinden des Kreuzes den Weg ab.

Schon im sechsten Sendschreiben, im sechsten Siegel und bei der sechsten Posaune haben wir den Hinweis auf eine geistliche Bewegung. Auf dieser Linie liegt auch die sechste Plage, hier jedoch mit einer sehr positiven Wirkung: Ein Weg wird freigemacht zur Erlösung vieler. Der Weg der Erlösung war schon immer bereitet, seit das Evangelium verkündigt wird. Aber finstere Mächte verdunkelten den Glanz des Evangeliums und ersetzten es durch Ideologien. Noch hat die Erweckung nicht begonnen, doch der Weg ist durch das Lamm Gottes freigemacht, alle könnten sich jetzt aufmachen nach der Stadt des lebendigen Gottes (Jes.2,2–4; Jes.51,10.11). Denn Christus trug das Zornesgericht der sechsten Plage, Sein Tod, Sein Kreuz ist das Gericht über Babylon, Seine Auferstehung die Rechtfertigung des Gottlosen.

Manchmal gehen Impulse für eine Erweckungsbewegung auch von der Welt aus, sodass die Menschen offen werden für die Botschaft des Evangeliums. Bei Gott liegt es aber, den Nationen die Buße zu geben zum Leben. Bei Israel war es so durch den König Kores (Esra 1). Viele Juden folgten seinem Aufruf und kehrten aus Babel zurück, um das Haus Gottes in Jerusalem wieder aufzubauen. Heute sind einflussreiche Intellektuelle wie der französische Anthropologe René Girard der Meinung, dass eine christliche Renaissance bevorstehe. Philosophien und Ideologien seien so gut wie »tot«, politische Theorien praktisch »erschöpft« und der Glaube, dass die Wissenschaft die Religion ersetzen könne, verschwunden. Die Welt habe daher ein »neues Bedürfnis nach Religion«. Die moderne Anthropologie sei gescheitert, weil es ihr nicht gelungen sei, die unterschiedlichen menschlichen Kulturen als ein »einheitliches Phänomen« zu erklären. Deshalb hätten wir uns im Relativismus »festgefahren«. Das Problem würde gelöst, wenn man wirklich verstünde, »dass Jesus das universale Opfer ist, das eben darum kam, um diese Konflikte zu überwinden«. Das Christentum bezeichnete er deshalb als eine »Offenbarung der Liebe«, die aber zugleich eine »Offenbarung der Wahrheit« sei, weil im Christentum »Wahrheit und Liebe übereinstimmen und ein und dasselbe sind«. Bezeichnend ist, dass dies eine namhafte Stimme im laizistischen Frankreich sagte. So oder so wird eine Erweckung kommen. Mitten in dieser Tragödie der Sünde, in diesem Drama des menschlichen Lebens, das hier in unserer Welt gespielt wird, dürfen wir darauf vertrauen, dass Gott am Ende der Sieger sein wird. Es gab große Erweckungsbewegungen in der Vergangenheit, ganze Völker haben sich zum Christentum bekehrt, aber die größte Umkehr zu Gott liegt noch in der Zukunft. Sie ist in der Offenbarung angekündigt und wird mit dem Gericht an Babylon stattfinden. Christus wird siegen, Seine Liebe wird triumphieren.

Eine dämonische Gegenbewegung

Die Plage hat nicht nur eine Befreiungsabsicht, sie weckt auch die Froschgeister. Sobald sich die berufenen Könige aufmachen, um den ausgetrockneten Euphrat zu durchschreiten, wird sich ihnen der Feind in den Weg stellen. Die unreinen Geister machen bereits mobil, um die Bewegung schon im Vorfeld aufzuhalten und wenn sie kommt, werden sie ihr den äußersten Widerstand entgegensetzen. Doch das Licht bricht in das finstere Reich des Tieres ein; die Finsternis aber hasst das Licht.

Es ist ein Geisteskampf, bei dem es zunächst einmal um den »Weg« geht, den Gott zur Befreiung eines großen Volkes bereitet hat. Dieser Weg ist der verherrlichte Christus, wie er uns in den Evangelien und in der Offenbarung gezeigt wird. Danach kommt es zum Kriege, zu einer Entscheidungsschlacht am großen Tage

Gottes. Geistlichen Bewegungen widersetzte sich schon immer der Feind, aber zuletzt versucht er es noch einmal mit allen ihm zur Verfügung stehenden Kräften, weil ihm nun ernstlich das Reich geraubt wird. Es ist wie bei dem Kampf Josuas um die Besitzergreifung des verheißenen Landes. Die Kanaaniter boten alles auf, um dem Einzug Israels Einhalt zu gebieten. »Als sie hörten, dass Gott die Wasser des Jordan vor den Kindern Israel ausgetrocknet hatte, da zerschmolz ihr Herz, und es war kein Mut mehr in ihnen vor den Kindern Israel.« (Jos.5,1)

»Ich sah aus dem Munde des Drachen und aus dem Munde des Tieres und aus dem Munde des falschen Propheten drei unreine Geister kommen, wie Frösche, denn es sind Geister von Dämonen.« Die sechste Plage fordert die Dreieinigkeit Satans heraus, die, wie wir aus Kap.13 wissen, aus Drachen, erstem und zweitem Tier besteht. Aus ihnen kommen Froschgeister, betrügerische Geister, Lügengeister »nach der Wirksamkeit des Satans, in aller Macht und allen Zeichen und Wundern der Lüge und in allem Betrug der Ungerechtigkeit«. (2.Thess.10) Bei den Froschgeistern ist an die ägyptische Froschplage zu denken: Aus allen Gewässern kamen Frösche herauf (2.Mose 8). Mose und Aaron hatten die Plage über Ägypten kommen lassen, weil der Pharao sich weigerte, das Volk Gottes ziehen zu lassen. Auch die Schriftgelehrten taten ebenso mit ihren Zauberkünsten, um das Zeugnis unwirksam zu machen, vergrößerten aber dadurch nur die Plage, anstatt sie einzudämmen. Genau wie heute die Weisen dieses Zeitlaufs. Doch »ihr Unverstand wird allen offenbar werden«. (2.Tim.3,8.9) Die Frösche bedeckten das ganze Land, sie kamen bis in die Häuser und bis in die Schlafgemächer. Der Strom, aus denen die Frösche hervorkamen, die Flüsse, Kanäle und Sümpfe stellen die gesellschaftlichen Strömungen, die Medienkanäle und die Sümpfe der Literatur dar. Diese sind voll Froschgeister, voller Dämonen, die gegen das Christentum sprechen und schreiben.

Was aus dem Munde des Drachen kommt, ist bedrohlich, brutal, okkult, teuflisch, er ist sehr aggressiv: Der Dämon sät direkt Hass und Feindschaft gegen Christen, die Menschen sollen alles Christliche hassen und nihilistisch werden, das heißt an nichts mehr glauben oder sich dem Okkulten und fremden Religionen zuwenden; manche sind schon Satansanbeter geworden. Wir haben heute eine Feindseligkeit gegen den christlichen Glauben wie nie zuvor.

Der Geist des Drachen schürt die Angst vor einer »fundamentalistischen« Bewegung, denn die soll ja gefährlich sein, obwohl sie völlig harmlos ist und niemand ein Leid antut. Hier wird durch die Presse mit Lüge und Betrug der Gesellschaft ein gespenstiges Bild von Christen an die Wand gemalt. Denen, die sich dem Evangelium öffnen, will der Drache Angst einjagen, sich bloß nicht auf die »Fundamentalisten« und die »Sekte« einzulassen. Doch wird die große geistliche Bewegung »der Könige, die von Sonnenaufgang herkommen« nicht aufzuhalten sein.

Bei dem Dämon aus dem Munde des Tieres ist klar, was er bezweckt. Er wendet alle Verführungs- und Überredungskunst an, um die Menschen vom Evangelium fernzuhalten und sich mit den gottlosen Dingen und Lehren der Welt zu beschäftigen. Das geschieht einmal durch die Evolutionslüge, die als wissenschaftlich ausgegeben wird. Dann bietet ihnen das Tier alles an, was die Lust der Augen und die Lust des Fleisches befriedigt. Wofür »religiös« werden, wenn die Welt doch alles bietet? Nicht allein diese Verführung, der unreine Geist aus dem Munde des Tieres ist auch ein Sorgendämon der Welt. Hat er bisher den Fortschritt propagiert, muss er jetzt den Rückgang aller bisher so gerühmten Dinge begründen. Dabei werden wiederum die Menschen nach Strich und Faden belogen. Seit das Reich des Tieres verfinstert wurde, erscheint der Tiermasse die Lage unsicher und die Zukunft dunkel. Umso mehr sorgen sie sich, wie es weitergehen soll. Der Tierdämon will im Verein mit dem Drachendämon eine Abneigung gegen den Glauben bewirken, indem er die Menschen einerseits mit der Befriedigung der Lüste von ihren Problemen ablenkt, zum anderen aber die Angst schürt. An sich wären sie in ihren Ängsten und Nöten empfänglich für das Evangelium – diesem Zweck dienen ja die Plagen – aber die Hinwendung zu Gott wird von Dämonen verhindert. Weil sie sich den drei Dämonen verschrieben, hassen viele alles Christliche und Fromme. Darum werden sie sich mit aller Macht gegen die Verkündigung der guten Botschaft zur Wehr setzen.

Es muss deshalb zur Konfrontation kommen, beispielsweise eine öffentliche Auseinandersetzung der Evolutionisten mit den Kreationisten. Die Anti(chr)kr(eation)isten führen schon schwere Geschütze auf in den Medien. Auf der einen Seite stehen die »Könige des ganzen Erdkreises« und ihre Heere, auf der anderen Seite die erweckten »Könige, die von Sonnenaufgang her kommen«, das Israel Gottes. In vorderster Front stehen die »Hundertvierundvierzigtausend«, eine relativ kleine Schar. Diese wird von der Welt diskriminiert, gehasst, abgelehnt, verachtet und verfolgt (werden), aber dennoch eine prägende, ausschlaggebende, siegreiche Minderheit sein. Das ist die wirkliche Kirche Jesu Christi.

Patrick Johnstone, Autor von »Gebet für die Welt«, sagt: »Das Christentum ist dem Untergang geweiht, aber das biblische Christentum geht einer strahlenden Zukunft entgegen. Wir müssen aufhören, den Niedergang des Christentums in Europa und in vielen Teilen der westlichen Welt zu beklagen und erkennen, dass Europa durch das Aufkommen des Christentums nicht bekehrt wurde, sondern lediglich das Heidentum ›getauft‹ wurde, das auch heute noch mit dem Anspruch Christi konfrontiert werden muss. Das heutige Europa ist zu weiten Teilen zu den Weltanschauungen zurückgekehrt, die zu Zeiten der Urgemeinde allgegenwärtig waren. Der Säkularismus in Europa, die unverhüllte Sünde, der Vernarrtheit in das neo-heidnische New-Age-Denken und der Okkultismus müssen mit dem Anspruch Christi konfrontiert werden, so wie in den ersten Jahrhunderten der Gemeinde Jesu; einer Zeit, in der die Christenheit furchtlos diejenigen zu lieben und zu gewinnen wagte, die sie verfolgten.« Johnstone begründet die geistliche Herausforderung, die vor uns liegt, ja, den geistlichen Kampf, in dem wir uns befinden, mit Jes.54,15–17: »Siehe, wenn man dich auch angreift, so geschieht es nicht von mir aus. Wer dich angreift, wird um deinetwillen fallen.« So hat auch einst der HERR Jesus Seine Jünger ermutigt, als Er ihnen den Missionsauftrag gab, alle Nationen zu Jüngern zu machen: »Ich bin bei euch alle Tage.« (Matth.28,18–20) Dabei stießen sie auf den erbittertsten Widerstand, aber der HERR war mit ihnen, der Siegeszug des Evangeliums war nicht aufzuhalten.

Wie einst, so wird es auch am Ende des christlichen Zeitalters sein, wenn Gott ein Neues wirkt. Der dritte »Weltkrieg« ist vorprogrammiert, wobei der Feind mit fleischlichen Waffen und unlauteren Mitteln, mit Fälschungen und Täuschungen und Lügen kämpfen wird, *wir* aber mit geistlichen Waffen. Jene mit Gewalt, wir im Geiste der Liebe mit dem Evangelium des Friedens. Der Krieg selbst findet in Kap.19 statt.

Als Dritter im Bunde Satans gegen das Zeugnis Jesu der Offenbarung ist der »falsche Prophet«. Der Geist aus seinem Munde wird den Kämpfern Gottes den ärgsten Widerstand entgegenbringen. Die falschen Propheten operieren auch mit der Bibel, legen sie aber in einem falschen Geist aus. Die Könige des ganzen Bekenntniskreises, die sich zu den »Nationen« und nicht zu Israel rechnen, sind von ihm inspiriert. Aufgrund ihrer irdischen Gesinnung gehören sie nicht zum geistlichen Israel und wollen es auch nicht sein. Der Geist des falschen Propheten ist ein unreiner religiöser Geist, falsch und betrügerisch, ein Pseudogeist, der auch die Bibel benutzt und vorgibt, den Heiligen Geist zu haben und auch große Zeichen tut, aber das Evangelium verfälscht. In Kap.13 sahen wir ihn als Lamm mit zwei Hörnern; die Stimme eines Drachen verriet ihn als falsches Lamm. Inzwischen ist er als falscher Prophet offenbar geworden, denn seine Prophezeiungen haben sich als falsch erwiesen. Seine Prophetie ist politisch, spekulativ, sie kann sich nicht erfüllen, weil sie an dem Lamm und dem Kreuz vorbeigeht, worin alles erfüllt ist. Ob es Israel, Tier, Antichrist oder Tausendjähriges Reich ist, alle Deutungen der falschen Propheten sind daneben.

Eine Erweckung, schon gar nicht weltweit, darf und kann es ihrer Meinung nach nicht geben, da ja »alles noch schlimmer kommen« soll. Diese pessimistische Sicht ist typisch für die Froschgeister. »Häufig ist der Grund dafür ein allgemeiner Pessimismus«, sagt Johnstone, »den man in der Bibel begründet zu finden glaubt, sowie die Auffassung, dass auf der Erde schreckliche Zustände herrschen werden, wenn Jesus auf die Erde wiederkommt. ›Wird wohl der Sohn des Menschen, wenn er kommt, den Glauben finden auf der Erde?‹ (Luk.18,8) Viele benutzen diesen Vers für ihren Unglauben. Jesus hat uns jedoch aufgefordert, nicht pessimistisch zu sein und zu resignieren, sondern uns in der Fürbitte voller Vertrauen an Ihn zu wenden. Jes. 54,1 enthält die Verheißungen Gottes, aufgrund derer wir jetzt und in Zukunft eine weltweite Ernte für das Reich Gottes erwarten dürfen.«

Die drei Froschgeister **gehen zu den Königen des ganzen Erdkreises aus, sie zu versammeln zu dem Kriege jenes großen Tages Gottes, des Allmächtigen.** Sie wollen Krieg mit dem Lamme führen, werden aber von ihm überwunden. Dann gehen sie gegen das Christentum vor, haben aber nur bei dem falschen Christentum Erfolg, das vor dem Feinde nicht bestehen kann. Jetzt wird es auch brenzlig für die Babylonkirche. So tragen sie also mehr zur Läuterung bei als zur Vernichtung des Glaubens und deshalb versammelt sie Gott. Es muss deshalb zum Kriege kommen, der ein Geisteskampf sein wird, ein Kampf zwischen Licht und Finsternis.

Eine wichtige Warnung

Ein kurzer Zwischenruf: **Siehe, ich komme wie ein Dieb. Glückselig, der da wacht und seine Kleider bewahrt, auf dass er nicht nackt wandle und man seine Schande sehe** (V.15). Wenn die feindlichen Heere sich versammeln, ist höchste Wachsamkeit geboten. Obgleich der Feind weiß, dass eine größere Macht, nämlich die Heerscharen des Allmächtigen, ihm entgegenrücken, versucht er doch mit vereinten Kräften sein Reich zu verteidigen. Da müssen auch die Jesuskämpfer in höchster Alarmbereitschaft stehen, um nicht zu Fall zu kommen. Die wir auf Christi Seite stehen, wir brauchen diese wichtige Warnung, um wach und kampfbereit zu bleiben. Der HERR wird bald das Kampfsignal geben, aber nur diejenigen werden es wahrnehmen, die die Lage erkennen, dass die Stunde da ist (Röm.13,11–14).

Jesus wird kommen wie ein Dieb, heimlich, unangemeldet, plötzlich, um einem jeden das wegzunehmen, was er nicht bewahrt hat. Wer schläft, wird nicht merken, wenn der Dieb kommt und sein Haus ausraubt. Der Schlafende liegt im Bett, er hat sich zur Ruhe gelegt, seine Tageskleider ausgezogen und auf den Stuhl gelegt. Heimlich kommt der Dieb und nimmt sie weg. Da ertönt die Feuersirene, das Haus brennt. Plötzlich erwacht er, findet seine Kleider nicht, rennt nackt auf die Straße und alle sehen seine Blöße. Wie peinlich! So etwas kann vor allem laodicäischen Christen passieren. Gleichgültigkeit, Selbstsicherheit, Überheblichkeit können uns in eine peinliche Situation bringen. Es gilt, die Kleider zu bewahren, das heißt, das Bekenntnis unbeweglich festzuhalten. Wir bekennen, den guten Kampf des Glaubens zu kämpfen, aber wenn es ernst wird und dann Gnade und Wahrheit, Glaube und Liebe fehlen, ist die Verlegenheit groß. Wir müssen wachsam sein, sonst wird der Feind uns schaden.

Harmagedon

Und er versammelte sie an den Ort, der auf Hebräisch Armagedon heißt. (H)armagedon ist kein geografischer Ort, man sucht ihn vergebens auf der Landkarte. Harmagedon kann überall sein, wo der Kampf um das Zeugnis von dem neuen Weg entflammt. Harmagedon entspricht dem Golgatha unseres HERRN, es ist das Golgatha der Gemeinde. Hier treffen die Heere aufeinander, was auch mit Tätlichkeiten und Gewalt gegen die Könige Gottes begleitet sein kann. Der Feind möchte die Gemeinde Gottes vernichten und rückt heran; eigentlich wird er gezogen, damit sich Gottes Ratschluss erfüllt.

Als unser Herr und Meister Sein Harmagedon erlebte, ging es um die gleichen Dinge: Jesus war da und bezeugte: »Jetzt ist das Gericht dieser Welt.« (Joh.12,31) Die Juden, die Schriftgelehrten und Pharisäer stritten täglich mit dem Messias, von dem sie sagten, dass er noch nicht da wäre, noch nicht da sein könne. Bis sie am Pfingsttage überzeugt wurden, dass er da war und sie ihn ermordet hatten. Dort, auf dem Hügel Golgatha fand die entscheidende Schlacht statt, die unserem Harmagedon entspricht. Es war der Kampf zwischen Licht und Finsternis – die Hölle hatte sich aufgemacht, den Sohn Gottes zu beseitigen, aber Er hat die finsteren Mächte besiegt. Diesen Sieg hat Gott auch uns gegeben durch unseren Herrn Jesus Christus. Das soll in Harmagedon offenbar werden.

Fortgesetzt wird das Thema Harmagedon in Kap 19, wo es dann zum Treffen kommt. Zunächst aber lenkt der Geist unsere Blicke auf die Hure Babylon, die untreue Kirche, die zuerst in dem Kriege fällt.

Ein Erdbeben zerteilt Babylon (16,17–21)

Die siebte Zornesschale

Und der siebente Engel goss seine Schale aus in die Luft; und es ging eine laute Stimme aus von dem Tempel des Himmels, von dem Throne, welche sprach: Es ist geschehen!

Für die Vollendung von Gottes Zorn bleibt noch ein Bereich übrig, der bisher unberührt geblieben war: die Luft. Dort ist der Machtbereich des »Fürsten der Gewalt der Luft, des Geistes, der jetzt wirksam ist in den Söhnen des Ungehorsams«. (Eph.2,7) Getroffen wird von der siebenten und letzten Zornesschale das Zentrum, wo der Fürst dieser Welt seine große Macht und viel List ausübt: die Weltkirche, Babylon. Sie ist schließlich das größte Hindernis für die Freiheit der Kinder Gottes und die Verbreitung des wahren Evangeliums. Man kann es nicht laut genug sagen, dass die Kirche der Nationen geistlich gefallen und daher gerichtsreif ist. Dass sie in zweifacher Hinsicht gefallen ist, hatte bereits die zweite Engelsbotschaft verkündet (14,8). Sie ist schon gerichtet, was in der lauten Stimme aus dem Tempel: **Es ist geschehen!** zum Ausdruck kommt. Dies entspricht dem »Es ist vollbracht!« des Heilandes am Kreuz. Wurde nicht der Zorn Gottes an dem Einen, der für uns gestorben ist, gestillt? Jesus schrie mit lauter Stimme: »Es ist vollbracht!« An ihm wurde das ganze Gericht über die Abtrünnigkeit Israels und der Nationen vollzogen, wie es die Propheten weissagten; auch das Gericht über die abtrünnige Kirche hat das Lamm Gottes auf sich genommen. Deshalb brauchen wir es nicht mehr zu tragen, ein jeder, der sich darunter stellt, es für sich persönlich annimmt und an die vergebende Kraft Seines Blutes glaubt.

Doch wer nicht glaubt, den wird das Gericht mit ganzer Härte und Schwere treffen, weil er es nicht angenommen, nicht für möglich gehalten hat. Es muss sie tatsächlich treffen, wenn sie nicht das »Es ist geschehen!« als »Es ist vollbracht!« annehmen. Die Rettung vom Gericht kann nur das Kreuz sein.

Und es geschahen Blitze und Stimmen und Donner; und ein großes Erdbeben geschah, desgleichen nicht geschehen ist, seitdem die Menschen auf der Erde waren, solch ein Erdbeben. Dass bei einem Erdbeben keine Menschen zu Schaden kommen und keine Häuser zerstört werden, ist einzigartig in der Menschheitsgeschichte. Darauf muss ja jeder kommen, dass es kein natürliches Erdbeben sein kann, wenn ein religiöses System davon erschüttert werden soll. Was Erdbeben und Atombomben nicht vermögen, kann nur ein geistliches Erdbeben, Geistliches durch Geistliches. Von dem Erdbeben wurde die **große Stadt in drei Teile geteilt.**

Die Babylonier fühlten sich bisher so wohl und so sicher, nichts konnte sie beunruhigen. Eine Gefahr von außen nimmt niemand ernst. Und doch rückt der Feind immer näher, er wird Babylon einnehmen und verwüsten (17,16). Das ist, was der Kirche der Nationen droht: Bis auf die Grundlagen wird sie zerstört, wie ein Mühlstein ins Meer geworfen und nie mehr gefunden werden (18,21). Vorher aber wird ein Erdbeben die Sorglosen erschüttern. Das Erdbeben wird zu einer ganz persönlichen Erschütterung, wo Grundlagen entschwinden werden, wenn die Erde sich unter ihm spaltet und er mit einem Fuß auf dieser Seite, mit dem anderen auf jener steht. In einem Augenblick reißt es die Menschen in Babylon auseinander, ein jeder findet sich plötzlich in einem Stadtteil wieder, den er vielleicht vorher meint gemieden zu haben. Die Zerteilung Babylons schafft in wenigen Sekunden Klarheit durch Scheidung.

Das »Erdbeben« muss die Leute nicht so überraschen, denn für dieses Beben hat Gott ein Frühwarnsystem eingerichtet, sodass sie ohne Entschuldigung sind, wenn es eintrifft. Warner und Mahner haben die Katastrophe vorausgesehen, aber die Masse und ihre Führer hörten nicht auf sie. Das waren die Blitze und

Stimmen und manchmal auch Donner, »zwei Jahre vor dem Erdbeben«. (Amos 1,1).

Den Ausdruck »große Stadt« fanden wir schon in Kap.11,8, er leitet von der »Heiligen Stadt«, die entheiligt wurde, zu »Babylon« über. Kap.11 beschreibt den ganzen Wandlungsprozess von Jerusalem in Babylon. Der Dienst der beiden Propheten Gottes, die für alle Propheten stehen, konnte die Babylonisierung nicht aufhalten. Dort sind wir nun im Laufe der Geschichte und besonders in den letzten Jahrzehnten angelangt. Falsche Lehrer krönten das Ganze, indem sie lehrten, die Gemeinde sei weder Jerusalem noch Israel. Dann konnte sie nur Babylon sein und die Gläubigen entweder »Nationen« oder Gefangene in Babylon, was man ebenfalls leugnete.

In Jerusalem fing die Kirche an, zum himmlischen Jerusalem stieg sie empor, nach dem Ableben der Apostel fiel sie ab, auf Babylon ging sie allmählich über, sodass sie eine Kirche der Nationen, eine Volkskirche, ja eine Weltkirche wurde. Diese Entwicklung entspricht der Geschichte Israels bis zur Wegführung sowie dem Abfall der Nationen im Buche Daniel.

Was bisher ein undurchsichtiges, verwirrendes Gemisch von Bekenntnissen war, kann jetzt klar und übersichtlich unterschieden werden. Das mag manchem Christen, der dazwischenhängt, der nicht weiß, wo er geistlich steht, Seele und Geist scheiden. Ein jeder findet sich plötzlich dort wieder, wo er in Wahrheit steht, ebenso seine Gemeinde. Durch das Erdbeben bekommen wir eine bessere Übersicht über das christliche Babylon, wie eine große Stadt mit drei Stadtteilen: Altbabylon, die Neustadt, das moderne Neubabylon, und im dritten Stadtteil das Elends- oder Armenviertel.

Dem Erdbeben fallen auch die **Städte der Nationen** anheim, das heißt, alle Gemeinden der »Nationen« im Kreis Babylon, von Ephesus bis Laodicäa, inzwischen auch Philadelphia, sind gefallen, weil sie vor den verführerischen und feindseligen Mächten nicht zu bestehen vermochten. Alle Gemeinden der Nationen werden fallen, nicht nur, weil sie dem göttlichen Maßstab und Muster nicht mehr genügen, nicht nur, weil sie mit der Welt Hurerei getrieben haben, sondern auch, und vor allem, weil sie sich verselbstständigt, sich in den »Heilsplan Gottes« eigenwillig eingeschoben haben. Sie sind daher auch nicht der ganze Leib Christi, obwohl sie sich dafür halten, sondern waren nur eingepflanzte Mit-Glieder. Denn der Leib ist die Gemeinde Israel, der Leib Christi war und ist das Israel des neuen Bundes. Die Nationen waren lediglich später mit *ein*verleibt worden (Eph.3,6), bekamen Anteil an dem schon bestehenden Leib Christi und Israel, was von jeher anerkannt war. Der »Einschub« ist wahrlich nicht von Gott, auch kaum mehr als 150 Jahre alt. Falsche Israellehrer (Dispensationalisten) haben hier etwas Fremdes eingeschoben, indem sie meinten, Israel und Gemeinde seien zweierlei Heilskörper. Das glauben nun fast alle in Neubabylon, auch wenn sie die Urheber dieses Irrtums, der zur weitverbreiteten Irrlehre wurde, nicht kennen.

Doch jetzt werden wir sehen, wie der von Dispensationalisten behauptete »Einschub in den Wegen Gottes« der Kirche (Gemeinde, Versammlung) wieder aufgehoben wird bzw. im Gericht jäh endet. Denn die Heidenkirche ist eine irdische und zeitliche Veranstaltung wie das Babel im Alten Testament und wird verschwinden.

Gehen wir zunächst nach Altbabylon, dem historischen Stadtkern: Einwohnermäßig ist es der größte Stadtteil. Dort finden wir die Volkskirchen, die geweihten Gotteshäuser, Kirchengebäude und Dome, Konfessionen, Zeremonien, Gottes- und Götzendienst, Satzungen, Sakramente, Gewänder, Weihrauch und Kerzen, Heiligenverehrung und Reliquien, Orgel und Chöre, heidnisch-kirchliche Überlieferungen, theologische Fakultäten, Ordination, Konfirmation und das Namenchristentum. Alles das gehört zur Religion Altbabylons. Die Ureinwohner Babylons sind Traditions- bzw. Kulturchristen, ihre Religiosität ist auf den Sonntag und die großen kirchlichen Feiertage beschränkt. Unter ihnen gibt es auch gläubige Seelen, die Masse aber ist tot, geistlich tot, lediglich religiös. Pfarrer, die nicht an Gott glauben, und das sind die meisten, sind die Totengräber der Babylonkirche. Etliche sind kulturell und multikulti engagiert, viele auch politisch aktiv, die C-Parteien haben hier ihren Sitz und Wahlkreis, zum Teil auch Rot-Grün, das sehr stark auf die evangelische Kirche abgefärbt hat. Diese betreiben die Auflösung der Ehe und Familie und somit die Selbstauflösung der Kirche, forciert von der Homosegnung mit 500 Partnern. Es sind nicht die Parteien, die den Kurs bestimmen, es sind die Kirchen selbst. In ihren Gremien sitzen die linken Politiker und Ideologen, sodass kein Pfarrer sich mehr traut, dem Volke die Wahrheit über die Gräuelsünden zu sagen. Wäre der Titel nicht schon vergeben, hätten wir unser Buch auch »Die Kirche schafft sich ab« nennen können.

Für den Staat sind die Kirchen als Wirtschaftsfaktor wichtig, es sind die größten Dienstleistungsunternehmen. Ihr Angebot ist vielseitig, neben den Grundbedürfnissen wie Taufe, Abendmahl, Trauung, Beichte und Beerdigung mit Himmelsgarantie, gewähren sie Glaubensfreiheit, das heißt, jeder kann glauben, was er will, wenn er nur seinen Obolus entrichtet. Wer mehr braucht, weil er psychische Probleme hat, wie sie viele heute haben, wird an den Psychiater verwiesen, zu dem die Leute mehr Zutrauen haben als zum Pfarrer. Für Ehekrisen, Familiennöte, Geburtentötung etc. gibt es entsprechende Beratungsstellen wie Pro Familia. Wem das alles für seine Kirchensteuer nicht genügt, kann ohne Schwierigkeiten und Gewissensbisse austreten. Davon machen immer mehr Mitglieder Gebrauch. Oder sie wechseln in einen anderen Stadtteil. Franziskus' Mitmenschlichkeits-Evangelium will sie in den Schoß der Mutterkirche zurückholen.

Wir kommen zum *zweiten Stadtteil* der Großstadt Babylon. Derselbe ist schwieriger zu durchschauen. Hier wohnen die Heidenchristen, die weder katholisch noch evangelisch sind. Es hat sich die Bezeichnung »evangelikal« eingebürgert. Die Evangelikalen haben einmal den Ruf »gehet aus Babylon hinaus« vernommen (18,4), sind aber nicht wirklich hinausgegangen, sondern haben sich lediglich von der Volkskirche, ihrer Tradition und Geschichte getrennt. Nach Jerusalem kamen sie nicht zurück, denn Israel wollten sie nicht sein. Als »Nationenchristen«, wie sie sich immer noch verstehen, wollten sie einen separaten Neuanfang machen, merkten aber in ihrer Unwissenheit und Blindheit nicht, auf welchem Boden sie sich eigentlich befanden. So bauten sie außerhalb das Neu-Babylon. Teilweise wurden Querverbindungen und Vernetzungen zur Altstadt (Allianz, Ökumene) aufgebaut.

In der Altstadt ist mehr die Orthodoxie zu Hause, in der Neustadt hingegen lebt die Prophetie. Es waren alles mehr oder weniger prophetische Bewegungen, die Neubabylon gründeten bzw. sich dort ansiedelten. Dabei gewann das Buch der Offenbarung sowie der Prophet Daniel für sie höchste Aktualität. Hierbei wurden die Weichen für Israel neu gestellt. Konzentrierte sich die Hoffnung der Puritaner auf die Bekehrung der Juden, so wurde nun Israel zu einem politischen Thema: Der Gemeinde-Israel-Gegensatz war geboren.

Aus der Offenbarung entnahmen etliche gewisse Botschaften, die neue Bewegungen auslösten, die aber inzwischen erstarrt und festgefahren sind. Die einen legten ihren Standort mit den Sendschreiben fest und verstanden sich als Philadelphia, die anderen begründeten ihre Sendung mit den Engelsbotschaften (Offb.14). Besonders an Tier, Antichrist und Malzeichen versuchten sie sich immer wieder, wobei sie zu den unterschiedlichsten und abwegigsten Deutungen kamen. Das Geheimnis Babylon blieb ihnen verborgen. Alle waren sich in ihrem Urteil einig über die »Mutter der Huren«, die nur Rom sein konnte. Wie sehr sie aber selber unter das Urteil fallen, macht ihnen das Erdbeben deutlich. Sonderlehren, die nicht in der Apostellehre enthalten sind und auch zu keiner Zeit in der Geschichte der Kirche nachgewiesen werden können, Deutungen des »prophetischen Wortes«, die am Evangelium vorbeigehen und völlig utopisch sind, sind kennzeichnend für die neuen Bewegungen, die eher sektiererisch waren. Alle aber verfielen in eine (Vor-)Entrückungseuphorie, teilweise setzten sie das Datum fest, das aber ereignislos verging. Die Enttäuschten wandten sich anderen zu.

Später kam noch die Entdeckung der »Geistesgaben« (1.Kor.12) hinzu. Die daraus entstandene Pfingstbewegung, heute charismatische Bewegung, füllt immer mehr den Raum Neubabylons und gleitet ins Seelische, teilweise auch ins Okkulte, Dämonische ab. Die Bibelschulen Neubabylons entwickelten sich zu Synagogen (Schulen) Satans, in denen das reformatorische Erbe verleugnet und ein falsches Evangelium gelehrt wird.

In dem vornehmen Wohngebiet, dem Villenviertel am Euphrat, haben sich die reichen Laodicäer ansässig gemacht. Am großen Strom der Wohlfahrt lässt sich gut Christ sein. Die Häuser der Neustadt tragen die Namen ihrer Baumeister, verziert mit schönen Bibelsprüchen, die Straßen sind nach großen Erweckungspredigern und Weltevangelisten benannt, inzwischen alles Einbahnstraßen. Dann die Brüderstraße, eine Sackgasse und die vielen Gemeindestraßen und -gässlein nach den Namen ihrer Gründer, Leiter und Lehren. Ihre Haupterwartung war und ist immer noch die Wiederkunft Jesu, zweigeteilt, jetzt nur noch als Lehre, nicht mehr als lebendige Erwartung, am wenigsten für die junge Generation.

Neubabylon kann als Domäne der Denominationen bezeichnet werden. Hier finden wir ein buntes Spektrum von evangelikalen Gemeinden, Versammlungen, Gemeinschaften, Haus- und Bibelkreisen sowie alternativen Gruppen, modern liberal und konservativ. Auch zahlreiche Sekten haben sich hier niedergelassen. Damit hat erst richtig die sprichwörtliche babylonische Verwirrung angefangen; welch ein Sprachengewirr herrscht in Neubabylon, je nach Mundart der Gründer. Mittelpunkt ist der Marktplatz der Meinungen mit einem riesigen Angebot an geistlicher und weltlicher Literatur. DVDs und CD-Predigten werden einem nachgeworfen. Zum Lesen der Bibel kommt man kaum noch. »Faszination Bibel« soll dem abhelfen.

Angesichts zunehmender Christentumsfeindlichkeit rückt man näher zusammen. So setzt die Allianz u. a. aufs Eins-Sein und Versöhnung, auch mit anderen Gemeindebewegungen wie der Pfingstbewegung, die man einst als Geist von unten verurteilte (Berliner Erklärung), nun aber anerkennt, dass in ihr »auch der Geist Christi wirkt«. Um den Anschluss an die Welt nicht zu verlieren, liest man jetzt: Gemeinde im Netz. Die darin surfen verstricken sich selbst im Netz auf zweifelhaften Seiten.

Man könnte diesen Teil Babylons geistlicherweise Sankt Pauli nennen, weil sie sich als »Nationen« auf Paulus, den Apostel der Nationen, berufen. Anfänglich waren diese Gemeinden eine »keusche Jungfrau, dem Christus verlobt«, bis ein anderer Geist, ein anderes Evangelium, ein anderer Jesus ihren Sinn verderbte (2.Kor.11,2–4). Heute ist das babylonische St. Pauli wie jenes weltliche ein erotisches Vergnügungsviertel, das die ganze Stadt in der Welt in Verruf gebracht hat. Dort gibt es die Straße Große Freiheit, »frei vom Gesetz«, unweit davon auch die »Kleine Freiheit«, etwas enger, für manche »Gläubige« dennoch zu gesetzlich. Freudenhäuser, Vergnügungslokale, Festivals, Teebars und Theater, Rock und Bands laden zur Befriedigung des (religiösen) Fleisches ein. Eigene Radio- und Fernsehsendungen mit zweifelhaften Shows geben der Welt Einblick in das Gottes- oder Götzendienstleben.

Alles ist hier auf die Bedürfnisse des Menschen eingestellt, auf seine Gefühle, seine fleischlichen (weltlichen) Wünsche, den Modegeschmack, auch Farb- und Stilberatung für Damen, um gut auszusehen. Jeder soll sich wohlfühlen und Spaß haben im Gottesdienst, um »Kirchenferne« anzuziehen. Viele wandern ständig von einem Lokal zum anderen, von einem Bett in das andere und sind doch nirgends zu Hause. Am Eingang der Wellness-Gemeinden stehen die Freier und heißen die Kunden »herzlich willkommen«. »Aus diesen sind, die sich in die Häuser schleichen und Weiblein gefangen nehmen …« (2.Tim.3,5.6). »Wie ist zur Hure geworden die treue Stadt« (Jes.1,21), ihr Gewerbe ist die Liebe, nicht die Wahrheit, Liebe kaufen und verkaufen, »und durch süße Worte und schöne Reden verführen sie die Herzen der Arglosen«. (Röm.16,18) Wie lieben sie das süße Leben – alles Gnade –, »scharenweise laufen sie ins Hurenhaus«. (Jer.5,7) Man könnte meinen, eine Disco zu betreten, wenn man die (laute) Musik hört. Beim Anblick der jungen Damen fühlt man sich in ein Erotikcenter versetzt. Der Wein Babylons macht sie betrunken, sodass sie gar nicht wahrnehmen, was über sie beschlossen ist. Das Singen und Lachen und Tanzen wird sich in Heulen verwandeln.

Im Rotlichtmilieu Babylons tummeln sich die unreinen Geister, sie predigen eine zweifelhafte Freiheit, nichts sei verboten, alles sei erlaubt oder egal, auch dunkle Liebesbeziehungen, das Zusammenleben ohne Trauschein, Empfängnisverhütung, Kondome, was nach Gottes Wort unter Hurerei und Unzucht fällt. Es müsse nur in Verantwortung geschehen, um AIDS zu vermeiden, lautet die Begründung. Dabei beruft man sich auf 1.Kor.10,23: »Alles ist erlaubt, aber nicht alles ist nützlich.« Neuerdings sind gewisse Gemeinden auch für Homosexuelle offen, auch diese sollen sich wohlfühlen und nicht mehr quälen; »bibeltreue« Christen müssten umdenken, verkündigen zeitgeisterfüllte Prediger. Große Spaltungen waren die Folge, die Hälfte der Gemeinde wandte sich ab. Ausdrücklich gebilligt wird in Babylon die dämonische Musik; weil die Jugend sie gerne hört, soll sie durch dieselbe für Jesus gewonnen werden. Doch Rhythmus und Takt und die für Rock und Pop typischen Instrumente stimulieren sinnlich-fleischlich und öffnen für dämonisches Wirken Tür und Tor. Im zweiten Stadtteil wird der Abfall vom Glauben der Väter am deutlichsten sichtbar in den letzten Jahrzehnten.

Das berüchtigte St. Pauli ist auch bekannt für Schlägereien und Mord, denn wo die Lust ausgelebt wird, da ist auch Neid und Eifersucht, Streit und Gewalttätigkeit (Jak.4,1–4). Hinauswurf, Ausschluss mit anschließendem Rufmord sind an der Tagesordnung. Für die Zeugen Jesu ist Neubabylon ein gefährliches Pflaster.

Eine Sonderstellung nehmen die russlanddeutschen Baptisten (meist gemischt mit Mennoniten) ein. Sie glaubten heimgekehrt zu sein, fanden sich aber in Babylon wieder. Heimat bietet ihnen das Bethaus. Wohnen tun sie am Stadtrand in der Neubausiedlung, wiederum dort abgegrenzt in Klein-Moskau, wie es genannt wird, aber auch ausgegrenzt und gemieden. Alle in einer Reihe in der Kasachstanstraße, in großen Häusern, besser ausgestattet und eingerichtet als die »Hiesigen«. Ein Teil ihrer Bruderschaften ist noch konservativ, die meisten aber sind Materialisten geworden, konsumkonform mit der Gesellschaft. Registriert oder nicht registriert wie in Russland spielt hier keine Rolle mehr.

Geistliche Hurerei ist für Gott gräulicher als für uns die leibliche, widerlich und gottwidrig wie die Homosexualität. Deshalb kam **die große Stadt Babylon ins Gedächtnis vor Gott, ihr den Kelch des Weines des Grimmes seines Zornes zu geben.** Wenn man bedenkt, wie die Babylongemeinde einst anfing – das »sittenlose« Treiben der Heidenkirche erinnert Gott und die Heiligen lebhaft an das antike Babel. Die Romkirche hat es arg getrieben, die evangelische Kirche noch mehr als einst die katholische, am ärgsten die Freikirchen der Evangelikalen. Gemessen am Bekenntnis verdienen Letztere ein schwereres Gericht. Wie Gott einst über das alte Babel erzürnt war wegen seiner Vermessenheit und seines Missbrauchs heiliger Dinge (Dan.5), so auch über das christliche Babylon. Die Heidenkirche ist gefallen, sittlich gefallen, gefallen auch als Stadt vor dem Feinde, verkündete bereits ein Engel (14,8). Daran ändert auch ein politisches Engagement nichts mehr, das nunmehr auch von den Evangelikalen gefordert wird, die bisher diesbezüglich sehr zurückhaltend waren.

Endlich kommen wir zum *dritten* abgeteilten bzw. abgesonderten Stadtteil, dem Armenviertel, wir nennen es »Judenviertel«, wo die Weggeführten des heiligen Volkes Gottes wohnen, gefangen, geschmäht und unterdrückt, arm und elend. Während Großbabylon seine Feste feierte, »saßen wir an den Flüssen Babels und weinten, indem wir Zions gedachten«. (Ps.137) Unter ihnen Lahme und Schwache, krank an der Seele, arm im Geiste, aber gottesfürchtig und aufrichtig. Auch physisch und psychisch Kranke, die hier Trost und Heilung der Seele suchen und nach Frieden verlangende Sünder, denen der Weg zum Himmel gezeigt wird. In diesem Stadtviertel sind die Knechte Gottes willkommen, sie predigen die Wahrheit und verkündigen Christus als Heiland und König. Nicht verschwiegen werden darf, dass es auch viele unbefreite gläubige Seelen im Armenviertel gibt, die auf Erlösung warten. Einige Gesetzes-Prediger nutzen die Gelegenheit aus, indem sie ständig Gewissensdruck auf die Seelen ausüben und den geistlichen Stand prüfen wollen, anstatt den Seelen Christum vorzustellen und die Hoffnung der Herrlichkeit. Da werden die Gläubigen gedemütigt, sie hätten nicht genug Glauben, sie würden nicht genug beten, sie läsen nicht genug in der Bibel und der Anklagen mehr. Auch zwingt man sie, nach vorne zu kommen und ihren Mangel in Reue und Buße zu bekennen. Eine elende »jüdische« Seelen-Massage.

Erschütternd sind auch die Zeugnisse von Brüdern und Schwestern, die durch Spaltungen und Trennungen lieblos abgetrennt wurden. Der Riss ging durch viele Versammlungen und Gemeinschaften. Man lieferte sich regelrechte Bruderkriege, übrig geblieben ist ein tief verletzter Rest.

Tröstend ist, dass wir in diesem Stadtteil Sanftmütige und Gerechte treffen. Gar manche quälten ihre Seele durch das, was sie in Neubabylon sahen und hörten, weswegen sie hierher gezogen sind. Möchte ihnen Licht werden, dass hier in Babylon auch nicht der Ruheort ist. Gelegentlich findet man Trauernde und die nach der Gerechtigkeit hungern und dürsten; auch um der Gerechtigkeit willen Verfolgte, weil sie ihre Kinder aus den weltlichen und scheinchristlichen Schulen herausgenommen haben. Gott will Seine Kinder aus diesem gesetzlosen Welt- und Religionssystem ganz herausnehmen, denn Er hat ihnen eine bessere Stadt verheißen.

Nach Babylon führen viele Wege, aber nur *e i n* Weg heraus nach Zion und der geht aus dem Schaftor des dritten Stadtteils durch den ausgetrockneten Euphrat. »Gehet aus Babylon hinaus, mein Volk«, ruft der Geist. Der Weg für Gottes Israel und für die, die nicht mit Babylon gerichtet und untergehen wollen, ist frei nach dem neuen Jerusalem! Solange wir dem Ruf nicht folgen, kann Gott nichts tun (1.Mo. 19,12–22). Lasst uns das Lied anstimmen: »Wir pilgern nach Zion, herrliches, liebliches Zion, ja, heimwärts geht es nach Zion, der herrlichen lieblichen Stadt.«

Auf die »Inseln« kann sich nun niemand mehr zurückziehen, denn **jede Insel entfloh** und auch auf die »Berge« kann man nicht fliehen, denn **Berge wurden nicht gefunden.** Alles hat das Erdbeben gesprengt. Wenn jemand meint, er habe mit Babylon und seinem Gericht nichts zu tun, wird er bald eines anderen belehrt werden. Ausspruch über Babel: »Heulet, denn nahe ist der Tag des Herrn; er kommt wie eine Verwüstung vom Allmächtigen.« (Jes.13)

Nach dem Erdbeben prasselte ein Hagelregen auf die Menschen hernieder. Wie bei jenem wurde auch jetzt niemand getötet, obwohl bei diesen schweren Hagelsteinen viele erschlagen sein müssten wie im Buche Josua (Jos.10,11). Es ist jetzt ein Worthagel, wobei nur die falsche Gesinnung getroffen wird. »Wie ein Talent schwer« zeigt das große Gewicht der Worte an, aber auch ihren großen Wert, wenn man sie »von oben« annimmt. Es sind ganz gewichtige biblische Argumente, die einfach erschlagend sind. Wer jetzt immer noch zu den »Nationen« gehören will und sich über »Israel« erhebt, indem er meint, eine höhere Stellung, höhere Segnungen und größere Verheißungen zu haben, der muss sich die **großen Hagelsteine aus dem Himmel** gefallen lassen. Schwere »Hagelsteine« ließ auch Jesus auf die Schriftgelehrten und Pharisäer fallen (Matth.23). Große Hagelsteine waren die 95 Thesen Luthers, gewichtige Hagelsteine enthält z. B. ein Buch wie das von Croskery/Peters »Die exklusive Brüderbewegung« – Eine Darstellung und Widerlegung ihrer Irrtümer. Oder ein anderes von Paul Schenk »Geisteskampf um Israel«, worin er die falschen Israellehrer mit der Schrift schlägt.

»Mit sehr großem Zorne zürne ich über die sicheren Nationen.« (Sach.1,15) Jetzt ist der Augenblick gekommen, wo »der Tochter Babel dasselbe vergolten wird, was sie uns getan«. (Ps.137,8) »Damit die Nationen wissen, dass ich der Herr bin, wenn ich mich an ihnen verherrliche.« (Hes.37,28)

Auch wenn es Hagel regnet wie Taubeneier, werden harte Köpfe sich nicht überzeugen lassen, im Gegenteil, sie werden nur noch böser. Es muss ihnen tatsächlich noch härter kommen. Denn **die Menschen lästerten Gott wegen der Plage des Hagels, denn seine Plage ist sehr groß**. Verbal werden sie wohl Gott nicht lästern, das verbietet ihnen ihr christliches Bekenntnis. Lästern werden sie das Zeugnis der Knechte Gottes, aber auch das ist Gotteslästerung, vielleicht auch Lästerung des Heiligen Geistes.

Mit dem Erguss der siebten Zornesschale ist der Grimm Gottes vollendet. Diesen traf Jesus am Kreuze auf Golgatha, Er musste den »Kelch des Weines des Grimmes Gottes« bis zur Neige leeren. Darum schrie Er in jenen drei Stunden der Finsternis: »Mein Gott, mein Gott, warum hast du mich verlassen.« (Matth.27,46) Weil Er das Gericht getragen hat, ist Er auch im Gericht über Babylon noch der Erlöser von allen Plagen, die uns gerechterweise treffen mögen. Denn auch hier in Babylon gilt die Zusage wie bei der ersten Plage: »Jeder, der irgend den Namen des Herrn anrufen wird, wird errettet werden.« (Röm.10,13) Ihn wird kein Hagelstein mehr treffen, vielmehr fällt ihm sprichwörtlich ein Stein vom Herzen.

Das Geheimnis, Babylon (Kap.17)

Die grosse Hure und das Tier

Und es kam einer von den sieben Engeln, welche die sieben Schalen hatten, und redete mit mir und sprach: Komm her, ich will dir das Urteil über die große Hure zeigen.

Es fällt auf, dass hier kein bestimmter Schalenengel genannt wird, es ist einer von den sieben Engeln und könnte jeder und doch alle sieben sein. Weshalb die Menschen unter den Plagen leiden, hat letztlich seinen Grund in dem Fall der Heidenkirche Babylon. Deshalb entlädt sich auch der Zorneserguss Gottes ganz besonders über diesem System. Von dem Urteil über Babylon ist nicht nur das System betroffen, sondern auch jeder Einzelne, der sich als Christ bekennt. Das flößt uns Furcht ein, weil wir nicht so tun können, als hätten wir nichts damit zu tun, es würde nur andere betreffen. Wir werden sehen, dass es nicht so ist. Das Urteil einfach auf Rom abwälzen, ist zu kurzsichtig, es verrät, dass man womöglich den eigenen geistlichen Standort und Zustand nicht kennt oder kennen will.

Babylon wird im Folgenden als Weib betrachtet, das einmal wie das alte Babel eine Jungfrau war, aber eine Hure geworden ist (Jes.47,1). Als **große Hure** dient ein anderer Vergleich· Die Oholiba hat es ärger getrieben als ihre ältere Schwester Ohola (s.Hes.23). Neubabylon hat, gemessen am Bekenntnis, schlimmer Hurerei getrieben als Altbabylon. So fällt auch und vor allem der Evangelikalismus mit unter das Urteil »*große* Hure«. Das **Urteil** bzw. Gericht über das Kirchenweib Babylon beinhaltet die Urteile über das hurerische Jerusalem (Jes.1,21) und das gefallene Babel u. a. in den Propheten. Denn alles das, was von Jesaja (13), Jeremia (51) und Hesekiel (16) über jene geweissagt ist, trifft auf das christliche Babylon zu und noch mehr. Dieses war höhergestellt und mehr gesegnet und ist tiefer gefallen. In diesen prophetischen Urteilen erhalten wir ein klares und richtiges Urteil über die große Hure.

Die auf den vielen Wassern sitzt, das wurde schon von dem alten Babel gesagt (Jer.51,13). Die vielen Wasser weisen auf ihre vielen (weltlichen) Beziehungen und Verbindungen hin, ihren Einfluss in der Gesellschaft und Politik, in Wirtschaft, Kultur, Bildung usw. Überall mischte die große Hure mit, weil sie glaubte, die Menschen auf diese Weise für die Kirche gewinnen zu können. Einmal passt sie sich der »Moderne« an, dann wieder läuft sie der »postmodernen« Gesellschaft nach. Ganz besonders meint sie berufen zu sein, gesellschaftliche Strömungen und Trends, Krisen, politische Ereignisse, besonders um Israel, prophetisch-biblisch deuten zu können. Doch fast immer und in allem irrte sie. Deshalb muss sie ihre Meinung ständig ändern, aber nie gab sie zu, dass sie falsch lag, weil ihre Sitzposition hochmütig, anmaßend und selbstgefällig ist. Sie steht einfach über der Welt und kann alles beurteilen. Doch ändern, bewegen, erwecken kann sie nichts, vielmehr verändert die Welt sie. Wir werden bald sehen, was die Welt mit ihr macht.

Für die **Könige der Erde** muss das alles, was die Hure redet und tut, wie sie sich darstellt, faszinierend gewesen sein, wenn sie zum Liebeslager kamen, mit ihr **Hurerei getrieben haben**; hat sie doch alle, **die auf der Erde wohnen,** mit dem **Wein ihrer Hurerei** berauscht. Ehre, Ansehen, Stellung, akademische Bildung, Titel, Reichtum, Besitz haben für sie Vorrang. Ihre Freunde sind die Großen, die Reichen, die Angesehenen, sie spreizt die Beine für alles, was Rang und Namen hat. Der Verkehr mit ihr verpflichtet die Buhler zu nichts, sie bekommen obendrein ihren Hurenlohn. »Allen Huren gibt man Geschenke; du aber gabst deine Geschenke allen deinen Buhlen … Denn indem du Lohn gabst und dir kein Lohn gegeben wurde, bist du das Umgekehrte gewesen.« (Hes.16,30–34) Babylon hat es dem alten Jerusalem, das zur Hure geworden war, nachgemacht (Jes.21,21).

»Hurerei« wird in der Offenbarung zuerst als geistliche Hurerei verstanden, für die Welt leibliche Hurerei, in die auch manche Knechte Gottes gefallen sind, weil sie geistlich gehurt und sich nicht von der Welt unbefleckt erhalten haben. Gewisse Fernsehprediger besonders in den USA sind dafür bekannt geworden.

Ein geistlicher Mensch lässt sich von der großen Hure nicht beeindrucken, täuschen können sie nur irdisch und fleischlich Gesinnte, diese erliegen leicht ihrem Einfluss. Man kann das bei jeder großen christlichen Veranstaltung beobachten. Die Leute sind wie betrunken, wenn sie herauskommen; wenn man sie ernüchtern will, reagieren sie sehr böse. Um Betrunkene muss man einen Bogen machen, sie sind unberechenbar, können sogar gewalttätig werden.

Der Wein der Hurerei ist eine Mischung von Geistlichem und Seelischem, Weltlichem und Teuflischem, er gleitet so leicht hinunter und macht doch nicht weise zur Seligkeit, Wein ohne Wahrheit. Die babylonische Masse liebt diesen Wein, denn er benebelt so schön den Geist, glänzt von Schmeicheleien, regt die Gefühle an, die Emotionen können sehr stark anschwellen bis zur Ekstase, bis zum Umfallen. Doch weder Wahrheit noch wahre Liebe ist in diesem Liebeswein. Eine Hure kennt nur die erotische, die käufliche Liebe. Wer ihr Liebesbedürfnis, ihre Wollust befriedigt, der ist ein Mann des Geistes. Oder sucht sie nur Anerkennung? Vielleicht steckt dahinter eine unbefriedigte Seele.

Angefangen hat die Hurerei in Ephesus, als die Gemeinde ihre »erste Liebe« verließ und die Welt lieb gewann (Kap.2,4; 4.Mo 5,11ff). Dann sogar innerhalb der Gemeinde, als man das Heidenweib Jesabel in der Gemeinde Thyatira zuließ, mit der die Knechte Gottes Hurerei und Ehebruch trieben (Kap.2,20). Das fremde Weib hat es weiter getrieben und die ganze Gemeinde beherrscht und verdorben, sodass sie zur großen Hure Babylon geworden ist. Die »Könige der Erde«, das sind eben diese sogenannten »Knechte Gottes«, in erster Linie die großen Evangelisten, Prediger, Lehrer, Leiter usw., haben eine Vorstellung von Gemeinde, die Babylon entspricht. Man schaue nur in einen Katalog oder Prospekt eines christlichen Verlages oder

Bibelschule. Dort findet man alles, was die Nationengemeinde zur Hure gemacht hat. In Seminaren und Konferenzen, Foren, Freizeiten und Jugendveranstaltungen werden sie auf die Hurerei mit der Welt und im eigenen Hause eingeübt. Die Begleitmusik dazu liefern die Musikverlage.

Dem Seher (und uns) soll nun vor Augen geführt werden, wie tief die Kirche der Nationen gefallen ist. **Und er führte mich im Geiste hinweg in eine Wüste; und ich sah ein Weib auf einem scharlachroten Tiere sitzen, voll Namen der Lästerung, das sieben Köpfe und zehn Hörner hatte.** Die Wüste ist ein Ort, an den Gott Sein Volk führte, um Ihm zu dienen, abgesondert von der Welt. Nicht so das lasterhafte Weib, in Verbindung mit dem Tier ist es selbst Welt und Wüste geworden. Wie konnte die Kirche sich nur mit diesem gotteslästerlichen Tier eins machen, wo sie sich doch als Gemeinde Gottes versteht, als Leib Christi, Braut des Lammes, Tempel des Heiligen Geistes, Ekklesia und der verheißungsvollen Namen mehr.

In Verbindung mit dem Tier haben wir die freie Westkirche vor uns. Reitet sie das Tier oder wird sie geritten? Offensichtlich hat sie die Zügel nicht in der Hand wie früher, als sie Könige und Kaiser ein- und absetzte. Hat das Tier sich mit der Farbe des Weibes getarnt oder hat das Weib sich mit der Farbe des Tieres bekleidet? Die Hure vertritt mehr die Interessen des Staates als den Glauben und fällt den Heiligen in den Rücken, zum Beispiel in der Schulsache. Die staatliche Schule ist erklärtermaßen ein Feind der Kirche und des Glaubens, die ihm noch Schützenhilfe leisten, statt die Glaubens- und Gewissensfreiheit und das gottgegebene Elternrecht zu verteidigen. Wie verdorben ist doch das Heidenweib.

Das Tier gab sich nach dem grausamen Zweiten Weltkrieg human, fast christlich. Wollte es weiter an Macht und Einfluss gewinnen, musste es menschlicher werden. Das war schon bei Nebukadnezar so, als er mit seinen Siegeszügen am Ende war. So schrieb man den europäischen Humanismus auf die Bundesfahne, der aber im Grunde antichristlich, atheistisch ist, wie wir in Kap.13 schon feststellten. Zunächst hatte sich das Tier dem christlichen Weib angepasst und gab sich in Sachen Religion freiheitlich, betont tolerant, auch religiös, fast fromm wie ein Lamm, wenn wir uns an das zweite Tier erinnern. Vergessen wir nicht, dass es der feuerrote Drache von Kap.12,3 ist, der das Tier inspiriert und ihm seine Macht gibt. Satan wechselt schnell die Gestalt und die Farbe und das lüsterne Heidenweib ließ sich wie Eva täuschen. Scharlachrot ist das Tier, Scharlach ist das Kleid der schönen Babylon, dem Tiere angepasst, zum Verwechseln ähnlich.

Seit der wiedererlangten Glaubensfreiheit kam sie groß heraus (vorher hörte man von ihr nichts, denn den Leiden wusste sie schon immer durch Anpassung geschickt auszuweichen). Nun thronte sie wie eine Königin auf dem Tier, bekleidet mit **Purpur und Scharlach**. Und noch immer sitzt sie auf hohem Ross, spricht »politisch korrekt«, weiß aber nicht, dass sie Opfer ihrer Buhlen wird, dass ihr Sturz bereits beschlossen ist. Schon ist sie im Visier der Tiermedien, aber noch immer meint sie in der Ethik- und Wertediskussion ein gewichtiges Wort mitreden zu können. Für Gott hat sie schon lange keinen Wert mehr. Auch nicht für die Welt. Dennoch, weil sie ihr Urteil noch nicht kennt, jedenfalls es nicht auf sich bezieht, bildet sie sich ein, wie begehrlich ihr(e) Körper(schaft) sei. Wenn doch die Leute kommen und sehen würden. Doch die Menschen kommen nicht, außer ein paar kaputten Typen. Das allgemeine Volk findet an ihr nichts Anziehendes. Lieber beschäftigen sie sich mit anderen Religionen, mit Esoterik und New Age, als dem »Evangelium« der Hure zu glauben. Was hat sie denn für ein Evangelium? Darin geht es nicht um die Rechtfertigung des Sünders und die Versöhnung mit Gott, sondern um seelische Befindlichkeit und um Selbstverwirklichung. Wenn aber eine Kirche oder Gemeinde Zulauf hat, dann sind das nur Verschiebungen in Babylon.

Das Purpurkleid täuscht, denn heilig und gottselig lebt sie nicht, auch wenn sie sich mit dem Kreuz schmückt. Blauer und roter Purpur wurde für die Stiftshütte verwandt, das Ephod des Priesters war von Purpur (2.Mo. 26–28). Auch Jesus hatte man ein Purpurkleid übergeworfen, aber zum Hohn und Spott. Jesu Jünger tragen diese Schmach um Seinetwillen, aber die Hure trägt das Purpurkleid nur zum Schein. Um ihr Versagen in der Zeit des Nationalsozialismus zu verdecken, pflegt und verbreitet sie in falscher Demut ein Schuldbewusstsein. Was sie am meisten hasst, ist die Schmach und das Leiden um des Glaubens willen, auch wenn sie noch so innig und bewegt Abendmahl, Weihnachten und Ostern feiert. Die Anerkennung von der Welt ist ihr wichtiger. Ihr Kleid von Scharlach ist ein »unflätiges Kleid«, denn Scharlach kennt die Schrift nur in Verbindung mit Sünden (Jes.1,18). Durch die Verbindung mit der Welt und ihrer Lust, die vergeht, sind Babylons Sünden zahlreich. Das scharlachrote Tier selbst besteht nur aus Lügen und Lästerungen.

Auch wenn die Hure **übergoldet ist mit Gold und Edelsteinen und Perlen,** kann sie die Welt nicht mehr reizen. Sie hat das teure Evangelium zum Schleuderpreis verkauft und eine billige Gnade angeboten. Heute wird die christliche Religion als Konsumprodukt auf dem Gemischtwarenmarkt der Religionen verkauft. Ehrlicher wäre ein Schild »Räumungsverkauf« oder »Ausverkauf«! »Alle Bücher nur noch 1 €«. Bald wird die Hure entblößt werden und öde und nackt dastehen. Womit sie sich schmückt, sind übrigens alles gestohlene Schätze aus dem neuen Jerusalem, Schätze der Weisheit und Erkenntnis Gottes, aber völlig nutzlos, wenn die wahre Liebe fehlt und die Heiligkeit. Die Welt will nicht einmal mehr ihr Gold. Zwar sind die babylonischen Schriftsteller vollkommen an Weisheit und Wissen wie der Gesellschaft, der Wirtschaft, ja selbst dem Staat geholfen werden kann, wahrlich, Edelsteine der Wahrheit! Dennoch legt die Welt keinen Wert mehr auf ihren Rat. Den »Wissenschaften« glaubt man mehr, besonders der Sozialwissenschaft und der Psychologie. Wenn der Papst, ein Bischof oder irgendeine christliche Persönlichkeit große wahre Worte sagen und gar Mahnungen ausspricht, dann mag das die Babylonier beeindrucken. Die Welt außerhalb lacht darüber. Warum haben ihre Worte so wenig Gewicht? Weil der Geist Gottes sich zurückgezogen hat und er kann nicht mehr wirken, weil der **goldene Becher in ihrer Hand voll Gräuel und Unreinigkeit ihrer Hurerei ist.** Der goldene Becher ist der Abendmahlskelch, der durch ihre Hurerei ein Kelch der Dämonen geworden ist (1.Kor.10,21). Damit trinkt sie sich selbst das Gericht. Das ganze Ausmaß ihrer Gräuel und Unreinigkeit kann man in Mose nachlesen, wie es die Kanaaniter trieben, und in den Propheten über Israel; Babylon hat es beiden gleichgemacht und diese noch übertroffen und das alles unter christlichem Deckmantel.

Es steht ihr auf der Stirn geschrieben: **Geheimnis, Babylon, die große, die Mutter der Huren und der Gräuel der Erde.** Ihre Töchter, die Gemeinden im Kreis Babylon, sind nicht besser als ihre Muttergemeinde. Werden sie doch von ihr gesteuert, zur Hurerei angeleitet, machen es ihr nach – sie haben kein besseres Vorbild.

Noch ist Gottes Volk in Babylon gefangen und leidet still. Sie fürchten sich vor der großen Hure, weil sie gewalttätig ist wie die Isebel, das Weib Ahabs. Wie viel unschuldiges Blut hat die Babylonkirche vergossen, wie viel Unrecht Elenden zugefügt. **Das Weib ist trunken von dem Blute der Heiligen und von dem Blute der Zeugen Jesu.**

Mit dem Munde erscheint die Hure wie eine Heilige, sie gebärdet sich in ihrem Schmuck wie »eine für ihren Mann geschmückte Braut«. (21,2) Doch die Heiligen waren nie von ihr geliebt, weil ihr zu fromm, gesetzlich, übertrieben heilig. Ihr Wesen ist wie ihre Großmutter Jesabel, »welche sich eine Prophetin nennt, und sie lehrt und verführt meine Knechte, Hurerei zu treiben und Götzenopfer zu essen«. (2,20) Dass eine Hure lügt, ist bekannt, aber sie leugnet auch ihre Verbrechen, »denn viele Erschlagene hat sie niedergestreckt, und zahlreich sind alle ihre Ermordeten«. (Spr.7,26) »Sie isst, wischt ihren Mund und spricht: Ich habe kein Unrecht begangen.« (Spr.30,20) Wie viele hat sie verführt, und wenn sie ihr widerstanden, wurden sie beseitigt, durch Meuchelmörder umgebracht. Das ist auch heute noch so. Über die Bosheiten und Schlechtigkeiten der Welt, über die Ungerechtigkeiten und Machenschaften der Politik regt sie sich auf usw. Aber sie selbst erträgt die Wahrheit nicht und beschönigt ihre Ungerechtigkeiten. Wer es wagt, Kritik an ihr zu üben, wird kaltgestellt, verfolgt, seelisch ermordet. Demokratie und Humanismus verhindern Gott sei Dank, dass sie niemand leiblich umbringen kann. Den Scheiterhaufen gibt es so nicht mehr, sie hat andere Mittel und Methoden, wie man die Zeugen Jesu mundtot machen, suspendieren und ausschalten kann.

Der Seher verwundert sich über das Weib mit großer Verwunderung. Dass eine Kirche, die einmal die Erwählte Christi, eine Königstochter war, sich zur Hure und Mörderin entwickeln konnte, ist nicht verwunderlich, wenn man ihre Geschichte kennt. Viele Knechte Gottes haben böse Erfahrungen mit ihr gemacht, was für den Apostel noch kaum vorstellbar war.

Es folgt eine Erklärung des Engels, die nur mit Daniel 8 u. 11 verständlich wird. Dem Seher sicher wohlbekannt, aber uns, wenn uns der geistliche Bezug zu den Propheten fehlt, wird es wohl ein Geheimnis bleiben, was es mit den 10 bzw. den 7 Königen auf sich hat. Für die Babylonier wird auch das abtrünnige Weib ein Geheimnis bleiben, insofern sie selbst Teil davon sind.

Das Geheimnis des Tieres (17,7–14)

In dem zweiten Abschnitt des vorliegenden Kapitels wird uns das Geheimnis des Weibes gesagt, über das auch wir uns noch wie Johannes wundern werden. Und doch sollte es uns nicht wundern, da alles so kommen musste wie mit Israel und den Nationen im Alten Testament, die zusammen das Vorbild sind für die Heidenkirche. Aus Jerusalem wurde Babylon, einst zwei Orte, heute identisch, geistlich am gleichen Ort. In Kap. 11 sahen wir, wie sich die »Heilige Stadt« in eine »große Stadt« verwandelte, »die geistlicherweise Sodom und Ägypten heißt«.

Interessant ist das Tier, das sie trägt, besser: noch erträgt, bis es die Hure abwirft. **Das Tier, welches du sahest, war und ist nicht und wird aus dem Abgrund heraufsteigen und ins Verderben gehen.** Bevor es wieder im Abgrund verschwindet, woher es gekommen ist, wird es versuchen, alles mitzureißen und zu fressen, auch das abtrünnige Heidenweib, was ihm ein besonderer Leckerbissen ist (V.16).

Betrachten wir kurz die Entwicklung des Tieres. In Kap. 13 haben wir sein Aussehen und Wesen betrachtet, dabei auch festgestellt, dass alle Teile des Tieres heute vollständig ausgebildet sind und die Gesellschaft beherrschen. Wann war nun das Tier in der Vergangenheit und wann war es nicht? Wir haben gesehen, dass das Tier sich aus den vier Tieren in Dan.7 zusammensetzt, welche als die vier Weltreiche der Antike bekannt sind. In jener Zeit *war* also das Tier, besonders schrecklich in dem vierten Danielschen Tier, dem Römischen Reich, von dessen Gottlosigkeit und Sittenlosigkeit Röm.1 zeugt. In diesem Zustand fanden es Jesus und die Apostel vor. Als das Evangelium sich ausbreitete, wurde das Tier überwunden; es musste dem Vordringen des Christentums mehr und mehr weichen, bis es gänzlich verschwand. Als die Kirche im ganzen Römischen Reich anerkannt wurde (313 n.Chr.), begründete sie eine neue Kultur. Die griechisch-römische Kultur hatte ausgespielt, Sitte und Moral, Stand und Berufe wurden jetzt durch das Christentum geprägt, Gott war oberstes Gut. Das blieb so bis zur Zeit der Aufklärung. Erst im 18. Jahrhundert kam das Tier durch abgefallene Geister, begünstigt durch den Abstieg der Kirche, wieder hervor und wurde in den letzten Jahrzehnten eine das Abendland, besonders das Land der Reformation beherrschende Macht, die in alle Bereiche des gesellschaftlichen, politischen, kirchlichen und privaten Lebens eindrang.

Der letzte Lebensabschnitt des Tieres wird mit der Weissagung angekündigt: **Es wird aus dem Abgrund heraufsteigen.** Dies wurde bereits in Kap. 11 (V.7) erwähnt. In der Tat ist es eine abgrundtiefe Macht des Bösen geworden, nachdem Satan in das Tier hineingefahren ist. Das fing harmlos an, indem es seit 1830 den Individualismus durch den Sozialismus ablöste. Eine eindeutige Begriffsbestimmung des Sozialismus ist wegen der Vielzahl der Definitionen nicht möglich. Das Wort kommt aus dem lateinischen *societas* und heißt Bündnis, Gemeinschaft. Anfänglich bezeichnete es eine Gesellschaftsordnung mit christlichen universalistischen Vorzeichen; heute heißt alles *sozial*, das heißt gemeinsam, gerecht, gesellschaftlich, der Gemeinschaft zuträglich. Sozialistisch hingegen wird von Anfang an politisch und ideologisch verstanden. So vielgestaltig und anonym wie das Tier ist auch der *anonyme* Sozialismus, der beides verkörpert, er will gesellschafts- und kulturpolitisch eine neue Weltkultur schaffen, die das Christentum ablösen soll.

Die neuere Geschichte des Tieres ist die Geschichte der sozialistischen Ideologie. In dem Kommunistischen Manifest 1848 sagte der sozialistische Marxismus dem Kapitalismus und der Religion den Kampf an. Im Programm des Sozialismus war auch schon die Auflösung göttlicher und natürlicher Einrichtungen wie Ehe, Familie etc. Dennoch oder gerade deswegen fanden zu jener Zeit große Erweckungen und Gemeindegründungen statt (z. B. im Siegerland u. a.). Zum Ende des 19. Jahrhunderts wurde die atheistische Frontstellung durchbrochen, der Sozialismus nahm zum Teil christliche Gestalt an und manifestierte sich als christlich-soziale Bewegung. Soziale Dienste, soziale Berufe, soziale Werke können einen christlichen Hintergrund haben, müssen es aber nicht, aber immer sind sie humanistisch, wenn mit dem Sozialen nicht das Evangelium verknüpft wird zur Errettung der Seelen.

Während der beiden Weltkriege ruhte die geistige Auseinandersetzung mit dem Sozialismus, auch in der Zeit des Nationalsozialismus, der ja keine Kritik zuließ und eher positive Werte förderte, z. B. die Familie, hoch angesehen war die Mutterschaft, Opferbereitschaft, Ritterlichkeit gegenüber dem schwächeren Geschlecht, Tapferkeit und manche andere Tugend, leider zu einem bestimmten Zweck ausgebildet und missbraucht. Einen gewaltigen Schub erfuhr das Tier durch Geister von unten, die das, was vorher an sich positiv war, ins Gegenteil verkehrten und schlechtmachten. War im Anfang der Sozialismus eine Bewegung ohne Gott, wurde er durch die neomarxistische 68er-Bewegung ein politisches Programm gegen Gott und Seine Gebote, gegen Kirche und Glauben, gegen die bestehende sittliche Ordnung und Moral, gegen alle Tradition etc. ... zu einer Kulturrevolution, durch die die Gesellschaft radikal verändert wurde bis in die Familien und Kirchen hinein.

Besonders auffällig war und ist diese Veränderung an der jungen Generation wahrzunehmen. Ihr Gebaren, ihre Sprache, ihre Denkweise zeugt von dem Geist des Tieres. Die Frage, ob die Jugend von heute schon immer so war, kann kirchengeschichtlich nicht nachgewiesen werden. Früher hatten Jugendliche mehr Achtung vor den Eltern und den Alten, vor anderen und vor sich selbst. Die Jugend, wie sie heute ist, gab es nur in der Zeit des Hellenismus der griechischen Kultur im 4. bis 1. Jahrhundert v. Chr., wie es Dan. 8 beschreibt. Die Weissagung Daniels ist wieder aktuell: »Bis zu zweitausenddreihundert Abenden und Morgen; dann wird das Heiligtum gerechtfertigt werden.« (Dan.8,14) Bei Daniel zählen Tage und Wochen wie Jahre. Seitdem sind fast 2300 Jahre vergangen. Wir befinden uns also mitten in der Zeit des Tieres, wenn wir uns nicht schon seinem Ende nähern. Es hat ja nur eine begrenzte Frist zu wirken. Dass das Tier da ist, bekommen am ärgsten Eltern und Erzieher zu spüren: »Die jungen Menschen haben weder Scham noch Furcht vor den Eltern und keine Achtung vor den Lehrern. Sie stehen vor den alten Leuten nicht auf und bieten ihnen den Platz nicht an. Sie faulenzen und kennen weder Ordnung noch Pflicht. Sie reden, was ihnen gerade in den Mund kommt und verwechseln Zügellosigkeit mit Freiheit, Schamlosigkeit mit Männlichkeit.« Der Leser wird vielleicht vermuten, diese Klage beziehe sich auf die heutige Jugend. Das Zitat soll von Sokrates stammen, andere haben sich damals ähnlich über die Jugend ausgedrückt. Als das Griechentum Weltkultur war, also im ersten Lebensabschnitt des Tieres, war die Jugend in einem Geiste erzogen worden, der dem Gesetz Gottes völlig entgegengesetzt war. Es muss uns daher nicht wundern, wenn die Erscheinungen heute wie damals dieselben sind. Hinzu kommen heute noch andere Dinge, die ihren Charakter verformt und sie zu wahren Ungeheuern macht. Für Eltern kummervolle Jahre, tränenreiche Nächte.

Außer dem großräumigen geschichtlichen Nachweis ist auch unsere Generation Zeuge, dass das Tier war und nicht ist und wieder heraufgekommen ist. Werfen wir einen kurzen Blick auf die letzten 70 Jahre. Diese können wir ziemlich exakt an Dan.8 ablesen: Wie das Reich Alexander des Großen (Ziegenbock, ein Horn) das religiöse Medo-Pers. Reich (Widder) überwand (V.1–7), also hatte auch Hitler, der zweite heldische Alexander (er regierte auch nur so lange wie jener, nämlich 12 Jahre), die Kirche in kurzer Zeit unterjocht. Dem kurzen »es war« von 1933 bis 1945 in seinem nationalen Charakter folgte ein »nicht ist« nach dem Krieg. Das »große Horn« (Führerprinzip) zerbrach nämlich bei dem großen Zusammenbruch 1945 (V.8). Danach kam das demokratische Prinzip (vier Hörner) als Regierungsform, wie es vor dem Krieg bestand (1919–1933). Für einige Jahre nach dem Krieg war das Tier in dem aggressiven Ziegenbockcharakter nicht aktiv. Ganz allmählich und fast unbemerkt wuchs aus den demokratischen Hörnern (Parteien) das gewisse »kleine

Horn«. Es war der sozialistische Geist, der aus der griechischen Philosophie stammt und der Ende der Sechzigerjahre durch die Neue Linke (heute eine Partei: Die Grünen) wieder Macht gewann. Viel Neues haben die neuzeitlichen Philosophen nicht erdacht, sondern fleißig aus dem Griechentum geschöpft. Ob Demokratie oder Humanismus, Hedonismus und Sozialismus, dies alles hat griechisch-römische Wurzeln. Das kleine Horn wurde ausnehmend groß, es bedroht, anders als das kleine Horn am vierten Tier (Dan.7), die menschlichen Grundlagen und die Grundrechte, insbesondere das Elternrecht und die Freiheit der Gewissensentscheidung, den Glauben, die Moral und alle christlichen Werte. Wir erkennen darin den Geist des »Königs frechen Angesichts und der Ränke kundig« (V.23–25), es ist der Typus des Antichristen.

Ist es nicht interessant, dass die letzten 70 Jahre genau die Entwicklung widerspiegeln, die wir nach Dan.8 im Griechentum sehen? In keiner anderen Zeit gab es eine ähnliche Konstellation.

Wer »Augensalbe« hat (3,18), sieht das Tier in jenem durch die Weissagung genannten Auswuchs und wundert sich dann auch nicht mehr, wenn er es heute überall wirksam sieht. Verwundern mögen sich nur die **auf der Erde wohnen, deren Namen nicht im Buche des Lebens geschrieben sind von Grundlegung der Welt an, wenn sie das Tier sehen, dass es war und nicht ist und da sein wird.** Wieder die Bezeichnung »die auf der Erde wohnen«. Der Ungläubige, aber Wahrheitssuchende wird sich wirklich verwundern, wie genau und aktuell die biblische Prophetie ist.

Wir kommen nun wieder zu dem Weib, das auf den **sieben Bergen** sitzt. Hier ist wieder der Verstand gefragt, der Weisheit hat: Die **sieben Köpfe** des Tieres sollen sieben Berge sein. Es hilft uns nicht weiter, dass man auf buchstäblich sieben Berge tippt. Selbstverständlich ist es nicht die Siebenhügelstadt Rom oder das Siebengebirge bei Bonn oder die Stadt Siegen auf sieben Bergen oder wo immer sieben Berge vorkommen. Diese Deutung wäre eher Unverstand, Torheit. Die sieben Köpfe oder Berge finden wir in den sieben Sendschreiben. Da ist ihr Platz, dort kann sich das Heidenweib wiederfinden. Die Weisen Babylons haben die Sendschreiben kirchengeschichtlich, epochal gedeutet. Davon ausgehend glaubt nun kein babylonischer König mehr, dass sein Gemeindereich *unter* den Engeln der Gemeinden steht, am allerwenigsten unter dem letzten. Sie sitzen erhaben auf allen Bergen und sonnen sich auf dem sechsten erhabenen Hügel (Philadelphia), schauen herab auf den fünften, urteilen über den vierten, thronen auf dem dritten, bauen auf den zweiten und entschuldigen sich mit dem ersten. Ihre Deutungen ermöglichen es ihnen tatsächlich, über allem und allen zu stehen, auch über dem Tiere. Dem Nebukadnezar hätten sie das nicht weismachen können, der hätte sie alle umgebracht. War er doch von dem Traumbild so geängstigt, dass er unbedingt die Wahrheit wissen wollte, und zwar die gegenwärtige Wahrheit, nicht was einmal war (Dan.2,9).

Noch ahnt das Weib nicht, dass das Tier sie von dem hochmütigen Königssitz herunterholen und ihr den Garaus machen wird. Die »sieben Berge« werden auf sie fallen und ihr Königtum beenden. Noch herrscht die große Hure, als ob nichts sie erschüttern könnte. Sie weiß nicht, dass die Heere des Tieres sie bereits umzingeln, schon werden die Mauern erstiegen, ihr wird das Wasser abgegraben. Jedenfalls glaubt sie nicht, dass die Stadt einmal fallen und vernichtet wird.

Die sieben Köpfe sind auch sieben Könige: **fünf von ihnen sind gefallen, der eine ist, der andere ist noch nicht gekommen.** Hierüber haben Ausleger viele Vermutungen angestellt, z. B. mit den römischen Kaisern. Das passte aber vorne und hinten nicht und ergab auch keinen Sinn, es zeugte nur von Unkenntnis des biblischen Hintergrundes, den die Adressaten der Offenbarung sicher besser kannten. Die »Könige« sind hier ganz einfach die Engel der sieben Sendschreiben: Der König (Engel) in Ephesus ist gefallen, alle einschließlich Sardes. Vom Standpunkt des Sehers war es jetzt Philadelphiazeit, die anscheinend bis heute stehen geblieben ist; viele in Neubabylon haben sich in den Philadelphia-Standpunkt eingekapselt, obwohl sie schon eine geraume Zeit unter dem siebten Kopf bzw. König in Laociäda leben. Diese Könige sind die Herrscher in Babylon.

Die Geschichte der sieben Könige können wir im »Buche der Wahrheit« (Dan.10.21) nachlesen (Dan.11). Es handelt sich historisch um die Herrschaft der Könige von Persien und Griechenland, besonders die Kämpfe der Nachfolger Alexanders in den Diadochenkriegen. Ihre Geschichte spiegelt sich in der Kirchengeschichte, in den letzten 150 Jahren besonders in den evangelikalen Bewegungen (Brüder- und Gemeinschaftsbewegung u. a.) wider. Es sind auch in Dan.11 sieben Könige in sieben Abschnitten: »Fünf Könige« sind gefallen (V.3–20), im sechsten Abschnitt (V.21–24) sehen wir einen trügerischen König, der sich durch Schmeichelei des christlichen Königtums bemächtigt hat und sich mit dem Namen Philadelphia schmückt. Im siebten Abschnitt (V.25–28) kommt noch der siebte König hinzu, der ganz dem heuchlerischen Charakter Laodicäas entspricht: »Die beiden Könige, ihre Herrschaft wird auf Bosheit bedacht sein, und an einem Tische werden sie Lügen miteinander reden.« Das ist der gegenwärtige Stand, einer täuscht den anderen und heuchelt ihm Bruderliebe vor, um den Gegner zu erledigen. Vorsicht bei Gesprächen über die Prophetie!

Und da ist noch **ein achter König und ist von den sieben und geht ins Verderben.** In dem achten vereinigen sich zur Zeit des Endes alle Charakterzüge der sieben, die abgefallen sind (V.29ff.). In Dan.8,9ff ist er als das »kleine Horn« und »König frechen Angesichts« beschrieben, der erstaunliches Verderben anrichten und sogar das Volk der Heiligen verderben wird. Geschichtlich war es Antiochus IV. Epiphanes (175–163 v. Chr.). Dieser Typ spielt nun auch im christlichen Babylon eine Rolle und krönt das Verderben. Was aus dem Verderben kommt, endet auch im Verderben. Es ist der gleiche Geist im Innern Babylons, wie er auch in der Welt wirkt: im Innern der »Gesetzlose« (2.Thess.2,3–8), in der Welt der »Antichrist« (1.Joh.4,3). Daher sind die beiden kleinen Hörner (Dan.7,8 und 8,9) auch identisch und auf dasselbe gerichtet: die Kirche zu verderben. Das gesetzlose kleine Horn im Innern (aus kleinsten Anfängen) hat die Kirche reif gemacht, dass die Tiermächte über sie herfallen und sie vernichten können. Da ist keine Kraft mehr, den feindlichen Mächten zu widerstehen.

Doch zunächst noch eine Erklärung zu den Hörnern des Tieres, die ebenfalls als Könige (Herrscher) vorgestellt werden. **Die zehn Hörner, die du sahst, sind zehn Könige, welche noch kein Königreich empfangen haben, aber Gewalt wie Könige empfangen eine Stunde mit dem Tiere.** Wir kennen bereits einige aus Kap.13, alles finstere Mächte: »Fürstentümer, Gewalten, Weltbeherrscher der Finsternis, geistliche Mächte der Bosheit«, die bösesten sind die religiösen Feinde, einst der Judaismus, heute der Darbysmus. Sehr aggressiv sind die weltlichen Könige, die Könige Materialismus und Modernismus sind gewaltige Feinde unseres Glaubens; der König Rationalismus, sein rationales Denken und Glauben will das geistliche Verständnis vernichten; der König Sexualismus will uns die persönliche Reinheit und das gute Gewissen rauben, der König Demokratismus zielt auf Zerstörung natürlicher und geistlicher Autorität, der König Pluralismus will uns die feste Glaubensüberzeugung und die eine Wahrheit nehmen; der gesetzlose König Humanismus hat es darauf abgesehen, uns die Gottesfurcht streitig und Gottes Gebote madig zu machen. Diese und manche anderen inneren und äußeren Feinde haben sich im Endkampf gegen uns verschworen – sie haben alle dasselbe im Sinn, **e i n e n Sinn und ihre Macht und Gewalt dem Tiere geben**. Das Tier besitzt in diesem Augenblick die stärkste vereinigte Macht, bevor es in Harmagedon endgültig besiegt wird. Ihre Spitze richtet sich gegen das Lamm, **diese werden mit dem Lamme Krieg führen, und das Lamm wird sie überwinden; denn er ist Herr der Herren und König der Könige, und die mit ihm sind Berufene und Auserwählte und Treue** (V.14). Mehr davon in der großen Schlacht in Harmagedon, wo dieser Krieg gegen das Lamm und Seine Heere ausgetragen wird (Kap.19).

In Kap.13,7 hieß es noch von dem Tier: »Es wurde ihm gegeben mit den Heiligen Krieg zu führen und sie zu überwinden.« Haben sie denn nicht gekämpft? Einzelne schon, aber sie kannten die Tiermächte nicht, sie wurden müde und verzagt, sodass selbst starke Männer den Rückzug antraten; die Schlacht war verloren, viele sind gefallen. Das soll bald anders werden, wenn das Lamm und somit das Evangelium des Heils in Christo und die es bezeugen direkt angegriffen werden. Mit den Berufenen, Auserwählten und Treuen sammelt sich ein neues Heer, Gottes Israel, um das Lamm, sämtlich Kämpfer Gottes, die mit und für Christus kämpfen wollen. Sie folgen dem Lamme, wohin irgend es geht und sei es in den Krieg. An der Seite des Lammes können sie stark sein, den Glauben verteidigen, ja, in rechter Weise zurückschlagen, in die Offensive gehen, sowohl im persönlichen Glaubenskampf als auch im öffentlichen Zeugnis. Wahrheit und Liebe sind die göttlichen Waffen, die unverletzlich machen. Der große HERR und König geht voran, Seine Knechte folgen Ihm. Sein Schwert ist ihr Schwert, nämlich das Wort Gottes. Nachdem sie dies wissen, kämpfen sie nicht mehr für den Sieg, sondern im Sieg, weil sie Siegesgewissheit haben durch Jesus Christus, ihren HERRN. Näheres später.

Darum »Brüder, seid stark in dem Herrn und in der Macht seiner Stärke. Ziehet an die ganze Waffenrüstung Gottes ...« (Eph.6,10). Was in der Apostelzeit den Sieg brachte, wird auch nach zweitausend Jahren noch die Feinde überwinden: das Evangelium! Zuerst aber muss die ehebrecherische Heidenkirche verschwinden.

DIE KIRCHE IM KREUZFEUER (17,15–18)

Noch einmal hört der Seher, dass die Hure auf den **Wassern** sitzt, die als **Völker und Völkerscharen und Nationen und Sprachen** definiert werden. In der ganzen Welt hatte die Kirche Einfluss, viele Völker hat sie christianisiert und kultiviert. Ihr größter Herrschaftsbereich war das Abendland, aber von dort erwächst ihr heute der größte Widerstand. **Sie werden die Hure hassen und werden sie öde und nackt machen, und werden ihr Fleisch fressen und sie mit Feuer verbrennen.**

Wieder kommt hier das prophetische Bild von der Oholiba vor uns (Hes.23), die mit den Nationen Hurerei getrieben hat; nachdem sich ihre Seele von ihren Buhlen losgerissen hat, wird sie gehasst und von diesen gerichtet. »Ich werde ihnen das Gericht übergeben, und sie werden dich richten nach ihren Rechten … sie werden im Hass mit dir verfahren … und dich nackt und bloß lassen.« (Hes.23,24–29)

Wir sind heute Zeugen, wie das Tier mit seinen zehn Hörnern die Hurenkirche und das Christentum hasst und abstößt. Bedeutung für die Welt hat die Kirche schon lange nicht mehr, reizen kann sie niemanden mehr, viele verlassen die Kirche, geben den Glauben ganz auf oder freunden sich mit anderen Religionen an. Im Übrigen übernimmt der soziale Staat mehr und mehr die Aufgaben der Kirchen.

Große Hoffnungen waren auf die Programme gesetzt worden, die Massen anzuziehen, aber sie erfüllten sich nicht. Mittlerweile kommt bei einigen Königen Babylons die Ernüchterung, dass alle ihre Werbeveranstaltungen und Jüngerschaftsschulungen nichts gebracht haben. Viele Besucher sind zwar angelockt worden und waren von den Programmen und der Musik angetan, aber über die Gottesdienste hinaus haben sie nichts bei ihnen bewirkt; sie wären unfähig, selbstständig die Bibel zu lesen, zu beten und geistlich zu leben, bekennt ein Pastor einer babylonischen Freikirche. Zu spät die Einsicht, die Strategie zu ändern. Mit dieser Truppe kann man keinen Krieg gewinnen. Babylon ist schon gefallen, seine Kraft ist geschwächt, es wird vor dem Feind nicht standhalten können. Für die große Hure, die von ihrer Hurerei vollständig entkräftet ist, hat ihre letzte Stunde geschlagen – das Tier gibt ihr den Todesstoß.

»Ich gab ihr Zeit, auf dass sie Buße täte ...«, und den Rat anzunehmen, den Daniel dem König Nebukadnezar gab: »Brich mit deinen Sünden durch Gerechtigkeit und mit deinen Missetaten durch Barmherzigkeit gegen Elende, wenn deine Wohlfahrt Dauer haben soll.« (Dan.4,27) Doch »... sie will nicht Buße tun von ihrer Hurerei.« (2,21). Einzelne vielleicht, wenn sie auf frischer Tat ertappt werden. Selten aber ist in solchen Fällen die Buße echt (1.Sam.15,24–30). Wie Hohn klingt das Motto »mit Werten führen« des »Kongresses christlicher Führungskräfte«, wo doch erst einmal Buße bei den »Verantwortungsträgern« erfolgen sollte.

Darum, wegen ihrer Unbußfertigkeit und Selbstherrlichkeit, hat Gott die Feinde gegen die Babylonhure erweckt, die sie richten werden. Ihr Hauptfeind sind die Medien. Da ist vor allen Dingen die Presse, die mit Spott und Hasstiraden gegen den christlichen Glauben erfüllt ist. Wie sehr die Kirche ins Kreuzfeuer geraten ist, beklagt ein Kirchenblatt: »Die Existenz Gottes, Seine Weltregierung, die Gebote, die Menschwerdung Christi, Seine Auferstehung, das Evangelium, das ewige Gericht werden dem Spott, dem Hohn preisgegeben – das Zelt des HERRN, die von Christus gestiftete Kirche, in ihrem Ursprung, in ihrem Wirken, in ihren Einrichtungen, ihren Ämtern, dem Hass, der Verachtung, dem Ingrimm überliefert – alles Edle, alles Heilige, Gute wird verdächtigt und geschmäht, Sittenlosigkeit und Unmoral verherrlicht und gepredigt. In den Leitartikeln (zur Hauptsendezeit im TV) Kampf gegen die Kirche – in den Nachrichten tendenziöse Entstellung und Verdrehung der Tatsachen, in den

Feuilletons Lüsternheit, Zoten, Ehebruch – in den Rezensionen Verherrlichung des Bösen – in dem Inseratenteil Kuppelei und Schand-Annoncen – das ist das altbewährte Rezept für die Geistesnahrung, das diese Zeitungen unserem Volk Tag für Tag vorsetzen. Und weil bei ihrem Kampf gegen die ewigen Wahrheiten ihnen nichts so im Weg steht als die Institution Kirche, so ist ihr programmmäßiger Feind diese Kirche.«

Wer mit der Welt hurt, mit dem spielt die Welt ihr eigenes Spiel. Die bekannt gewordenen Missbrauchsfälle sind ein gefundenes Fressen. Mit großem Geschrei versuchen kirchenfeindliche Journalisten die Volkskirchen durch Ausstreuen von Verleumdungen und Erfindungen zu schaden. Nicht nur von außen wird die Kirche beschossen, sondern auch Journalisten, die in der Kirche mitmischen, stellen sie bloß. Am tückischsten sind die Fernsehjournalisten, die sich in christliche Gruppen und Verlagsredaktionen einschleichen, um sie auszuhorchen und dann öffentlich als »Fundamentalisten« diffamieren. Der Film »Die Evangelikalen« war so ein totaler Reinfall. Wie fühlten sich die Leitenden geehrt und geschmeichelt, dass man endlich einmal ernst genommen wurde.

»Es ist erstaunlich, wie in einer Zeit, in der die Anti-Diskriminierung Mode geworden ist, so viel Hass gegen alles Christliche entstehen kann. Die Homo-Lobby etikettiert die christlichen Positionen zu Ehe, Familie und Sexualität schlicht als ›homophob‹ und stellt sie auf eine Stufe mit Rassismus und Antisemitismus. Konservative Christen werden in vielen Medien stets als ›Fundamentalisten‹ bezeichnet und deren Urteil über Abtreibung, Homo-Ehe, Sexualität als gefährlich, radikal, extremistisch und diskriminierend gebrandmarkt. Die Religionsfeindlichkeit wird auch in Form von immer aggressiveren Blasphemien ausgedrückt, die offensichtlich das Ziel haben, die Christen zu kränken.« (aus »Kultur und Medien«)

Heute gibt sich die Hure moralisch und glaubt sich als Wächterin der christlichen Ethik und Moral, besonders die katholische Kirche. Das mag ihr einige Zustimmung von Konservativen einbringen, aber das änderte nichts daran, dass sie ein Raub des Tieres wird. Ebenso die EKD, die weitgehend von öffentlichen Angriffen verschont bleibt, da sie von innen schon vom Tier besetzt ist.

Das Urteil über die Hure ist beschlossen, wie einst auch das schreckliche Ende Jerusalems. Massenweise suchten die Juden vor den Römern Zuflucht in Jerusalem, aber die »Stadt Gottes« wurde ihnen zum Verhängnis. An geringsten Dingen entzündet sich die Hetzkampagne der Presse. Sie fressen förmlich das »Fleisch« der Hure und ihr heuchlerisches Gebaren, das Feuer atheistischen Geistes verbrennt alle ihre Werte, und das in breiter Öffentlichkeit, um ihr den Garaus zu machen. Offenbar hat Gott das Gericht den Medien des Tieres, der »vierten Gewalt«, übergeben. **Denn Gott hat in ihre Herzen gegeben, seinen Sinn zu tun und in e i n e m Sinne zu handeln, und ihr Königreich dem Tiere zu geben, bis die Worte Gottes vollbracht sein werden.** »Bis der Zorn vollendet ist, denn das Festbeschlossene wird vollzogen.« (Dan.11,36)

In diesem Sinne handeln auch die Parteien, die Politiker, die ihre antichristliche Meinung in den Medien veröffentlichen und das Volk gegen die Kirche beeinflussen, aufreizen. Die veröffentlichte politische Meinung wird so zur öffentlichen Meinung, gegen die man absolut machtlos ist. Nach dem antikirchlichen Programm laizistischer Politiker soll alles Christliche aus der Mitte unserer Gesellschaft an den Rand gedrängt und verbannt werden. Ein aggressiver Atheismus, ein Atheistenwahn, macht sich in Europa breit; der Gottesbezug in den Verfassungen soll ausgemerzt werden. Gotteslästerung soll nicht mehr strafbar sein, neutraler Ethik-Unterricht statt Religionsunterricht in den Schulen, Entfernung aller christlichen Symbole in öffentlichen Gebäuden, Schulen und Kindergärten, keine finanzielle Unterstützung christlicher Werke, keine Sendezeiten mehr für Verkündigungssendungen und dergleichen mehr, um den Einfluss der Kirchen und Glaubensgemeinschaften völlig zu unterbinden.

Die Angriffe von außen sind jedoch noch nicht das Schlimmste, viel bedrohlicher sind die »zehn Könige«, mit denen sie Hurerei getrieben hat, für die sie offen war, von denen sie aber jetzt von innen aufgefressen wird. Zersetzende Vorarbeit haben ungläubige Theologen mit ihrer Bibelkritik und ihrer historisch-kritischen Methode geleistet. Dieser hat sie natürlich nichts mehr entgegenzusetzen, weil sie den Glauben des Evangeliums verlassen hat. So ist ihr Unglück besiegelt.

Die »Worte Gottes« wurden einst an Israel vollbracht, als die fremden Heerscharen Jerusalem und das Heiligtum zerstörten, in unseren Tagen aber erleben wir, wie die Worte Gottes an der Heidenkirche vollbracht werden zu ihrer Vernichtung. Würde das Tier die Sünden, die Schlechtigkeiten und Ungerechtigkeiten der Heidenkirche in der Geschichte auf- und angreifen, könnte ein Reinigungsprozess selbst bei einer Hure in Gang kommen. Das taten bereits die Propheten – erfolglos. »Wir haben Babylon heilen wollen, aber es ist nicht genesen.« (Jer.51,9) Die Knechte des HERRN sollen dem Fall Babylons und seiner Verwüstung nicht mehr nachtrauern, sondern sich auf das besinnen, was danach kommt, wenn Gott Sein Volk aus Babylon herausführt und Seine Gemeinde wiederherstellt. Sie haben »der Stadt Bestes gesucht« (Jer.29,7), ihre Wohlfahrt und ihren Frieden, den andere Kräfte zu zerstören drohten. Auch das vergeblich. Jetzt ist die Zeit des Tieres, das alle Werte zerstört, es greift alles Biblische und Christliche an, alles, was hoch und heilig, wahr und rein ist, ja zieht es drinnen und draußen in den Dreck. Es sind dieselben Dinge, womit das Tier mit seinen Heeren gegen das Lamm Krieg führt, aber unterliegt. Die Hure aber kann vor ihren Feinden nicht bestehen, weil sie das Lamm nicht auf ihrer Seite hat. So sehr sie sich auch gegen die Angriffe und Einbrüche wehren mag, sie ist der völligen Zerstörung und Verbrennung nahe, und das ist bei Gott beschlossene Sache. Zurück bleibt nur noch der Rauch ihres Brandes, Weinen und Wehklagen derer, die mit ihr in Beziehung standen, wovon das nächste Kapitel berichtet (18,9). Die Gebäude mögen noch stehen, die Körperschaft noch existieren, aber das Leben ist gänzlich erloschen, der Heilige Geist ist weg. Einst eine Heilsanstalt für die Nationen, jetzt vielleicht noch ein Museum. Für Gott und die Heiligen hat Babylon keine Bedeutung mehr.

Für den wahren Gläubigen, der dem Lamme folgen will, besteht als Erstes die Notwendigkeit, aus der Schusslinie der Medien herauszutreten, das heißt, man bestellt die Zeitung ab, sieht kein Fernsehen mehr, hört auch keine Radionachrichten. Ein Kind Gottes braucht das alles nicht, es erfährt genug von den Nöten der Menschen, wenn es Salz und Licht ist. »Gehe hin, mein Volk, tritt ein in deine Gemächer und schließe deine Tür hinter dir zu; verbirg dich einen kleinen Augenblick, bis der Zorn vorübergehe.« (Jes.26,20) Leider verleiten Neugierde und Leidenschaft auch viele ernste Christen immer wieder, sich täglich zu informieren. Oft noch vor der leiblichen Nahrung am Frühstückstisch hört man die Nachrichten, stürzt sich über die Zeitung und verschlingt ihren Inhalt. Mit den politischen Zänkereien, Lügen und Intrigen soll ein Christ sich überhaupt nicht beschäftigen. Wer mit dem Lamme das Tier überwinden will, wird hier, um unverwundet zu bleiben, die Medien meiden, besonders das Fernsehen in seinem Hause verbannen, um den Geist der Welt draußen zu halten. Man ist besser informiert, wenn man sich am Worte Gottes, insbesondere am prophetischen Wort orientiert. Mit der persönlichen Abwehr des Tiergeistes im Verkehr mit der Welt hat man ohnehin genug zu tun.

Noch einmal wird daran erinnert, dass das Weib die »große Stadt« darstellt (11,8; 16,19), **welche das Königtum hat über die Könige der Erde.** Mit dem »Königtum« und den »Königen der Erde« haben wir uns bereits in Kapitel 14, Vers 8, befasst. In Kap. 18 werden wir sehen, wie ihr das Königtum genommen wird, zum Schrecken und zur Trauer, ja, zur Bestürzung der Könige der Erde, die mit ihr Hurerei getrieben haben. »Sitze stumm und geh in die Finsternis, Tochter der Chaldäer! denn nicht mehr sollst du Herrin der Königreiche genannt werden ...« (Jes.47). Mögen die Kirchenführer sich auf ihr baldiges Ende einstellen. »Ich werde euer Tun auf euren Kopf zurückbringen, dass ihr mein Silber und mein Gold weggenommen und meine besten Kleinode in eure Tempel gebracht habt.« (Joel 3,5)

GEISTER UND DÄMONEN (18,1–3)

Gefallen, gefallen ist Babylon, die große, und ist eine Behausung von Dämonen geworden ...
Zum zweiten Mal wird hier wie in Kap.14 der Fall Babylons durch einen Engel verkündet. Diesmal durch einen Engel mit starker Stimme, den der Seher aus dem Himmel herniederkommen sieht, **welcher große Gewalt hatte; und die Erde wurde von seiner Herrlichkeit erleuchtet.**
Die Stimme dieses Engels wie eines Erzengels mögen manche für den Ruf zur Entrückung halten: »Alles deute darauf hin, dass Christus schon heute kommen kann, um die Braut in die Herrlichkeit zu nehmen.« Wirklich? Eine Hure wird entrückt? Babylon lebt in dem Irrglauben, die Brautgemeinde zu sein. Wie aber sollte die Nationengemeinde entrückt werden, wenn sie gefallen ist und darüber nicht Buße getan hat? Entrückt wird nur eine Braut, die rein ist und in brennender Liebe ihren Bräutigam erwartet. Zu früh hat man sich zur Braut des Lammes erklärt, wird sie doch erst durch die Offenbarung geboren, wenn die abtrünnige Kirche entthront und gerichtet ist. Es ist schon ein starkes Stück, angesichts der Zustände in Babylon, immer noch von Entrückung zu reden. Die Entrückung muss zuerst einmal horizontal, das heißt geistlich geschehen, aus Babylon hinaus nach Jerusalem.
Die starke Stimme aus dem Himmel kann nicht überhört werden, dass Babylon gefallen ist. Mag sein, dass die vom Weine Babylons Berauschten in ihrem Dusel denken, nicht gemeint zu sein und den Zuruf für Entrückung halten. Wer nüchtern ist, horcht auf: »Und der Wächter horchte gespannt, mit großer Aufmerksamkeit; und er rief wie ein Löwe: Gefallen, gefallen

ist Babylon, und alle geschnitzten Bilder seiner Götzen hat er zu Boden geschmettert.« (Jes.21) Was der Engel ruft, muss laut ausgerufen werden. »Ein Läufer läuft dem anderen entgegen, und der Bote dem Boten, um dem König von Babel die Botschaft zu bringen, dass seine Stadt von allen Seiten her eingenommen ist. Und die Übergänge sind besetzt, und die Teiche hat man mit Feuer ausgebrannt, und die Kriegsmänner sind erschrocken.« (Jer.51,31) Wahrlich keine frohe Botschaft. »Oder man müsste meinen Schutz ergreifen, Frieden mit mir machen, Frieden machen mit mir.« (Jes.27,5)

Eine Behausung von Dämonen ist Babylon geworden und ein Gewahrsam jedes unreinen Geistes und ein Gewahrsam jedes unreinen und gehassten Vogels, ruft der Engel vom Himmel (V.1). Das sind starke Worte, ein vernichtendes Urteil über Babylon und die dort hausenden Geister. Ob Babylon jetzt erkennt, dass es Babylon ist? – Unglaublich, dass das, was einmal eine »Behausung Gottes im Geiste« war, eine Behausung von Dämonen geworden ist. Und in dem »heiligen Tempel im Herrn« (Eph.2,22) kann nun jeder unreine Geist wohnen. Klar, durch die Verbindung mit dem Tier sind die Dämonen und die unreinen Geistes hereingekommen. Eine Kirche, die für alle und alles offen ist, zieht die Geister an und wird sie nicht wieder los. In Babylon will man die Loslösung offenbar auch nicht, zumal man die Geister nicht unterscheiden kann. Daher erkennt man auch nicht »betrügerische Geister und Lehren von Dämonen, die in Heuchelei Lügen reden und betreffs des eigenen Gewissens wie mit einem Brenneisen gehärtet sind«. (1.Tim.4,1–2) Was sind das für Geister und Lehren?

Es gibt solche, die eine höhere Heiligkeit lehren, »verbieten zu heiraten und gebieten sich von Speisen zu enthalten«, kein Fleisch essen, nur im Reformhaus kaufen, möglichst aus biologischem Anbau, nicht impfen lassen, Arzt und Krankhaus ablehnen, wo sie letztlich gegen ihren Willen doch landen. Diese Gruppe ist zum Glück nur eine kleine Minderheit. Zum Ärgernis der Gesundheitsapostel lebt die Mehrheit in Babylon in Üppigkeit und Schwelgerei, weil der Wohlstand alles bietet und ein großer Überfluss herrscht. Doch die Spenden fließen bei den Materialisten spärlich.

Dämonenlehre ist auch die Israellehre Babylons. Dass die ungläubigen Juden das auserwählte Volk Gottes sein sollen, kann nur von einem Dämon kommen. Bisher waren nur die Gläubigen in Christo die Auserwählten. Wie sich die »Sichtweisen« ändern beim Weine Babylons, wo alles verdreht wird oder doppelt gesehen wird (V.3).

Aus gefallenen Engeln werden Dämonen. Dämonen dringen in die unkontrollierte Gedankenwelt ein und verselbstständigen sie. So entstehen Irrlehren. Deshalb müssen wir nach Paulus »jeden Gedanken gefangen nehmen unter den Gehorsam des Christus«. (2.Kor.10,5) In Gestalt von Engeln des Lichts können sie fromm daherkommen, indem sie sich als Diener der Gerechtigkeit ausgeben und doch Unrecht tun. Andere betonen die Gnade und sind doch sehr ungnädig mit anderen. Ein Beispiel ist der Engel der Gemeinde in Philadelphia. Einst ein heiliger und wahrhaftiger Geist, klein und schwach, vom HERRN aber als rein und treu erfunden. Im Laufe der Geschichte hat dieser Engel sich völlig verändert, er ist falsch und heuchlerisch geworden. Man kann das an dem von Maleachi beklagten Zustand verfolgen. Der gute Anfang bei Esra und Nehemia war zu einem lauen Zustand geworden, der dem HERRN ekelhaft ist. Auch der Engel in Laodicäa ist ein gefallener Engel, wie die Beschreibung zeigt. Selbstsicher, selbstgefällig, selbstgerecht täuscht er geistlichen Reichtum vor durch seine Bibelkenntnis, aber sein Tugendleben ist arm, sein Zustand ist wirklich armselig.

Die Identifizierung der Dämonen und unreinen Geister ist manchmal schwierig, es gibt jedoch ein Mittel, sie offenbar zu machen: Den Geist der Weissagung, das ist das Zeugnis Jesu in den Evangelien. Ein Beispiel von Dämonen ist der unreine Geist in jenem Menschen, der seine Wohnung in den Grabstätten hatte (Mark.5). Derselbe zog keine Kleider an. Solche »Christenmenschen« laufen tatsächlich »nackt« herum, obwohl sie singen »Christi Blut und Gerechtigkeit, das ist mein Schmuck und Ehrenkleid«. Dabei zerschlagen sie sich mit Steinen, das heißt sie stellen sich in Predigten, Gebeten oder wenn man sie anspricht als schwach, elend, sündhaft, fehlerhaft usw. hin und üben gerne Selbstanklage. Merkwürdigerweise verletzen sie sich dabei nicht, umso lieber werfen sie Steine auf andere. Auf diese Weise »sind wir nicht besser, aber besser dran«. Gewissenhafte Seelen werden krank unter dieser falschen Einstellung. Die Ursache ist eine falsche Heiligungslehre, wonach selbst das Gute, das einer tut, fragwürdig ist. Man findet sie besonders in pietistischen Kreisen. Eine andere dämonische Heiligungslehre ist die Steigerung der Heiligung bis zur Vollkommenheit, im Grunde eine Selbstvervollkommnung. Den gegenwärtigen Stand in der Heiligung kann man messen oder sich »bemessen« lassen. Wahrscheinlich erreicht aber niemand den höchsten Stand. Wie ganz anders lehrt Paulus: »Wir werden in das Bild Christi verwandelt, indem wir Seine Herrlichkeit anschauen.« (s.2.Kor.3,18) Das ist gar nicht anstrengend.

Das Gegenstück dieser Heiligungslehren ist die darbystische Lehre vom unverlierbaren Heil (nur eine andere Formulierung der calvinistischen Prädestinationslehre), wonach auch ein Abgefallener nicht mehr verloren gehen kann, weil für ewig erwählt. Diese Heiligen sind schon für immer geheiligt, keine Sünder mehr, aber große Heuchler. Da sind Dämonen mit im Spiel, eine ganze Legion treibt ihr Spiel mit der Seele und den arglosen Seelen.

Die Zustände in Babylon, wie wir sie von Neubabylon beschrieben haben (Offb.16,19), sind durch die unreinen Geister entstanden. Dazu beigetragen haben eine besondere Art von Geistern, nämlich die »unreinen und gehaßten Vögel«. Diese sind in 3.Mose 11 einzeln genannt; es sind sämtlich Raubvögel, die verabscheut werden, das heißt, nicht gegessen werden sollen, »ein Gräuel sind sie«. Jesus vergleicht Vögel mit Geistern, die den guten Samen des Evangeliums in den Herzen wegreißen (Matth.13,4). Von dieser Art sind auch die Vögel in den Kirchen und Gemeinden Babylons, von denen viele von außen eingeflogen sind. Einige vertreten eine höhere Geistlichkeit, andere eine sinnliche Fleischlichkeit und Weltlichkeit. Von diesen soll man sich wegwenden, sie nicht hören noch ihre Schriften lesen. Viele dieser Vögel sind nicht nur unrein, sondern auch gefährlich, von ihnen geht ein böser Einfluss aus. »Glaubet nicht jedem Geiste, sondern prüfet die Geister, ob sie aus Gott sind ...« (1.Joh.4,1)

Der Raubvogelcharakter der babylonischen Geister ergibt sich aus den Vögeln selbst. Da wird zuerst der Adler genannt. Diese Geistesart nennt sich »urchristlich« und erbaut sich mit der »Fülle des Geistes«. Es ist aber ein unreiner Pfingstgeist und charismatischer Vogel der Luft, äußerst gefühlvoll, er kann sich bis zur Ekstase steigern, dabei auf den Rücken fallen und sich in sinnloses Lachen steigern. Auch kann er sich mit »Zungen« selbst erbauen, hat Visionen und Gesichter, kann manchmal Kranke heilen und teilweise auch Dämonen austreiben oder, wenn keine drin sind, man bekommt sie durch Handauflegung. Vorsicht also bei so hochtrabenden Gemeindenamen! Dort ist meist das Verhältnis zur Schrift gestört, denn man wartet auf direkte Offenbarungen von Gott, notfalls kann man auch ganz auf die Schrift verzichten. Begründet wird das mit Abraham, der ja auch keine Bibel gehabt habe, Gott habe direkt zu ihm gesprochen. Von der Lehre hält der Charismatiker nicht viel, ihm genügen ein paar geläufige Schriftstellen. Üblich geworden ist das »Vlies auslegen« wie Gideon es tat (Ri. 6,36–40), das heißt so lange zu beten, bis man ein Zeichen hat oder irgendetwas geschieht. Dabei kann es passieren, dass Satan selbst als »Engel des Lichts« erscheint (2.Kor.11,14).

Der Adlergeist ist für Gottes Volk höchst unrein und wirkt unecht. Keineswegs handelt es sich hier um ein neues Pfingsten, eine neue Ausgießung des Heiligen Geistes, sondern um eine Nachahmung, einen Pseudogeist. Aus dem Korintherbrief (13,8–11;14,20–21) und Jesaja (28,11;33,19) kann man nachweisen, dass er fremder Herkunft ist und nur vorübergehend in Erscheinung tritt. Christen, die unter seinem Einfluss stehen, sind sehr seelisch und ebenso ungeistlich, sie verwechseln Gefühlserlebnisse mit Geistlichkeit. Anfällig sind besonders Frauen.

Dass dieser Geist der Luft keine Friedenstaube ist, sondern ein Greifvogel, stellt man erst fest, wenn man ihn kritisch prüft und sich von ihm lossagen will. Dann offenbart sich die gefühlvolle »Geistesgabe« als liebloser Richtgeist, der keine Gnade kennt und auch nicht ganz ehrlich ist, wenn er gestellt wird. Man kann ihm nie trauen, in einem unbewachten Augenblick fällt er einem mit seinen Fängen in den Rücken. Vergessen wir nicht, dass der so erhabene Adler, der hoch über allem schwebt, ein Raubvogel ist. Die Angst, die viele Gläubige vor ihm haben, ist nicht unbegründet.

Wir können hier nicht auf jeden Vogel eingehen. Zu achten ist auf die Dämmerungs- und Nachtvögel wie Eule und Fledermaus. Von dieser Art sind die babylonischen Dunkelmänner mit zwei Gesichtern, Heiligungsprediger mit politischer Echolotung, die, selbst ohne Kraft, neben der Bibel noch die Zeitung empfehlen. Wahrlich, ihr Element ist die gegenwärtige Dunkelheit, so auch die dunkle Politik, ihre Prophetie ist im Dämmerlicht, nicht Morgendämmerung, sondern abends, ihre Uhr ist um »fünf Minuten vor Zwölf« stehen geblieben. Erkennbar sind die Endzeitpropheten an dem Zickzackkurs nach Fledermausart, mal natürlich, mal geistlich, je nach dem politischen Wind, Mischgeister, fliegende Hunde, Verführer, die übergemeindlich arbeiten. Paulus nannte sie einst »böse Arbeiter ..., die Zerschneidung« (Phil.3,2), die die Bibel zerteilen. Sie treiben mit den verführten Seelen eine dunkle Eulenspiegelei. Bekannte Käuze sind der »Mitternachtsruf«, »Schrei um Mitternacht« usw.

Die Aasgeier kann man an der Kontonummer oder an der beigefügten Überweisung erkennen, bis auf den Betrag alles schon eingedruckt. Sie wollen nur Geld, fragen nicht danach, wer es spendet und aus welchen Beweggründen und Quellen, Hauptsache viel. Der Geist Gottes wertet nicht die Gabe, sondern »einen fröhlichen Geber hat Gott lieb«. (2.Kor.8 u. 9)

Erwähnenswert ist noch der Wiedehopf, der Spaßvogel auf den Evangelisationen. Nicht zu spaßen ist allerdings mit dem Falken und der Weihe. Diese haben zwei Gesichter, man traue ihnen nicht.

Die Straußenhennenart weiß nichts von einer Verantwortung für die Seelen. Diese Geister wollen bloß ihre Weisheit an den

Mann bringen, halten große Vorträge, aber wenn Gefahr droht, machen sie sich aus dem Staub oder stecken den Kopf in den Sand, statt ihre Stimme zu erheben.

Die übrigen Vögel betreffen den Predigt- und Lehrdienst »nach seiner Art«. Viele davon werden in den Bibelschulen gezüchtet, fast alle in den theologischen Fakultäten. Kennzeichnend für alle unreinen Geister in Babylon sind drei Dinge: Erstens leugnen sie, dass sie in Babylon gefangen sind; zweitens rechnen sie sich zur Braut Christi, die zur Hochzeit des Lammes geladen ist, obwohl sie Hurerei getrieben haben, und drittens wissen sie mit der Offenbarung Jesu Christi nichts anzufangen, außer damit zu spekulieren und sich die Trostverse herauszupicken.

Ich bin kein Vogelkundler, wir sprechen über allgemein bekannte Vögel. Die Deutungen können verschieden sein. Von den unreinen Vögeln sind die gehassten zu unterscheiden, die nicht gerade unrein, aber fleischlich sind. Gehasst sind sie deshalb, weil sie aufdringlich sind. Sie wollen jeden bekehren und reden auf die Leute ein, sodass sie genau das verhindern, was sie erreichen wollen. Die Leute sind von dieser Art äußerst abgestoßen. Diese ungeistliche, fleischlich-fromme Art tritt auch in Fußgängerzonen auf, einzelne als »Mann Gottes«, manchmal mit einem recht zerzausten Bart, unordentlich gekleidet, todernst. »Ein seltsamer Vogel«, lästert die Welt nicht ganz unberechtigt. Jesus und die Apostel liefen nicht so herum, schrien auch nicht auf der Straße. Es gibt schon seltsame Vögel unter dem Himmel. Diese sind doppelt in Babylon gefangen, einmal in dem Gefängnis Babylon, dann auch in ihrer eigenen Frömmigkeit.

Auch sonst gibt es unangenehme Geistes- bzw. Vogelarten in den Gemeinden der Nationen, die jedoch nicht gefährlich sind, manche sogar amüsant erscheinen, aber nicht der Erbauung dienen. Drinnen und draußen hört man die »geschwätzige« Elster, auch »diebische Elster« genannt, weil sie unaufhörlich und inhaltslos schwatzt und anderen die Zeit stiehlt. Meist sind es Frauen, die Predigtämter anstreben. Möge ihnen ihre Elster-Art ausgetrieben werden.

Dann noch der Eichelhäher, die Polizei im Walde, eine krächzende Art, die alle anderen beurteilt und richtet, nur sich selbst nicht. Diesen wird es nach dem Sprichwort ergehen: »Wie man in den Wald hineinruft, so schallt es heraus.« Solche »Diener Christi« stehen in einem schlechten Ansehen, einmal wird alles auf sie selbst zurückkommen. Der Fischreiher steht am Fluss und steht und wartet, bis ein Fisch daherkommt. Auch keine geistliche Art. So wartet auch mancher Pastor, bis jemand sich in die Gemeinde verläuft. Heute kann man so nicht mehr handeln, erst wieder im neuen Jerusalem. Obwohl keiner kommt, predigt er jeden Sonntag den Ungläubigen, die nicht da sind. Im Sinne Christi wäre, die Verlorenen aufzusuchen, ihnen nachzugehen. Jesus ist gekommen zu suchen und zu erretten, was verloren ist. Hingegen ist die Seemöwe ganz anderer Art, sie schreit und sucht ständig nach »Kirchenfernen« auf amerikanische Art; viele kommen und gehen wieder, aber bekehren sich nicht. Nicht zuletzt sind »alle Raben nach ihrer Art« erwähnenswert, die den Pfarrern im Talar gleichen und »schwarz wie der Rabe« sind, daher Gott und inzwischen auch der Welt ein Gräuel. Man sagt nicht zu viel, dass »man in der Kirche Gott als tot, Christus als einen Mythos und die Bibel als unwahr erklären kann«. (Wurmbrand) Dass eine Grünen-Politikerin den Vorsitz in der EKD hat, zeigt, welche Geister sich in der Babylonkirche eingenistet haben.

Die »Weihe nach ihrer Art« legt eine gut formulierte Predigt vor, aber sie ist abgelesen und daher ein totes Selbstgespräch, sie dringt nur in den Kopf ein, nicht in die Herzen der versammelten Gemeinde. Wer den Geist und eine Gabe hat, braucht kein Manuskript für die Wortauslegung. Bei einer Themenpredigt schon, Notizen sind nicht verkehrt.

Zum Schluss noch eine »gute« Art, die man nicht einer bestimmten Geistes- oder Vogelart zuordnen kann, die aber dennoch abstoßend, widerlich, ja hassenswürdig ist. Es sind die bunt gefiederten Prediger, schräge Vögel, aalglatt, die die Autorität der Bibel durch ihren evolutionistischen Glauben unterlaufen, große Redner, aber kleine Geister, die das Evangelium verfälschen. Paulus nennt sie »falsche Apostel, betrügerische Arbeiter«. (2.Kor.11,13–15)

Glücklicherweise gibt es nicht nur Raben und Falken, die einem die Augen aushacken, sondern auch reine und liebliche Vögel wie die Taube, die bald aus Babylon ausfliegen und nie mehr zurückkehren werden und alle »Vögel des Himmels«, von denen wir noch hören werden (19,17).

Wir wollen hiermit unsere Vogelbetrachtung beenden, es ließe sich noch viel dazu sagen. Ein Spatz ist mehr wert als alle diese Vögel, durch die der Geist Gottes verdrängt wird. Wenn man die Geister unterscheiden kann, leider können das nur wenige, sollte man ihnen nicht das Ohr leihen. Wenn wir erkennen, dass die eine oder andere Art bei uns selbst vorhanden ist, gewöhnlich sieht man das ja nicht, es müssen uns schon andere darauf aufmerksam machen, dann dürfen wir den HERRN um die Gnade bitten, uns davon zu befreien. Von Maria-Magdalena hat Jesus sieben Dämonen ausgetrieben (Mark.16,9), ihre große Liebe zu ihrem HERRN, Der sie frei gemacht hat, kommt in Joh.20 zum Ausdruck.

Von dem Weine der Wut ihrer Hurerei haben alle Nationen getrunken, so lautet die Begründung für die in Babylon hausenden unreinen Geister. Was machte die »Nationen« so gierig nach deren Liebeswein, was erzeugte solche Liebeswut? Letztes Produkt ist eine »tolle Liebesgeschichte« über die Braut Christi, die »das begehrteste und schönste Mädchen der Welt« sei. Der Pastor bekennt, ein »Riesenfan von Liebesgeschichten und Liebesfilmen« zu sein, seine Sprache verrät die babylonische Selbstverliebtheit. So ein Hurengeist will uns die Bibel als »klassisches romantisches Märchen« verkaufen und ist damit reich geworden. Offenbar ist sein Christus ein anderer Jesus. Er unterschlägt den Abfall und das Gericht, dass die einstige Braut Israel als Hure endete, und die neutestamentliche Gemeinde von Ephesus bis Laodicäa sogar als große Hure gerichtet wird. Das ist dann das tragische Ende der »größten Liebesgeschichte aller Zeiten«, wovon das folgende

Kapitel zeugt. Als Hure war Babylon eine Zeit sehr begehrt, aber nun wird sie von ihren Buhlen gehasst. Die wahre Braut Christi ist eine andere, sie wird erst in der Offenbarung gesucht. »Ich bin verliebt in die Braut Christi«, sagte Richard Wurmbrand; er meinte die leidende Gemeinde in den Gefängnissen. Wir sahen die Braut bereits mit dem Lamm auf dem Berge Zion (14,1–5), ihr Wesen ist so ganz anders als das Hurenweib.

Heimkehr aus Babylon (18,4–7)

Gehet aus Babylon hinaus, mein Volk! lautet der Ruf aus dem Himmel. Mit dieser Stimme wird wohl am deutlichsten, dass unser Gott und HERR kommt, um das abtrünnige Kirchensystem zu richten. Es gibt wohl kaum eine evangelikale Gemeinde, Gemeinschaft oder Gruppe, die nicht bekennt, aus Babylon hinausgegangen zu sein und doch sind sie eine Babylonkirche geblieben, eine Nationengemeinde, die nicht Israel ist und sein will. Die Geschichte dieser Gemeinden und Versammlungen beweist, und die Schrift bestätigt es, dass sie nicht ausgegangen, sondern in Babylon eingegangen sind, richtiger dahin weggeführt wurden, wenn sie denn je Gottes Volk, Israel, waren und es bekannten. Wie könnte Gott Sein Volk dort herausrufen, wenn es nicht drinnen wäre. Wir haben an der Dreiteilung Babylons durch das große Erdbeben gesehen, in welchem Teil das Volk Gottes wohnt. Ist es nur Unwissenheit oder ist es geistlicher Hochmut, wenn man das nicht erkennt? Die Wahrheit ist, dass wir, genauer unsere Väter, getreu dem biblischen Vorbild Israels, das Babylon der Neuzeit mit gebaut haben: »Bauet Häuser und bewohnet sie, und pflanzet Gärten und esset ihre Frucht. Nehmet Weiber und zeuget Söhne und Töchter ... und mehret euch daselbst und mindert euch nicht. Und suchet den Frieden der Stadt, wohin ich euch weggeführt habe, und betet für sie zu Gott; denn in ihrem Frieden werdet ihr Frieden haben.« (Jer.29,5–7) Dies war unter den gegebenen Umständen das Beste, was sie tun konnten. Immerhin sollte der Aufenthalt in Babylon 70 Jahre währen, das ist ein Menschenalter, bis zur Rückkehr nach Jerusalem. »Sobald siebenzig Jahre für Babel voll sind, werde ich mich euer annehmen und mein gutes Wort an euch erfüllen, euch an diesen Ort zurückzubringen.«

(Jer.29,10) Die ältesten Juden sollten noch Zeugnis geben können, wie es vorher war. Die Weisheit der Wege Gottes ließen Juda und Jerusalem nach Babylon wegführen, mit den Gesetzlosen auch die Treuen, um von dort aus einen echten gottesfürchtigen Überrest wieder zurückzuführen. Die Gefangenschaft der Juden wurde nicht etwa durch einen König Babylons beendet noch durch einen Aufstand der Juden, sondern durch Cyrus (Kores*)*, der Babylon eroberte und das persische Reich gründete. Obwohl der Ruf Kores zur Rückkehr sich an alle Weggeführten richtete (Esra 1), folgten ihm doch nur verhältnismäßig wenige; die meisten machten sich im babylonischen Reich sesshaft und vermischten sich mit den Heidenvölkern.

Die Wegführung nach Babylon war wie im Vorbild eine geistliche Notwendigkeit. Gott will sich aus der abtrünnigen christlichen Masse einen Überrest erhalten, um mit ihm ein neues Werk zu beginnen und den Tempel der Gemeinde wiederherzustellen. Allerdings haben sich die Verhältnisse zwischen Eingang und Ausgehen gewaltig verändert. Die negative Veränderung des bekennenden Volkes ist auffallend. Gemeinden, die vor wenigen Jahrzehnten noch konservativ waren, haben sich inzwischen dem liberalen Zeitgeist angepasst. Wer wird sich aufmachen, wenn der Ruf ertönt, Babylon zu verlassen? Wahrscheinlich werden es nur relativ wenige sein, die bereit sind, sich an der Gemeindewiederherstellung aktiv zu beteiligen.

Das große Hindernis für eine moralische Wende, erst recht für eine Erweckung im Lande der Reformation und darüber hinaus, ist die Babylonkirche; sie ist das große Hemmnis, inzwischen auch das große Ärgernis für die Welt, weil sie ein verfälschtes, geheucheltes Christentum stützt, das die Welt abstößt. In Babylon bekehrt sich niemand, es sei denn, er kommt von außen. Wenn ein Ungläubiger sich bekehrt, ein Moslem oder ein Jude, kommt er nicht aus Babylon. Babylon hat mehr zur Säkularisierung der Kirche durch Anpassung an die gottlose Moderne und Preisgabe verbindlicher Normen und Werte getan, als Licht und Salz zu sein. Ihre geistliche Hurerei hat die Welt zur buchstäblichen Hurerei animiert. Den sittlichen Verfall der Gesellschaft hat die

Kirche zu verantworten. Ohne die hurerische Kirche wäre das Tier nicht zu dieser Macht gekommen, alle linken Ideologien und gottlosen Gesetze hat sie durch ihr Schweigen und zum Teil Gutheißen begünstigt. Wenn dieses Gemisch von Kirche und Welt, Humanismus und Christentum beseitigt ist, ist der Weg frei für eine sittliche und moralische Erneuerung ganzer Gesellschaften. Die Erneuerung muss freilich in Wort und Schrift verkündigt werden. Eine Renaissance des Christentums wird die politische und gesellschaftliche Szene verändern (möglicherweise aber die Gesellschaft spalten, ganz sicher Gemeinden). Persönlichkeiten, die aus ihren Ämtern entfernt wurden, weil sie die Wahrheit veröffentlichen, werden rehabilitiert werden. Auch der fortschreitenden Islamisierung wird ein Damm gesetzt werden. Biblische Grundsätze und Ordnungen werden wieder zur Geltung kommen; unmoralische Gesetze, die Kirchenführer befürwortet haben, werden geändert werden, Abtreibung und Perversitäten werden geächtet. Die Menschen kehren wieder zur Sittlichkeit zurück. Gläubige Menschen werden sich nicht mehr bedrängt fühlen. Sie werden nicht mehr von zügelloser Zurschaustellung alles Niederträchtigen in die Enge getrieben. Sie sind nicht mehr auf der Flucht, sie sind wieder geachtet und nicht verpönt. Kinderreiche Familien werden wieder geschätzt, die Mutter und Hausfrau hoch geachtet, die Emanze aber verachtet; die Beziehungen zwischen Eltern und Kindern kommen wieder in Ordnung nach den Geboten Gottes; Kinder werden wieder ihre Eltern achten und ihnen gehorchen, verlorene Söhne und Töchter werden zurückkehren. In den Schulen hat der christliche Glaube wieder seinen Platz, er ist wieder Mittelpunkt des Lebens und Grundlage der Sittlichkeit. Dann ist auch der Zeitpunkt gekommen, die Schulpflicht in eine Unterrichtspflicht umzuwandeln, sodass Eltern frei wählen können, wo und wie ihre Kinder Bildung und Erziehung erhalten, in einer christlichen Schule oder privat zu Hause. Diese Freiheit wird entscheidend sein, um die Schafe von den Böcken zu scheiden und für den Aufbau einer reinen und heiligen Gemeinde.

Ein Traum? Eine Vision? Die Offenbarung Jesu Christi macht es zur Realität durch den Sieg Christi und Seines Heeres über das Tier und den falschen Propheten, die unmittelbar nach dem Fall Babylons besiegt werden. Dann ist auch der Weg frei für die geistliche Erneuerung der Gemeinde Gottes als neues Jerusalem, in deren Licht auch die Nationen wandeln werden. Dazu bedarf es dann allerdings Männer Gottes wie Esra und die Propheten Haggai und Maleachi. Das Licht der Wahrheit des Evangeliums wird dann wieder hell leuchten und Menschen anziehen, ja, eine große unzählbare Volksmenge erwecken. »So spricht der Herr der Heerscharen: Ich eifere für Zion mit großem Eifer ... ich kehre nach Zion zurück ... Es werden noch Greise und Greisinnen auf ihren Straßen sitzen ... Und die Straßen der Stadt werden voll sein von Knaben und Mädchen, die auf seinen Straßen spielen. So spricht der Herr der Heerscharen: Wenn es wunderbar ist in den Augen des Überrestes dieses Volkes in jenen Tagen, wird es auch in meinen Augen wunderbar sein? ... Noch wird es geschehen, dass Völker und Bewohner vieler Städte kommen werden; und die Bewohner der einen werden zur anderen gehen und sagen: Lasst uns doch hingehen, um den Herrn anzuflehen und den Herrn der Heerscharen zu suchen.« (Sach.8)

Wie wunderbar hat sich diese Verheißung in den Tagen der Apostel erfüllt. Sie soll sich an den Glaubenden auch in den letzten Tagen erfüllen. Als Einzelner kann man wohl nicht aus Babylon ausgehen, ist wohl auch zu gefahrvoll, man könnte von Räuberbanden (Sekten) überfallen werden. Es muss zu einer größeren Bewegung kommen (vgl.Esra 1,5; 8,15), die wohl kaum durch eine Gemeinde angestoßen wird, sondern von außen kommen muss. Womöglich und wahrscheinlich wird diese Bewegung durch eine politische oder kulturelle Macht, Partei oder Person in Gang gesetzt oder zumindest gefördert. Das kann auch durch ein zeitkritisches Buch geschehen. Gott ist souverän in der Wahl Seiner Mittel! Er wird uns nicht fragen, was wir dazu meinen. Wenn Gott den Geist eines heidnischen Königs erweckte, um den Tempel in Jerusalem wieder aufzubauen, so kann er auch heute Leute mit großem Einfluss erwecken. Nebukadnezar hatte den Tempel bis auf die Grundmauern zerstört und das Volk weggeführt, was man mit unserer heutigen Kulturzerstörung vergleichen kann. Kores hingegen unterstützte den Wiederaufbau des Hauses Gottes und die Rückkehr der Juden. Unter Artasasta kam sogar der strenge Befehl, das Gesetz zu lehren und die Übertreter zu bestrafen. Auf diese Weise können sich die Zeiten auch heute wieder zugunsten der Gläubigen ändern. Gott kann Herzen bewegen und kirchliche und staatliche Systeme entmachten und neue Verhältnisse schaffen. Die Reformation war ein solches Werk, wozu Gott auch die Landesfürsten benutzte, um das Werk zu schützen und seine Ausbreitung zu unterstützen. Anders wäre die Reformation wahrscheinlich im Sande verlaufen.

Beispiele von Gottes Eingreifen gibt es auch aus der jüngsten Geschichte. Gott hat die Sowjetführer durch Glasnost und Perestroika weich gemacht und die Sowjetunion nach 70 Jahren auseinanderfallen lassen und damit den Gläubigen und dem Evangelium Freiheit gebracht. Die verfolgten Brüder haben immer an ein Ende der kommunistischen Herrschaft geglaubt. In diesem Zuge denken wir auch an die Wende in der DDR. Beides geschah infolge vieler Gebete. In China fürchtet die Regierung mehr als alles andere die Gebete der Gläubigen, obwohl diese versichern, dass sie keinen Umsturz planen. Was die großen christlichen Parteien bisher nicht schafften, die gerade so wie die Kirche selbst an gesellschaftserneuerndem Einfluss verlieren und auch keine neue Partei schaffen kann, das kann Gott durch ganz andere Mittel geschehen lassen, denn bei Gott ist kein Ding unmöglich (Luk.18,27). Gebete setzen den Arm Gottes in Bewegung, etwa mit den Gebeten in den Psalmen, worin das Ende der Herrschaft der Gesetzlosen erfleht wird und verheißen ist.

Gehet aus Babylon hinaus, mein Volk ... »Mein Volk«, das ist Gottes Israel, das Israel nach dem Geiste, das Israel des neuen Bundes, neugeboren aus Wasser (Wort Gottes) und Geist (Joh.3,5), Wir sollen uns schnellstens von der Heidengemeinde, der Kirche der »Nationen«, trennen. Die Sache ist dringend, denn in Babylon können wir nicht länger bleiben, ohne **ihrer Sünden mitteilhaftig zu werden, und auf dass ihr nicht empfanget von ihren Plagen; denn ihre Sünden sind aufgehäuft bis zum Himmel, und Gott hat ihrer Ungerechtigkeit gedacht.**

Viele Gläubige haben sich an die dort herrschenden Zustände gewöhnt oder damit abgefunden, leider auch ihren Fremdlingscharakter aufgegeben. Wenn Gott befiehlt wie bei der Wegführung: »Gehet nach Babylon«, so muss man ziehen. Wenn Er sagt: »Gehet hinaus«, so muss man gehorchen. Es liegt dann eine Heilsnotwendigkeit vor. »Ziehet aus ihm hinaus, mein Volk, und rettet ein jeder sein Leben vor der Glut des Zornes Gottes.« (Jer.51,45) Den Weg und das Wohin wird Gott den Glaubensgehorsamen zeigen. Manch einer mag es noch nicht einsehen wollen, warum es plötzlich so dringend sein soll, die Babylongemeinde zu verlassen. Ist man doch darin aufgewachsen oder hat dort Unterschlupf gefunden. Da hat man sich jahrelang bemüht, Menschen mit in die Versammlung zu kriegen und jetzt soll man ihnen sagen: »Weichet, weichet, gehet von dannen hinaus ...« (Jes.52,11) Wer sich weigert, wird auch von den Plagen etwas abkriegen, die in Kap. 16 beschrieben sind. Die babylonischen Plagen sind wie die ägyptischen und treffen die Uneinsichtigen und Unbeugsamen. Paulus bekräftigt das Jesaja-Wort bei den Korinthern in Bezug auf die sie umgebende heidnische Welt: »Darum gehet aus ihrer Mitte aus und sondert euch ab, spricht der Herr, und rühret Unreines nicht an, und i c h werde euch aufnehmen.« (2.Kor.6,17) Timotheus fordert er auf, sich von der ihn umgebenden gesetzlosen christlichen Welt zu trennen: »Von diesen wende dich weg.« (2.Tim.3,5) Von Babylon hinausgehen heißt also nicht nur, sich von einem verderbten Kirchensystem trennen, sondern Trennung von Personen, die Gott nicht ehren, die die fleischlichen Lüste lieben und in Sünden leben. Von solchen ist Babylon voll und die abgefallene und ungerechte Kirche bestärkt sie darin.

»Vergeltet ihr, wie auch sie vergolten hat, und verdoppelt ihr doppelt nach ihren Werken; in dem Kelche, welchen sie gemischt hat, mischet ihr doppelt. Wie viel sie sich verherrlicht hat, so viel Qual und Trauer gebet ihr.« Als Gottes Israel sollen wir an Babylon Rache üben; freilich nicht an Menschen, sondern an dem System. Das stolze, selbstgefällige System muss aufs Schärfste verurteilt werden, anders kommen die in ihm gefangenen Seelen nicht davon los. Ob es Alt- oder Neu-Babylon ist, da ist vor Gott kein Unterschied in Seinem Urteil über die Abtrünnige. Alles das, was sie den Heiligen angetan hat, kommt auf sie zurück. Wie hat die Hure die Heiligen verhöhnt, sie soll doppelt ihren Hohn zurückbekommen. War es Unrecht, wie Luther und die Reformatoren über die katholische Kirche urteilten und wie man heute noch über Rom spricht? Für uns gilt dasselbe Recht bezüglich des Urteils über die gefallenen evangelikalen Gemeinden, die sich selbst so verherrlicht und treue Knechte Gottes so betrogen, verachtet und geknechtet haben. Soll man den üppigen Huren noch Ehrerbietung erzeigen? Von dem »Mischtrank« der Auserwählten wird ihnen übel werden. Wir sollen hier das Urteil sprechen, vollstreckt wird es durch das Tier. Wer sich von dem Urteil betroffen und getroffen fühlt, sollte sich trennen oder er wird empfangen von ihren Plagen. In Babylon gilt derselbe Grundsatz der Absonderung wie für den Exodus Israels aus Ägypten und Lot aus Sodom.

Die himmlische Stimme will uns sagen: Kommt heraus aus dem Gemeindegefängnis, liebe Glaubensgenossen. Gott hat für uns etwas Herrlicheres vorgesehen, als ihr je gekannt habt. »Ihr dem Schwert Entronnenen, gehet, bleibet nicht stehen! gedenket des Herrn aus der Ferne, und Jerusalem komme euch in den Sinn!« (Jer.51,50)

Der eigentliche Auszug wird durch einen öffentlichen Aufruf erfolgen. Das war so bei dem Auszug aus Ägypten, das war auch so bei der Rückkehr aus Babel. Im ersten Fall machte sich ein ganzes Volk auf, aus Babel zogen sie in zwei Zügen. Ein anderes Beispiel: Als die Russlanddeutschen frei waren auszureisen, kamen sie in Gruppen, Sippen und ganzen Gemeinden, erst später folgten einzelne Familien. So wird es voraussichtlich auch mit dem Auszug aus Babylon sein. So dringend die Abkehr ist, man muss dennoch warten, bis Gott das Signal zum Aufbruch gibt. Ein Einzelner würde sich auf dem Wege verirren und vielleicht von Wegelagerern ausgeraubt werden.

BABYLONS SELBSTTÄUSCHUNG (18,8–10)

Die stolze Babylongemeinde spricht in ihrem Herzen: **Ich sitze als Königin und Witwe bin ich nicht und Traurigkeit werde ich nicht sehen.** So sprach einst auch die Isebel, wenn sie es nicht selbst ist. Eigentlich spricht Babylon das nicht laut, weil man sich nicht selbst erhöht, aber sie denkt es und ist sehr überzeugt, die richtige Stellung und das rechte Verhältnis zu Christus zu haben. Erinnert uns diese Sprache nicht auch an Laodicäa? Da muss wohl eine direkte Verbindung der Könige von Laodicäa zu der Königin von Babylon bestehen. Trotz der hoffnungslosen Lage, trotz der grenzenlosen Verschuldung und ungeachtet der Einbrüche des Tieres und des Feuers im Dachstuhl, feiern sie im Saale weiter, als ob alles in Ordnung wäre. Bei allen Nationengemeinden ist es dasselbe: Das höchste Bekenntnis verbunden mit dem größten Sicherheitsgefühl. Kann man eine solche Selbstherrlichkeit und Selbstsicherheit, eine so sorglose Ruhe verstehen? Im Grunde denken die meisten Christen in ihrem Herzen so von ihrer Kirche und Gemeinde, wenn nicht auch von sich selbst. Andere sagen es mit den Worten des HERRN: »Des Hades (der Hölle) Pforten werden sie (die Kirche) nicht überwältigen.« Wobei sie selbstverständlich davon ausgehen, ihre Kirche und Gemeinde sei die geliebte Kirche Christi und sie sei die Entrückungsgemeinde. »Ich bin's und gar keine sonst.« (Jes.47,8) Daher sei kein Gericht und keine Traurigkeit zu befürchten. Welche Selbsttäuschung! Trotz ihres verdammungswürdigen Zustandes alle Tage eitel Sonnenschein.
Darum werden ihre Plagen an einem Tage kommen: Tod und Traurigkeit und Hungersnot und mit Feuer wird sie verbrannt werden; denn stark ist der Herr, Gott, der

sie gerichtet hat. Das Gericht wird als bereits vollzogen betrachtet. Doch die volle Wahrheit zu erfahren ist die Sache eines Tages, einer Stunde. Es wird daher hohe Zeit, die gegenwärtige Situation der Heidengemeinde zu erkennen, die sich Braut nennt und eine Hure geworden ist. Ob sie sich nun als »Israel« versteht und verweltlicht und verhurt ist oder sich als Königin des Himmels über Gottes Israel erhebt, ist einerlei. »Setze dich in den Staub, Jungfrau, Tochter Babylon! Setze dich hin zur Erde, ohne Thron, Tochter der Chaldäer! ... Sitze stumm und geh in die Finsternis, Tochter der Chaldäer! denn nicht mehr sollst du Herrin der Königreiche genannt werden.« (Jes.47) Es ist verblüffend, wie die Worte der Propheten über Babel mit dem Urteil über das neutestamentliche Babylon fast wörtlich übereinstimmen. Aber das ist auch kein Wunder, weil diese das Vorbild ist für die christliche Kirche.

Die Unglücksnachricht von der Vernichtung Babylons muss die Nationenkönige, die Hurerei und Üppigkeit mit ihr getrieben haben, mit Entsetzen erfüllen. Denn nun müssen sie sehen, was die Hurerei statt Heiligung ihnen eingebracht hat. Zu Ende ist es mit dem üppigen, sorglosen Leben. Ihr »Holz, Heu, Stroh«, womit sie gebaut haben, ist dem großen Feuer zum Opfer gefallen (1.Kor.3,13). Alles wird ein Raub der Flammen, nichts bleibt ihnen mehr. Grund genug zum Weinen und Wehklagen, wenn man alles verloren hat und wie Lot in Sodom nur das nackte Leben retten konnte. Als Abraham hin nach Sodom blickte, sah er wie »ein Rauch aufstieg von der Erde, wie der Rauch eines Schmelzofens« (1.Mo.19,28). Also wird es mit Babylon geschehen.

Wir haben bereits gelesen, dass das Tier »sie mit Feuer verbrennen wird«. Was dann noch von der Heidenkirche übrig ist, ist der Rauch ihres Brandes, der wie der »Rauch ihrer Qual« bei den Bildanbetern aufsteigt (14,11). Vor einer Stunde noch mit ihr auf dem Liebeslager, jetzt aber distanzieren sie sich von ihr und stehen von ferne aus Furcht vor ihrer Qual. Sollten sie es nicht über sich selbst sagen: »Wehe, wehe!« Wie schnell kann das Gericht über einen kommen, wenn man nicht bedacht hat, dass

Gottesfurcht und ein Wandel in Heiligkeit ebenso zum Christenleben gehören wie Gnade und Liebe. Ganze Städte können in wenigen Sekunden durch ein Erdbeben in Trümmer fallen. Doch hier ist es nicht das große Erdbeben wie in Kap.16, 18, sondern eine Feuersbrunst wie in Sodom.

Wir müssen noch auf die Gerichtsfolgen Tod und Traurigkeit und Hungersnot eingehen. Schon haben sie Tod und Traurigkeit erreicht. Das rufen sie sich bereits selbst zu in den Versammlungen. Erst dachte man, die Gemeinde schläft nur, aber da ist kein Aufwachen, das geistliche Leben ist erstorben. Hier und dort ist noch viel Gemeindebetrieb, Frauenfrühstück, Chorübungen etc., auch Freizeiten, um die Jugend bei der Stange zu halten. Was von der Jugend und von den durch Hurerei Geborenen übrig bleibt, hat bereits der HERR in Thyatira angekündigt: »Ihre Kinder werde ich mit Tod töten.« (Offb.2,23) Da bleibt nicht mehr viel Volk in den Gemeinden übrig, aber viel Traurigkeit. Es sieht überall traurig aus, sehr traurig. Persönlich oder familiär traut man sich schon gar nicht nachzufragen. Was ist denn noch die Gemeinde? Am besten wäre, man würde sie begraben. »Der Scheol drunten ist in Bewegung um deinetwillen, deiner Ankunft entgegen; er stört deinetwegen die Schatten auf, alle Mächtigen der Erde, er lässt von ihren Thronen aufstehen alle Könige der Nationen, auch d u bist kraftlos geworden wie wir, bist uns gleich geworden.« (Jes.14,9.10) Kraftlos geworden wie die Welt, selbst in ihrem philadelphischen Bekenntnis. Die »Gemeinde Jesu« ist eigentlich nur noch in der Vorstellung vorhanden. Von ihrer Besonderheit als Fortsetzung der Kirche im Evangelikalismus ist kaum mehr etwas zu sehen. Tod und Traurigkeit kennzeichnet den allgemeinen Zustand.

Auch die »Hungersnot« ist gravierend. Eine geistliche Hungersnot ist immer eine Folge von mangelnder geistlicher Speise des Wortes Gottes, wenn der Geist fehlt. Der Geist ist ausgelöscht, es herrscht der Weltgeist. Wenn das Wort Gottes in einem anderen Geiste ausgelegt wird, hat es keinen Nährwert, keine Kraft mehr. Große Konferenzen werden über den Heiligen Geist abgehalten, aber das Ergebnis ist, wie Johannes schreibt: »… der Geist war noch nicht, weil Jesus noch nicht verherrlicht worden war.« (Joh.7,39). Die Betrachtung der Offenbarung Jesu Christi ist in Babylon alles andere als eine Verherrlichung Jesu, vielmehr eine Verherrlichung der Gemeinde und des Menschen. In den Predigten wiederholen sie nur immer wieder dasselbe überlieferte Gedankengut oder totes Bibelwissen. In Babylon ist die Verbindung zum Alten Testament und dessen Vorbildcharakter auf Christus hin und die Gemeinde verloren gegangen. Für die evangelikale Endzeitkirche ist die Bibel sehr dünn geworden. Das Alte Testament hat für sie lediglich literarischen Wert, ist für sie Geschichte; das Gesetz kann man nicht mehr auslegen, die Propheten werden buchstäblich genommen und politisch gedeutet. Wozu braucht man dann den Geist, der in alle Wahrheit leitet?

Kümmerlich, ja geistlos ist daher der Dienst am Wort, die Predigt, sie beschränkt sich mehr oder weniger aufs Nacherzählen und Moralisieren; in den Bibelstunden wird diese Armut besonders deutlich. Wer die Gemeinden vor Jahrzehnten erlebt hat und heute sich eine Predigt anhört, ist erschrocken über die geistliche Armut. Dementsprechend leiden die Seelen Hungersnot, darben, verkümmern, weil sie keine echte Speise bekommen; es wird viel moralisiert, wovon auch keiner leben kann. Deshalb sind viele krank, krank an der Seele. Oder sie suchen sich andere Kosthäuser, weltliche Literatur, Theater, Internetspiele und allerlei verderbliche geistige Zerstreuung.

Die meisten werden in ihrer Mitte den Verlust kaum bemerkt haben, weil ihnen ständig gepredigt wird, wie reich sie in Christus sind, wie gesegnet die Versammlung wieder war. Tatsächlich aber haben sie gar nichts, weder Kraft noch Liebe noch Glauben; »du weißt nicht, dass d u der Elende und Jämmerliche und arm und blind und bloß bist«. (3,17) Dieser Befund gilt ebenso und in noch größerem Maße für Babylon. Laodicäa und Babylon ist ungefähr dasselbe, dieselbe hochmütige Sprache, dieselbe selbstherrliche Gesinnung, aber auch derselbe traurige Zustand. Groß-Babylon vereinigt zuletzt alle abgefallenen Gemeinden der Nationen in sich.

BABYLONS KAUFLEUTE UND WAREN (18,11–16)

Mit dem Gericht an Babylon scheint keiner gerechnet zu haben, auch nicht die Kaufleute der Erde. Plötzlich stehen sie vor dem Geschäftsruin, weil niemand mehr ihre Ware kauft. Sie, die Weltevangelisten, Bibellehrer, Verlage etc., hätten wissen müssen, dass man so nicht weiterwirtschaften kann, wenn der Absatz zurückgeht und die Kunden ausbleiben, die Schulden aber steigen. Schon heute kämpfen christliche Buchhandlungen vielerorts um ihre Existenz, weil das Interesse am guten christlichen Buch zurückgeht, besonders an theologischen Werken und geistlichen Betrachtungen. Lieber liest man Liebesgeschichten, Romane, Krimis.

Längst hätten die »Kaufleute« den Konkurs anmelden müssen, aber zuletzt haben sie alles verschleudert und nur noch Privatentnahmen gemacht, bis einige Gläubige(r) nicht mehr mittaten und der ganze Kirchenschwindel aufflog. Da ist große Bestürzung, sie weinen und wehklagen über sie, merkwürdig. Sollten sie nicht über sich selbst weinen und wehklagen, weil sie die Zeit nicht erkannten? Paulus war ein ehrlicher Kaufmann, sein Evangelium forderte seinen Preis, was er anbot, war nicht billig zu haben. Den Leuten wird heute das Neue Testament nachgeworfen, statt es sie kaufen zu lassen, wenn sie daran Interesse haben. Doch nicht mal einen Cent sind sie bereit zu geben für das wertvollste Buch der Welt, die Bibel.

Interessant ist die Warenliste Babylons, alles sehr kostbare, hochwertige Güter, keine Billigware, natürlich keine materiellen Güter wie wir in Kap.13 bereits angedeutet haben, sondern geistliche Dinge. Dagegen ist das, was der »Markt der Möglichkeiten« auf einem Kirchentag anzubieten hat, nur Ausschuss. Was einst in und an Babylon verkauft wurde, war Wahrheit und Liebe, echte

Liebe und Bruderliebe. Zuletzt aber hatte keiner mehr Interesse an der Wahrheit. Nur Halbwahrheiten, Fabeln waren verkäuflich, gesunde Lehre konnten sie nicht ertragen (2.Tim.4,3.4). Selbst die »reichen« Laodicäer, denen vom HERRN nahegelegt worden war, »Gold, geläutert im Feuer« zu kaufen, wollten es nicht mal umsonst.

Ergänzt wird die Warenliste noch durch den Handel mit Tyrus, dem die Wehklage über den Untergang Babylons fast wörtlich entnommen ist (Hes.27). Wie wir oft bei der Betrachtung der Offenbarung festgestellt haben, fließen auch hier Vorbilder zusammen. Im vorliegenden Kapitel haben wir praktisch nur Andeutungen des großen Geheimnisses Babylon gemacht, die Einzelheiten müssen wir den Propheten entnehmen. Der eine Nenner für Vorbild und Gegenbild ist die Geschichte der Nationen. »Denn ich sage euch, den Nationen: insofern ich der Nationen Apostel bin ...« (Röm.11,13). Daher sind auch die Schriften des Apostels Paulus für die Nationenkirche von besonderer Bedeutung, vornehmlich der Epheserbrief; andere Schriftteile hingegen werden eher vernachlässigt, weil schwer verständlich.

Wenn man bedenkt, was die Gemeinde einmal an geistlichen Gütern, kostbaren Wahrheiten und Gaben besaß und was heute noch davon übrig geblieben ist, so möchte man mit den Kaufleuten laut weinen. Nach dem Epheserbrief hatte die Gemeinde der Nationen den höchsten Platz, ihre Stellung war in den »himmlischen Örtern«. Im Vorbild Tyrus gesprochen war sie »das Bild der Vollendung, voll von Weisheit und vollkommen an Schönheit«. Seit den Tagen der Apostel hat es nie mehr eine solche geisterfüllte, gesegnete und schöne Gemeinschaft gegeben wie in der Brüder- und Gemeinschaftsbewegung. Keine andere Kirche hatte solche geistlichen Männer, reiche geistliche Literatur und geistliche Lieder. Wahrhaftig, der HERR hatte den Gemeindeengel in Philadelphia zu einem schirmenden Cherub der Heiligen gemacht im Eden der Gemeinde Gottes. »Allerlei Edelgestein war deine Decke: Sardis, Topas, Chrysolith ...« (Hes.28,13), fast so viele Edelsteine wie die Mauer des neuen Jerusalem und zum großen Teil die gleichen. Sie bedeuten allerlei kostbare Wahrheiten und Schätze der Weisheit und der Erkenntnis (Kol.2,3). Die Wahrheit von der Gemeinde als Leib, die Wahrheit von der Befreiung vom Gesetz und dem Priestertum der Gläubigen, die Wahrheit von der Absonderung und dem Königtum in Jesu und manch andere Wahrheiten waren Edelsteine der Erkenntnis.

Dennoch fehlten bei den Edelsteinen in der Gemeinde der Nationen zwei grundlegende und zukunftsentscheidende Edelsteine der Wahrheit, denn es sind zwölf, nach der Zahl der zwölf Stämme Israels. Die Lehre der Brüderbewegung, von Darbys Dispensationalismus geprägt, sieht keine Verbindung zu Gottes Israel und Jerusalem. Anders die Gemeinschaftsbewegung, die bis zur Staatsgründung Israels an der reformatorischen Lehre vom Reich und Volk Gottes festhielt, verlor aber durch prophetisch-politische Spekulationen den Bezug zum Israel des neuen Bundes. Ebenso andere evangelikale Kreise. Sie waren alle einmal sehr gesegnet, erlagen aber dem Israelirrtum. Wären sie nur dem empfangenen Licht treu geblieben, hätte Gott ihnen auch in der Israelfrage Licht gegeben. »Siehe, du bist weiser als Daniel, nichts Verborgenes ist dunkel für dich ... vollkommen warst du in deinen Wegen von dem Tage an, da du geschaffen worden, bis Unrecht an dir gefunden wurde.« (Hes.28, 3.15) Das gilt für jeden der sieben Gemeindeengel, leider auch für alle Erweckungsbewegungen in den zwei letzten Jahrhunderten.

Das Bild des Fürsten von Tyrus wird allgemein auf Satan als gefallenen Engelsfürsten gedeutet. Doch zuerst ist hier wirklich ein Mensch, ein König der Nationen, und eine Stadt der Nationen beschrieben, die nach dem Fall Israels und Jerusalems zur Blüte und zu großem Reichtum gelangte, sich dann aber über jenes erhob – und fiel. Das gleiche Schicksal hat die Kirche ereilt, weil die Könige der Nationen hochmütig geworden sind (Röm.11,20–22).

Die Schrifterkenntnis der evangelikalen Gemeinden übertraf die Erkenntnis der Reformatoren und man kann sagen auch der Kirchenväter. Doch an die Apostel reichte es nicht. Gott hatte der Brüderbewegung viel Licht gegeben. Das gaben Theologen zu! »Durch deine Weisheit, deinen Verstand hast du dir Reichtum erworben, und hast Gold und Silber in deine Schatzkammern geschafft.« Jeden Teil der Schrift haben sie erforscht und darüber geschrieben. Natürlich versuchten sie auch, ihre Erkenntnis anderen zu verkaufen. Warum auch nicht? Doch »durch die Größe deiner Weisheit hast du mit deinem Handel Reichtum gemehrt, und dein Herz hat sich wegen deines Reichtums erhoben«. Die große Erkenntnis stieg ihnen sozusagen in den Kopf.

Sie ahnen noch nichts von den Vorgängen im Himmel, dass ihr Engel gefallen ist und seine Krone verloren hat. »Ich habe dich zu Boden geworfen ... habe aus deinem Inneren ein Feuer ausgehen lassen, welches dich verzehrt hat. Ein Schrecken bist du geworden, und bist dahin auf ewig.« (Hes.28,17–19)

Die Zeit des jetzigen Babylon ist abgelaufen »und seine Tage werden nicht verlängert werden. Denn der Herr wird sich Jakobs erbarmen und Israel noch erwählen ... Wie hat aufgehört der Bedrücker, aufgehört die Erpressung!« Das heutige Gemeindevolk und Versammlungsgeschlecht hat kaum einen Begriff von der einstigen Macht und Herrlichkeit der Kirche Christi. Die Gemeinde der Nationen war einmal ein göttliches System und seine Waren Produkte des Geistes von paulinischer Qualität und göttlicher Herrlichkeit. So sehen wir denn auch nichts Schlechtes oder Minderwertiges in der Warenliste Babylons, es sind alles gute Waren, das allerwertvollste und kostbarste Glaubensgut. Das Herrlichste und Beste an geistlichen Schätzen besitzt, richtiger besaß die Gemeinde, das Feinste und Schönste der Gemeinschaft, die brauchbarsten und praktischsten Dinge für ein gottseliges Leben, die duftendsten Wohlgerüche des Evangeliums, das Köstlichste und Nahrhafteste an geistlicher Speise, das Fetteste und Süßeste für die Seele, das Stärkste und Größte in der Welt war im Reiche Gottes. Wer das verachtet oder gering schätzt, kann kein Christ sein.

Leider haben die Nationen vergessen, dass alle diese Dinge Eigentum Israels waren und zum Tempel Gottes in Jerusalem, der heiligen Stadt Israels, gehörten. Statt sie zur Ehre Gottes, zur Verherrlichung Christi und zum Wohle Seines Volkes und zu einem heiligen und gerechten Wandel zu gebrauchen, haben sie sich damit geschmückt und großgetan und wie Belsazar missbraucht (Dan.5). Die modernen Kaufleute haben einen unlauteren Handel mit der Gottseligkeit getrieben. Das ihnen zur Verwaltung und Bewahrung anvertraute apostolische Lehrgut wurde Handelsgut. Mit den Schätzen der Weisheit und Erkenntnis des Geheimnisses Gottes (Kol.2,3) ist ein ungeistlicher Tauschhandel getrieben worden. »Tarsis trieb Handel mit dir wegen der Menge von allerlei Gütern; mit Silber, Eisen, Zinn und Blei bezahlten sie deinen Absatz. Jawan, Tubal und Mesech waren deine Kaufleute; mit Menschenseelen und ehernen Geräten trieben sie Tauschhandel mit dir.« (Hes.27,12)

In der freien Marktwirtschaft regeln Nachfrage und Angebot den Preis. Im Reiche Gottes jedoch wird der Preis von der Zahlungsunfähigkeit und Selbstaufgabe des Käufers bestimmt: Er bekommt alles umsonst. Denn jener königliche Kaufmann des Reiches der Himmel hat den Preis bezahlt, er hat um der einen kostbaren Perle willen alles verkauft, was er hatte, um sie zu besitzen (Mathh.13,45). Ein Kaufmann der gleichen Art war auch der Apostel der Nationen und manche Knechte Gottes nach ihm. Welche Hingabe war ihr Leben und wie viele sind durch sie reich geworden. Von ihnen kann gesagt werden: »Ihre Kaufleute waren Fürsten, ihre Händler die Vornehmsten der Erde.«

Und heute? Der Kaufgeist unserer Zeit hat auch die Gemeindekaufleute verdorben. Sie meinen, »die Gottseligkeit sei ein Mittel zum Gewinn« (1.Tim.6,5). Wenn es ihnen dabei auch nicht unbedingt um Geld geht, außer um ein festes Gehalt und die Sozialversicherung – Ehre, Ansehen, Einfluss gelten mehr. Im Gegensatz zu den Königen, »welche Hurerei mit ihr getrieben haben«, wird den Kaufleuten dies nicht zur Last gelegt. Ihre Verschuldung liegt auf einem anderen Gebiet. Sie haben nicht das Wohl und die Freiheit der Seelen gesucht, sondern sich die Seelen gekauft, um ihr System zu bauen. Die geistlichen Güter und Gaben, welche in den ersten Tagen der Philadelphiagemeinde frei verfügbar und allen zugänglich waren, wurden im Laufe der Geschichte systemgebunden, dienten nicht mehr dem ganzen Leib. Am Beispiel der darbystischen Kaufleute kann man das genau verfolgen.

Die »Brüder«, die den Boden der Versammlung (Gemeinde) für alle Gläubigen neu aufgezeigt und dahin eingeladen haben, um die Einheit des Leibes darzustellen, wurden ein engherziges, exklusives System, ja ein eigenes Reich mit strengen Grenzkontrollen. Um mit ihnen ins Geschäft zu kommen, muss man schon gute Handelsbeziehungen haben. Leicht ist es jedenfalls nicht, ihnen etwas zu verkaufen. In Tausch nehmen sie gar nichts, denn sie wollen nur verkaufen, obwohl niemand mehr ihre Ware begehrt. Das herrliche Angebot der aramäischen Darbysten, besonders der Englischen Brüder, »mit Karfunkeln, roter Purpur und Buntwirkerei und Byssus und Korallen und Rubinen« war in weiten Kreisen bekannt und bereicherte die Kirche weltweit. Ihr Schriftverständnis war sprichwörtlich, ihre geistliche Auslegung der Bücher Mose ist wohl das Wertvollste und Glänzendste an Wortdarbietung, bedauerlicherweise aber ohne zuerst an Israel zu denken. Selbstverständlich waren auch in anderen Kreisen Männer des Geistes, die Aussprüche Gottes getan haben und zum großen Segen waren. Auch sie trugen über die eigenen Grenzen hinweg zum Aufbau der Gemeinde und Gemeinden bei. Sogar »Juda und Israel waren deine Kaufleute; mit Weizen von Minnith und süßem Backwerk und Honig und Öl und Balsam trieben sie Tauschhandel mit dir«. Der Tauschhandel war meist auf einer Israelreise, auf der sich Leute bekehrt haben.

Schade, dass die englischen Allianzkaufleute sich nicht zu der sichtbaren Darstellung der einen Gemeinde einfinden konnten. Sie blieben Evangeliumskaufleute, beschränkten ihren Handel auf die Zeltmission. Dort demonstrierten sie die Einheit des Leibes Christi. Immerhin hat die Allianz der Babylongemeinde viele kostbare Menschenseelen zugeführt. Doch was einmal ein ehrliches Geschäft war, ist heute ein frommer Seelenhandel. Wie werden hinter den Kulissen die Seelen verhandelt.

Die »vom Hause Togarma« der kirchlichen Gemeinschaften und Bruderschaften haben auch durch Babylon-Tyrus gewonnen; ihrerseits zahlten sie »Reitpferde und Maulesel für deinen Absatz«. Was sie an Ermahnung und Ermunterung für die Starken und Schwachen im Glauben beigetragen haben, wollen wir nicht verhehlen.

»Die Söhne Dedans waren deine Kaufleute. Viele Inseln standen in Handelsbeziehungen mit dir«. Viele freie Gemeinden und Gruppen, die zu jener Zeit entstanden, hatten schöne »Prachtdecken zum Reiten«, gute Bekenntnisse, die besonders für Anfänger im Glauben wichtig waren. Leider wurde daraus ein Sonderbekenntnis, auf dem sie herumreiten und das sie anderen aufdrängen konnten. Heute nützt ihnen ihr Sondergut auch nichts mehr, denn auch sie müssen wie alle anderen »flüchten vor der Wucht des Krieges« und »in der Wildnis von Arabien übernachten, Karawanen der Dedaniter«. (Jes.21,13–17)

Zuletzt seien noch die russlanddeutschen Kaufleute von Scheba, Assur und Kilmad erwähnt. »Sie handelten mir dir in Prachtgewändern, in Mänteln von blauem Purpur mit Buntwirkerei und in Schätzen von gezwirnten Garnen ...«. Von ihren kostbaren Erfahrungen in der Verfolgungszeit erzählen sie immer noch, aber verkaufen lassen sie sich nicht mehr, weil sie nicht übertragbar sind auf unsere Verführungszeit.

Alle Gemeindeverkäufer hatten den Gedanken der Kirche Christi und wollten zum Urchristentum, zur Urgemeinde, zum vollen Evangelium zurück. Zu diesem Zweck lieferten sie sehr kostbare Beiträge zur Wiederherstellung der Gemeinde. Zum Anfang, zur Apostelzeit führten sie jedoch nicht zurück. Da, wo neue Ansätze waren, erlosch nach einigen Jahrzehnten das angeheizte Feuer der Begeisterung. Geblieben ist die Behauptung, »Es gibt nur e i n e Gemeinde am Ort! und wer sollte es anders sein als wir?« Wahr ist, dass »alles Glänzende und Prächtige dir verloren ist, und du wirst es nie mehr finden, klagen die Kaufleute dieser Dinge, die an ihr reich geworden sind«. (Offb.18,11,14)

Wie kostbar alle die Schätze Babylons auch sind und wie sie zur Stärkung und zum Troste vieler Christen in schweren Zeiten und persönlichen Nöten gedient haben, sie sind nicht mehr gefragt. Denken wir nur an die schönen Kalender, die Losungen und Trostbüchlein usw., sie entsprechen auch nicht mehr den heutigen Bedürfnissen. In der gräulichen Zeit des Tieres, mit dem wir im Kampfe stehen, brauchen wir Zeugnisse von Stierkämpfern und Löwenhelden und die finden wir im Augenblick nur in der Schrift.

Der Segen der Vergangenheit ist verflossen. Zum großen Segen haben Missionen und Bibelschulen gewirkt, haben sie doch gute Erzeugnisse und allerlei Gaben hervorgebracht und gefördert. Heute gleichen sie einem Geschäftsbetrieb, Seminare für Werbemanager.

Nicht unerwähnt soll der Reichtum der Pfingstbewegung bleiben. Sie hatten weltweit die größten evangelistischen Erfolge, gründliche Bekehrungen, Sündenerkenntnis, Befreiung von Süchten und Heilungen wie keine andere Bewegung. Und doch muss sie mit Vorsicht betrachtet werden wegen der charismatischen Auswüchse. Gerechterweise muss aber von ihnen gesagt werden, dass sie, obwohl oder gerade deswegen, weil sie im Seelischen zu Hause sind, der Gemeinde viel gegeben haben. Nicht gerade lehrmäßig, denn von der Lehre halten sie nicht viel. Aber zur Anregung der Gefühle, die in der Orthodoxie fast erstorben waren, heiliger, inniger Gefühle, haben sie viel durch Gebete und Lieder beigetragen, leider meist nur auf ihre Gemeinden beschränkt. Eine Mischung mit anderen, um den HERRN zu loben, wäre gut gewesen. Ihr Liederschatz wird heute allgemein genutzt. Gott sei Dank sind Lieder frei; es ist nicht gestohlen, wenn man sie übernimmt und vielleicht etwas umdichtet. Zwei so entgegengesetzte Richtungen wie Darbysten, die rationale Schriftgelehrte und kühle Rechner sind, und Pfingstler, bei denen die Hände in den Emotionen hochgehen (und die noch kindisch in Zungen lallen, statt eine verständliche Sprache zu reden), haben unbewusst durch die Luft Tauschhandel getrieben. Letztere singen: »Auf dem Lamm ruht meine Seele …« von Poseck und Erstere: »Dir fehlt wohl noch der Friede.« Wenn sie wüssten, dass das Lied von Jonathan Paul ist.

Das sind nur einige der vielen Gruppen im evangelikalen Spektrum. Neu-Babylon ist ein äußerst interessanter und bunter Markt. Hier geht es oft sehr kurios zu. Da sind die billigen Marktschreier mit der süßen Jesus-liebt-dich-Ware und die Krämer mit den antiquierten Büchern. Vor einigen Jahrzehnten brachen die Norweger in den deutschen Gemeindemarkt ein. Sie boten »bearbeitetes Eisen für deinen Absatz« an, ein Überwinderleben, das jedem gelingen sollte. In die richtige Beziehung gesetzt und frei von den Schlacken des »sündlichen Fleisches«, das Jesus wie wir gehabt haben soll, war dieses Eisen aus dem Norden durchaus brauchbar für Schwerter und praktische Gegenstände. Doch in der Gemeindeschmiede hatten sie wie die meisten nicht das Tier gekannt, dem sie leider auch erlagen. Wie die Übrigen kämpfen auch sie um ihre Existenz, besonders um die Erhaltung ihres Systems der Ältestenschaft, das die Seelen nach jeder Versammlung bestätigen müssen. Widerlich! Deshalb kommen sie nirgendwo anders mehr an.

Die Zeit der großen Handelszüge ist vorbei, auch für die amerikanischen Welthandelskaufleute Billy Graham und Bill Hybels u. a. Der babylonische Markt ist übersättigt, international und interkonfessionell. Nachfrage nach Lehre und Methode, nach Geistlichem und Himmlischem besteht nicht mehr. Hier sagt man: »Wir kaufen nichts an der Tür!« Sie würden es auch dann nicht tun, wenn Jesus selbst anklopfen würde. »Danke, wir haben unsere eigenen Schriften!« Ihre Sorge in Babylon ist gar nicht mehr das Kaufen, sondern das Verkaufen wie sie ihre Schriften, Betrachtungen und Botschaften loswerden können. Ihnen selbst sind ihre Produkte so kostbar, dass sie meinen, sie gehörten in die Hand jedes Pfarrers, Predigers und Seelsorgers. Danke, kein Bedarf! So ist der Handel mit und von Babylon nach jeder Seite hin blockiert. »Und die Kaufleute der Erde weinen und trauern über sie, weil niemand mehr ihre Ware kauft.«

Viele Kirchen, Gemeinden, Gemeinschaften, Kreise, Gruppen und Richtungen haben die Babylonkirche bereichert mit ihren Schätzen der Erkenntnis und ihren Diensten. Dessen muss man sich einmal bewusst werden und sie anerkennen und nicht denken, die anderen hätten nichts. Doch so kostbar alle diese Waren und deren Besitz an sich sind, so ist es leider alles vergangener Reichtum. Die Herrlichkeit der Gemeinde Babylon ist dahin. Wie weh muss es ihnen tun, dass ihre Wahrheiten, Erkenntnisse und Bekenntnisse, ihre Gaben und Verkündigung, ihre Werke und Lieder nicht mehr geschätzt und gefragt sind, obwohl teuerste Ware,

»Ware von Gold und Silber, und Edelgestein und Perlen ...«. Für all das, was hier aufgelistet ist, könnte man geistliche Dinge nennen. Jemand hat 29 geistliche Güter aus dem Neuen Testament zusammengestellt, alles »was wir in Christus haben«:

In Christus haben wir die Gerechtigkeit, die vor Gott gilt (2.Kor.5,21), jede geistliche Segnung (Eph.1,3), den Sieg (1.Kor.15,57) usw. In Christo hat Babylon alles gehabt, jetzt aber sieht man nichts mehr davon. Das gibt man auch in gewissem Maße zu, z. B. den Verlust der ersten Liebe, das Schwinden der Kraft und des Glaubens, die frühere Lebendigkeit und Fruchtbarkeit, es fehlt an Gebetsgeist und Opferbereitschaft, an Zeugenmut und Leidensbereitschaft, man beklagt den Mangel an echter Bruderliebe und Vertrauen, an wahrer Hingabe und Heiligkeit und an Frieden. Bei diesen Tugenden sagen sie nicht, die haben wir in Christus. Es ist also doch ein großer Bedarf an lebenswichtigen Gütern da, sodass die Kaufleute genug praktische Ware anbieten könnten, um jeden Mangel auszufüllen. Dennoch besteht kein Kaufinteresse, man müsste ja dafür lieb gewordene und bequeme Dinge aufgeben. Würde es sich um weltliche, materielle Dinge handeln, fänden die Kaufleute reißenden Absatz bei den irdisch gesinnten und Geld liebenden Babyloniern.

Gut, dass der Handel mit »Leibeigenen und Menschenseelen« aufgehört hat. So leicht lässt sich heute kein Sklave mehr kaufen oder verkaufen. Die Warnungen in den Medien vor gefährlichen Sekten und Seelenfängern hat die Menschen abgeschreckt.

Wir können jetzt einigermaßen die Trauer und den Schmerz der Kaufleute verstehen, dass ihr großer Stolz und Reichtum verwüstet ist. »Wehe, wehe! Die große Stadt, die bekleidet war mit feiner Leinwand und Purpur und Scharlach ...! Denn in einer Stunde ist der so große Reichtum verwüstet worden.« In e i n e r Stunde? Stunde im Sinne eines plötzlichen Eingreifens oder Höhepunktes (vgl.3,3), wenn die »Stunde seines Gerichts gekommen ist«. (14,7) Das kann auch buchstäblich in einer Versammlungsstunde oder Bekehrungsstunde geschehen, wenn man plötzlich sieht, dass das ganze Gemeindesystem gerichtsreif ist und zusammenbricht.

BABYLONS LETZTE FAHRT (18,17–19)

Die Babylonkirche ist nicht nur ein großes Handelszentrum und Kaufhaus geistlicher Güter. Das prophetische Wort kennt noch ein anderes Bild, das auf die Nationengemeinde zutrifft. Sie gleicht, nach Hes.27, wie Tyrus einem mächtigen Ruder- und Segelschiff, das plötzlich »von den Meeren weg zerschellt wird in den Tiefen der Wasser«. Am schwersten scheint der Untergang Babylons die Steuermänner und Schiffsleute zu treffen. Während die Kaufleute »aus Furcht vor ihrer Qual von ferne stehen«, trifft es die Seeleute tief im Herzen: »… sie warfen Staub auf ihre Häupter und riefen weinend und trauernd und sprachen: Wehe, wehe! Die große Stadt, in welcher alle, die Schiffe auf dem Meere hatten, reich wurden von ihrer Kostbarkeit!« Noch erschütternder ist die Klage über Tyrus: »Von dem Getöse des Geschreis deiner Steuermänner werden die Gefilde erbeben … sie werden Staub auf ihre Häupter werfen und sich in der Asche wälzen. Und sie werden sich deinethalben kahl scheren und sich Sacktuch umgürten, und werden deinetwegen weinen mit Betrübnis der Seele. Und in ihrem Jammer werden sie ein Klagelied über dich erheben …« (Hes.27, 26–32).

Hier wird kein materieller Verlust beklagt, sondern Gemeindegut, Kostbarkeiten des Glaubens, geistliche und moralische Werte. Wie gut und seetüchtig war das Schiff einst gebaut, was Paulus als Baumeister und seinen Mitarbeitern zugerechnet werden muss. »Deine Bauleute haben deine Schönheit vollkommen gemacht. Aus Zypressen von Senir bauten sie dir alles Doppelplankenwerk.« Eine Gemeinde, die »wohl zusammengefügt und verbunden durch jedes Gelenk der Darreichung, nach der Wirksamkeit in dem Maße jedes einzelnen Teiles, für sich das Wachstum des Leibes bewirkt zu seiner Selbstauferbauung in Liebe«, ist nicht nur vollkommen an Schönheit, sondern auch ein sicheres Gefüge in einer unsicheren und feindlichen Welt. Das »Doppelplankenwerk aus Zypressen von Senir« weist auch hin auf die Weltmission, die mit dem Apostel der Nationen begann und Ende des 19. Jahrhunderts die größte Tätigkeit entfaltete.

Bevor die Kirche in weltliche Strömungen kam, war das Evangelium noch klar und entsprechend kräftig. Es war gleichsam der Mast des Schiffes, »sie nahmen Zedern vom Libanon, um dir einen Mast zu machen«. Darin kommt eine klare Stellung zum Evangelium zum Ausdruck, ein Festhalten an der allein gültigen Wahrheit des Evangeliums für alle Menschen und alle Zeiten. Damit kommt ein Segelschiff sogar gegen den Wind voran dank der Ruder »aus Eichen von Basan«. Oder sollte der Mast inzwischen doch aus einem anderen Holz, ein modernes Kreuz sein, nicht mehr das »Wort vom Kreuz«? (1.Kor.1,18)

Das »Verdeck aus Elfenbein, eingefasst in Scherbinzeder von den Inseln der Kittäer« zeugt von der Gemeinschaft derer, die sich zum Namen Jesu hin versammeln. Gnade und Friede strömten hernieder, wo die Bruderliebe herrschte. Viele Gläubige sind aus der Knechtschaft des Gesetzes befreit worden, wurden tüchtig zum Zeugendienst.

»Bysuss in Buntwirkerei aus Ägypten war dein Segel, um dir als Flagge zu dienen.« Damals war Glaube nicht nur Privatsache, sondern öffentlich, gesellschaftlich anerkannt, sogar staatlich unterstützt. Viele gingen in die Mission, an jedem Hafen der Welt legten Missionare an. Aber wer zeigt heute noch Flagge? Lebten Missionare früher im Glauben, fragen sie heute zuerst nach der Altersversorgung. Die Segel sind eingezogen, das Kirchenschiff wird von Winden moderner Meinungen und Lehren hin und hergeworfen, »die da kommen durch die Betrügerei der Menschen, durch ihre Verschlagenheit zu listig ersonnenem Irrtum«. (Eph.4,14)

»Die Bewohner von Sidon und Arwad waren deine Ruderer, deine Weisen, die in dir waren, waren deine Steuermänner«, alles bekehrte und gottesfürchtige Leute aus den »Nationen«. Was für wunderbare Männer hatte die Kirche, die sie voranbrachten, Erweckungen bewirkten, neue Gemeinden gründeten. Kirchenväter und Reformatoren, geistvolle Gottesmänner und große Erweckungsprediger, Männer von Namen und Kraft gaben der Kirche Kurs und Ziel. Da ging es den Seelen wohl, psychische Krankheiten waren selten. Wenn Gemeindeschwierigkeiten auftraten oder der Weltgeist eindrang, waren auch gleich die »Ältesten von Gebal und seine Weisen da als Ausbesserer deiner Lecke«, Brüder, die genug Weisheit und Liebe, aber auch die Autorität hatten, »die Unordentlichen zurechtzuweisen, die Kleinmütigen zu trösten und sich der Schwachen anzunehmen«. (1.Thess.5,14)

Eine so gute Gemeinschaft mutet uns heute märchenhaft an. Etliche werden noch die Zeugen jener großen Zeit gekannt haben. Sie erzählten uns von den alten Kämpfern, den Glaubenshelden, »Perser und Lud und Put waren in deinem Heere deine Kriegsleute; Schild und Helm hängten sie in dir auf, sie gaben dir Glanz«. Sie kämpften mit der Waffenrüstung Gottes, hielten den »Schild des Glaubens«, waren geübt, das »Schwert des Geistes« zu gebrauchen (Eph.6,10ff). Die Väter sind entschlafen, aber wo sind die »Söhne Arwads«? Sie sollten auf den Mauern sein und wachen, doch sie schlafen ihren Schlaf, »zur Beute sind geworden die Starkherzigen und keiner der tapferen Männer fand seine Hände«. (Ps.76,5)

Das herrliche Kirchen- und Gemeindeschiff ist ein Geisterschiff geworden, steuerlos und führerlos in dem vom Tier aufgewühlten Meer, zum Entsetzen und Gezisch für jeden, »der nach irgendeinem Orte segelt«. Jedenfalls muss dies gesagt werden von der Volkskirche und verschiedenen freien Gemeinschaften, vornehmlich der Brüderversammlung in der Nazizeit, die unter der Hakenkreuzflagge segelten und das gute Bekenntnis samt ihre gläubigen jüdischen Brüder verleugneten. Wir brauchen aber um dieses Wrack nicht mehr zu trauern, die Tränen seiner Steuermänner sind geflossen. Von der damaligen Schiffsbesatzung dürfte wohl keiner mehr leben.

Nach dem Kriege mussten wir auf ein anderes Schiff gleichen Namens überwechseln, das unter der Israelflagge nach Rom segelte. Es gehörte einem anderen Schiffsherrn, der einen anderen Geist als Steuermann hatte und demgemäß auch ein anderes Evangelium und eine andere Prophetie vertrat, als die Apostel verkündigt hatten (2.Kor.11,4). Neben der Fracht führte es Gefangene mit, sein prominentester Gefangener war der Apostel der Nationen, Paulus, der wegen der »Hoffnung Israels« von den Juden angeklagt war; seine treuesten Mitkämpfer begleiteten ihn.

Eigentlich völlig absurd, dass der, der durch sein Evangelium die Auferstehung Israels aus den Toten (Hes.37) verkündigte, nämlich durch den Glauben an die Auferstehung Jesu Christi, von den Juden als ein Aufrührer und Verführer beschuldigt wurde (Apg.26,6.23; 28,20).

Bei den Christen konzentrierte sich seit der Staatsgründung Israels (1948) die ganze Prophetie auf Israel. In der Nazizeit wollte niemand etwas mit den Juden zu tun haben, weil sie angeblich »unter dem Fluche« standen. Nun waren sie plötzlich wieder das »auserwählte Volk«, es schienen sich die Verheißungen buchstäblich zu erfüllen, Israel – Zeiger an der Weltenuhr? Hätte das mal Hitler gewusst, den Holocaust hätte es nie gegeben. In der Israeleuphorie konnten sogar gläubige Christen die jüdischen Kriege heiligen und ihre Siege bejubeln und, oh Wunder, Gott zuschreiben. Haben sie denn ihren Gott mit Allah vertauscht? Der Nimbus der Unbesiegbarkeit Israels ist längst gewichen, noch nie war ihre Lage so bedroht. Und Jerusalem ist ein »Laststein« für sie selber geworden. Hätten die Zionisten doch wie die Mormonen einen Staat in den USA gegründet, dann wären sie heute in jeder Hinsicht besser dran. Dort leben doch sowieso die meisten Juden, nicht in Israel.

Doch folgen wir weiter der spektakulären Schiffsreise mit dem Apostel (Apg.27). Seine letzte Reise als Gefangener ist biblische Geschichte und Prophetie zugleich, sonst wäre sie uns nicht aufgeschrieben. Der humane Hauptmann behandelte ihn »sehr wohlwollend und erlaubte ihm, zu den Freunden zu gehen, um ihrer Fürsorge teilhaftig zu werden«. Dank des humanistischen Bekenntnisses in der Verfassung ist es noch möglich, sich zu versammeln und Gemeinschaft mit Gleichgesinnten zu haben. Es gibt immer noch Paulusfreunde, wenngleich er klagt: »Alle, die in Asien sind, haben sich von mir abgewandt, unter welchen Phygelus ist und Hermogenes.« (2.Tim.1,15) Welche Namen würde er wohl heute nennen, die ihn nicht mehr ernst nehmen?

Den meisten ist bewusst, dass dem Kirchen- bzw. Gemeindeschiff in dem gegenwärtigen unruhigen Welt-Meer starke Winde entgegenwehen und die Fahrt mit großer Mühe verläuft. Das war schon gleich nach Einführung der D-Mark so. Mit dem beginnenden Wirtschaftswunder ließ das Interesse an der Kirche und an der Botschaft des Evangeliums nach. »Als wir aber viele Tage langsam segelten und mit Mühe gen Knidus gekommen waren«, wegen es erlahmten Gebetsgeistes, »segelten wir, da uns der Wind nicht heranließ unter Kreta hin, gegen Salmone«. Dabei achtete man mehr auf »jüdische Fabeln und Menschengebote« als auf die Weisheit Gottes und die Lehre, »die unseres Heiland-Gottes ist«. (Tit.1,10-16; 2,10) Das war typisch für Kreta. Doch man konnte beruhigt sein, waren wir doch auf dem richtigen Kurs und »kamen an einen gewissen Ort, Schönhafen genannt, in dessen Nähe die Stadt Lasea war«.

In dem schönen Hafen, heute Laodicäa genannt, wurde es jedoch allmählich unbequem, weil allerorts besorgte Brüder aufstanden, die im Geiste Pauli die laue Gemeinde vor Selbstzufriedenheit und Selbsttäuschung warnten. Das war Anfang der Fünfzigerjahre. Zu keiner Zeit wurde mehr über das Sendschreiben an Laodicäa in den Versammlungen und Konferenzen gepredigt und diskutiert. Man nahm jedoch die Ermahnungen nicht ernst und wiegte sich weiter in falscher Sicherheit. Die ernsten Schriftstellen, zum Beispiel im Hebräerbrief (2,3; 3.12; 6,4–8 usw.) schlug man in den Wind oder wälzte sie auf Ungläubige ab. Die lästigen Mahner wurden zum Schweigen gebracht und kurzerhand ausgeschlossen. Hier erwies sich so recht deutlich, dass wir Gefangene eines selbstgefälligen, selbstsicheren Systems waren, das unter falscher Flagge fuhr. Obwohl man sich beständig auf die Briefe des Paulus' berief, glaubte man seinen Ermahnungen nicht, »dass die Fahrt mit Ungemach und großem Schaden, nicht nur der Ladung und des Schiffes wegen, sondern auch unseres Lebens geschehen wird«.

Die meisten Schiffsleute machten sich wenig Gedanken um die Weiterfahrt, waren sie doch sehr überzeugt, das rechte Schiff und den richtigen Steuermann zu haben und damit allen Stürmen trotzen zu können. Zudem sei das Schiff unsinkbar, versicherte der Schiffsherr, der Christus der Nationen. Die Mehrheit in den Gemeinden vertraut blind ihren Steuermännern. Die müssen es ja wissen.

Wenn sie wüssten, wie gefährlich diese Haltung ist. Die Klippen und Untiefen unserer Tage, plötzlich auftretende Gemeindeschwierigkeiten und persönliche Differenzen, können zum schnellen Untergang führen. Manches hoffnungsvolle Schifflein ist daran gescheitert, weil ihm der prophetische Kompass und die geistliche Führung und Fürsorge fehlten.

Zugegeben, der Hafen Laodicäa war zum Überwintern ungeeignet, man wäre bei dieser Lauheit immer ärmer und kälter geworden und schließlich erfroren. Buße wäre angesagt gewesen, auch Fasten, dann wäre ein neuer Frühling angebrochen. Aber wer hörte noch »was der Geist den Gemeinden sagt?« So rieten die meisten: Lasst uns fortfahren und erquicklichere Kapitel betrachten. Wie die Demokratie im Staate war jetzt auch das Mehrheitsprinzip in der Gemeinde eingeführt, sodass die wenigen geistlichen Brüder überstimmt wurden. Man beschäftigte sich jetzt fast ausschließlich mit dem Epheserbrief, den geistlichen Segnungen im »Lande der Palmbäume« (Phönix). Bald sprach niemand mehr von Laodicäa, es sei denn in Bezug auf die ungläubige Christenheit, die »tote Endzeitkirche«.

Der Versuch, von Schönhafen nach Phönix zu gelangen, war mehr als gewagt; er entspricht dem kühnen Sprung von Offb.3,19 nach Off.19,7. Was dazwischen lag war zwar ziemlich unsicher, aber da es niemand auf die Gemeinde deutete, rechneten sie auch nicht mit ernsten Schwierigkeiten. Ihr Zukunftsfahrplan stand fest: Wenn der große Sturm durch das Tier aus dem Meer losbrach, war man ja schon im sicheren Hafen beim Herrn und feierte die Hochzeit des Lammes. Etliche lehrten, dass kein einziges Ereignis der Entrückung mehr im Wege stehe: »Sehet den Feigenbaum!« Ihre Israelprophetie schien sich zu erfüllen, die »Zeichen der Zeit«

deuteten auf die »letzte Stunde«. Also »lichteten sie die Anker und fuhren dicht an Kreta hin«. Auch wehte in den Sechzigerjahren ein sanfter Südwind, der aber von den USA herüberkam. Viel Wind wurde um Billy Graham gemacht, Großevangelisationen füllten Stadien und Zelte, die Massen strömten herbei, sodass sie glaubten, eine neue Zeit der Erweckung bahne sich an. Alles schien sehr günstig und doch, welch ein Selbstbetrug. Sie hatten zu sehr auf die »zügellosen Schwätzer und Betrüger« von Kreta gehört. Denn trotz reger evangelistischer Tätigkeit kam keine Erweckung zustande, weder landesweit noch örtlich. Auch der letzte Versuch mit Pro-Christ wird den Aufwand nicht rechtfertigen. Man wendet sich daher heute den Randgruppen der Gesellschaft zu, einzelnen Asozialen, die aber eigentlich nur Geld wollen, nicht aber ein neues Leben in Christo. Eine mühevolle Arbeit, die oft enttäuschend endet.

Aber nicht lange danach erhob sich von Kreta her ein Sturmwind, »Euroklydon« genannt. Er war einer der wütendsten Orkane, die das Meer bis in seine Tiefen aufwühlte. Genau das geschah durch die Studentenunruhen 1968, die eine neomarxistische Bewegung auslösten, um die Gesellschaft zu verändern. Ein großer antichristlicher Sturm brach los. Da war es auch um die Kirche geschehen, nicht zuerst durch die Wellen, die übers Deck rollten wie die Sexwelle, sondern die ideologische Unterwanderung. Denn »die Gesetzlosen sind wie das aufgewühlte Meer; denn es kann nicht ruhig sein, und seine Wasser wühlen Schlamm und Kot auf«. (Jes.57,20)

Die Sexmode rief damals Entsetzen und Abscheu in christlichen Kreisen und selbst bei der Welt hervor, heute aber nimmt kaum jemand Anstoß daran. Wer fragt denn noch, was Paulus zu Kleidung und Haartracht sagt (1.Tim.2,9)? Homosexualität fällt nach Mose und Paulus unter die Gräuelsünden der Heiden (Röm.1,26.27) – die Kirche aber segnet sie. Frauenemanzipation, Frauenordination und Frauenquote sind modern, auf Paulus aber hört niemand der »Steuermänner« mehr in diesem Punkte (1.Kor.14,34).

Das Kirchenschiff wurde von den modernen Tendenzen und Strömungen, seien sie ideologisch oder politisch inszeniert, vermutlich beides, mit fortgerissen. Da es dem Winde des Zeitgeistes nicht zu widerstehen vermochte, »gaben wir uns preis und trieben dahin«. Davon mit fortgerissen war vor allem die Jugend. Die Alten konnten den durch Schule und Medien aufgereizten Freiheitstrieb der jungen Menschen nicht mehr bändigen. Die Führer vermochten »kaum des Bootes mächtig zu werden. Dieses zogen sie herauf und bedienten sich der Schutzmittel, indem sie das Schiff umgürteten«. Bisher waren die Jugendlichen wie dieses Beiboot so nebenhergelaufen und sich selbst überlassen gewesen. Intensive Jugendarbeit war nötig, damit die Gemeinde nicht auseinanderfiel, wenn sich die Jugend selbstständig machte. Man war so schon kaum noch ihrer mächtig. Also nahm man sie mit ins Schiff, sie sollten sich in der Gemeinde wohlfühlen und den Gottesdienst mitgestalten, sie bestimmt jetzt die Musik. Einige Meuterer, auch fremde Randalierer, die man aufgefischt hatte, stören ständig die Andacht, wenn man davon überhaupt noch reden kann.

Alle Kirchen und Gemeinden sind vom Kurs abgekommen und gleichen einem treibenden Schiff ohne Steuerruder; konservative Gemeinden können sich zwar noch halten, sitzen aber auf Sandbänken fest. Bei der nächsten Welle wird es auch um sie geschehen sein.

Sicher ist der »Euro-klydon« noch kein Hinweis auf die spätere Euro-Krise oder wirkt er vielleicht noch nach? Jedenfalls sind die letzten Jahrzehnte durch Krisen gekennzeichnet, »Und da sie fürchteten, in die Syrte (eine wegen ihrer Untiefen und Sandbänke gefürchtete Bucht) verschlagen zu werden, ließen sie das Takelwerk nieder und trieben also dahin«. Welche Kirche oder Gemeinde hisst heute noch die Segel, sie alle lassen das Segelwerk nieder, aus Angst, in die »fundamentalistische Ecke« gestellt zu werden und somit als gefährlich zu gelten. Diesen »Untiefen«-Begriff fürchtet die Allianz genauso wie der ERF und alle evangelikalen Gemeinden. Knechte Gottes sollten sich nicht scheuen, das biblische Fundament zu bekennen; Paulus will, »dass du auf diesen Dingen fest bestehst« (Tit.3,8). Völlig ungefährlich, die Wahrheit in Liebe festzuhalten, aber dem Pluralismus ebenso völlig entgegen. Also sagen wir es anders: Christen wissen, dass Jesus auferstanden ist. Ganz ehrlich ist das nicht, denn die Auferstehung Jesu ist eine geschichtliche Tatsache, ob wir es wissen oder nicht. Die Welt sollte mit Tatsachen überführt werden, nicht mit unseren Meinungen.

»Indem wir aber sehr vom Sturme litten, machten sie des folgenden Tages einen Auswurf«, was nichts anderes heißt, als einen Teil der Schiffsladung über Bord zu werfen und damit warf man leider auch altbewährte Sitten und gute Grundsätze über Bord. Mehr noch, man »warf mit eigenen Händen das Schiffsgerät fort«. Oh, da ward auch das Kreuz weggeworfen, man wollte nicht mehr die Schmach des Kreuzes Christi. Gewiss ist ihnen das nicht leichtgefallen. Was man nicht alles aufgibt, um die Anerkennung der Welt zu haben und erntet dennoch nur Verachtung.

»Da aber viele Tage lang weder Sonne noch Sterne schienen und ein nicht geringes Unwetter auf uns lag, war zuletzt alle Hoffnung auf unsere Rettung entschwunden.« Es leuchtet tatsächlich kein Stern mehr. Oder wo sind denn die Gerechten, welche leuchten wie die Sterne in dieser dunklen Zeit, welche die Vielen zur Gerechtigkeit weisen? Wo waren die Diener Gottes, die Evangelisten, Bibellehrer, Hirten, Propheten, die eine biblische Antwort auf dieses Zeitphänomen gegeben hätten oder heute geben, die durch den Geist die Erfüllung des prophetischen Wortes angezeigt hätten? »Endzeit«, »letzte Tage« war das Einzige, was sie dazu zu sagen wussten. Sie alle redeten an der Zeit vorbei. Der Gedanke, dass dieser Sturmwind von Gott bestellt war und uns galt, ist ihnen wohl nie gekommen (Ps.107,25).

Bei Jona war es so. Manche, die wie Jona im unteren Schiffsraum in einen tiefen Schlaf gesunken sind (Jona 1), haben es noch nicht mitbekommen, in welcher Not die Seeleute, ja, in welcher Gefahr sie selbst sind. Jona steht für die ganze Kirche, die ihrem eigentlichen Auftrag in der Welt ausgewichen ist und Gott deshalb die Welt gegen sie aufgewühlt hat.

»Als man lange Zeit ohne Speise geblieben war, da stand Paulus in ihrer Mitte auf und sprach: O Männer! Man hätte mir freilich gehorchen sollen ...« Was heutzutage den Seelen vorgesetzt wird, ist keine »Speise« im paulinischen Sinne, sondern Philosophie und Moral und davon kann keiner leben. Auch nicht von der fleischlichen Israelprophetie, den Spekulationen um Antichrist und Malzeichen, die nur schwach machen. Allein schon deshalb müsste SOS (Seelen in Not) gefunkt werden. Man hätte auf das prophetische Wort achten und nicht so leichtfertig auf die Entrückung setzen sollen. Dann hätte man »dieses Ungemach und den Schaden nicht geerntet«. Die Entrückung wird ganz gewiss kommen, aber zu ihrer Zeit, am Tage des Herrn (1.Thess.5,1–3).

Es gilt jetzt, ganz nüchtern zu sein und der Wirklichkeit ins Auge zu sehen. Dabei können wir guten Mutes sein und auf das Wort des Apostels vertrauen: »Kein Leben von euch wird verloren gehen, nur das Schiff.« Ohne diese feste Zusage müssten wir verzweifeln. Gerade auch, wenn wir die Offenbarung betrachten, gilt diese Zusicherung von Anfang bis Ende. Es fällt auf, dass bei dem schweren Gericht an Babylon niemand verloren geht, solange Paulus an Bord ist und man auf ihn hört. Nur das Kirchenschiff muss aufgegeben werden. »Wir müssen aber auf eine gewisse Insel verschlagen werden.«

Noch ist Mitternacht. Die Gefahr ist keineswegs vorüber, die dramatischste Stunde steht uns noch bevor. Die Meinung der Matrosen, dass »sich ihnen ein Land nahe«, ist kein Grund zu Jubel und Heiterkeit. »Bewirket eure eigene Seeligkeit mit Furcht und Zittern.« (Phil.2,12) Es würde zu weit führen, jede Einzelheit des sehr ausführlichen Berichtes zu deuten, so auch das »Senkblei«, das sie auswarfen. Christliche Autoren erkennen die Tendenz, wo die »endzeitlich unterwanderte Gemeinde Jesu« hintreibt. »Senkblei« könnte man einige christliche Zeitschriften nennen, die über moderne Geistesströmungen in Kirche und Welt informieren. Da ist von einer neuen Religiosität in der Gesellschaft die Rede, doch die Menschen wenden sich nicht wieder der Kirche zu, sondern fernöstlichen Religionen und bejubeln den Dalai Lama.

Leider ereignete sich noch ein bedauerlicher Zwischenfall, der das Leben aller gefährdete. Die Matrosen wollten aus dem Schiffe fliehen und ließen, unter dem Vorwand, vom Vorderteil

Anker auszuwerfen, das Beiboot hinab. Dieses Ansinnen macht die Endzeit-Situation noch einmal ganz deutlich. Der Abfall in der Kirche veranlasst immer wieder Gläubige, sich von ihr zu trennen und eine eigene Gemeinde zu gründen. Darauf ruht kein Segen. Nicht nur, dass ihre Gemeinde oder Hauskreis bald ebenso ein- oder untergehen wird, sondern es ist auch unfair, seine Geschwister im Stich zu lassen. Schließlich ist ihre falsche Prophetie über Israel etc. die Ursache dafür, dass die gesamte Kirche in diese fatale Lage kam. Passt auf sie auf! Schneidet den Heuchlern die Taue ab! »... sonst könnt ihr nicht gerettet werden«. Warum? Diese »Matrosen« müssen im Schiff bleiben, weil sie als Älteste, Prediger, bibelkundige Brüder noch am ehesten wissen, mit dem Schiff umzugehen und die Ordnung aufrechtzuerhalten. »Anker werfen« hat jetzt keinen Sinn mehr, zum Beispiel in der Politik mitreden oder Gespräche im Bundeskanzleramt; im Fernsehen bewirkt man genau das Gegenteil, die Reporter schleichen sich ein und ziehen einen anschließend über den Tisch und durch den Kakao. Im Übrigen ist die politische Tendenz eindeutig links, das heißt, den Sozialismus, diesen größten Feind der Kirche, zur europäischen Kultur zu erheben.

Das Gebot der Stunde ist, »Speise zu nehmen, denn dies gehört zu eurer Rettung«, mahnt Paulus, der offenbar jetzt ernst genommen wird. Der Apostel ist auch Prophet, er sagt durch den Geist genau den Ausgang der Fahrt und er nimmt selbst an der ganzen Unglücksszene teil und leidet mit. Das unterscheidet den wahren Propheten von den Wahrsagern und Zukunftsdeutern Babylons. Dass er selbst mit dem Brechen des Brotes beginnt, erweckt das Vertrauen aller Männer; sie bekommen neuen Mut und nehmen die Speise. Die »Speise« aber ist für uns das Wort Gottes, das Gesetz und die Propheten geistlich verstehen ist Brot aus dem Himmel, um wieder Mut und Überwinderkraft zu schöpfen. Denn vielleicht müssen wir das letzte Stück noch schwimmen.

Um der Rettung ihrer Seelen willen war es das Beste, das Schiff auf die Landzunge treiben und stranden zu lassen. Die gegenwärtige Lage ist: »Das Vorderteil saß fest und blieb unbeweglich, das Hinterteil aber wurde von der Gewalt der Wellen zerschellt.« Jetzt ist der Zeitpunkt für alle gekommen, das Schiff zu verlassen, wenn sie nicht mit untergehen wollen. »Diejenigen, welche schwimmen können, sollen sich zuerst hinabwerfen und an das Land gehen; die übrigen teils auf Brettern, teils auf Stücken vom Schiffe«. Wie treffend passt das auf die Kirchensituation. Mit der Einheit des Schiffsleibes ist es endgültig vorbei, niemand kann behaupten, in seiner Kirche oder Gemeinde würde die »Einheit des Leibes« dargestellt, nur hier sei der wahre Platz des Zusammenkommens. Allenfalls klammert man sich mit anderen an einer Schiffsplanke fest, was eine Hilfe sein mag, ans Land zu kommen. Einer von ihnen sagt es so: »Ein korporatives Zeugnis gibt es nicht mehr, übrig geblieben ist nur noch das persönliche Zeugnis.« Wer schwimmen kann, ist nicht besser dran, wenn er auch die Schrift gut kennt; letztlich ist es für jeden eine Not. Denn »wenn der Gerechte mit Not errettet wird, wo will der Gottlose und Sünder erscheinen«? (1.Petr.4,18)

Hier endet die Tragödie der Kirche des christlichen Abendlandes. Von der Schiffskatastrophe bei »Malta« übrig geblieben sind die Malteser, ein sozialer Pflegedienst. Mehr ist die Kirche nicht mehr, und dafür braucht man heute eigentlich keine Kirche mehr.

Ein Nachruf! (18,20–24)

Sei fröhlich über sie, du Himmel und ihr Heiligen und ihr Apostel und ihr Propheten! Denn Gott hat euer Urteil (Gericht, Rechtssache) an ihr vollzogen.
Für uns, die wir schon viele Jahre mit der Hure im Streit lagen, hat ihr Ende nichts Betrübliches und Erschreckendes. Im Gegenteil, wir sollen uns freuen. Man hat uns immer vorgeworfen, unser Urteil über die babylonische Hurerei sei zu hart und lieblos. Oh nein! Würden nur alle zu demselben Urteil kommen und sich von dem Geist Babylons lossagen, könnten sie bald das große Halleluja singen und eine herrliche Befreiung und Heilung erleben.

Die Urteilsvollstreckung schließt den jahrelangen Rechtsstreit mit Babylon ab. Unser Urteil war nicht aus uns selbst, sondern mit dem »Gesetz Gottes« begründet. Die Leitung hatte dabei der Heilige Geist. Unser Dienst war lediglich, das Gerichtsurteil im Namen des Volkes Gottes zu verkünden. Jahrelang haben wir durch Traktate gewarnt, auch immer wieder auf die Gnade hingewiesen. Keine Reaktion, nur Schelte. Es stand jedem frei, das Urteil anzufechten und für seine Gemeinde Einspruch einzulegen. Allerdings hätte dies mit biblischer Begründung geschehen müssen, es hätte dem hohen Gericht nachgewiesen werden müssen, dass es einen Rechtsfehler oder einen Verfahrensfehler begangen hat. Jedoch müssen wir als schwache Menschen einräumen, dass uns Fehler im Übersetzen und Überbringen der Botschaft unterlaufen sein können. Es geht aber nicht an, jemand des Irrtums zu beschuldigen und ihn nicht zugleich mit der Schrift zu widerlegen. »Richtet denn unser Gesetz den Menschen, ehe es zuvor von ihm selbst gehört und erkannt hat, was er tut?« (Joh.7,51)

Offenbar konnten sie uns nichts Konkretes nachweisen, warum sie die Einspruchsfrist verstreichen ließen. Das Urteil wurde dann rechtskräftig und veröffentlicht. Böse Verdächtigungen und Verleumdungen ändern daran nichts, sie sind obendrein strafbar, worüber sie noch näheren Bescheid von unserem Sachwalter erhalten werden, »der bereit ist, Lebendige und Tote zu richten«. (2.Tim.4,1) Wir aber sagen mit Stephanus: »Herr, rechne ihnen diese Sünde nicht zu!« (Apg.7,60)

Und ein starker Engel hob einen Stein auf wie einen großen Mühlstein und warf ihn ins Meer und sprach: Also wird Babylon, die große Stadt, mit Gewalt niedergeworfen und nie mehr gefunden werden (vgl.Jer.51). Gut, dass dieses Ärgernis der »Söhne Israels« verschwunden ist. Nie mehr wird Babylon an die Oberfläche kommen. Die Nationenkirche ist für Gott und die Heiligen gegenstandslos geworden, sie hat zuletzt keine Erlösung mehr gebracht. Im Gegenteil, viele Seelen sind schwach und krank geworden und ein großer Teil geistlich entschlafen. Kinder Gottes haben mit diesem ungerechten System nichts mehr zu tun. So traurig es für die einen ist, die an Babylon reich und mächtig geworden sind, so glücklich können wir uns schätzen, dass sie gerichtet ist und über uns nicht mehr verfügen kann. Babylon ist eine verlassene Stadt, Totenstille. Nur das Geheul der Wildnis, in den Ruinen der Kirche heulen wilde Hunde, in den Versammlungsgrabstätten hausen die Dämonen.

Die Beerdigung

Die Nachricht vom Tod der Königin von Babylon ging wie ein Lauffeuer durch die Lande. Zur Trauerfeier hatte sich eine riesige Volksmenge versammelt. Vertreter aller Konfessionen und Denominationen waren zum Begräbnis gekommen, um dieser berühmten Frau das letzte Geleit zu geben. Unter ihnen Bischöfe, Päpste, Priester, Pfarrer, Prediger, zahlreiche Vertreter des angloamerikanischen Christentums, alle Großen des Reiches, Könige, Kaufleute, Minister, viele Politiker, die heimlich bei ihr verkehrt hatten. Auch Presse und Rundfunk waren anwesend. Es war eine ganz besondere, ja außergewöhnliche Beerdigung, wie sie die Welt noch nicht gesehen hat.

So berühmt sie weltweit auch war, sie war als Herrscherin in ihrem Reich berüchtigt. Ihr war wegen Untreue und Mord der Prozess gemacht worden. Das Urteil lautete auf Todesstrafe, die in lebenslange Haft umgewandelt worden war. Nach langer schwerer Krankheit war die große Hure, denn als solche war sie bekannt, gestorben. Jeder wollte hören, was der Pfarrer in einem solche Falle predigen würde. Nicht leicht für ihn, eine so große Sünderin in den Himmel zu heben. Gespannt waren vor allem solche, die Krieg mit ihr geführt hatten.

Zu Beginn schilderte der Prediger kurz den Lebenslauf der Verstorbenen. »Sie hat ein wechselvolles Leben hinter sich. Obwohl sie eine Heidin war, erwählte sie der Sohn des großen Königs zu seiner Braut und verlobte sich mit ihr, nicht ohne den Segen seines Vaters. Sie sollte ihm dienen und alles mit ihm teilen. Er hat sie heiß geliebt, sich selbst für sie geopfert und viel Schmach und Feindschaft seiner Obersten ihretwegen erduldet, dass er ein heidnisches Weib genommen hatte, statt eine Tochter Israels. Verständlich, wenn er sie ganz für sich haben wollte und sie ihn, denn er war ihre erste wirkliche Liebe. Was sie früher getrieben hatte an Götzendienst und Unzucht hat sie ihm bekannt, aber er wollte jetzt nichts mehr davon wissen, sondern sie nur lieben. Seitdem sie bekehrt und wiedergeboren war, war sie tatsächlich ein anderer Mensch geworden, eine neue Kreatur. Dessen bin ich ganz sicher«, betonte der Redner und fügte ernst hinzu: »Aber auch ein Wiedergeborener kann abfallen, leider, wie das heutige Beispiel zeigt. Wie kam es dazu? Nach geraumer Zeit erlosch ihre Liebe, es fiel ihr immer schwerer, ihrem Mann nach dem göttlichen Gebot unterwürfig zu sein. Vermutlich war sie auch wie so viele Weltdamen von der Emanzipation angesteckt, die von Ideologen in jenen Tagen propagiert wurde. Nach einer Zeit fiel ihrem Mann auf, dass sie nach anderen Männern schaute, auch ging ihr Sinn nach weltlicher Anerkennung, nach Vergnügungen, nach der neuesten Mode. Da wurde er eifersüchtig, Er stellte sie, aber sie leugnete, bis es ganz offensichtlich war, dass sie fremd ging. Die Eifersucht ihres Mannes wandelte sich in Zorn, er sprach von Scheidung, (die ja bei Hurerei erlaubt ist). Hier spielte sich ein unglaubliches Eifersuchtsdrama ab. Ihr Mann sagte ihr (im ersten Sendschreiben), sie solle Buße tun. Darauf reagierte sie nicht. Sie verließ ihn und ging andere Ehen ein, insgesamt fünf. Auch diese befriedigten sie nicht, so wurde sie eine Hure und verführte viele. Wer sich ihr widersetzte, wurde beseitigt. Zuletzt unterhielt sie ein evangelikales Wellnesscenter im Vergnügungsviertel. So fiel sie in ihr altes Leben zurück, wollte aber immer noch als gläubig angesehen werden.«

Der Prediger fuhr fort: »Nun, da sie tot ist, wollen wir ihr trotz allem aus ›Achtung vor der Würde des Menschen‹ ein anständiges Begräbnis bereiten. War sie doch auch ein Mensch und Menschen standen zu ihr in (teilweiser intimer) Beziehung, obschon sich heute alle von ihr distanzieren, ja zum Teil sie hassen.« Leider habe sie auch in ihren letzten Stunden bei seinem Besuch im Gefängnis ihre Schuld nicht eingesehen, um selig zu sterben. Wie viele Ehen habe sie zerstört. Zwar habe sie zugegeben, schwere Fehler in ihren Männergeschichten gemacht zu haben, aber sie sei nur ausgenutzt worden und habe viel gelitten. »Doch sich als Abgefallene von Gott zu erkennen und um Vergebung zu bitten, davon war sie weit entfernt«, stellte der Seelsorger erschüttert fest. »So ist das eben gewöhnlich bei Huren. Und überhaupt ein Problem in unserer pluralistischen Gesellschaft. Man häuft Schuld und Schulden auf und glaubt sich noch im Recht. Die Menschen haben zwar ein tiefes Bedürfnis nach Liebe und Verständnis, vielleicht auch religiöse Gefühle, aber ihr sündhaftes Leben bereuen und aufgeben, wollen nur wenige. So musste hier die Gerechtigkeit ihr Werk tun.«

Niemand solle sich über sie erheben, wir alle bedürften der Gnade, der Buße und Vergebung. Er hoffe, dass er niemand beleidige, aber die Wahrheit müsse auch an dieser Stätte gesagt werden. Es sei ja üblich unter Christen, dass man sich gerne hinter der Ehebrecherin verstecke, weil man fürchte, von einem Stein der Wahrheit des Gesetzes getroffen zu werden (Joh.8). Aber man könne nun einmal Hurerei und Ehebruch nicht beschönigen, man müsse Sünde Sünde nennen.

Nach dieser Lebensbeschreibung begann die eigentliche Predigt. In Bezug auf die Stadt Babylon, wo die Königin geherrscht hat, wählte er den Text Offb.18,22 u.23: **Die Stimme der Harfensänger und Musiker und Flötenspieler und Trompeter wird nie mehr in dir gehört werden, und nie mehr wird ein Künstler irgendwelcher Kunst in dir gefunden werden, und das Geräusch des Mühlsteins wird nie mehr in dir gehört werden, und das Licht einer Lampe wird nie mehr in dir scheinen, und die Stimme des Bräutigams und der Braut wird nie mehr in dir gehört werden.**

Diese Ankündigungen seien natürlich keine frohe Botschaft für die Heidenchristen, aber sie gelte ausschließlich ihnen. Wie es eben beim Tod einer Mutter sei – und Babylon, die irdische Stadt, war ihre Mutter, gleichwie das Jerusalem droben die Mutter der Söhne Israels sei. Da also ihr Mund sich geschlossen habe, werde sie nie mehr Trostworte den Kindern sagen können, nie mehr. Babylon, hier wieder im Bilde einer Kirche oder Gemeinde der Nationen, werde, wie der Engel sage, nie mehr gefunden werden.

»Die Stimme der Harfensänger« werde nie mehr in ihr gehört werden. Die Traurigkeit habe sie verschlungen oder sie hätten, was wahrscheinlicher wäre, Babylon verlassen und stünden jetzt auf dem Berge Zion mit dem Lamme und sängen das neue Lied (Offb.14,1–5).

Auch die »Musiker und Flötenspieler und Trompeter« werden im Gottesdienst nie mehr spielen. Der Nationenapostel war so ein Musiker, er war ihnen »ein liebliches Lied, wie einer, der eine schöne Stimme hat und gut zu spielen versteht; und sie hörten deine Worte, doch sie tun sie nicht«. (Hes.33,30–33) Paulus spielte ein geistliches Instrument, von Christus selbst gestimmt, »Gott singend in euren Herzen in Gnade«. (Kol.3,16) Nichts wurde so viel besungen wie sein Evangelium der Gnade und Rechtfertigung. Damit ist es nun aus, jedenfalls in der Babylonkirche.

Auch die Stimme der »Flötenspieler« wird nie mehr in ihr gehört werden. Das »Flöten bei den Herden«, die Hirtenmusik, war immer so schön für die Schäflein. Da konnten sie in den Hürden ruhen und bekamen fertige Kost. Das hat jetzt aufgehört, das geruhsame Leben ist zu Ende, die Babylonweide hat nichts mehr für die Seelen. Und »Hirten werden dort nicht lagern lassen«. (Jes.13,20) Jeder muss jetzt selbst sehen, wo er Weide findet.

Nun kam etlichen doch Wehmut an, dass alle Freude und Wonne zu Ende sei. Die schönen Stimmen mit Instrumentalbegleitung sind für immer verstummt, auch die »Trompeter«. Dass man sie nicht mehr hört und nie mehr hören wird, ist vielleicht das Traurigste von allem. Man könnte sich so manches ausmalen, was man nie mehr hören wird, aber wir wollen uns an den Text halten. Einst hatten die Trompeten nach alttestamentlicher Weise zur Versammlung gerufen oder das Volk sollte aufbrechen oder sich zum Kampf rüsten. Auch an Freudentagen und Festen sollte man in die Trompete stoßen (4.Mo.10,1–10). Endlich würde die Trompete oder Posaune Gottes, so schrieb Paulus, zur Entrückung laut ertönen. Gerade darauf würden die Heidengemeinden jeden Tag warten, leider bisher vergeblich, weil sie die Entrückung vom Tag des Herrn trennen, an dem sie geschehen werde, nicht vorher, wie etliche lehrten. Die Verwandlung geschehe nach 1.Kor.15 bei der »letzten Posaune«, nicht bei der ersten, zweiten usw., deren sieben gemäß Offb.8–11. Im Übrigen würde nur die zubereitete Braut Christi entrückt werden, keinesfalls die unbußfertige Hure.

Wenn dem so sei, würde »nie mehr ein Künstler irgendwelcher Kunst« in die Stadt einziehen. Es lohne sich vielleicht für Geschichtsforscher, eine untergegangene Stadt auszugraben. Ausgrabungen ergaben interessante Aufschlüsse über die Künste und Kultur eines Volkes, so auch über das alte Babel. Eine hohe Kunst hatte auch das neutestamentliche Babylon der Nationen. Hier waren große Künstler am Werk, »mit Namen berufen, mit dem Geiste Gottes erfüllt, in Weisheit, in Verstand und in Kenntnis, ... um jegliches Werk des Künstlers und es Kunstwebers zu machen«. (2.Mo. 35,30–35) Wir denken an Namen wie Origenes, Augustinus, Luther und viele andere Männer des Geistes. Ihre literarischen Kunstwerke haben heute keinen Wert mehr, vielleicht für eine Bibliothek, jedoch nicht für eine Erweckung. Denn jede Zeit hat andere Bedürfnisse.

Der »Mühlstein« steht natürlich auch still. Er hatte bisher das »Korn« zu Mehl gemahlen, »damit Brot des Menschen Herz erfreue«. Das war eine feine geistliche Auslegung der Schrift, eine gute und kräftigende Erbauung unter den damaligen Verhältnissen. Doch die zwei Weiber, die mit dem Mühlstein ihr Gut mahlten, sind nicht mehr da. Denn die eine wurde genommen (aus Babylon hinaus), die andere gelassen (zum Gericht), wie Jesus prophezeit habe (Matth.24,41). Wenn zwei dasselbe tun, ist es noch lange nicht dasselbe. Geistliche Auslegung und geistliche Auslegung kann grundverschiedene Beweggründe und Anwendungen haben. Die Auslegung in Babylon scheiterte daran, dass sie am Kreuz vorbei immer unter dem Vorbehalt der buchstäblichen Erfüllung der Propheten geschah. »Uns aber hat Gott es geoffenbart durch den Geist, denn der Geist erforscht alles, auch die Tiefen Gottes.« (1.Kor.2,9–16)

So ist das »Licht der Lampe« des prophetischen Wortes, »auf welches zu achten ihr wohl tut« (2.Petr.1,19), unter den Scheffel gestellt worden und allmählich erloschen. Es hat manch große »brennende und scheinende Lampe« wie Johannes d. T. gegeben und man wollte in ihrem Lichte fröhlich sein (Joh.5,35). Die letzten Lichter in Babylon sind erloschen, weil sie entweder gewaltsam ausgemacht wurden oder gestorben sind. »Nie mehr wird in dir das Licht einer Lampe scheinen.« Babylon ist in dichte Finsternis hineingestoßen, ewige Nacht umhüllt sie. Uns aber, die wir errettet werden, ist in Zion ein anderes Licht aufgegangen von Dem, Der gesagt hat: »Wer die Wahrheit tut, kommt zu dem Lichte.« (Joh.3,19) »Kommt, Haus Jakob, lasst uns wandeln im Lichte des Herrn.« (Jes.2,5). »Stehe auf, leuchte! Denn dein Licht ist gekommen, und die Herrlichkeit des Herrn ist über dir aufgegangen.« (Jes.60) Schon leuchtet uns das Licht des neuen

Jerusalem entgegen, »ihre Lampe ist das Lamm, und die Nationen werden in ihrem Licht wandeln«. (Offb.21,24)

Ganz hoffnungslos für Babylon wird es, dass »die Stimme des Bräutigams und der Braut nie mehr in dir gehört werden«. Daran entscheide sich die Zukunft der Nationengemeinde, betonte der Bruder. Es bedeute: Keine Liebe, keine Beziehungen, keine Hochzeit, keine Ehe, kein Nachwuchs mehr. Babylon ist überaltert, hat keine Jugend mehr, ist ausgestorben, wird es heißen. Dies hätten wir hier und heute deutlich vor Augen. Die Hochzeit des Lammes, von der die treulose Gemeinde, die sich für die Braut halte, träume, finde nicht in Babylon statt. Habe sie doch die Stimme des Bräutigams, der an ihrer Tür lange geklopft habe, nicht wahrgenommen. Darum sei er weitergegangen und werde nie mehr zurückkehren. Die Braut sei übrigens Israel. Im neuen Jerusalem »wird wiederum gehört werden die Stimme der Wonne und die Stimme der Freude, die Stimme des Bräutigams und die Stimme der Braut, die Stimme derer, welche sagen: Lobet den Herrn der Heerscharen, denn der Herr ist gütig, denn seine Güte währet ewiglich! Die Stimme derer, welche Lob in das Haus Gottes bringen. Denn ich werde die Gefangenschaft meines Landes wenden wie im Anfang, spricht der Herr«. (Jer.33)

»Wir beenden unsere Trauerfeier. Lasst uns die Mutter der Huren zur letzten Ruhe betten, besser zur Unruhe, ist doch von ihr nichts mehr zu erwarten.« Der Prediger zitierte noch eine Feststellung von Blaise Pascal: »Nichts ist so unerträglich für den Menschen, als sich in einer vollkommenen Ruhe zu befinden, ohne Leidenschaft, ohne Geschäfte, ohne Zerstreuung, ohne Beschäftigung. Er wird dann sein Nichts fühlen, seine Preisgegebenheit, seine Unzulänglichkeit, seine Abhängigkeit, seine Ohnmacht, seine Leere.«

»Auch wir benötigen diese Ruhe«, schloss der Geistliche, »diese innere Stille von allem babylonischen Geräusch und Betrieb, um einmal hinzuhören, was der Geist den Gemeinden sagt, was er mir und dir sagen will. Amen. Wir, die wir an die Verheißungen Gottes glauben, haben einen Trost und eine

Hoffnung und die liegt im neuen Jerusalem, das bald aus dem Himmel herniederkommt. Dort gibt es keine Trauer, kein Geschrei, keinen Schmerz mehr, denn Jesus macht alles neu. Diese Erneuerung hätte auch die Entschlafene erfahren können. Lasst uns für die Hinterbliebenen beten!«

Zum Schluss wurde vom Zions-Chor »Das große Halleluja« gesungen. Langsam setzte sich der Zug von der Kreuzkapelle zum Grabe in Bewegung, die Träger vornean; die aber wundern sich, dass der Sarg so leicht ist. Ob sie schon vorausentrückt ist? Nach ihnen eine unzählbare Volksmenge. Durch die Reihen ging ein Raunen: »Hatte sie keine Angehörigen?« Plötzlich ist der Prediger verschwunden. »Wer war das wohl?«, fragen manche. Von hinten sagt jemand: »Es war gewiss ein Engel, der Geist der Weissagung.«

Am Grabe angekommen, trat einer nach dem anderen hervor und verdammte sie. Jeder wusste nur Schlechtes über die Babylon zu sagen. War denn nichts Gutes an ihr gewesen? Darf man so pietätlos sein? Wir waren die Einzigen, die um ihre »Erste Liebe« wussten. Wir wussten auch um ihr Verlangen nach Frieden und Erlösung, wonach sonst niemand bei einer Hure fragt. Obwohl wir ihr Tun gerechterweise verurteilen mussten, sagten wir ihr die Wahrheit doch eigentlich nur, damit sie frei würde und so wie jenes Weib am Jakobsbrunnen zu ihrem »ersten Mann« zurückkehrte (Joh.4; Hosea 2).

Bei einigen Völkern ist es Sitte, vor der Beisetzung noch einmal den Sarg zu öffnen. Das geschah auch hier, um endlich das große Geheimnis, Babylon, zu lüften. Feierlich wurde der Deckel abgenommen, alle Heidenchristen traten herzu, aber der Sarg war leer. Nur ein Spiegel lag darin, und jeder, der hineinschaute, entdeckte sein eigenes Bild.

»Deshalb sagt er: Wache auf! der du schläfst,
und stehe auf aus den Toten,
und der Christus wird dir leuchten!« (Eph.5,14)

DAS GROSSE HALLELUJA! (19,1–5)

Nach diesem hörte ich wie eine laute Stimme einer großen Volksmenge in dem Himmel, welche sprach: Halleluja! Das Heil und die Herrlichkeit und die Macht unseres Gottes!
Woher ist plötzlich diese große Volksmenge gekommen? Wir erinnern uns an die große Volksmenge in Kap.7 »aus jeder Nation und aus Stämmen und Völkern und Sprachen«, von der es heißt, dass sie aus der großen Drangsal gekommen sind. Die Drangsal erlebten sie teilweise in Babylon, als die Hure vom Tier gerichtet wurde (17,16). Warum haben sie nicht vorher Babylon verlassen, um nicht von den Plagen heimgesucht zu werden, wie sie gewarnt worden waren (18,4)? Den Propheten Gottes hat man noch nie geglaubt. Sind etwa die Passagiere in die Rettungsboote gegangen, bevor die Titanic den Eisberg rammte? Wer verlässt schon ein Luxusschiff, das als unsinkbar gilt? Als dann das vorhergesagte Unglück eintraf, war die Not groß.

Ob aus Sodom, aus Ägypten oder aus Babel, es war nie ein Spaziergang, sondern eine Flucht. So auch die große Volksmenge, die aus Babylon regelrecht floh. Ihre laute Stimme kündet von einer dramatischen Rettung, aber auch von einer großen Befreiung. In das große Halleluja, lobe den HERRN! wollen auch wir einstimmen. Wenn wir bedenken, was die Hure angerichtet hat, **welche die Erde mit Hurerei verderbte,** dann können wir uns nur freuen, dass sie gerichtet ist und **Gott das Blut Seiner Knechte an ihrer Hand gerächt hat.**

Gottes Heil, Seine Herrlichkeit und Macht konnte sich in Babylon nicht mehr offenbaren, obwohl sie dort sehnlichst erwartet wurde. Gewiss haben einzelne Gläubige in schwierigen Umständen Gottes

Hilfe erfahren oder Ihm zugeschrieben, wie geschrieben steht: »Rufe mich an am Tage der Bedrängnis: ich will dich erretten und du sollst mich verherrlichen!« (Ps.50,15) Das gilt immer und für jeden. Jedoch das Heil und die Heilung der Seele(n) ist mehr als äußere Hilfe; es ist auch mehr als Sündenvergebung, die wir bei einem aufrichtigen Bekennen zugesprochen bekommen und glauben dürfen. Der HERR Jesus wollte Sein Volk nicht nur von seinen Sünden erlösen (Matth.1,21; Röm.3,25), sondern auch von seinem verkehrten Wesen, dem stolzen, eitlen Ich, das uns und anderen so viele Probleme bereitet. Deshalb die Wegführung, die lange Wanderung durch die Wüste Babylons. Die Befreiung von uns selbst, die Erlösung von unserer adamitischen Natur, die am Kreuz gerichtet wurde, ist eine zweite Gnade. Das Ergebnis ist das, was Paulus von sich bekennt: »Ich bin mit Christo gekreuzigt, und nicht mehr lebe ich, sondern Christus lebt in mir.« (Gal.2,20) Dann erst reden wir von Gottes Israel, einem himmlischen Volk: »Ihr seid ein auserwähltes Geschlecht ein königliches Priestertum, eine heilige Nation …, die ihr einst ›nicht ein Volk‹ waret, jetzt aber ein Volk Gottes seid; die ihr nicht Barmherzigkeit empfanget hattet, jetzt aber Barmherzigkeit empfangen habt.« (1.Petr.2,10; Hos.1,10)

So schnell kam der großen Volksmenge das Halleluja gewiss nicht über die Lippen. Oder doch als ersten Jubelruf nach der Befreiung, das Lied der Erlösung (vgl.2.Mo.15)? Danach die Selbstprüfung, die Selbstreinigung. Von den »Kindern der Wegführung« wissen wir, dass der Heimkehr aus der babylonischen Gefangenschaft eine Neubesinnung folgte, denn »wir haben treulos gehandelt gegen unseren Gott…«. Als man das Gesetz vorlas und auslegte, weinte das ganze Volk. Esra hielt ihnen keine Strafpredigt mit Gerichtsandrohung wie vor der Wegführung durch die Propheten; es wurde nur das Gesetz deutlich vorgelesen und der Sinn angegeben, »sodass man das Gelesene verstand«. (Neh.8) Jetzt hörten sie zu, was vor der Wegführung undenkbar war, und nahmen es zu Herzen, wie weit sie abgewichen waren von den Geboten Gottes. Dann aber wurde ihnen Mut gemacht, »betrübet euch nicht, denn die Freude am Herrn ist eure Stärke«. (Neh. 8,10) So konnten sie das

Laubhüttenfest mit großer Freude feiern. Diese Gnade und Freude zu haben ist auch das Ziel der Offenbarung Jesu Christi.

>»Welch Glück ist's, erlöst zu sein, Herr, durch dein Blut!
>Ich tauche mich tief hinein, in diese Flut.
>Von Sünd und Unreinigkeit bin ich hier frei
>und jauchze voll sel'ger Freude: Jesus ist treu!«

Halleluja! Unser großer Gott und Heiland Jesus Christus hat »Sich Selbst für unsere Sünden hingegeben, damit er uns herausnehme aus der gegenwärtigen bösen Welt«. (Gal.1,4) Er hat uns »losgekauft von aller Gesetzlosigkeit und reinigte sich selbst ein Eigentumsvolk, eifrig in guten Werken«. (Tit.2,14)

Deshalb wollen wir ganz auf die Seite Jesu Christi, unseres Feldherrn, treten und es mit dem Worte Gottes genau nehmen. Der große Kampf steht noch bevor und da müssen wir gerüstet sein. Die Gnade Gottes unterweist uns, »auf dass wir die Gottlosigkeit und die weltlichen Lüste verleugnend, besonnen und gerecht leben in dem jetzigen Zeitlauf ...« (Tit.2,12).

Bei diesem großen Ereignis der Befreiung melden sich auch die vierundzwanzig Ältesten wieder. Sie sehen, dass die Regierungswege Gottes, in die sie ja Einblick haben (11,16), zum Ziele gekommen sind, weshalb sie niederfallen und Gott anbeten, der auf dem Throne sitzt, und sie sagten: »Amen, Halleluja!« Ebenso die vier lebendigen Wesen, die dazu mitgewirkt haben. Die Stimme aus dem Throne bekräftigt noch einmal den Triumph: **Lobet unseren Gott, alle seine Knechte, und die ihr ihn fürchtet, die Kleinen und die Großen!** Diesem Lob ist hinzuzufügen: »Er wird segnen die den Herrn fürchten, die Kleinen mit den Großen.« (Ps.115,13)

>Vor des Lammes Thron dort oben bringt die gottgeweihte Schar
>ihrem Herrn mit Preis und Loben tausend Halleluja dar.
>Halleluja, Halleluja, Halleluja, Amen.
>Tönend durch die Lüfte fort,
>schallt es laut von Ort zu Ort.

DIE HOCHZEIT DES LAMMES (19,6–10)

Und ich hörte wie eine Stimme einer großen Volksmenge und wie ein Rauschen vieler Wasser und wie ein Rollen eines starken Donners, welche sprachen: Halleluja! denn der Herr, unser Gott, der Allmächtige, hat die Herrschaft angetreten.
Diese Stimme hörten wir bereits bei den Hundertvierundvierzigtausend (14,2). Ein schweres Gewitter zieht sich zusammen, die Szene spitzt sich zu, Harmagedon steht unmittelbar bevor, Gottes Volk marschiert auf, weil auch die Heeresmacht des Tieres sich zum Kampfe rüstet (16,14). Schon Kap.11,17 berichtet, dass Gott Seine Herrschaft angetreten hat, was nach dem Gericht an Babylon erst recht die Herrschaft des Tieres beenden muss, das sogar wagt, mit dem Lamme Krieg zu führen, aber unterliegen wird (17,14). Dieser Krieg wird während oder unmittelbar nach der Hochzeit des Lammes ausgetragen. Das wird noch recht feierlich. Überhaupt ist Kap.19 der absolute Höhepunkt der Offenbarung, der Offenbarung unseres Herrn Jesus Christus, der große Tag Gottes, an dem es zur Entscheidungsschlacht zwischen dem HERRN der Heerscharen und den Weltbeherrschern der Finsternis kommt. Gott hat dem Wirken des Tieres eine Grenze gesetzt: Wenn es seinen Zweck erfüllt hat, wird es auch gerichtet werden. Beispiele davon haben wir im Alten Testament.
Lasst uns fröhlich sein und frohlocken und ihm Ehre geben; denn die Hochzeit des Lammes ist gekommen und sein Weib hat sich bereitet. Jetzt ist der große Tag der Erscheinung Christi gekommen, auf den die Gottesfürchtigen so lange gewartet haben. »Dies ist der Tag, den der Herr gemacht hat; frohlocken wir und freuen wir uns in ihm.« (Ps.118,24) Die Er-

wählte ist wie im Vorbilde die vortreffliche Ruth, die Moabitin, wie die Braut im Hoheliede, wie die Esther, die Ahasveros anstelle der Emanze Vasti zur Königin machte. Eine Kirche, die wie Vasti nicht ihrem König und Herrn gehorchen will, ist abgesetzt, ist nicht mehr Seine Kirche. Deshalb suchen Seine Diener eine neue Königin. Doch wer ist diese, von der es heißt, »sein Weib hat sich bereitet»? Woher kommt sie? Das soll hier noch ein Geheimnis bleiben. Esther hatte ihr Volk und ihre Abstammung auf Geheiß Mordokais nicht kundgetan. Was ist es, dass der König solches Gefallen an ihr hat, dass er »sie lieb gewann, mehr als alle Weiber, und sie erlangte Gnade und Gunst vor ihm und in den Augen aller, die sie sahen«? (Esth.2) Besonders auffallend ist ihre Anspruchslosigkeit, ihre Bescheidenheit, nicht wie ihre Nebenbuhlerinnen, die aufgeputzten Mädchen, sondern »was Weibern geziemt, die sich zur Gottesfurcht bekennen«. (1.Tim.2,9–11) Ein bescheidenes Äußeres mit Schamhaftigkeit und Sittsamkeit ist der Schmuck einer gottesfürchtigen Frau, die ihrem Herrn und Heiland gefallen möchte. Als Esther zu dem König kommen sollte, »verlangte sie nichts, außer was Hegai, der königliche Kämmerer, sagte«. Sie bedurfte freilich wie alle anderen der »Reinigungssalben«, um dem König angenehm zu sein. Wir verstehen darunter die Reinigung durch das Wort, »auf dass er die Gemeinde sich selbst verherrlicht darstellte, die nicht Flecken oder Runzel oder etwas dergleichen habe, sondern dass sie heilig und tadellos sei«. (Eph.5,27) »Höre, Tochter, und sieh, und neige dein Ohr; vergiss deines Volkes und deines Vaters Hauses! Und der König wird deine Schönheit begehren, denn er ist dein Herr: so huldige ihm!« (Ps.45,10)

Nicht die äußere Schönheit, nicht Schmuck und kostbare Kleider, sondern der »verborgene Mensch des Herzens in dem unverweslichen Schmuck des sanften und stillen Geistes, welcher vor Gott sehr köstlich ist« (1.Petr.3,1–6), das ist schön vor Gott. Wegen dieser »Schönheit« wurde Esther die königliche Krone aufgesetzt und sie zur Königin an Vastis statt gemacht. Dann begann die Hochzeitsfeier, ein großes Gastmahl.

Es überrascht, dass nun plötzlich wieder von dem Weibe Christi die Rede ist wie im Epheserbrief (5,32). »Sein Weib hat sich bereitet«, heißt es hier nur kurz. Andere übersetzen »bereit gemacht«, aber »sich bereitet« ist mehr und deutet auf eine grundlegende Veränderung ihres Seins bzw. ihres Zustandes hin. Was aber lag auf ihrem Wege, dass sie sich bereitet hat? Die Gerichte der Offenbarung, angefangen bei den Sendschreiben, an die hier offenbar angeknüpft wird, haben vieles aufgedeckt. Schuld und Versagen, Untreue und Ungehorsam waren zu bereuen, Unglauben und Unverstand über Gottes Wege und Willen zu erkennen. Jedenfalls wird sie als Gläubige einen Moment erlebt haben, wo sie ihre Sündhaftigkeit und Unwürdigkeit tief gefühlt hat. Etliche meinen zwar, die Gemeinde bedürfe keiner besonderen Vor- oder Zubereitung mehr, sie sei schon in Christus vollkommen gemacht. Das ist aber eine ziemlich abstrakte und auch heuchlerische Sichtweise. Wir kommen nicht umhin, um der Wahrheit willen zuzugeben, dass die Braut des Lammes ehemals eine Hure war und Hurenkinder hatte, wie Gomer, das Weib Hoseas (Hos.1,2). Darum musste der HERR sagen: »Sie ist nicht mein Weib, und ich bin nicht ihr Mann – damit sie ihre Hurerei von ihrem Angesicht wegtue …«. Als die Buhlen sich von ihr abwandten und ihr keinen Lohn mehr gaben, sagte sie: »Ich will hingehen und zu meinem ersten Mann zurückkehren, denn damals ging es mir besser als jetzt.« Der HERR will sie wieder annehmen: »Siehe, ich werde sie locken und sie in die Wüste führen und ihr zum Herzen reden; und ich werde ihr von dort aus ihre Weinberge geben, und das Tal Achor zu einer Tür der Hoffnung … und du wirst mich nennen: Mein Mann; und du wirst mich nicht mehr nennen: Mein Baal.« (Hos.2). Durch Umkehr und Buße ist auch die untreue Ephesus wieder Sein Weib geworden. Welch eine Verheißung, wenn die Seele heimkehrt zu Gott!

Das Tal Achor erinnert an Achan, der an dem Verbannten Untreue beging, indem er einen babylonischen Mantel und Silber und Gold aus Jericho, wonach ihn gelüstete, versteckt hatte und dadurch Israel in Trübsal brachte; er wurde gesteinigt und die Sünde gerichtet (Jos.7). Erst danach hatte Israel wieder Sieg.

Wenn wir eine Lehre aus der Offenbarung gezogen haben, können wir fröhlich Hochzeit feiern. »Und ich will dich mir verloben in Ewigkeit, und ich will dich mir verloben in Gerechtigkeit und in Gericht, und in Güte und in Barmherzigkeit, und ich will mich dir verloben in Treue; und du wirst den Herrn erkennen.« (Hos.2,19)

»Sprechet zu euren Brüdern: Mein Volk und zu euren Schwestern: Begnadigte«: Das wäre das dritte Mal, dass sich die Hosea-Verheißung (2,1) an den Glaubenden erfüllte (Röm.9,25; 1.Petr.2,10).

Und es ward ihr gegeben, dass sie sich kleide in feine Leinwand, glänzend und rein. Das ist das Hochzeitskleid! Natürlich hat sie sich ein so teures Kleid nicht selbst verdient oder genäht, es ward ihr »gegeben«, heißt es. Das Kleid ist die Gerechtigkeit Gottes, mit der sich die Braut im Glauben kleiden darf. Mit etwas anderem, mit unserer Gerechtigkeit können wir auf der Hochzeit des Lammes nicht erscheinen. Auf unsere verhältnismäßige Treue, auf unsere Liebe und Liebestätigkeit können wir nicht stolz sein. »Christi Blut und Gerechtigkeit, das ist mein Schmuck und Ehrenkleid, damit will ich vor Gott bestehn, wenn ich zum Himmel werd eingehen«, singen wir mit Graf von Zinzendorf. Da aber die feine Leinwand auch **die Gerechtigkeiten, die gerechten Werke oder Taten der Heiligen** sind, ist es klar, dass sie die Frucht der Rechtfertigung aus Gnaden sind. »Denn wir sind sein Werk, geschaffen in Christo Jesu zu guten Werken, welche Gott zuvor bereitet hat, auf dass wir in ihnen wandeln sollen.« (Eph.2,10)

Da Sein Weib sich bereitet hat »wie eine für ihren Mann geschmückte Braut«, kann auch die Hochzeit gefeiert werden. **Glückselig, die geladen sind zum Hochzeitsmahle des Lammes! Dies sind die wahrhaftigen Worte Gottes.** – Eingeladen werden üblicherweise zuerst die Verwandten und Freunde. Wie im Gleichnis vom Reich der Himmel wollen sie jedoch nicht kommen, obwohl es eine königliche Hochzeit ist. Vielleicht haben sie schon den Braten gerochen, der nicht nach ihrem Geschmack ist. Wahrscheinlich. Viele haben ganz falsche Vorstellungen von dem Hochzeitsmahl des Lammes. Das Wichtigste daran ist nämlich das Mahl und die Hauptsache daran ist nicht die siebenstöckige Hochzeitstorte, von der sich jeder das schönste Stück abschneiden kann, sondern der Hochzeitsbraten, das Fleisch. Es werden verschiedene Fleischsorten angeboten, das Hauptgericht ist Menschenfleisch. Äh! Das wird der »natürliche Mensch« nicht verstehen, und der »Fleischliche« nicht mögen (1.Kor.3,14). Doch nicht wir verzehren das Fleisch, sondern der Geist.

Hoffentlich wiederholt sich hier nicht das Gleichnis in Matth.22,1–13, wahrscheinlich aber doch. Wenn die Geladenen nicht kommen, wird Gott andere einladen. Da sie nicht würdig waren, sollten die Knechte des Königs hingehen »an die Kreuzwege der Landstraßen, und so viele immer ihr finden werdet, ladet zur Hochzeit ... so wurde die Hochzeit voll von Gästen«. Aber auch von diesen sollte jeder wissen, normalerweise weiß das jeder Mensch, dass man nicht mit schmutzigen Kleidern oder gar Lumpen auf einer Hochzeit erscheint, sondern sich angemessen kleidet, im vorliegenden Falle mit einem Hochzeitskleid bekleidet ist, das einem ja gerne gegeben wird. Dieses zu verachten ist eine Beleidigung Seiner Majestät und verdient eben das, was der Herr im Gleichnis anordnet: »Bindet ihm Füße und Hände, und werfet ihn hinaus in die äußere Finsternis ...« Bei der Hochzeit des Lammes wird es nicht anders sein. »Denn viele sind Berufene, wenige aber Auserwählte.«

Der Seher fiel vor dem Engel nieder, ihn anzubeten. Dieser aber wehrt ab: **Siehe zu, tue es nicht. Ich bin dein Mitknecht und der deiner Brüder, die das Zeugnis Jesu haben; bete Gott an. Denn der Geist der Weissagung ist das Zeugnis Jesu.** Was veranlasst Johannes, hier niederzufallen und anzubeten? Nach all dem, was ihm bisher gezeigt worden ist, besonders die Plagen und das Gericht an Babylon, hätte er wie im Anfang in Weinen ausbrechen müssen. Es war ihm wie auch uns einfach zu hoch und zu schrecklich. Doch jetzt ist das alles vorbei, er findet sich wieder auf bekanntem Boden, insbesondere im Epheserbrief: die Herrschaft Gottes, die himmlische Stellung Seines Volkes, Christi Weib, feine Leinwand, gerechte Taten,

Hochzeitsmahl sind Inhalte des Evangeliums, wenn auch mit anderen Worten. Bewunderung und Anbetung erfüllen ihn, dass sich Gottes Plan der Wiederherstellung aller Dinge erfüllt hat. »O Tiefe des Reichtums, sowohl der Weisheit als auch der Erkenntnis Gottes! Wie unausforschlich sind seine Gerichte und unausspürbar seine Wege!« (Röm.11,33–36)

Hier schließt sich der Kreis, das Ende kehrt zum Anfang zurück, die Gemeinde Ephesus (2,1–7) hat zu ihrer ersten Liebe wiedergefunden, wie Gomer zu ihrem ersten Mann (Hos.2,7). Der Geist der Weissagung macht die Propheten zum Zeugnis Jesu. Dies sind die wahrhaftigen Worte Gottes! könnten wir hier noch einmal bezeugen.

Bleibt noch der Kampf gegen die gegenwärtigen Weltbeherrscher der Finsternis (Tier). Die Zurüstung haben wir ebenfalls im Epheserbrief. Das Buch der Offenbarung mutet an wie das Aufrollen des ganzen Evangeliums, von den Propheten an bis zur Erfüllung am Kreuz und der Verkündigung der Auferstehung und Herrschaft Jesu Christi (Röm.1,2–4). Diese Hochzeit wird Anlass für einen Krieg, einen Krieg im Saale.

DER »DRITTE WELTKRIEG« (19,11–21)

Und ich sah den Himmel geöffnet, und siehe, ein weißes Pferd, und der darauf saß, genannt Treu und Wahrhaftig, und er richtet und führt Krieg in Gerechtigkeit. Hier taucht wieder der Reiter auf dem weißen Pferd auf, der auszog, »siegend und auf dass er siegte«. (Kap.6,2) Der Sohn Gottes und Davids geht jetzt in die Offensive, nachdem der Feind Ihm den Krieg erklärt hat. Bereits bei der sechsten Plage versammelten sich die Mächte der Finsternis »zu dem Kriege jenes großen Tages Gottes, des Allmächtigen«. (Kap. 16,13.14) Was sie nicht wissen, ist, dass G o t t sie versammelt nach Harmagedon. Dort kommt es zur Konfrontation, »aber das Lamm wird sie überwinden; denn er ist Herr der Herren und König der Könige, und die mit ihm sind Berufene und Auserwählte und Treue«, haben wir bereits verinnerlicht (Kap.17,14). Diese folgen ihm, »wohin irgend es geht« (Kap.14,4), nun auch auf weißen Pferden, ein Bild der Reinheit und Stärke. Das weiße Pferd zeigt eine fortschreitende Bewegung an. »Denn zur Gerechtigkeit wird zurückkehren das Gericht, und alle von Herzen Aufrichtigen werden ihm folgen.« (Ps.94,15) Es ist ein Missionsheer, erfüllt mit dem Geiste Christi kämpfen sie völlig gewaltlos.

Es wäre schade, wenn wir nicht dabei wären. Wir würden die Hauptsache verpassen. Im Himmel ist der Kampf ausgefochten, auf Erden muss er noch stattfinden, wobei wir weder Zuschauer von oben sind noch Engeln gleich uns unsichtbar machen können, wenn es uns zu heiß wird. Nein, wir sind mit Ihm, folgen Ihm, nehmen Teil an dem Krieg, aber auch an dem Sieg, wenn wir treu sind.

»Wer ist sie, die da hervorglänzt wie die Morgenröte, schön wie der Mond, rein wie die Sonne, furchtbar wie Kriegsscharen?«

(Hohel.6,10) Wiederum ist die Weissagung Henochs erfüllt: »Siehe, der Herr ist gekommen, inmitten seiner heiligen Tausende, Gericht auszuführen ...« (Jud.14.15). Dann ist das Wort erfüllt: »Wenn der Christus, unser Leben, geoffenbart wird, werden auch wir mit ihm geoffenbart werden in Herrlichkeit.« (Kol.3,4)

Seine **Augen wie eine Feuerflamme** sprühen vor Eifer und Zorn; Er eifert für Zion, Er will Jerusalem wiederherstellen (Sach.2,14–21; 8,1–3). Das ist der Grund, warum Er mit dem Tier und den sicheren Nationen Krieg führt, die die Heilige Stadt zertreten haben (Kap.11,2). Die **Diademe auf seinem Haupte** sind viel mehr als beim Tiere, sie zeigen, dass Er die größere Macht hat; auf jedem Gebiet ist Er der Sieger, der alleinige und selige Machthaber. Sein Name ist ein Geheimnis, den kennt nur Er selbst wie auch der Überwinder (s.Kap.2,17; 3,12). Er wird nicht offen genannt: »der Sohn Gottes, Jesus Christus«, sondern nur »der« und »sein«, anonym. Die ganze Gottheit ist an dem Gericht beteiligt (Kap.1,4–6). Wiederum heißt sein Name: das Wort Gottes. »Das Wort ward Fleisch und wohnte unter uns ...« (Joh.1,14). Im Fleische hat Er auf Golgatha den größten Sieg errungen. Darauf weist das **in Blut getauchte Gewand** hin. »Warum ist Rot an deinem Gewande, und sind deine Kleider wie die eines Keltertreters?« (Jes.63,1–6) Die verschlüsselte Antwort, womit er sich selbst verleugnet, lässt nur einen Schluss zu: Es ist Sein eigenes Blut, das für das Leben der Welt vergossen wurde. Wir haben die Jesajastelle bereits bei der Weinlese in Kap.14,20 angeführt. Jesus hat diesen Kampf allein gekämpft, darin konnte Ihm niemand folgen. Doch in dem Krieg mit dem Tier kämpft Er nicht mehr allein, die himmlischen Kriegsheere folgen ihrem Anführer und Siegeshelden, **angetan mit weißer, feiner Leinwand** (vgl.19,8). Nunmehr, nach der großen Niederlage (13,7), sind sie wieder »stark in dem Herrn und in der Macht seiner Stärke«. (Eph.6,10)

In der großen Drangsal waren wir immer in der Defensive, wurden geschlagen und kamen zu Fall, der Feind hatte die Oberhand. Nachdem wir unser Gewand weiß gemacht haben, sind wir wieder auf der Siegerseite. Es fällt auf, dass bei den Kriegsheeren kein Schwert erwähnt wird. Das ist durchaus verständlich, denn es kann nur e i n Schwert geben, dass alle benutzen, nämlich das Schwert des Geistes, welches Gottes Wort ist (Eph.6,17).

Wir stehen hier vor einer neuen Offensive des Evangeliums, wie im Anfang. Zu widerlegen und zu überwinden sind die Ideologien des Tieres, die Religion des falschen Propheten mit seinem falschen Menschenbild und deren Anhänger. In der Apostelzeit waren es das götzendienerische Heidentum, die törichte griechische Philosophie und das unmoralische Römertum sowie die geistliche Macht des Judaismus. In unserer Zeit sind es der gesellschaftsbeherrschende Sozialismus und Liberalismus und das Neuheidentum. Wir befinden uns wieder im Missionsland. Für eine Neumissionierung beziehungsweise -evangelisierung bedarf es allerdings einer ernsteren Sprache als bisher. Die Menschen müssen wieder Gott fürchten lernen, sie müssen vor dem Worte Gottes zittern. Darum **geht aus seinem Munde ein scharfes, zweischneidiges Schwert hervor, auf dass er damit die Nationen schlage.** Daraus wird deutlich, dass es in dem Krieg in Harmagedon keine Gewalt, kein Blutvergießen geben wird, denn der Kampf wird nicht wider Fleisch und Blut geführt, jedenfalls nicht unsererseits. Es ist ein Wortkrieg, ein Geisteskampf.

Ob als Angriffswaffe oder zur Verteidigung, Sein Schwert trifft die Feinde des Königs ins Herz (Ps.45,5), es richtet das Fleisch und »ist durchdringend bis zur Scheidung von Seele und Geist«. (Hebr.4,12) Die bibelkundigen Nationen haben wenig Ehrfurcht vor dem Worte Gottes, sie müssen merken, dass die Bibel höchste Autorität hat vor allen menschlichen Meinungen und Auslegungen. »Wie die Sonne die Sterne und alle künstlichen Lichter überstrahlt, so ist vor dem Buch der Bücher alle Weisheit dieser Welt Torheit, Nichtigkeit und Leere«, hat wohl Augustinus gesagt. »Der Herr kennt die Überlegungen der Weisen, dass sie eitel sind.« (1.Kor.3,18–20) Das Schwert aus Seinem Munde wird die Lehre der Apostel klarstellen, es wird auch öffentlich die schöpfungsmäßigen und sittlichen Ordnungen, die das Tier ins Gegenteil verkehrt hat, wieder richtigstellen: die natürliche Stellung von Mann und Frau, die Heiligkeit der Ehe, die Beziehungen zwischen Eltern und Kindern, die Grenzen der Sexualität und eine würdige Sexualerziehung, die Einstellung zu Obrigkeit und Autorität, die Würde des Menschen und vieles mehr, was Gott als Schöpferordnung festgelegt hat. Allerdings ist das Schwert »zweischneidig«, das heißt, es kann auch für die, die es führen, zum Bumerang werden und ins eigene Fleisch schneiden, wenn sie nicht auf sich selbst achten. Wer die Schrift anführt, muss sich auch selbst darunterstellen.

Das Wort Gottes als Schwert oder **eiserne Rute, mit der er die Nationen weiden wird,** ist auch dem Überwinder in die Hand gegeben (Kap.2,27). Mit eiserner Rute? Warum so hart? Es ist das Gesetz Gottes, dem sich jeder Mensch beugen muss. Die Forderungen des Gesetzes sind nicht mit sanftem Hirtenstab zu vermitteln. Um überhaupt ein Umdenken zu bewirken, müssen die Zuchtrute des Gesetzes und andere Überführungsmittel angewandt werden, wie sie die Offenbarung beschreibt. Man könnte die Offenbarung auch als »die eiserne Rute« bezeichnen, mit der Christus Seinen Herrschaftsanspruch durchsetzt, denn E r ist der **Herr der Herren und König der Könige** und keiner sonst. »Und die Nationen werden wissen, dass ich der Herr bin.« (Hes.37,28) Er tritt die Kelter des Grimmes Gottes und was dabei herauskommt, ist Blut, das vom Tod zeugt. Wieder ist es nicht ein großes Blutvergießen, wie wir bei der Weinlese gesehen haben. Es ist das Blut des Lammes, das für unsere Sünden floss und für alle Menschen, die glauben.

In diesem letzten Kampf und Krieg hat Jesus, der König der Könige, Satan und die Welt voll gegen sich, aber Er wird sie siegreich überwinden. Die Feinde werden den Gott der Schlachtreihen Israels nicht mehr verhöhnen wie einst Goliath (1.Sam.17,45). Und die Heiligen, die das Tier bekriegt und überwunden hat (13,7), werden sich nicht mehr fürchten, sondern sich mutig dem Kampfe stellen. »Gott aber sei Dank, der uns den Sieg gibt durch unseren Herrn Jesus Christus!« (1.Kor.15,57) So wird die Braut auch hier schon bitten: »Komm! Herr Jesus.«

Bevor der Krieg beginnt, werden von einem starken Engel mit lauter Stimme **alle Vögel, die inmitten des Himmels fliegen,** zum großen Mahle Gottes gerufen, **auf dass ihr Fleisch von**

Königen fresset und Fleisch von ... Hesekiel spricht so ähnlich über den Pharao, den König von Ägypten (Hes.29,5; 32,4). Das hört sich grausam an, ist aber eine normale Folge des Gerichtes am Fleisch durch den Geist Gottes. Denn die Werke des Fleisches, auch seine edelsten Absichten, taugen allesamt nicht. »Die aber welche des Christus sind, haben das Fleisch gekreuzigt samt den Leidenschaften und Lüsten.« (Gal.5,19–26) Die »Vögel, die inmitten des Himmels fliegen« stehen für den Geist, es sind reine Geister. Das »Fleisch von ...« steht für die verschiedenen Arten der Gesinnung des Fleisches, die vom Tier geprägt sind: gottfeindlich, herrschsüchtig, stolz, gewalttätig, grausam, boshaft, rebellisch usw., **sowohl von Kleinen als Großen.** Das kann man schon bei Kindern feststellen, die im Geiste des Tieres erzogen worden sind.

Der grosse Zusammenbruch

Und ich sah das Tier und die Könige der Erde und ihre Heere versammelt, Krieg zu führen mit dem, der auf dem Pferde saß und mit seinem Heere. Angestiftet von den drei unreinen Geistern (16,14) greifen sie Christus und die Seinen an. Dies wurde bereits in Kap.17,14 erwähnt. Der Krieg geht wie immer von den Feinden aus, die sich gegen das gerechte Urteil des Wortes Gottes mit aller Macht wehren. Wo? Der Krieg spielt sich im Westen ab. Erinnern wir uns noch einmal daran, dass der Herrschaftsbereich des Tieres nicht global ist, er beschränkt sich auf die christlichen Länder im Westen. Auf China beispielsweise oder islamische Länder hat das Tier keinen Einfluss, dort herrscht weder der Humanismus noch eine Demokratie mit Religionsfreiheit, ohne die das Tier nicht existieren und agieren kann.

Es ist kein Krieg von einem Tag, eher wie im Buche Josua oder im 2. Samuel. Wir denken an die Kämpfe Davids, bis »Gott ihn aus der Hand aller seiner Feinde errettet hatte«. (2.Sam.22,1) So muss auch Christus herrschen, »bis er alle seine Feinde unter seine Füße gelegt hat«. (1.Kor.15,25) Er führt den Krieg mit dem Schwerte Seines Mundes, also mit dem Worte Gottes. Keine langen Debatten mehr, das Lamm macht kurzen Prozess mit dem Tier und seinen Anhängern. Wie David den Goliath zu Fall brachte, so muss auch das Tierungeheuer fallen, um den »Hohn von Israel« abzuwenden (1.Sam.17). Das Tier hat wie jener schwache Stellen, ein offenes Visier, wo man es mit einfachen Worten treffen, ja mit seinem eigenen Schwert töten kann. Mit einem Schlage ist der humanistische Sozialismus erledigt, mit einem Schlag auch die Evolutionslüge, ebenso der Feminismus und Gender Mainstreaming, die Abtreibungsfreigabe, die Erziehungsdiktatur, die Zwangssexualisierung der Kinder, die Privilegien für Homosexuelle etc., jeder atheistische und religiöse Ismus wird zerstört werden und »jede Höhe, die sich erhebt wider die Erkenntnis Gottes«. (2.Kor.10,5) Die Philosophie und die daraus entstandenen Ideologien werden als eitler Betrug entlarvt, die politische Korrektheit erledigt sich von selbst. Das ganze Macht- und Lügensystem des Tieres bricht zusammen. Zugleich wird der falsche Prophet ergriffen, sein religiöses Menschenbild, seine falschen Prophetien samt Prämillennialismus und Dispensationalismus werden verbannt und verdammt. Dieser Verführer hat so viele Menschen mit falschen Zeichen und Deutungen betrogen – **lebendig wurden die zwei in den Feuersee geworfen, der mit Schwefel brennt.** Der Feuersee ist die Hölle, die ewige Pein. Dort werden sie nie mehr rauskommen, auch nicht nach 1000 Jahren. »Und die Nationen werden wissen, dass ich der Herr bin«, wie Er in Hesekiel sagt. Welch ein Jubel wird es sein, wenn diese beiden Werkzeuge Satans von der Bildfläche verschwinden.

Die übrigen wurden getötet mit dem Schwerte dessen, der auf dem Pferde saß, welches Schwert aus seinem Munde hervorging. Nun beginnt Missionsarbeit wie in Röm.1, zuerst mit dem scharfen Schwert, besonders gegen die Verfechter und Anhänger der Ideen des Tieres und aller Mitläufer. Die Spitze richtet sich gegen die Relativisten, welche leugnen, dass es eine göttliche ethische Norm gibt, der alle folgen müssen. Um ihr unmoralisches Verhalten zu rechtfertigen, sagen sie, jeder Mensch kann seine persönliche Moral selber gestalten. In welcher Sünde sie auch verstrickt sind – zum Beispiel Empfängnisverhütung, Pornografie, Abtreibung, eheliche Untreue oder vorehelicher Geschlechtsverkehr –, das geschärfte Schwert des Wortes Gottes wird sie jetzt richten (5.Mo.32,41); denn vor dem Gesetz Gottes gibt es kein Entrinnen. Ganz übel wird es denen ergehen, die sich an den Kindern versündigt haben durch die schulische Sexualisierung; Lehrer und Erzieher werden zur Rechenschaft gezogen und alle, die meinten, Kinder seien ein Eigentum des Staates. Wehe dem, »wer irgend e i n e s dieser Kleinen, die an mich glauben, ärgern wird ...« (Matth.18,6).

Wenn noch einmal das »Schwert« des Geistes erwähnt wird, das jeden Menschen »töten« muss »nach dem Fleische«, so doch zu dem Zweck, »damit er leben möchte Gott gemäß nach dem Geiste« (1.Petr.4,6). Ein großes Schlachtfeld voll »Leichen« von Sozial- und Erziehungswissenschaftlern, Politikern, Pädagogen, Atheisten und Evolutionisten, alle, die das Tier angebetet und für seine Ideen gekämpft haben (Ps.110,6). Natürlich muss bei diesem »Getötet werden« niemand um sein Leben fürchten, es wird ihm nicht ein Haar gekrümmt werden. Fürchten muss er um seinen eitlen Ruhm, seine widergöttlichen Ideen und Lehren, seinen Einfluss, seinen falschen Glauben, seine falschen Meinungen, seinen Relativismus, ja, vor allem um seine Seele. Das »Schwert« wird ihnen ihre Irrtümer und Sünden, ihren Frevel und ihr ganzes Verlorensein bewusst machen. Das Antidiskriminierungsgesetz, das sie vor den Urteilen Gottes schützen sollte, wird ihnen nichts nützen. Sexuelle Perversitäten werden scharf verurteilt werden. Wenn sie nicht Buße tun, und das ist der Zweck des Urteils, werden sie nach ihrem leiblichen Tod im Feuersee, in der ewigen Verdammnis sein. »Und ihr werdet wissen, dass ich der Herr bin.«(Hes.35,9) Der Krieg wird nicht in der Anonymität des Internets ausgetragen, sondern verbal Mann gegen Mann, schonungslos, mit der »Schärfe des Schwertes« wie im Vorbilde im Buche Josua (Jos.6,21) wie die Helden Davids (2.Sam.23), bis alle Feinde besiegt sind und das Reich befriedet ist.

Gewisse Sekten (Zeugen Jehovas) sehen in diesem Krieg in Harmagedon ein großes Schlachten, während (nach anderer

Version) die Heiligen von oben engelgleich Zuschauer sind. Den Triumph des Sieges will Christus aber mit Seinen heiligen Tausenden teilen, indem sie Ihm folgen und mitkämpfen. War ihr Zeugnis bisher, in der Zeit des Tieres, verachtet, verlästert und verschmäht, ist ihr Schwert jetzt wirksam und dringt durch. Dann wird auch die »wertneutrale« humanistische Sprachverschleierung aufhören, indem Dinge beim Namen genannt werden, Sünde ist wieder Sünde nach dem Worte Gottes, Abtreibung ist wieder Mord, leiblich das Kind, seelisch die Mutter; auch Homosexualität wird man wieder Unzucht nennen, »alternativer Lebensstil« heißt wieder Hurerei bzw. Ehebruch, Geldliebe wieder Habsucht, welche Götzendienst ist usw. Es wird im Lande wieder die »Sprache Kanaans« gesprochen werden, nicht salbungsvolle Reden, sondern »Deutsch«. Wertneutrales Reden versäumte es, einer verlorenen Welt Gottes Wahrheit zu verkündigen und sie zur Umkehr zu rufen. Viele seelische Krankheiten sind einfach die Folge von wertneutralen Umschreibungen sündiger Verhaltensmuster und bestimmter Lebenserfahrungen. So reinigt das »Schwert aus seinem Munde« wieder die Moral entleerende moderne Sprache, weckt das Gewissen auf und heilt die Seele.

Und alle Vögel wurden von ihrem Fleische gesättigt.
»Wo, Herr? Er aber sprach zu ihnen: Wo der Leichnam ist, da werden auch die Adler versammelt werden.« (Luk.17,36) Das Fleisch ist natürlich bei allen Menschen gleich und zwar verdorben durch die Sünde und muss gerichtet werden. Denn »die Gesinnung des Fleisches ist Feindschaft gegen Gott, denn sie ist dem Gesetz Gottes nicht untertan«. (Röm.8,5–8) Durch das Tier ist das Fleisch offen zum Aufruhr und zur Feindschaft gegen Gott und Seine Gebote aufgereizt worden.

Daher, wenn sie sich nicht selbst richten – die Gnade der Predigt und das Lesen dieses Textes gibt ihnen jetzt schon diese Möglichkeit – müssen sie das Schwert spüren und scharf zurechtgewiesen werden, aber im Geiste der Sanftmut, »ob den Widersachern Gott nicht etwa Buße gebe zur Erkenntnis der Wahrheit, und sie wieder nüchtern werden aus dem Fallstrick des Teufels, die von ihm gefangen sind, für seinen Willen«. (2.Tim.2,24–26)

Auch ohne Predigt kann das Schwert des Wortes Gottes wirken. »Ich stand auf einem Platz, und ein Schwert hing über meinem Kopf. Da standen alle meine Sünden drauf, die kleinen und die großen. Dann fiel das Schwert – und ich wachte schweißgebadet auf. Da wusste ich, dass ich mich am Ende meines Lebens vor jemanden verantworten muss. Ich habe zu Jesus gebetet ...«, erzählt Ulf Bastian, als er im Gefängnis saß und von diesem furchtbaren Traum aufgeschreckt wurde. »Wer da glaubt und getauft wird, wird errettet werden; wer aber nicht glaubt, wird verdammt werden.« (Mark.16,16)

Satan wird gebunden (20,1–3)

Nach dem glorreichen Sieg über alles gottfeindliche Fleisch wird auch der Anstifter aller Kriege, Satan, gebunden. »42 Monate« durfte er wirken, konnte er wettern und wüten und alles gegen Gott und Seine Kinder aufbringen. Jetzt ist seine Frist abgelaufen, seinem Treiben ein Ende gemacht. In Kap.12 wurde Satan nach dem Kampf mit Michael aus dem Himmel geworfen, was ihn furchtbar wütend gemacht hat. Da er auch das Weib nicht mehr erreichen konnte, »ging er hin, Krieg zu führen mit den übrigen ihres Samens, welche die Gebote Gottes halten und das Zeugnis Jesu haben«. Es gelang ihm sogar, mittels des Tieres, »mit den Heiligen Krieg zu führen und sie zu überwinden«. (Kap.13,7) Das hat sich glücklicherweise nun ins Gegenteil verkehrt, die Heiligen überwinden ihn. Satan hat den Krieg schon am Kreuz verloren und jetzt noch einmal. Sein Reich erlebt den größten Zusammenbruch aller Zeiten, und er selbst wird wie ein Kriegsverbrecher mit einer großen Kette gebunden und in den Abgrund geworfen. Dort kommt er vorläufig nicht mehr heraus, sodass er die Welt nicht mehr gegen Gottes Volk aufwiegeln kann.

Der vom Himmel gefallene Stern in Kap.9 hatte den Schlüssel zum Schlunde des Abgrundes, den er öffnete, sodass all das Böse aus dem Abgrund aufsteigen konnte, um die Menschen zu quälen. Von einem gefallenen Engel kann man nichts anderes erwarten. Unser Engel aber ist nicht vom Himmel gefallen, sondern kam aus dem Himmel hernieder, um den Abgrund wieder zu verschließen, nachdem er den Drachen, die alte Schlange, welche Teufel und Satan genannt wird, gebunden und in den Abgrund geworfen hat, wo dieser auch hineingehört. Alle diese Bezeichnungen

Satans zeugen von Bosheit und List, Lüge und Betrug, mit denen er die Nationen nun nicht mehr verführen kann, die Heiligen anzugreifen.

Der Ausdruck »verführen« ist vielfach als Verführung zur Sünde verstanden worden, die im sogen. 1000-jährigen Reich nicht mehr von Satan ausgehen soll. Gemeint ist aber in dem Kontext des vorhergehenden Abschnittes die Verführung zum Krieg. Satan hat stets versucht, »die Nationen« zu verführen, Israel zu bekriegen und zu vernichten. Gottes Volk war den umliegenden Nationen immer ein Dorn im Auge. Da waren vor allem die Philister, die Israel ständig angriffen. An der Feindschaft hat sich in den letzten Tagen auch gegen das neutestamentliche Gottesvolk, dem Israel des neuen Bundes, nichts geändert. »Wäre nicht Gott für uns gewesen, als die Menschen wider uns aufstanden. Dann würden sie uns wohl lebendig verschlungen haben.« (Ps.124) Nach dem verlorenen Krieg mit dem Lamme sind die Nationen zahm geworden, sie haben die gesetzlosen Ideen des Tieres, dem sie gefolgt sind, aufgegeben.

Endlich ist Satan, die alte Schlange, aus dem Verkehr gezogen. Die Handlung wird, man beachte, als vollendete Gegenwart beschrieben. Er muss »tausend Jahre« ins Gefängnis. »Tausend Jahre« ist eine symbolische Zahl wie alle anderen Zeitangaben und Zahlen in der Offenbarung. Denn »dies eine sei euch nicht verborgen, Geliebte, dass e i n Tag bei dem Herrn ist wie tausend Jahre, und tausend Jahre wie e i n   Tag.« (2.Petr.3,8) Da steht es doch, warum glaubt man das nicht? Jedem müsste doch klar werden, dass man einen Geist nicht an eine bestimmte Zeit binden kann.

Die große Kette ist wahrlich nicht die Liebe, mit Liebe kann man große Lügner nicht binden. Die würden dann nur noch mehr lügen. Die Kette ist ein anderes Bild für das Wort Gottes als die eiserne Rute. In der Tat kann Satan nicht gebessert werden, er kann nur durch das Wort und den Geist Gottes gebunden werden. Wenn Satan, bildlich gesprochen, an die Kette gelegt ist (vgl. Matth.12,29), wird es Bibelkritik nicht mehr geben. Diese erlaubt sich dann keiner mehr, weil er sich sonst lächerlich macht.

Dazu folgende kurze Geschichte: Ein Kapitän legte mit seinem Schiff an einer Südseeinsel an. Als er auf dem Tisch des Häuptlings die aufgeschlagene Bibel liegen sah, sagte er abfällig: »Bei uns in England wird dieses Buch belächelt.« Darauf der Häuptling: »Wären wir nicht durch dieses Buch Christen geworden, würde man Sie, Herr Kapitän, und ihre Mannschaft, jetzt braten, denn wir waren Kannibalen.«

Die Menschen werden wieder nach Gott und nach dem Heil fragen, zumindest nach dem Sinn des Lebens nach dem Vakuum, das durch den großen Zusammenbruch entstanden ist. Sie werden wieder das Wort Gottes schätzen. »Viele werden es durchforschen und die Erkenntnis wird sich mehren.« (Dan.12,4). Fest steht: »Der Gott des Friedens aber wird in kurzem den Satan unter eure Füße zertreten.« (Röm.16,20) **Auf dass er nicht mehr die Nationen verführe, bis die tausend Jahre vollendet wären. Nach diesem muss er eine kleine Zeit gelöst werden.** Jetzt aber ist der Verführer erst einmal auf Nummer Sicher. Die Bindung Satans heißt nichts anderes als die freie, nicht mehr diskriminierte Verkündigung des Evangeliums. Es ist ein Tag des Heils, ein Gnadentag wie es solche gab in der Geschichte und auch in Zukunft geben wird (2.Kor.6,2). Wenn das Tier beseitigt und Satan gebunden ist, wird die Herrschaft Gottes, des Allmächtigen, wieder sichtbar und anerkannt werden.

DIE ERSTE AUFERSTEHUNG (20,4–6)

Und ich sah Throne und sie saßen darauf, und es wurde ihnen gegeben, Gericht zu halten. Nachdem Babylon gerichtet ist, nachdem auch das Tier beseitigt und Satan gebunden ist, ist das Reich Gottes wiederhergestellt wie im Anfang. Die Verheißungen der Überwinder sind erfüllt und auch das Versprechen Jesu, mit Ihm auf Seinem Throne zu sitzen (3,21), ist jetzt eingelöst. Die Herrschaftsverhältnisse im Reich sind neu geordnet: »Er hat Mächtige von Thronen hinabgestoßen, und Niedrige erhöht.« (Luk.1,52) Das durften schon die Apostel erleben: »Ihr werdet auf zwölf Thronen sitzen und richtend die zwölf Stämme Israels.« (Matth.19,28)

Die Gesetzlosen haben das Reich mit Gewalt an sich gerissen und ihre eigene Herrschaft darin aufgerichtet. In der Vollendung des Zeitalters werden Seine Engel alle Ärgernisse aus Seinem Reiche zusammenlesen und die das Gesetzlose tun (Matth.13,40–43). Das Reich Christi und Gottes muss nicht erst »aufgerichtet«, sondern es muss nur vom Unkraut bereinigt werden. »Dann werden die Gerechten leuchten wie die Sonne in dem Reich ihres Vaters.« Das ist hier geschehen.

»Gericht zu halten« heißt weise und gerecht, nach Recht und Gesetz (Gottes) zu urteilen und zu entscheiden wie Debora und wie Samuel (Ri.4,1; 1.Sam.7,15), damit der Friede im Reich gesichert bleibt wie im Friedensreich Salomons, das hierzu das Vorbild liefert. Das letzte Urteil bleibt Dem auf dem großen weißen Thron vorbehalten.

Alle, die mit Christus und um Christi willen Leiden und Schmach erduldet haben, werden mit Ihm herrschen, vornehmlich **die Seelen derer, welche um des Zeugnisses Jesu willen**

und um des Wortes Gottes willen enthauptet waren. Diese Zeugen erhoben bereits im fünften Siegel ihre Stimme zu Gott und forderten Rache an ihren Bedrückern. »Enthauptet« heißt mundtot gemacht, verurteilt, verfolgt und ausgestoßen, weil sie ihre Stimme für die Wahrheit erhoben und vor der Verführung warnten. Sie haben für Christus gekämpft und gelitten, darum sollen sie belohnt werden und mit Christus leben und herrschen. Nicht jeder ist so ein Kämpfer, meist waren es Einzelkämpfer, die in besonderer Weise Verachtung, Lästerungen, Bosheiten, Hohn und Spott ertragen mussten. Sie sollen nun auf Thronen sitzen. Ebenso wartet auf die zweite Gruppe eine große Belohnung, **welche das Tier nicht angebetet hatten, noch sein Bild, und das Malzeichen nicht angenommen hatten an ihre Stirn und an ihre Hand.** So die 144.000 mit dem Lamme auf dem Berge Zion (14,1–5). Sie leisteten passiven Widerstand, auch auf die Gefahr hin, wie die Freunde Daniels in den »Feuerofen« geworfen zu werden (Dan.3). »Stirn« und »Hand« werden hier nochmals ausdrücklich erwähnt als persönliche Entscheidung; weder in der Gesinnung noch im Wandel und Handeln haben sie sich an der Tier- und Bildanbetung beteiligt. Auch wenn nicht alle die Erkenntnis über Tier, Bild, Malzeichen und Antichrist hatten, so wussten sie doch alles, weil sie die »Salbung von dem Heiligen« hatten (1.Joh.2,20–27). Die »Salbung« belehrte sie, was von Gott und was von der Welt ist, wodurch sie in Gegensatz zur Allgemeinheit kamen und dafür ausgegrenzt wurden. Ihr Glaube und Ausharren hat sie über die Zeit der Herrschaft jener Abgrundmächte hinwegschauen lassen. Darum **lebten und herrschten sie mit dem Christus tausend Jahre.**

Wer von alledem nichts weiß oder gar leugnet, mit dem Tier, Bild usw. etwas zu tun zu haben, jedoch gesellschaftlich anerkannt sein will und sich angepasst hat, gehört überhaupt nicht hierhin; er sollte nicht von einer tausendjährigen Mitherrschaft reden. Wer kein Teil am Leiden hat, hat auch keins am Reich. Es werden nur diejenigen an der Herrschaft Christi teilhaben, die in der Zeit des Tieres treu zum Zeugnis Jesu und dem Worte Gottes gestanden haben und nicht dem Zeitgeist gefolgt sind.

Das ist noch mal ein Aufruf, die Realitäten wahrzunehmen und mit Ernst und Entschiedenheit Christ zu sein, ja, Schmach und Leiden um Jesu willen nicht zu fürchten.

Haben die Heiligen nicht schon vorher mit dem Christus in Seiner Gemeinschaft gelebt? Ja, freilich! Aber hier, nach dem Sieg des Lammes über das Tier, werden sie erhöht, leben sie auf. Dies ist die erste Auferstehung! Es ist tatsächlich die erste nach der ganzen Zeit der Tierherrschaft. In der Kirchengeschichte gab es bereits zwei Auferstehungen: die erste nach der letzten großen Verfolgung durch Diokletian, die zweite mit der Reformation. Aber auch wir warten sehnlichst auf das Ende und die große Wende der gegenwärtigen Unterdrückung und Diffamierung unseres allerheiligsten Glaubens. In Babylon haben die Heiligen gelitten, unter dem Tier haben sie gelitten, am meisten von sogenannten Christen, was besonders schmerzlich war. Nun aber sind die Verhältnisse umgekehrt: Die einst herrschten, müssen sich jetzt demütigen. Ein Beispiel: Die in der Nazizeit Verfolgten wurden nach dem Krieg für ihren Mut belohnt und erhöht. Die aber mit der großen Masse mitmarschierten und die Hand zum Hitlergruß erhoben, waren beschämt. Das war nur ein Vorspiel dessen, was hernach geschehen sollte.

»Siehe, meine Knechte werden sich freuen, ihr aber werdet beschämt sein; siehe, meine Knechte werden jubeln vor Freude des Herzens ...« (Jes.65,13–16) »Glückselig und heilig, wer teilhat an der ersten Auferstehung!« Zum zweiten Mal finden die Seligpreisungen ihre Erfüllung (Matth.5,1–12).

Es erübrigt sich, auf die üblichen und in gewissen Kreisen gepflegten Deutungen von einer Weltherrschaft Christi im »Tausendjährigen Reich« einzugehen. An keiner Stelle der Heiligen Schrift findet sich ein Hinweis auf ein irdisches Millennium. Warum also hier in Offb.20 ein solches hineinlesen? Weder die Propheten, noch Jesu Reden, noch die Briefe der Apostel deuten ein Tausendjähriges Königreich an. Das Reich Gottes und Christi ist ein ewiges Reich! »Seines Reiches wird kein Ende sein«, sagt der Engel der Maria (Luk.1,33; s. auch Offb.11,15–18). Es wäre eine völlige

Verkennung Seines Wesens und Werkes, Christus mit irdischer Herrschaft in Verbindung zu bringen. Sein Königreich ist nun einmal nicht von dieser Welt und kann es nie sein (Joh.18,36).

In dem vorliegenden Abschnitt geht es explizit um die Mit-Herrschaft, nicht um die Herrschaft Christi an sich, die natürlich vorausgesetzt ist. Der Bereich Seines Reiches ist das neue Jerusalem, das wiederum im Reich ist. Dieses weitet sich zu einem Paradies aus, in dem der Strom von Wasser des Lebens entspringt. Um in dieses Reich bzw. die Heilige Stadt einzugehen, muss man von »neuem geboren« sein (Joh.3,3–7). Denn »nur die geschrieben sind in dem Buche des Lebens des Lammes« bzw. die »ihre Kleider gewaschen« haben, werden dort eingehen (21,27; 22,14). Das ganze 21.Kapitel ist bereits in dem vorliegenden Abschnitt der ersten Auferstehung enthalten.

Die vier Säulen des Reiches

Wahrheit und Liebe, Gerechtigkeit und Friede, darauf ruht Gottes Reich, im Gegensatz zu allen Religionen, Ideologien und Reichen der Welt (Ps.85,10). Es gilt nur *eine* Wahrheit, die Wahrheit des Wortes Gottes, worin die Wahrheit über Gott und die Wahrheit über den Menschen bezeugt wird. Das Lebenselement des Reiches ist die *Liebe*, Liebe zu Gott, Liebe untereinander und gegen alle Menschen, sogar gegen die Feinde. Daraus entspringt die Güte, die Gnade, Barmherzigkeit und Wohltätigkeit. Weder Islam noch Buddhismus oder andere Religionen und Philosophien kennen diese Liebe. Liebe ist nur dem Reiche Gottes eigentümlich und kann nur von denen geübt werden, die sich von Gott geliebt und begnadigt wissen (1.Kor.13). »Hierin ist die Liebe: nicht dass wir Gott geliebt haben, sondern dass er uns geliebt und seinen Sohn gesandt hat als eine Sühnung für unsere Sünde. Wir lieben, weil Er uns zuerst geliebt hat.« (1.Joh.4,10.19)

In Gottes Reich herrscht *Gerechtigkeit*, sie ist Seines Thrones Grundfeste. Gerechtigkeit begründet auch das Gericht. Ins Reich

Gottes kann nur eingehen, wer Christus als die Gerechtigkeit Gottes im Glauben annimmt. Daraus folgt für den Bürger des Reiches, ein gerechtes Leben nach den Geboten Gottes zu führen, jedermann Gerechtigkeit widerfahren zu lassen, niemand Unrecht zu tun.

Die vierte Säule des Reiches ist der *Friede.* Es ist ein Friedensreich, Frieden mit Gott, Frieden im Herzen und Gewissen, Frieden stiften; »glückselig die Friedensstifter, denn sie werden Söhne Gottes heißen«. (Matth.5,9) Frieden auf Erden geht von den Bürgern des Reiches Gottes aus, denn der König dieses Reiches ist der Friedefürst Jesus Christus.

Mit Christus leben heißt, Ihm dienen; mit Ihm herrschen heißt, in Kraft und Vollmacht handeln. »Sie werden über die Erde herrschen« (5,10) kann nicht heißen, über die Welt und den Menschen zu herrschen; denn »die Erde entfloh und der Himmel, und keine Stätte wurde für sie gefunden.« (20,11) »Und ich sah einen neuen Himmel und eine neue Erde; denn der erste Himmel und die erste Erde waren vergangen, und das Meer ist nicht mehr.« (21,1) Das Herrschen findet also im geistlichen Bereich statt.

Die Zeit der Mitherrschaft der Heiligen ist fast ins Unendliche ausgedehnt. Tausend Jahre mit Christus leben und herrschen!? Man überlege, tausend Jahre! So lange lebt kein Mensch. »Tausend Jahre« heißt so viel wie immer und ewig. Dass dies so ist, liest man im letzten Kapitel: »Seine Knechte werden ihm dienen … und herrschen von Ewigkeit zu Ewigkeit.« (22,5)

Es handelt sich bei den tausend Jahren nicht um eine arithmetische Zahl, sondern um ein Symbol für den vollkommenen Friedenszustand des wiederhergestellten Reiches, in den die Überwinder hineinversetzt sind. Die »tausend Jahre« vermitteln den Eindruck einer langen, jedoch nicht unbegrenzten Zeit. Denn diese Zeit der Herrschaft mit Christus – entscheidend ist »mit Christus« – kann persönlich plötzlich enden, wie wir noch sehen werden. »Denn tausend Jahre sind in deinen Augen wie der gestrige Tag, wenn er vergangen ist.« (Ps.90,4)

Das Reich Gottes selbst unterliegt keiner zeitlichen und räumlichen Begrenzung, es ist ein ewiges und himmlisches Reich, deshalb auch »Reich der Himmel« genannt. Nur soweit das Reich Gottes Menschen zur Verwaltung anvertraut war, zuerst Israel, dann den Nationen – »sein Reich ist ein ewiges Reich (Königtum), und seine Herrschaft währt von Geschlecht zu Geschlecht«, rühmt Nebukadnezar (Dan.4,3) –, war es zeitlich, auf ein Gebiet begrenzt; dann wurde es wegen Veruntreuung anderen gegeben, »einer Nation, welche dessen Früchte bringen wird«. (Matth. 21,43) Unter dem neuen Bund verwaltete es die Gemeinde Christi, die als Licht der Welt das Reich Gottes durch das Evangelium ausbreiten soll.

Was ist mit den »übrigen der Toten, die nicht lebendig wurden, bis …«? Sie bleiben geistlich tot, es sei denn, sie tun Buße und bekehren sich. **»Glückselig und heilig, wer teilhat an der ersten Auferstehung!«** Diese haben das ewige Leben, der Feuersee, genannt der zweite Tod, kann ihnen nichts anhaben. Sie sind in den Priesterstand erhoben und sollen mit Christus in obigem Sinne herrschen. »In seinen Tagen wird der Gerechte blühen, und Fülle von Frieden wird sein, bis der Mond nicht mehr ist.« (Ps.72)

Die erste Auferstehung hat eine doppelte Bedeutung. Für die Überwinder ist sie das Wiederaufleben nach einer langen Leidenszeit. Für die übrigen ist sie Erweckungszeit aus dem geistlichen Tod und Sündenschlaf (Eph.5,14), wenn sie das Wort Gottes hören und glauben. Die Versammlungsstätten werden erweitert werden müssen, die Säle und Zelte werden sich füllen vor Menge heilsverlangender Menschen. Die vom Tiere betrogene Jugend wird sich in Scharen sammeln, um das Wort Gottes zu hören.

Gog und Magog –
der letzte Feind (20,7–10)

Ein letzter Angriff, eine letzte Anfechtung bedroht die wiederhergestellte Gemeinde Jesu, hier betont »die geliebte Stadt« genannt. Noch einmal wird der Satan aus seinem Gefängnis losgelassen. Die tausend Jahre Gefängnis haben ihn nicht gebessert, sobald er raus ist, stachelt er die Nationen wieder an, die ihm verhassten Heiligen zu bekriegen.

Die Geschichte von Gog und Magog lesen wir in Hes. 38 u. 39, geistlich betrachtet sehr segensreich und ermutigend. Dort wird der Friedenszustand des Reiches vorausgesetzt: »Das Land der offenen Städte, welche in Ruhe sind, in Sicherheit wohnen, die allesamt ohne Mauern wohnen und Riegel und Tore nicht haben.« (Hes.38,11) Niemand rechnet mehr mit einem Feind, gerade so wie hier in dem vorhergehenden Abschnitt der Offenbarung (20,4–6). Die »vier Ecken der Erde« haben nichts mit dem Globus zu tun (vgl.7,1). Der Gog und der Magog, als bekannt vorausgesetzt, zieht über die »Breite der Erde« herauf und erfasst alle Menschen; er ist eine todbringende Macht, schrecklich und furchtbar wie der Tod, ja, es ist die Macht des Todes.

Aber Jesus hat »durch den Tod den zunichte gemacht, der die Macht des Todes hat, das ist den Teufel und alle die befreit, welche durch Todesfurcht das ganze Leben der Knechtschaft unterworfen waren«. (Hebr.2,14.15) Der Tod ist ein besiegter Feind, wir brauchen ihn nicht mehr zu fürchten, aber wir sind ihm noch unterworfen. Wir können in der Sterbestunde noch in Todesnot, ja, in Anfechtung kommen. Doch wir können getrost sein, denn »Christus muss herrschen, bis er alle Feinde unter seine Füße gelegt hat. Der letzte Feind, der weggetan wird, ist der Tod«. (1.Kor.15,25.26)

Gott lässt uns durch Hesekiel wissen, dass Er den Gog und den Magog nur heraufkommen lässt, nicht um uns zu ängstigen, sondern uns zu versichern, dass Er in diesem Moment die ganze Macht des Feindes endgültig vernichten wird: »Es kam Feuer von Gott aus dem Himmel hernieder und verschlang sie.« Ich zweifle nicht, dass in diesem Augenblick die Entrückung geschieht, sodass wir den Tod gar nicht sehen, sondern verwandelt werden »in einem Nu, in einem Augenblick, bei der letzten Posaune«. (1.Kor.15,52) Die letzte Posaune ist die siebte, die alles Leben auf der Erde abschließt (Offb.11,15–18). Während der Teufel, der das ganze Spektakel und es ist sein letztes, veranstaltet und mit ihm alle Ungläubigen für immer in dem Feuer- und Schwefelsee verschwinden, »werden die Toten in Christo auferstehen; danach werden wir, die Lebenden, die übrig bleiben, zugleich mit ihnen entrückt werden in Wolken dem Herrn entgegen in die Luft und also werden wir allezeit bei dem Herrn sein«. (1.Thess.4,14–5,3)

Mit diesem letzten Aufstand und Gerichtsakt ist die Weltgeschichte zu Ende. Dann wird das Wort des Apostels Paulus erfüllt sein: »… die ihr bedrängt werdet, Ruhe mit uns bei der Offenbarung des Herrn Jesus vom Himmel, mit den Engeln seiner Macht, in flammendem Feuer, wenn er Vergeltung gibt denen, die Gott nicht kennen, und denen, die dem Evangelium unseres Herrn Jesus Christus nicht gehorchen; welche Strafe leiden werden, ewiges Verderben von dem Angesicht des Herrn und von der Herrlichkeit seiner Stärke …« (2.Thess.1,7–9).

★★★

DER GROSSE WEISSE THRON (20,11–15)

DAS JÜNGSTE GERICHT

Ich sah einen großen weißen Thron und den, der darauf saß, vor dessen Angesicht die Erde entfloh und der Himmel, und keine Stätte wurde für sie gefunden. Das was man den jüngsten Tag oder das Jüngste Gericht nennt, wird in diesem letzten Abschnitt der Offenbarung schaurig und bildhaft vor Augen geführt. Das Angesicht dessen, der auf dem Thron saß, ist so furchtbar, dass Himmel und Erde vor Ihm entfliehen (vgl.6,14). Der Nachsatz: »Und keine Stätte wurde für sie gefunden«, macht deutlich, dass den Widersachern jeder Halt entzogen ist. Sie sind alle tot, die einen durch das Schwert (19,21), die anderen durch das Feuer vom Himmel und müssen sich vor dem höchsten Richter für ihre Taten verantworten. **Und ich sah die Toten, die Großen und die Kleinen, vor dem Throne stehen, und Bücher wurden aufgetan, und ein anderes Buch ward aufgetan, welches das des Lebens ist. Und die Toten wurden gerichtet nach dem, was in den Büchern geschrieben war, nach ihren Werken.**

Bei Gott werden die Werke, die guten und die bösen, nicht wie im Islam gegeneinander aufgerechnet. Während der Gläubige, dem die Sünden vergeben sind, getrost sein kann, denn Gott will unserer Sünden nie mehr gedenken (Hebr.10,17), müssen die Ungläubigen zittern. Alles, was sie getan haben, ist in Gottes Augen nicht gut, selbst nicht die vielen »guten Werke«, die man als solche bezeichnet. Gute Werke sind nur in Christo möglich und auch diese kann sich der Mensch nicht zurechnen.

Die Toten, sowohl die Großen wie die Kleinen (Sünder), werden von ihren bösen Werken, vor allem ihrer Feindschaft gegen Gott und ihrer Lästerungen (Jud.15), überführt. Alle Einsicht und Reue kommt hier zu spät. Das Urteil wird gesprochen, es ist unanfechtbar und wird sofort vollstreckt. Niemand ist zur Verdammnis vorherbestimmt, um den Gott sich nicht vorher auf alle Weise gemüht hätte, aber vergeblich. Es ist so ernst, Gott zu widerstehen und dem Evangelium nicht zu glauben. Zur Sicherheit wird jedoch noch einmal in dem Buch des Lebens nachgeschaut, ja gesucht, ob der Name des Verurteilten nicht doch noch in dem alphabetischen Verzeichnis steht. Gott macht sich alle Mühe. Es könnte nämlich sein, dass jemandem aus dem, was in den Büchern aufgeschrieben ist, viele Verfehlungen vorgehalten werden, aber dennoch sein Name nicht ausgelöscht wurde aus dem Buch des Lebens (3,5). Seine Taten verurteilen ihn zwar, er muss sich tief schämen, aber es ist noch ein Lebenszeichen vorhanden. Luther hat es so ausgedrückt: Er kommt an die Himmelspforte und Petrus verweigert ihm den Einlass. Aber dann tritt Jesus für den Sünder ein und sagt: »Er hat zwar alle Gebote gebrochen und nichts gehalten, aber lass ihn durchschlüpfen, weil er sich an mich hängt.« Zinzendorf singt in dem Lied: Wenn ich in den Himmel komm, dann denk ich nicht mehr an gut und fromm, sondern da kommt ein Sünder her, der gern ums Lösgeld selig wär'.

»Am jüngsten Tag wird es nur einen einzigen Thron geben, den des Weltrichters. Vor Dem endet die Weltgeschichte. Vor dem Angesicht dessen, der auf dem Thron sitzt, vor seiner Heiligkeit, Herrlichkeit und Hoheit fliehen Himmel und Erde. Alles verstummt! – Vor dem weißen Thron endet jede Evangelisation und Diskussion. Alle müssen schweigen und das Urteil hören. Es werden Bücher geöffnet. Auch das Buch des Lebens. Gott braucht kein Notizbuch. Diese Bücher sind ein Bild für sein Gedächtnis. Alles, was unser Leben ausmacht, ist vermerkt. Nichts ist vergessen. Nach den Taten, die wir getan oder unterlassen haben, werden wir gerichtet. Nun sagt aber die Bibel an anderer Stelle, dass wir gerichtet werden nach unserem Glauben. Das stimmt, und dabei bleibt es auch. Aber der Glaube äußert sich konkret in Taten und Verhaltensweisen, nach denen beurteilt werden kann, ob er echt oder eine Sprechblase war. Es bleibt dabei: Wir werden gerettet durch die Gnade, aber gerichtet nach den Taten. Die wichtigste Frage des Lebens (nach Luther): Wie kriege ich einen gnädigen Gott? Die Antwort: durch den Glauben an Jesus.« (Dr. Theo Lehmann)

Drei Bereiche sind hier erwähnt, aus denen die Toten kommen: das Meer, der Tod und der Hades. Die Toten aus dem »Meer«, das sind die geistlich Toten aus der Welt, »tot in Vergehungen und Sünden« (Eph.2,1). Tod und Hades können auf beides, geistlich und leiblich, bezogen werden. Wenn der Tod, der letzte Feind, weggetan wird, ist es auch mit dem Hades aus. Denn der Hades, das Totenreich ist nur ein Zwischenaufenthaltsort der Toten. Er wird auch als Gefängnis der Geister beschrieben, denen Noah einst im Geiste Christi predigte, die ihm aber nicht glaubten. Dort warten sie, bis ihnen der Prozess gemacht wird (1.Petr.3,19). Wie der Tod ist auch der Hades ein Feind Gottes, jetzt muss er die Toten herausgeben in der Auferstehung zum Gericht.

Sind auch Gläubige im Hades? Jesus sagte dem Schächer am Kreuz nicht: »Du wirst jetzt erst einmal im Hades sein bis zum jüngsten Tag, danach bei mir in der Herrlichkeit«; sondern was sagte Er ihm? »Wahrlich, ich sage dir: Heute wirst du mit mir im Paradiese sein.« (Luk.23,43) Und Paulus sagt: »Ich habe Lust abzuscheiden und bei Christo zu sein, denn es ist weit besser.« (Phil.1,23) Schließlich werden auch Tod und Hades selbst in den Feuersee geworfen werden. **Dies ist der zweite Tod, der Feuersee.** Der »zweite Tod« ist der ewige Tod in ewiger Verdammnis und Qual.

Wir müssen den Menschen unbedingt die Szene vor dem großen weißen Thron vor Augen halten. In feierlichem Ernst auch denen, die bekennen, an Jesus zu glauben. »Denn wir müssen alle vor dem Richterstuhl Christi offenbar werden, auf dass ein jeder empfange, was er in dem Leibe getan hat, nachdem der gehandelt hat, es sei Gutes oder Böses.« (2.Kor.5,10) **Und wenn jemand nicht geschrieben gefunden wurde in dem Buche des Lebens, so wurde er in den Feuersee geworfen.** Schrecklich! Gott ist heilig und gerecht.

Mit dem jüngsten Tag enden Raum und Zeit, es beginnt die Ewigkeit.

Die letzten beiden Abschnitte unseres Kapitels sind treffend in dem Lied ausgedrückt:

»Es ist gewisslich an der Zeit, dass Gottes Sohn wird kommen
In seiner großen Herrlichkeit, zu richten Bös' und Frommen.
    Da wird das Lachen werden teu'r,
    wenn alles wird vergehn im Feu'r,
    wie Petrus davon schreibet.

Posaunen wird man hören gehen an aller Welten Ende,
darauf bald werden auferstehn all Toten gar behände;
    die aber noch das Leben han,
    die wird der HERR von Stunde an
    verwandeln und verneuen.

Danach wird man ablesen bald ein Buch, darin geschrieben
was alle Menschen jung und alt auf Erden je getrieben;
    da denn gewiss ein jedermann wird hören,
    was er hat getan in seinem ganzen Leben.«

Bartholomäus Ringwaldt

★★★

Eine neue Schöpfung

Das Paradies Gottes (21,1–8)

Und ich sah einen neuen Himmel und eine neue Erde; denn der erste Himmel und die erste Erde waren vergangen, und das Meer ist nicht mehr. Dies könnte auch über dem Anfang des Evangeliums geschrieben sein, als die veralteten Himmel und Erde des jüdischen Weltbildes untergingen. Davon hat Jesaja geweissagt: »Siehe, ich schaffe einen neuen Himmel und eine neue Erde; und der früheren wird man nicht mehr gedenken, und sie werden nicht mehr in den Sinn kommen ...«. Bezogen ist das auf die sittliche und moralische Erneuerung Jerusalems und des Volkes wie die weiteren Verse deutlich machen (Jes.65,17ff). Auf diese Weissagung nimmt Petrus Bezug (2.Petr.3,7–13). Denn das Judentum war durch Ungerechtigkeit und Gesetzlosigkeit gekennzeichnet und sollte verschwinden. »Fürwahr, nahe ist sein Heil denen, die ihn fürchten, damit die Herrlichkeit wohne in unserem Lande. Güte und Wahrheit sind sich begegnet, Gerechtigkeit und Friede haben sich geküsst.« (Ps.85)

In dieser neuen Schöpfung hat das »Meer«, das Weltsystem der Gesetzlosen, keinen Platz mehr. War doch gerade der Einfluss der Welt so verderblich für die heilige Gemeinde, sodass sie einer geistlichen und sittlichen Erneuerung bedarf, um für die Menschen wieder eine Heilsanstalt zu sein. Wenn kein Meer mehr existiert, gibt es auch keine Stürme mehr, wenigstens keine inneren und wenn doch, dann stillt Jesus sie. Herrliche Zukunft für die Kinder Gottes!

Wir stehen heute nicht mehr am Übergang vom jüdischen zum christlichen Zeitalter, sondern vom christlichen zum ewigen

Zustand, der schon hier beginnt. Wie Jesaja sieht auch Johannes mit dem neuen Himmel und der neuen Erde **die heilige Stadt, das neue Jerusalem, aus dem Himmel herniederkommen.** Mit dem natürlichen Auge kann man sie nicht beobachten, »noch wird man sagen: Siehe hier! oder: Siehe dort«. (Luk.17,21); denn die Heilige Stadt wird mitten unter uns sein.

Wir verbinden im Allgemeinen das neue Jerusalem mit der Vorstellung, dass wir erst im Himmel dahin gelangen. Wir müssen aber erst und zwar jetzt, durch die Tore eingehen, um von dem Baum des Lebens essen zu können, der das ewige Leben ist. Das ist möglich, weil die himmlische Stadt zu uns herniederkommt, ja, dass Gott selbst herniederkommt. Dass die Heilige Stadt **wie eine für ihren Mann geschmückte Braut** erscheint, macht sie so anziehend. Nach dem Sieg über das Tier ist die Stadt Gottes nicht mehr das leidende, trauernde, klagende, verlassene und runzelige alte Gemeinde-Weib, sondern die verjüngte, schöne, triumphierende, frohlockende Braut, voll Spannung am Tage ihrer Vermählung, eben wie eine Braut; ihr ganzer Zustand und ihr Aussehen hat sich gewandelt. Hier müssen wir jedoch etwas klarstellen: Jerusalem ist die Heilige Stadt *Israels*. Dies wird uns nachher mit der Zahl zwölf auf alle Weise eingeprägt. Die Könige der Nationen haben das neue Jerusalem zu ihrer Stadt erklärt – und verdorben. Ein Recht, dort einzugehen, haben sie erst, wenn sie gedemütigt sind und ihre schmutzigen Kleider waschen (22,14); Ungerechtigkeiten, falsche Lehre und irreführende Prophetie beflecken das gute Bekenntnis.

Eine laute Stimme aus dem Himmel verkündet: **Siehe, die Hütte Gottes bei den Menschen!** Jerusalem als Hütte oder Zelt verheißt Schutz, Geborgenheit, Ruhe, weil Gott bei ihnen ist; **Er wird bei ihnen wohnen ...** Es war schon immer das Verlangen Gottes, bei denen zu wohnen, die an Ihn glauben. Nur die Zustände unter Seinem Volke erlaubten es nicht. Um bei ihnen zu wohnen, mussten sie erst einmal aus Babylon hinausgehen. »Ich will unter ihnen wohnen und wandeln ... Darum gehet aus ihrer Mitte aus und rühret Unreines nicht an, und i c h werde euch aufnehmen.« (2.Kor.6,16–18) Nachdem dies geschehen ist, ist es Gott eine Freude, bei Seinen Kindern zu wohnen.

Im alten Bunde sagte Gott: »Sie sollen mir ein Heiligtum machen, dass ich in ihrer Mitte wohne.« (2.Mo.25,8) In Babylon wurde das Haus Gottes als Kirchengebäude verstanden, es entstanden viele Gotteshäuser. »Aber der Höchste wohnt nicht in Wohnungen, die mit Händen gemacht sind.« (Apg.7,48) Im neuen Bunde hat Gott sich selbst die Wohnung gemacht, wie Jesus sagt: »Wenn jemand mich liebt, so wird er mein Wort halten, und mein Vater wird ihn lieben, und wir werden zu ihm kommen und Wohnung bei ihm machen.« (Joh.14,23) Wohnen ist mehr als ein Besuch im Gottesdienst, nur Gast will Jesus auch nicht sein, sondern vielmehr teilhaben am Leben der Kinder Gottes, herzlich Anteil nehmen an ihrem Erleben und Ergehen und sie trösten. **Und sie werden sein Volk sein, und Gott selbst wird bei ihnen sein, ihr Gott.** Sein Volk? Wer? Israel! (Hes.37,27) Alle, die an Jesus glauben und gewaschen sind in Seinem Blut, gehören zum auserwählten Volke Gottes, das seit und in Jakob *Israel* heißt. Gott selbst, kein Vertreter, kein Engel, Er selbst wird (wieder) ganz nahe bei ihnen sein, zum Anschauen, zum Anfassen, denn Gott ist eine Wirklichkeit. Johannes bezeugt: »Das Wort ward Fleisch und wohnte unter uns, und wir haben seine Herrlichkeit angeschaut, eine Herrlichkeit als eines Eingeborenen vom Vater, voller Gnade und Wahrheit.« (Joh.1,14–18)

In der Wiederkunft Jesu, in der Wiederherstellung aller Dinge, wird es sein wie im Anfang wie in den Tagen der Apostel wie in den Tagen Jesu, als die Jünger mit Ihm gingen und große Volksmengen Ihm folgten wie bei der Hochzeit zu Kana wie in Bethanien. Allerwärts wird unser HERR und Heiland Seine Herrlichkeit offenbaren. Das Ende kehrt tatsächlich zum Anfang zurück, »was wir mit unseren Augen gesehen, was wir angeschaut und unsere Hände betastet haben, betreffend das Wort des Lebens«. (1.Joh.1,1) Einst predigte Jesus: »Tut Buße, denn das Reich der Himmel ist nahe gekommen.« (Matth.4,17) Jetzt heißt die Botschaft: »Tut Buße, denn das neue Jerusalem ist nahe gekommen, ja herniedergekommen zu den Menschen, heil- und trostbringend für alle Menschen.« Eine Wiederherstellung ist

freilich nur auf der Grundlage des Werkes Christi am Kreuz möglich, sowohl beim Einzelnen als auch bei der Gemeinde.
Und er wird jede Träne von ihren Augen abwischen, war bereits in Kap.7,17 gesagt. Dort waren es die Tränen der Drangsal und Bußtränen, denen die Vergebung zugesprochen wird, so auch hier. Aber auch die Tränen des Leides und des Leidens um Christi willen, Tränen, die nachts geweint wurden aus Kummer, Enttäuschung, Trennungen. »Du wirst nie mehr weinen.« (Jes.30,19) »Wie einen, den seine Mutter tröstet, also werde ich euch trösten; und in Jerusalem sollt ihr getröstet werden.« (Jes.66,10–14) Einsame werden herzliche Gemeinschaft bekommen, Traurige werden getröstet und Notleidende werden mit himmlischen Gütern erfüllt werden.

»Eine Herde und ein Hirt!
Wie wird dann dir sein, o Erde,
wenn Sein Tag erscheinen wird!
Freue dich, du kleine Herde!
Mach dich auf und werde Licht!
Jesus hält, was er verspricht!«

Fr. Adolf Krummacher

Die Nacht ist vorbei, ein neuer Morgen ist angebrochen, »Er wird sein wie das Licht des Morgens, wenn die Sonne aufgeht, ein Morgen ohne Wolken.« (2.Sam.23,4) Der HERR wird jede verwundete Seele heilen, jeden Schmerz verbinden. Psychisch Kranke dürfen auf Heilung hoffen. Ein Vers, eine Verheißung im Glauben aufgenommen, genügt, z. B. Zeph. 3,15, um gesund zu werden. Schon gesunde Lehre macht und erhält die Seelen gesund. In Babylon wurden sie krank, weil dort alles krank war. Verzweiflung und Geschrei (Wehgeschrei) werden nicht mehr sein, zum Beispiel wegen erfahrenen Ungerechtigkeiten. Dass Jesus, ihr Gott, bei ihnen ist und sie den Trost Seiner Liebe erfahren, wiegt alles erlittene Unrecht auf. »O wunderbare Herrlichkeit! Der Hohe und Erhabene schenkt Sich Seinem Volke in

Ewigkeit. Wer könnte dieses Wunder fassen! Wer solche Liebe recht verstehn!« Welch eine Hoffnung, welch ein Trost, dass Gott bei uns sein wird, unser Gott. Seine Gegenwart wird zur Folge haben, dass Menschen mit zwei so gegensätzlichen Naturen wie Wolf und Lamm plötzlich friedlich »beisammen weiden werden ... man wird nicht übel tun noch verderbt handeln auf meinem ganzen heiligen Gebirge, spricht der Herr«. (Jes.65,25)

Auch der Tod wird nicht mehr sein, weil sie das ewige Leben haben. In Jerusalem wird es niemanden geben, der den Namen hat, dass er lebt und ist tot (3,1). Denn Jesus sagt: »Es kommt die Stunde und ist jetzt, da die Toten die Stimme des Sohnes Gottes hören werden, und die sie gehört haben, werden leben.« (Joh.5,24–26); »und jeder, der da lebt und an mich glaubt, wird nicht sterben in Ewigkeit.« (Joh.11,25–27) Bekannte Wahrheiten? Neu entdeckt und neu erfahren! Der Tod der Seele wird nicht mehr sein. Sollte jedoch auch der leibliche Tod nicht mehr eintreten (s. Ausl. zu Kap.20,7–10), dann erlebt dieses erneuerte Gemeindegeschlecht die Entrückung, die Verwandlung des Leibes zur Gleichförmigkeit mit Seinem Leibe der Herrlichkeit. Der paradiesische Zustand hienieden geht über in die ewige Herrlichkeit im Himmel. Dann ist das Wort erfüllt: »Verschlungen ist der Tod in Sieg.« (Jes.25,8; 1.Kor.15,54) Die ewige Versammlung beginnt hier und wird ohne Unterbrechung im Himmel fortgesetzt.

Wer dieses erleben darf, ist aus der Wüste ins Paradies gekommen, nach dem verlorenen Krieg (Kap.13) hat er nun teil am Sieg (Kap.19). Denn »wenn jemand in Christo ist, da ist eine neue Schöpfung, das Alte ist vergangen, siehe, alles ist neu geworden«. (2.Kor.5,17) Das ist eine ganz persönliche Erfahrung. Auf den Zustand der Gemeinde und des Reiches insgesamt angewandt, unter dem der Einzelne litt, heißt es: **Das Erste ist vergangen ... siehe, ich mache alles neu!** Das ist kein Menschenwort, das kommt vom Throne. Er macht den Himmel neu und eine neue Erde, Er macht die zertretene heilige Stadt neu (11,2); Er stellt die guten Ordnungen wieder her, Er baut die uralten Trümmer wieder auf, richtet die Verwüstungen der Vorzeit (Vorfahren) wieder auf (s.Jes.61,4). Vor allem aber, Er macht mein und dein Leben neu und füllt es mit neuer Hoffnung und Kraft; auch ein kaputtes Leben macht Er neu und jede Seelennot heilt Er. Ob missbraucht, geschädigt oder selbst verschuldet – der Mensch in Christo ist eine neue Schöpfung, ein neugeborener Mensch. Glückselig der Mensch, der sagen kann: Das Erste ist vergangen, meine Sünden sind vergeben, meine Tränen sind getrocknet, ein neues Leben hat begonnen. Glückselig, wer sagen kann: **Es ist geschehen!** Das ist die vollendete Gegenwart, also nicht nur auf den Himmel bezogen, sondern jetzt und hier, in Christo eine Wirklichkeit durch Seinen Ausruf am Kreuz: »Es ist vollbracht!« Ob wieder Zeichen und Wunder geschehen, sagt unser Text nicht; sie sind auch nicht mehr nötig. Das Wunder der Wunder ist die Erneuerung, »die Erneuerung des Heiligen Geistes, welchen Gott reichlich über uns ausgegossen hat durch Jesum Christum, unseren Heiland« (Tit.3,6).

Eigentlich geschieht durch das Wort vom Throne nicht so viel Neues, was es früher nicht gab. Für uns schon. Es ist eine Erneuerung dessen, was einmal alt und alt geworden oder kaputt war, aber in der Substanz noch vorhanden ist. Als das jüdische System vom Christentum abgelöst wurde, war etwas Neues eingeführt worden: ein geistlicher Organismus durch das Kreuz. Der alte Bund wurde durch den neuen abgelöst, das Alte Testament erschien im neuen Licht des Geistes, Gesetz und Propheten fanden eine gänzlich neue (Be)Deutung, nämlich die Erfüllung in Christus. In der Tat, das Alte war vergangen, alles war neu geworden. Leider wurde das liebliche Evangelium, das Gottes Kraft ist, zum Heil jedes Glaubenden, durch die Wiedereinführung jüdischer und heidnischer (griechischer) Elemente verfälscht, die die Kirche verdarben. Darum wurde die Offenbarung nötig. Deshalb spricht Er: **Siehe, ich mache alles neu!** Alles.

I c h bin das Alpha und das Omega, der Anfang und das Ende. Dass Er sich am Ende der Offenbarung noch einmal so vorstellt (1,8; 2,8), damit zeigt Er an, dass Er alles erfüllt hat, Er hat die Sache der Seinen und mit Seiner Gemeinde begonnen und durch alle Drangsale und Gerichte zu einem glücklichen Ende geführt. Alles wird sich wandeln, alles neu werden. Wir singen davon bereits in unseren Glaubensliedern, z. B.: »Licht nach dem Dunkel, Friede nach Streit, Jubel nach Tränen, Wonne nach Leid ... Freude nach Trauer, Heilung nach Schmerz, nach dem Verluste Tröstung ins Herz« usw. Wir beziehen das bisher ausschließlich auf den Himmel. Dass schon hier auf Erden in der herniederkommenden Gottesstadt die Sehnsucht der Seele gestillt werden soll, glaubt man nicht. Alle sehnen sich nach dem Himmel, an der Erneuerung der Gemeinde aber und der Versöhnung der Welt durch sie ist niemand interessiert. Wer aber Durst hat, Seelendurst, der darf zu Jesus, der wahren Lebensquelle, kommen und wird erneuert. **I c h will dem Dürstenden aus der Quelle des Wassers des Lebens geben umsonst.** Das ist nichts für Satte und Selbstzufriedene, sondern für solche, die Durst haben nach Frieden, nach dem Wort des Lebens, deren Seele nach dem lebendigen Gott dürstet (s. Ps.42,1). Der HERR erneuert hier sein früheres Angebot: »Wenn jemand dürstet, so komme er zu mir und trinke«; Er will ihm von dem Geiste geben und damit ihn selbst zu einer Quelle lebendigen Wassers für andere machen (Joh.7,37). Die Einladung gilt zuerst den Seinen, dann aber auch jedem Menschen, ja, sie galt schon immer, egal ob er Namenschrist, Jude oder Moslem ist oder aus sonst einer Weltanschauung und Religion kommt; den Seelendurst kann keine Religion befriedigen, das kann nur Jesus.

Wer überwindet, wird dieses ererben. »Nun gib uns Pilgern aus der Quelle der Gottesstadt den frischen Trank: lass über der Gemeinde helle aufgehn dein Wort zu Lob und Dank«, singen wir. Der Dürstende braucht jetzt und hier das Wasser des Lebens, sonst verdurstet er. Die Quelle ist geöffnet, der Strom des Lebens fließt (22,1). Was zu überwinden ist und welche Verheißung darauf steht, haben wir in den Sendschreiben gelesen. Die erste verhieß: »... ihm werde ich zu essen geben von dem Baum des Lebens, welcher in dem Paradiese Gottes ist.« Und dazu die ganz persönliche Verbindung: **Ich werde ihm Gott sein, und er wird mir Sohn sein** (s.1.Chron.17,13). Er lernt Gott als Vater kennen.

Wir sind aus der Fremde in der Heimat, im Paradies Gottes, angekommen. Heimat ist dort, wo man geboren ist. »Von Zion wird gesagt werden: Der und der ist darin geboren; und der Höchste, er wird es befestigen«. (Ps.87) Die Herrlichkeit, an der Gott die Seele schon hier teilhaben lässt, dürfen wir genießen, bis wir dorthin gelangen, wo sie ungetrübt auf ewig genossen werden kann. Es soll aber gerade die Erscheinung des neuen Jerusalem noch einmal eine Gelegenheit sein für die Nationen, das volle Heil in Christo anzunehmen und den Seelendurst zu stillen. Alle Ströme und Quellen der Welt sind verseucht und führen zum Tode, wie wir bei der dritten Posaune und dritten Plage gesehen haben (8,10.11; 16,3). Deshalb die Einladung an alle Menschen, ob gläubig oder nicht:

> »Komm doch zur Quelle des Lebens,
> durstig und müde und matt,
> denn es ist nicht vergebens;
> hier wirst du ruhig und satt.« (PJ 695)

Die Fortsetzung der Beschreibung dieses wunderbaren Friedenszustandes finden wir im letzten Kapitel. Unser Abschnitt schließt leider nicht mit einem großen Halleluja, sondern mit einem scharfen Ton der Abweisung an die Adresse jener, die Seine Gnade verachten. Sie haben keinerlei Teil an dem herrlichen Friedensreich, ja, sie sind ausgeschlossen aus der Heiligen Stadt (22,15). Sie würden sie bald wieder verderben. Die Hölle droht **den Feigen und Ungläubigen (Untreuen) und mit Gräueln Befleckten und Mördern und Hurern und Zauberern und Götzendienern und allen Lügnern – ihr Teil ist in dem See, der mit Feuer und Schwefel brennt, welches der zweite Tod ist.** »Denn dieses wisset und erkennet ihr, dass kein Hurer oder Unreiner oder Habsüchtiger (welcher ein Götzendiener ist) ein Erbteil hat in dem Reiche Christi und Gottes.« (Eph.5,5) »Wenn jemand, der Bruder genannt wird, ein Hurer ist, oder ein Habsüchtiger oder ein Götzendiener ... oder ein Räuber, mit dem soll man keinen Umgang haben, mit einem solchen selbst nicht essen.« (1.Kor.5,9–11) Das soll ihn zur Buße bringen, andernfalls ist er verloren.

Damit ist auch die Frage nach einem kommenden Friedensreich hinreichend beantwortet: Die Welt wird es nie sehen, »es sei denn, dass jemand aus Wasser und Geist geboren werde, so kann er nicht in das Reich Gottes eingehen«. (Joh.3,3–7) »Kein Friede den Gesetzlosen, spricht mein Gott.« (Jes.57,21) Sie mögen umkehren von ihrer Gesetzlosigkeit. Dass die Feigen und Untreuen dasselbe Los verdienen wie die »Mörder, Hurer ...« überrascht, ist aber wohl gerecht, weil sie vor dem entscheidenden Kampf ausgewichen sind. Auf Feigheit vor dem Feind steht die Todesstrafe. Gar manchen hat es in Verfolgungszeiten gereut, den HERRN wie Petrus verleugnet zu haben, war aber dann später umso mutiger.

DAS NEUE JERUSALEM (21,9–27)

DIE GESUCHTE GEMEINDE

Das neue Jerusalem als Stadt des Friedens und der Freude, des Trostes und der Erquickung in der Gemeinschaft mit Gott war das Thema des vorigen Abschnitts. Es ist die Stadt in dem Reiche und das Reich Gottes in der Stadt Gottes, wir in der Stadt und die Stadt in uns; paulinisch ausgedrückt: Wir in Christus und Christus in uns; dann ist das Gebet Jesu erfüllt, »auf dass sie alle eins seien, gleichwie du, Vater, in mir und ich in dir, auf dass auch sie in uns eins seien«. (Joh.17,21–23) Die ersehnte Einheit ist in einem wirklichen Einssein wiederhergestellt (Eph.4,1–6).

Johannes wird auf einen großen und hohen Berg geführt und sieht **die heilige Stadt, Jerusalem, herniederkommend aus dem Himmel von Gott.** »Neu« fehlt hier, ihm und uns soll das Ursprüngliche und Vollkommene nach dem ewigen Ratschluss Gottes gezeigt werden. Für die Bedürfnisse der Menschen ist kein weiter Blick erforderlich, man muss nur offene Augen und Ohren haben. Um jedoch die göttlichen und himmlischen Dinge zu erkennen, muss man auf höherem Grund stehen. Der hohe Berg erinnert an Mose, dem Gott vom Berg Nebo, dem Gipfel des Pisga, das ganze Land sehen ließ (5.Mo.34,1). Er selbst sollte es nicht mehr erleben, aber er hat mehr davon gesehen, als Israel je besaß. So ist es auch mit Johannes; er durfte wie auch Hesekiel (40,2) die Wiederherstellung der Gemeinde in der Wiederkunft Jesu sehen (Joh.21,22), konnte aber selbst nicht mehr daran teilnehmen, weil zuerst der Abfall kommen musste (2.Thess.2,3). Sollten wir das Herniederkommen der Heiligen Stadt ebenfalls nicht mehr erleben, so dürfen wir es dennoch wie Johannes im Geiste schauen und das ist weit mehr.

An den großen Abfall und das darauf folgende Gericht erinnert ihn **einer der Engel, welche die sieben Schalen hatten, voll der sieben letzten Plagen.** Es wäre traurig, wenn es nur die Plagen gäbe. Der Engel hat noch etwas anderes zu zeigen, er ist nicht nur Gerichtsengel, sondern auch Gnadenengel. Es ist gut, beide Seiten im Auge zu behalten, um den Kontrast zu sehen und nicht zu vergessen, wo wir einst waren. Johannes soll im Geiste das Gegenstück von Babylon sehen, nämlich die Heilige Stadt, Jerusalem, in ihrer ganzen Herrlichkeit und Pracht kommen sehen. Sie wird Braut, Weib des Lammes genannt, denn sie ist jetzt mit dem Christus, dem König der Könige, vereinigt, verheiratet, die Hochzeit ist ja gewesen (19,7–9).

Und sie hatte die Herrlichkeit Gottes. Ihr Lichtglanz war gleich einem sehr kostbaren Edelstein, wie ein kristallheller Jaspisstein. War das nicht das Ansehen Dessen, Der auf dem Throne saß (4,3)? Also strahlt sie Den wider, Dessen Herrlichkeit sie angeschaut hat. Nur so werden auch wir »verwandelt nach demselben Bilde von Herrlichkeit zu Herrlichkeit, als durch den Herrn, den Geist«. (2.Kor.3,18) »Herrliches ist von dir geredet, du Stadt Gottes«, singen die Söhne Korahs (Ps.87,3).

Für den aus der Fremde Ankommenden fällt der Blick zunächst auf die geheimnisvolle Mauer und die Tore, erstaunt betrachtet er die Maße der Stadt. Damit sind wir wieder in Hesekiel (40–48). Auffallend ist die vielfältige Operation mit der Zahl zwölf. Es soll, ja es muss uns wieder eingeprägt werden, dass die Verheißungen der »zwölf Stämme« Israels die Grundlage der Heiligen Stadt bilden. Wir denken an den Segen, womit Mose, der Mann Gottes, die Kinder Israels vor seinem Tode segnete (5.Mo 33), was jetzt nicht im Einzelnen auszulegen ist. Jetzt bestätigt sich das Wort über Israel aufs Deutlichste: »Die Gnadengaben und die Berufung Gottes sind unbereubar.« (Röm.11,29) Sie waren nie hinfällig, aber Teil daran hatten und haben nur die Glaubenden. Der Glaube an den Sohn Gottes, Jesus Christus, sichert die Zugehörigkeit und Existenz Israels als Volk des neuen Bundes (Joh.3,14–16).

Die zwölf Tore werden von zwölf Engeln bewacht; jeder Eingehende wird kontrolliert und durchleuchtet. Einschleichen kann sich niemand oder über die hohe Mauer steigen. Jedes Tor ist einem der Namen der zwölf Stämme der Söhne Israels zugeordnet; ihre Namen wissen wir von der Versiegelung (7,4–8; vgl.Hes.48,30–35). Dan und Ephraim werden noch kommen, ihnen stehen alle Tore offen, wenn sie ihre Kleider gewaschen haben im Blute des Lammes (22,14). Die Tore der Heiligen Stadt sind sowohl Eingänge wie Ausgänge. Jerusalem ist keine Sektenstadt, wo man nur eingehen kann und nicht wieder rauskommt, sondern für alle heilsverlangenden Menschen offen, geschlossen nur für die Sünde. Sie ist eine Gemeinde, von der man sagen wird: Hier sind wir Mit-Glieder, eine andere Mitgliedschaft brauchen wir nicht, hier sind wir zu Hause, hier fühlen wir uns wohl, weil Jesus dort wohnt und thront.»Man wird sie nennen: das heilige Volk, die Erlösten des Herrn; und dich wird man nennen: die Gesuchte, Stadt, die nicht mehr verlassen wird.« (Jes.62,10–12)

Die Hauptbetrachtung konzentriert sich auf die Grundlagen der Mauer: **sie hatte zwölf Grundlagen und auf denselben zwölf Namen der zwölf Apostel des Lammes.** Sollte noch jemand Zweifel haben, ob die Gemeinde Jesu die Gemeinde Israel des neuen Bundes ist, so werden ihn die zwölf Grundlagen belehren, ebenso die Namen der Zwölfe, einschließlich Paulus als Repräsentanten des neuen Israel und ihr Evangelium.

Nun muss das Ganze auch gemessen werden, Stadt, Tore und Mauer. Dabei wird ein **goldenes Rohr** als Maßstab angelegt. In Kap. 11 war es einfach »ein Rohr gleich einem Stabe«. Diesen könnte man als Auslegung oder Zustandsfeststellung betrachten; Auslegungen können voneinander abweichen, denn jeder sieht und erfährt den Zustand der Gemeinde anders. Das »goldene Rohr« jedoch ist der absolute Maßstab des Wortes Gottes, daran ist nichts auszulegen. **Die Stadt liegt viereckig, und ihre Länge ist so groß wie ihre Breite – zwölftausend Stadien; die Länge und die Breite und die Höhe derselben sind gleich.** Dies werden wir nur mit allen Heiligen erfassen durch die Liebe, »dass der Christus durch den Glauben in euren Herzen wohne, indem ihr in Liebe gewurzelt seid ...« (Eph.3,17–21). Die Gemeinde Gottes ist viereckig, nicht rund, der Welt angepasst;

das sollten wir akzeptieren und nicht versuchen, die Ecken zu glätten. Sie muss und soll Ecken und Kanten haben, daran stoßen sich nur Ungehorsame. Auffallend ist, dass die Stadt keine ungleichen Seiten hat, weder nach den Menschen noch nach oben, nach Gott hin. Bei uns ist so manches ungleich, wir bekennen so und handeln anders. Das wird bei denen, die in die Stadt eingegangen sind, nicht mehr sein. Man hat das neue Jerusalem die vollendete Gemeinde genannt, aber das stimmt nicht. Die Gemeinde Gottes war schon immer vollendet, »und ihr seid vollendet in ihm«. (Kol.2,10)

Eine Hürde ist die **große und hohe Mauer von hundertvierundvierzig Ellen**, aber nur für die Nationen. Diese wundersame Stadtmauer kann man nicht überspringen. Man ist gezwungen, durch die Tore einzugehen. Die Welt mag die dahinterliegenden Gebäude als Gefängnis vermuten, doch die Mauer ist eine Schutzmauer vor Feinden, wie sie bei alten Städten noch zu sehen ist. Die Stadt vermittelt mit ihrer Mauer den Eindruck einer Burg. Das stimmt mit David überein, der den HERRN seine Burg, seine hohe Feste, seinen Hort nennt (Ps.18,2; 48,1–6).

Zwölf mal zwölf ist wieder die Zahl der Stämme Israels – es sind die Heiligen, die eine geschlossene Mauer bilden. Im Himmel bedarf es keiner Mauer. Wie und warum sie gebaut bzw. wiederhergestellt wird, erfahren wir aus dem Buche Nehemia. Da an diesem Werk Gottes Menschen beteiligt sind, ist es auch dem Menschen gemäß **eines Menschen Maß**. Der Zusatz, **das ist des Engels**, weist auf ein höheres (Wert)Maß hin und das ist die göttliche Liebe. Die natürliche Liebe reicht nicht aus, um »die Einheit des Geistes in dem Bande des Friedens« zu bewahren (Eph.4,3). Die Mauer, das ist, was die Menschen sehen können, **der Bau der Mauer war Jaspis**, worin wir etwas von der Herrlichkeit Christi sehen. **Und die Stadt reines Gold, gleich reinem Glase.** Gold ist die Wahrheit, deshalb wird sie »Stadt der Wahrheit« genannt, absolut rein und klar (Sach.8,3) – ein mächtiges Zeugnis gegen den Relativismus, der jede Wahrheit relativiert und den Pluralismus, vor allem den theologischen Pluralismus, sowie den Positivismus.

Die Grundlagen der Mauer waren geschmückt mit jedem Edelstein: die erste Jaspis ... Wieder ist es Jaspis, Christus, der erste und kostbarste Edelstein der Wahrheit, auf dem der ganze Bau ruht. Sodann »die Grundlage der Apostel und Propheten, in welchem Jesus Christus selbst Eckstein ist«. (Eph.2,20) Schon Abraham erwartete die Stadt, »welche Grundlagen hat, deren Baumeister und Schöpfer Gott ist«. (Hebr.11,10)

Man muss nichts von Edelsteinen verstehen, es genügt, sie anzuschauen; das wunderbare Licht, das sie zurückstrahlen, ist »der Lichtglanz des Evangeliums der Herrlichkeit Christi«. (2.Kor.3,4) Wenn die Mauer aber auch die Heiligen sind, dann finden sie sich in den Edelsteinen im Brustschild Aarons (2.Mo.28,15–30), »denn Kronensteine sind sie, funkelnd auf seinem Lande«. (Sach.9,16)

Und die zwölf Tore waren zwölf Perlen, je eines der Tore war aus *einer* Perle. Wenn auch verschieden in ihrer Kostbarkeit, so öffnet uns doch jeder der zwölf Apostel des Lammes den Zugang zum Heil. Die Kirche hat früh erkannt, welche Schriften in den Kanon des Neuen Testament aufgenommen werden sollten, nämlich die Schriften der Apostel oder eine ihrer Mitarbeiter (z. B. Lukas). Es kursierten damals noch andere Schriften, die teilweise wohl erbauend waren (z. B. die Apokryphen), aber keine autorisierten Perlen in dem Sinne. Oder sie waren schädlich und führten vom Glauben des Evangeliums weg; sie blieben vom Kanon ausgeschlossen (Konzil zu Karthago im Jahre 397).

Das führt uns zu der **Straße der Stadt, die reines Gold war, wie durchsichtiges Glas.** Was von der Stadt gesagt ist (V.18), gilt auch für den Weg dorthin und innerhalb. Die Stadt hat nur e i n e Straße, denn es gibt nur *einen* Weg zum Himmel und zum Vaterherzen Gottes, der Weg der Wahrheit und der ist vollkommen durchsichtig, für jeden Einsichtigen klar. »Und wenn ihr zur Rechten oder zur Linken abbieget, so werden deine Ohren ein Wort hinter dir her hören: Dies ist der Weg, wandelt darauf!« (Jes.30,21) Andere Wege, die heute angepriesen werden, verbergen List und Lüge und führen irre. »Wir alle irrten umher wie Schafe, wir wandten uns ein jeder auf seinen Weg.« (Jes.53,6) Das wird nicht mehr sein, wenn wir Christus folgen, Der gesagt hat: »I c h bin der Weg und die Wahrheit und das Leben.« (Joh.14,6) Dass am Sonntagmorgen jeder seinen Weg geht, hört dann auf.

Und ich sah keinen Tempel in ihr, wundert sich Johannes. Keinen? Ob er mehrere erwartete? Vielleicht noch eine Erinnerung an Babylon, wo es viele Tempel und Anbetungsstätten gab, je nach den verschiedenen Bekenntnissen. Auch viele Straßen und Gassen, aber nicht von Gold. Nein, in der Heiligen Stadt kann es nur *einen* Tempel, nur *eine* Stätte der Anbetung geben, wie es im Anfang war. Von einer »Zerstreuung der Kinder Gottes« kann nun keine Rede mehr sein, denn »die Menge derer, die gläubig geworden, war *ein* Herz und *eine* Seele«. (Apg.4,32) Was im Anfang möglich war, wird auch am Ende möglich sein. Dies ist aber nur möglich, weil **der Herr, Gott, der Allmächtige, ihr Tempel ist, und das Lamm,** von Ewigkeit zu Ewigkeit. Von Tempel und Stadt war in der Verheißung an die Überwinder in Philadelphia die Rede (3,12), auch vom Dienst in Seinem Tempel (7,15); schließlich wurde der Tempel Gottes im Himmel geöffnet (11,19; 15,5). Beides ist wahr, Tempel als Heiligtum, Tempel als Person, das heißt, Gott in uns und wir in Gott, in Christo. Letzteres will der Geist uns hier vorstellen. Darum bedarf die Stadt weder Sonne noch Mond, **dass sie ihr scheinen, denn die Herrlichkeit Gottes hat sie erleuchtet, und ihre Lampe ist das Lamm.** Dann ist das Wort erfüllt: »Nicht wird ferner die Sonne dir zum Lichte sein bei Tage, noch zur Helle der Mond dir scheinen, denn der Herr wird dir zum ewigen Lichte sein.« (Jes.60,19) An anderer Stelle heißt es: »Das Licht des Mondes wird sein wie das Licht der Sonne, und das Licht der Sonne wird siebenfältig sein« (Jes.30,26), was auf das große Licht, Christus, hinweist. »Das Volk, das in Finsternis saß, hat ein großes Licht gesehen.« (Matth.4,16)

Das große Licht und das kleine Licht, Sonne und Mond, wurden geschaffen, »um den Tag von der Nacht zu scheiden, und sie seien zu Zeichen und zur Bestimmung von Zeiten und Tagen und Jahren«. (1.Mo.1,14–19) Alle diese Funktionen bestehen für die Erdenbewohner weiter, aber die himmlische Stadt bedarf der natürlichen Lichter nicht und schon gar keiner künstlichen Lichtquellen, weil das »wahrhaftige Licht«, Christus, alles erleuchtet (Joh.1,9). Mehr noch, wer in der Heiligen Stadt lebt, für den haben die wechselvollen Zeiten und Zeichen, letzte Zeit, Lebensalter usw. keine wesentliche Bedeutung mehr; er hat Christus als das ewige Licht und das ewige Leben. Oh diese wunderbare Lampe, »mit seinem hellen Scheine vertreibt's die Finsternis. Wahr Mensch und wahrer Gott, hilft uns aus allen Leiden, rettet von Sünd und Tod«.

Und die Nationen werden durch ihr Lichte wandeln. Jetzt knüpft Gott auch wieder mit den Nationen an, die so geschlagen und schwer gedemütigt werden mussten. Die Menschen sehen das glänzende Licht der Stadt auf dem Berge, »und viele Völker und mächtige Nationen werden kommen, um den Herrn der Heerscharen in Jerusalem zu suchen und den Herrn anzuflehen«. (Sach.8,20–23) So war es ja buchstäblich im Anfang durch den Dienst des Apostels Paulus unter den Nationen. Die »Nationen« sind selbstverständlich hier nicht mehr national zu verstehen, sondern vom Bekenntnis, Verständnis und Wesen her. **Und die Könige der Erde bringen ihre Herrlichkeit zu ihr.** Unter Salomo brachten sie Gold und Silber, Edelsteine und Gewürze in sehr großer Menge. Welche Herrlichkeit brachte die Königin von Scheba mit (1.Kön.10). Im neuen Bunde sind es Herzen, die zu Lob und Dank und Anbetung gestimmt sind. Und sie bringen ihre herrlichen Gaben ein. Da kommen namhafte Wissenschaftler, die Evolutionisten und Atheisten waren, und werden Christen; sie stellen ihr gesamtes Wissen in den Dienst des Schöpfers, um Menschen von der Tatsache der Schöpfung zu überzeugen. Und viele andere bringen ihre geistlichen Gaben ein, die Gott ihnen gegeben hat, die aber gefangen waren (Eph.4,8).

Da **die Tore nicht geschlossen werden sollen bei Tage, denn Nacht wird daselbst nicht sein**, stehen sie jedem Fremden, der Zuflucht in ihr sucht, zu jeder Zeit offen. Erneut gilt die Einladung: »Kommet her zu mir, alle ihr Mühseligen und Beladenen, und i c h werde euch Ruhe geben.« (Matth.11,28) **Und man wird die Herrlichkeit und die Ehre der Nationen zu ihr**

bringen. Das ist ein neuer Gedanke im Unterschied zur vorigen Aussage über die Könige, die ihre persönliche Herrlichkeit zu ihr bringen. Ganz allgemein gesagt: »man wird« – ohne diese hereingebrachten Herrlichkeiten der Nationen wäre Jerusalem eine arme Stadt. Obschon alles von Gold, macht erst das, was einst die Epheser dazubrachten, die Heilige Stadt reich und herrlich: »… mit aller Demut und Sanftmut, mit Langmut, einander ertragend in Liebe, euch befleißigend, die Einheit des Geistes zu bewahren in dem Bande des Friedens …; die Wahrheit festhaltend in Liebe«. (Eph.4) Das sind Herrlichkeiten, die Christus und Seine Gemeinde ehren.

Damit kein Missverständnis entsteht: Jeder ist herzlich willkommen! Aber schlechte Leute und falsche Heilige (Scheinheilige) müssen draußen bleiben, denn **n i c h t wird in sie eingehen irgendetwas Gemeines und was Gräuel und Lüge liebt und tut, sondern nur die geschrieben sind in dem Buche des Lebens des Lammes.** Warum? Weil Lügner und dergleichen andere Absichten haben und womöglich die Stadt wieder einnehmen wollen. Doch wenn sie sehen, wie das neue Jerusalem auf dem Berge Zion ist und vor allem, wer dort thront, ergreifen sie die Flucht (Ps.48). Wer meint, aus Babylon ausgegangen zu sein, aber nicht aufrichtig ist und in Jerusalem Einlass begehrt, wird abgewiesen.

Offenbar gibt es im neuen Jerusalem keine Alteingesessenen wie in Babylon, auch keine vom Himmel herniedergekommene Heilige, alle sind Neuankömmlinge oder Heimkehrer, Kinder der Wegführung, aus der Gefangenschaft Zurückgekehrte. Unter ihnen Sünder und Heilige, müde Pilger und alte Kämpfer. Sie alle finden einen Ruheplatz in Zion. »Ihr seid gekommen zum Berge Zion und zur Stadt des lebendigen Gottes, dem himmlischen Jerusalem, und zu Myriaden von Engeln, der allgemeinen Versammlung, und zu der Versammlung der Erstgeborenen, die in den Himmeln angeschrieben sind …« (Hebr.12,22–24).

DER PARADIESSTROM (22,1–5)

Und er zeigte mir einen Strom von Wasser des Lebens, glänzend wie Kristall, der hervorging aus dem Throne Gottes und des Lammes. »(Wie) ein Strom von oben, aus der Herrlichkeit, fließt der Friede Gottes in das Land der Zeit. Tiefer, reicher, klarer strömt er Tag und Nacht mit unwiderstehlich wunderbarer Macht, Friede meines Gottes ...« Dieses Lied drückt das wunderbar aus.

Wir kommen im letzten Kapitel der Offenbarung und somit am Ende der Bibel wieder zum Anfang der Schöpfung: »Ein Strom ging aus von Eden, den Garten zu bewässern.« (1.Mo.2,10) Der viel besungene Strom ist nicht zum Baden bestimmt, sondern zum Trinken. Das Wasser des Lebens ist das Wort und der Geist, der das Wort lebendig macht, das Evangelium des Heils. Das ganze Wort Gottes ist Evangelium. Sowohl das Evangelium vom Reiche, das Evangelium der Herrlichkeit des Christus usw. oder das ewige Evangelium; all diese verschiedenen Bezeichnungen sind das *eine* »Evangelium Gottes, (welches er durch seine Propheten in heiligen Schriften zuvor verheißen hat) über seinen Sohn«. (Röm.1,1–3) Der Strom entspringt in der Heiligen Stadt und ist daher zuerst für die gläubige Seele, die, »wie ein Hirsch nach Wasserbächen«, nach Gott dürstet, »nach dem lebendigen Gott«. (Ps.42,1)

Wieder haben wir hier nur Stichworte zu einem ausführlichen Text in Hesekiel. Er sieht den Fluss im Geiste aus dem Heiligtum hervorkommen, unter der Schwelle des Hauses rieseln die Wasser. Der Fluss wird immer tiefer und überall, wohin er kommt, werden alle lebendigen Seelen gesund werden und leben (Hes.47). Daher »Wasser des Lebens« genannt, er bringt Heil den Seelen und Heilung ihrer Seele allen, die davon trinken. In Erfüllung dieser Weissagung fasst unser Abschnitt noch einmal das ganze Evangelium von der Quelle bis zur Mündung zusammen. Denn diese Wasser gelangen nach Hesekiel in die Ebene und ins Meer, das heißt, sie haben Heilsbedeutung für die ganze Welt. »Wohin dieser Strom sich nur immer ergießt, da jubelt und jauchzet das Herz, das nunmehr den köstlichsten Segen genießt, erlöset von Sorgen und Schmerz.«

Aber »seine Sümpfe und Lachen werden nicht gesund werden, sie werden salzig bleiben«. (Hes.47,11) Die Erklärung ist einfach: Sie sind zurückgeblieben von einem Hochwasser, haben also keinen Anschluss mehr an den Strom und versalzen. Es gab Zeiten großer Kirchenbewegungen und Erweckungen, wo der Strom des Geistes stark anschwoll, zum Beispiel die Reformation, die Brüder- und Gemeinschaftsbewegung. Aufbewahrt sind uns ihre Schriften und theologischen Werke, aber diese sind heute gleich den Lachen und Sümpfen, sie machen keine Seele mehr lebendig und sind nur noch etwas für Liebhaber. Unsere Zeit hat andere Bedürfnisse, wir brauchen frisches Wasser von der Quelle. Wahrscheinlich gilt für die Zukunft wieder zuerst nur das gesprochene Wort, die Predigt, aber ohne Medium.

In der Mitte ihrer Straße und des Stromes, diesseits und jenseits, war der Baum des Lebens, der zwölf Früchte trägt und jeden Monat seine Frucht gibt; und die Blätter des Baumes sind zur Heilung der Nationen. Hesekiel spricht von sehr vielen bzw. allerlei Bäumen auf dieser und auf jener Seite des Flusses, von denen man isst. Solche Bäume sollten wir sein, aber das ist nur möglich durch d e n Baum des Lebens, welcher Christus ist. Er ist die Mitte sowohl der Straße als auch des Stromes, im Diesseits und im Jenseits. Wir nähren uns von dem Lebensbaum und werden selber zu einem Lebensbaum »gepflanzt an Wasserbächen, der seine Frucht bringt zu seiner Zeit«. (Ps.1,3) Die »zwölf Früchte« erinnern uns wieder an die Verheißungen der zwölf Stämme Israels, auch an die Tugenden Christi und die Früchte des Geistes. Wofür aber sind die Blätter? Gewiss nicht zum Essen oder als Gesundheitstee. Sie spenden vielmehr Schatten vor der Sonnenglut, man muss sich unter diesen

Baum flüchten, wenn man das Gesetz Gottes (aus)halten will. Das wissen wir aus dem Römer- und Galaterbrief.

Und keinerlei Fluch wird mehr sein. Das ist nicht zukünftig, das kann jeder erfahren, der sich in Christus birgt. Denn E R ist ein Fluch für uns geworden (Gal.3,13). Das ist die gute Botschaft an die Nationen, die sich den Fluch und das Gericht zugezogen hatten. Keinerlei Fluch, »keine Verdammnis für die, welche in Christo Jesu sind«. (Röm.8,1) Weil Gott versöhnt ist durch den Opfertod Jesu Christi, ist der Fluch abgewendet und Gnade uns gebracht. Dass **der Thron Gottes und des Lammes in ihr**, der Heiligen Stadt, ist, weist auf diese Versöhnung hin. Heiligkeit und Friede, Gerechtigkeit und Gnade sind hier vereinigt, sodass in der Tat, wer in Jerusalem lebt, gewiss und wahrhaftig keinerlei Fluch mehr befürchten muss. Man lebt in der Gemeinschaft mit Gott und dem Lamme, dem Vater und dem Sohn **und seine Knechte werden ihm dienen, und sie werden sein Angesicht sehen; und sein Name wird an ihren Stirnen sein.** In Kap.14 sahen wir sie bereits mit dem Lamme auf dem Berge Zion den Namen des Lammes und seines Vaters an ihren Stirnen geschrieben. Das sind nicht zwei Namen, sondern e i n Name, der Name Jesu, denn sie sind Sein Eigentum. »Wir werden ihn sehen, wie er ist.« (1.Joh.3,2)

Und Nacht wird nicht mehr sein und kein Bedürfnis nach einer Lampe und dem Lichte der Sonne. Noch ist Nacht, es herrschen die finsteren Mächte, der Abfall nimmt gräuelhafte Formen an, die Gemeinden sind in einem schlimmen Zustand. Doch darüber klage nicht mehr, lieber Bruder, denn wir erwarten »nach seiner Verheißung einen neuen Himmel und eine neue Erde, in welchen Gerechtigkeit wohnt«. (2.Petr.3,13) Dies erfüllt unsere Herzen, davon sollen wir reden und nicht alte unverbesserliche Zustände kritisieren. Wir warten auf einen neuen Morgen, schon glänzt der Morgenstern. So lange brauchen wir zur Orientierung die Lampe des prophetischen Wortes, bis der Tag anbricht. Wenn aber **der Herr, Gott, über ihnen leuchtet**, ist die Finsternis besiegt. Dann brauchen wir nicht mehr die Prophetie, »Prophezeiungen werden weggetan werden«. (1.Kor.13,8)

Noch ein letzter Gedanke zur Offenbarung Jesu Christi: Sie, seine Knechte, die Ihm dienen, werden **herrschen von Ewigkeit zu Ewigkeit.** Das Herrschen liegt im Dienen; darin erweisen sich wahre Diener Gottes.

Siehe, ich komme bald! (22,6–21)

Letzte Mahnungen

Der Gott der Geister der Propheten hat seinen Engel gesandt, seinen Knechten zu zeigen, was bald geschehen muss. Die Offenbarung Jesu Christi beruht auf den Propheten wie wir wiederholt festgestellt haben. Es ließen sich viele Parallelstellen auflisten, die alle auf Christus und Seine Gemeinde hinweisen. Vieles ist schon geschehen und geschieht noch, die letzten Dinge müssen noch geschehen, und zwar bald. Das Tier ist noch nicht besiegt, die Heimkehr aus Babylon zögert noch, die Hochzeit des Lammes aber ist in Vorbereitung. Dann beginnt ein neuer Tag, dann geht die Sonne der Gerechtigkeit auf mit Heilung in ihren Flügeln (Mal.4,2), dann werden wir ein großes Fest feiern, das nie mehr enden wird. Zweimal heißt es: Es ist geschehen (16,18), vor allem das, was am Kreuze geschehen, ja, vollbracht ist (21,6), denn auf dieser Grundlage allein ist und kann eine Erneuerung geschehen. **Diese Worte sind gewiss und wahrhaftig** wird wiederholt bezeugt und bezieht sich hier auf das neue Jerusalem. Was bald geschehen muss, ist das Herniederkommen der Heiligen Stadt, was mit der Wiederkunft Jesu geschieht, Der gesagt hat: **Siehe, ich komme bald**, das heißt in Kürze, schnell, eilends. Die Braut des Lammes wartet sehnlichst darauf. **Glückselig, der da bewahrt die Worte der Weissagung dieses Buches!** An dem in Kap.21 beschriebenen glückseligen ewigen Zustand wird sich nichts ändern, ob wir ihn bewahren oder nicht. Doch wir gehen persönlich der Glückseligkeit verlustig, wenn wir die Worte der Weissagung nicht bewahren. »Bewahre das anvertraute Gut« (1.Tim.6,20) bedeutet auch, sich von den ungeistlichen eitlen Auslegungen abzuwenden, die zu nichts nütze sind.

Wiederum ist Johannes tief ergriffen von dem, was er hörte und sah, sodass er vor den Füßen des Engels niederfällt, um anzubeten. Der Engel weist das zurück und bezeichnet sich demütig als sein Mitknecht, »und der deiner Brüder, der Propheten, und derer, welcher die Worte dieses Buches bewahren«, was er ihm schon einmal gesagt hat (19,10). Gott allein gebührt Anbetung. Das ist auch eine Lektion für alle Knechte Gottes, denen Gott etwas von der Offenbarung Jesu Christi gezeigt hat, nicht Ehre von Menschen zu nehmen. Gott allein die Ehre!

Wenn »die Worte der Weissagung dieses Buches nicht versiegelt worden sind, denn die Zeit ist nahe«, dann wird es so sein wie mit dem Buche Daniel (12,4): »Viele werden es erforschen und die Erkenntnis wird sich mehren.« Da kein Zeitzeuge mehr lebt, Johannes war der letzte, der die frühere Herrlichkeit gesehen hat, ist sie aufgeschrieben für die Zeit, wann es geschehen soll. Warum tun wir uns so schwer mit der Auslegung gerade dieses Buches? Das sollte heute, da die Zeit da ist, kein Problem mehr sein, wenn wir die Augen auftun und uns am Evangelium orientieren.

Wer unrecht tut, tue unrecht, und wer unrein ist, verunreinige sich noch. Wahrlich keine Aufforderung, unrecht zu tun, sondern sie sollen so weitermachen. Der HERR wird ihnen bald sagen, wie verkehrt, wie ungerecht und unrein sie sind. Leider gibt es im Kreis der Gemeinden Uneinsichtige und Ungerechte, die alles verdrehen und doch meinen, sie lägen richtig, und Unreine, die keine Gottesfurcht haben, aber ständig Bibelworte im Munde führen, »Menschen, verderbt in der Gesinnung, unbewährt hinsichtlich des Glaubens.« (2.Tim.3,8) Solche belehren zu wollen, ist in jeder Phase der Offenbarung zwecklos. Doch **wer gerecht ist, übe noch Gerechtigkeit, und wer heilig ist, sei noch geheiligt.** Niemand meine von sich, er sei gerecht und lebe heilig. Ein jeder prüfe sich selbst. **Siehe, ich komme bald, und mein Lohn mit mir, um einem jeden zu vergelten, wie sein Werk sein wird.** Damit ist klar, dass das Kommen des Herrn nicht getrennt werden kann von dem Geschehen in Seiner Offenbarung, die der Entrückung vorausgeht. Deshalb sollten Christen nicht sagen: Der Herr kommt bald, um seine Gemeinde abzuholen. Der Geist und die Braut verlangen nach einer Klärung zwischen den Ungerechten und den Gerechten.

Noch einmal stellt sich der HERR vor als **das Alpha und das Omega, der Erste und der Letzte, der Anfang und das Ende.** Er hat das erste und Er hat das letzte Wort in der Sache, Er ist »der Erstgeborene aller Schöpfung« (Kol.1,15), und »als der Letzte wird er auf der Erde stehen«. (Hiob 19,25) Es ist ein Trost, dass Er der Anfang und das Ende in Prüfungs- und Leidenszeiten ist, ja, auch die Gerichtszeit hat Er bestimmt und führt sie zu Ende. Denn Er ist der Anfang aller Dinge und das Ende von allem, Er wird allem Menschenwerk ein Ende machen. Das ist unser HERR, Jesus Christus, »dieser ist der wahrhaftige Gott und das ewige Leben«. (1.Joh.5,20)

Ein letzter Aufruf: **Glückselig, die ihre Kleider waschen ...** Eine Selbstreinigung ist für alle angesagt, **auf dass sie ein Recht haben an dem Baume des Lebens und durch die Tore in die Stadt eingehen!** Vergessen wir nicht, es ist die *Heilige* Stadt, wo nichts Unreines Eingang finden kann. Du malst dir aus, wie es im Himmel sein wird? Siehe zuerst zu, dass du reinkommst. Denn nur wer gereinigt ist durch den Glauben an den Israel Gottes, Jesus Christus, gehört zu Seinem Geschlecht, zu Gottes Israel und hat Anteil am Erbe der Heiligen in dem Lichte.

Drinnen und draußen ist hier scharf getrennt. Zum dritten Mal wird gesagt und das ist sicher nötig, dass böse Menschen, auch böse Gläubige, ihren Wirkungskreis nur außerhalb Jerusalems haben können. Neben den Zauberern, Hurern, Mördern, Götzendienern, Lügnern findet sich hier allen Ernstes ein sehr abfälliger Ausdruck: die Hunde. Damit sind böse und bösartige Leute gemeint, die uns das falsche Israel als das eigentliche Volk Gottes glauben machen wollen. Paulus geht mit ihnen scharf ins Gericht und nennt sie »Hunde, böse Arbeiter, Zerschneidung«. Er besteht darauf: »W i r sind die Beschneidung ...« (Phil.3,2). »Erkennet denn: die aus Glauben sind, diese sind Abrahams Söhne.« (Gal.3,7), ausschließlich. Wer zum Samen Abrahams und Davids gehört, sagt Jesus im nächsten Vers selbst. Deshalb, wer die fleischliche Beschneidung als das »auserwählte Volk Israel« lehrt, der ist ein falscher Lehrer und schließt sich damit selbst vom Paradies und vom Heil in Christo aus. Dieser »Hund«, der Bruder genannt wird, hat nichts in dem neuen Jerusalem verloren, auch wenn er meint, aufgrund seines Glaubensbekenntnisses dort ein Recht zu haben. Glücklicherweise muss man hier nicht mehr die Bösen aus der Gemeinschaft der Kinder Gottes ausschließen und hinaustun; sie haben nicht einmal Zutritt, weil Hunde und Schweine kein Bedürfnis haben, sich zu reinigen (2.Petr.2,22), noch lassen sie zu, sich Kopf und Füße waschen zu lassen. Hunde müssen draußen bleiben! »Die draußen sind richtet Gott.« (1.Kor.5,13)

I c h , Jesus, habe meinen Engel gesandt, euch diese Dinge zu bezeugen in den Gemeinden. Nun ist es raus, wer der Autor dieses Buches ist und wem die Offenbarung gilt. Der »I c h bin ... der Herr, Gott, der Allmächtige« (1,8) ist Jesus! Oh, welch eine Offenbarung, wenn Er sich selbst der Seele offenbart (Joh.14,21). Die Dinge und es sind sehr ernste Dinge, die bereits in den Sendschreiben angedeutet sind, sollten in den sieben Gemeinden bezeugt werden. Dazu gehört auch das Gericht an Babylon. Es ist nichts dringender, als die Offenbarung in allen Kirchen und Gemeinden zu verkünden, wozu die vorliegende Auslegung eine Hilfe sein kann. Oder verhalten wir uns wie Jona, der sich scheute, das Gericht zu predigen? Wir brauchen mehr den prophetischen Dienst als Evangelisationen, die heute so gut wie fruchtlos sind. Es ist der einzige Weg, um ein Umdenken, um Buße und Umkehr zu bewirken.

Umdenken müssen in der Tat viele, wenn sie hören und lesen: **I c h bin die Wurzel und das Geschlecht Davids, der glänzende Morgenstern.** »I c h bin« besagt, kein anderer ist die Wurzel, nicht David, nicht Abraham ist die Wurzel Israels, sondern Jesus selbst. »Ehe Abraham ward, bin ich.« (Joh.8,58)

Warum gerade die Wurzel Davids? Das hat zwei Gründe: Erstens geht es in der Offenbarung um das Königtum bzw. das Reich Davids, weil Jesus aus dem Samen Davids ist. Das sollen wir nie vergessen (2.Tim.2,8). Zum anderen ist das Wesen Davids, der Mann nach dem Herzen Gottes, ein Vorbild auf Christus, denn in ihm war der Geist Christi.

Jesus Christus ist auch die Wurzel des Ölbaumes in Röm.11. Damit ist auch geklärt, dass die ausgebrochenen Zweige einmal an Christus geglaubt haben, aber das Evangelium Pauli an die Nationen von der Universalität des Heils ablehnten. Sie glaubten an Jesus, aber sie wollten im Gesetzeseifer auch das Judentum retten. Jesus ist auch das Geschlecht Davids, das heißt, die Linie Davids und Israels geht nur weiter mit Jesus. Neben Ihm noch von einem fleischlichen (ethnischen) Israel als auserwähltem Volk Gottes zu reden, hieße die Bedeutung Jesu geringschätzen. Er war der Einzige in Israel, der Gottes Wohlgefallen gefunden hatte (Matth.3,17), Er stand für das ganze Israel, das Gott liebte, an dem sich das Wort erfüllte: »Aus Ägypten habe ich meinen Sohn gerufen.« (Hos.11,1; Matth.2,15) In Jesus ist also ein neues Israel begründet. »Daher kennen wir von nun an niemand mehr nach dem Fleische.« (2.Kor.5,16)

Von dem Morgenstern geht eine Faszination aus, er glänzt als hellster Stern am Himmel und kündigt den Tag, den Aufgang der Sonne an. Christus als der glänzende Morgenstern ist die Hoffnung aus der Dunkelheit der Welt. **Und der Geist und die Braut sagen: Komm! Und wer es hört, spreche: Komm! Und wen da dürstet, der komme; wer da will, nehme das Wasser des Lebens umsonst.** Das erste »Komm« bezieht sich auf Jesus. ER soll kommen, wie es in Kap.1,7 angekündigt ist. Er soll kommen wie in V. 7 u. 12 des letzten Kapitels, Er soll kommen, wie es in den Sendschreiben und in dem ganzen Buch beschrieben ist. Sagen wir dann auch noch: Komm!? Das können nur der Geist und die Braut. Für die dürstende Seele ist das alles kein Problem, Hauptsache ER kommt, damit sie zu Ihm kommen und das Wasser des Lebens trinken und wieder genesen kann (Joh.4,14). Seine Bereitschaft, jeder Seele das Wasser des Lebens zu spenden und zwar umsonst, »ohne Geld und ohne Kaufpreis« (Jes.55,1), hat Er im vorigen Kapitel (V.8) schon erklärt. Deshalb komm, liebe nach Frieden dürstende Seele und trinke dich satt!

Mit diesem letzten Buch ist der biblische Kanon abgeschlossen. Ihm darf nichts mehr hinzugefügt, auch kein Buch oder Brief herausgenommen werden. Die Heilige Schrift ist vollkommen, »die Worte Gottes sind reine Worte – siebenmal gereinigt«. (Ps.12,6) Die Offenbarung ist eine in sich geschlossene Einheit, die wiederum die ganze Bibel im Extrakt beinhaltet. Deshalb darf besonders hier kein Wort hinzugefügt oder weggelassen werden, was bei den Worten und Bildern, alles, was Johannes hörte und sah, für die Übersetzer gewiss schwieriger war als bei den übrigen Schriften, deren Sinn sich leichter erschloss. Dennoch haben sie sich vor dem Worte Gottes gefürchtet und die Offenbarung wortgetreu übersetzt.

Aus dem ernsten Schlusswort ergibt sich aber auch die Warnung, die Weissagung dieses Buches persönlich ernst zu nehmen, denn »die Zeit ist nahe«. (V.10) Angesprochen ist hier der Hörer des Wortes: **I c h bezeuge jedem**, sagt Jesus, **der die Worte der Weissagung dieses Buches hört …** Dass wir hören sollen, »wer ein Ohr hat, höre, was der Geist den Gemeinden sagt«, lesen wir siebenmal in den Sendschreiben. Dann noch einmal in Kap.13,9. Hören heißt hier zugleich verstehen, gehorchen, bewahren. Wenn das nicht mit dem inneren Ohr geschieht, hat man es nur akustisch gehört und folgt seinen eigenen Gedanken. Zweie können dasselbe Wort Gottes hören (oder lesen) und doch ganz unterschiedlich aufnehmen. Wovor Jesus hier warnt, ist das Hinzufügen. Daraus sind Irrlehren entstanden. Wir haben dies in Pergamus bei den Nikolaiten gesehen: Sie fügten zum Evangelium etwas hinzu und machten daraus eine Lehre, die eine besondere Heiligkeit begründen wollte (Kap.2,15). Diese fügt den Seelen Schaden zu, weshalb Gott solchen Heiligkeitslehrern die Plagen, die in diesem Buche geschrieben sind, hinzufügen wird.

Andere wieder halten es mit der Schrift nicht so genau und lassen gewisse Dinge, die nicht in ihr Bild passen, einfach weg, so z. B. das Tier, die Plagen, das Gericht an Babylon usw., als hätten sie damit nichts zu tun. Das entspricht der Lehre Bileams. Wenn daher **jemand von den Worten des Buches dieser Weissagung wegnimmt, so wird Gott sein Teil wegnehmen von dem Baume des Lebens und aus der heiligen Stadt, wovon in diesem Buche geschrieben ist.** Die Verheißung an die Überwinder in Ephesus und Philadelphia steht für denjenigen auf dem Spiel, der die Offenbarung nicht ernst nimmt. Jesus sagt: » I c h bezeuge jedem ...«, die Warnung ist ernst und eindeutig, sie gilt jedem Leser und Hörer des Wortes. Daher ist eine gewisse Furcht bei der Auslegung durchaus nötig. Macht man beim Evangelium keine Abstriche oder geht nicht darüber hinaus, wird man sich auch bei der Offenbarung vor dem Wegnehmen oder Hinzufügen hüten.

> **Der diese Dinge bezeugt, spricht:**
> **Ja, ich komme bald. –**
> **Amen; komm, Herr Jesus!**
> **Die Gnade des Herrn Jesus Christus**
> **sei mit allen Heiligen!**

Erklärung der Abkürzungen

Die Bücher des Alten Testaments

1.Mo.	Das erste Buch Mose
2.Mo.	Das zweite Buch Mose
3.Mo.	Das dritte Buch Mose
4.Mo.	Das vierte Buch Mose
5.Mo.	Das fünfte Buch Mose
Jos.	Das Buch Josua
Ri.	Das Buch der Richter
Ruth	Das Buch Ruth
1.Sam.	Das erste Buch Samuel
2.Sam.	Das zweite Buch Samuel
1.Kön.	Das erste Buch der Könige
2.Kön.	Das zweite Buch der Könige
1.Chron.	Das erste Buch der Chronika
2.Chron.	Das zweite Buch der Chronika
Esr.	Das Buch Esra
Neh.	Das Buch Nehemia
Esth.	Das Buch Esther
Hiob	Das Buch Hiob
Ps.	Die Psalmen
Spr.	Die Sprüche
Pred.	Der Prediger
Hohel.	Das Hohelied

DIE PROPHETEN

Jes.	Jesaja
Jer.	Jeremia
Klagel.	Die Klagelieder
Hes.	Hesekiel
Dan.	Daniel
Hos.	Hosea
Joel	Joel
Amos	Amos
Obad.	Obadja
Jona	Jona
Mich.	Micha
Nah.	Nahum
Habak.	Habakuk
Zeph.	Zephanja
Hagg.	Haggai
Sach.	Sacharja
Mal.	Maleachi

BÜCHER DES NEUEN TESTAMENTS

Matth.	Evangelium nach Matthäus
Mark.	Evangelium nach Markus
Luk.	Evangelium nach Lukas
Joh.	Evangelium nach Johannes
Apg.	Die Apostelgeschichte
Röm.	Brief an die Römer
1.Kor.	Der erste Brief an die Korinther
2.Kor.	Der zweite Brief an die Korinther
Gal.	Der Brief an die Galater
Eph.	Der Brief an die Epheser
Phil.	Der Brief an die Philipper
Kol.	Der Brief an die Kolosser

1.Thess.	Der erste Brief an die Thessalonicher
2.Thess.	Der zweite Brief an die Thessalonicher
1.Tim.	Der erste Brief an Timotheus
2.Tim.	Der zweite Brief an Timotheus
Tit.	Der Brief an Titus
Philem.	Der Brief an Philemon
Hebr.	Der Brief an die Hebräer
Jak.	Der Brief des Jakobus
1.Petr.	Der erste Brief des Petrus
2.Petr.	Der zweite Brief des Petrus
1.Joh.	Der erste Brief des Johannes
2.Joh.	Der zweite Brief des Johannes
3.Joh.	Der dritte Brief des Johannes
Jud.	Der Brief des Judas
Offb.	Die Offenbarung*

---

* Bibelstellen ohne Angabe von Buch. Kapitel beziehen sich auf die Offenbarung (z.B. 11.8)

Der Autor

Helmut Stücher wurde 1933 im Rheinland geboren und lebt heute in Siegen. Der elf-fache Vater ist leidenschaftlicher Erzieher und Lehrer, aber auch Freiberufler in Steuersachen, Bibellehrer und Schriftsteller. Helmut Stücher gründete 1980 die Philadelphia-Schule als freies, christliches Heimschulwerk. Schon seit Jahrzehnten widmet er sich kritisch den Auswirkungen der 68er Kulturrevolution auf Schule, Kirche und Gesellschaft

Der Verlag

novum VERLAG FÜR NEUAUTOREN

„*Wer aufhört besser zu werden, hat aufgehört gut zu sein!*

Basierend auf diesem Motto ist es dem novum Verlag ein Anliegen neue Manuskripte aufzuspüren, zu veröffentlichen und deren Autoren langfristig zu fördern. Mittlerweile gilt der 1997 gegründete und mehrfach prämierte Verlag als Spezialist für Neuautoren in Deutschland, Österreich und der Schweiz.

Für jedes neue Manuskript wird innerhalb weniger Wochen eine kostenfreie, unverbindliche Lektorats-Prüfung erstellt.

Weitere Informationen zum Verlag und seinen Büchern finden Sie im Internet unter:

www.novumverlag.com